विवेकानंद
की
आत्मकथा

विवेकानंद की आत्मकथा

मुखबंध और संपादन

शंकर

अनुवाद

सुशील गुप्ता

प्रभात प्रकाशन

प्रकाशक

प्रभात प्रकाशन प्रा. लि.

4/19 आसफ अली रोड, नई दिल्ली–110002

फोन : 011–23289777 • हेल्पलाइन नं. : 7827007777

इ–मेल : prabhatbooks@gmail.com ❖ वेब ठिकाना : www.prabhatbooks.com

संस्करण

2026

पेपरबैक मूल्य

पाँच सौ रुपए

मुद्रक

आर–टेक ऑफसेट प्रिंटर्स, दिल्ली

★

VIVEKANAND KI ATMAKATHA

compiled by Shri Sankar

Published by **PRABHAT PRAKASHAN PVT. LTD.**

4/19 Asaf Ali Road, New Delhi-110002

ISBN 978-93-5048-146-2

₹ 500.00 (PB)

बँगला में इस पुस्तक
के प्रकाशन की अनुमति देकर
अद्वैत आश्रम के सभापति स्वामी बोधसारानंदजी ने
हम सबको सुदृढ़ कृतज्ञता–बंधन में बाँध लिया है।
इस कठिन कार्य में हर पल मेरे साथ थे–
श्री अरुण कुमार दे। अगर वे मेरे साथ न होते
तो मैं इस परिकल्पना में हाथ लगाने का
साहस नहीं कर पाता।

—शंकर

कलकत्ता
10 नवंबर, 2009

प्राक्कथन

महापुरुष या महामानव को जानने का सबसे श्रेष्ठ उपाय है—उन लोगों द्वारा लिखित या मुख द्वारा निःसृत वाणियाँ। यह सब अगर उपलब्ध हों तो दूसरों के कहे का कोई मतलब नहीं होता। यह बात हमारे आदरणीय अध्यापक हावड़ा विवेकानंद इंस्टीट्यूशन के हेडमास्टर श्री सुधांशुशेखर भट्टाचार्य कहते थे।

अफसोस की बात यह है कि देश के बहुतेरे महामानवों ने अपने बारे में कुछ नहीं लिखा, समय की अवहेलना और आलस्य लाँघकर उन लोगों की लिखी चिट्ठियाँ भी उपलब्ध नहीं हैं, इसीलिए सुनी-सुनाई बातों के अलावा हमें खास कुछ उपलब्ध नहीं होता। स्वामी विवेकानंद का जीवन नितांत क्षणस्थायी होने के बावजूद सौभाग्य से विभिन्न समय में लिखी गई अजस्र पत्रावली, चर्चा-परिचर्चा, संस्मरण, हँसी-ठिठोली, भ्रमण-वृत्तांत और रम्य रचनाओं के संभार से हम वंचित नहीं हुए हैं। इससे भी ज्यादा सुखद बात यह है कि उनके महाप्रयाण के एक शताब्दी बाद भी, अनेक अप्रत्याशित सूत्रों से, अनगिनत विस्मयकारी तथ्य आज भी आविष्कृत हो रहे हैं।

मसलन स्वामीजी की पत्रावली। उद्बोधन में प्रकाशित पत्रावली के तीसरे संस्करण में पत्रों की संख्या थी 434, लेकिन पूस, 1334 बँगला संवत् में प्रकाशित चौथे संस्करण में इन पत्रों की संख्या 576 हो गई। इनमें 153 पत्र बँगला में 418 पत्र अंग्रेजी में, 3 पत्र संस्कृत में और 2 विशुद्ध फारसी में हैं। बँगला में प्रकाशित पत्र यहीं खत्म नहीं होते, इसका प्रमाण है अंग्रेजी भाषा में प्रकाशित 'द कंप्लीट वर्क्स ऑफ स्वामी विवेकानंद' ग्रंथ का नवम खंड। हाल ही में उस खंड में 227 महत्त्वपूर्ण पत्र मुद्रित हुए हैं, जो निश्चय ही चौंकानेवाले हैं। अंग्रेजी में प्रकाशित 'द कंप्लीट वर्क्स' के विवरण के मुताबिक अभी तक स्वामीजी के कुल 777 पत्र हमारी नजर में आ चुके हैं।

कुछ विशेषज्ञों का अनुमान है कि स्वामीजी द्वारा लिखित पत्रों की संख्या एक हजार से भी अधिक होगी।

और भी कई तथ्य गौर करने लायक हैं। पत्रावली में संकलित स्वामीजी का पहला पत्र (जो बनारस के श्री प्रमदादास मित्र को लिखा गया है) 12 अगस्त, 1888 को डाक में डाला गया था। काशीपुर के उद्यानवाटी में श्रीरामकृष्ण के तिरोधान के बाद भी संन्यासी विवेकानंद का सविनय हस्ताक्षर मिलता है—'दास नरेंद्र'। उन दिनों उनका अस्थायी ठिकाना था—काला बाबू का कुंज, वृंदावन! उनकी इच्छा थी कि वे जल्दी ही हरिद्वार चले जाएँ। इसलिए वे परिचय-पत्र की तलाश में थे—'हरिद्वार में अगर आपकी जान-पहचान का कोई हो, कृपया उनके नाम कोई पत्र दे दें तो विशेष अनुग्रह होगा।'

जीवन के विभिन्न पर्वों में स्वामीजी ने इसी किस्म का परिचय-पत्र संग्रह किया और वे तमाम पत्र अपरिचित स्थानों में एक धनहीन संन्यासी के विशेष संबल बने।

प्रमदादास मित्र को पत्र लिखते समय स्वामीजी की उम्र पच्चीस वर्ष थी। इससे पहले उन्होंने आत्मीय-स्वजन, बंधु-बांधव, सहपाठी, शिक्षक या गुरु भाइयों को पत्र न लिखे हों, यह कतई संभव नहीं है। मौका मिलते ही वे पत्र लिखा करते थे, इसलिए यह कहा जा सकता है कि अपने समय की अवहेलना से उनके जीवन के पहले पर्व में लिखे गए अनेक पत्र या तो गुम हो गए या आज भी प्रकाशन के इंतजार में कहीं दबे हुए हैं।

खोजकर्ताओं के लिए और ज्यादा अफसोस की बात है—उनकी पारिवारिक पत्रावली की उल्लेखनीय अनुपस्थिति। अपनी गर्भधारिणी जननी के प्रति उनकी आजीवन भक्ति आज किसी से भी छिपी नहीं है। अपनी दीदी, भाई-बहनों के बारे में उनकी चिंता और दुश्चिंता तथा उन लोगों की रक्षा के लिए उनकी लगातार कोशिश संन्यासी विवेकानंद के जीवन का एक आलोकित, लेकिन विवादित अध्याय रहा है। विलायत से उनके मँझले भाई महेंद्रनाथ दत्त का अचानक गायब हो जाना और निःसंबल हालत में पैदल विभिन्न देशों के परिभ्रमण के बाद आखिरकार लंबे अर्से के बाद कलकत्ता लौट आने के वृत्तांत से भी हम अनजाने नहीं हैं। हम इस बारे में स्वामीजी के गहरे दुःख और घोर परेशानी से भी परिचित हैं। महेंद्रनाथ एकदम से गायब हो गए और उसके बाद उन्होंने घरवालों को, यहाँ तक कि अपनी माँ को भी, कोई पत्र नहीं लिखा। अपने लापता भाई को खोज निकालने और उससे माँ को अपने कुशल-समाचार का पत्र देने का अनुरोध करने के लिए स्वामीजी की कोशिशों का अंत नहीं था। ऐसे समय में सुदूर प्रवास से संन्यासी संतान ने अपनी प्यारी माँ को पत्र न लिखा हो, इस बात पर विश्वास नहीं होता।

अब सवाल यह उठता है कि उन पारिवारिक पत्रों की क्या दशा हुई? उस समय की पत्रावली से एक विस्मयकर विवेकानंद को खोज पाने की आशा, पूरी-पूरी तरह त्याग करना, प्रशंसकों को आज भी अच्छा नहीं लगता। लेकिन पट्टीदारों के विवाद से क्षत-विक्षत, बीच-बीच में अपने पुरखों के घर से विताड़ित और बाद में अंग्रेज शासकों की

जहरबुझी नजरों में पड़े छोटे भाई की मेहरबानी से बार-बार पुलिसिया तलाशी की विडंबना में फँसे दत्त परिवार के कागज-पत्र और संस्मरण-चिह्नों से हम जो हमेशा के लिए वंचित हो गए, इसका वेदनादायक उल्लेख हमें उनके छोटे भाई भूपेंद्रनाथ दत्त की विशुद्ध बँगला और अंग्रेजी रचनाओं से उपलब्ध होता है।

सिर्फ पत्रावली या स्मारक-चिह्न ही नहीं, झंझामय संन्यासी का अनन्य गौरव दुनिया के विभिन्न स्थलों में दिए गए उनके अनगिनत व्याख्यान होते हैं। वे सब अतुल्य व्याख्यान जिन लोगों ने सुने थे, परवर्ती काल में उन लोगों द्वारा दिए गए चंद सेकंडहैंड विवरण खोजकर्ताओं ने अत्यंत धैर्य के साथ संग्रहीत किए हैं। लेकिन मूल वाणी के विद्युत-प्रवाह से हम सब हमेशा के लिए वंचित रह गए। मामूली सा जो-जो उपलब्ध है, वह गुडविन नामक अंग्रेजी शॉर्ट-हैंड लिपिकार की निष्ठा और असाधारण निपुणता की वजह से सही-सलामत प्राप्त हो सका और इसके लिए हम लोग इस विदेशी व्यक्ति के हमेशा कृतज्ञ रहेंगे। सुनने में आया है कि विवेकानंद के भाषणों के जितने शॉर्ट-हैंड नोट उन्होंने अमेरिका, यूरोप और भारत में लिए थे, उसका एक बहुत बड़ा हिस्सा कभी टाइप ही नहीं हुआ। वह सब उदासीन गुडविन के ट्रंक में जतन से संगृहीत थे। दक्षिण भारत में जब उनकी आकस्मिक मृत्यु हो गई तो लोगों ने अनजाने में उनका ट्रंक इंग्लैंड में उनकी माँ के पास भेज दिया। उस रत्न-समृद्ध पेटिका की खोज में स्वयं सिस्टर निवेदिता विलायत पहुँचकर काफी ढूँढ़ा था, लेकिन दरिद्र गुडविन परिवार को खोज निकालना उनके लिए संभव नहीं हुआ। यह मान लिया जा सकता है कि यह अमूल्य संग्रह हमेशा के लिए काल-समुद्र में निमज्जित हो गया।

स्वामीजी दस भाई-बहन थे। नरेंद्रनाथ छठी संतान थे। इन लोगों के बारे में आज भी बहुत कुछ अनजाना रह गया है। हम विश्वनाथ दत्त के पहले बेटे और दो बेटियों के नाम आज तक नहीं जान पाए। मुमकिन है, नितांत कम उम्र में उन लोगों का निधन हो गया हो, इसलिए उनका नाम ही नहीं रखा गया या फिर नामकरण हुआ हो, हम ही आज तक उन नामों की जानकारी पाने में नाकाम रहे हों। स्वामीजी की दीदी स्वर्णमयी अपने विश्व-विजेता भाई के देहावसान के तीन दशक बाद 19 फरवरी, 1932 तक भी जीवित थीं। उन्होंने या मँझले भाई महेंद्रनाथ या छोटे भाई भूपेंद्रनाथ ने अपने भाई द्वारा लिखे गए किसी भी पत्र का उल्लेख नहीं किया है। कॉर्पोरेशन के मृत्यु-रजिस्टर में उनका नाम स्वर्णबाला दर्ज है, लेकिन कहीं-कहीं स्वर्णलता के रूप में भी उनका उल्लेख है।

अंग्रेजी में प्रकाशित विवेकानंद की जीवनी में पिता विश्वनाथ दत्त का दाह-संस्कार संपन्न करके नरेंद्र के घर लौटने का विवरण है। इस विवरण से ही अंदाजा लगता है कि बहनों में कोई-कोई तब कुँआरी थी और छोटा भाई भूपेंद्रनाथ तो दुधमुँहा शिशु था।

बहनों के विवाह में किसने क्या भूमिका निभाई, धन कहाँ से आया, यह भी खासा अस्पष्ट है। यह खबर तो और भी अँधेरे–उजाले से भरपूर है कि एक नहीं, दो–दो बहनों की नितांत कम उम्र में, अपनी–अपनी ससुराल में दुखद मृत्यु हो गई। कलकत्ता के शिमला अंचल में पैदा होकर बहन योगींद्रबाला ने सुदूर शिमला पहाड़ पर अपने पति के घर में आत्महत्या कर ली। बालिकावस्था में लड़कियों के विवाह के मामले में स्वामीजी आजीवन किस हद तक कटु और विरुद्ध मनोभाव रखते थे, उनके पत्र इसके गवाह हैं।

उनके व्यक्तिगत जीवन के बारे में भी यह संकेत मिलता है कि पट्टीदारों के टकराव से जर्जर विवेकानंद ने गृहस्थी त्यागने के बाद यहाँ तक कि विदेश से लौटने के बाद भी, कभी 3 नंबर गौरमोहन मुखर्जी स्ट्रीट, अपने पुश्तैनी मकान में कदम नहीं रखा। लेकिन अपनी नानी रघुमणि बसु के 7 नंबर, रामतनु बसु लेनवाले मकान में अपने गुरुभाई और शिष्यों के साथ वे कई बार गए थे, इसका उल्लेख मिलता है।

उनकी माँ भुवनेश्वरी देवी अपने माता–पिता की इकलौती संतान थीं। पति की आकस्मिक अकाल–मृत्यु और बड़े बेटे के गृह–त्याग के बाद बेसहारा हालत में उनका एकमात्र आश्रय उत्तर कलकत्ता स्थित रामतनु बसु लेन में, उनका पीहर ही था। अपनी असहाय बेटी का रघुमणि बसु ने जीवन भर साथ निभाया। स्वामीजी उन्हें भी बहुत चाहते थे, लेकिन उनकी पत्रावली, व्याख्यानमाला या संवादों में उनका कोई उल्लेख नहीं मिलता। रघुमणि की दुलारी बेटी का देहावसान कॉर्पोरेशन मृत्यु–रजिस्टर के मुताबिक 24 जुलाई, 1911 को हुआ। उसके ठीक दो दिन बाद रघुमणि का भी जीवनावसान हुआ। 4 जुलाई, 1902 को स्वामीजी के निधन की खबर पाकर भुवनेश्वरी और भूपेंद्रनाथ अगले दिन भोर में बेलुर मठ में उपस्थित हुए, उसका हृदयग्राही वर्णन हमें निवेदिता और अन्यान्य सूत्रों से मिलता है। इस शोक के बाद भी वे जो नौ वर्ष जिंदा रहीं, इसका हिसाब लगाने में कोई परेशानी नहीं होती।

उनकी आकस्मिक मृत्यु से उनकी माँ की क्या हालत होगी, उनका भरण–पोषण कैसे होगा, इसका मर्मस्पर्शी वर्णन मृत्युपथ–यात्री स्वामीजी के उस खत में मिलता है, जो उन्होंने खेतड़ी के महाराजा को लिखा था। इन पत्रों को रोशनी में आने में काफी समय लगा है और इसके लिए हम डॉ. वेणीशंकर शर्मा और खेतड़ी संग्रहशाला के कृतज्ञ हैं।

सौभाग्यवश स्वामीजी के जीवन की बड़ी–बड़ी समस्याओं के मामले में हमें दूसरों का मुखापेक्षी नहीं होना पड़ता। उनकी पत्रावली, आत्मकथन और स्पष्टवादिता ने हमें यथेष्ट दिया है। इसके अलावा अदालत के कागजात झूठ नहीं बोलते। मसलन 11 अगस्त, 1886 को (श्रीरामकृष्ण परमहंस के देहावसान से कुल चार दिन पहले) कलकत्ता हाईकोर्ट में लेटर्स ऑफ एडमिनिस्ट्रेशन के लिए भुवनेश्वरी के आवेदन–पत्र में

भुवनेश्वरी दासी का बँगला में हस्ताक्षर और उसके नीचे पुत्र नरेंद्रनाथ का अंग्रेजी में हस्ताक्षर मिलता है! इस आवेदन के समय नरेंद्रनाथ की उम्र बाईस वर्ष थी। हाईकोर्ट में संरक्षित रिपोर्ट से हमें पता चलता है कि इस आवेदन में दत्त परिवार के एटॉर्नी सुरेंद्रनाथ दास थे। नरेंद्र-जननी की शिनाख्त कालीचंद्र दत्त ने की थी और अंग्रेजी आवेदन की बँगला व्याख्या अविनाशचंद्र घोष ने सुनाई थी। आवेदन-पत्र में नरेंद्रनाथ का नाम NORENDRO NATH DUTT लिखा था, लेकिन हस्ताक्षर करते वक्त नरेंद्रनाथ ने NARENDRA NATH DUTT का नाम लिखा था।

पिता विश्वनाथ दत्त की कोई तसवीर किसी के संग्रह में भी उपलब्ध नहीं है। हालाँकि यह विश्वास नहीं होता कि ऐसे शौकीन-मिजाज, धनी वकील की कलकत्ता या रायपुर या लखनऊ या शिमला में कोई तसवीर नहीं खिंचवाई गई होगी। अगर कुछ मौजूद है तो अदालत के रिकॉर्ड में विश्वनाथ दत्त का अंग्रेजी में हस्ताक्षर। 14 मार्च, 1866 को उन्होंने हाईकोर्ट के प्रधान जज वार्नेस पीकॉक को एटॉर्नी और प्रॉक्टर के तौर पर सूची-मुक्त होने के लिए आवेदन किया था। शब्दकोश के मुताबिक प्रॉक्टर शब्द का अर्थ है—'मुकदमे का तदबीरकर्ता, आम-मुख्तार' उस वक्त नरेंद्रनाथ तीन साल के थे।

कलकत्ता हाईकोर्ट के रिकॉर्ड के मुताबिक पिता विश्वनाथ दत्त का निधन 24 फरवरी, 1884 को हुआ। लेकिन कलकत्ता कॉर्पोरेशन के मृत्यु-रजिस्टर के मुताबिक उनकी मृत्यु का दिन शनिवार, 23 फरवरी दर्ज है। इस रिकॉर्ड पर नरेंद्रनाथ दत्त का अंग्रेजी में हस्ताक्षर है। उनकी पत्रावली में या चर्चा-संवाद में विश्वनाथ दत्त के बारे में ज्यादा कुछ उल्लेख नहीं मिलता, लेकिन एक जगह उन्होंने स्वीकार किया है कि जन्म से ही उन्हें हृदय और मेधा अपने पिता से प्राप्त हुई है।

एक और महत्त्वपूर्ण विषय में भी स्वामीजी पूर्णतः खामोश हैं। लेकिन उनके छोटे भाई भूपेंद्रनाथ ने, एक लंबे समय बाद, अपनी जीवन-संध्या में 'स्वामी विवेकानंद' नामक पुस्तक के पहले संस्करण की पृष्ठ संख्या 101 में एक विस्फोटक मंतव्य किया है। उनके पिता ने 'सुलोचना' नामक एक बँगला उपन्यास लिखा था; लेकिन आर्थिक तंगी की वजह से उन्होंने यह पुस्तक अपने रिश्ते के चाचा श्रीगोपालचंद्र दत्त के नाम से प्रकाशित कराई थी। भूपेंद्र की राय में वह पुस्तक सन् 1880 में प्रकाशित हुई थी।

लेकिन विभिन्न संग्रहशालाओं, यहाँ तक कि सुदूर यूरोप में खोज-खबर लेते हुए हाल ही में पता चला है कि उस पुस्तक का प्रकाशन सन् 1882 में हुआ था, जब नरेंद्रनाथ की उम्र 19 वर्ष थी और उन्होंने तब तक बी.ए. की परीक्षा नहीं दी थी। उस उपन्यास के प्रकाशक थे 25, कॉर्नवालिस स्ट्रीट के बी. बानुर्ज्जी कंपनी और 'कलीकाता वाराणसी घोष स्ट्रीट, 69 नंबर मकान में हितैषी मशीन पर श्री ब्रजनाथ बंद्योपाध्याय द्वारा मुद्रित' की गई थी। इस देश में दुर्लभ इस किताब के विस्तृत विवरण विदेश से ले आने के बाद

हमारे विस्मय का अंत नहीं है, यह उपन्यास क्या सिमुलिया के दत्त लोगों के अंदरमहल की कहानी है ? सन् 2006 में पुन: प्रकाशित यह पुस्तक यद्यपि दत्त परिवार पर नए सिरे से आलोकपात करती है, मगर नरेंद्रनाथ जिंदगी भर इस लेखन के बारे में खामोश ही रहे।

खैर, इस बारे में किसी को दोष भी नहीं दिया जा सकता, क्योंकि कहानी-उपन्यास तो दूसरों के मुख से सुनी बातें होती हैं, फिर भी यह समझने में कतई कोई असुविधा नहीं होती कि 'सुलोचना' उपन्यास में पिता विश्वनाथ दत्त ने एक नहीं, दो-दो चरित्रों में बार-बार झाँका है। एक है नायक रामहरि! रामहरि के इकलौते बेटे सुरथनाथ के चरित्रांकन के वक्त भी ऐसा ही किया है। लेकिन औरों के मुँह से कही बातों में ढेरों बाधाएँ भी मौजूद होती हैं। इस युग के पाठक तो महामानव के श्रीमुख से नि:सृत अनुभवों और जानकारियों की बात सीधे-सीधे सुनना चाहेंगे। ऐसी आत्मकथा स्वामी विवेकानंद के मामले में नितांत जरूरी होने के बावजूद उसकी खोज, उसका संग्रह और संकलन नितांत आसान काम भी नहीं है।

अब प्रस्तुत संग्रह की बात! सन् 1963 में स्वामीजी के शतवर्ष पर प्रकाशित एक अंगेजी पुस्तक की खबर पाकर हम परम विस्मित हैं। उस समय मैं, 'विश्वविवेक' नामक एक और पुस्तक-रचना में जुटा हुआ था, जिसके मुख्य प्रेरणास्रोत थे—शंकरी प्रसाद बसु, जिन्होंने बाद में विवेकानंद संबंधी शोध कार्य में समूचे भारत में ख्याति अर्जित की। उस अंग्रेजी पुस्तक का नाम है—'Swami Vivekanand on Himself,' इसके संकलनकर्ता एक सर्वत्यागी संन्यासी हैं, जो अपना नाम तक जाहिर करने के अनिच्छुक रहे। यह पुस्तक स्वामी विवेकानंद शतवार्षिकी कमेटी के सेक्रेटरी स्वामी संबुद्धानंद द्वारा प्रकाशित की गई। रामकृष्ण मिशन इन्स्टिट्यूट ऑफ कल्चर के अध्ययन-कक्ष में इस अंग्रेजी संग्रह ने मुझे मुग्ध कर दिया। जाहिर है कि मैंने बहुत सारी जगहों में इस संकलन का उल्लेख किया है। वर्षों दुष्प्राप्य रहने के बाद मई 2006 में स्वामी बोधसारानंद के प्रोत्साहन से यह पुस्तक विस्तृत आकार में अद्वैत आश्रम से दुबारा प्रकाशित हुई।

पहले संस्करण की भूमिका के मुताबिक अपना नाम जाहिर करने के अनिच्छुक उक्त संन्यासी ने स्वामीजी की विभिन्न पुस्तकों से आत्मकथात्मक कुछेक उक्तियों का संग्रह शुरू किया। यह पांडुलिपि किसी समय बंबई रामकृष्ण मिशन के वरिष्ठ संन्यासी के हाथों में पहुँची। उन्होंने प्रोफेसर चारुचंद्र चटर्जी के साथ उस कृति की जाँच-परख और पर्यालोचना की। बाद में किसी समय प्रोफेसर चटर्जी ने उस अंग्रेजी पुस्तक की संशोधित पांडुलिपि तैयार की। श्रीमती एस. भार्गव ने उनकी मदद की।

मूलत: जिन छह ग्रंथों पर संकलनकर्ताओं ने निर्भर किया है, वे पुस्तकें निम्नलिखित हैं—

1. द कंप्लीट वर्क्स ऑफ स्वामी विवेकानंद : खंड 1–8

2. द गॉस्पेल ऑफ श्रीरामकृष्ण

3. श्रीरामकृष्ण, द ग्रेट मास्टर

4. द मास्टर, ऐज आई सॉ हिम

5. द लाइफ ऑफ स्वामी विवेकानंद बाइ हिज ईस्टर्न एंड वेस्टर्न डिसाइपल्स

6. न्यू डिस्कवरीज : स्वामी विवेकानंद इन अमेरिका

'स्वामी विवेकानंद ऑन हिमसेल्फ' पुस्तक के अद्वैत आश्रम संस्करण में (मई 2006) नए तथ्य-सूत्रों का उल्लेख किया गया है। कई मूल्यवान् पुस्तकें सन् 1963 के बाद प्रकाशित हुईं, जैसे—

1. संशोधित संस्करण, द लाइफ ऑफ स्वामी विवेकानंद बाइ हिज ईस्टर्न एंड वेस्टर्न डिसाइपल्स : पहला खंड (1979), द्वितीय खंड (1981)।

2. स्वामी विवेकानंद इन द वेस्ट : न्यू डिस्कवरीज—मेरी लुइज वार्क : 1–6 खंड (1987 में संपूर्ण)

3. द कंप्लीट वर्क्स ऑफ स्वामी विवेकानंद, नवम खंड (1997)

अमेरिकी ब्रह्मचारी निर्मल चैतन्य (अब स्वामी महायोगानंद) ने विशेष धैर्य के साथ इन पुस्तकों से नए-नए तथ्य संग्रह किए और पुस्तक में संयोजन किया। ऐसी ही एक अभिनव पुस्तक बँगला पाठकों के लिए उपयोगी बनाने में मेरा आग्रह देखकर श्री अरुण कुमार दे मेरी मदद के लिए आगे आए। पेशे से इंजीनियर अरुण बाबू से मेरा पहला परिचय 'अचीन्हे अजाने विवेकानंद' के तीखे समालोचक के रूप में हुआ था। बाद में वे मेरे प्रशंसक, लेकिन नितांत सतर्क पाठक बन गए।

बँगला संस्करण की प्रस्तुति आसान काम नहीं थी। पहला काम तो था विभिन्न सूत्रों से हजारों उक्तियों का संधान। हर बार बँगला भाषांतर आसानी से नहीं मिलता। इसलिए बार-बार अनुवाद करने की जरूरत पड़ी। कहीं-कहीं नए तथ्य या उद्धृति का संयोजन भी अवश्यंभावी हो उठा।

बँगला में तत्सम और बोलचाल की भाषा की एक संग उपस्थिति किसी हद तक चिंता की वजह बन गई। अंग्रेजी से अनुवाद करके जहाँ तक संभव हुआ, उसका मुकाबला किया गया। लेकिन उनकी मूल बँगला रचनाओं में, जहाँ तत्सम भाषा का प्रयोग किया गया है, उसे हरगिज स्पर्श नहीं किया गया, चांडाली दोष की उपस्थिति की बात सोचकर भी नवीनतम निवेदन में जिन सब अतिरिक्त पुस्तकों से कुछ-कुछ लिया गया, उनमें उल्लेखनीय हैं—

1. युगनायक विवेकानंद : 1–3 खंड
—स्वामी विवेकानंद

2. लंदन में स्वामी विवेकानंद : 1–3 खंड
   —महेंद्रनाथ दत्त
3. स्वामीजी को जिस रूप में देखा
   —सिस्टर निवेदिता
4. स्वामी विवेकानंद : 1–2 खंड
   —प्रमथनाथ बसु
5. स्मृति की रोशनी में स्वामीजी
   —स्वामी पूर्णात्मानंद द्वारा संपादित
6. स्मृति की रोशनी में विवेकानंद
7. विवेकानंद चरित
   —सत्येंद्रनाथ मजुमदार
8. अदालत में विपन्न विवेकानंद
   —चित्रगुप्त
9. स्वामी विवेकानंद के जीवन का एक विस्मृत अध्याय
   —डॉ. वेणीशंकर शर्मा

सच बात तो यह है कि 'विवेकानंद की आत्मकथा' नितांत अनुवाद-कार्य नहीं है, बल्कि नए कलेवर में स्वामीजी की आत्मजीवनी है, जिसमें उनके द्वारा कही गई बातें या उनके द्वारा लिखे हुए पत्र या उनकी अपनी रचनाओं के अलावा एक भी अतिरिक्त शब्द का इस्तेमाल नहीं किया गया है। अंग्रेजी में पहली बार प्रकाशित होने के प्रायः आधी शती बाद बँगला में भाषांतरित होने के मामले में हर पल जिन्होंने प्रोत्साहन, सलाह-परामर्श, आशीर्वाद और अनुमोदन दिया, वे हैं अद्वैत आश्रम के श्रद्धेय प्रेसिडेंट स्वामी बोधसारानंद!

इस जटिल उक्ति-संग्रह के जरिए एक अनन्य जीवन का विस्मयकारी और विचित्र कथाचित्र वर्तमान पाठक-पाठिकाओं के सामने स्पष्ट हो उठेगा, यह मेरा परम विश्वास है। इससे भी ज्यादा विस्मयकारी बात यह है कि उनतालीस वर्ष, पाँच महीने, चौबीस दिन के संक्षिप्त जीवन में संख्यातीत बाधा-विपत्तियों और विडंबनाओं के बावजूद एक महाजीवन के अविस्मरणीय नायक हो उठे थे हमारे परम प्रिय स्वामी विवेकानंद! तेईस वर्ष में संन्यास ग्रहण करने, बाकी जीवन चार-चार महादेशों के पथ पर चरैवेति की रीत निभाते हुए भी अपने बारे में वे भावी पीढ़ी के लोगों के लिए, जो-जो बातें, वाणियाँ रख गए हैं, वह सब पढ़े बिना विश्वास नहीं होता। आज भी विवेकानंद की निजी बातें हम सबको सिर्फ प्रेरित ही नहीं करतीं, मन में टीस भी पैदा करती हैं। उनकी संख्याहीन, सीमाहीन व्यथा के बारे में सोचकर हम असहनीय यंत्रणा से भर उठते हैं।

इस काल के और आगामी काल के जो सब मनुष्य जब विभिन्न रूप में, विभिन्न कारणों से दुःख-जर्जर होंगे, जब उन लोगों की आँखों के सामने निराशा का अंधकार उतर आने की आशंका नजर आने लगेगी, तब विवेकानंद की यह आत्मकथा उन सभी लोगों को प्रोत्साहित करेगी और किसी-किसी क्षेत्र में भटके लोगों का मार्गदर्शन भी करेगी, इस बारे में मुझे संदेह नहीं है।

—शंकर

अनुक्रमणिका

मेरा बचपन

संन्यासी का जन्म बहुजन हिताय, बहुजन सुखाय के लिए होता है। दूसरों के लिए प्राण देने, जीवों के गगनभेदी क्रंदन का निवारण करने, विधवाओं के आँसू पोंछने, पुत्र-वियोग-विधुरा के प्राणों को शांति प्रदान करने, अज्ञ अधम लोगों को जीवन-संग्राम के उपयोगी बनाने, शास्त्रोपदेश-विस्तार के द्वारा सभी लोगों के ऐहिक-पारमार्थिक मंगल करने और ज्ञानालोक द्वारा सबमें प्रस्तुत ब्रह्म-सिंह को जाग्रत करने के लिए ही संन्यासियों का जन्म हुआ है।

'आत्मनो मोक्षार्थ जगद्धिताय च' हमारा जन्म हुआ है।'

मेरे जन्म के लिए मेरे पिता-माता ने साल-दर-साल कितनी पूजा-अर्चना और उपवास किया था।

मैं जानता हूँ, मेरे जन्म से पहले मेरी माँ व्रत-उपवास किया करती थीं, प्रार्थना किया करती थीं—और भी हजारों ऐसे कार्य किया करती थीं, जो मैं पाँच मिनट भी नहीं कर सकता। दो वर्षों तक उन्होंने यही सब किया। मुझमें जितनी भी धार्मिक संस्कृति मौजूद है, उसके लिए मैं अपनी माँ का कृतज्ञ हूँ। आज मैं जो बना हूँ, उसके लिए मेरी माँ ही सचेतन भाव से मुझे इस धरती पर लाई हैं। मुझमें जितना भी आवेश मौजूद है, वह मेरी माँ का ही दान है और यह सारा कुछ सचेतन भाव से है, इसमें बूँदभर भी अचेतन भाव नहीं है।

मेरी माँ ने मुझे जो प्यार-ममता दी है, उसी के बल पर ही मेरे वर्तमान के 'मैं' की सृष्टि हुई है। उनका यह कर्ज मैं किसी दिन भी चुका नहीं पाऊँगा।

जाने कितनी ही बार मैंने देखा है कि मेरे माँ सुबह का आहार दोपहर दो बजे ग्रहण करती हैं। हम सब सुबह दस बजे खाते थे और वे दोपहर दो बजे। इस बीच उन्हें हजारों काम करने पड़ते थे। यथा, कोई आकर दरवाजा खटखटाता—अतिथि! उधर मेरी माँ के आहार के अलावा रसोई में और कोई आहार नहीं होता था। वे स्वेच्छा से अपना आहार

अतिथि को दे देती थीं। बाद में अपने लिए कुछ जुटा लेने की कोशिश करती थीं। ऐसा था उनका दैनिक जीवन और यह उन्हें पसंद भी था। इसी वजह से हम सब माताओं की देवी-रूप में पूजा करते हैं।

मुझे भी एक ऐसी ही घटना याद है। जब मैं दो वर्ष का था, अपने सईस के साथ कौपीनधारी वैरागी बनाकर खेला करता था। अगर कोई साधु भीख माँगता हुआ आ जाता था तो घरवाले ऊपरवाले कमरे में ले जाकर मुझे बंद कर देते थे और बाहर से दरवाजे की कुंडी लगा देते थे। वे लोग इस डर से मुझे कमरे में बंद कर देते थे कि कहीं मैं उसे बहुत कुछ न दे डालूँ।

मैं भी मन-प्राण से महसूस करता था कि मैं भी इसी तरह साधु था। किसी अपराधवश भगवान् शिव के सामीप्य से विताड़ित कर दिया गया। वैसे मेरे घरवालों ने भी मेरी इस धारणा को और पुख्ता कर दिया था। जब कभी मैं कोई शरारत करता, वे लोग कह उठते थे—'हाय, हाय! इतना जप-तप करने के बाद अंत में शिवजी ने कोई पुण्यात्मा भेजने के बजाय हमारे पास इस भूत को भेज दिया।' या जब मैं बहुत ज्यादा हुड़दंग मचाता था, वे लोग 'शिव! शिव' का जाप करते हुए मेरे सिर पर बालटी भर पानी उड़ेल देते थे। मैं तत्काल शांत हो जाता था। कभी इसकी अन्यथा नहीं होती थी। आज भी जब मेरे मन में कोई शरारत जागती है, यह बात मुझे याद आ जाती है और मैं उसी पल शांत हो जाता हूँ। मैं मन-ही-मन बुदबुदा उठता हूँ—'ना, ना! अब और नहीं।'

बचपन में जब मैं स्कूल में पढ़ता था, तब एक सहपाठी के साथ जाने किस मिठाई को लेकर छीना-झपटी हो गई। उसके बदन में मुझसे ज्यादा ताकत थी, इसलिए उसने वह मिठाई मेरे हाथों से छीन ली। उस वक्त मेरे जो मनोभाव थे, वह मैं आज तक नहीं भूल पाया हूँ। मुझे लगा कि उस जैसा दुष्ट लड़का दुनिया में अब तक कोई पैदा ही नहीं हुआ। जब मैं बड़ा हो जाऊँगा, मुझमें बहुत ज्यादा ताकत भर जाएगी, तब मैं उसको सबक सिखाऊँगा, उसे हरा दूँगा। मैंने सोचा कि वह इतना दुष्ट है कि उसके लिए कोई भी सजा काफी नहीं होगी। उसे तो फाँसी दे देनी चाहिए। उसके तो टुकड़े-टुकड़े कर देना चाहिए। यथासमय हम दोनों ही बड़े हुए, और हम दोनों में अब काफी घनिष्ठ दोस्ती है। इस तरह यह समग्र विश्व शिशुतुल्य इनसानों से भरा पड़ा है—खाना और उपयोगी खाना ही उन लोगों के लिए सर्वस्व है। इससे जरा भी इधर-उधर हुआ नहीं कि सर्वनाश! उन जैसे लोग सिर्फ अच्छी मिठाइयों के सपने देखते हैं और भविष्य के बारे में उन लोगों की यही धारणा है कि हमेशा, हर कहीं प्रचुर मिठाइयाँ मौजूद रहेंगी।

रायपुर जाते हुए जंगल के बीच से गुजरते हुए मैंने देखा था और महसूस भी किया था। एक बेहद खास घटना मेरी यादों के चित्रपट पर हमेशा अंकित हो गई। उस दिन

हमें पैदल चलते-चलते विंध्य पर्वत के नीचे से गुजरना पड़ा था। रास्ते के दोनों तरफ के पर्वत-शृंग आसमान छूते हुए खड़े थे! तरह-तरह के सैकड़ों पेड़, लताएँ, फल-फूलों के समारोह-से झुके-झुके पर्वत-पृष्ठ की शोभा बढ़ा रहे थे, अपने मधुर कलरव से दिशा-दिशाओं को गुँजाते हुए सैकड़ों रंग-बिरंगे पंछी कुंज-कुंज में फुदक-फुदककर आ-जा रहे थे या आहार खोजते हुए कभी-कभी धरती पर अवतरण कर रहे थे। वह समस्त दृश्य देखते-देखते मन-ही-मन मैं अपूर्व शांति महसूस कर रहा था। धीर-मंथर चाल में चलती हुई बैलगाड़ियाँ धीरे-धीरे एक ऐसी जगह उपस्थित हुईं, जहाँ दो पर्वत-शृंग मानो प्रेम में आकृष्ट होकर शीर्ण वनपथ को बंद किए दे रहे थे। उस मिलन-बिंदु को विशेष भाव से निरखते हुए मैंने देखा, एक तरफ के पर्वत-गात पर बिलकुल तलहटी तक एक विशाल दरार मौजूद हैं और उस दरार में मधुमक्खियों के युग-युगांतरों के परिश्रम के निदर्शन स्वरूप एक प्रकांड आकार का छत्ता झूल रहा था। मैं परम विस्मय-विमुग्ध होकर मधुमक्खियों के साम्राज्य के आदि-अंत के बारे में सोचते-सोचते त्रिलोक नियंता ईश्वर की अनंत शक्ति की उपलब्धि में मेरा मन कुछ इस तरह से डूब गया कि कुछेक पलों के लिए बाहरी संज्ञा मानो लुप्त हो गई। कितनी देर तक मैं उन्हीं खयालों में डूबा बैलगाड़ी में पड़ा रहा, मुझे याद नहीं। जब चेतना लौटी तो मैंने देखा कि वह जगह पार करके मैं काफी दूर आ गया हूँ। चूँकि बैलगाड़ी में मैं अकेला ही था, इसलिए इस बारे में कोई जान नहीं पाया।

वैसे इस जगत् में यथेष्ट दुःख भी विद्यमान है, हम इस बात से भी इनकार नहीं कर सकते। अस्तु, हम सब जितना भी काम करते हैं, उसमें दूसरों की सहायता करना ही सबसे भला काम है। अंत में हम यही देखेंगे कि दूसरों की सहायता करने का अर्थ है अपना ही उपकार करना। बचपन में मेरे पास कुछ सफेद चूहे थे। वे सब एक छोटी सी पेटिका में जमा थे। उस पेटिका में छोटे-छोटे पहिए लगे हुए थे। वे चूहे जैसे ही पहिए के ऊपर से पार करने की कोशिश करते थे, वे पहिए घूमने लगते थे, बस, चूहे आगे नहीं बढ़ पाते थे। यह जगत् और उसकी सहायता करना भी बिलकुल ऐसा ही है। इससे उपकार यह होता है कि हमें कुछ नैतिक शिक्षा मिल जाती है।

जब मेरे शिक्षक घर आते थे तो मैं अपनी अंग्रेजी, बँगला की पाठ्य-पुस्तकें उनके सामने लाकर रख देता था। किस किताब से, कहाँ-से-कहाँ तक रट्टा लगाना होगा, यह उन्हें दिखा देता था। उसके बाद अपने खयालों में डूबा लेटा रहता था या बैठा रहता था। मास्टर साहब मानो खुद ही पाठ्याभ्यास कर रहे हों, इसी मुद्रा में वे उन किताबों के उन पृष्ठों के शब्दों की बनावट, उच्चारण और अर्थ वगैरह की दो-तीन बार आवृत्ति करते और चले जाते। बस, इतने से ही मुझे वे सब विषय याद हो जाते थे।

प्राइमरी स्कूल में थोड़ी-बहुत गणित, कुछ संस्कृत-व्याकरण, थोड़ी सी भाषा और

हिसाब की शिक्षा दी जाती थी।

बचपन में एक बूढ़े सज्जन ने हमें नीति के बारे में एक छोटी सी किताब बिलकुल रटा डाली थी। उस किताब का एक श्लोक मुझे अभी भी याद है—'गाँव के लिए परिवार, स्वदेश के लिए गाँव, मानवता के लिए स्वदेश और जगत् के लिए सर्वस्व त्याग कर देना चाहिए।' उस किताब में ऐसे ढेरों श्लोक थे। हम सब वे सभी श्लोक रट लेते थे और शिक्षक उनकी व्याख्या कर देते थे। बाद में छात्र भी उनकी व्याख्या करते थे।

जो कविता स्कूल में हमें शुरू-शुरू में सिखाई गई, वह थी—'जो मनुष्य सकल नारियों में अपनी माँ को देखता है, सकल मनुष्यों की विषय-संपत्ति को धूल के ढेर समान देखता है, जो समग्र प्राणियों में अपनी आत्मा को देख पाता है, वही प्रकृत ज्ञानी होता है।'

कलकत्ता में स्कूल में पढ़ाई के समय से मेरी प्रकृति धर्म-प्रवण थी। लेकिन सभी चीजों की तत्काल जाँच-परख कर लेना मेरा स्वभाव था, सिर्फ बातचीत से मुझे तृप्ति नहीं होती थी।

सोने के लिए आँखें मूँदते वक्त मुझे अपनी भौंहों के बीच एक अपूर्व ज्योतिर्बिंदु दिखाई देती थी और अपने मन में तरह-तरह के परिवर्तन भी महसूस करता था। देखने में सुविधा के लिए, इसलिए लोग जिस मुद्रा में जमीन पर मत्था टेककर प्रणाम करते हैं, मैं उसी तरह शयन करता था। वह अपूर्व बिंदु तरह-तरह के रंग बदलते हुए और दीर्घतर आकार में बढ़ते-बढ़ते धीरे-धीरे बिंब के आकार में परिणत हो जाती और अंत में एक विस्फोट होता था तथा आपादमस्तक शुभ-तरल ज्योति मुझे आवृत कर लेती थी। ऐसा होते ही मेरी चेतना लुप्त हो जाती थी और मैं निद्राभिभूत हो जाता था।

यह धारणा मेरे मन में घर कर गई थी कि सभी लोग इसी तरह सोते हैं। दीर्घ समय तक मुझे यही गलतफहमी थी। बड़े होने के बाद, जब मैंने ध्यान-अभ्यास शुरू किया, तब आँखें मूँदते ही सबसे पहले वही ज्योतिर्बिंदु मेरे सामने उभर आती और मैं उसी बिंदु पर अपना चित्त एकाग्र करता था। महर्षि देवेंद्रनाथ की सलाह पर जब मैंने चंद हमउम्र साथियों के साथ नित्य ध्यान-अभ्यास शुरू किया, तब ध्यान में किसे, किस प्रकार का दर्शन और उपलब्धि होती है, इस बारे में हम आपस में बातचीत भी करते थे। उन दिनों उनकी बातें सुनकर मैं समझ गया कि उस प्रकार का ज्योति-दर्शन उनमें से किसी को नहीं हुआ और उनमें से कोई भी औंधे मुँह नहीं सोता था।

बचपन में मैं अतिशय हुड़दंगी और खुराफाती था, वरना साथ में कानी कौड़ी लिए बिना मैं समूची दुनिया की यूँ सैर कर पाता?

जब मैं स्कूल में पढ़ता था, तभी एक रात कमरे का दरवाजा बंद करके ध्यान करते-करते एकदम से तल्लीन हो गया। कितनी देर तक मैं उस तरह बेसुध ध्यान में लीन रहा,

बता नहीं सकता। ध्यान शेष हुआ, फिर भी उसी मुद्रा में बैठा रहा। ऐसे में कमरे की दक्षिणी दीवार भेदकर एक ज्योतिर्मय मूर्ति प्रकट हुई और मेरे सामने आ खड़ी हुई। उनके चेहरे पर अद्भुत कांति झलक रही थी, फिर भी मानो कोई भाव न हो। महाशांत संन्यासी मूर्ति—मुंडित मस्तक, हाथ में दंड और कमंडलु! कुछ देर वे मेरी तरफ एकटक देखते रहे। उस समय उनके चेहरे पर ऐसा भाव था, मानो वे मुझसे कुछ कहना चाहते हों। मैं भी अवाक् दृष्टि से उनको निहारता रहा। अगले ही पल मन मानो किसी खौफ से भर उठा। मैंने जल्दी से दरवाजा खोला और कमरे से बाहर निकल आया। बाद में खेद हुआ कि मूर्खों की तरह डरकर मैं भाग क्यों खड़ा हुआ। वे शायद मुझसे कुछ कहते। लेकिन उस रात के बाद उस मूर्ति के कभी दर्शन नहीं हुए। कई बार मेरे मन ने कहा कि अगर दुबारा उस मूर्ति के दर्शन हुए तो मैं डरूँगा नहीं, उनसे बात करूँगा। लेकिन, फिर कभी वह मूर्ति नजर नहीं आई। मैंने बहुत सोचा, मगर कोई कूल-किनारा नहीं मिला। अब मुझे लगता है कि उस रात मैंने भगवान् बुद्ध के दर्शन किए थे।

बचपन से ही जब भी कहीं कोई व्यक्ति, वस्तु या जगह देखता, मुझे ऐसा लगता था जैसे मैंने वह सब पहले भी कहीं देखा है, लेकिन लाख कोशिशों के बाद भी याद नहीं पड़ता था कि कहाँ देखा है। कहीं अपने मित्रों से किसी विषय पर बातचीत करते हुए अचानक ही कोई मित्र कोई ऐसा जुमला बोल जाता था, जिसे सुनकर मुझे लगता था कि इसी कमरे में, इन्हीं सब लोगों से पहले भी मेरी बातचीत हुई है और उस वक्त भी इस व्यक्ति ने यही वाक्य कहा था। लेकिन दिमाग पर काफी जोर देने के बाद भी यह तय नहीं कर पाता था कि इसकी वजह क्या थी! बाद में पुनर्जन्मवाद की जानकारी हुई तो मुझे यह खयाल आया कि ये सब घटनाएँ शायद मेरे पिछले जन्म में घटी थीं और वही सब सांसारिक स्मृतियाँ कभी-कभी इस जन्म में भी मेरे मन में ताक-झाँक करती हैं। लेकिन उसके भी बहुत बाद, यह समझ में आया है कि इन सब अनुभवों की ऐसी व्याख्या युक्तिसंगत नहीं है। अब लगता है कि इस जन्म में मुझे जिन-जिन लोगों या विषयों से परिचित होना था, उन्हें अपने जन्म से पहले ही चित्र-परंपरा मुताबिक मैंने किसी तरह देख लिया था और इस धरती पर भूमिष्ठ होने के बाद वही सब स्मृतियाँ समय-समय पर मेरे मन में झाँकने लगती हैं।

एंट्रेंस की परीक्षा के दो-तीन दिन पहले की बात है। मैंने देखा कि ज्योमेट्री में मैंने कुछ भी नहीं पढ़ा-सीखा है। तब मैं रात भर जागकर पढ़ता रहा और चौबीस घंटों के अंदर मैंने ज्योमेट्री की किताब के चार खंड पढ़ डाले और याद भी कर लिया।

मैंने बारह वर्षों तक कठोर अध्ययन किया और कलकत्ता विश्वविद्यालय से बी. ए. पास कर लिया।

छात्र जीवन में ही ऐसी आदत पड़ गई थी कि किसी भी लेखक की कृति की

पंक्ति-पंक्ति न पढ़ने के बावजूद मैं मतलब समझ लेता था। हर पैराग्राफ की पहली और अंतिम पक्ति पढ़कर मैं उसका भाव समझ लेता था। यह आदत जब धीरे-धीरे और बढ़ गई तब पैराग्राफ पढ़ने की भी जरूरत नहीं होती थी। हर पृष्ठ की पहली और अंतिम पंक्ति पढ़कर ही सारा कुछ समझ लेता था। जहाँ कहीं कोई विषय समझाने के लिए लेखक चार-पाँच या अधिक पृष्ठों में विस्तार से बताता था, वहाँ शुरू की कुछेक बातें पढ़कर ही मैं पूरा विषय समझ लेता था।

यौवन में पदार्पण करने तक हर रात बिस्तर पर लेटते ही मेरी नजरों के सामने दो दृश्य उभर आते थे। एक दृश्य में मैं देखता था कि मैंने अशेष धन-जन-संपदा और ऐश्वर्य अर्जित कर लिया है। दुनिया में जिन लोगों को धनी आदमी कहते हैं, मैंने उनमें शीर्ष स्थान प्राप्त किया है। मुझे लगता था कि मुझमें सच ही धनी आदमी बनने जैसी ताकत मौजूद है। अगले ही पल मैं देखता था कि दुनिया की तमाम चीजें त्यागकर एकमात्र प्रभु-इच्छा पर निर्भर करते हुए कौपीनधारी मैं अपनी मन-मरजी का भोजन करता हूँ और किसी पेड़ तले रात गुजारता हूँ। मुझे ऐसा महसूस होता था कि अगर मैं चाहूँ, तो इसी तरह ऋषि-मुनियों जैसा जीवन व्यतीत करने में समर्थ हूँ। इस प्रकार दो-दो ढंग का जीवनयापन करने की छवि मेरी कल्पना में उदित होती थी और अंत में, दूसरीवाली छवि मेरे मन पर अधिकार कर लेती थी। मैं सोचता था कि इनसान इसी तरह परमानंद-लाभ कर सकता है। मैं भी ऐसा ही बनूँगा। उस वक्त इस जीवन के सुखों के बारे में सोचते-सोचते मैं ईश्वर-आराधना में निमग्न हो जाता था और सो जाता था। आश्चर्य की बात यह है कि ऐसा अनुभव मुझे काफी दिनों तक होता रहा।

यह झूठ बोलने जैसा होगा, यह सोचकर मैंने लड़कों को कभी जू जू का भय नहीं दिखाया और अपने घर में किसी को ऐसा काम करते हुए देखता तो उसे काफी डाँटता था। अंग्रेजी पढ़ने और ब्राह्म समाज में आने-जाने के कारण मेरी वाणी की निष्ठा काफी बढ़ गई थी।

वर्तमान (19वीं शताब्दी) युग के प्रारंभ में बहुतेरे लोगों ने यह आशंका जाहिर की थी कि इस बार धर्म का ध्वंस होना अवश्यंभावी है। वैज्ञानिक गवेषणाओं के तीव्र आघात से पुराने कुसंस्कार चीनी-मिट्टी के बरतनों की तरह चूर-चूर होते जा रहे थे। जो लोग धर्म को केवल मतवाद और अर्थशून्य कार्य समझ रहे थे, वे लोग किंकर्तव्यविमूढ़ हो उठे। पकड़े रहने जैसा उन लोगों को कुछ भी नहीं मिल रहा था। एक वक्त तो ऐसा भी लगा कि जड़वाद और अज्ञेयवाद की उत्ताल तरंगें राह में आई हुई सभी चीजें, सारा कुछ अपने तेज प्रवाह में बहा ले जाएँगी।

बचपन की उम्र में इस नास्तिकता का प्रभाव मुझ पर भी पड़ा था और एक वक्त ऐसा भी आया, जब मुझे लगा कि मुझे भी धर्म का सारा आसरा-भरोसा त्याग देना होगा।

लेकिन शुक्र है कि मैंने ईसाई, मुसलमान, बौद्ध वगैरह धर्मों का अध्ययन किया और यह देखकर चकित रह गया कि हमारा धर्म जिन सब मूल तत्त्वों की शिक्षा देता है, अन्यान्य धर्म हूबहू वही शिक्षा देता है। उस समय मेरे मन में प्रश्न जाग उठा—तो फिर सत्य क्या है?

जब मैं बालक था, इसी कलकत्ता शहर में सत्य की खोज में मैं यहाँ-वहाँ घूमता था और लंबे-लबे भाषण सुनकर मैं वक्ता से सवाल करता था, 'आपने क्या ईश्वर के दर्शन किए हैं?' ईश्वर-दर्शन के सवाल पर बहुतेरे वक्ता चौंक उठते थे। एकमात्र श्रीरामकृष्ण परमहंस ने ही मुझे जवाब दिया था, ''मैंने ईश्वर-दर्शन किए हैं।'' सिर्फ इतना ही नहीं, उन्होंने यह भी कहा था, ''मैं तुम्हें भी उनके दर्शन-लाभ की राह दिखा दूँगा।''

□

श्रीरामकृष्ण से परिचय

मैंने बंगाल में जन्म लिया, अविवाहित रहा और अपनी इच्छा से संन्यास ग्रहण किया। मेरे जन्म के बाद मेरे पिता ने मेरी एक जन्म-कुंडली बनवाई। लेकिन उसमें क्या लिखा हुआ है, यह उन्होंने मुझे नहीं बताया। काफी वर्षों बाद जब मैं घर गया, मेरे पिता का देहावसान हो चुका था। कई महत्त्वपूर्ण कागजात के साथ मुझे वह जन्म-कुंडली भी अपनी माँ की हिफाजत में मिली और उसमें मैंने देखा, यह निश्चित भविष्यवाणी की गई थी कि मैं इस धरती पर परिव्राजक के रूप में जीवन बिताऊँगा।

बचपन से ही धर्म और दर्शन-चर्चा में मेरा विशेष आग्रह था। हमारे शास्त्रों का उपदेश है—मनुष्य के लिए त्याग ही श्रेष्ठ आदर्श है। बाद में जब मैं श्रीरामकृष्ण परमहंस से मिला तो मैंने समझा, हमारे जो श्रेष्ठ आदर्श हैं, उन्होंने अपने जीवन में उतार लिया है। नतीजा यह हुआ कि श्रीरामकृष्ण जिस पथ के पथिक थे, मेरे अंदर भी वही पथ अवलंबन करने की प्रबल आकांक्षा जाग उठी। मैंने संन्यास ग्रहण करने का संकल्प लिया।

मैं जिस संप्रदाय में शामिल हूँ, उसे कहते हैं—संन्यासी संप्रदाय। संन्यासी शब्द का अर्थ है—'जिस व्यक्ति ने सम्यक रूप से त्याग किया हो।' यह अति प्राचीन संप्रदाय है। ईसा के जन्म से 560 वर्ष पहले महात्मा बुद्ध भी इसी संप्रदाय में शामिल थे। वे अपने संप्रदाय के अन्यतम संस्कारक भर थे। पृथ्वी के प्राचीनतम ग्रंथ 'वेद' में भी आप लोगों को संन्यासी का उल्लेख मिलेगा।

संन्यासी संप्रदाय का तात्पर्य 'चर्च' न समझा जाए और इस संप्रदाय में शामिल लोग पुरोहित नहीं होते। पुरोहित और संन्यासी में जमीन-आसमान का अंतर है।

संन्यासियों के पास कोई जमीन-जायदाद या संपत्ति नहीं होती। वे लोग विवाह नहीं करते। उन लोगों की कोई संस्था नहीं होती। उन लोगों का एकमात्र बंधन गुरु-शिष्य का बंधन होता है। यह बंधन भारतवर्ष की अन्यतम विशेषता है। जो लोग सिर्फ

शिक्षा-दान के लिए आते हैं और उस शिक्षा के लिए थोड़ा-बहुत मूल्य देकर जिनसे संबंध खत्म हो जाता है, वे लोग असली और सच्चे शिक्षक नहीं होते। भारतवर्ष में वास्तविक अर्थ में यह दत्तक ग्रहण करने जैसा है। शिक्षा-प्रदाता गुरु मेरे लिए पिता से भी बढ़कर हैं, मैं उनकी संतान हूँ। हर तरह से मैं उनकी संतान हूँ। पिता से भी पहले मैं उनकी श्रद्धा करूँगा और उनकी प्राथमिकता स्वीकार करूँगा; क्योंकि भारत के लोगों का कहना है कि पिता ने मुझे जन्म दिया है, मगर गुरु ने मुझे मुक्ति का पथ दिखाया है। इसलिए गुरु पिता से भी अधिक महान हैं। हम सब आजीवन अपने गुरु के प्रति श्रद्धा और प्रेम पोषण करते हैं। गुरु-शिष्य के बीच यही संबंध विद्यमान रहता है। मैं भी अपने शिष्यों को दत्तक के रूप में ग्रहण करता हूँ। कभी-कभी ऐसा भी होता है कि गुरु तरुण होता है और शिष्य कोई वयोवृद्ध!

मैंने एक वृद्ध को अपने गुरु के रूप में पाया था। वे अद्‌भुत थे। पांडित्य कहने जैसा उनमें कुछ भी नहीं था। उन्होंने पढ़ाई-लिखाई भी खास नहीं की थी। लेकिन शैशव से ही उनमें सत्य की प्रत्यक्षानुभूति लाभ करने की तीव्र आकांक्षा उनके मन में जाग उठी थी। स्वधर्म की चर्चा से उनकी साधना की शुरुआत हुई। बाद में अन्यान्य धर्म-मत के जरिए सत्य-लाभ की आकांक्षा से प्रेरित होकर एक के बाद एक अन्यान्य धर्म संप्रदायों में शामिल होते रहे। कुछ समय तक वे उन संप्रदायों के निर्देश के मुताबिक साधना करते, उन संप्रदायों के भक्तों के साथ रहकर उन लोगों के भावादर्शों में तन्मय रहते। कुछेक वर्षों के बाद वे अन्य किसी संप्रदाय में चले जाते। इस प्रकार सभी साधनाओं के बाद वे इस नतीजे पर पहुँचे—सभी धर्म-मत अच्छे हैं। वे किसी भी धर्म-मत की आलोचना नहीं करते थे। वे कहा करते थे, 'विभिन्न धर्म एक ही सत्य तक पहुँचने के विभिन्न पथ मात्र हैं।' वे यह भी कहा करते थे, 'इतने सारे पथ होना तो परम गौरव की बात है, क्योंकि ईश्वर को पाने का सिर्फ एक ही पथ होता तो वह किसी एक व्यक्ति के लिए उपयोगी होता। पथ की संख्या जितनी अधिक होगी उतना ही हममें से प्रत्येक को सत्य-लाभ के अधिकाधिक मौके प्राप्त होंगे।' अगर एक भाषा मैं नहीं सीख पाया, तो अन्य कोई भाषा सीखने की कोशिश रहेगी। सभी धर्म-मतों के प्रति उनकी ऐसी गहरी श्रद्धा थी।

हजारों लोग उस अपूर्व व्यक्ति को देखने और सरल ग्राम्य भाषा में उनका उपदेश सुनने आने लगे। उनके शब्द-शब्द में विशेष समाहित होती थी। उनकी हर बात मन के अँधेरे के दूर कर देती थी। यह अद्‌भुत व्यक्ति उस जमाने के भारत की राजधानी और हमारे देश में शिक्षा के प्रधान केंद्र में, जहाँ हर वर्ष सैकड़ों संदेहवादी और जड़वादियों की सृष्टि हो रही थी, उसी कलकत्ता शहर के करीब ही निवास करते थे। इसके बावजूद विश्वविद्यालयों के अनेक डिग्रीधारी, अनेक संदेहवादी और अनेक

नास्तिक लोग उनका भाषण सुनने आते थे।

उस व्यक्ति के बारे में खबर पाकर मैं भी उनके दर्शन करने पहुँच गया। लेकिन वे मुझे एक आम व्यक्ति जैसे ही लगे। उनमें मुझे कोई असाधारणता ढूँढ़े से भी नहीं दिखी।

प्रश्न : आपको वह दिन अच्छी तरह याद है, जब आपने उन्हें पहली बार देखा था?

—हाँ, पहली बार मैंने उनके दर्शन दक्षिणेश्वर की कालीबाड़ी में किए थे—उन्हीं के कमरे में! उस दिन मैंने दो गीत भी गाए थे।

गीत सुनकर वे भाव-मग्न हो गए। उन्होंने राम बाबू (श्री रामचंद्र दत्त) वगैरह से पूछा, ''यह लड़का कौन है? वाह, क्या गाता है।'' उन्होंने मुझसे दुबारा आने को कहा।

खैर, मैंने गाना तो गा दिया, लेकिन उसके बाद ही ठाकुर (श्रीरामकृष्ण) अचानक उठे और मेरा हाथ पकड़कर अपने कमरे के उत्तरी बरामदे में ले गए और दरवाजा अंदर से बंद कर लिया। वह ठंड का मौसम था। उत्तरी हवा को रोकने के लिए बरामदे को एक झाँप से घेर दिया गया था। इसलिए बाहर का कोई व्यक्ति वहाँ से नजर नहीं आता था। अगले ही पल उन्होंने वहाँ जो कहा और जो किया, वह कल्पनातीत था। उन्होंने मेरा हाथ थामकर आँखों से धार-धार आँसू बहाते हुए किसी पूर्व-परिचित की तरह कहना शुरू किया, ''इतने दिनों बाद आना हुआ? मैं कितनी अधीरता से तुम्हारी राह देख रहा था, यह एक बार भी नहीं सोचा? यहाँ विषयी लोगों की बातें सुनते-सुनते मेरे कान पक गए थे। किसी से जी खोलकर बातें भी नहीं कर पाता।'' उन्होंने इस प्रकार की ढेर सारी बातें कीं और रोते रहे। अगले ही पल वे मेरे सामने हाथ जोड़कर कहने लगे, ''मैं जानता हूँ, मेरे प्रभु, तुम वही पुरातन ऋषि हो, नर रूपी नारायण। जीवों की दुर्गति दूर करने के लिए तुमने दुबारा शरीर धारण किया है।'' इत्यादि-इत्यादि।

मैं तो यह सब सुनकर अवाक्! स्तंभित! मैं मन-ही-मन सोचने लगा, यह मैं किसके दर्शन को आया हूँ? यह तो बिलकुल पागल है, वरना मैं विश्वनाथ दत्त का पुत्र, मुझसे ये सब बातें? बहरहाल मैं चुप रहा। वे पागल सज्जन अपनी रौ में बोलते रहे। उसके बाद मुझे वहीं रुके रहने को कहकर वे कमरे के अंदर चले गए। वहाँ से माखन, मिश्री और कई संदेश मिठाई लेकर वे लौटे और मुझे अपने हाथों से खिलाने लगे। मैं उनसे बार-बार कहता रहा, ''ये सब मुझे दे दीजिए। मैं अपने साथियों के साथ बाँटकर खा लूँगा।'' लेकिन उन्होंने मेरी एक न सुनी। उन्होंने कहा, ''वे लोग बाद में खा लेंगे! फिलहाल, तुम खाओ।'' इतना कहकर उन्होंने सारी मिठाई मुझे खिला दी और तभी निश्चिंत हुए! थोड़ा ठहरकर उन्होंने मेरा हाथ पकड़कर कहा, ''अब तुम मुझे वचन दो

कि तुम जल्दी ही किसी दिन अकेले ही आओगे।'' मैं उनका यह एकांत अनुरोध किसी तरह टाल नहीं पाया, इसलिए मुझे कहना ही पड़ा, ''आऊँगा।'' उसके बाद उनके साथ मैं दुबारा उनके कमरे में जाकर अपने साथियों के साथ बैठ गया।

वहाँ बैठे-बैठे मैं उन्हें गौर से देखने लगा। उस वक्त मुझे उनके चाल-चलन, बातचीत वगैरह में उन्माद का कोई लक्षण नजर नहीं आया, बल्कि अपने भक्तों के प्रति उनका प्रवचन सुनकर और उनकी अद्‌भुत भाव-समाधि देखकर मुझे लगा कि वे सच ही ईश्वर-ज्ञाता व्यक्ति हैं और वे जो कहते हैं, वह स्वयं भी महसूस करते हैं। इसलिए धीरे-धीरे मैं आगे बढ़ आया और उनके समीप जाकर मैंने पूछा, ''महाशय, क्या आपने ईश्वर को देखा है?''

उन्होंने छूटते ही जवाब दिया, ''हाँ, देखा है। जैसे मैं तुम लोगों को देख रहा हूँ, तुम लोगों से बातचीत कर रहा हूँ, ठीक उसी तरह उन्हें भी देखा जा सकता है, उनसे बातें की जा सकती हैं। लेकिन इसकी चाह किसे है? लोग तो पत्नी-पुत्र, धन-संपत्ति वगैरह के शोक में आँसू बहाते हैं, लेकिन ईश्वर के लिए कौन अधीर होता है? उन्हें पाने के लिए अगर कोई व्याकुल होकर पुकारे, तब वे अवश्य उसे दर्शन देते हैं।''

उनका यह जवाब सुनकर मुझे लगा कि यह वे अपनी निजी उपलब्धि से ही ऐसा कह रहे हैं। लेकिन, इन सब बातों के साथ पहले के उस पागलपन के आचरण में कोई सामंजस्य स्थापित न कर पाने की वजह से मैंने सोचा कि वे कोई मनोमैनियाक (एक प्रकार थे पागल) हैं! इसके बावजूद मुझे यह भी आभास होने लगा कि ये पागल भले हों, लेकिन महात्यागी, महापवित्र हैं और सिर्फ इसीलिए ही ये मानव-हृदय की श्रद्धा, पूजा और सम्मान पाने का यथार्थ अधिकारी हैं। यही सब सोचते-सोचते उस दिन मैंने उन्हें प्रणाम करके वहाँ से विदा ली।

प्रश्न : उसके बाद फिर वहाँ दर्शन हुए?

—दूसरी बार भी दक्षिणेश्वर में। उस बार भी मुझे देखकर मेरी स्तुति करने लगे। स्तुति करते-करते ही उन्होंने कहा, ''नारायण, तुम मेरे लिए ही देह धारण करके आए हो।''

देवी माँ से मैंने कहा था, ''मैं कैसे जा सकता हूँ! वहाँ जाकर मैं किससे बात करूँगा? माँ, कामिनी-कांचन-त्यागी कोई विशुद्ध भक्त अगर मुझे नहीं मिला तो मैं संसार में रहूँगा कैसे?'' उन्होंने कहा, ''तू इतनी रात को मेरे पास आया, मुझे जगाया और मुझसे कहा—मैं आ गया हूँ।'' मगर, इन सब बातों से बेखबर मैं तो कलकत्ता में अपने घर में मस्ती से सो रहा था।

दक्षिणेश्वर काली मंदिर कलकत्ता से इतनी दूर है, पहली बार यहाँ गाड़ी से आते हुए इसका आभास नहीं हुआ था। पैदल चलते हुए मुझे लगा, यह राह मानो खत्म ही

नहीं होना चाहती। बहरहाल, लोगों से पूछते-पूछते अंत में कालीबाड़ी पहुँचकर मैं सीधे ठाकुर के कमरे में गया। मैंने देखा, वे अपने छोटे से तख़्त पर आसीन हैं। मुझे देखते ही वे आनंद से गद्गद हो आए। मुझे बुलाकर उन्होंने अपने बिस्तर पर बिठा लिया।

बिस्तर पर बैठते ही मैंने गौर किया कि वे कैसे तो भावाविष्ट हो गए हैं। मुझ पर अपनी दृष्टि स्थिर रखकर वे अस्पष्ट आवाज में कुछ बुदबुदाते हुए मेरी तरफ खिसक आए। मुझे लगा, पिछले दिन की तरह आज भी वे कोई पागलपन करनेवाले हैं। लेकिन ऐसा कुछ मैं सोच ही रहा था कि उन्होंने अपना दाहिना पैर मेरे बदन पर रख दिया और वह स्पर्श पाते ही मुझे एक अद्भुत उपलब्धि हुई। मैंने खुली आँखों से देखा कि उस कमरे की दीवारें और सभी चीजें तेजी से घूमते-घूमते जाने कहाँ अदृश्य होती जा रही हैं और मेरे 'मैं' समेत समूचा विश्व ही मानो किसी सर्वग्रासी महाशून्य में विलीन होने को दौड़ पड़ा हो।

उस पल मैं किसी महाभय से अभिभूत हो उठा। मुझे लगा, यह 'मैं' का नाश ही मरण है। वह मरण मेरे सामने है, अति निकट!

मैं अपने को सँभाल नहीं पाया। मैं चीख उठा, "आपने मेरे साथ यह क्या किया? अभी तो मेरे माता-पिता जीवित हैं!"

मेरी बात सुनकर ठाकुर ने जोर का ठहाका लगाया और अपने हाथ से छाती थपथपाते हुए कहा, "तब फिर अभी रहने दो! एक बार में (अभी ही) न सही, वक्त आने पर हो जाएगा।" हैरत की बात यह थी कि उनके मुख से यह वाक्य निकलते ही मेरी वह अद्भुत उपलब्धि निमिष भर में थम गई। मैं पुन: होश में आ गया और कमरे के अंदर-बाहर की चीजें पहले की तरह यथास्थान स्थित हो गईं।

यह बताने में मुझे थोड़ा वक्त लगा, मगर वह घटना, इससे भी कम समय में घट गई थी। इसके माध्यम से मेरे अंतस् में एक युगांतर उपस्थित हो गया। मैं स्तब्ध होकर यह सोचता रहा कि यह क्या हो गया? यही क्या 'मेसमेरिज्म' है (इच्छाशक्ति-सृष्ट मोह)? या यह 'हिप्नोटिज्म' (सम्मोहन विद्या प्रयोग का फल) है? ये दोनों तो सिर्फ कमजोर मन पर असर डालती हैं। लेकिन मैं तो दुर्बलमना नहीं हूँ। इसके अलावा मैं तो उनका भक्त भी नहीं हूँ, बल्कि मैं तो उन्हें कुछ-कुछ पागल ही समझता हूँ। फिर मेरी यह उपलब्धि क्या है? मैंने काफी सोच-विचार किया, मगर किसी भी फैसले पर नहीं पहुँच सका। लेकिन मन-ही-मन मैंने संकल्प लिया कि अब मैं उन्हें अपने मन पर इस तरह अपना प्रभावविस्तार नहीं करने दूँगा।

साथ ही मुझे यह भी लगने लगा कि उनमें अगर इतनी दृढ़ इच्छा-शक्ति है, जिसके द्वारा वे मुझ जैसे मजबूत मनोबल, दृढ़ संस्कार-युक्त प्राणी को अवश कर सकते हैं, तो उन्हें पागल कैसे कहा जाए? हालाँकि पहले दिन मुझे बरामदे में ले जाकर उन्होंने

जो सब हरकतें की थीं, उसके लिए उन्हें पागल के अलावा और क्या कह सकता था? जाहिर है कि इस बारे में भी मैं कुछ तय नहीं कर पाया, अस्तु मैंने फैसला किया कि चाहे जैसे भी हो, उनके स्वभाव और शक्ति को मुझे सटीक ढंग से समझना ही होगा।

इसी तरह के सोच-विचार में उस दिन मेरा वक्त गुजर गया। लेकिन मैंने देखा कि उस घटना के बाद ठाकुर मानो बिलकुल भिन्न इनसान बन गए और पहले दिन की तरह ही मेरा आदर-जतन करने लगे। किसी प्रिय आत्मीय या बंधु को अरसे बाद पाकर लोग जैसा बरताव करते हैं, वे भी वैसा ही बरताव करने लगे। मुझे खिला-पिलाकर, प्यार-दुलार करके, बोल-बतियाकर और हँसी-ठिठोली करते हुए मानो उनकी आस नहीं मिटती थी। उनका यह अद्‌भुत स्नेहपूर्ण बरताव भी मेरी चिंता का विषय बन गया। अंत में जब शाम उतर आई, मैंने उस दिन उनसे विदा ली।

इस बात पर उन्होंने उदास होकर कहा, "जल्दी आने का वचन दो।"

पहले की तरह ही विदा लेने से पहले मुझे वचन देना पड़ा।

एक दिन दक्षिणेश्वर के बगीचे में ठाकुर ने मुझे छू दिया। उनके छूते ही मैंने देखा, घर-द्वार, किवाड़-आँगन, पेड़-पौधे, चंद्र-सूर्य सबकुछ मानो आकाश में विलीन होते जा रहे हैं। उसी क्रम में मैंने दुबारा देखा—घर-द्वार, किवाड़-आँगन जैसा पहले था, ठीक उसी प्रकार यथास्थित हो गया। इसी तरह एक दिन अमेरिका की एक झील के किनारे ठीक ऐसा ही हाल हुआ था।

···जब किसी रोग की वजह से नहीं, नशा करके भी नहीं, विविध प्रकार के दम लगाकर भी नहीं, जब स्वस्थ इनसान की ऐसी हालत हो, तब उसे तू मस्तिष्क का विकार कैसे कहेगा? खासकर जब बार-बार ऐसी मनोदशा को प्राप्त होने की बात वेदों से भी पता चलती है, पूर्व के आचार्यों और ऋषियों के आप्तवाक्यों से भी मिलती-जुलती है। मुझे तूने क्या अंत में विकृत मस्तिष्क ही समझ लिया?

तू जान ले, जब यह एकत्व ज्ञान हो जाता है, जिसे तेरे शास्त्र में ब्रह्मानुभूति कहा गया है, तब जीव के मन में कोई भय नहीं रह जाता, जन्म-मृत्यु का बंधन छिन्न-भिन्न हो जाता है। जो जीव इस तुच्छ काम-कंचन में बद्ध हो जाता है, वह ब्रह्मानंद की प्राप्ति नहीं कर सकता। वह परमानंद अगर प्राप्त हो जाए तो जीव सांसारिक सुख-दुःख से अभिभूत नहीं होता।

उस परमानंद-लाभ की कामना ब्रह्म से लेकर तुच्छ तिनके तक सबके भीतर पूरी तरह विद्यमान है। आनंदस्वरूप ब्रह्म भी सबके अंतस् में विद्यमान रहते हैं, तू भी वही पूर्ण ब्रह्म है। इस मुहूर्त अगर ठीक-ठीक सोचा जाए तो इसकी अनुभूति होती है। बस, केवल अनुभूति की कमी है। तू जो यह नौकरी-चाकरी करते हुए अपनी पत्नी-बच्चों के लिए इतनी जी-तोड़ मेहनत करता है, उसका उद्‌देश्य भी वही सच्चिदानंद-लाभ

है। उस मोह की मार-पेंच में पड़कर, ठोकर खाते-खाते धीरे-धीरे अपने स्वरूप में नजर आने लगेगा। चूँकि मन में वासना भरी हुई है, इसलिए ठोकर खाता है और खाता रहेगा। इसी तरह ठोकर खाते-खाते ही अपनी तरफ दृष्टि पड़ेगी! किसी-न-किसी समय हर किसी की दृष्टि पड़ेगी ही पड़ेगी—किसी की इस जन्म में, किसी की लाखों जन्मों के बाद!

मेरे प्रति प्यार की वजह से वे अपना बूँद भर भी ध्यान नहीं रखते थे, यह देखकर उनके प्रति भयंकर कठोर वाक्य प्रयोग करने में भी मैं कभी कुंठित नहीं हुआ। मैं उनसे कहता था, "पुराणों में लिखा है, भरत 'हिरण' के बारे में सोचते-सोचते मृत्यु के बाद सचमुच हिरण बन गया था। अगर यह बात सच है तो यूँ मेरे बारे में इतनी चिंता करने का परिणाम सोचकर आपको सावधान हो जाना चाहिए।"

बालक जैसे सरल ठाकुर मेरी ये बातें सुनकर बेहद चिंतित हो उठे। उन्होंने कहा, "ठीक कहता है तू! सच ही तो, अब क्या होगा? मैं तो तुझे देखे बिना रह नहीं सकता।"

बेहद मुरझाए हताश से ठाकुर माँ (श्री श्री जगदंबा) को यह बात बताने चल दिए। थोड़ी देर बाद वे हँसते-हँसते लौट भी आए। वे एकदम से बोल उठे, "ज्जा स्साला, मैं तेरी बात नहीं सुनूँगा। माँ ने कहा—तू उसे साक्षात् नारायण समझता है, इसीलिए उसे प्यार करता है। जिस दिन तुझे उसमें नारायण नहीं दिखेंगे, उस दिन तुझे उसका मुँह देखना भी भला नहीं लगेगा।" अब तक मैंने ठाकुर को जितनी सारी बातें समझाई थीं, उस दिन उन्होंने सबकुछ एक वाक्य में उड़ा दिया।

एक दिन उन्होंने कहा, "तू अगर दिल से याद करे तो कृष्ण को अपने अंदर ही बसा हुआ देख सकता है।"

मैंने उत्तर दिया, "मैं कृष्ण-विष्ण को नहीं मानता।"

मैंने एक बार उनसे कहा, उन्हें मेरी बातों पर इतना विश्वास था कि जब मैंने कहा, "आप यह जो रूप वगैरह देखते हैं, वह सब मन की भूल है!" वे तत्काल माँ के पास जा पहुँचे और उनसे पूछा, "माँ, नरेंद्र ऐसी बातें कर रहा है। क्या सच ही यह सब मन की भूल है?" उन्होंने मुझसे कहा, "माँ कहती है, यह सब सत्य है।" उन्होंने यह भी कहा, "तेरा गाना सुनकर (सीने पर हाथ रखकर दिखाते हुए) इसके अंदर जो बसे हैं, वे फुत्कारते हुए साँप का फन थामे धीर-शांत मुद्रा में बस सुनते ही रहते हैं।"

हमने अपने स्वयंभू वेद, धर्मग्रंथ, बाइबिल, कुरान और अन्य सभी सुप्रकाशित धर्मग्रंथों के बारे में बातचीत की। बातचीत के अंत में उस साधु ने मुझे मेज पर रखी एक किताब ले आने का हुक्म दिया। उस किताब में अन्यान्य विषयों के साथ-साथ वर्षा-फल का भी उल्लेख था। उस साधु ने मुझे उसमें से पाठ करने का निर्देश दिया। मैंने

उस किताब से उस वर्ष के वृष्टिपात का परिमाण पढ़कर सुनाया। उन्होंने कहा, "अब तुम यह किताब जरा निचोड़कर तो देखो।" मैंने उनकी आज्ञा का पालन किया। उन्होंने फिर कहा, "क्या हुआ, वत्स? इसमें से तो बूँद भर भी पानी नहीं टपका। जब तक इस किताब से पानी की धार नहीं बहती, यह सिर्फ किताब ही है। इसी तरह जब तक तुम्हारा धर्म तुम्हें ईश्वर की उपलब्धि न कराए, तब तक वह व्यर्थ है! जो लोग धर्म के नाम पर सिर्फ ग्रंथ-पाठ करते हैं, उनकी हालत उस गधे जैसी है, जिसकी पीठ पर चीनी का बोझा लदा हुआ है, लेकिन वह उसकी मिठास की खबर नहीं रखता।"

वे जो-जो कहते थे, शुरू-शुरू में मैं उनकी ढेरों बातें नहीं मानता था।

एक दिन उन्होंने पूछा, "तब तू आता ही क्यों है?"

मैंने कहा, "मैं आपको देखने आता हूँ, आपकी बातें सुनने के लिए नहीं।"

वे बेहद खुश हुए!

एक दिन अकेले में उन्होंने मुझसे एक बात कही। उस वक्त वहाँ और कोई नहीं था।

उन्होंने कहा, "मुझमें तो योगशक्ति-लाभ करने का कोई उपाय नहीं है। मैं तेरे माध्यम से लाभ करूँगा। क्या कहता है?"

"नहीं! ऐसा नहीं हो सकता।" मैंने जवाब दिया। मैं अकसर उनकी बातें उड़ा देता था।

"आप तो ईश्वर का रूप-दर्शन करते हैं। इस बारे में मैं पहले ही बता चुका हूँ कि यह मन का भ्रम मात्र है।"

उन्होंने कहा, "ओ रे, मैं तो कोठी के ऊपर चीख-चीखकर बुलाता रहता था—ओ रे, कहाँ, कौन भक्त है, चला आ! तुम सबको देखे बिना मेरे तो प्राण अटके हुए हैं। माँ ने कहा था—सभी भक्त आएँगे! सो देख, सारी बातें तो सच हो गईं।"

मैं इस बात का क्या जवाब देता? मैं खामोश ही रहा।

मैं अपने ढंग से कामकाज करता था। वे कुछ नहीं कहते थे। मैं ब्राह्म-समाज का साधारण सदस्य बन गया था, यह बात वे जानते थे। वहाँ महिलाएँ भी जाती थीं। महिलाओं को सामने रखकर ध्यान नहीं किया जा सकता, इसलिए वे इसकी निंदा करते थे। लेकिन मुझसे उन्होंने कुछ नहीं कहा। हाँ, सिर्फ एक दिन कहा, "राखाल (स्वामी ब्रह्मानंद) से ये सब बातें मत कहना कि तू समाज का सदस्य बना है। उसका भी सदस्य बनने का मन करेगा।"

ठाकुर ने मुझे ग्रहण कर लिया था। धर्म-संबंधी शिक्षा-दान की मुझ पर जितनी कृपा की उतनी कृपा अन्य लोगों पर नहीं की। इसलिए मैं औरों पर इस किस्म की कृपा के लिए जिद करता रहता था। बाल-स्वभाववश बहुत बार कमर बाँधकर उनसे बहस

करने को भी उतर पड़ता था।

मैं कहता था, ''क्यों महाशय, ईश्वर तो इतने पक्षपाती नहीं हैं, जो किसी एक पर कृपा बरसाएँ और दूसरों पर कृपा न करें। तब आप उन लोगों को मेरी तरह ग्रहण क्यों नहीं करते? यह बात तो पक्की है न कि इच्छा और चेष्टा करने से सभी लोग विद्वान् पंडित हो सकते हैं, वे लोग धर्म-लाभ और ईश्वर-लाभ भी कर सकते हैं।''

ठाकुर का उत्तर होता था, ''क्या करूँ, रे! मुझे तो माँ जो दिखा देती है। उन लोगों में सांडों जैसा पशु-भाव विद्यमान है। इस जन्म में उन लोगों को शांति-लाभ नहीं होगा। इसमें मैं क्या करूँ? तू ऐसी बातें क्यों कर रहा है? इच्छा या चेष्टा करने भर से लोग इसी जन्म में जो चाहें, वह बन सकते हैं?''

लेकिन उस वक्त ठाकुर की बात भला कौन सुनता?

मैं चट अगला सवाल पूछता था, ''यह कैसी बात है, महाशय? इच्छा और चेष्टा करके भी इनसान अपनी चाह मुताबिक नहीं बन सकता? जरूर बन सकता है। मुझे आपकी इस बात पर भरोसा नहीं है।''

मेरी इस बात पर भी ठाकुर का वही एक जवाब, ''तू चाहे विश्वास करे या न करे, मुझे तो माँ ही राह दिखा देती है।''

मैं भी उनकी बातें किसी शर्त पर भी स्वीकार नहीं करता था। उसके बाद जितने-जितने दिन बीतते गए, देखते-सुनते मुझे भी उतना-उतना समझ में आता गया कि ठाकुर जो कहते हैं, वही सच है। मेरी धारणा ही गलत है।

दक्षिणेश्वर पहुँचते ही ठाकुर दूसरों को जो-जो पढ़ने को मना करते थे, वही-वही किताबें वे मुझे थमा देते थे। अन्यान्य पुस्तकों के साथ उनके कक्ष में एक और किताब भी थी—अष्टावक्र-संहिता। अगर कोई वह पुस्तक निकालता था और ठाकुर देख लेते थे तो वे उसे वह किताब पढ़ने को मना कर देते थे और 'मुक्ति और उसका साधन', 'भगवद्गीता' या कोई और पुराण ग्रंथ उसे पढ़ने को कहते थे। लेकिन जब मैं उनके समीप पहुँचता था, वे मुझे 'अष्टावक्र-संहिता' निकालकर मुझसे पढ़ने को कहते थे। अगर मैं कहता था, ''यह किताब पढ़कर क्या होगा? मैं भगवान् हूँ, यह सोचना भी पाप है। इस किताब में वही पाप-कथा लिखी हुई है। यह किताब तो जला डालनी चाहिए।'' ठाकुर हँसते-हँसते जवाब देते थे, ''मैं क्या तुमसे पढ़ने को कह रहा हूँ? मैं तो यह जरा पढ़कर मुझे सुनाने को कह रहा हूँ। जरा पढ़कर मुझे सुना न! तब तो तुझे यह सोचने की जरूरत नहीं पड़ेगी कि तू भगवान् है।'' इसलिए उनके आग्रह पर थोड़ा-बहुत उन्हें पढ़कर सुनाना पड़ता था।

उस दिन के अद्भुत स्पर्श से, निमिष भर में, मेरे अंदर एक आश्चर्यजनक भावांतर जाग उठा था। मैं स्तंभित होकर देखने लगा, सच ही ईश्वर के अलावा इस विश्व में

और कुछ भी नहीं है। यह देखकर भी मैं खामोश रहा, यह समझने के लिए कि यह भाव कितनी देर तक बना रहता है। लेकिन उस दिन वह आच्छन्नता बूँद भर भी कम नहीं हुई। घर लौटकर भी मुझे वही-वही दिखाई देता रहा। जो कुछ भी देखता था, उसमें वे ही नजर आते थे। जब मैं भोजन करने बैठा, मैंने देखा, भात, थाली, परोसनेवाला और खुद मैं भी वही हूँ। दो-एक कौर खाने के बाद मैं धीर-स्थिर बैठा रहा।

माँ ने कहा, "बैठा क्यों है, रे? खा न!"

माँ की आवाज पर मुझे होश आया और मैंने दुबारा खाना शुरू कर दिया। इस तरह खाते-पीते, सोते, कॉलेज जाते, हर पल ही यही-यही दृश्य देखने लगा और जाने कैसी घोर बेसुधी में आच्छन्न रहने लगा। सड़क पर चल रहा हूँ, गाड़ी आते हुए देख रहा हूँ लेकिन वहाँ से हटने की प्रवृत्ति नहीं हो रही है। मुझे लगने लगा कि वह गाड़ी और मैं एक ही हैं।

उन दिनों मेरे हाथ-पैर हमेशा जड़ बने रहते थे। मुझे अंदेशा होने लगा कि मैं शायद पक्षाघात का शिकार होनेवाला हूँ। खाना खाकर भी कोई तृप्ति नहीं होती थी। लगता था, जैसे और कोई खा रहा है। खाते-खाते कभी-कभी मैं लेट जाता था। कुछ देर लेटे रहने के बाद दुबारा खाना शुरू करता था। नतीजा यह होता था कि किसी-किसी दिन मैं बहुत ज्यादा खा लेता था, लेकिन इस वजह से कभी बीमार नहीं पड़ता था। माँ डर जाती थीं। वह कहती थीं, "लगता है, अंदर-ही-अंदर तुझे किसी गहरे रोग ने पकड़ लिया है।" कभी वे कहती थीं, "वह अब नहीं बचेगा।"

जब मेरा यह आच्छन्न मनोभाव कम हो जाता, तब यह जगत किसी सपने जैसा प्रतीत होता था। हदुआ तालाब के किनारे मैं घूमने चला जाता। वहाँ रेलिंग पर सिर पटककर जाँच करता कि यह सपना है या सच। कुछ दिन मन की यही हालत चलती रही। उसके बाद जब मैं प्रकृतिस्थ हुआ, तब मुझे अहसास हुआ कि मैं अद्वैतज्ञान की अनुभूति कर रहा हूँ और शास्त्रों में इस बारे में जो कुछ लिखा हुआ है, वह झूठ नहीं है। इसके बाद अद्वैततत्त्व की सच्चाई से मैं कभी इनकार नहीं कर सका।

पहली बार मैंने एक ऐसे व्यक्ति को देखा, जो साहस के साथ बोल सकते थे, "मैंने ईश्वर को देखा है। धर्म सत्य है, इसकी अनुभूति की जा सकती है। हम सब जैसे यह जगत् प्रत्यक्ष कर सकते हैं, उससे ईश्वर के अनंत गुणों को स्पष्ट रूप से प्रत्यक्ष किया जा सकता है।"

मैं उस इनसान के पास प्रतिदिन जाने लगा। वैसे सारी बातें तो अब मैं बयान नहीं कर सकता, लेकिन इतना जरूर कह सकता हूँ कि धर्म दिया भी जा सकता है, वह मैंने वास्तविक रूप से प्रत्यक्ष किया। एक स्पर्श मात्र से या एक बार नजर भर देखने से एक समग्र जीवन परिवर्तित हो सकता है। ऐसा मैंने बार-बार होते देखा है।

मैंने बुद्ध, यीशु, मुहम्मद और प्राचीन काल के विभिन्न महापुरुषों के बारे में अध्ययन किया। उन सभी लोगों ने कहा, 'स्वस्थ हो।' और वह व्यक्ति स्वस्थ हो गया। मैंने देखा, यह सत्य है और जब मैंने इस इनसान को देखा तो मेरा सारा संदेह दूर हो गया। धर्म-दान करना संभव है और मेरे आचार्यदेव कहा करते थे, "जगत् की अन्यान्य सामग्रियों का लेन-देन किया जा सकता है, धर्म उनसे भी अधिक प्रत्यक्ष भाव से लिया-दिया जा सकता है।"

उच्चतर शिक्षा ग्रहण करने में अक्षम जनसाधारण के लिए वे 'नारदीय भक्ति' का प्रचार करते थे।

आमतौर पर वे द्वैतवाद की ही शिक्षा देते थे। अद्वैतवाद की शिक्षा न देना ही उनका नियम था। लेकिन मुझे उन्होंने अद्वैतवाद की ही शिक्षा दी थी। इससे पहले मैं द्वैतवादी था।

किसी समय उन्हीं महापुरुष ने मुझसे कहा था कि इस जगत् में करोड़ों-करोड़ों लोगों में एक जन भी ईश्वर में विश्वास नहीं करता था। इसका कारण पूछने पर उन्होंने बताया था, "मान लें, इस कमरे में एक चोर रहता है। उसे पता चलता है कि बगल के कमरे में ढेर सारा सोना मौजूद है। दोनों कमरों के बीच में झीना सा परदा भी है। अच्छा, उस चोर की क्या हालत होगी?"

मैंने उत्तर दिया, "वह चोर बिलकुल सो नहीं पाएगा। उसका दिमाग सक्रिय ढंग से वह सोना हथियाने का उपाय सोचता रहेगा। और कोई खयाल उसे नहीं आएगा।"

इसके उत्तर में उन्होंने पूछा, "तुम्हें क्या विश्वास है कि कोई इनसान ईश्वर में विश्वासी हो और वह ईश्वर को प्राप्त करने के लिए पागल नहीं हो उठेगा? अगर कोई व्यक्ति आंतरिक भाव से यह विश्वास करता हो कि कोई एक असीम-अनंत आनंद का आकार मौजूद है और उसे प्राप्त किया जा सकता है तो क्या उसे प्राप्त करने की कोशिश में वह दीवाना नहीं हो जाएगा?" हाँ, सच ही, ईश्वर में दृढ़ विश्वास और उन्हें पाने के लिए अनुरूप आग्रह को ही 'श्रद्धा' कहते हैं।

उन्हीं दिनों किसी एक समय मैंने दक्षिणेश्वर में ठाकुर के सान्निध्य में रात बिताई थी। मैं कुछ देर पंचवटी तले बैठा था। ऐसे समय ठाकुर अचानक वहाँ आ पहुँचे और मेरा हाथ थामकर हँसते-हँसते कहने लगे, "आज तेरी विद्या-बुद्धि की परीक्षा होगी। तूने तो सिर्फ ढाई पास किया है। आज साढ़े तीन पास किया हुआ मास्टर आया है। चल, उससे बात कर।" आखिरकार ठाकुर के साथ जाना ही पड़ा। ठाकुर के कमरे में जाकर श्रीमान 'म' (श्री श्री रामकृष्ण कथामृतकार श्री महेंद्रनाथ गुप्त—श्रीम) से परिचय होने के बाद उनसे विभिन्न विषयों पर चर्चा हुई। इस तरह हमें बातों में लगाकर ठाकुर चुपचाप बैठे, हमारी बातें सुनते रहे और हमें निरखते-परखते रहे। बाद में, श्रीमान म उस दिन

जब विदा लेकर चले गए, तो ठाकुर ने कहा, ''पास कर लेने भर से क्या होता है? उस मास्टर में औरताना भाव है। बात ही नहीं कर पाता।''

इस तरह मुझे लोगों के साथ बातों में लगाकर खुद तमाशा देखा करते थे।

धर्म-कर्म करने आकर और कुछ भले न हो, उनकी (ईश्वर की) कृपा से मैं अपने क्रोध को काबू में कर सका। पहले जब मैं क्रुद्ध होता था तो होश-हवास बिलकुल खो बैठता था और बाद में पछतावे की आग में जलता-झुलसता रहता था। अब अगर कोई अकारण मुझे चोट पहुँचाता है या नितांत अपकार करता है, तब भी उस पर पहले की तरह भयंकर क्रोध नहीं आता।

शुरू-शुरू में जब मैं वहाँ गया, तब एक दिन उन्होंने भाव की स्थिति में कहा, ''तू आ गया?''

मैंने सोचा—आश्चर्य है! ये तो जैसे मुझे बहुत दिनों पहले से जानते हैं!

उन्होंने फिर पूछा, ''तुझे क्या कोई ज्योति दिखाई देती है?''

मैंने उत्तर दिया, ''जी हाँ, सोने से पहले माथे के करीब कैसी तो ज्योति घूमती रहती है।''

पहले मैं वह दृश्य बहुधा देखा करता था। जदु मल्लिक की भोजनशाला में ठाकुर ने मुझे स्पर्श करते हुए मन-ही-मन कुछ बुदबुदाकर कहा। मैं बेहोश हो गया। उसी भाव की आच्छन्नता में मैं कई महीनों रहा।

मेरे विवाह की चर्चा सुनकर ठाकुर काली मैया के चरण पकड़कर रोते रहे। उन्होंने रोते-रोते विनती की, ''माँ, वह सब उलट दे, माँ! नरेंद्र कहीं डूब न जाए।''

पाठगृह में उपस्थित होकर ठाकुर एक दिन जब मुझे ब्रह्मचर्य-पालन का उपदेश दे रहे थे, मेरी नानी ने आड़ से उनकी सारी बातें सुन लीं। उन्होंने मेरे माता-पिता को बता दिया। संन्यासी से हिल-मिलकर कहीं मैं भी संन्यासी न हो जाऊँ। इसी डर से उसी दिन से मेरे विवाह के लिए खासतौर पर कोशिशें करने लगे। लेकिन कोशिश करने से क्या होता है? ठाकुर की प्रबल इच्छा के विरुद्ध उन लोगों की सारी कोशिशें बह गईं। सारी बातें तय हो जाने के बाद भी कई जगह, मामूली कारणों से दोनों पक्षों के बीच मतभेद हो जाता और विवाह-संबंध अचानक टूट जाते।

ठाकुर के पास कितने आनंद में दिन कट रहे थे, वह किसी और को समझाना मुश्किल है। खेल-खेल में, रंग-रस वगैरह के मामूली दैनंदिन माध्यमों से वे किस ढंग से, हमारे अनजाने में ही, लगातार उच्च शिक्षा देते हुए हमारा आध्यात्मिक जीवन-गठन करते रहे, अब सोचता हूँ तो मेरे विस्मय की सीमा नहीं रहती। बालक को तालीम देते हुए जैसे कोई महाबली पहलवान अपने को संयम रखते हुए, अपनी ताकत का प्रदर्शन करते हुए, जैसे कभी उसे अशेष श्रम से पराभूत कर देता है या स्वयं उससे पराभूत हो जाता है और उसमें

आत्मविश्वास को जन्म देता है, हमारे साथ ठाकुर अपने बरताव में अकसर उसी तरह का भाव अवलंबन करते थे। वे हमेशा बिंदु में सिंधु की उपस्थिति प्रत्यक्ष करते थे। हममें से प्रत्येक में निहित आध्यात्मिकता का बीज-फूल फलीभूत होकर, आगामी कल जो आकार धारण करेगा, वे तभी से भाव में डूबे प्रत्यक्ष कर लेते थे और हमारी प्रशंसा करते थे, प्रोत्साहित करते थे और कहीं हम वासना विशेष से आबद्ध होकर कहीं जीवन की ऐसी सफलता गँवा न दें, इस बारे में विशेष सतर्कता से हमारे हर आचरण पर गौर करते थे और उपदेश देकर हम सबको संयत रखते थे।

लेकिन वे इस तरह से हमारी पोर-पोर पर नजर रखते हुए हमें नित्य नियंत्रित रखते हैं, इसका हमें बिंदु मात्र भी आभास नहीं होता था। वही था उनका शिक्षा-दान और जीवन गठित कर देने का अपूर्व कौशल! ध्यान-धारणा के समय, कुछ दूर तक आगे बढ़ने के बाद, जब मन और ज्यादा एकाग्र करने का अवलंबन नहीं पाता था, ऐसे में अपना कर्तव्य पूछने पर वे यह बताते थे कि ऐसी परिस्थिति में उन्होंने क्या किया था। वे हमें यह सब जानकारी देते थे और इस बारे में तरह-तरह के कौशल भी बताते थे।

मुझे याद है, रात के अंतिम प्रहर में आलमबाजार में स्थित जूट-मिल के सायरन की आवाज में मेरा मन लक्ष्यभ्रष्ट और विक्षिप्त हो जाता था। मैंने जब उन्हें यह बात बताई, उन्होंने मुझे उस सायरन की आवाज में ही मन को एकाग्र करने का निर्देश दिया और यही पथ अपनाकर मुझे विशेष परिणाम का लाभ हुआ था। इसी तरह और एक बार हुआ। ध्यान के समय शरीर को भूलकर, मन को लक्ष्य पर केंद्रित करने की राह में मैंने बाधा महसूस की। मैं उनके सामने उपस्थित हुआ। समाधि-साधन के समय श्रीमद् तोतापुरी ने जिस ढंग से भौंहों के मध्य मन को एकाग्र करने का निर्देश दिया था, उसका उल्लेख करते हुए ठाकुर ने अपने नाखूनों की पोर से मेरी भौंहों के मध्य जोर से आघात किया और कहा, "इस वेदना पर अपने मन को एकाग्र कर!" मैंने देखा कि उस आघात के दर्द का अहसास जितनी देर चाहो, समभाव से, मन में बसाए रखा जा सकता है। ऐसे में, शरीर के किसी अंश की वजह से मन का विक्षिप्त होना तो दूर की बात, इन सभी अंशों के अस्तित्व तक को भूला जा सकता है।

ठाकुर की साधना-स्थली निर्जन पंचवटी-तल ही हमारी ध्यान-धारणा के लिए विशेष उपयोगी स्थान था। वैसे शुद्ध ध्यान-धारणा ही क्यों, क्रीड़ा-कौतुक में भी बहुत सारा वक्त हम वहीं गुजारते थे। उस समय ठाकुर भी हमारे साथ यथासंभव शामिल रहते थे और हमारा आनंदवर्धन करते थे। हम वहाँ दौड़ते-फिरते थे, पेड़ों पर चढ़ते थे, मजबूत रस्सों जैसी माधवीलता की बाँहों में बैठे-बैठे झूला झूलते थे और कभी-कभी हम सब मिलकर खाना पकाते थे, 'चड़ुईमाती' यानी पिकनिक मनाते थे।

पिकनिक में पहले दिन मैंने खुद अपने हाथों से खाना पकाया है, यह देखकर ठाकुर

ने खुद वे पकवान ग्रहण किए। ब्राह्मण के अलावा वे किसी अन्य के हाथों पकाया हुआ खाना ग्रहण नहीं करते थे, इसलिए मैंने उनके लिए ठाकुरबाड़ी के प्रसाद-स्वरूप आहार का बंदोबस्त किया था। लेकिन उन्होंने ऐसा कुछ करने को मना कर दिया।

उन्होंने कहा, "तुम जैसे शुद्ध-सत्त्वगुणी के हाथों तैयार किया गया भोजन खाने में कोई दोष नहीं होगा।"

मैंने बार-बार आपत्ति जताई। लेकिन उन्होंने मेरी एक न सुनी और उस दिन उन्होंने मेरे हाथों पकाया हुआ आहार ग्रहण किया।

जब मेरे पिता की मृत्यु हुई, माँ-भाई को तब खाना भी नसीब नहीं होता था, तब एक दिन अन्नदा गुहा (स्वामी विवेकानंद के बचपन के दोस्त) के साथ उनसे मिलने गया।

उन्होंने अन्नदा गुहा से कहा, "नरेंद्र के पिता की मृत्यु हो गई है, वे लोग बेहद तकलीफ में हैं, ऐसे में अगर यार-दोस्त उसकी मदद करें तो अच्छा हो।"

अन्नदा गुहा जब चले गए तो मैं उन पर बिफर पड़ा। मैंने कहा, "आपने उससे वे बातें क्यों कहीं ?" तिरस्कृत होकर ठाकुर रोने लगे।

उन्होंने कहा, "ओ रे, तेरे लिए तो मैं दर-दर भीख तक माँग सकता हूँ।"

उन्होंने अपने प्यार से हम सबको अपने वश में कर लिया था।

मृत्यु-सूतक के समापन से पहले ही मुझे नौकरी की कोशिश में घूमते रहना पड़ा। अनाहार, नंगे पाँव, हाथ में नौकरी का आवेदन लिए चिलचिलाती धूप में मैं दफ्तर-दफ्तर भटकता फिरा। मेरे अंतरंग मित्र कभी-कभी मेरे दुःख से दुःखी होकर मेरे साथ होते थे, कभी नहीं भी होते थे। लेकिन हर जगह से मुझे विफल मनोरथ लौटना पड़ा।

संसार के साथ पहले परिचय में ही मैंने महसूस किया कि स्वार्थशून्य सहानुभूति यहाँ अत्यंत विरल है। दुर्बल-दरिद्र लोगों के लिए यहाँ कोई स्थान नहीं है। मैंने देखा, अभी दो दिन पहले तक जो लोग किसी भी मामले में रंचमात्र भी मदद करने का मौका पाकर अपने को धन्य मानते थे, अब समय के तकाजे पर वे लोग ही मुझे देखकर चेहरा विकृत कर लेते थे और क्षमता होने के बावजूद मदद करने से पीछे हट जाते थे। यह देखकर कभी-कभी मुझे यह समस्त संसार किसी दानव की रचना लगता था। मुझे याद है, उन दिनों चिलचिलाती धूप में घूमते-घूमते एक दिन मेरे पैरों में छाले पड़ गए थे। और बेहद थककर मैं गड़ेर माठ में स्थित मनुमेंट की छाया में बैठ गया था। उस दिन दो-एक दोस्त भी मेरे साथ थे या अचानक उस जगह मुझसे आ मिले थे। उनमें से ही किसी एक ने शायद मुझे सांत्वना देने के लिए ही कहा था, 'बह रही कृपाघन ब्रह्मसाँस पवन में' वगैरह-वगैरह।

उसकी बातें सुनकर उस वक्त मुझे लगा था, जैसे कोई मेरे सिर पर हथौड़े मार रहा हो।

माँ-भाइयों की नितांत असहाय स्थिति का स्मरण होते ही मैं बेहद क्षोभ, निराशा,

अभिमान से भरकर बोल उठा, ''चल, चल, चुप कर! जिसके आत्मीयजन को भूख की ताड़ना की यंत्रणा नहीं भुगतनी पड़ती, जिन लोगों को कभी दाने-दाने की मोहताजी नहीं झेलनी पड़ती, जो लोग हाथ से खींचे जानेवाले पंखे की हवा खाते-खाते ये सब जुमले सुनते हैं, उन लोगों को इस किस्म की कल्पनाएँ मधुर लग सकती हैं, कभी मुझे भी मधुर लगती थीं। लेकिन इस वक्त कठोर सत्य का सामना करते हुए यह मुझे भयंकर व्यंग्य लग रहा है।''

मेरी इन बातों से मेरा मित्र शायद क्षुब्ध हो उठा। दारिद्र्य तले कैसे कठोर रूप से कुचले जाते हुए इनसान की जुबान से ऐसी बातें निकल रही हैं, वह भला कैसे समझता? सुबह उठकर जब मुझे चोरी-छिपे पता चलता था कि सभी घरवालों के लिए आज पर्याप्त आहार नहीं है और हाथ में पैसे भी नहीं हैं, उस दिन मैं माँ से यह कहकर बाहर निकल जाता था कि ''आज मेरा निमंत्रण है।'' बाहर किसी दिन कुछ मामूली सा खाकर किसी-किसी दिन उपवासे ही वक्त गुजार देता था। मारे अभिमान के मैं घर या बाहर किसी से यह बात जाहिर भी नहीं कर पाता था।

अमीर मित्रों में से बहुतेरे मित्र पहले की तरह ही मुझे अपने घर या उद्यान में ले जाकर संगीत वगैरह द्वारा उनके आनंदवर्धन का अनुरोध करते। उन लोगों की बात जब टाल नहीं पाता था तो कभी-कभी उनके साथ उनका मनोरंजन करने में सक्रिय हो उठता था। लेकिन उनके सामने अपने दिल की बात जाहिर करने का मन नहीं होता था। उन लोगों ने भी अपने आप आगे बढ़कर इस बारे में कुछ जानने की कभी कोशिश नहीं की।

उनमें से शायद विरल दो-एक मित्र कभी-कभी मंतव्य जाहिर करते थे, ''तू आज इतना दुःखी और दुर्बल क्यों नजर आ रहा है, कुछ बता तो सही।'' सिर्फ एक ही व्यक्ति ने, मेरे अनजाने में ही, किसी दूसरे से मेरी स्थिति के बारे में जानकर गुमनाम पत्र के जरिए मेरी माँ को किसी-किसी समय कुछ रुपए भेजकर मुझे हमेशा-हमेशा के लिए चिर-ऋणी बना लिया था।

यौवन में पदार्पण करके मेरे बचपन के जो साथी चरित्रहीन हो गए थे और गलत-सलत ढंग से मामूली सा थोड़ा-बहुत कमा-खा रहे थे, उनमें से किसी-किसी को जब मेरे दारिद्र्य की जानकारी मिली तो उन्हें मौका मिल गया। उन लोगों ने मुझे अपने दल में खींचने की कोशिश की। उन लोगों में से जो लोग पहले, मेरी ही तरह, स्थिति में परिवर्तन की वजह से अचानक पतित हो गए थे और एक तरह से विवश होकर जीवन-यात्रा के निर्वाह के लिए जिन्होंने हीन पथ का अवलंबन किया था, मैंने देखा, वे लोग सच ही मेरे लिए व्यथित हुए।

समय को समझकर अविद्या रूपिणी महामाया भी उन दिनों मेरे पीछे पड़ने से पीछे नहीं रही। एक अमीर महिला की पहले से ही मुझ पर नजर थी। मौका पाकर उन्होंने

मुझे प्रस्ताव भेजा कि मैं उनके साथ-साथ उनकी संपत्ति ग्रहण करके अपना दुःख-दारिद्र्य दूर कर सकता हूँ। उनसे पीछा छुड़ाने के लिए मुझे भयंकर अवज्ञा और कठोरता दिखानी पड़ी। एक और महिला भी मुझे इसी तरह का प्रलोभन देने आ धमकीं। मैंने उनसे कहा, "देवीजी, इस राख-भस्म की देह की तृप्ति के लिए इतने दिनों कितना कुछ किया। अब मृत्यु सामने है। तब के लिए कोई तैयारी की है ? सुनो, हीन बुद्धि त्यागकर, भगवान को पुकारो।"

जो भी हो, इतने दुःख-कष्ट में भी अब तक आस्तिक-बुद्धि विलुप्त नहीं हुई या 'ईश्वर मंगलमय' के प्रति संदेह नहीं जागा। हर सुबह नींद टूटते ही मैं उन्हें स्मरण-मनन करता हूँ। उनका नाम-जाप करते-करते बिस्तर छोड़ता था और हृदय में भरपूर उम्मीद और हिम्मत भरकर, उपार्जन के उपाय की तलाश में घूमता-भटकता फिरता था। ऐसे ही एक दिन जैसे ही मैंने बिस्तर छोड़ा, मेरी आहट पाकर बगल के कमरे से माँ बोल उठीं, "चुप कर छोकरे, बचपन से ही भगवान् की रट लगाए है, यह सब भगवान् का ही तो किया-कराया है।"

उनकी बातों से मन को भयंकर आघात पहुँचा। मैं स्तंभित होकर सोचने लगा कि भगवान् क्या सच ही कहीं हैं ? और अगर हैं भी तो वे क्या इनसानों की करुण प्रार्थना सुनते हैं ? फिर मैं जो इतनी-इतनी प्रार्थनाएँ करता हूँ, वे कोई उत्तर क्यों नहीं देते ? शिव के संसार में इतने सारे अ-शिव कहाँ से आ गए ? मंगलमय के साम्राज्य में इतनी तरह के अमंगल क्यों ? विद्यासागर महाशय ने दूसरों के दुःख से कातर होकर कभी जो कहा था, वह कठोर व्यंग्य के लहजे में मेरे कानों में गूँजने लगा। विद्यासागर महाशय ने कहा था, "भगवान अगर परम दयामय और मंगलमय है तो दुर्भिक्ष के कराल पंजे में फँसकर लाखों-लाख लोग दाने-दाने को मोहताज होकर क्यों मर रहे हैं ?" मेरा मन ईश्वर के प्रति प्रचंड अभिमान से भर उठा। वक्त के तकाजे पर संदेह ने भी अपना अधिकार जमा लिया।

गुपचुप कोई काम करना मेरी प्रकृति के विरुद्ध था। बचपन से ही कभी ऐसा करना तो दूर की बात, मारे डर के या किसी और वजह से अपने मन की सोच तक कभी किसी से छुपाने का मैंने अभ्यास नहीं किया। अस्तु, ईश्वर नहीं हैं या हैं भी, तो उन्हें पुकारने में कोई सफलता पाने या प्रयोजन महसूस करने की जरूरत नहीं है—अब मैं यह बात लोगों को हाँक-डाक लगाकर उनके सामने साबित करने की दिशा में अग्रसर होऊँगा, इसमें विचित्र क्या है ? फलस्वरूप कुछ ही दिनों के अंदर यह अफवाह फैल गई कि मैं नास्तिक हो गया हूँ और दुश्चरित्र लोगों के साथ हिल-मिलकर मैं शराब पीने और वेश्यालय-गमन तक से भी कुंठित नहीं होता।

फलस्वरूप, बचपन से ही मेरा अनाश्रित मन इस अकारण और खामखाह की निंदा

सुनकर कठिन हो आया। अब किसी के पूछे बिना ही मैं यह कहता फिरा—इस दुःख-कष्ट के संसार में अपनी दूरदृष्टि का खयाल भूले रहने के लिए, अगर कोई शराब पीए या वेश्यागृह गमन करे और अपने को खुश रखें, उसमें मुझे बूँद भर भी आपत्ति नहीं होगी। सिर्फ इतना ही नहीं, इसी तरह मैं भी उन लोगों की तरह क्षणिक सुखभोगी बन सकता हूँ—जिस दिन यह बात निःसंशय समझ में आ जाएगी, उस दिन मैं भी ऐसा ही करूँगा, किसी के भय से पीछे नहीं हटूँगा।

बातें कानों-कान प्रचारित होती रहती हैं। मेरी सारी बातें तरह-तरह से विकृत होकर दक्षिणेश्वर में ठाकुर के पास और कलकत्ता स्थित उनके भक्तों तक पहुँचने में देर नहीं हुई। कुछ तो मेरा स्वरूप और मनःस्थिति के बारे में फैसला करने के लिए मुझसे मिलने आ पहुँचे। जो अफवाह फैली थी, वह पूरी-पूरी तरह न सही, उस पर कितना सा विश्वास करने को वे तैयार हैं, यह इशारे-इशारे में उन लोगों ने समझा दिया। मुझे वे लोग इस हद तक हीन समझ सकते हैं, यह जानकर मैंने भयंकर अभिमान से भड़ककर कहा कि सजा पाने के डर से ईश्वर पर भरोसा करना मन की दुर्बलता है—इस बारे में मैंने पूरे अधिकार के साथ ह्यूम, बेन, मिल, कांट वगैरह पश्चिमी दार्शनिकों के मंतव्य देकर यह प्रमाण दे डाला कि ईश्वर के अस्तित्व का कोई प्रमाण नहीं मिलता और उन लोगों के साथ जबरदस्त बहसबाजी शुरू कर दी।

फलस्वरूप, मैं समझ गया कि मेरा अधःपतन हुआ है—अपना यह विश्वास दृढ़तर करके उन लोगों ने विदा ली और मुझे भी अंदर-ही-अंदर खुशी हुई। मैंने यह भी सोच लिया कि इन लोगों का बयान सुनकर ठाकुर भी इन्हीं बातों पर शायद विश्वास कर लेंगे। यह खयाल आते ही मेरा मन भीषण अभिमान से दुबारा भर उठा। मैंने भी तय कर लिया कि अगर वे इन बातों पर विश्वास करते हैं तो करें। इनसान के अच्छे-बुरे मंतव्यों की जब इतनी ही कम क़ीमत है, तब इससे क्या फर्क पड़ता है। लेकिन, बाद में, यह खबर पाकर मैं स्तंभित रह गया कि ठाकुर ने उन लोगों की जुबानी सारा किस्सा सुनकर तत्काल हाँ या ना कुछ भी नहीं कहा। बाद में भवनाथ ने रोते-रोते जब यही कहानी दुहराते हुए उनसे कहा था, "नरेंद्र का यह हाल होगा, ऐसा सपने में भी नहीं सोचा था।" उसी पल ठाकुर भयंकर उत्तेजित हो उठे।

उन्होंने बमककर कहा, "चुप कर, सालों! श्री माँ ने कहा है कि वह ऐसा कभी भी नहीं हो सकता। अब दुबारा कभी मेरे सामने यह चर्चा की गई तो मैं तुम लोगों का मुँह नहीं देखूँगा।"

बहरहाल, इस ढंग से अहंकार और अभिमानवश नास्तिकता पोषण करने से क्या होना था? अगले ही पल, बचपन से ही, खासकर ठाकुर के दर्शनों के बाद जीवन में जो सब अद्भुत-अद्भुत अनुभूतियाँ हुई थीं, वे तमाम यादें उजले रंगों में उभर आईं।

मैं सोचता रहा—ईश्वर जरूर मौजूद हैं और उन्हें प्राप्त करने की राह भी जरूर है, वरना इस संसार में प्राण-धारण की कोई जरूरत नहीं थी। जीवन में चाहे जितने भी दुःख-कष्ट आएँ, उन्हें पाने की राह खोज निकालनी होगी। इसी तरह दिन-पर-दिन गुजरते रहे और संशय में चित्त निरंतर, असमंजस के झूले में झूलते हुए शांति सुदूर और पराजित रही! सांसारिक अभावों में भी कोई कमी नहीं आई।

ग्रीष्म के बाद बारिश का मौसम आ पहुँचा। उन दिनों भी मैं पहले की तरह नौकरी-चाकरी की तलाश में भटकता फिर रहा था। एक दिन दिन भर के उपवास और बरसात में भीग-भीगकर रात को थके-हारे कदमों से और उतने ही थके-हारे मन से जब मैं घर लौटा तो तन-बदन में ऐसी भीषण क्लांति महसूस की कि एक कदम भी आगे नहीं बढ़ा गया। मैं पड़ोसी के घर के चबूतरे पर जड़ पदार्थ की तरह ढह गया।

कुछ देर के लिए मेरी चेतना का लोप हो गया था या नहीं, बता नहीं सकता। लेकिन इतना याद है कि उस वक्त मन में रंग-रंग की चिंताएँ और तसवीरें अपने आप उभरती और विलीन होती रहीं। उन चिंताओं को भगाकर किसी एक खास विचार पर अपने मन को आबद्ध रखने की क्षमता मुझमें नहीं थी। अचानक मुझे इलहाम हुआ। किसी देव-शक्ति के प्रभाव से मन के भीतर के कई-कई परदे मानो एकदम से उत्ताल हो उठे कि शिव की दुनिया में अ-शिव क्यों? ईश्वर की कठोर न्यायप्रियता और अपार करुणा के सामंजस्य वगैरह विषयों पर कोई फैसला न ले पाने की वजह से मेरा मन इतने दिनों, तरह-तरह के शक-शुबहे से, आकुल-व्याकुल रहता था। अचानक उन सब विषयों की निश्चित मीमांसा अपने मन के निविड़तम प्रदेश में ही नजर आने लगी। मैं आनंद से उत्फुल्ल हो उठा। इसके बाद मैंने गौर किया, घर लौटते हुए मेरे तन-बदन में बूँद भर भी थकान का नामोनिशान नहीं था। मेरा मन अमित बल एवं शांति से भर उठा। रात की परिसमाप्ति में बस कुछ ही देर थी।

अब मैं संसार की निंदा-स्तुति से उदासीन हो गया। इस बारे में मैं दृढ़ विश्वासी हो उठा कि आम तुच्छ लोगों की तरह अर्थोपार्जन करके अपने परिवार की सेवा करने और भोग-सुख में समय गुजारने के लिए मेरा जन्म नहीं हुआ था। मैं भीष्म पितामह की तरह संसार-त्याग के लिए चुपचाप प्रस्तुत होने लगा।

जब मैंने जाने का दिन तय कर डाला, मुझे खबर मिली कि उसी दिन ठाकुर अपने किसी भक्त के यहाँ कलकत्ता आ रहे हैं। मैंने सोचा, चलो, अच्छा ही हुआ। गुरु-दर्शन करके मैं हमेशा-हमेशा के लिए घर त्याग कर दूँगा।

ठाकुर के दर्शन होते ही उन्होंने कसकर मेरा हाथ थामते हुए कहा, "आज तुझे मेरे साथ दक्षिणेश्वर चलना होगा।"

मैंने तरह-तरह के बहाने बनाए। उन्होंने मुझे किसी हाल भी नहीं छोड़ा। अंत में,

मुझे उनके साथ जाना ही पड़ा। गाड़ी में उनसे खास कोई बात नहीं हुई। दक्षिणेश्वर पहुँचकर कुछ देर मैं और लोगों के साथ उनके कमरे में ही बैठा रहा। ऐन उसी वक्त ठाकुर पर 'भाव' आ गया। देखते-ही-देखते वे अचानक मेरे पास चले आए और मुझे बड़े प्यार से थामकर आँखों से धार-धार आँसू बहाते हुए गा उठे—

बात कहते डरूँ
ना कहते भी डरूँ,
(मेरे) मन में जागा संदेह
कहीं तुम्हें न खो दूँ, न खो दूँ।

इतनी देर तक मैंने अपनी प्रबल भावराशि को सायास अपने अंतस् में दबाए रखा था, अब मुझसे उसका वेग संवरण नहीं किया गया। ठाकुर की तरह मेरी छाती भी आँसुओं से भीग उठी। मैं निश्चित जान गया, ठाकुर मेरी सारी बातें जान गए हैं। हम दोनों का हाल देखकर वहाँ मौजूद सभी लोग स्तंभित हो गए। प्रकृतिस्थ होने के बाद किसी ने ठाकुर से इसका कारण पूछा।

उन्होंने ईषत् हँसकर कहा, "हम दोनों का भी एक सा हाल हो गया।"

बाद में, रात को सबको वहाँ से हटाकर, उन्होंने मुझे अपने करीब बुलाकर कहा, "जानता हूँ मैं, तुम माँ का काम करने के लिए ही आए हो। घर-गृहस्थी में तुम कभी भी नहीं टिक पाओगे। लेकिन, जितने दिनों मैं हूँ, मेरे लिए रहो।" इतना कहते हुए मन के आवेग में उमड़कर ठाकुर रुद्ध आवाज में दुबारा अश्रु-विसर्जन करने लगे।

अगले दिन ठाकुर से विदा लेकर मैं घर लौट आया। घर पहुँचते ही गृहस्थी की सैकड़ों चिंता-फिक्र ने मेरे मन को दुबारा घेर लिया। पहले की तरह ही फिर हजारहा कोशिशों के बाद मैं दुबारा लौटने लगा। नतीजा यह हुआ कि एटॉर्नी दफ्तर में मेहनत-मशक्कत करके और पुस्तकों के अनुवाद के जरिए थोड़ी-बहुत कमाई करने लगा और किसी तरह दिन गुजरने लगे। लेकिन, किसी स्थायी काम या नौकरी का जुगाड़ नहीं हो पाया और माँ तथा भाइयों के भरण-पोषण का कोई व्यवस्थित बंदोबस्त भी नहीं हो पाया।

कुछ दिनों बाद मुझे खयाल आया कि ठाकुर की बात तो ईश्वर सुनते हैं। उनसे अनुरोध किया जाए, ताकि माँ और भाइयों के खाने-पहनने की तकलीफ दूर हो सके। उनसे यही प्रार्थना करा लूँगा। मेरे लिए प्रार्थना करने से वे कभी इनकार नहीं करेंगे। मैं दक्षिणेश्वर दौड़ पड़ा और जिद्दी व्यक्ति की तरह ठाकुर के पैर पकड़ लिए, "मेरी माँ-भाइयों के आर्थिक कष्ट-निवारण के लिए आपको माँ से बात करनी ही होगी।"

ठाकुर ने कहा, "ओ-रे, मैं तो ये सब बातें नहीं कह पाऊँगा। तू खुद क्यों नहीं जाता? असल में तू माँ को मानता नहीं, इसीलिए तुझे इतना कष्ट है।"

मैंने कहा, "मैं तो माँ को जानता नहीं। आप ही मेरे लिए माँ से कहें न! आपको कहना ही होगा। मैं अब आपको किसी हाल भी नहीं छोड़नेवाला!"

ठाकुर ने सस्नेह कहा, "अरे, मैंने तो जाने कितनी बार कहा—माँ, नरेंद्र का दुःख-कष्ट दूर कर। लेकिन, तू माँ को नहीं मानता, इसीलिए तो माँ सुनती नहीं। अच्छा, आज मंगलवार है। मैं कहता हूँ, सुन! आज रात 'काली-घर' में जाकर माँ को प्रणाम करके तू जो चाहेगा, माँ तुझे वही देगी। सुन, माँ मेरी चिन्मयी ब्रह्मशक्ति है। अपनी इच्छा से उन्होंने यह जगत् प्रसव किया है। वे अगर चाहें तो क्या नहीं कर सकतीं!"

मेरा विश्वास दृढ़ हो उठा। ठाकुर जब यह कह रहे हैं तो जरूर प्रार्थना करते ही मेरे सारे दुःख-कष्टों का अवसान होगा। मैं प्रबल उत्कंठा के साथ रात की प्रतीक्षा करने लगा। धीरे-धीरे रात आ पहुँची। एक प्रहर बीतने के बाद ठाकुर ने मुझे श्री मंदिर में जाने को कहा। जाते-जाते मैं किसी गहरी बेसुधी में आच्छन्न हो पड़ा। मेरे पैर लड़खड़ाने लगे। मैं सचमुच माँ के दर्शन कर पाऊँगा, उनके श्रीमुख की वाणी सुन पाऊँगा, इस दृढ़ विश्वास के साथ मन में बसे अन्य सभी विषयों को भुलाकर, नितांत एकाग्र और तन्मय होकर इसी अनुभूति में डूब गया।

मंदिर में उपस्थित होकर मैंने देखा, माँ सच ही चिन्मयी हैं, सच ही जीविता हैं और अनंत प्रेम तथा सौंदर्य की प्रस्रवण-स्वरूपिणी हैं। मेरा मन भक्ति और प्रेम से उच्छ्वसित हो आया। विह्वल होकर माँ को बार-बार प्रणाम करते हुए मैं कह उठा, "माँ, मुझे विवेक दो, वैराग्य दो, ज्ञान दो, भक्ति दो, ताकि तुम्हारे अबाध दर्शन, नित्य लाभ करूँ! मुझे बस, ऐसा बना दो।" मेरा मन शांति से आप्लूत हो उठा। संसार निःशेष में अंतर्निहित हो गया! एकमात्र माँ ही हृदय में पूर्ण आसीन हो रहीं।

ठाकुर के पास लौटते ही उन्होंने पूछा, "क्या रे, माँ से सांसारिक अभाव दूर करने की प्रार्थना कर आया न?"

उनका प्रश्न सुनकर मैं चकरा गया। उत्तर दिया, "नहीं जी, मैं तो भूल गया। अब मैं क्या करूँ?"

"जा, जा, फिर जा। जाकर यही बात कह आ!"

मैं दुबारा मंदिर की ओर चल पड़ा। माँ के सामने उपस्थित होकर पुनः मोहित हो आया और सारी बातें भूलकर, बार-बार प्रणाम करते हुए ज्ञान-भक्ति प्राप्ति की प्रार्थना की और लौट आया।

ठाकुर ने हँसते-हँसते पूछा, "क्या रे, इस बार तो कह आया न?"

मैं फिर चौंक गया।

मैंने उत्तर दिया, "माँ को देखते ही मैं किसी दैवी शक्ति के प्रभाव में आकर सारी बातें भूल गया, सिर्फ ज्ञान-भक्ति प्राप्ति की बात कही! क्या होगा अब?"

ठाकुर ने कहा, "धत् तेरे की, छोकरे! अपने को जरा सँभालकर प्रार्थना नहीं कर पाया? चल, अब हो सके तो एक बार फिर जाकर अपनी बात बता आ। जा, जल्दी जा!"

मैं एक बार फिर चल पड़ा।

लेकिन, मंदिर में प्रवेश करते ही मुझे घोर लज्जा ने घेर लिया। मुझे खयाल आया कि माँ से कैसी तुच्छ चीज माँगने आया हूँ। ठाकुर कहते हैं न, राजा की कृपा प्राप्त करके उनसे 'भीख में लौकी-कुम्हड़ा माँगना'! यह भी तो उसी तरह की मूर्खता है। मैं क्या इतना हीन-बुद्धि हूँ?

लज्जा और घृणा में डूबे-डूबे, पुनः प्रणाम करते-करते, मैं दुबारा याचना करने लगा, "मुझे और कुछ नहीं चाहिए, माँ, मुझे सिर्फ ज्ञान और भक्ति दो।"

मंदिर से बाहर आकर मुझे लगा, यह जरूर ठाकुर का ही खेल है, वरना तीन-तीन बार माँ के सामने जाकर भी कुछ भी नहीं कहा जा सका।

इस बार मैं ठाकुर को ही पकड़कर बैठ गया।

"आपने ही जरूर मुझे भ्रमित कर दिया। मैं सबकुछ भूल गया। अब आपको ही कहना होगा। मेरी माँ-भाइयों के आहार-पोषण का अभाव मिटाना होगा।"

उन्होंने कहा, "ओ रे, मैंने तो किसी के लिए भी ऐसी प्रार्थना कभी नहीं की। ऐसी बातें मेरी जुबान से निकलतीं ही नहीं। मैंने तो तुमसे कहा था कि माँ के पास जा। माँ से जो माँगेगा, मिल जाएगा। लेकिन तू माँग ही नहीं सका। तेरी किस्मत में संसार-सुख है ही नहीं, मैं क्या करूँ?"

मैंने कहा, "यह नहीं हो सकता! मेरे लिए आपको यह बात कहनी ही होगी। मुझे पक्का विश्वास है कि अगर आप कहेंगे तो उन लोगों का दुःख-कष्ट मिट जाएगा।"

इस तरह जब मैंने किसी हाल भी उनका पीछा नहीं छोड़ा, तब उन्होंने कहा, "अच्छा, जा, तुम लोगों को मोटे भात-कपड़ों का कभी अभाव नहीं होगा।"

मेरे लिए ठाकुर ने माँ से कितना-कितना कुछ कहा। जब मैं दाने-दाने को मोहताज था, जब मेरे पिता की मृत्यु हो गई, जब घरवाले भीषण कष्ट में थे, तब उन्होंने मेरे लिए माँ से रुपयों के लिए प्रार्थना की।

रुपए नहीं मिले।

उन्होंने कहा, "माँ ने कहा है कि मोटा भात, मोटे कपड़े मिल सकते हैं। चावल-दाल मिल सकता है।"

मुझे इतना-इतना प्यार करते थे! लेकिन जब कभी मेरे मन में कोई अपवित्र भाव आता, वे तत्काल जान जाते थे। जब मैं अन्नदा के साथ घूमता-फिरता था, जब कभी-कभी बुरे लोगों की संगति में जा पड़ता था, उन्हें खबर मिल जाती थी। उसके बाद जब मैं उनके समीप गया, उन्होंने मेरे हाथ से नहीं खाया। मेरा हाथ जरा सा उठा, उससे

ज्यादा नहीं उठ सका। उनकी बीमारी के समय भी मेरा हाथ सिर्फ मुँह तक पहुँच सका, उससे ऊपर नहीं उठा।

ठाकुर ने कहा, "तेरा अभी भी कुछ नहीं बना!"

अकेले ठाकुर ही पहली भेंट के समय से ही हमेशा समभाव से मुझ पर विश्वास करते आए। मुझ पर इतना विश्वास और किसी ने भी नहीं किया, मेरे सगे माँ-भाइयों ने भी नहीं। उनके इस विश्वास और प्यार ने ही मुझे हमेशा-हमेशा के लिए बाँध लिया। एकमात्र वे ही प्यार करना जानते थे और प्यार कर सकते थे। संसार के अन्य सभी लोग अपनी स्वार्थ-सिद्धि के लिए प्यार का सिर्फ नाटक भर करते हैं।

काली और काली के सभी प्रकार के क्रिया-कलापों की मैंने जाने कितनी अवज्ञा की है। मेरे पिछले छह वर्षों के मानसिक द्वंद्व का कारण यही था कि मैं उन्हें मानता नहीं था। लेकिन अंत में मुझे उन्हें मानना ही पड़ा। रामकृष्ण परमहंस मुझे उन्हीं को समर्पित कर गए हैं और अब मुझे पक्का भरोसा है कि सारे कार्यों के लिए वे ही मुझे परिचालित करती हैं और मुझसे अपनी इच्छानुसार काम करा लेती हैं। इसके बावजूद जाने कितने ही दिनों मैं उनके विरुद्ध लड़ता रहा। सच तो यह है कि मैं श्रीरामकृष्ण को ही प्यार करता था, इसलिए वे मुझे थामे रहते थे।

मैंने उनकी अपूर्व पवित्रता देखी थी। मैंने उनका अद्भुत प्यार अनुभव किया है। तब तक भी उनका महत्त्व मेरी दृष्टि में उजागर नहीं हुआ था। बाद में जब मैंने उनके आगे अपने को समर्पित कर दिया, तब जाकर ये भाव जागे थे। इससे पहले मैं उन्हें विकृत मस्तिष्क निरा शिशु भर समझता था। मैं सोचता था, शायद इसीलिए वे हमेशा अलौकिक दृश्य वगैरह देखा करते हैं। मैं इन सबसे घृणा करता था। उसके बाद, मुझे भी माँ काली को आखिर मानना ही पड़ा।

ना, जिस कारण से मुझे मानना पड़ा, वह गुप्त रहस्य है और वह मेरी मृत्यु के साथ ही लुप्त हो जाएगा। उन दिनों मेरा भीषण भाग्य-विपर्यय चल रहा था। वह मेरे जीवन में एक सुनहरे मौके की तरह आया था। माँ (काली) ने मुझे अपना क्रीतदास बना लिया। मैंने यही तो कहा था, "मैं तुम्हारा दास हूँ।" रामकृष्ण परमहंस ने ही मुझे उनके चरणों में अर्पित कर दिया था। अद्भुत बात थी! इस घटना के बाद वे कुल दो वर्ष ही जीवित रहे और उसमें भी अधिकांश समय ही वे बीमार रहे। छह महीनों के अंदर ही उनका स्वास्थ्य और लावण्य नष्ट हो गया था।

कोई यह सोचकर दु:खी न हो कि उसे समझाने के लिए किसी और को भीषण कष्ट उठाना पड़ा। मैं दीर्घ छह वर्षों तक अपने गुरुदेव से लड़ता रहा, फलस्वरूप राह की हर छुटपुट जानकारी अब मेरी उँगलियों की पोर पर मौजूद है।

तुम सब देखो कि मेरी निष्ठा-भक्ति किसी कुत्ते की तरह है। जाने कितनी ही

बार मैंने भूल की, लेकिन वे हमेशा ही बिलकुल ठीक थे। आजकल मैं उनके सिद्धांतों पर अंधे की तरह विश्वास करता हूँ। **श्यामपुकुर, 27 अक्तूबर, 1885**

उन्हें हम ईश्वर की तरह मानते हैं। जानते हैं, कैसे? जैसे वेजीटेबल क्रिएशन (उद्‌भिद) और एनीमल क्रिएशन (जीव-जंतुगण)। इन दोनों के बीचोबीच एक पॉइंट (स्थान) है, जहाँ यह उद्‌भिद है या प्राणी, यह तय करना काफी मुश्किल है। उसी तरह नरलोक और देवलोक, इन दोनों के बीच भी एक जगह है, वहाँ यह बताना मुश्किल है कि यह व्यक्ति इनसान है या ईश्वर!

मैं 'गॉड' (ईश्वर) नहीं कहता, 'गॉड लाइक मैन' (ईश्वर जैसा इनसान) कहता हूँ।

उनकी हम पूजा करते हैं। वह पूजा देवता की पूजा के प्रायः आस-पास है।

काशीपुर, 4 जनवरी, 1886

आज मैंने वहाँ जाने की सोची है।

दक्षिणेश्वर के बेलतला में। वहाँ मैं रात को धूनी जलाऊँगा और ध्यान लगाऊँगा।

कोई एक दवा मिल जाए तो बच जाऊँ, अब तक जो पढ़ाई-वढ़ाई की है, सब भूल जाना चाहता हूँ। **काशीपुर, 4 जनवरी, 1886**

पिछले शनिवार को यहाँ ध्यान लगाया था। अचानक सीने में जाने कैसा-कैसा तो होने लगा।

कुंडलिनी जागरण

हाँ, यही हुआ होगा। बखूबी अहसास हुआ—इड़ा-पिंगला! मैंने हाजरा से छाती पर हाथ रखकर जाँच करने को कहा।

कल रविवार था। ऊपर जाकर मैंने उनसे भेंट की। उनको सारा कुछ बताया।

मैंने कहा, "सभी का तो हुआ। मुझे भी कुछ दीजिए न! सभी को हुआ, मुझे नहीं होगा?"

उन्होंने कहा, "तू घर का कुछ तय कर आ न! सब होगा! तू क्या चाहता है?"

मैंने उत्तर दिया, "मेरी इच्छा है, मैं इसी तरह तीन-चार दिन समाधिस्थ रहूँ। कभी-कभी एकाध बार खाने के लिए उठूँगा।"

उन्होंने कहा, "तू तो बड़ा हीन-बुद्धि है रे! उस अवस्था से भी ऊँची अवस्था है। तू तो गाता है न—जो कुछ है, सो तू ही है।"

उन्होंने फिर कहा, "सुन, तू घर का कुछ तय कर आ। समाधि-लाभ की अवस्था से भी ऊँची अवस्था में पहुँच सकता है।"

आज सुबह मैं घर गया।

घर के सभी लोगों ने डाँट लगाई और कहा, "यह क्या डाँव-डाँव घूमता रहता

है? कानून की परीच्छा (बी. एल.) इतने पास है, पढ़ाई-लिखाई का नाम नहीं, बस, डाँव-डाँव घूम रहा है।''

प्रश्न : तुम्हारी माँ ने कुछ कहा?

नहीं, वे तो बस, खिलाने के लिए व्यग्र हो उठीं। हिरन का माँस बना था। खा लिया, लेकिन खाने का मन नहीं था।

नानी के घर उसी पढ़ने के कमरे में पढ़ाई करने चला गया। पढ़ते-पढ़ते पढ़ाई के प्रति जैसे भयंकर आतंक जाग उठा। यह पढ़ाई कैसी तो भयावह चीज है! छाती में कैसी तो उलट-पलट होने लगी। इस तरह मैं कभी नहीं रोया था।

उसके बाद किताब-विताब फेंककर भागा! जूते-पूते सड़क पर ही कहीं पड़े रह गए। एक फूस के ढेर के बगल से गुजर रहा था, इसलिए समूची देह पर फूस-ही-फूस! मै दौड़ रहा था काशीपुर के रास्ते पर!

'विवेक चूड़ामणि' सुनकर मन और उदास हो गया। शंकराचार्य ने कहा है—तीन चीजें काफी तपस्या, काफी किस्मत से मिलती हैं—मनुष्यत्वं मुमुक्षुत्वं: महापुरुषसंश्रय:।

मैंने सोचा, मुझे तो ये तीनों ही प्राप्त हो चुकी हैं। काफी तपस्या के फलस्वरूप मानव-जन्म मिला, काफी तपस्या के फलस्वरूप ही मुक्ति की कामना जागी है और काफी तपस्या से ही महापुरुष का संग-लाभ हुआ है।

अब यह संसार अच्छा नहीं लगता। संसार में जो लोग बसे हैं, वे लोग भी नहीं सुहाते, दो-एक जन (भक्त) को छोड़कर!

काशीपुर, 21 अप्रैल, 1886

जैसे पेड़ देखते हैं, उसी तरह क्या किसी ने भगवान् को देखा है? (श्री रामकृष्ण का अनुभव) वह मन का भ्रम हो सकता है।

मैं 'ट्रुथ' चाहता हूँ। उस दिन परमहंस महाशय से खूब बहस की।

उन्होंने मुझसे कहा, ''कोई-कोई मुझे ईश्वर कहता है।'' मैंने कहा कि ''लोग चाहे हजार कहें कि ईश्वर हैं, मगर जब तक यह मुझे सच नहीं लगेगा तब तक मैं नहीं मानूँगा।''

उन्होंने कहा, ''जो अनेक लोग कहें, वही तो सत्य है—यही तो धर्म है।''

मैंने कहा, ''जब तक मुझे ठीक-ठीक समझ में नहीं आएगा, मैं लोगों की बात नहीं मानूँगा।''

हैरत है! इतने-इतने सालों अध्ययन-पढ़ाई के बाद भी विद्या नहीं आती। लोग ऐसा कैसे कह सकते हैं कि दो दिन साधना की है, भगवान् की प्राप्ति जरूर होगी। भगवान् की प्राप्ति क्या इतनी सहज है?

मुझे चैन नहीं मिला।

बरानगर, 25 मार्च, 1887 (काशीपुर में निर्विकल्प समाधि के प्रसंग में)

उस अवस्था में मुझे बोध हुआ कि मेरा यह शरीर नहीं रहा, सिर्फ चेहरा भर देख पा रहा हूँ। ठाकुर ऊपर के कमरे में थे। नीचे मेरी यह हालत हो गई। उसी हालत में मैं रोने लगा। कहने लगा, यह मुझे क्या हो गया? बूढ़े गोपाल ने ऊपर जाकर ठाकुर को बताया, "नरेंद्र रो रहा है।"

जब मेरी उनसे भेंट हुई तो उन्होंने कहा, "अब पता चला न, चाबी मेरे पास है।"

"यह मुझे क्या हो गया?" मैंने पूछा।

उन्होंने अन्यान्य भक्तों की ओर देखकर उत्तर दिया, "वह अपने को जान गया तो अपनी देह नहीं रख पाएगा। मैंने उसे भुला रखा है।"

काशीपुर के बगीचे में एक दिन अत्यंत व्याकुल होकर मैंने उनसे प्रार्थना की। उसके बाद शाम के समय ध्यान करते-करते मुझे अपनी देह का बोध नहीं रहा। मुझे लगा, मेरी देह बिलकुल है ही नहीं। चंद्र, सूर्य, देश, काल, आकाश—सबकुछ एकाकार होकर जैसे कहीं विलीन हो गया। देह-बुद्धि प्राय: लोप हो गई। मैं बिलकुल लीन हो गया, और क्या! चूँकि थोड़ा सा अहं था, इसलिए उस समाधि से वापस लौट आया। इस तरह के समाधि-समय में 'मैं' और ब्रह्म का भेद मिट जाता है। सबकुछ एकाकार हो जाता है, मानो महासमुद्र हो! जल-ही-जल! और कहीं कुछ नहीं! भाव और भाषा—सब समाप्त हो जाती है। इसी समय 'अबांगमनसोगोचरम्' की ठीक-ठीक उपलब्धि होती है।

बाद में इसी तरह की स्थिति-लाभ के लिए बार-बार कोशिश की, मगर उस स्थिति में नहीं लौट सका।

यह बात जब ठाकुर को बताई तो उन्होंने कहा, "दिवारात्र अगर इसी अवस्था में रहे तो माँ का काम नहीं होगा। इसलिए अब वह अवस्था दुबारा नहीं प्राप्त कर सकता। जब तेरा काम करना पूरा होगा, तभी वह अवस्था दुबारा आएगी।"

ठाकुर कहा करते थे, "एकमात्र अवतारी लोग ही, जीवों के हित के लिए, इस समाधि से उबर पाते हैं। साधारण जीवों का दुबारा अभ्युत्थान नहीं होता। कुल इक्कीस दिन जीवित रहने के बाद उनकी देह सूखे पत्ते की तरह संसार रूपी वृक्ष से झर जाती है।"

इसी ज्ञाता-ज्ञेय या जानने-समझने के भाव से ही दर्शन-शास्त्र, विज्ञान वगैरह का जन्म हुआ है। लेकिन मानव-मन का कोई भाव या भाषा इस ज्ञाता-ज्ञेय के पार की वस्तु को समग्र रूप में व्यक्त नहीं कर पाती। दर्शन-विज्ञान आदि आंशिक सत्य हैं। इसीलिए ये सब परमार्थ तत्त्व की संपूर्ण अभिव्यक्ति कभी भी नहीं हो सकते। इसलिए परमार्थ

की दृष्टि से देखा जाए तो सभी कुछ मिथ्या लगता है—धर्म मिथ्या, कर्म मिथ्या, मैं मिथ्या, तू मिथ्या, जगत् मिथ्या। तभी यह प्रतीत होता है कि मैं ही सब हूँ! मैं ही सर्वगत आत्मा हूँ, अपना प्रमाण मैं स्वयं हूँ। अपने अस्तित्व के प्रमाण के लिए दुबारा प्रमाणांतर की अपेक्षा कहाँ रह जाती है? शास्त्रों में जो कहते हैं—'नित्यमस्त्-प्रसिद्धम्' यानी नित्य वस्तु रूप में यह स्वयंसिद्ध है। मैंने हमेशा इसी रूप में अनुभव किया है।

काशीपुर में (श्रीरामकृष्ण) उन्होंने अपनी शक्ति मुझमें संचरित कर दी।

एक दिन ध्यान करते समय मैंने काली (स्वामी अभेदानंद) से कहा, "जरा मेरा हाथ तो पकड़।"

काली ने कहा, "तुम्हारा बदन छूते ही मेरे बदन में कैसा तो झटका लगा।"

एक दिन श्रीरामकृष्ण ने एक कागज पर लिखकर कहा, "नरेन शिक्षा देगा।"

लेकिन मैंने कहा, "मुझसे यह सब नहीं होगा।"

उन्होंने कहा, "तू क्या तेरा हाड़ भी करेगा।"

मैंने जिन सब भावों का प्रचार किया है, सब उन्हीं की चिंतन-राशि की प्रतिध्वनि मात्र है। जो बुरा है, उसे छोड़कर इनमें एक भी मेरा अपना नहीं है। मेरा अपना कहने को जो कुछ भी है, सब मिथ्या और बुरा है। जो सब सत्य और कल्याणकारी मैंने कहा है, वह सब उनकी ही वाणियों की प्रतिध्वनि-मात्र है।

उन्हीं के चरणों में मैंने चंद नौजवानों के साथ एकत्र होकर यह भावधारा प्राप्त की है। उन दिनों मैं निरा बालक था। 16 वर्ष की उम्र में मैं उनके पास गया था। अन्यान्य संगी-साथियों में कोई-कोई और भी छोटा था या कोई जरा बड़ा था। सब मिलाकर बारह लोग या कुछ ज्यादा थे। सबने मिलकर इस आदर्श-प्रचार की योजना बनाई। सिर्फ प्रचार ही नहीं, इस आदर्श को वास्तविक रूप भी देना चाहा। इसका तात्पर्य था—हमारे दैनंदिन जीवन-यापन के माध्यम से हिंदुओं की आध्यात्मिकता, बौद्धों की करुणा, ईसाइयों की कर्म-प्रवणता और इसलाम के भ्रातृत्व भाव को जाग्रत करना। हमने संकल्प किया—'इसी पल हम सब एक विश्वजनीन धर्म प्रवर्तन करेंगे, अब विलंब नहीं करेंगे।'

हमारे गुरुदेव कभी भी रुपया-पैसा, मुद्रा स्पर्श नहीं करते थे। उन्हें जो भी मामूली खाद्य या वस्त्र दिया जाता, वे ग्रहण करते थे। इससे ज्यादा वे कुछ भी ग्रहण नहीं करते थे। अन्य किसी तरह का दान भी वे स्वीकार नहीं करते थे। इन सभी अपूर्व भावों के बावजूद वे अत्यंत कठोर थे। इस कठोरता के फलस्वरूप उनके लिए किसी प्रकार का बंधन नहीं था। भारतीय संन्यासी राज-बंधु, राज-अतिथि भी होते हैं साथ ही भिखारी और वृक्षतलशायी भी।

ठाकुर मुझे अत्यधिक प्यार करते थे, इसलिए बहुतेरे लोग मुझसे ईर्ष्या करते थे। जिस किसी भी व्यक्ति को देखते ही, वे उसका चरित्र समझ जाते थे और इस मामले

में उनकी राय में कोई परिवर्तन नहीं होता था। हम लोग तर्क के सहारे इनसान का विचार करते थे, इसलिए हमारे विचार में भूल-त्रुटि रह जाती है। उनमें इंद्रियातीत अनुभूति थी। जिस-जिस व्यक्ति को वे अपना अंतरंग या 'भीतरी व्यक्ति' मानते थे, उन लोगों को वे अपने बारे में गुप्त तत्त्व और योगशक्ति का रहस्य सिखाते थे। बाहरी व्यक्ति या बहिरंग लोगों को वे तरह-तरह की उपदेशात्मक कहानियाँ सुनाते थे। इन्हीं कहानियों को लोग 'श्रीरामकृष्ण की कथाएँ' कहते हैं।

इन अंतरंग तरुणों को वे अपने कार्यों के लिए उपयोगी ढंग से गढ़ लेते थे। अगर कोई उन लोगों के विरुद्ध कोई शिकायत भी करता था तो वे उस पर कान नहीं देते थे। अंतरंग और बहिरंग लोगों में शेषोत्तर लोगों के कामकाज देखकर प्रथमोत्तर लोगों की तुलना में उन्हीं लोगों के प्रति ही मेरी धारणा ज्यादा अच्छी थी। लेकिन अंतरंग लोगों के प्रति मेरा अंध-अनुराग था। लोग कहते हैं कि मुझे चाहो, मेरे कुत्ते को भी चाहो। मैं उस ब्राह्मण पुजारी को दिल से प्यार करता हूँ। इसलिए वे जिस-जिसको प्यार करते हैं, जिस-जिसको मानते हैं, मैं भी उन्हें प्यार करता हूँ, उनको मानता हूँ। मेरे बारे में उन्हें यह डर था कि मुझे आजादी दी गई तो मैं कहीं कोई नया संप्रदाय न बना लूँ।

उन्होंने किसी से कहा था, "इस जीवन में तुम्हें धर्म-लाभ नहीं होगा।"

उन्हें लोगों का भूत-भविष्य नजर आ जाता था। बाहर से जो प्रतीत होता था कि वे किसी-किसी के प्रति पक्षपात करते हैं, उसका यही कारण था। चिकित्सक जैसे विभिन्न रोगियों की चिकित्सा विभिन्न तरीके से करते हैं, वैज्ञानिक-मनोभाव-संपन्न वे भी उसी तरह विभिन्न लोगों के लिए विभिन्न तरह की साधना का निर्देश देते थे। उनके कक्ष में अंतरंग लोगों के अलावा अन्य किसी को भी सोने नहीं दिया जाता था। जिन लोगों को उनका दर्शन नहीं मिला, उन्हें मुक्ति नहीं मिलेगी और जिन लोगों को तीन बार उनके दर्शन मिल गए, उन्हें ही मुक्ति मिलेगी—यह बात सच नहीं है।

आजकल एक बात प्रचलित हो गई है—और सभी लोग बिना किसी आपत्ति के यह बात स्वीकार करते हैं—कि मूर्ति-पूजा गलत है। मैं भी कभी ऐसा ही सोचता था और इसके दंडस्वरूप मुझे एक ऐसे व्यक्ति के चरणों में बैठकर शिक्षा-लाभ करना पड़ा, जिन्हें मूर्ति-पूजा से ही सर्वस्व प्राप्त हुआ। मैं रामकृष्ण परमहंस की ही बात कर रहा हूँ। अगर मूर्ति-पूजा करके ऐसे रामकृष्ण परमहंस का आविर्भाव होता है, तब तुम लोग क्या चाहते हो? संस्कार वर्ग के धर्म की कामना करोगे या मूर्ति-पूजा की? मैं इसका एक उत्तर चाहता हूँ। अगर मूर्ति-पूजा द्वारा ऐसे किसी रामकृष्ण परमहंस की सृष्टि कर सकते हो तो और भी हजार-हजार मूर्तियों की पूजा करो।

मूर्ति-पूजा में तरह-तरह के कुत्सित भावों के प्रवेश करने के बावजूद मैं इसकी निंदा नहीं करता। उस मूर्तिपूजक की चरण-धूलि अगर मुझे न मिली होती तो मैं कहाँ

होता ? जो सब संस्कारवादी मूर्ति-पूजा की निंदा करते हैं, मैं उन लोगों से कहता हूँ—भइए, अगर तुम निराकार उपासना के योग्य हो तो निराकार उपासना, करो लेकिन दूसरों को गालियाँ क्यों देते हो ?

मेरे गुरुदेव श्रीरामकृष्ण जब बीमार पड़े, एक ब्राह्मण ने रोग-मुक्ति के लिए उन्हें प्रबल मन:शक्ति के प्रयोग की सलाह दी थी। उनकी राय थी कि आचार्यदेव अगर अपनी देह के रोगाक्रांत अंश पर अपने मन को एकाग्र करें तो उनकी बीमारी खत्म हो जाएगी। श्रीरामकृष्ण ने कहा, "क्या ? जो मन मैंने ईश्वर को अर्पित कर दिया है, वह मन इस तुच्छ शरीर पर एकाग्र करूँ ?" वे देह या रोग के बारे में सोचना ही नहीं चाहते थे। उनका मन सर्वदा ईश्वर में ही तन्मय रहता था। उनका वह मन पूरी तरह से ईश्वर को समर्पित हो चुका था। वे अपने मन को अन्य किसी उद्देश्य हित प्रयोग करने को राजी नहीं थे।

बैठे रहने का उपाय था भला! यह जो ठाकुर जिन्हें 'काली, काली' कहकर संबोधित करते थे, ठाकुर के महाप्रयाण से दो-तीन दिन पहले वह उनके शरीर में प्रवेश कर गई थीं। वही मुझे इधर-उधर कार्य करा रही थीं। वह मुझे थिर नहीं रहने देती थीं, अपने सुख की ओर देखने भी नहीं देती थीं।

प्रश्न : शक्ति-प्रवेश की बात को क्या रूपक के तौर पर कहा है ?

—नहीं ! प्रयाण से तीन-चार दिन पहले ठाकुर ने एक दिन मुझे अकेले बुलाया। मुझे अपने सामने बिठाकर, मेरी तरफ अपलक देखते हुए, समाधिस्थ हो गए। मैंने सच ही अनुभव किया, उनके शरीर से एक सूक्ष्म तेज इलेक्ट्रिक शॉक (विद्युत्-कंपन) की तरह मेरे शरीर में प्रवेश कर रहा है। धीरे-धीरे मैं भी बाह्य ज्ञान खोकर बेसुध हो गया। कितनी देर तक मैं उस रूप-भाव में रहा, मुझे बिलकुल याद नहीं पड़ता। जब बाह्य-चेतना लौटी, मैंने देखा, ठाकुर रो रहे हैं। मेरे पूछने पर ठाकुर ने सस्नेह कहा, "आज अपना यथासर्वस्व तुझे सौंपकर मैं फकीर हो गया। इस शक्ति के सहारे तू जगत् के ढेरों काम करना, उसके बाद लौट जाना।" मेरा खयाल है कि यही शक्ति मुझसे यह-वह काम कराती फिरती है। मेरा यह शरीर बैठे रहने के लिए नहीं बना।

प्रश्न : ठाकुर जो पूर्णब्रह्म भगवान् हैं, यह बात क्या आपको अपनी जुबान से कभी कही ?

—कितनी ही बार कहा। हम सबसे कहा ! जब वे काशीपुर के बगीचे में थे, जब उनका शरीर बिलकुल टूट रहा था। उस समय मैं उनके सिरहाने बैठा था। एक दिन मेरे मन में खयाल आया—इस वक्त अगर कह सको कि 'मैं भगवान् हूँ, तब मुझे भरोसा होगा कि तुम सचमुच ही भगवान् हो।' जब उनके महाप्रयाण को सिर्फ दो दिन ही बाकी थे, उस वक्त अचानक ठाकुर ने मुझ पर दृष्टि गड़ाकर कहा, "जो राम है, जो कृष्ण है—वही आजकल इस शरीर में रामकृष्ण है, तेरे वेदांत के माध्यम से नहीं।"

मैं उनकी बात सुनकर अवाक् हो गया। स्वयं प्रभु के श्रीमुख से बार-बार सुनकर भी हम सबको अभी भी विश्वास नहीं हुआ! बीच-बीच में हमारा मन संदेह और निराशा से आंदोलित हो उठता है, दूसरों की बात क्या करें! हम सबकी तरह ही देहवान् एक व्यक्ति को ईश्वर के नाम से अभिहित करना और विश्वास करना बेहद मुश्किल काम है। सिद्ध कहो या ब्रह्मज्ञ वगैरह कहें तो सोचा जा सकता है। खैर, चाहे जो भी कहो, चाहे जिस भाव से सोचो, चाहे महापुरुष कहो, ब्रह्मज्ञ कहो, इसमें कुछ नहीं आता-जाता। लेकिन ठाकुर जैसा पुरुषोत्तम इससे पहले इस जगत् में कभी नहीं आए। संसार के घोर अंधकार में अब यही महापुरुष ज्योति:स्तंभ-स्वरूप हैं। इनके आलोक में ही इनसान अब संसार-समुद्र के पार चला जाएगा।

अपने जीवनकाल में उन्होंने मेरी प्रार्थना कभी अस्वीकार नहीं की। मेरे लाखों अपराध उन्होंने क्षमा कर दिए। इतना प्यार तो मेरे माता-पिता ने भी कभी नहीं किया। यह कवित्व नहीं है, अतिरंजना भी नहीं है। यह कठोर सत्य है और उनके शिष्य मात्र ही जानते हैं। आफत-विपद, प्रलोभन में 'भगवान् मेरी रक्षा करो' यह गुहार लगा-लगाकर रोते-रोते थक गया, किसी ने भी उत्तर नहीं दिया। लेकिन इस अद्‌भुत महापुरुष ने या अवतार ने या वे चाहे जो भी हों, मेरी सगर वेदना जानने के बाद मुझे बुलाकर जोर-जबरदस्ती सबकुछ अपहरण किया।

इस जगत् में एकमात्र उन्हीं को मैंने अहेतुक दया-सिंधु देखा है।

प्रभु की दया का निदर्शन मुझे भूरि-भूरि इस जीवन में मिला है। वे पीछे खड़े होकर मुझसे ये सब कार्य करा लेते हैं। जब मैं भूख से कातर होकर पेड़ तले पड़ा रहता था, जब मेरे पास कौपीन तक धारण करने जितना वस्त्र तक नहीं था, जब मैं पैसे-पैसे को मुहताज होकर पृथ्वी-भ्रमण के लिए कृतसंकल्प हुआ था, उस वक्त भी ठाकुर की ही दया ने मुझे हर तरह से सहायता प्रदान की। इसके बाद जब इसी विवेकानंद के दर्शनों के लिए शिकागो की सड़कों पर धक्का-मुक्की हुई, जिस सम्मान के शतांश का एकांश भी पाकर आम इनसान पागल हो जाता है, ठाकुर की कृपा से वह सम्मान भी मैंने बेहिचक हजम कर लिया! प्रभु की इच्छा से सर्वत्र विजय मिली।

पूर्ण भक्ति बिना वे कुछ भी नहीं थे, लेकिन अंतस में वे पूर्ण ज्ञान थे। मैं ज्ञान व्यतीत कुछ नहीं हूँ, लेकिन मेरे अंतर में सभी कुछ भक्ति है।

मेरे गुरुदेव, मेरे आचार्य, मेरे जीवन के आदर्श, मेरे इष्ट, मेरे प्राणों के देवता श्रीरामकृष्ण परमहंस का नाम उल्लेख करके, तुम लोगों ने मेरे हृदय के और एक तंत्री, गंभीरतम तंत्री पर प्रहार किया है। अगर सशक्त ढंग से कहूँ कि अगर मैंने कोई सुकर्म किया है, अगर मेरे मुँह से कोई ऐसी बात निकली हो, जिसके कारण जगत् में कोई भी व्यक्ति रंचमात्र भी उपकृत हुआ हो तो उसमें मेरा कोई गौरव नहीं है, सारा गौरव उन्हीं

का है। लेकिन अगर मेरी जिह्वा ने कोई अभिशाप वर्षण किया हो, अगर मेरे मुँह से कभी किसी के प्रति घृणासूचक कोई वाक्य निकला हो तो वह मेरा दोष है, उनका नहीं। जो कुछ भी दुर्बल, जो कुछ भी दोषयुक्त है, सब मेरा है। जो कुछ जीवनप्रद, जो कुछ बलप्रद है, जो कुछ पवित्र है, सब में उन्हीं की प्रेरणा है, उन्हीं की वाणी है और वे साक्षात् स्वयं हैं।

उनकी उपमा वे स्वयं हैं। उनकी क्या कोई तुलना है?

अपनी बात मैं और क्या कहूँ। मैं उनके दैत्य-दानव के अंदर का कोई रहा हूँगा।

उनके सामने ही कभी-कभी मैं उन्हें गाली तक दे डालता था। सुनकर वे हँस देते थे।

इसका कारण था, मैंने उन्हें बहुत कम ही जाना है। वे मुझे इतने बड़े लगते हैं कि उनके बारे में कुछ कहते हुए मुझे डर लगता है। सच कहीं झूठा न पड़ जाए। कहीं यह मेरी अल्पशक्ति में न समाए। उन्हें बड़ा आकार देने की कोशिश में उनकी छवि अपने ढंग से आँककर कहीं मैं उन्हें छोटा न कर डालूँ।

उनकी बात अलग थी। उनके साथ क्या जीव की तुलना की जा सकती है? उन्होंने सब तरह से साधन करके दिखा दिया कि सभी कुछ एक ही तत्त्व तक पहुँचा देते हैं। उन्होंने जो किया, वह क्या मैं या तुम कर सकते हैं? वे कौन हैं, कितने विराट् हैं, यह बात हममें से कोई भी अभी तक समझ ही नहीं सका है। इसीलिए मैं उनके बारे में जहाँ-तहाँ उल्लेख नहीं करता। वे क्या थे, यह वे ही जानते थे। उनकी देह ही केवल इनसान जैसी थी, लेकिन समस्त चाल-चलन स्वतंत्र और अतिमानवीय था।

साधारण भक्तों ने ठाकुर को जितना समझा है, वास्तव में प्रभु उतने ही नहीं थे। वे अनंत भावमय थे। ब्रह्मज्ञान की इयत्ता होने से ही तो प्रभु के अगम्य भाव की इयत्ता नहीं होती। उनके कृपा-कटाक्ष भर से लाखों विवेकानंद अभी तैयार हो सकते हैं। लेकिन वे ऐसा न करके जान-बूझकर अब मेरे जरिए मुझे यंत्र बनाकर काम करा रहे हैं।

यह समूची दुनिया घूमकर देख रहा हूँ। उनके घर के अलावा बाकी सभी घरों में, 'भाव के घर में चोरी' जैसा हाल है। उनके व्यक्तित्व के प्रति मेरा अमित प्यार, अमित विश्वास है। क्या करूँ! इसे भले एकरस कहो, उबाऊ कहो, लेकिन यही मेरी असल बात है। जिसने भी उनके आगे आत्मसमर्पण किया हो, उसके पाँवों में अगर काँटा भी चुभे तो मुझे चोट लगती है, अन्य सभी लोगों को भी मैं प्यार करता हूँ। मुझ जैसा असांप्रदायिक संसार में विरल है। लेकिन इतनी ही मेरी कट्टरता है, मुझे माफ करें। उनकी दुहाई के अलावा और किसकी दुहाई दूँ? अगले जन्म में भले कोई बड़ा गुरु देखेंगे, यह जन्म, यह शरीर तो उस मूर्ख ब्राह्मण ने ही खरीद लिया है।

□

श्रीरामकृष्ण ही मेरे प्रभु

किसी जमाने में आर्यों के वंशधर सदाचार-भ्रष्ट होकर अपने वैराग्य की मानसिकता खो बैठे। अपनी क्षुर-धार जैसी बुद्धि खोकर वे लोग लोकाचार के भक्त हो उठे थे। पुराण आदि ग्रंथों का मर्म ग्रहण करने में असमर्थ होकर उन लोगों की यह धारणा बन गई थी कि ये सब परस्पर विरोधी हैं। फलस्वरूप उन लोगों ने सनातन धर्म को कई-कई संप्रदायों में विभक्त कर डाला। इसी के परिणामस्वरूप सांप्रदायिक ईर्ष्या और क्रोध की आग में एक-दूसरे को धकियाकर गिरा देने की चेष्टाएँ शुरू हुईं। जब अध:पतित इन आर्यों ने धर्मभूमि भारतवर्ष को प्राय: नरक में परिणत कर डाला था, तब आर्य जाति के सनातन धर्म के जीवंत उदाहरणस्वरूप श्रीरामकृष्ण ने अवतार लिया। उन्होंने विभिन्न संप्रदायों में अंतर्निहित एकता को दुबारा आँखों के सामने उपस्थित किया। उस काल में सांप्रदायिक संघर्ष में हिंदू धर्म प्राय: ध्वंस होने के कगार पर था। उस समय हर संप्रदाय असहनीय आचारों में कैद होकर विदेशी लोगों के उपहास का पात्र बन गया था। समय के स्रोत में धर्म जब परम अध:पतन की दहलीज पर था, तब श्रीरामकृष्ण ने सनातन धर्म के जीवंत उदाहरण-स्वरूप अपने को लोक-कल्याण के लिए प्रकाशित किया। महायुग के प्रत्यूष में सर्वभाव की समन्वय-वाणी का प्रचार हुआ। वह सब असीम व अनंत भाव, जो शास्त्रों और धर्म में निहित होते हुए भी अब तक प्रच्छन्न था, उसका पुन: आविष्कार हुआ और उच्च निनाद के साथ मानवमात्र में घोषित हुआ।

यह नवयुग धर्म समग्र विश्व का, विशेषकर भारतवर्ष का, कल्याण करेगा। इस नवधर्म के प्रतिष्ठाता भगवान् श्रीरामकृष्ण पूर्वकाल के युगधर्म-प्रवर्तकों के पुन:प्रकाश थे।

प्रत्येक नए धर्म-तरंग को किसी नए केंद्र की जरूरत होती है। प्राचीन धर्म केवल नए केंद्र की सहायता से ही दुबारा संजीवित हो सकता है। कट्टर मतवाद जहन्नुम में जाएँ, वे सब निरर्थक होते हैं। कोई एक विशुद्ध चरित्र, कोई एक सच्चा जीवन, शक्ति का कोई केंद्र—कोई एक देव मानव ही राह दिखा सकते हैं। इसी केंद्र में ही सारी

शक्तियाँ एकत्रित होंगी और प्रचंड लहरों की तरह समाज पर उमड़ पड़ेंगी। सारा कुछ बहा ले जाएँगी, सारी अपवित्रता मेट देंगी। हिंदू धर्म के द्वारा ही प्राचीन हिंदू धर्म का संस्कार करना होगा, किसी नव्य संस्कार-आंदोलन द्वारा नहीं। इसके साथ ही संस्कारक वर्ग को भी पूर्वी और पश्चिमी—दोनों देशों की संस्कृति-धारा को अपने जीवन में उतारना होगा। उस महा-आंदोलन के प्राणकेंद्र को क्या प्रत्यक्ष किया जा रहा है? अनागत लहरों की मृदु-गंभीर आगमन-ध्वनि क्या सुनाई दे रही है? वही शक्ति केंद्र, वही पथ-प्रदर्शक देवमानव ने भारतवर्ष में ही जन्म लिया है। वे ही हैं श्रीरामकृष्ण परमहंस!

शंकराचार्य के पास विराट् मस्तिष्क था और रामानुज के पास विशाल हृदय था। अब एक ऐसे पुरुष के आविर्भाव का समय आ पहुँचा था, जिसमें हृदय और मस्तिष्क का समन्वय होगा, जो एकाधार में शंकर की उज्ज्वल मेधा और श्री चैतन्य के विशाल, अनंत हृदय के अधिकारी होंगे, जो सकल संप्रदायों में एक ही महत भाव देख पाएँगे। जो देखेंगे, प्रत्येक प्राणी में ईश्वर विराजमान हैं, जिनका हृदय भारत के और भारत के बाहर के हर दरिद्र, दुर्बल, पतित लोगों के लिए रोएगा, हालाँकि उसकी विशाल मेधा ऐसे महत् तत्त्व का उद्भावन करेगी, जो भारत में या भारत के बाहर विरोधी संप्रदाय समूह में समन्वय साधन करेगी। इस तरह के विस्मयकारी समन्वय के माध्यम से हृदय और मस्तिष्क का सामंजस्यपूर्ण, एक सार्वभौम धर्म प्रकाशित होगा। इस प्रकार के एक इनसान ने सच ही जन्म ग्रहण किया था और कुछ वर्षों तक मैंने उनके चरणों में बैठकर शिक्षा पाने का सौभाग्य-लाभ किया था।

एक जमाना था, जब चारों तरफ तरह-तरह के सुधारों की कोशिशें की जा रही थीं। उसी जमाने में, सन् 1836 की 17 फरवरी को बंगाल के देहात में, एक दरिद्र ब्राह्मण कुल में एक शिशु ने जन्म लिया। उसके माता-पिता अत्यंत निष्ठावान् पुरातनपंथी प्राणी थे।

वे लोग बेहद दरिद्र थे, लेकिन बहुत बार किसी अतिथि को खिलाने के लिए माँ पूरे दिन उपवास में गुजार देती थी।

ऐसे पिता-माता की गोद में इस शिशु ने जन्म ग्रहण किया और जन्म लेते ही उसमें ईषत् विशेषता, ईषत् असाधारणता प्रकाशित हुई। जन्म से ही उसे अपने पूर्वजन्म की याद बनी रही। वे जानते थे कि वे किस कारण से इस जगत् में आए हैं और उसी उद्देश्य की सिद्धि के लिए उन्होंने अपनी समूची शक्ति लगा दी।

नितांत बचपन में ही उनके पिता की मृत्यु हो गई। बच्चे को पाठशाला भेजा गया। किसी सभा में कुछेक पंडितों को तर्क-युद्ध करते हुए देखकर उनकी आँखें खुल गईं—यही क्या समस्त ज्ञान की परिणति है? ये लोग इस तरह से तर्क-युद्ध क्यों कर रहे हैं? सिर्फ रुपए-पैसे के लिए? जो लोग सर्वोच्च ज्ञान का परिचय देंगे, उन्हें एक धोती मिलेगी

और इसी के लिए वे सभी लोग जी-जान से लड़ रहे थे।

उस बच्चे ने कहा, ''मैं अब पढ़ने नहीं जाऊँगा।''

उन्होंने जो कहा, वही किया। हमेशा के लिए स्कूल-पर्व समाप्त! उस बालक के एक बड़े भाई भी थे। वे एक ज्ञानी अध्यापक थे। वे पढ़ाने-लिखाने के लिए रामकृष्ण को अपने साथ कलकत्ता ले आए। कुछ ही दिनों बाद उस बालक ने मान लिया कि समस्त पार्थिव विद्या सिर्फ पार्थिव लाभ के लिए होती है। उन्होंने पढ़ाई-लिखाई त्याग देने का निर्णय लिया और यह भी तय किया कि वे आध्यात्मिक ज्ञान ग्रहण करेंगे। पिता की मृत्यु के कारण परिवार बेहद गरीब हो चुका था। बालक को अपने लिए स्वयं अन्न जुटाने का प्रबंध करना पड़ा। कलकत्ता के नजदीक किसी एक मंदिर में उन्होंने पुरोहित का काम ले लिया।

उस मंदिर में आनंदमयी जगन्माता की मूर्ति प्रतिष्ठित थी। उस बालक को सुबह-शाम उनकी पूजा करनी पड़ती थी। पूजा करते-करते एक भाव ने उसके अंतस में अधिकार जमा लिया—इस मूर्ति के पीछे क्या सचमुच कुछ है? विश्व-संसार में क्या सच ही कोई आनंदमयी माँ हैं? क्या वे सच ही सकल विश्व को नियंत्रित करती हैं? या यह सब केवल माया-मात्र है? धर्म में क्या कोई वास्तविकता है?

बालक पुरोहित के मन में जब इन सब भावनाओं ने घर कर लिया, तब रात-दिन उनके मन में केवल एक ही विचार चलता रहता। वे दिन-पर-दिन सिर्फ रोते रहते और पूछते रहते थे, ''माँ, क्या तुम सचमुच हो या यह सब कल्पना-मात्र है?'' यह उल्लेख मैं पहले ही कर चुका हूँ कि जिस अर्थ में हम सब 'शिक्षा' शब्द का प्रयोग करते हैं, उस अर्थ में उनकी कोई शिक्षा नहीं हुई। यह अच्छा ही हुआ। दूसरों के भाव, दूसरों के चिंतन का अनुगामी होकर, उनके मन की स्वाभाविकता या मन का स्वास्थ्य नष्ट नहीं हुआ। लेकिन यह प्रश्न कि भगवान् को देखा जा सकता है या नहीं, उनके मन में दिन-प्रतिदिन यह भावना प्रबल होने लगी। अंत में ऐसी हालत हो गई कि वे और कुछ सोच ही नहीं पाते थे। नित्य पूजा और सभी छोटे-मोटे नियमों का पालन करना उनके लिए असंभव हो आया। वे अकसर ही देवता को भोग लगाना भूलने लगे। कभी-कभी आरती करना भूल जाते और कभी-कभी तो सबकुछ भूलकर घंटों आरती ही करते रहते थे।

उनके मन में उन दिनों एक प्रश्न था—'माँ, तू क्या सचमुच है? तू बात क्यों नहीं करती? तू क्या मृत है?'

अंत में, नए पुरोहित के लिए मंदिर की पुरोहितगीरी करना असंभव हो आया। उन्होंने अपना दायित्व त्याग दिया और मंदिर के नजदीक ही पंचवटी वन में रहने लगे। अपने जीवन के इस भाव के बारे में उन्होंने मुझे बहुत बार बताया था, ''कब सूरज उगा, कब अस्त हुआ, मुझे इसका भी पता नहीं होता था।'' उन्होंने अपने शरीर को बिलकुल

ही विस्मृत कर दिया। आहार तक करने का खयाल नहीं रहता था। उन दिनों उनके एक आत्मीय ने काफी जतन से उनकी सेवा-शुश्रूषा की। बहुत बार वे उनके मुँह में जबरदस्ती खाना ठूँस देते थे। वे यंत्र-चालित की तरह खा लेते थे।

इसी तरह उस बालक के रात-दिन गुजरते रहे। प्रतिदिन शाम को जब मंदिर में आरती के शंख-घंटों की गूँज उनके कानों में पड़ती थी तो उनका मन अतिशय व्याकुल हो उठता था। वे रोते-रोते गुहार लगाते, ''माँ, एक और दिन अकारथ चला गया, तुम्हारे दर्शन नहीं मिले। इस क्षणिक जीवन का और एक दिन व्यर्थ चला गया, मगर सत्य को नहीं जान पाया।'' उन्हें ऐसी भीषण यंत्रणा होती थी कि कभी-कभी वे जमीन पर अपना चेहरा रगड़ते हुए रोते रहते थे और यही दुहराते हुए फट पड़ते थे, ''हे जगन्माता! तुम मुझमें प्रकाशित हो! देखो, तुम्हारे अलावा मैं और कुछ भी नहीं चाहता।''

उन्होंने सुना था कि माँ के लिए अपना सर्वस्व त्याग किए बिना माँ कभी नहीं मिलतीं। उन्होंने यह भी सुना था कि माँ तो हर किसी के पास आना चाहती हैं, लेकिन लोग ही उन्हें नहीं चाहते। लोग तो अपनी सभी प्रकार की छुटपुट निरर्थक इच्छाओं की पूर्ति के लिए छोटी-छोटी मूर्तियों के आगे प्रार्थना करते हैं। वे लोग आत्म-सुख चाहते हैं, माँ को नहीं चाहते। लेकिन जिस पल लोग अपने पूरे अंतस् से माँ के अलावा और कुछ नहीं चाहते, उसी पल वे उन लोगों के समीप आ जाती हैं। अस्तु, वे इसी भाव में विभोर रहने लगे। अपनी मामूली सी संपत्ति का उन्होंने परित्याग कर दिया। उन्होंने प्रतिज्ञा की कि वे कभी भी अर्थ या धन स्पर्श नहीं करेंगे। 'मैं अर्थ स्पर्श नहीं करूँगा।' यह भावना उनके जीवन का अंग बन गई। बाद के जीवन में जब वे नींद में होते थे और मैं एक पैसे से उन्हें स्पर्श करता था, उनकी देह टेढ़ी हो जाती थी। उनका समूचा शरीर जड़ हो आता था।

उनके मन में और एक भावना जो उदित हुई थी, वह थी कि अन्य शत्रु का नाम है—काम। मनुष्य आत्मा है और आत्मा लिंगहीन है। आत्मा न नारी है, न पुरुष। उनकी राय में, काम की धारणा और अर्थ की धारणा दो अलग-अलग चीजें हैं। यही दोनों मातृ-दर्शन में बाधा दे रही थीं। समस्त विश्व ही माँ का प्रकाश है और वे प्रत्येक नारी के शरीर में निवास करती हैं। 'प्रत्येक नारी माँ की प्रतिमूर्ति है। मैं कैसे नारी को एकांत यौन-संपर्क के लिए सोच सकता हूँ?' यही थी उनकी भावना। हर महिला उनकी माँ है, अपने को वे इसी स्तर पर लाना चाहते थे, जब वे प्रत्येक नारी में मातृ-दर्शन करते थे। जीवन भर वे इसी भावना का पोषण करते रहे।

मैंने ठाकुर को देखा है। नारी मात्र में ही मातृभाव के दर्शन करते थे, चाहे वह जिस किसी जाति की, जैसी भी नारी हो।

इस निरक्षर, बैरागी लड़के ने उस जमाने के बड़े-बूढ़े पंडितों का दिमाग घुमा दिया था। दक्षिणेश्वर के एक पुजारी के हाथों विष्णु-मूर्ति का एक पाँव टूट गया। पंडितों ने

आकर, पोथी-पत्रा देखकर राय दी, ''इस टूटी मूर्ति की सेवा नहीं चलेगी। नई मूर्ति की प्रतिष्ठा करनी होगी।'' महा हंगामा मच गया। अंत में परमहंस महाशय को बुलाया गया।

उन्होंने कहा, ''पति अगर लँगड़ा हो जाए तो पत्नी क्या उसे त्याग देती है?''

इसके बाद पंडित समुदाय की टीका-टिप्पणी नहीं चली। अगर उन लोगों की ही बात चलती तो परमहंस देव पृथ्वी पर क्यों अवतार लेते? और पोथियों-किताबों में पढ़ी हुई विद्या की इतनी उपेक्षा क्यों करते? विद्या पठन-पाठन, शिक्षा में वे जो नई जीवनी-शक्ति लेकर दुनिया में आए थे, वह ज्ञान और शिक्षा में भी संचरित होना अनिवार्य था।

बाद में, एक समय ठाकुर ने मुझसे प्रश्न किया, ''मान लो कि किसी कमरे में एक थैली मुहर पड़ी हो और बगल के कमरे में एक चोर मौजूद हो। तुम्हें क्या लगता है, उस चोर को नींद आएगी? उसकी आँखों को नींद नहीं आ सकती। वह हर पल यही सोचता रहेगा कि कैसे उस कमरे में घुसकर वह थैली हथियाई जाए। अगर यह बात सच है, तो जिन लोगों के मन में यह धारणा दृढ़ हो चुकी है कि इन सब आपात् प्रतीयमान वस्तुओं के पीछे कोई सच छिपा हुआ है, ईश्वर नाम का कोई एक मौजूद है, कोई एक अविनश्वर, अनंत-आनंद स्वरूप विद्यमान है, जिस आनंद से तुलना करने पर सभी इंद्रिय-सुख बच्चों का खेल लगे तो क्या वह उसे पाने के लिए जी-जान से कोशिश नहीं करेगा? तुम क्या सोचते हो? कभी पल भर के लिए भी वह चेष्टा त्याग कर पाएगा? ऐसा कभी नहीं हो सकता। उसे पाने के लोभ में वह उन्मत्त हो उठेगा।''

हमारे इस बालक के हृदय में भी वही उन्मत्तता प्रवेश कर गई थी। उन दिनों उनका कोई गुरु नहीं था। ऐसा कोई नहीं था, जो उनकी आकांक्षित वस्तु का पता बताता, बल्कि सभी यह समझते थे कि उनका दिमाग खराब हो गया है।

दिन-पर-दिन, महीने-दर-महीने सत्य-प्राप्ति की अथक कोशिशें जारी रहीं। उन दिनों तरह-तरह के अलौकिक और अद्‌भुत दर्शन होने लगे। उनके सामने स्वरूप-रहस्य उद्‌घाटित होने लगा, मानो परदे हटते जा रहे हों। जगन्माता ने खुद ही गुरु बनकर इस बालक को आकांक्षित सत्य-लाभ की साधना में दीक्षित किया। उन्हीं दिनों एक परम सुंदरी, अनुपम विदुषी उस सभा में उपस्थित हुईं। बाद में परमहंस कहा करते थे कि विदुषी कहना उन्हें छोटा करना है—मूर्तिमती विद्या मानो सशरीर सामने उपस्थित हो गईं।

वे रमणी भी कभी संन्यासिन थीं। भारत में नारियों ने भी अविवाहित रहकर, संसार-त्याग करके, ईश्वरोपासना में अपना जीवन अर्पित किया है। इस मंदिर में आते ही जैसे ही उन्होंने सुना कि कोई एक बालक दिन-रात ईश्वर का नाम लेकर आँसू बहाता रहता है और लोग उसे पागल कहते हैं, उसी पल उन्होंने उससे मिलने की इच्छा प्रकट की। उस बालक को इसी महिला से पहली बार सहायता मिली। उस संन्यासी बालक की मन:स्थिति को समझते हुए उन्होंने कहा, ''सुनो, बच्चे, तुम जैसी उन्मत्तता जिसमें

भी आई हो, वह धन्य है। जो भगवान् के लिए पागल हो उठे, वह सौभाग्यशाली है। ऐसे लोगों की संख्या इस दुनिया में बेहद कम है।'' यह भैरवी उस बालक के पास कई वर्षों तक रहीं। उसे विभिन्न शास्त्रों की शिक्षा दी, उसे योग का रास्ता दिखाया।

कुछ दिनों बाद उस वन में अन्य एक परम पंडित और दर्शनशास्त्रविद् संन्यासी का आगमन हुआ। इस अद्भुत, आदर्शवादी संन्यासी का विश्वास था कि असल में जगत् का कोई अस्तित्व नहीं है। यह प्रमाणित करने के लिए वह गृह में निवास नहीं करते थे। धूप-झंझा-बरसात में भी बाहर ही रहते थे। उन्होंने हमारे साधक को वेदांत-शिक्षा देना आरंभ किया; लेकिन जल्दी ही वे दंग रह गए। गुरु की तुलना में शिष्य कई विषयों में काफी आगे थे। वे कुछेक महीने वहीं रहे, बालक को संन्यास दीक्षा देकर चले गए। पूर्वोक्त साधिका पहले ही दक्षिणेश्वर छोड़कर जा चुकी थीं। जैसे ही उस बालक का हृदय-कमल खिलने लगा, उन्होंने विदा ली। यथासमय उनकी मृत्यु हो गई या वे अभी भी जीवित थीं, यह जानकारी किसी को भी नहीं है। उसके बाद वे कभी वापस नहीं लौटीं।

मंदिर के पुरोहित की अभूतपूर्व पूजा-पद्धति देखकर बहुतेरे लोगों को लगा कि उनका दिमाग खराब हो गया है। उनके आत्मीय उन्हें गाँव लिवा ले गए और एक बालिका से उनका विवाह करा दिया। उन लोगों को आशा थी कि विवाहित होकर उनके मन में बदलाव आएगा और उनका दिमाग भी संतुलित होगा। लेकिन पुरोहित दुबारा मंदिर में लौट आए। उनका पागलपन मानो और बढ़ गया। अपनी नवविवाहिता वधू को जैसे वे पूरी तरह भूल ही गए।

दूर, गाँव की कुटीर में बालिका वधू के कानों तक यह खबर पहुँची कि उनका पति पूजा-अर्चना में डूब गया है और बहुत से लोगों का खयाल है कि वह पागल हो गया है। उन्होंने स्वयं पति की खोज-खबर लेने की कोशिश की और पैदल ही पति के कर्मस्थल दक्षिणेश्वर मंदिर में पहुँचने का अचानक निश्चय किया। पति से पहली भेंट में ही पति ने अपनी जीवनसंगिनी को ग्रहण करना चाहा, हालाँकि भारत में नारी या पुरुष किसी धर्म-साधना का अवलंबन करते ही अन्य सभी पारिवारिक बंधनों से मुक्ति पा जाते हैं।

तरुण साधक ने पत्नी के पाँवों पर गिरकर कहा, ''माँ ने मुझे समझा दिया है कि प्रत्येक नारी में वे विराज करती हैं। मैंने भी प्रत्येक नारी को जननी के तौर पर देखना सीख लिया है। तुम्हें भी मैं इसी रूप में देखना चाहता हूँ। लेकिन तुम अगर मुझे खींच लाना चाहो तो मैं तुम्हारी बात मान लूँगा; क्योंकि मंत्र-साक्षी रखकर मैंने तुमसे विवाह किया है।''

विशुद्धमना महीयसी उस महिला ने पति का मनोभाव समझ लिया और उनके प्रति

संवेदना जाहिर की।

उन्होंने एक पल भी देरी नहीं की। तत्काल उत्तर दिया, "आपको जोर-जबरदस्ती घर-बारी बनाने की मेरी कोई मंशा नहीं है। मैं सिर्फ आपके करीब रहकर आपकी सेवा करना चाहती हूँ। आपसे साधन-भजन सीखना चाहती हूँ।"

इस तरह वे अपने पति की एक प्रधान भक्त शिष्या बन गईं। उन्हें ईश्वर मानकर उनकी भक्ति-पूजा करने लगीं। इसी तरह पत्नी से अनुमति पाकर उनकी अंतिम बाधा भी दूर हो गई। और वे स्वाधीन भाव से अपने मनोनीत पथ पर जीवनयापन करने में समर्थ हो गए।

अद्भुत थीं वह महिला! साधना में मग्न होकर पति धीरे-धीरे अपने भाव में संन्यासी हो गया। सहधर्मिणी दूर से ही यथाशक्ति उनका हाथ बँटाती रहीं। बाद में पति जब अध्यात्म-जगत् के विराट् पुरुष हो उठे, उनकी पत्नी उनके और करीब चली आईं। अगर सच पूछें तो वे ही तो उनकी प्रथम शिष्या थीं। अपना बचा-खुचा जीवन उन्होंने पति की दैहिक सेवा में व्यतीत किया। माँ की तलाश में विभोर पति को तो यह सुध भी नहीं रहती थी कि वे जीवित भी हैं या मृत हैं। पति बातें करते-करते कभी-कभी इतने तन्मय हो जाते थे कि धधकते हुए कोयले पर भी बैठ जाते तो उन्हें होश नहीं रहता था। जी हाँ, जलता-धधकता कोयला! वे सर्वदा इसी तरह देहज्ञान-रहित होते थे।

इसके बाद उनके अंतस् में प्रबल आकांक्षा जाग उठी कि वे विभिन्न धर्मों की गहराई में छिपे हुए सत्य को जानें। अब तक अपने धर्म के अलावा उन्हें और कुछ की जानकारी नहीं थी। अब उनके मन में यह कामना जाग उठी कि वे अन्य धर्मों के स्वरूप की जानकारी भी प्राप्त करें। वे जो कुछ भी करते थे, मन-प्राण उड़ेलकर, सर्वांतःकरण से करते थे। इसलिए अन्यान्य धर्मों के गुरु की तलाश शुरू हो गई।

भारत में 'गुरु' का हम क्या अर्थ लेते हैं, हमें यह भी याद रखना होगा। शिक्षक का अर्थ सिर्फ ग्रंथकीट नहीं होता। गुरु वे ही हैं, जिन्होंने प्रत्यक्ष की उपलब्धि की हो, जिन्होंने सत्य को साक्षात् जाना हो, किसी दूसरे से सुनकर नहीं!

किसी मुसलमान फकीर को पाकर उनके द्वारा प्रदर्शित साधना-प्रणाली के अनुसार वे साधना करने लगे। वे मुसलमानों की पोशाक भी पहनने लगे। मुसलमानों के शास्त्र मुताबिक वे सामूहिक कार्यक्रमों में जुट गए। उन दिनों वे इसलाम-भावापन्न हो गए। उन्हें यह देखकर बेहद अचरज हुआ कि उन सब साधना-प्रणाली के अनुष्ठानों ने भी उन्हें अपने पूर्व-जाग्रत् भाव तक ही पहुँचा दिया। ईसा मसीह के धर्म का अनुसरण करके भी उन्हें यही परिणाम लाभ हुआ। वे जब भी किसी धर्म-संप्रदाय के साधक से मिलते, उसके सामने नतमस्तक हो जाते थे और उनके निर्देश के अनुसार साधना करते हुए शिक्षा-लाभ करते थे। सर्वांतःकरण से, हरि निष्ठा से वे विभिन्न धार्मिक आचार-अनुष्ठान

सीखते थे। विभिन्न धार्मिक गुरुओं ने उन्हें जो-जो करने को कहा, उन्होंने वही-वही किया और सभी विषयों में उन्हें एक ही अभिज्ञता लाभ की। इस तरह निजी अभिज्ञता से उनकी समझ में आ गया कि प्रत्येक धर्म का लक्ष्य एक ही है। सभी ने एक ही शिक्षा दी है—भेद केवल साधना-प्रणाली का है, भेद सिर्फ भाषा का है।

अब मेरे गुरु को यह पक्का विश्वास हो गया कि सिद्धि-लाभ करने के लिए विनम्र होना होगा। बिलकुल स्त्री-पुरुष भेद ज्ञान वर्जित होना जरूरी है, क्योंकि आत्मा का कोई लिंग नहीं होता; आत्मा न तो पुरुष है, न नारी। लिंग-भेद केवल देह में ही उपस्थित है और जो आत्मा को समझना चाहते हैं, उनमें यह भेद-बुद्धि नहीं चलेगी। पुरुष देहधारी वह इनसान अपने सभी आचरण में स्त्री-भाव लाने की कोशिश करने लगे। वे अपने को नारी समझने लगे। उन्होंने स्त्री की तरह वेश धारण किया, स्त्रियों के ढंग से बातचीत करने लगे। उन्होंने पुरुषों के सारे काम छोड़ दिए और परिवार की गृहिणी की तरह रहने-सहने लगे। इस तरह की साधना करते-करते उनका मन परिवर्तित हो गया। उनका स्त्री-पुरुष-भेद ज्ञान बिलकुल ही दूर हो गया, साथ ही काम के बीज भी जलकर खाक हो गए। उनके जीवन का नजरिया ही बिलकुल पलट गया।

पश्चिमी देशों में हमने नारी-पूजा के बारे में सुना है। लेकिन वह पूजा आमतौर पर नारी के सौंदर्य और यौवन की पूजा है। लेकिन वे नारी-पूजा का अर्थ समझते थे—माँ आनंदमयी की पूजा। सभी नारियाँ उस आनंदमयी माँ के अलावा और कुछ भी नहीं हैं। मैंने स्वयं देखा है, जिन औरतों को समाज स्पर्श भी नहीं करता, ऐसी औरतों के सामने वे हाथ जोड़े खड़े रहते थे। एक बार रोते-रोते उनके पैरों पर गिरकर उन्होंने अर्ध-बेहोशी की हालत में कहा, "माँ, माँ! एक रूप में तुम सड़क पर खड़ी रहती हो, अन्य रूप में तुम जगत्-स्वरूप हो! मैं तुम्हें बार-बार प्रणाम करता हूँ!"

जरा सोचकर देखें, उस इनसान का जीवन कितना धन्य है, जिनके हृदय से सभी प्रकार का पशु-भाव विदा ले चुका है, जो प्रत्येक नारी का भक्ति-भाव से दर्शन करते हों, जिनके मानस में नारी के चेहरे ने अन्य रूप में धारण किया हो। उनके लिए आनंदमयी जगन्माता का चेहरा हर नारी में प्रतिबिंबित होता था। अगर सच ही सिद्धि-लाभ करना हो तो इस प्रकार की पवित्रता नितांत आवश्यक है।

उस इनसान ने इसी तरह कठोर, निष्कलंक पवित्रता को उपलब्ध किया। हम सबके जीवन में जिन प्रतिद्वंद्वी भावों का टकराव होता है, उनके जीवन में अब नहीं रहा। अत्यंत कष्ट से उन्होंने आध्यात्मिक रत्न-समूह संचित किया और मानव जाति को देने के लिए प्रस्तुत हुए! अब, ईश्वर-निर्देशित कार्य शुरू हुआ।

उनका प्रचार-कार्य और उपदेश-दान अद्भुत था। हमारे देश में आचार्य का बेहद सम्मान होता है। उन्हें साक्षात् ईश्वर माना जाता है। गुरु को जिस रूप में सम्मान दिया

जाता है, हम उस तरह का सम्मान अपने माता-पिता को भी नहीं देते। अपने माता-पिता से हमें यह शरीर मिला है, लेकिन गुरु हमारी मुक्ति का पथ-प्रदर्शन करते हैं। हम सब उन्हीं की संतान हैं, उनके मानस-पुत्र!

किसी असाधारण आचार्य का अभ्युदय होता है तो सभी हिंदू उन्हें सम्मान अर्पित करने आते हैं, लोगों की भीड़ उन्हें घेरकर बैठी रहती थी। लेकिन हमारे इस आचार्यवर को लोगों ने सम्मान दिया या नहीं, इस ओर उनकी दृष्टि ही नहीं थी। वे आचार्यश्रेष्ठ हैं, यह बात वे स्वयं भी नहीं जानते थे। वे तो यही मानते थे कि माँ ने ही सबकुछ किया, वे कुछ भी नहीं थे। वे हमेशा ही कहते थे, "अगर मेरी जिह्वा से कोई भली बात निकलती है तो वह मेरी माँ की बात होती है। इसमें मेरा कोई गौरव नहीं है।" अपने प्रचार-कार्य के बारे में वे इसी तरह की धारणा व्यक्त करते थे और अपने प्रयाण के दिन तक उन्होंने इस धारणा का त्याग नहीं किया। वे किसी को भी बुलाने नहीं जाते थे। उनका मूल-मंत्र था—पहले चरित्र-गठन करो, आध्यात्मिक भाव अर्जित करो, फल अपने आप मिल जाएगा। उनका एक प्रिय दृष्टांत प्रस्तुत है—'जब कमल खिलता है, तब भँवरे मधु की तलाश में अपने-आप आ पहुँचते हैं। अस्तु तुम्हारा चरित्र-कमल पूर्णतः विकसित हो, सैकड़ों-सैकड़ों लोग तुम्हारे पास शिक्षा लेने आएँगे। यह जीवन की महान् शिक्षा है। मेरे आचार्यदेव ने सैकड़ों बार मुझे यही शिक्षा दी है, फिर भी हम मानव उसे भूल जाते हैं।'

श्रीरामकृष्ण ने तंत्र-साधना भी की थी, मगर प्राचीन ढंग से नहीं। जहाँ शराब पीने का विधान था, वहाँ वे केवल बूँद भर कारण-रस माथे से लगा लेते थे। तंत्र-साधना की राह बेहद फिसलन भरी है।

वे रोते-रोते माँ भगवती से प्रार्थना किया करते थे, "माँ, बात करने के लिए मेरे पास कोई एक ऐसा इनसान भेज दे, जिसके अंतर में काम-कंचन का लेशमात्र भी न हो। दुनियावी लोगों से बात करते-करते मेरी जिह्वा में फफोले पड़ गए है।" वे यह भी कहा करते थे, "संसारी और अपवित्र लोगों का स्पर्श मुझसे सहा नहीं जाता।"

प्रश्न : यह जो प्रत्येक जाति को उन लोगों की गुणावली की दृष्टि से समझने का अभ्यास, यह आपको कहाँ से मिला?

निस्संदेह यह श्रीरामकृष्ण परमहंस देव की शिक्षा का फल है। हम सभी थोड़ा-बहुत उनके ही बताए हुए पथ पर चले थे। हाँ, वे स्वयं जिस कठोर साधना से होकर गुजरे, हम सबको उतना सब नहीं करना पड़ा। वे जिन-जिन इनसानों को समझना चाहते थे, जिनसे वे सीखना चाहते थे, उन्हीं के ढंग से खान-पान करते थे, उन्हीं की तरह कपड़े-लत्ते पहनते थे, उनसे दीक्षा ग्रहण करते थे और उन्हीं लोगों की भाषा का उपयोग करते थे। वे कहते थे, "दूसरों की सत्ता में अपने को प्रविष्ट कराने की शिक्षा हमें ग्रहण

करनी होगी।'' यह जो पथ था, यह उनका निजी था। भारत में इससे पहले कोई भी इस ढंग से एक के बाद एक ईसाई, मुसलमान और वैष्णव नहीं हुआ।

मैं एक ऐसे इनसान को जानता था, लोग जिसे पागल कहते थे, वे उत्तर देते थे, ''बंधुगण, समस्त जगत् ही तो एक पागलखाना है। कोई सांसारिक प्रेम में उन्मत्त है, कोई नाम के लिए पगलाया हुआ है, कोई यश के लिए, कोई धन-दौलत के लिए और कोई स्वर्ग-लाभ के लिए पागल है। इस विराट् पागलखाने में मैं भी एक पागल हूँ। मैं भगवान् के लिए पागल हूँ। तुम अगर रुपए-पैसों के लिए पागल हो, मैं ईश्वर के लिए पागल हूँ। तुम भी पागल, मैं भी पागल! मुझे लगता है कि अंत में मेरा पागलपन ही सबसे ज्यादा खरा है।''

मन कभी-कभी किसी भाव पर पूर्णतः केंद्रित हो जाता है। उसी का नाम है—सविकल्प ध्यान! और मन जब सर्ववृत्ति से शून्य हो आता है, तब निराधार एक अखंड बोध-स्वरूप प्रत्यक्चैतन्य में विलीन हो जाता है, उसी का नाम है—वृत्तिशून्य निर्विकल्प समाधि! हम सबने ठाकुर में इन दोनों तरह की समाधियों को पल-पल, क्षण-क्षण प्रत्यक्ष किया है। उन्हें कोशिश करके इस अवस्था में नहीं आना पड़ता था। समाधि तो अपने आप, सहसा ही घेर लेती थी। हाँ, यह बेहद विस्मयकारी, अद्भुत मामला था। उन्हें ही निहारते हुए तो मैं यह सब ठीक-ठीक समझ सका।

''मन के बाहर की जड़ शक्ति को किसी उपाय से आयत्त करके कोई चौंकानेवाली हाथ सफाई या चमत्कार दिखाना कोई बड़ी बात नहीं है; लेकिन यह जो पगले ब्राह्मण थे, लोगों के मन को कीचड़-काँदो के लोंदे की तरह हाथ में लेकर तोड़ते, ठोकते-पीटते, गढ़ते थे और स्पर्श मात्र से नए ढाँचे में ढालकर नए रूप में तैयार कर लेते थे। ऐसा चमत्कार मैंने अन्यत्र कहीं नहीं देखा।''

रामकृष्ण ने कभी किसी के विरुद्ध कोई कड़वी बात नहीं कही। उनकी सहिष्णुता ऐसी थी कि सभी संप्रदाय के लोग यह सोचते थे कि वे उन्हीं लोगों के हैं। वे सबको प्यार करते थे। उनकी दृष्टि में सभी धर्म सत्य थे। प्रत्येक धर्म को उन्होंने एक निश्चित स्थान दिया था। वे मुक्त-स्वभाव थे। लेकिन सभी के प्रेम में ही उनकी मुक्ति थी, वज्रपात में नहीं। इस तरह कोमल स्तर के लोग ही नई-नई भाव-सृष्टि करते हैं और 'हाँक लगानेवाले' स्तर के लोग वाणियों को चारों तरफ बिखेर देते हैं।

उनका कुछ निजस्व है, ऐसा दावा भी उन्होंने कभी नहीं किया। उन्हें नाम-यश की आकांक्षा नहीं थी। जब उनकी उम्र प्रायः चालीस की थी, उस समय उन्होंने प्रचार करना आरंभ किया। लेकिन इस प्रचार के लिए वे कभी, कहीं बाहर नहीं गए। जो लोग उनके पास आकर उनका उपदेश ग्रहण करेंगे, वे उन लोगों की प्रतीक्षा कर रहे थे।

भारत के महान् अवतार-पुरुषों में एक उन्हीं श्रीरामकृष्ण की अब पूजा की जाती

है, वे पूजित हैं, उनका जन्मदिन धर्मोत्सव में परिणत हो चुका है।

दूसरों के लिए सीमाहीन प्यार उनकी और एक विशेषता थी। उनके जीवन में कहीं विश्राम नहीं था। उन्होंने जीवन का प्रथम अंश धर्म-उपार्जन में और शेष अंश उसे वितरण में व्यय कर दिया। लोगों की भीड़ उनके उपदेश सुनने आती थी और चौबीस घंटों में बीस घंटे वे उन लोगों से बातें किया करते थे। मनुष्यमात्र के प्रति उनके अंतस् में अगाध प्रेम था। जो लोग उनके कृपा-लाभ के लिए आते थे, ऐसे हजारों लोगों में, जो मामूली लोग थे, वे लोग भी उनकी कृपा से वंचित नहीं होते थे।

कालक्रम में उनके गले में एक फोड़ा निकल आया। काफी समझाने-बुझाने के बाद भी उनका बोलना बंद नहीं किया जा सका। जब भी वे सुनते थे कि लोग उन्हें देखने आए हैं, वे उन लोगों को अपने पास आने देने के लिए आग्रह करने लगते थे। लोग जब उनके नजदीक आते थे, वे उनके सभी प्रश्नों का उत्तर देते थे। जब कोई पूछता, "इतने सारे लोगों से बातें करते हुए आपको कष्ट नहीं होता?" वे हँसकर उत्तर देते थे, "क्या? देह का कष्ट? मेरी कितनी ही देह हुई, कितनी देह चली गई। अगर यह देह दूसरों की सेवा में जाए तब तो यह धन्य हो जाएगी। अगर किसी एक व्यक्ति का सच ही उपकार हो जाए तो मैं हजार-हजार देह अर्पित करने को प्रस्तुत हूँ।"

एक बार किसी ने उनसे कहा, "महाशय, आप तो बहुत बड़े योगी हैं। अपनी काया पर जरा ध्यान केंद्रित करके अपना रोग ठीक कर लें न!"

पहले तो उन्होंने कोई उत्तर नहीं दिया।

उस आदमी ने दुबारा यह बात दुहराई।

उन्होंने धीमी आवाज में कहा, "मैं तुम्हें ज्ञानी समझता था; लेकिन देख रहा हूँ कि तुम अपरापर संसारी लोगों की तरह ही बात कर रहे हो। मेरा यह मन भगवान् के चरण-कमलों में अर्पित हो चुका है। तुम क्या कहते हो, इसे वापस लौटाकर आत्मा के पिंजरे-स्वरूप देह में ठूँस दूँ?"

इसी तरह के उपदेश वे सबको देते थे और जब चारों तरफ यह खबर फैल गई कि उनकी मृत्यु करीब है, तब और ज्यादा लोग उन्हें देखने, उनके दर्शनों के लिए आने लगे।

अपने स्वास्थ्य की तरफ बूँद भर भी ध्यान न देकर हमारे गुरुदेव उन लोगों को उपदेश देने लगे। हम उन्हें लाख मना करते, मगर उन्हें रोक नहीं पाते थे। अनगिनत लोग दूर-दूरांतरों से आते थे और उन लोगों के प्रश्नों का उत्तर दिए बिना उन्हें चैन नहीं आता था।

वे कहा करते थे, "जब तक मुझमें बोलने की शक्ति मौजूद है, तब तक उपदेश दिए जाऊँगा।"

वे जो कहते थे, वही करते थे। एक दिन उन्होंने हमें संकेत में बताया कि वे उसी दिन देह-त्याग करेंगे और वेद का पवित्रतम मंत्र 'ओउम्' रटते-रटते वे महासमाधि में लीन हो गए।

पश्चिमी लोगों को जब चैतन्य के बारे में ढेरों बातें करते सुनता हूँ तो मुझे अपने कानों पर विश्वास नहीं होता। चैतन्य! क्या चैतन्य हुआ है? अवचेतन मन की अतल गहराई और पूर्ण चैतन्यावस्था की उच्चता की तुलना में, यह कुछ भी नहीं है। इस बारे में मुझसे किसी दिन भी भूल नहीं होगी। मैंने रामकृष्ण परमहंस को देखा जो है। वे जिस किसी इनसान के अवचेतन मन की खबर का दस मिनट में ही अनुमान कर लेते थे। उसके बाद उस व्यक्ति के भूत, भविष्य और शक्ति के बारे में सबकुछ बता देने की क्षमता रखते थे।

वे जिस-तिस के हाथ से खाना नहीं खा सकते थे। ऐसी भी अनेक घटनाएँ हुईं, जब वे किसी-किसी व्यक्ति के हाथों का छुआ भी नहीं खा सकते थे। बाद में विशेष अनुसंधान करने पर मुझे पता चला कि सच ही उस इनसान के भीतर कोई-न-कोई विशेष दोष छिपा हुआ था।

ठाकुर कहा करते थे, "हो रहा है, हो जाएगा—यह सब अकर्मण्यता के भाव हैं।"

मैंने ठाकुर को देखा है। जिन लोगों को हम हेय मानते थे, वे उन लोगों को भी प्रोत्साहित करते थे, उनके जीवन की मति-गति पलट देते थे। शिक्षा देने की उनकी शैली ही अद्‌भुत थी।

उन्होंने जगत् में किसी का भी भाव नष्ट नहीं किया। महा-अध:पतित इनसान को भी वे अभय देकर, प्रोत्साहित करके, उन्हें उठाकर गले लगा लेते थे।

अतीत के इतिहास पर अगर दृष्टिपात करें तो पता चलता है कि भारत में आध्यात्मिक या अंतर्जीवन तथा पाश्चात्य देशों में बाह्य जीवन या कार्य-कुशलता विकसित होती रही। अब तक दोनों ही विपरीत पथ से उन्नति की ओर अग्रसर होते रहे, अब दोनों का ही सम्मेलन-काल उपस्थित हुआ है। रामकृष्ण परमहंस गंभीर अंतर्दृष्टि-परायण थे, लेकिन बाहरी जगत् में भी उनके जैसी कर्म-तत्परता और किसमें है? यही तो रहस्य है। जीवन समुद्र जैसा गहरा तो है ही, आकाश जैसा विशाल भी होना चाहिए।

हमारे प्रभु श्रीरामकृष्ण में कलाकार-सुलभ गुण की विस्मयकारी अभिव्यक्ति थी। उनका कहना था कि इस गुण के बिना कोई भी सच्चे अर्थ में आध्यात्मिक नहीं हो सकता।

सीखने को बहुत कुछ है। आमरण उद्यम करते रहना होगा। उद्यम ही मानव जीवन का उद्‌देश्य है। श्रीरामकृष्ण कहते थे, "जितने दिन जीऊँगा उतने दिनों सीखूँगा।" जिस व्यक्ति या समाज के पास सीखने को कुछ नहीं होता, वह मौत के मुँह में जा चुका है।

एक अदद अल्पबुद्धि बालक श्रीरामकृष्ण के सामने सदा ही शास्त्रों की निंदा किया करता था। एक बार उसने 'गीता' की अत्यंत प्रशंसा की। उसकी बातें सुनकर श्रीरामकृष्ण ने कहा, ''शायद किसी अंग्रेज पंडित ने 'गीता' की प्रशंसा की है, इसलिए यह भी गुणगान कर रहा है।''

रामकृष्ण परमहंस किसी नए तत्त्व का प्रचार करने नहीं आए थे, लेकिन उनके आविर्भाव से ढेरों पुराने सत्य दुबारा प्रकाशित हुए। एक वाक्य में वे भारत के समग्र अतीत चिंतन के मूर्त विग्रह-स्वरूप थे। प्राचीन शास्त्र समूहों के वास्तविक अर्थ, वे सब किस प्रणाली से और किस उद्देश्य से रचे गए, यह मैंने उनके जीवन से ही समझा है।

हैरत की बात यह है कि उन्होंने अपने समग्र जीवन का कार्य एक ऐसे शहर के करीब रहकर संपन्न किया, जो पश्चिमी भाव में उन्मत्त था। भारत के अन्यान्य शहरों से, बहुत ज्यादा मात्रा में, पाश्चात्य-भावापन्न हुई थी यह नगरी! पोथी-ज्ञान उन्हें बिलकुल नहीं था। महामनीषा-संपन्न होते हुए भी वे अपना नाम तक नहीं लिख पाते थे। लेकिन, हर कोई, विश्वविद्यालय के बड़े-बड़े उपाधिकारी तक ने, उनके दर्शनों के बाद उन्हें एक महामनीषी मान लिया था। अद्भुत था यह इनसान! उनमें भारत के ऋषियों की परिपूर्णता विद्यमान थी। वे युगावतार थे और उनकी वाणी समकालीन समय में विशेष कल्याणप्रद थी। उस इनसान के पीछे जो ईश्वरी शक्ति अपना खेल खेल रही थी, वह भी गौर करने लायक है। दरिद्र ब्राह्मण की संतान! बंगाल के अज्ञात-अपरिचित एक देहात में उनका जन्म हुआ। अब तक यूरोप और अमेरिका में हजारों-हजार लोग उनकी पूजा करते हैं और भविष्य में भी हजारों-हजार लोग उनकी पूजा करेंगे। ईश्वर की इच्छा भला कौन समझ सकता है? अभी मैं केवल इतना भर कहना चाहता हूँ कि अगर मैंने जीवन में एक भी सच बात कही हो तो वह है उनकी वाणी? उन्हीं की वाणी! और अगर ऐसी ढेर-ढेर बातें भी कही हों, जो असत्य, भ्रामक हों, जो मनुष्य के लिए कल्याणकारी नहीं हैं, वह सब मेरे हैं, उसके लिए पूरी तरह मैं ही जिम्मेदार हूँ।

एक-एक भाव में सिद्ध होने या इस भाव की चरम अवस्था में पहुँचने में कितने ही जन्मों की कोशिशें लगती हैं। भाव-साम्राज्य के सम्राट्, हमारे ठाकुर ने अठारह भावों में सिद्धि-लाभ किया था। वे भावमुखी न होते तो उनका शरीर ही नहीं रहता—यह बात स्वयं ठाकुर ही कहते थे।

धर्म की ग्लानि दूर करने के लिए ही भगवान् श्रीरामकृष्ण शरीर धारण करके वर्तमान युग में जगत् में अवतीर्ण हुए थे। उनके द्वारा उच्चरित वाणियों का अगर समूचे विश्व में और अधिक प्रचार हो तो जीवों का मंगल होगा। ऐसे अद्भुत महासमन्वय के आचार्य ने कई-कई शताब्दियों में भारत में जन्म नहीं लिया।

रामकृष्ण परमहंस जगत् के कल्याण के लिए आए थे। अब उन्हें मनुष्य कहेंगे या

देवता कहेंगे या अवतार कहेंगे, यह आप लोगों की इच्छा! अपने अंतर के आलोक मुताबिक, उन्हें ग्रहण करना ही यथेष्ट होगा। लेकिन जो भी उनके प्रति सिर झुकाएगा, वह उसी पल सोना हो जाएगा।

जिस दिन रामकृष्ण ने जन्म लिया, उसी दिन से ही आधुनिक भारत की जय-यात्रा—स्वर्ण युग का प्रारंभ हुआ।

मेरा खयाल है कि ठाकुर देश के सकल प्रकार की विद्या और भावों के अंदर प्राणसंचार करने आए थे।

रामकृष्णावतार में ज्ञान, भक्ति और प्रेम! अनंत ज्ञान, अनंत प्रेम, अनंत कर्म, अनंत जीवों में दया! हम सब अभी भी समझ नहीं पाए हैं। समग्र हिंदू जाति युगों-युगों से जो सब चिंतन करती आ रही है, उन्होंने एक ही जीवन में वह सब उपलब्ध कर लिया था। जगत् के समस्त शास्त्र-समूहों के वे जीवंत भाष्य थे। लोग धीरे-धीरे यह सब समझ पाएँगे।

तुम लोग प्रश्न करते हो कि भविष्य में रामकृष्ण परमहंस को काली का अवतार कहा जाएगा? जी हाँ, मुझे भी लगता है कि काली ने अपनी इच्छा-संपादन के लिए श्रीरामकृष्ण का देहयंत्र परिचालित किया था।

वे सिर्फ वही महत् जीवन-यापन करके ही तृप्त थे। उसकी व्याख्या दूसरे लोग खोजें, पता करें!

जो लोग ठाकुर के पास जाते-आते रहे, वे लोग धर्मानुभूति के पथ पर आगे बढ़ते गए। वे सभी लोग ठाकुर के भक्त थे। लेकिन वे सभी लोग उनके अंतरंग नहीं थे। ठाकुर कहा करते थे, "अवतार के साथ कल्पांतर के सिद्ध ऋषिगण देह धारण करते हैं और जगत् में उनका आगमन होता है। वे लोग ही भगवान् के साक्षात् पार्षद हैं। उन्हीं लोगों के द्वारा ही भगवान् कार्य करते हैं या जगत् में धर्मभाव का प्रचार करते हैं।" अवतार के अनुवर्ती एकमात्र वही लोग हैं, जो परमार्थ के लिए सर्वत्यागी हुए, जिन लोगों ने भोग-सुख काक-विष्ठा की तरह त्याग कर, जगत-हित और जीव-हित में अपना जीवन अर्पित कर दिया है।

भाव-सिंधु की एक बूँद ही इनसान को देवता बना सकती है। सर्वभाव का ऐसा समन्वय दुनिया के इतिहास में क्या और कहीं मिलता है? इसी से यह स्पष्ट है कि वे क्या देह धारण करके मर्त्य में आए थे। 'अवतार' कहना उन्हें छोटा करना है। जब वे अपने नौजवान संन्यासियों को विशेष उपदेश देते थे, तब बहुत बार स्वयं उठकर चारों तरफ खोज-भरी दृष्टि दौड़ा लेते थे कि कहीं कोई गृहस्थ-घरबारी तो वहाँ नहीं है। जब वे निश्चित हो लेते थे कि वहाँ कोई नहीं है या कोई नहीं आया है, तभी वे ज्वलंत भाषा में त्याग-तपस्या का वर्णन करते थे। संसार-त्याग की प्रबल उद्दीपना में ही तो हम सब

संसार-त्यागी बने हैं।

जब भी कोई अवतार आता है, तब उनके साथ मुक्त और मुमुक्षु पुरुष उनकी लीला में सहायता करने के लिए शरीर धारण करते हैं। उनका भी प्रादुर्भाव होता है। करोड़ों जनमों का अँधेरा मिटाकर एक ही जन्म में मुक्त कर देने में एकमात्र अवतारगण ही समक्ष होते हैं। इसी का अर्थ है—कृपा।

पथ क्या है ? उन्हें पुकारना! आवाज देते-देते ही बुहतेरे लोग उनका दर्शन पा जाते हैं। ठीक हमारी ही तरह की काया में उनका दर्शन पा लेते हैं, उनकी कृपा-लाभ करते हैं। जिन लोगों को ठाकुर का दर्शन मिला, वे लोग धन्य हैं। 'कुलं पवित्रं जननी कृतार्था।'

कोई भी यह समझ नहीं पाया कि 'रामकृष्ण' के नाम से कौन आया था। यह जो उनके अंतरंग थे, उनके चेले-चपाटे थे, उन लोगों को भी उनका कूल-किनारा नहीं मिला। कुछ ही लोग थोड़ा-बहुत समझ पाए थे। लेकिन बाद में लोग जरूर समझेंगे।

परमब्रह्म तत्त्व में लिंग-भेद नहीं है। हम सब 'मैं-तुम' के परिप्रेक्ष्य में लिंग-भेद को देखते हैं। मन जितना अंतर्मुखी होता है उतना ही भेद-ज्ञान मिट जाता है। अंत में मन जब समरस ब्रह्मतत्त्व में डूब जाता है, तब 'यह स्त्री, वह पुरुष' इसका ज्ञान नहीं रह जाता। हम सबने ठाकुर का यह रूप अपनी आँखों से देखा है।

जगत् के श्रेष्ठ आचार्यों ने शास्त्रों के श्लोकों की विविध व्याख्या की कोशिश नहीं की, उन लोगों ने शास्त्रों का अर्थ विकृत करने की कोशिश नहीं की। उन लोगों ने यह कभी नहीं कहा कि इस शब्द का यह अर्थ है और यह शब्द और इस शब्द का इस रूप से संबंध है। जगत् के श्रेष्ठ आचार्यगण की जीवनी और वाणियों का पाठ करिए। आप देखेंगे, उन लोगों में से किसी ने भी यह राह नहीं पकड़ी। उन लोगों ने ही यथार्थ शिक्षा दी है।

अगर कोई परमहंस देव को 'अवतार' मानता है तो अच्छी बात है, न माने तो भी उत्तम है। सार-सत्य यह है कि परमहंस देव चरित्र के संदर्भ में प्राचीन हितों से भी ऊपर जाते हैं और शिक्षा के संदर्भ में सबसे अधिक उदार, नूतन और प्रगतिशील हैं—यानी सभी प्राचीन लोग दुहराववादी हैं। नए अवतार या शिक्षक की नई शिक्षा थी—अब योग, भक्ति, ज्ञान और कर्म के उत्कृष्ट भाव एकत्र करके एक नया समाज तैयार करना होगा। पुराने अवतार ठीक ही थे, लेकिन इस युग का यह धर्म है कि योग-ज्ञान-भक्ति और कर्म बसके लिए है ज्ञान-भक्ति-दान-आबाल-वृद्ध-वनिता और शूद्रों को भी प्राप्त होना चाहिए! प्राचीन सभी महापुरुष अपनी जगह ठीक रहे होंगे, लेकिन रामकृष्ण में सब समा गए हैं।

रामकृष्ण परमहंस भगवान् के अवतार हैं, इसमें मुझे रंचमात्र भी संदेह नहीं है। लेकिन वे कहा करते थे—लोगों को समझने दो, लोगों की गरदन पर यह सब जोर-

जबरदस्ती लाद नहीं सकते।

रामकृष्ण को समझे बिना वेद, वेदांत, भागवत और पुराण को समझना मुश्किल है। किसी तरह भी समझा नहीं जा सकता।

उनका जीवन अनंत शक्तिपूर्ण एक सर्चलाइट है, जो भारत के समग्र धर्मों पर विकीर्णित हुई है। वे वेद-वेदांतों के जीवंत भाष्य-स्वरूप थे। कुल एक ही जीवन में उन्होंने जातीय धर्म-जीवन के समग्र कल्प को महसूस किया है।

रामकृष्ण परमहंस सबसे ज्यादा आधुनिक और सबसे अधिक पुनर्विकसित चरित्र हैं! ज्ञान, प्रेम, वैराग्य, लोक-हितैषी, उदारता के पूर्ण प्रकाश! अन्य किसी से क्या उनकी तुलना की जा सकती है? जो उन्हें समझने में अक्षम है, उसका जन्म ही वृथा है। मैं तो उनके जन्म-जन्मांतरों का दास हूँ, यह मेरा परम सौभाग्य है। उनके मुँह से निकली हुई एक-एक बात मेरे लिए वेद-वेदांत से भी ज्यादा महत्त्वपूर्ण है। मैं तस्य दास-दास-दासोहहं।

ईसा मसीह को मछेरे-मल्लाहों ने भगवान् कहा, मगर पंडितों ने उन्हें मार डाला। बुद्ध को उनके जीवन-काल में बनियों और चरवाहों ने मान्यता दी थी। लेकिन रामकृष्ण अपने जीवन-काल में पूजित हुए। उन्नीसवीं शताब्दी के अंतिम चरण में विश्वविद्यालय के महत्त्वपूर्ण लोगों ने उन्हें देवता मानकर उनकी पूजा की।

वैसे हमारा आदर्श है—'परब्रह्म'! लेकिन सभी किसी विमूर्त आदर्श (ऐबाट्रेक्ट आइडियल) द्वारा अनुप्राणित नहीं हो सकते, इसीलिए एक आदर्श पुरुष की जरूरत पड़ती है। श्रीरामकृष्ण में वह आदर्श पुरुष उपलब्ध हुआ।

वेदांत की वाणी इस युग का हर प्राणी ग्रहण कर सके, इसीलिए हमें एक ऐसे पुरुष की जरूरत थी, वर्तमान युग के लोगों के प्रति जो संवेदनशील हो। श्रीरामकृष्ण ने वह जरूरत पूरी की। अब हर इनसान के सामने यह आदर्श प्रस्तुत करना होगा। उन्हें साधु या अवतार चाहे जिस रूप में भी ग्रहण किया जाए, इससे कोई फर्क नहीं पड़ता।

ठाकुर ने एक बार कहा था कि वे हम सबके बीच दुबारा लौटेंगे। मुझे लगता है कि उसके बाद वे विदेह-मुक्ति की स्थिति में लौट जाएँगे।

जिन लोगों को उनकी कृपा प्राप्त हुई है, उन लोगों की मन-बुद्धि किसी हाल भी इस असार संसार में आसक्त नहीं हो सकती। कृपा की परीक्षा है, काम-कंचन में अनासक्ति! जिसकी ऐसी मनोदशा न हुई हो तो उसे ठाकुर की कृपा ठीक-ठीक प्राप्त नहीं हुई।

ब्राह्म समाज के गुरु स्वर्गीय आचार्य श्री केशवचंद्र के श्रीमुख से हमने सुना है कि श्रीरामकृष्ण की सरल, मधुर, ग्राम्य भाषा अलौकिक पवित्रता की विशिष्टता से भरपूर थी। हम जिसे अश्लील कहते हैं, उसमें अगर उन बातों की भी उपस्थिति हो तो भी

उनके अपूर्व बाल-सुलभ काम-गंधहीनता की वजह से ये सारे शब्द-प्रयोग दोषपूर्ण न होकर भूषण-स्वरूप हो उठे हैं।

सत्य क्या है—पहले स्वयं जानो, बाद में बहुतेरे लोग तुमसे सीखेंगे। वे लोग तुम्हारे पास आएँगे। मेरे गुरुदेव का मनोभाव ऐसा ही था। लेकिन उनकी जिह्वा से किसी भी संप्रदाय के प्रति निंदासूचक वाक्य निकले हों, ऐसा कभी नहीं सुना। सकल संप्रदायों के प्रति ही वे समभाव सहानुभूति-संपन्न थे। उन्हें सभी संप्रदायों में सामंजस्य नजर आता था। इनसान या तो ज्ञानप्रवण या भक्तिप्रवण या योगप्रवण या फिर कर्मप्रवण होता है। विभिन्न धर्मों में इन विभिन्न भाव-समूहों में से किसी-न-किसी भाव का प्राधान्य होता है, तथापि एक ही शरीर में इन चारों भावों का विकास संभव है और भविष्य में इनसान इसमें सफल होगा, यही थी उनकी प्रत्याशा! वे किसी में भी दोष नहीं देखते थे। हर किसी में वे अच्छा और शुभ देखते थे।

विधाता की इच्छा से मुझे जिनके संग-लाभ का सुयोग मिला, वे एक तरफ घोर द्वैतवादी थे, दूसरी तरफ उतने ही एकनिष्ठ अद्वैतवादी। एक ओर जैसे वे परम भक्त थे, दूसरी तरफ परम ज्ञानी थे। इसी इनसान से ही शिक्षा पाकर मैंने भाष्यकारों का अंधा अनुकरण न करके स्वाधीन ढंग से उपनिषद् और अन्यान्य शास्त्रों को जानना-समझना सीखा है। इस बारे में जो थोड़ी-बहुत खोज की है, उससे मैं इसी निष्कर्ष पर पहुँचा हूँ कि ये सब शास्त्र-वाक्य परस्पर विरोधी नहीं हैं।

उनका जीवन एक असाधारण दीपशिखा थी, जिसके तीव्र रश्मियों के आलोक में लोग हिंदू धर्म को समग्र रूप को समझने में सक्षम हुए हैं। शास्त्रों में जो सब ज्ञान मतवाद के रूप में प्रतिष्ठित है, वे उसका मूर्त दृष्टांत थे। ऋषि और अवतारगण जो शिक्षा देना चाहते थे, उन्होंने अपने जीवन के माध्यम से वह दिखा दिया। विभिन्न शास्त्र तो कोरे मतवाद हैं, वे उसके प्रत्यक्ष प्रमाण थे। वे कुल 51 वर्ष के जीवन में पूरे 5000 वर्ष का आध्यात्मिक अनुभव नए सिरे से संचित कर गए। भिन्न-भिन्न मत एक-एक अवस्था या क्रम-मात्र हैं। पर-धर्म या पर-मत के प्रति सिर्फ विद्वेष भाव-शून्य होने से ही काम नहीं चलेगा, इस धर्म या मत को आत्मसात् भी करना होगा। सत्य सकल धर्मों की आधारशिला है—उनका यह मतवाद वेदों की व्याख्या और शास्त्र-समूहों के समन्वय का पथ प्रशस्त कर सकता है।

प्रश्न : तो क्या वे कोई संप्रदाय स्थापित कर गए हैं?

—नहीं, नहीं! सांप्रदायिकता और कट्टरपन का परिचय देते हुए आध्यात्मिक जगत् में जो चारों तरफ दुर्भेद्य व्यवधान रच दिया गया है, उसे दूर करने के लिए ही उन्होंने अपना सारा जीवन खर्च कर दिया। उन्होंने नए किसी संप्रदाय का गठन नहीं किया, बल्कि इसके विरुद्ध ही कार्य करते रहे। आम इनसान स्वाधीन-चिंतन परायण हों, वे इसी आशा

का पोषण करते थे और इसी दिशा में वे जी-जान से कोशिश करते रहे।

जिनके पास सिखाने को कुछ नहीं है, वे ही लोग शास्त्रों से एक-एक शब्दों पर तीन-तीन खंड किताबें लिख मारते हैं। फलाँ शब्द की व्युत्पत्ति कहाँ से हुई, इस शब्द का पहले-पहल किसने प्रयोग किया, वे क्या खाते थे, कितनी देर सोते थे, कोई-कोई इन्हीं सबके बारे में चर्चा-परिचर्चा करने में उलझे रहे।

श्रीरामकृष्ण एक कहानी सुनाया करते थे—कुछ लोग आम के बाग में घूमने गए। बाग में कदम रखते ही उन लोगों को यह हवाला दिया जाने लगा कि आम के कितने पेड़ हैं, किस पेड़ में कितने आम लगे हैं, एक-एक डाल में कितने पत्ते हैं। आमों के रंग, आकार-प्रकार वगैरह के बारे में तरह-तरह के पांडित्यपूर्ण विचार व्यक्त किए जाने लगे। उनमें एक व्यक्ति विलक्षण था। वह इन सबकी परवाह न करते हुए आम तोड़ने लगा और खुशी-खुशी जी भरकर आम खाने लगा।

साधारण गुरुओं की अपेक्षा उन्नततर श्रेणी के, एक और तरह के गुरु होते हैं—ये लोग ईश्वर के अवतार होते हैं। ये लोग स्पर्श द्वारा, यहाँ तक कि केवल इच्छा भर से, दूसरों के अंदर भगवद्-भाव का संचार कर सकते हैं। उनकी इच्छा से अति दुश्चरित्र व्यक्ति भी पल भर में साधु हो जाते हैं। ये लोग गुरुओं के भी गुरु हैं, इनसान के अंदर ईश्वर की श्रेष्ठ अभिव्यक्ति! हम किसी माध्यम के बिना, किसी और पथ से भगवान् के दर्शन नहीं कर सकते। इनसान उनकी उपासना किए बिना रह नहीं सकता।

शिष्य के पापों का बोझ गुरु को ही वहन करना पड़ता है। इस कारण शक्तिधर गुरु की देह में भी कभी-कभी रोग उभर आता है।

जीवन्मुक्त होने के बजाय आचार्य होना ज्यादा सहज है। जीवन्मुक्त पुरुष जानते हैं कि जगत् स्वप्न जैसा है। उसके साथ उनका कोई नाता नहीं होता। लेकिन हमें इसी के बीच रहना होगा और काम करना होगा। सबके लिए आचार्य बनना संभव नहीं होता।

आचार्य वे ही होते हैं जिनके अंदर दैव शक्ति काम करती है। जैसा शरीर पाकर आचार्य हुआ जाता है, वह अन्यान्य शरीर से भिन्न होता है। उस शरीर को ठीक-ठाक रखने के लिए विशेष योग या व्यायाम का विधान है। आचार्य के शरीर का अंग-प्रत्यंग आमतौर पर अत्यंत कोमल होता है और मन अति संवेदनशील। इसलिए वे लोग सुख और दुःख दोनों को ही बेहद तीव्र भाव से महसूस करते हैं।

श्रीरामकृष्ण भी एक शक्ति थे। यह याद न करना ही बेहतर है कि किसी भी विषय में उनका विशेष कोई मतवाद था। लेकिन, वे विशेष शक्तिधर थे और वही शक्ति उनके शिष्यों में मूर्त हो उठी है और आज भी कार्य कर रही है। मैं देख सकता हूँ कि उनका विचार-चिंतन आज भी विस्तारित हो रहा है। एक ही देह में श्रीरामकृष्ण जीवन्मुक्त और आचार्य थे।

मनुष्य का मन उस अवतार तत्त्व तक तो समझ सकता है, उसके ऊपर के स्तर के संबंध में विशेष कोई जानकारी नहीं है। वैसे ब्रह्मज्ञानी पृथ्वी पर बहुत कम ही आते हैं। बहुत कम लोग उन लोगों को समझ पाते हैं। एकमात्र शास्त्रों में जो कहा गया है कि वही उनके साक्षात् प्रमाण हैं। यही लोग भावसमुद्र में आलोक-स्तंभ स्वरूप हैं। इन अवतारों का सान्निध्य और उनकी कृपादृष्टि मन के सारे अँधेरे तो पल भर में दूर कर देती है, सीने में अचानक ब्रह्मज्ञान का आलोक जगमगा उठता है। क्यों और किस पथ से ऐसा होता है, यह तो नहीं कहा जा सकता, लेकिन सचमुच ऐसा होता है, मैंने स्वयं ऐसा होते देखा है।

ज्ञानी लोग जो सब कार्य करते हैं, उससे विश्व का मंगल होता है। वे लोग जो कहते हैं, जो करते हैं, सभी कुछ जगत् के मंगल के लिए। मैंने ठाकुर को देखा है—'देहस्थोहपि न देहस्थ:'—देह में होते हुए भी देह-बुद्धिशून्य! सबकुछ वे लोग मनुष्य की तरह ही करते हैं, सिर्फ खेल-खेल के बहाने! इन लोगों के कार्यों के बारे में केवल इतना भर कहा जा सकता है—'लोकवत्तु लीला-कैवल्यम्।'

किसने सोचा था कि सुदूर बंगाल के किसी निरे देहात के एक दरिद्र ब्राह्मण-तनय का जीवन और उपदेश, कुछ ही वर्षों के अंदर, दूर देशों के लोग भी जान सकेंगे। इन लोगों के बारे में हमारे पुरखों ने सपने में भी नहीं सोचा होगा। वैसे मैं निश्चित रूप से भगवान् रामकृष्ण के बारे में ही कह रहा हूँ।

जिस दिन उन्होंने जन्म लिया, उसी दिन से सत्ययुग आ गया। तभी से सारे भेदाभेद मिट गए, सबको परम दयामय ईश्वर का प्रेम प्राप्त होने लगा। उसके बाद स्त्री-पुरुष का भेद, धनी-निर्धन का भेद, मूर्ख-विद्वान् का भेद, ब्राह्मण-चांडाल का भेद—वे सब दूर कर गए। वे विवाद-भंजक थे। हिंदू-मुसलमान का भेद, ईसाई-हिंदू का भेद वगैरह सारे भेद मिट गए। यह जो भेदाभेद की लड़ाई थी, वह किसी अन्य युग की बात थी, सत्ययुग में उनके प्रेम के सैलाब में सब एकाकार हो गए।

कोई भी स्त्री या पुरुष, जो भी उनकी पूजा करेगा, वह भले अतिशय नीच हो, पल भर में महान् हो उठेगा।

आचार्यदेव की छाया में मैंने जो समझा है, वह यह कि मनुष्य इसी काया में रहते हुए सिद्धावस्था-लाभ कर सकता है। उनकी जुबान से कभी किसी के लिए भी अभिशाप नहीं बरसा। यहाँ तक कि वे किसी की समालोचना तक नहीं करते थे। उनकी दृष्टि तो जगत् में किसी में भी बुरा देखने या बुरा चिन्हित करने की क्षमता ही खो चुकी थी। किसी प्रकार के कुचिंतन का सामर्थ्य ही वे खो चुके थे। हर किसी में भली बातों के अलावा, वे कुछ भी नहीं देखते थे। वही महापवित्रता और महात्याग ही धर्म-लाभ का एकमात्र उपाय है। वेद कहता है—'धर्म या पुत्रोत्पादन के द्वारा नहीं, एकमात्र त्याग के द्वारा ही अमृत-तत्त्व प्राप्त किया जाता है।' ईसा मसीह ने कहा है, 'तुम्हारे पास जो कुछ

भी है, सब बेचकर दरिद्रों को दान कर दो और मेरा अनुसरण करो।'

बड़े-बड़े आचार्य और महापुरुष—सभी लोग यह कह गए हैं और उन लोगों ने इसे अपने जीवन में भी उतारा था। इस त्याग के बिना आध्यात्मिकता-लाभ की संभावना भला कहाँ है ? चाहे जहाँ भी क्यों न हो, सभी धर्मभाव के पीछे त्याग विद्यमान है। त्याग का भाव जितना कम होता जाता है, इंद्रियपरता उतनी ही धर्म के अंदर प्रवेश करती जाती है और उस मात्रा में धर्म-भाव भी कम होता जाता है।

रामकृष्ण त्याग की साकार प्रतिमूर्ति थे। हमारे देश में जो लोग संन्यासी होते हैं, उन्हें समग्र रूप से अपना धन-ऐश्वर्य, मान-सम्मान त्याग कर देना पड़ता है। मेरे गुरुदेव ने इस आदर्श का अक्षर-अक्षर अपने कार्यों में उतारा था। वे सोना स्पर्श नहीं करते थे। उनकी कंचन त्याग-स्पृहा ने उनके स्नायुमंडल पर इस हद तक अपना प्रभाव-विस्तार कर लिया था कि नींद में भी अगर कोई उनकी देह से कोई धातु-मुद्रा का स्पर्श करा देता था तो उनकी मांसपेशियाँ सिकुड़ जाती थीं और उनकी समूची देह मानो उस धातु-द्रव्य को स्पर्श करने से इनकार कर देती थी।

ऐसे बहुतेरे लोग थे, जिनसे अगर वे कुछ ग्रहण करते तो वे लोग कृतार्थ हो जाते। वे लोग खुशी-खुशी हजारों रुपए देने को तैयार रहते थे। उनका उदार मन हालाँकि सभी लोगों को गले लगाने को हमेशा प्रस्तुत रहता था, फिर भी वे ऐसे लोगों से दूर ही रहते थे। वे काम-कंचन पर विजय के जीवंत उदाहरण थे। उनमें काम-कंचन का भाव बूँद भर भी नहीं था। वर्तमान शती में ऐसे इनसान की अतिशय जरूरत थी। आजकल के युग में लोग जिसे 'जरूरी द्रव्य' समझते हैं, उन सबके बिना वे लोग महीने भर भी नहीं जी सकते। उनकी जरूरतों की सूची बढ़ती ही जाती है। ऐसे में त्याग बेहद जरूरी लगता है। हमें कम-से-कम किसी ऐसे व्यक्ति की जरूरत है, जो अनास्थावादियों के समक्ष यह प्रमाण दे सके कि अभी भी एक ऐसा व्यक्ति मौजूद है, जो सांसारिक धन-रत्न और यश-मान के लिए बूँद भर भी लालायित नहीं है।

इस युग में ऐसे एक इनसान की बेहद जरूरत थी। इस युग में ऐसे त्याग की अतिशय जरूरत है।

अपना जीवन विसर्जित कर दो, मनुष्य के सेवादास बनो। इसे ही तो त्याग कहते हैं। सिर्फ जुबानी जमा-खर्च से काम नहीं चलता। उठो और काम में लग जाओ। तुम लोगों को देखते ही संसारी लोगों के मन में और कंचन-आसक्त लोगों के मन में भय का संचार होगा।

अब उठकर खड़े हो जाओ और ईश्वर को महसूस करो। किसी भी देश में इस प्रकार के जितने ही लोगों का अभ्युदय होगा, वह देश उतना ही अधिक उन्नत होगा। जिस देश में ऐसे लोग बिलकुल भी नहीं हैं, उस देश का पतन अनिवार्य है। उनके उद्धार

की कोई आशा नहीं है। इसीलिए मानव जाति को हमारे आचार्यदेव का उपदेश है— 'पहले स्वयं धार्मिक बनो और सत्य की उपलब्धि करो।' सभी देशों के सबसे सुदृढ़ और बलिष्ठ नौजवानों को संबोधित करके उन्होंने कहा, "तुम लोगों के लिए त्याग का समय आ पहुँचा है। ऊपरवाला चाहता है, तुम लोग अपने भ्रातृ स्वरूप समग्र मानव जाति के कल्याण के लिए सर्वस्व त्याग दो। वे लोग चाहते हैं कि तुम लोग सिर्फ जुबान से 'भाई को प्यार करता हूँ' सिर्फ इतना ही मत कहो, तुम लोगों की कही हुई बात सच है, इसे प्रमाणित करने के लिए अपने काम पर लग जाओ। नौजवानों के नाम आह्वान आया है— 'काम करो! कूद पड़ो! त्यागी बनकर जगत् का उद्धार करो।'

आओ और प्रत्यक्ष उपलब्धि करो। अगर तुम लोग काम-कंचन त्याग सको तो तुम्हें व्यर्थ के वाक्य-व्यय नहीं करने होंगे! तुम्हारा हृदय-कमल खिल उठेगा, तुम्हारे भाव चारों तरफ विकीर्ण होंगे। जो भी तुम्हारे पास आएगा, उसे ही तुम्हारा धर्मभाव स्पर्श करेगा।

जगत् के सामने रामकृष्ण ने घोषणा की—किसी मतामत, संप्रदाय, गिरजा या मंदिर से अपेक्षा मत रखो। हर मनुष्य के अंदर जो सारवस्तु यानी धर्म विद्यमान है, उनकी तुलना में ये सब तुच्छ हैं और जितना ही यह भाव मनुष्य में विकसित होता है, उतना ही उसके अंतस् में कल्याण करने की शक्ति आती जाती है। पहले यह धर्मभाव उपार्जित करो। जिन लोगों ने स्वयं ऐसा कर लिया है, वे लोग ही दूसरों के अंदर धर्मभाव का संचार कर सकते हैं। जो लोग शक्ति अर्जित करते हैं, वे लोग मानव जाति के श्रेष्ठ आचार्य हो सकते हैं। केवल वही लोग जगत् में ज्ञान का संचार कर सकते हैं।

जितने दिनों तक मैं इस पृथ्वी पर हूँ उतने दिनों वे हमारे अंदर कार्य करते रहेंगे।

दूसरे लोग मुझे व्यक्तिगत रूप से प्यार करते हैं। लेकिन उन लोगों को इस बारे में धारणा भी नहीं है कि वे लोग मुझे श्रीरामकृष्ण के कारण ही प्यार करते हैं। उनके बिना मैं कुछ-एक अर्थहीन, स्वार्थपूर्ण भावुकता का बोझ भर हूँ।

□

आदि मठ बरानगर और मेरा परिव्राजक जीवन

आखिरकार एक दिन मेरे गुरुदेव का प्रयाण-काल उपस्थित हुआ। हम सबने मिलकर यथासाध्य उनकी सेवा की। हम लोगों के खास बंधु-बांधव नहीं थे। ऐसे सब अद्भुत चिंतन में आस्था रखनेवाले तरुण लोगों की बात भला कौन सुनता? उस जमाने के भारत में नौजवान कुछ भी नहीं थे। एक बार जरा सोचकर देखें, लोगों के सामने बारह नौजवान बड़े-बड़े आदर्शों की बातें कर रहे हों और उन आदर्शों को उन लोगों ने अपने जीवन में उतार लेने का दृढ़ संकल्प किया हो। उन दिनों सभी उन पर हँसते थे। वह हँसी धीरे-धीरे गंभीर विषय में परिणत हो गई। बाकायदा अत्याचार शुरू हो गया। हँसी-ठिठोली जितनी प्रबल हो उठी, हम उतने ही दृढ़प्रतिज्ञ हो उठे।

ठाकुर कहा करते थे, ''प्रातः-संध्या मन खूब सत्त्वभावापन्न रहता है, उसी वक्त एकाग्र मन से ध्यान करना चाहिए।''

ठाकुर के प्रयाण के बाद हम सब बरानगर मठ में कितना-कितना जप-ध्यान किया करते थे। हम सब भोर तीन बजे जाग जाते थे। शौच आदि के बाद कोई नहाकर, कोई बिना नहाए ही ठाकुर-घर में जाकर जप-ध्यान में डूब जाता था। उन दिनों हम सबके मन में वैराग्य-भाव पूर्णतः जन्म ले चुका था। यह संसार है या नहीं, इसकी बिलकुल सुध ही नहीं रहती थी। शशि (स्वामी रामकृष्णानंद) चौबीसों घंटे ठाकुर की सेवा में ही तल्लीन रहता था। वह घर की मालकिन जैसा था। भिक्षा करके वह ठाकुर के भोगराग और हम सबके खाने-पीने का जुगाड़ करता था। ऐसे भी दिन गुजरते थे, जब सुबह से लेकर 4-5 बजे तक जप-ध्यान जारी रहता था। शशि खाना लिए देर-देर तक बैठा रहता। अंत में किसी तरह खींच-घसीटकर हमें जप-ध्यान से उठा देता। ओह, शशि की निष्ठा के क्या कहने!

हम सब ठहरे साधु-संन्यासी लोग! माँग-मूँगकर जो आता था, उसी में चल जाता

था। अब, सुरेश बाबू (श्री सुरेंद्र नाथ मित्र—श्री श्रीरामकृष्ण जिन्हें कभी 'सुरेंदर' कभी 'सुरेश' कहकर पुकारते थे। ठाकुर के अन्यतम रसददार) और बलराम बाबू (श्रीयुक्त बलराम बसु—श्री श्रीरामकृष्णदेव के भक्त और सेवक) नहीं रहे। अगर वे दोनों आज होते तो यह मठ देखकर कितने खुश होते। सुरेश बाबू एक तरह से इस मठ के प्रतिष्ठाता थे। वे ही बरानगर मठ के सारे खर्चा वहन करते थे। सुरेश मित्र ही हम सबकी ज्यादा फिक्र करते थे। उनकी भक्ति-विश्वास की तुलना नहीं थी।

खर्च-वर्च के अभाव की वजह से कभी-कभी हम मठ बंद कर देने के लिए बहस भी करते थे। लेकिन शशि को इस बारे में किसी हाल भी राजी नहीं करा पाया। शशि हम सबके बीच सेंट्रल फिगर था, केंद्रीय व्यक्ति! किसी-किसी दिन मठ में इतना अभाव हो जाता था कि कुछ भी नहीं होता था। भीख माँगकर चावल आता था तो नमक नहीं होता था। किसी-किसी दिन केवल नमक-भात पर गुजारा करना पड़ा, फिर भी किसी को कोई शिकायत नहीं होती थी। जप-ध्यान की प्रबल धुन में हम सब उन दिनों केवल गोते लगा रहे थे। तेलाकूचो के जंगली पत्ते उबालकर सिर्फ नमक-भात पर महीने-महीने तक गुजारा होता रहा।

अहा! क्या दिन थे वे! यह सब कठोरता देखकर भूत भी भाग खड़ा होता, मनुष्य की तो बात ही क्या! वैसे यह बात ध्रुव सत्य है कि किसी के भीतर अगर वस्तु हो तो हालत जितनी भी प्रतिकूल होगी उतनी ही भीतरी शक्ति का उन्मेष होगा। लेकिन अब जो मठ में खाट-बिछावन, खाने-पीने आदि का बंदोबस्त हो सका है, उसका कारण है—हम सबने जितना सहा है उतना वे लोग क्या सह सकते हैं, जो आज संन्यासी बनने आते हैं? हमने ठाकुर का जीवन देखा है, इसलिए दुःख-कष्ट की उतनी परवाह नहीं करते थे। आज के लड़के अपने को उतना कठोर नहीं बना सकते। इसलिए रहने के लिए थोड़ी सी जगह और मुट्ठी भर अन्न का बंदोबस्त कर दिया गया। मोटा भात, मोटे कपड़े पाते रहे तो लड़के साधन-भजन में मन लगाएँगे और जीवमात्र के हित-साधन में अपना जीवन अर्पित करना सीखेंगे।

प्रश्न : मठ में ये सब खाट-बिछावन देखकर बाहरी लोग कितना कुछ कहते हैं।

—तो कहने दो न! हँसी-मजाक में ही सही, यहाँ के बारे में एकाध बार सोचेंगे तो जरूर! शत्रु-भाव से जल्दी ही मुक्ति होगी।

ठाकुर के देह-त्याग के बाद सभी लोगों ने हमें त्याग दिया। उन लोगों ने हमें गरीब छोकरे मानकर हमें छोड़ दिया। केवल बलराम, सुरेश, मास्टर और चुन्नी बाबू—ये लोग ही विपत्ति में हमारे साथी रह गए। अस्तु, इन लोगों का ऋण हम सब कभी भी नहीं चुका सकेंगे।

उसके बाद दारुण दुःसमय आ पहुँचा। हमारे लिए भी और अन्यान्य भाइयों के

लिए भी! मेरे लिए वह कैसा दारुण दुर्भाग्य था! एक तरफ मेरी माँ और भाई थे। उन दिनों पिता की मृत्यु के कारण हम सब चरम दारिद्र्य में फँसे थे। अधिकतर दिन हमें बिना खाए रहना पड़ता था। एकमात्र मैं ही उनका भरोसा था, जो सहायता करने के योग्य था। मेरे सामने उन दिनों दो-दो दुनिया थी। एक तरफ माँ-भाइयों को फाके करते हुए देखता रहता था और दूसरी तरफ यह विश्वास करता था कि गुरुदेव (श्रीरामकृष्ण) की भावधारा भारत तथा विश्व के लिए कल्याणप्रद है, इसलिए इस आदर्श को विश्व में प्रचार के कार्य में परिणत करना ही होगा।

दिन-पर-दिन, महीने-दर-महीने यही द्वंद्व चलता रहा। कभी-कभी लगातार पाँच-छह दिनों तक प्रार्थना करता रहता। उफ! कैसी हृदय-वेदना थी! उन दिनों मैं भीषण यंत्रणा महसूस किया करता था। जवान हृदय का स्वाभाविक स्नेह मुझे आत्मीय लोगों की ओर खींच रहा था, अति प्रियजन की दुर्दशा मुझसे सहन नहीं हो रही थी। ऐसा कोई भी नहीं था, जो मुझे सहानुभूति देता। बालक की कल्पना के प्रति भला कौन सहानुभूति जताता! जिस कल्पना के लिए इतना कष्ट झेलना पड़े, उस कल्पना के प्रति कौन संवेदना जताता? केवल एक व्यक्ति (श्रीमाँ शारदा) के अलावा किसी को भी मुझसे सहानुभूति नहीं हुई।

इस एक जन की सहानुभूति ही मेरे लिए आशा और आशीर्वाद लेकर आई। वे श्रीरामकृष्ण की सहधर्मिणी थीं। वे इन बालकों के आदर्श के प्रति सहानुभूति रखती थीं। हालाँकि उनकी कोई आर्थिक क्षमता नहीं थी। वे तो हम सबसे भी ज्यादा दरिद्र थीं।

खैर, जो भी हो, हम सब संग्राम में कूद पड़े। मैं मन-प्राण से यह विश्वास करता था कि यह भावधारा एक दिन समग्र भारत को युक्तिपरायण कर देगी और यही भावधारा विभिन्न देश और विभिन्न जातियों का कल्याण-साधन करेगी। इसी विश्वास से मेरे मन में इस स्थिर विश्वास ने जन्म लिया कि इस सपने को नष्ट होने देने के बजाय कुछेक लोगों का दुःख वरण करना बेहतर है। एक माँ और दो-दो भाई अगर मरते हैं तो क्या फर्क़ पड़ता है?

यह भी तो त्याग है। इसलिए त्याग करो। त्याग के बिना दुनिया का कोई कार्य संपन्न नहीं होता। अपनी छाती चीरकर हृतपिंड बाहर निकालना होगा। वह रक्तसिक्त हृदय वेदी पर उत्सर्ग करना होगा। तभी तो महत् कार्य सिद्ध हो सकता है। इसके अलावा और कोई राह है क्या? ऐसी कोई अन्य राह कोई खोज नहीं पाया। आप लोगों में जिसने भी कोई महत् कार्य-साधन किया हो, मैं कहता हूँ, वह सोचकर देखे। कितना विराट् मूल्य है यह! कैसी भीषण वेदना है यह! हर जीवन में, हर सफलता के पीछे कैसा भयानक दुःखभोग है!

हम नौजवानों के दिन इसी तरह गुजरने लगे! अपने आसपास के सभी लोगों से केवल अपमान और लांछन ही मिला। दर-दर भीख माँगकर अन्न जुटाना पड़ता था।

यहाँ-वहाँ दो-एक टुक्कड़ रोटी मिल जाती थी। कोई एक अति पुराना, टूटा-फूटा घर रहने के लिए जुट गया। वहाँ फर्श पर जहरीले साँप रेंगते रहते थे। कम किराए का घर पाकर हम सब उसी घर में रहने लगे।

इसी तरह कई साल गुजर गए। इस दौरान समस्त भारत का पर्यटन कर डाला। उद्देश्य—धीरे-धीरे इस भावधारा के प्रचार की कोशिश! दस वर्ष गुजर गए। मुझे कोई आलोक-रेखा नजर नहीं आई। बार-बार हताशा जागती रही! लेकिन, एक चीज ने हम सबको आशान्वित रखा था—वह थी परस्पर के प्रति हमारा अगाध विश्वास और गहरा प्यार! मेरे चारों तरफ लगभग सौ स्त्री-पुरुष थे। कल अगर मैं साक्षात् शैतान भी बन जाऊँ, फिर भी वे लोग यही कहते, "हम सब अभी जिंदा हैं। हम तुम्हारा कभी त्याग नहीं करेंगे।" यह प्यार ही मेरे लिए परम आशीर्वाद था।

सुख-दुःख में, दुर्भिक्ष-यातना में, श्मशान में, स्वर्ग या नरक में जो मुझे कभी त्याग न करे, वही तो बंधु होता है! यह बंधुत्व क्या तमाशा है? ऐसे बंधुत्व की शक्ति के बल पर तो मोक्ष-लाभ भी संभव है। हम सब अगर इस ढंग से प्यार कर सकें तो यह प्यार ही हमें मुक्ति दिला देगा। इस विश्वस्तता में ही एकाग्रता का सार निहित है। अगर किसी में वह विश्वास, वह शक्ति, वह प्यार मौजूद हो तो दुनिया में उसे किसी देवार्चन, पूजन-वंदन की जरूरत नहीं है। दुःख के उन दिनों में यह प्यार ही हमारे अंतस् को सदा जाग्रत् रखता था। उस प्यार ने ही हम सबको, हिमालय से लेकर कन्याकुमारी और सिंधु से ब्रह्मपुत्र तक परिचालित रखा।

इस तरह, हमारा तरुण दल समग्र भारत में परिभ्रमण करने लगा। धीरे-धीरे हम सब लोगों का ध्यान अपनी तरफ आकर्षित करने लगे। 90 प्रतिशत मामलों में हमें प्रतिकूल आचरण मिला, सहायता अतिशय कम क्षेत्रों से मिली, क्योंकि हम सब में एक दोष था—हम सब दुःख-दारिद्र्य में लिपटे रूखे इनसान थे। जीवन में जिसे अपनी राह खुद बनानी पड़ती है, वह जरा रूखा ही होता है। शांत-कोमल और शरीफ होने, 'सज्जनो और देवियो' आदि कहने जितना पर्याप्त समय उसके पास नहीं होता। हर किसी के जीवन में यह देखा जा सकता है। इस तरह के व्यक्ति मानो उपेक्षित, रूखे-अक्खड़, बगैर तराशे हुए हीरे के टुकड़े होते हैं।

हम सब उसी तरह के जीव थे। 'कहीं कोई समझौता नहीं, '—यही हमारा मूलमंत्र था—'यही हमारा आदर्श है और इस आदर्श को, अपने प्राण देकर भी, कार्यरूप देना होगा।' जैसे किसी राजा के सामने हम इस आदर्श का प्रचार करेंगे, बिलकुल उसी ढंग से किसान-खेतिहर के सामने भी यही आदर्श प्रस्तुत करेंगे। जाहिर है कि हमें विरोध झेलना पड़ा।

लेकिन हमें याद रखना होगा कि यही जीवन का अनुभव है। अगर कोई सच ही दूसरों की मंगल कामना करता है, तो चाहे दुनिया उसके विरुद्ध खड़ी हो जाए, उसका

कुछ नहीं बिगाड़ सकती। आपकी ताकत के सामने लोग परास्त होकर ही रहेंगे। अगर कोई मन से और पूरी सच्चाई से निःस्वार्थी हो, स्वयं ईश्वर की समूची शक्ति उसमें जाग्रत् रहकर समस्त बाधा-विपत्ति चूर-चूर कर देती है। उन बालकों का झुंड ऐसा ही था। वे लोग निरे शिशु की तरह प्रकृति-साम्राज्य में सद्य:प्रस्फुटित पवित्र प्राण थे।

गुरुदेव कहा करते थे, "भगवान् की वेदिका पर मैं बिना सूँघे हुए फूल और स्पर्श न किए गए फल ही निवेदन करना चाहता हूँ।" महापुरुष की वह वाणी हमें संजीवित किए रहती थी। कहना चाहिए कि जिन बालकों को वे कलकत्ता की सड़कों से बटोर लाए थे, उन सबका भविष्य भी उन्हें स्पष्ट नजर आता था—"इस लड़के का भविष्य या भविष्य में यह लड़का कैसा निकलता है, देख लेना।" उनकी इस प्रकार की बातें सुनकर लोग उनका मजाक उड़ाते थे। वे अपने अविचलित विश्वास के साथ कहते थे, "माँ ने ही मुझे इसे दिखाया। मैं स्वयं कमजोर हो सकता हूँ, लेकिन जब माँ ने यह कहा है, तब उसमें भूल की कोई संभावना नहीं है। ऐसा होकर ही रहेगा।"

पूरे दस वर्ष बिना किसी आशा, बिना रोशनी के ही गुजर गए। इसी बीच मेरा स्वास्थ्य गिरने लगा। कभी रात के नौ बजे—एक जून का आहार, कभी भोर आठ बजे—एक बेला आहार! वह भी तीन दिनों बाद! और हमेशा ही फिजूल सा आहार! फलस्वरूप स्वास्थ्य पर उसकी प्रतिक्रिया होनी ही थी। भिखारी को अच्छा आहार भला कौन देता है! वैसे भारत के लोगों में अच्छा आहार देने का सामर्थ्य भी नहीं होता। ज्यादातर समय पैदल चलकर तुषारशृंग पार करके या दस मील की दुर्गम राह या पर्वत की चढ़ाई तय करके केवल एक जून के आहार के लिए भटकना पड़ता था।

भारत में रोटी में खमीर नहीं मिलाते। कभी-कभी बिना खमीर की यह रोटी, बीस-तीस दिनों तक रख छोड़ते हैं। वह रोटी ईंट से भी ज्यादा सख्त हो जाती है। भिखारियों को वही रोटी पकड़ा दी जाती है। एक जून के आहार के प्रबंध के लिए मुझे दर-दर भटकना पड़ता था। ऊपर से ईंट जैसी रोटी चबाते हुए मुँह से खून आने लगता था, दाँत टूट जाता था। नदी से पानी लाकर किसी बरतन में वह रोटी भिगो रखता था। कई-कई महीनों इसी तरह रहना पड़ा, इसलिए स्वास्थ्य तो बिगड़ना ही था।

जिस इनसान में इस तरह की धुन होती है, उसके सारे काम हो जाते हैं। हाँ, किसी-किसी के मामले में जरा देर से होते हैं, बस, इतना ही फर्क है। लेकिन काम पूरा होता ही है। हम सबमें भी उस तरह की जिद थी, इसलिए थोड़ा-बहुत तो कुछ-कुछ होता ही रहा, वरना कितने दु:ख-कष्ट में दिन गुजरे हैं। एक बार तो भूखे पेट रहने की वजह से रास्ते पर ही सिर चकराने लगा और एक घर के दरवाजे पर ही बेहोश होकर गिर पड़ा। उस समय सिर पर जोर की बरसात हुई, तब जाकर कहीं होश आया। एक और दिन पेट

में कुछ नहीं पड़ा। उपवासे रहकर ही कलकत्ता शहर में इधर-उधर के काम में भटकता फिरा। रात 10-11 बजे मठ में पहुँचा, तब जाकर भोजन मिला! ऐसा प्रायः होता रहता था।

हमारे ठाकुर उस्ताद माली थे। इसीलिए तरह-तरह के फूलों से इस संघ रूपी गुलदस्ते को सजा गए थे। जहाँ का जो भी अच्छा था, सब यहाँ आकर जमा हो गया। कल अभी और कितने ही आएँगे। ठाकुर कहा करते थे, "जिसने एक दिन भी ईश्वर को अकपट-निश्छल मन से याद किया, उसे यहाँ आना ही होगा।" यहाँ जो लोग रहते थे, सब एक-एक महासिंह थे। जो लोग मेरे पास सिमटे-सिकुड़े रहते हैं, उन सबको तू मामूली इनसान मत समझना। यही लोग जब बाहर निकलेंगे, तब इन्हें देखकर लोग चैतन्य होंगे। इन लोगों को तू अनंत भावमय ठाकुर का अंश ही समझना। मैं इन लोगों को इसी रूप में देखता हूँ। यह जो राखाल (स्वामी ब्रह्मानंद) है, उसके जैसी स्प्रिचुअलिटी (धर्मभाव) मुझमें भी नहीं है। ठाकुर बच्चा समझकर उसे गोद में लिए रहते थे, उसे खिलाते-पिलाते थे, साथ में सुलाते थे। वह हमारे मठ की शोभा था, हमारा राजा था। इस बाबूराम (स्वामी प्रेमानंद), हरि (स्वामी तुरीयानंद), शारदा (स्वामी त्रिगुणातीतानंद), गंगाधर (स्वामी अखंडानंद), शरत (स्वामी शारदानंद), शशि (स्वामी रामकृष्णानंद), सुबोध (स्वामी सुबोधानंद) आदि जैसा ईश्वर-विश्वासी तुझे दुनिया भर में शायद नहीं मिलेगा। ये लोग धर्म-शक्ति के एक-एक केंद्र जैसे हैं। समय आने पर उनमें भी शक्ति का विकास होगा।

एक दल लोगों का सृजन करना, जो लोग मतों की भिन्नता के बावजूद आपस में अविच्छेद्य स्नेह-प्यार के सूत्र में आबद्ध रहें—यह क्या विस्मयकारी नहीं है?

भगवान् ईसा के सभी शिष्य संन्यासी थे। शंकर, रामानुज, श्रीचैतन्य और बुद्धदेव के साक्षात् कृपापात्र सभी संगी सर्वत्यागी संन्यासी थे। ये सभी सर्वत्यागी संन्यासी गुरु-परंपरा क्रम में जगत् में ब्रह्मविद्या प्रचार करते आ रहे हैं। कहाँ और कब सुना है कि काम कंचन का दास रहते हुए कोई इनसान इनसानों का उद्धार कर पाया है या ईश्वर-प्राप्ति की राह दिखा सका है? स्वयं मुक्त न हो तो दूसरों को कैसे मुक्त करेगा? वेद-वेदांत, इतिहास-पुराण सर्वत्र देख सकेगा—संन्यासी वर्ग ही सर्वकाल में, सर्वदेश में लोकगुरु के रूप में धर्म के उपदेशक बने हैं। 'हिस्ट्री रिपीट्स इटसेल्फ'—यथा पूर्वं तथा परम्—इस बार भी वही होगा। महासमन्वय आचार्य ठाकुर की सुयोग्य संन्यासी संतानें ही लोकगुरु के रूप में विश्व भर में पूजित हैं और होती रहेंगी।

हमारे ठाकुर का चाल-चलन, भाव—सबकुछ नए ढंग का था। इसलिए हम सब भी नए ढंग के हैं। कभी सज-धजकर व्याख्यान देते हैं और कभी 'हर-हर- बम-बम!' कहते हुए बदन पर राख लपेटकर पहाड़ों-जंगलों में घोर तपस्या में दत्तचित्त हो जाते हैं।

न्यूयॉर्क; 9 अगस्त, 1895

प्रिय स्टर्डी,

अपने निजी जीवन के कुछेक अनुभवों का जिक्र करूँ। जब मेरे गुरुदेव ने देह-त्याग किया, तब हम कुल बारह अज्ञात, अख्यात, अर्थ-वित्तहीन नौजवान भर थे। अनगिनत शक्तिशाली संघ हमें कुचल डालने के लिए हम पर टूट पड़ने को तैयार थे। लेकिन श्रीरामकृष्णदेव के सान्निध्य में हम सब अतुल ऐश्वर्य के अधिकारी हुए थे। केवल वाक्-सर्वस्व न होकर, यथार्थ जीवनयापन की एकांतिक इच्छा और विरामहीन साधना की प्रेरणा हमने उनसे प्राप्त की थी। आज समस्त भारत उन्हें जानता-पहचानता है और श्रद्धा के साथ उनके चरणों में विनत है। उनके द्वारा प्रचारित सत्य समूह आज दावानल की तरह सभी दिशाओं में फैल चुका है। दस वर्ष पहले उनके जन्मोत्सव पर सौ लोग भी नहीं जुटा पाया था, लेकिन पिछले वर्ष 50 हजार लोग उनके जन्मोत्सव पर एकत्र हुए।

उन दिनों उनके भाव और उपदेशों का प्रचार करनेवाले उपयुक्त लोग कम ही थे। गृहस्थ भक्तों के अलावा उनके कई नौजवान शिष्य थे। उन शिष्यों ने अपना घर-बार त्याग दिया था और गुरुजी के कार्यों को जारी रखने के लिए तैयार रहते थे। उन्हें दबाए रखने की कोशिश की गई, लेकिन उन लोगों के सामने जो महान् जीवनादर्श था, उसकी शक्ति के दम पर वे लोग दृढ़ता से खड़े रहे। चूँकि वे लोग वर्षों से दिव्य जीवन के संस्पर्श में आ चुके थे, इसलिए प्रबल उत्साह की आग उन लोगों के अंतस् में भी संचरित हो चुकी थी। इसलिए वे लोग रंच-मात्र भी विचलित नहीं हुए। ये युवक संन्यासी संघ की नियमावली का प्रतिपालन करने लगे और हालाँकि उनमें से बहुतेरे युवक ऊँचे वंश के थे, तथापि जिस शहर में उनका जन्म हुआ था, उसी शहर की सड़कों पर वे भीख माँगने लगे। शुरू-शुरू में प्रबल बाधाएँ झेलनी पड़ीं, लेकिन वे लोग दृढ़व्रती बने रहे और दिन-पर-दिन भारत में सर्वत्र उस महापुरुष के उपदेशों का प्रचार करने लगे। अंत में समग्र देश उस महापुरुष द्वारा प्रचारित भाव-समूह से भर उठा।

मैं किसी प्रकार के गर्व से नहीं कह रहा हूँ। लेकिन याद रखें, मैं आप लोगों को उन मुट्ठी-भर नौजवानों के बारे में बता रहा हूँ। आज भारत में ऐसा कोई गाँव नहीं है, ऐसे स्त्री-पुरुष नहीं हैं, जो उन लोगों के कार्यों से परिचित नहीं हैं और उन लोगों पर आंतरिक आशीर्वाद नहीं बरसाते। ऐसा कोई दुर्भिक्ष नहीं पड़ा, जहाँ जाकर ये नौजवान सेवा-कार्य में कूदे नहीं हों या यथासंभव लोगों की बचाने की कोशिश न की हो।

यह विश्वास मैं दृढ़ता से पोषण करता रहा हूँ और आज भी करता हूँ कि अगर मैं गृह-त्याग न करता तो मेरे गुरु परमहंस श्रीरामकृष्णदेव जिस विराट् सत्य के प्रचार के लिए इस संसार में अवतरित हुए थे, वह प्रकाशित नहीं हो पाता। इसके अलावा जो युवक वर्तमान युग की विलासिता और वस्तु-तांत्रिकता की तरंगों को प्रतिहत करने के लिए पुख्ता बुनियाद की तरह खड़े हैं, उनकी क्या हालत होती?

इन लोगों ने भारत का, खासकर बंगाल का अशेष कल्याण किया है। यह तो अभी शुरुआत है। प्रभु की कृपा से ये लोग ऐसे काम कर जाएँगे, जिसके लिए समस्त जगत युगों तक उन लोगों को आशीष देगा। इसलिए एक तरफ भारत और समस्त विश्व के भावी धर्मों के बारे में मेरी योजना है कि जो लाखों-लाख उपेक्षित नर-नारी दिनोंदिन दुःख की अँधेरी सुरंग में धीरे-धीरे डूबते जा रहे हैं, जिनकी सहायता करने या जिनके बारे में सोचनेवाले कोई नहीं हैं, उन लोगों में मेरी सहानुभूति और प्यार का प्रसार करना। दूसरी तरफ, मेरे जितने भी नजदीकी आत्मीय-स्वजन हैं, उन लोगों के दुःख और दुर्गति का हेतु बनना—इन दोनों में से मैंने पहले को ही अपने व्रत-स्वरूप ग्रहण किया है। बाकी जो कुछ है, वह प्रभु ही संपन्न करेंगे।

वे हमेशा मेरे साथ-साथ हैं, इस बारे में मैं निस्संदेह हूँ। जब तक मैं शुद्ध-पवित्र हूँ, तब तक कोई भी मेरा प्रतिरोध करने में समर्थ नहीं हो सकता, क्योंकि मेरे गुरु ही मेरे सहाय हैं। भारत के असंख्य नर-नारी मुझे समझ नहीं पाते। समझते भी कैसे ? उन बेचारों की चिंताधारा रोजमर्रा के खाने-पीने के बँधे-बँधाए नियम-कानून की परिधि से बाहर नहीं आ पाती।

मेरा समादर हो या न हो, मैंने नौजवानों के इस दल को संघबद्ध करने के लिए ही जन्म लिया है। सिर्फ ये लोग ही नहीं, भारत के नगर-नगर में और भी सैकड़ों-हजारों युवक मेरा हाथ बँटाने के लिए तैयार बैठे हैं। ये लोग दुर्दमनीय लहरों के रूप में समस्त भारत-भूमि पर प्रवाहित होंगे। जो लोग सबसे ज्यादा दीन-हीन और पददलित हैं, उनके दर-दर तक ये लोग सुख-स्वाच्छन्द्य, नीति-धर्म और शिक्षा पहुँचाएँगे—यही मेरी आकांक्षा है, मेरा व्रत है। मैं यह लक्ष्य साधन करूँगा ही, अन्यथा मृत्यु को वरण करूँगा।

हमारे संप्रदाय की एक और विशेषता यह है कि अपनी राय या विश्वास हम दूसरों पर थोपने का अधिकार नहीं रखते। हममें से बहुतेरे लोग किसी प्रकार की मूर्ति-पूजा में विश्वास नहीं करते। जो गुरु आप लोगों के इतिहास में वर्णित समस्त अवतारी पुरुषों के मुक़ाबले सैकड़ों गुना अधिक पवित्र हो तो उस प्रकार के गुरु की अगर कोई विधि-विधान से पूजा करे तो इसमें क्या नुकसान है ? अगर ईसा, कृष्ण या बुद्ध की पूजा करने में कोई नुकसान नहीं है तो जिस पुरुषप्रवर ने अपने जीवन, चिंतन और कर्म में लेशमात्र भी कुछ अपवित्र नहीं किया हो, जिनकी अंतर्दृष्टि से जनमी तीक्ष्ण बुद्धि, अन्य सभी एकदेशदर्शी धर्मगुरुओं के मुकाबले ऊर्ध्वतर स्तर पर विद्यमान हो, उनकी पूजा करने से क्या नुकसान हो सकता है ? □

पारिवारिक मामले की विडंबना

सन् 1887 के मार्च महीने की 8 तारीख को कलकत्ता हाई कोर्ट में दी गई गवाही पर—अंग्रेज बैरिस्टर मिस्टर पिउ ने जिरह की थी—

प्रश्न : तुम्हारी उम्र कितनी है?

—तेईस-चौबीस होगी।

प्रश्न : तुम्हारा पेशा क्या है?

—मैं बेकार हूँ। इन दिनों मैं कुछ नहीं करता। बी. ए. पास करने के बाद मैं कानून की पढ़ाई करता था। पिछले आठ महीनों से मैं कुछ नहीं करता। प्रायः दो वर्ष पहले, सन् 1885 में मैं मेट्रोपोलिटन इंस्टीट्यूशन में हेडमास्टर के पद पर नियुक्त हुआ था। लेकिन तीन महीने पढ़ाने के बाद मैंने वह नौकरी छोड़ दी। उसके बाद डॉ. अघोरनाथ चट्टोपाध्याय के अनुमोदन से उनके अधीन एक कॉलेज में कुछ दिनों मैंने अध्यापन किया।

प्रश्न : तुम अपने पैतृक मकान में बहुत दिनों से नहीं रहते और अभी भी नहीं रहते। यह क्या सच है?

—पिता की मृत्यु के बाद मैं अपनी माँ के पास ही था। हाँ, हर पल उनके साथ रहता था, यह मैं नहीं कहूँगा। अपने काका तारकनाथ की मौत के समय भी मैं घर पर ही था। उसी समय से मैं अपने एक गुरुजन की सेवा-श्रद्धा में व्यस्त हो गया। उस वक्त वे गंभीर रूप से बीमार थे।

प्रश्न : तुम क्या किसी के चेला बन गए हो?

—आपका प्रश्न मेरी समझ में नहीं आया। आपका तात्पर्य समझना मेरे लिए मुश्किल है। चेला किसे कहते हैं, यह मैं जानता हूँ; लेकिन आपका इशारा किस ओर है, यह मेरी समझ से बाहर है। मैंने कभी किसी भिक्षाजीवी साधु की चेलागीरी नहीं की। लेकिन मैं रामकृष्ण परमहंस को जानता हूँ और पहचानता हूँ।

प्रश्न : मेरा प्रश्न है, तुम क्या कभी उसके चेले थे?

—ऐसा प्रश्न करके आप मुझे क्या समझाना चाहते हैं? मैं यह बात जोर देकर कह सकता हूँ कि मैं किसी दिन भी उनका चेला नहीं था। और यह भी जान लीजिए कि उन्होंने भी किसी दिन कोई चेला नहीं पाला।

प्रश्न : धार्मिक मामले में किसी प्रकार का चंदा उगाहने में क्या कभी तुम शामिल थे?

—आपके सारे प्रश्न बेहद अवास्तविक हैं, जिनका मामले से कोई संबंध नहीं है।

प्रश्न : हाँ या ना, मैं एक शब्द में जानना चाहता हूँ।

—मैंने कभी भी रामकृष्ण के लिए किसी से भी कोई चंदा वसूल नहीं किया। कहीं भी मैंने उनके चेला होने का दावा नहीं किया।

(पारिवारिक कलह-अशांति के कारण कुछ दिनों मामा के यहाँ रहकर, तारकनाथ की मृत्यु से लगभग एक महीने पहले, वे अपने भाई-बहनों और माँ के साथ अपने घर लौट आए थे।)

—हमें पता चला कि उन्होंने हमारी जमीन पर एक कमरा बनवा लिया है। कमरा बनवाना उन्होंने कब शुरू किया, यह मैं नहीं बता सकता।

प्रश्न : तुम क्या कोई डायरी लिखते हो?

—नहीं, मैं डायरी या किसी प्रकार का रोजनामचा नहीं रखता। सारी बातें मुझे याद हैं। मेरे सामने जो सब पारिवारिक घटनाएँ घटी हैं, मुझे याद हैं। मामा के घर से लौटकर तारक बाबू की हरकत पर मैंने आपत्ति उठाई थी। उस वक्त सारे घरवाले वहाँ इकट्ठा हुए थे। उस वक्त मेरी माँ घटना-स्थल पर मौजूद नहीं थीं। उस दिन उस हंगामे के समय जो लोग वहाँ मौजूद थे, उन सभी लोगों के नाम मैं नहीं बता सकता। गिनती में वहाँ कम-से-कम पच्चीस लोग थे। शुरू में हमारे घर के दालान में बहस शुरू हुई और वह जगह तारक बाबू के कमरे के नजदीक थी। बाकी पट्टीदार खड़े-खड़े देख रहे थे।

दूसरी बार, बहस के दौरान तारक बाबू ने मुझसे कहा कि उनके दुश्मन ही मुझे उकसा रहे हैं। मैंने उनकी इस बात का घोर विरोध किया। कौन या कौन लोग उनके दुश्मन हैं, इस बारे में हमारा बूँद भर सिर-दर्द नहीं था। वहाँ से हट आने के बाद मैंने अपनी माँ को पूरी घटना का हवाला दिया, क्योंकि उन्होंने ही मुझे तारक बाबू के पास भेजा था। इस घटना के बारे में मैंने अपने एटॉर्नी को भी बताया था।

प्रश्न : तारक बाबू ने तो तब तक अपना कमरा नहीं बनवाया था। तुमने यह कैसे मान लिया कि वे गैर-कानूनी तरीके से कमरा बनाने की कोशिश कर रहे हैं?

—मैंने देखा कि विवादित जमीन के काफी सारे हिस्से की खुदाई की गई थी। उतने से हिस्से को किसी एक कमरे की बुनियाद और ढाँचा समझ लेने का पर्याप्त कारण

था। मिट्‌टी पर थोड़ी-बहुत गँथनी भी शुरू हो गई थी। लेकिन हमारी तरफ से आपत्ति उठाने पर कमरा बनाने का काम और आगे नहीं बढ़ा। इस घटना के महीने भर बाद तारक बाबू का निधन हो गया। उनकी मृत्यु से कई दिन पहले मेरी माँ पीहर चली गई थीं। मैं भी उन दिनों पक्के तौर पर कलकत्ता में नहीं रहता था। इस बीच वह कमरा पूरी तरह बन गया था, मैं नहीं बता सकता। उन दिनों मैं अधिकतर रामकृष्ण परमहंस की रोग-शय्या के सिरहाने, काशीपुर उद्यान में था। मैं उनकी सेवा में व्यस्त रहा करता था। उस महान् पुरुष की मैं अतिशय श्रद्धा करता था। तारक बाबू से तू-तू मैं-मैं होने के बाद दुबारा उनसे भेंट नहीं हुई। उनकी मृत्यु से कई दिन पहले कुछेक घंटों के लिए मैं घर गया था। उन दिनों वे कोई असाध्य रोग झेल रहे थे।

तारकनाथ की मृत्यु के समय माँ अपने घर लौट आई थीं। माँ का निजी कमरा यथावत था। एक दूसरा कमरा तारकनाथ ने तोड़ दिया था। मैं और मेरे बादवाला भाई दूसरे किसी कमरे में रहते थे।

□

कुछ चिट्ठियाँ, कुछ बातचीत

बरानगर, 25 मार्च, 1887

अतिशय दुःख-कष्ट पाने के बाद यह हालत हुई थी।

यानी दुःख-कष्ट पाए बिना ईश्वर को सर्वस्व समर्पण नहीं किया जा सकता। उन पर संपूर्ण निर्भरता।

बरानगर, 9 अप्रैल, 1887

हम लोग जो साधना-वाधना करते हैं, वह सब उन्हीं के निर्देश पर!

लेकिन, हैरानी की बात यह है कि राम बाबू इस साधना को लेकर व्यंग्य करते हैं। राम बाबू कहते हैं, "उनका दर्शन किया है, अब साधना क्या करना?"

लेकिन उन्होंने तो हमें साधना करने को कहा है।

वैसे कभी-कभी बेहद अविश्वास भी घेर लेता है। बाबूराम (स्वामी प्रेमानंद) के घर लगता है जैसे कुछ नहीं है, मानो ईश्वर वगैरह कुछ भी नहीं है।

कलकत्ता, 7 मई, 1887

आजकल मुझे कुछ अच्छा नहीं लगता। प्रायोपवेशन (आमरण अनशन) करूँगा।

ऐसा लगता है, भगवान् कहीं नहीं है। जितना भी प्रार्थना करता हूँ, एक बार भी उत्तर नहीं मिलता।

कितना-कितना देखा, मंत्र सोने के अक्षरों में जगमगा रहे हैं।

कितने-कितने काली रूप—और-और अधिक अनन्य रूप के दर्शन किए, फिर भी शांति नही मिलती।

ऋषिकेश में मैंने अनेक महापुरुषों को देखा। एक जन मुझे अब भी याद हैं। वे मुझे पागल जैसे लगे। वे नंग-धड़ंग सड़क पर चल रहे थे और कई एक लड़के उन पर कंकड़-पत्थर बरसाते हुए पीछे-पीछे दौड़ रहे थे। उनके चेहरे और पीठ से खून की धार बह रही थी, फिर भी वे हँस-हँसकर बेहाल हुए जा रहे थे।

मैं उन्हें अपने साथ ले आया और उनके घाव धोए। खून का बहना बंद करने के लिए मैंने फटे कपड़े जलाकर उसकी राख बनाई और घावों पर लेप चढ़ा दिया। जितनी देर मैं उनकी सेवा-शुश्रूषा में लगा रहा, वे बच्चों द्वारा किए गए पथराव को लेकर ठहाके लगाते रहे और अपना आनंद बयान करते रहे। उन्होंने कहा, ''जगत्-पिता इसी तरह का खेल खेलते रहते हैं।''

इनमें से बहुत से महात्मा लोक-संगति से छुटकारा पाने के लिए छिपे रहते हैं, लोग उनके लिए उत्पात का कारण-मात्र होते हैं। एक संत ने अपनी गुफा के चारों तरफ हड्डियाँ बिखेर रखा था और यह अफवाह फैला दी थी कि वह मुर्दों के मांसभक्षी है। ऐसे ही एक और महात्मा थे, जो कंकड़-पत्थर फेंका करते थे। वे लोग ऐसे ही कई-कई उपायों का सहारा लेते हैं।

कभी-कभी उन लोगों में अचानक चैतन्य उदय होता है। ऐसी ही एक घटना बताऊँ। एक छोकरा अभेदानंद के पास उपनिषद् पढ़ने आता था।

एक दिन उसने सवाल किया, ''महाशय, यह सब क्या वास्तव में सच है?''

अभेदानंद ने उसे समझाया, ''निस्संदेह! ये सभी अवस्थाएँ लाभ करना कठिन अवश्य है, लेकिन ये सब निस्संदेह सच हैं।''

अगले दिन ही वह बालक नग्न संन्यासी के वेश में मौनव्रत ग्रहण करके केदारनाथ दर्शन की यात्रा पर निकल पड़ा।

बरानगर, 19 नवंबर, 1888

इस मठ में संस्कृत-शास्त्र की काफी चर्चा होती है। कहना चाहिए, बँगला में वेद-शास्त्रों का बिलकुल ही प्रचार नहीं है। इस मठ में काफी लोग संस्कृतज्ञ हैं। उन लोगों को वेदों की संहिता आदि अंशों को पूरी-पूरी तरह हृदयंगम करने की एकांत अभिलाषा रहती है। उनकी राय में जो भी करना है, पूरी तरह करना है। अस्तु, पाणिनीकृत सर्वोत्कृष्ट व्याकरण पर अधिकार न हो, तो वैदिक भाषा का संपूर्ण ज्ञान होना असंभव है। इसकी विवेचना के लिए वह व्याकरण आवश्यक है। इस मठ में अति तीक्ष्णबुद्धि, मेधावी और अध्यवसायशील व्यक्तियों की कमी नहीं है। गुरु-कृपा से वे लोग बेहद कम दिनों में ही 'अष्टाध्यायी' का अभ्यास करके वेद-शास्त्र बँगला में पुनरुज्जीवित कर सकेंगे—इसका मुझे भरोसा है।

बरानगर, 4 फरवरी, 1889

ऐसे समय में आपका (मुझे) अपार्थिव वाराणसीपुरी में आह्वान-पत्र आया है। इसे मैंने विश्वेश्वर वाणी मानकर ग्रहण किया।

काशीपुरी और काशीनाथ दर्शन से जिसका मन विगलित न हो, वह जरूर पत्थर का बना हुआ है। जितनी जल्दी हो सकेगा, मैं महाशय के सम्मुख उपस्थित होऊँगा।

इसके बाद, विश्वेश्वर की इच्छा!

आँटपुर, 7 फरवरी, 1889

जो उपदेशामृत भविष्य में जगत् में शांति वर्षण करेगा। अगर किसी व्यक्ति को उसमें संपूर्ण डूबा हआ देखता हूँ, तब मेरा हृदय आनंद से नाच उठता है और मैं उस आनंद में बिलकुल उन्मत्त क्यों नहीं हो जाता, इस पर परम आश्चर्य है।

बागबाजार, 21 मार्च, 1889

इन दिनों शरीर अत्यंत अस्वस्थ है। बीच-बीच में बुखार आ जाता है, लेकिन लिवर वगैरह की कोई शिकायत नहीं है। होमियोपैथिक इलाज करा रहा हूँ। अधुना काशी जाने का संकल्प एकबारगी त्याग करना पड़ा है। बाद में शरीर की गति देखकर प्रभु जो करेंगे, वही होगा।

कलकत्ता, 4 जुलाई, 1889

प्रभु की इच्छा से पिछले 5-7 वर्षों से मेरा जीवन धीरे-धीरे तरह-तरह के बाधा-विघ्नों के संग्राम से भरपूर रहा। मैंने आदर्श शास्त्र प्राप्त कर लिया है, आदर्श इनसान को अपनी आँखों से देखा है, फिर भी पूरी तरह स्वयं कुछ नहीं कर पाता, इस बात का अति कष्ट मुझे है। खासकर, कलकत्ता के इतने निकट रहते हुए भी कुछ होता हुआ नजर नहीं आता। मेरी माँ और दो भाई कलकत्ता में रहते हैं। मैं और मँझला भाई इस बार फर्स्ट आर्ट्स पढ़ रहे हैं। छोटा भाई भी हमारे साथ आर्ट्स कर रहा है।

पहले इन लोगों की स्थिति काफी अच्छी थी। लेकिन मेरे पिता की मृत्यु तक हमारी हालत ऐसी दयनीय हो गई कि कभी-कभी उपवास में ही दिन कटता है। उस पर से दुर्बल समझकर नाते-रिश्तेदारों ने हमें पैतृक घर से खदेड़ दिया था, हाईकोर्ट में मुकदमा करके पैतृक घर में हिस्सा तो मिल गया, लेकिन जैसा कि मुकदमेबाजी का दस्तूर है, सबकुछ गँवा चुकने के बाद।

कभी-कभी जब कलकत्ता के करीब रहने की नौबत आती है, उन लोगों की बदहाली देखकर, रजोगुण के प्रबल अहंकार के विकार-स्वरूप वासना का उदय होता है। उस समय मन में घमासान छिड़ जाता था। इसीलिए मैंने लिखा था—मन की हालत बेहद भयंकर है। अब उन लोगों की मुकदमेबाजी खत्म हो चुकी है।

बरानगर, 17 अगस्त, 1889

जात-पात को लेकर मेरा किसी के साथ कोई पक्षपात नहीं है, क्योंकि मुझे मालूम है कि यह सामाजिक नियम है—गुण और कर्म-प्रसूत हैं। जो लोग कर्महीनता और निर्गुणत्व उपलब्ध करना चाहते हैं, इनके लिए जाति वगैरह का खयाल मन में लाना भी, सामूहिक क्षति है। इन सब मामलों में गुरु-कृपा से मुझमें थोड़ी-बहुत समझ है।

बागबाजार, 2 सितंबर, 1889

आप (श्रीयुत प्रमदादास मित्र) जो तर्क-युक्ति परित्याग करने का उपदेश देते हैं, वह अति यथार्थ जरूर है और हर किसी के जीवन का उद्देश्य भी यही है—'भिद्यते हृदयग्रन्थि:' आदि। लेकिन, मेरे गुरु महाराज जैसा कहते थे कि कलसी जब भरने लगती है तो बुद्बुद् करती है, लेकिन पूरी तरह भर जाने के बाद निस्तब्ध हो जाती है। मेरे मामले में भी वही लागू होता है।

वैद्यनाथ, 24 दिसंबर, 1889

कलकत्ता में इस जगह एक बाबू के घर में कुछ दिनों से रह रहा हूँ। लेकिन काशी के लिए मन अत्यंत व्याकुल है।

वहाँ कुछ दिन रहने का मन है। खैर, मेरे मंदभाग्य में विश्वनाथ और अन्नपूर्णा क्या करती हैं, देखूँगा। इस बार 'शरीरं वापातरामि मंत्रं वारंसाधयामि' का संकल्प लिया है—काशीनाथ सहाय हों।

प्रयागधाम, 31 दिसंबर, 1889

दो-एक दिनों में काशी जा रहा हूँ।

लेकिन विधाता के निर्णय को कौन मिटा सकता है? योगेंद्र (स्वामी योगानंद) नामक मेरे एक गुरुभाई चित्रकूट, ओंकारनाथ वगैरह के दर्शनों के बाद यहाँ आकर वसंत रोग के शिकार हो गए। यह खबर पाकर उनकी सेवा-शुश्रूषा के लिए मैं यहाँ हाजिर हुआ हूँ। मेरे गुरुभाई अब पूरी तरह स्वस्थ हो चुके हैं। यहाँ के कई एक बंगाली बाबू अत्यंत धर्मनिष्ठ और भक्त हैं। ये लोग मेरा काफी खातिर-जतन कर रहे हैं। दो-चार दिनों के अंदर वाराणसी पुरपति के पवित्र राज्य में उपस्थित हो सकूँ, इसकी मैं विशेष-चेष्टा कर रहा हूँ। जल्दी ही मैं काशी जा रहा हूँ। देखूँ, काशीनाथ क्या करते हैं?

गाजीपुर, 30 जनवरी, 1890

इन दिनों मैं गाजीपुर में सतीश बाबू के यहाँ ठहरा हूँ। जो-जो स्थान देखता हुआ, यहाँ पहुँचा हूँ, उनमें यही स्थान स्वास्थ्यप्रद है। वैद्यनाथ का पानी बड़ा खराब है, हजम नहीं होता। इलाहाबाद बेहद भीड़-भाड़ भरा है। जितने दिन मैं काशी में रहा, दिन-रात बुखार आता रहा! मलेरिया का बुखार! गाजीपुर में, खासकर जिस जगह मैं ठहरा हूँ, यहाँ की जलवायु बेहद स्वास्थ्यप्रद है। पवहारी बाबा का घर भी देख आया। चारों तरफ ऊँचे-ऊँचे प्राचीर! अंग्रेजों के बँगलों जैसा! अंदर बगीचा है! बड़े-बड़े कमरे! चिमनी वगैरह! वे किसी को भी अंदर नहीं आने देते! मन होता है तो प्रवेश-द्वार तक आकर सिर्फ द्वार के अंदर से बात कर लेते हैं। एक दिन जाकर बैठे-बैठे ठंड लगाकर लौट आया। इतवार को काशी जाऊँगा। इसी बीच बाबाजी से अगर भेंट हो गई तो हो गई, वरना बस, यहीं तक।

गाजीपुर, 4 फरवरी, 1890

बड़े भाग्य से बाबाजी के दर्शन हुए! वे अति महापुरुष हैं। अजीब बात है। इस नास्तिकता के जमाने में भक्ति और योग की अत्याश्चर्य क्षमता का अद्‍भुत निदर्शन! मैं उनके शरणागत हूँ, मुझे आश्वासन भी दिया है उन्होंने। यह हर किसी को नसीब नहीं होता। बाबाजी की इच्छा है कि मैं कुछ दिनों यहीं रहूँ। वे कृपा करेंगे। अस्तु, इस महापुरुष की आज्ञानुसार मैं कुछ दिनों यहीं रहूँगा।

इन लोगों की लीला देखे बिना शास्त्रों में भरपूर विश्वास नहीं होता।

गाजीपुर, 7 फरवरी, 1890

बाबाजी आचारी वैष्णव हैं। उन्हें योग, भक्ति और विनय की मूर्ति कहना चाहिए। उनकी कुटीर के चारों तरफ प्राचीर का घेरा है। उस घेरे में कई दरवाजे हैं। इस प्राचीर में अति लंबी सी सुरंग बनाई गई है, जिसमें वे समाधिस्थ होकर पड़े रहते हैं। जब बाहर निकलते हैं, तभी लोगों से बातचीत करते हैं। वे क्या खाते हैं, कोई नहीं जानता। इसीलिए लोग उन्हें पवहारी बाबा कहते हैं। बीच में एक बार पाँच वर्षों तक उस सुरंग से बाहर नहीं निकले। लोगों में प्रचारित हो गया कि उन्होंने देह-त्याग किया है, लेकिन वे दुबारा बाहर निकल आए।

लेकिन एक बार उन्होंने दर्शन नहीं दिए, किवाड़ की आड़ से ही बातें करते रहे। ऐसी मीठी-मीठी बातें मैंने कभी नहीं सुनीं। वे किसी भी डायरेक्ट प्रश्न का उत्तर नहीं देते। वे कहते हैं, "दास क्या जाने?" लेकिन बात करते-करते उनके अंदर की आग बाहर आ जाती है। जब मैंने काफी जिद की तो उन्होंने कहा, "आप कुछ दिन यहाँ रहकर मुझे कृतार्थ कीजिए।" वैसे इस प्रकार की बातें वे कभी नहीं करते। इसी बात से मैं समझ गया कि वे मुझे तसल्ली दे रहे हैं। जब कभी मैं जोर-जबरदस्ती करता हूँ, वे कह उठते हैं, "कुछ दिन रहें।" मैं इसी उम्मीद में यहाँ रुका हुआ हूँ। ये अति विद्वान व्यक्ति हैं, लेकिन कुछ भी व्यक्त नहीं करते। दूसरी तरफ कर्मकांड भी करते हैं। पूर्णिमा से लेकर संक्रांति तक हवन होता है। अस्तु, इस बीच वे सुरंग में नहीं जाएँगे, यह निश्चित है।

ठाकुर के देह-त्याग के बाद कुछ दिन मैं गाजीपुर, पवधारी बाबा की संगति में रहा। उन दिनों मैं पवहारी बाबा के आश्रम के करीब ही एक बगीचे में रहता था। लोग उसे भूत-बागान कहते थे। लेकिन मुझे वहाँ डर नहीं लगता था—तू तो जानता ही है, मैं ब्रह्मदैत्य, भूत-फूत से नहीं डरता।

इस बागान में नींबू के ढेरों पेड़ हैं, खूब फलते हैं। उन दिनों मेरा पेट काफी गड़बड़ रहता था। उस पर से वहाँ भीख में रोटी के अलावा और कुछ नहीं मिलता था। इसलिए मैं हाजमे के रूप में खूब नींबू खाता था। पवहारी बाबा का साथ मुझे अच्छा लगता था। वे भी मुझसे बहुत स्नेह करने लगे।

एक दिन मुझे खयाल आया कि श्रीरामकृष्ण देव के पास इतने वर्षों रहते हुए भी इस रोगी शरीर को सुदृढ़ करने का कोई उपाय नहीं मिला। सुना है, पवहारी बाबा हठयोग जानते हैं। उनसे हठयोग क्रिया सीखकर शरीर को दृढ़ बनाने के लिए अब कुछ दिनों मैं यहीं रहकर साधना करूँगा। जानता है न, मुझमें पूर्वी बंगालियों जैसी धुन है। जो तय कर लूँगा, वही करूँगा। जिस दिन मैंने दीक्षा लेने का निर्णय किया, उससे एक रात पहले मैं अपनी खटिया पर लेटा-लेटा सोच में डूबा हुआ था। ऐसे में, मैंने देखा कि ठाकुर मेरी दाहिनी तरफ खड़े एकटक मुझे देख रहे हैं, मानो बेहद दुःखी हों। मैंने अपने को उनके प्रति अर्पित कर दिया था। अब किसी दूसरे को गुरु बनाने जा रहा हूँ—मुझे इसका बोध होते ही मैं लज्जित होकर उनको निहारता रहा। इसी अनुभव में दो-तीन घंटे गुजर गए। लेकिन उस वक्त मेरी जुबान से एक भी शब्द नहीं निकला। उसके बाद वे अचानक अंतर्धान हो गए।

ठाकुर को देखकर मेरा मन कैसा-कैसा तो हो गया। इसलिए उस दिन के लिए मैंने दीक्षा लेने का संकल्प स्थगित कर दिया। दो-एक दिन बाद दुबारा पवहारी बाबा से मंत्र लेने का संकल्प जागा। उस रात दुबारा ठाकुर का आविर्भाव हुआ, पिछली रात की तरह! इस तरह लगातार इक्कीस रातों तक ठाकुर के दर्शन होने के बाद मैंने दीक्षा लेने का संकल्प बिलकुल ही त्याग दिया। मुझे लगा, जब-जब मंत्र लेने का संकल्प किया, तब-तब उनके इस रूप का दर्शन हो रहा है, मंत्र लेने के बाद अनिष्ट के अलावा इष्ट कभी नहीं होगा।

किसी समय मैं एक अतिवृद्ध योगी को जानता था, वे एक गड्ढा खोदकर, अकेले ही उसमें रहते थे। खाना पकाने-खाने के लिए उनके पास दो-एक बरतन ही थे। वे काफी कम आहार करते थे। बेहद मामूली से कपड़े धारण करते थे। प्रायः पूरा समय ध्यान में व्यतीत करते थे।

उनके लिए हर इनसान समान था। वे किसी को भी चोट पहुँचाने से दूर रहते थे। प्रत्येक द्रव्य, प्रत्येक मनुष्य, प्रत्येक पशु में वे आत्मा का दर्शन करते थे और उनके लिए प्रत्येक पशु ही 'मेरा प्रभु' था। किसी भी पशु या मनुष्य को वे अन्य कोई संबोधन नहीं करते थे। एक दिन उनके आश्रम में एक चोर घुस आया और उनका एक बरतन चुरा ले गया। उसे देखकर उन्होंने उसके पीछे-पीछे दौड़ना शुरू किया। वह जंगल काफी बड़ा था। अंत में वह चोर भागते-भागते थक गया और रुकने को लाचार हो गया। योगी भी दौड़ते-दौड़ते उसके पास आए और उसके पैरों पर गिर पड़े। उन्होंने कहा, "प्रभु मेरे, मेरे पास आकर तुमने मुझे सम्मानित किया है। दूसरा बरतन भी लेकर तुम मुझे धन्य करो। यह भी तुम्हारा ही है।" उस वृद्ध का अब निधन हो चुका है। विश्व की हर वस्तु के प्रति उन्हें पूर्ण प्रेम था। एक चींटी तक के लिए भी वे अपने प्राण दे सकते थे। अन्यान्य पशु भी उस वृद्ध को अपना मित्र समझते थे। साँप और अन्य पशु भी उनके वशीभूत

होकर उनके साथ सो जाते थे। सभी उन्हें प्यार करते थे। वे सब उनके सामने कभी नहीं झगड़ते थे।

जीवन में जो सब शिक्षाएँ मैंने लाभ की हैं, उनमें से एक है—कर्म के उद्देश्य के प्रति जितना ध्यान देना जरूरी है, उनके उपायों के प्रति भी उतना ही ध्यान देना चाहिए। यह शिक्षा मैंने जिनसे प्राप्त की, वे एक महापुरुष थे। इसी एक नीति से ही मैं पल-पल महत् शिक्षाएँ प्राप्त करता आया हूँ। मुझे लगता है, जीवन की सभी सफलताओं का रहस्य यहीं मौजूद है—यानी जितना उद्देश्य के प्रति, उतना ही उसके उपायों पर भी ध्यान केंद्रित करो।

उनमें और भी एक खूबी थी—वे जब, जो काम करते थे, वह चाहे जितना भी तुच्छ हो, उसमें भी वे पूरी तरह निमग्न हो जाते थे। श्रीरामचंद्रजी की पूजा वे जैसे जतन से करते थे, ताम्रकुंड माँजने में भी उतने दत्तचित्त होते थे। उन्होंने कर्म-रहस्य के बारे में एक बार हमें बताया था, 'यन् साधन तन् सिद्धि' अर्शात् सिद्धि के उपायों का भी उसी ढंग से आदर-जतन करना होगा, मानो वही सिद्धि-स्वरूप है। वे स्वयं भी इसी आदर्श के दृष्टांत थे।

उनका विनय भी किसी अर्थ में कष्ट, यंत्रणा या आत्मग्लानिपूर्ण नहीं था। एक बार उन्होंने हम सबके सामने एक भाव की बेहद खूबसूरती से व्याख्या की थी—'हे राजा! भगवान् अकिंचन के धन होते हैं, जिस व्यक्ति ने कोई वस्तु, यहाँ तक कि अपनी आत्मा तक का 'मेरा' कहकर अधिकार करने की इच्छा का त्याग किया है, वे इसी के हैं।' इस प्रत्यक्ष उपलब्धि से ही उनमें विनय भाव उदित हुआ था।

वे सीधे-सीधे उपदेश नहीं दे सकते थे, क्योंकि तब तो आचार्य का पद ग्रहण करना पड़ता, दूसरों के मुकाबले अपने को उच्चतर आसन पर बैठाना पड़ता। लेकिन एक बार उनका हृदय-फव्वारा खुल जाता था तो अनंत ज्ञान-वारि फूट पड़ता था। लेकिन, उनके उत्तर हमेशा सीधे-सीधे न होकर परोक्ष भाव से होते थे।

परलोकवासी उस महात्मा के प्रति मैं गहराई से ऋणी हूँ।

गाजीपुर, 14 फरवरी, 1890

माता ठकुरानी (श्रीमाँ शारदा देवी) अगर आ गई हों तो उन्हें मेरा कोटि-कोटि प्रणाम दें और यह आशीर्वाद देने को कहें—मुझमें अटल अध्यवसाय भर जाए या इस शरीर में यह असंभव हो तो जल्दी ही इसका अंत हो जाए।

गाजीपुर, 19 फरवरी, 1890

मुमकिन है, इस माया के प्रपंच को देखकर हँसी आए, बात सच भी है। लेकिन कहते हैं न कि लोहे की जंजीर और सोने की जंजीर। सोने की जंजीर के कई उपकार हैं, वह (उपकार) संपन्न होने के बाद अपने आप गिर पड़ता है। मेरे गुरुदेव के पुत्रगण मेरे

लिए अति सेवा के पात्र हैं—इसी जगह पर जरा 'ड्यूटी' बोध है।

गाजीपुर, मार्च, 1890

मेरा 'मोटो' (लक्ष्य) यह है कि जहाँ जो कुछ भी उत्तम मिले, मैं उसे शिक्षा रूप में ग्रहण करूँ। इस वजह से बरानगर में बहुतेरे लोगों की धारणा है कि इससे गुरु-भक्ति कम होगी। मैं यह बात किसी पागल और गँवार की उक्ति मानता हूँ, क्योंकि सभी गुरु एक हैं और जगद्‌गुरु के अंश हैं तथा आभास-स्वरूप हैं।

गाजीपुर, 3 मार्च, 1890

कठोर वेदांतिक धारणा रखने के बावजूद मैं अत्यंत नरम प्रकृति का इनसान हूँ। यही मेरा सर्वनाश कर रहा है। जरा से में ही मैं ढह जाता हूँ, कितनी-कितनी कोशिशें करता हूँ, सिर्फ अपने ही बारे में सोचता रहता हूँ, लेकिन बार-बार दूसरों की चिंता करने लगता हूँ। इस बार बेहद कठोर होकर अपनी कोशिशों के लिए बाहर निकल पड़ा था—मगर इलाहाबाद में एक भाई की पीड़ा की खबर पाकर मुझे भागना पड़ा। अब इस ऋषिकेश की खबर—मन भागता रहता है।

कमर का दर्द किसी तरह भी पीछा नहीं छोड़ना चाहता, दर्द काफी बढ़ गया है। इधर कई दिनों से पवहारीजी के दर्शनों को भी नहीं जा पाया। लेकिन उनकी बड़ी दया है। वे हर दिन आदमी भेजकर मेरी खोज-खबर लेते हैं। लेकिन, अब देख रहा हूँ, 'उलटा समझली राम!' कहाँ तो मैं उनके दर का भिखारी, मगर वे मुझसे सीखना चाहते हैं। लगता है, वे अभी भी पूर्ण नहीं हुए। कर्म, व्रत और आचार अत्यंत गुप्त भाव हैं।

यहाँ रहने से मेरा मलेरिया ठीक हो गया है। लेकिन कमर के दर्द से मैं अब भी छटपटा रहा हूँ। दिन-रात दर्द टीसता रहता है और मुझे तंग करता है।

बाबाजी की तितिक्षा अद्‌भुत है, इसीलिए कुछ उनसे माँगा है। लेकिन हाथ उलटकर देने का नाम तक नहीं। सिर्फ ग्रहण! सिर्फ ग्रहण! अतएव मैं भी प्रस्थान करूँ।

…और किसी मियाँ के पास न जाऊँ—

अपने में ही मन प्रसन्न रहना,

अब मेरा निर्णय यही है कि रामकृष्ण की कोई तुलना नहीं है। वह अपूर्व सिद्धि, वह अपूर्व अकारण दया, बद्ध-जीवन के लिए वह प्रगाढ़ सहानुभूति इस दुनिया में और कहीं नहीं है। या तो वे अवतार थे, जैसा वे स्वयं कहा करते थे, या फिर वेदांत-दर्शन में जिन्हें नित्यसिद्ध महापुरुष 'लोकहिताय मुक्तोहपि शरीरग्रहणकारी' कहा गया है, निश्चित-निश्चित रूप 'इति मे मतिः, और उन्हीं की उपासना ही पतंजलि के अनुसार 'महापुरुष-प्रणिधानाद्‌वा' है।

गाजीपुर, 15 मार्च, 1890

कल मैं इस स्थान से चल दूँगा। देखूँ, भाग्य कहाँ ले जाता है।

गाजीपुर, 31 मार्च, 1890

मैं कुछ दिनों यहाँ नहीं था और आज ही पुनः चला जाऊँगा। गंगाधर भाई (स्वामी अखंडानंद) को मैंने यहाँ आने को लिखा है। अगर वे आ गए तो उनके साथ आपके पास आ रहा हूँ। कुछ विशेष कारणों से इस जगह से कुछ ही दूर, एक गाँव में गुप्त रूप से कुछ दिन रहूँगा।

अभी उनके पहुँचने की खबर नहीं मिली। उनकी भी तबीयत ठीक नहीं है। उनके लिए मैं अत्यंत चिंतित हूँ। उनसे मैंने अतिशय निष्ठुर बरताव किया था यानी मेरा साथ छोड़ने के लिए मैंने उन्हें काफी तंग किया था। क्या करूँ, मैं बेहद दुर्बल प्राणी हूँ। बेहद मायाच्छन्न हूँ। आशीर्वाद करें, मैं कठोर हो सकूँ।

मैं अपनी मानसिक स्थिति आपको क्या बताऊँ? मन के अंदर दिवा-रात्रि नरक की आग जलती रहती है। कुछ भी नहीं हुआ! यह जन्म शायद विफल और अकारथ ही चला गया। क्या करूँ, कुछ भी समझ नहीं पा रहा हूँ! बाबाजी मीठी-मीठी बातें करते हैं और मुझे रोक लेते हैं।

आपको (श्रीयुत प्रमदादास मित्र) क्या बताऊँ? मैंने आपके चरणों में सैकड़ों अपराध किए हैं। उन्हें अंतर्यातना से विक्षिप्त व्यक्ति की करतूत मानकर मुझे क्षमा करें।

मेरे गुरुभाईगण मुझे अति निर्दय और स्वार्थी समझ रहे हैं। क्या करुँ? मेरा मन कोई देखेगा? मैं दिवा-रात्रि कैसी यातना भोग रहा हूँ, कौन जानेगा?

मेरी कमर का दर्द वैसा ही है।

बागबाजार, 26 मई, 1890

मैं रामकृष्ण का गुलाम हूँ। उन्हें मैंने 'देइ तुलसी तिल देह समर्पित' किया है। उनका निर्देश मैं नहीं लाँघ सकता। उस महापुरुष ने यद्यपि चालीस वर्षों तक ऐसा कठोर त्याग, वैराग्य और पवित्रता तथा कठोरतम साधना की और अलौकिक ज्ञान, भक्ति, प्रेम और विभूतिमान होकर भी असफल होकर शरीर त्याग कर दिया तो हम लोगों का क्या भरोसा? अस्तु, उनके वाक्य, आप्तवाक्य की तरह, मैं विश्वास करने को बाध्य हूँ।

मुझे उनका यही निर्देश है कि उनके द्वारा स्थापित इस त्यागी-मंडली का दासत्व करूँ। इस वजह से जो होना है, वह हो और स्वर्ग या नरक या मुक्ति जो भी मिले, मैं स्वीकार करने को राजी हूँ।

उनका यही आदेश था कि उनकी त्यागी सेवक-मंडली हमेशा एकत्रित रहे और इसकी जिम्मेदारी मुझ पर है। हाँ, अगर कोई इधर-उधर घूमने निकले, वह अलग बात है, लेकिन वह केवल घूमने के लिए ही निकले! उनकी राय में एक पूर्ण सिद्ध को इधर-उधर विचरण करना शोभा देता है। जब तक ऐसा नहीं होता, किसी एक जगह बैठकर साधना में निमग्न रहना चाहिए। जब काया के समस्त भाव अपने आप चले जाएँगे, तब

जिसकी जो स्थिति होनी है होगी, वरना प्रवृत्त-साधक के लिए क्रमागत विचरण अनिष्टकारी होता है।

अत: उक्त निर्देशानुसार उनकी संन्यासी मंडली बरानगर में एक पुराने जीर्ण घर में एकत्रित हैं और सुरेशचंद्र मित्र तथा बलराम बसु, उनके दो गृहस्थ शिष्य, उन लोगों के आहारादि के निर्वाह का खर्च और घर का किराया देते थे।

भगवान् रामकृष्ण की देह नाना कारणों से (अर्थात् ईसाई राजा के विचित्र कानून के अत्याचारवश) अग्नि को समर्पित की गई थी। यह अति गर्हित कार्य था, इसमें कोई संदेह नहीं। उनका भस्मावशेष व अस्थियाँ अभी तक संचित हैं। उन्हें गंगा-तट पर किसी जगह समाहित कर सकूँ तो उक्त महापाप से शायद रंचमात्र मुक्त हो जाऊँ। उक्त अवशेष और उनकी गद्दी तथा प्रतिकृति का हमारे मठ में यथानियम नित्य पूजा होती है और मेरे एक ब्राह्मण कुलोद्भव गुरुभाई उक्त कार्य में दिन-रात जुटे रहते हैं। उक्त पूजा आदि का खर्च भी उक्त दोनों महात्मा ही वहन करते थे।

जिनके जन्म के कारण हमारा बंगाली कुल और बंगभूमि पवित्र हुई है, जो पश्चिमी वाक्छटा पर मुग्ध भारतवासियों के पुनरुद्धार के लिए अवतीर्ण हुए थे, इसीलिए उन्होंने अपनी अधिकांश शिष्य-मंडली 'यूनिवर्सिटी मेन' से ही संग्रहित किया था। इस बंग देश में उनकी साधना-भूमि के निकट उनका कोई स्मृति-चिह्न नहीं बना, इससे बड़ी तकनीक और क्या हो सकती है।

पूर्वोक्त दोनों महात्माओं की नितांत इच्छा थी कि गंगा-तट पर जमीन खरीदी जाए और वहाँ उनकी अस्थियाँ समाहित की जाएँ तथा उनके शिष्यवृंद भी वहीं निवास करें। इसके लिए सुरेश बाबू ने 1000 रुपए भी दिए। इसके अलावा उन्होंने और भी रुपए देने का वचन दिया था। लेकिन ईश्वर के गूढ़ अभिप्रायवश उनका पिछली रात देहावसान हो गया। बलराम बाबू की मृत्यु-समाचार की जानकारी आपको पहले ही हो चुकी है।

अब, उनके शिष्य उनकी यह गद्दी और अस्थियाँ लेकर कहाँ जाएँ, कुछ तय नहीं। (बंगाल के लोग बातें तो करते हैं, मगर काम के वक्त आगे नहीं बढ़ते, इसे आप जानते ही हैं) वे लोग संन्यासी हैं, वे लोग अभी इसी पल कहीं भी जाने को तैयार हैं, लेकिन उन लोगों का यह दास मर्मांतक वेदना झेल रहा है और भगवान् रामकृष्ण की अस्थियाँ समाहित करने के लिए गंगा-तट पर छोटी सी जगह भी नहीं मिली, इस खयाल से मेरी छाती फटी जा रही है।

मैं अपने प्रभु के लिए और प्रभु की संतान आदि के लिए दर-दर भीख माँगने से जरा भी कुंठित नहीं हूँ। मेरी राय में, अगर ये अति निश्छल, विद्वान्, सत्कुलोद्भुत युवा संन्यासी वर्ग स्थानाभाव और सहायता के अभाव में रामकृष्ण के 'आइडियल' भाव को प्राप्त न कर सकें तो हमारे देश का यह दुर्भाग्य होगा—'अहो दुर्दैवम्।'

यदि आप कहें कि 'आप ठहरे संन्यासी हैं! आपके मन में इस प्रकार की कामना क्यों है ?' मेरा उत्तर होगा—मैं रामकृष्ण का दास हूँ। उनका नाम, उनका जन्म और साधना-भूमि को दृढ़ प्रतिष्ठित करने के लिए और उनके शिष्यों की साधना में अणु मात्र भी सहायता करने के लिए अगर मुझे चोरी-डकैती भी करनी पड़े, तो मैं इसके लिए भी राजी हूँ।

इसीलिए मैं कलकत्ता लौट आया।

बागबाजार, 6 जुलाई, 1890

इस बार गाजीपुर छोड़ने की मेरी इच्छा नहीं थी, या कलकत्ता आने की ही बिलकुल इच्छा नहीं थी। लेकिन काली (स्वामी अभेदानंद) की पीड़ा की खबर पाकर मुझे काशी आना पड़ा और बलराम बाबू की आकस्मिक मृत्यु मुझे कलकत्ता खींच लाई। सुरेश बाबू और बलराम बाबू—ये दोनों ही यह असार संसार छोड़कर चले गए। गिरीशचंद्र घोष ही मठ का खर्च चलाते हैं। फिलहाल ठीकठाक ही दिन गुजर रहे हैं!

मैंने जल्दी ही (यानी किराए के रुपयों का जुगाड़ होते ही) अल्मोड़ा जाने का संकल्प किया है। वहाँ से गंगा-तट पर बसे गढ़वाल में कहीं जाकर सुदीर्घ काल तक ध्यानमग्न रहने की इच्छा है। गंगाधर मेरे साथ जा रहा है। कहना चाहिए, मैंने सिर्फ इसी खास उद्देश्य से ही उसे कश्मीर से बुला लिया···अब तक एकमात्र जो काम तुम लोगों को करना चाहिए था, वह तो तुम लोगों ने किया नहीं अर्थात् कमर बाँधो और बैठ जाओ।

मेरी राय में, ज्ञान जैसी चीज इतनी आसान नहीं है कि उसे कहूँ, 'उठ लड़की, तोर बियाह' और उसे जगा लूँ, बस, हो गया। मेरी यह पक्की धारणा है कि किसी भी युग में मुट्ठी भर लोगों से ज्यादा कोई ज्ञान-लाभ नहीं करता और इसीलिए हम सबको लगातार इस विषय में जुटे रहना होगा तथा अग्रसर होना चाहिए। इसमें अगर मृत्यु भी हो जाए तो स्वीकार है। यह मेरा पुराना चलन है, जानते हो न! इसके अलावा, आजकल के संन्यासियों में ज्ञान के नाम पर जो ठगबाजी चल रही है, उसकी भी मुझे विलक्षण जानकारी है।

मेरा स्वास्थ्य अब बहुत ठीक है और गाजीपुर में रहने की वजह से स्वास्थ्य में जो उन्नति हुई है, वह कुछ दिन बनी रहेगी, ऐसा मेरा विश्वास है।

अब तो मैं एक दौड़ में हिमालय पहुँच जाने को बेचैन हूँ। इस बार पवहारी बाबा आदि किसी के भी पास नहीं, वे लोग केवल लोगों को उनके उद्देश्य से भ्रष्ट कर देते हैं। मेरी बिलकुल ऊपर जाने की इच्छा है।

□

परिव्राजक का भारत-दर्शन

एक बार हिमालय प्रदेश का भ्रमण कर रहा था। हमारे सामने सुदीर्घ पथ था। हम सब धनहीन संन्यासी! हमें लादकर कौन ले जाता? इसलिए पैदल ही हमें पूरी यात्रा तय करनी पड़ी। हमारे साथ एक वृद्ध साधु भी थे। कई सौ मील चढ़ाई-उतराई की राह अभी भी बाकी थी।

यह देखकर बूढ़े साधु ने कहा, "मैं इतनी राह कैसे पार करूँगा? मुझसे अब चला नहीं जा रहा है! मेरी हालत खराब हो जाएगी।"

मैंने उनसे कहा, "आप अपने पैरों की तरफ देखिए!"

उन्होंने अपने पैरों पर नजर डाली।

मैंने फिर कहा, "आपके पैरों तले जो पथ पड़ा हुआ है, वह आप ही पार करके आए हैं। सामने जो पथ है, वह भी वही पथ है। जल्दी ही वह पथ भी आपके पैरों तले होगा।"

उच्चतम वस्तु तुम्हारे पैरों तले होती है, क्योंकि तुम सब दिव्य नक्षत्र हो। अगर तुम चाहो तो ये नक्षत्र अपनी मुट्ठी में कसकर निगल भी सकते हो। तुम्हारे यथार्थ स्वरूप में इतनी शक्ति है। बलशाली बनो, समस्त कुसंस्कारों के ऊपर उठो और मुक्त हो जाओ।

मैं बार-बार मृत्यु के शिकंजे में फँसता रहा हूँ। कितनी ही बार दिन-पर-दिन अनाहार में बिता दिए। कितनी ही बार पैरों में भीषण घाव हो गए, चलने में असमर्थ हो गया। थका-हारा किसी पेड़ तले पड़ा रहा और लगा कि मेरी जीवन-लीला यहीं समाप्त हो जाएगी। उस समय मुझसे बोला तक नहीं जाता था, चिंताशक्ति लुप्तप्राय! लेकिन अंत में यह मंत्र मन में जाग उठता—'मुझे भय नहीं, मेरी मृत्यु नहीं! मुझे भूख नहीं, प्यास नहीं! मैं ब्रह्म हूँ! ब्रह्म! विश्व-प्रकृति में इतनी क्षमता नहीं कि मुझे ध्वंस कर सके! प्रकृति मेरी दासी है! हे परमात्मन्! हे परमेश्वर! अपनी शक्ति-विस्तार

करो! अपने हृतराज्य पर पुनः अधिकार करो! उठो! चलो! रुको मत!' यह मंत्र जपते-जपते मैंने नया जीवन-लाभ किया है, मैं जाग उठा हूँ और आज यहाँ सशरीर विद्यमान हूँ। इसलिए जब भी अँधेरा घिर आए, तब अपना स्वरूप प्रकाशित करो। देखोगे, समस्त विरुद्ध शक्तियाँ विलीन हो जाएँगी।

एक बार मैं काशी की किसी सड़क से होकर जा रहा था। उस सड़क के एक तरफ विशाल जलाशय था और दूसरी तरफ ऊँची दीवार! जमीन पर ढेरों बंदर थे। काशी के बंदर दीर्घकाय और बहुत बार अशिष्ट होते हैं। बंदरों के दिमाग में अचानक झख चढ़ी कि वे मुझे उस राह से नहीं जाने देंगे। वे सब भयंकर चीखने-चिल्लाने लगे और मेरे पास आकर मेरे पैरों को जकड़ लिया। सभी मेरे और नजदीक आने लगे। मैंने दौड़ लगा दी। लेकिन जितना-जितना मैं दौड़ता गया, उतना ही वे सब मेरे और करीब आकर मुझे काटने-बकोटने लगे। बंदरों के पंजों से बचना असंभव हो गया। ऐसे में अचानक किसी अपरिचित ने मुझे आवाज देकर कहा, ''बंदरों का मुक़ाबला करो।'' मैंने पलटकर जैसे ही उन बंदरों को घूरकर देखा, वे सब पीछे हट गए और भाग खड़े हुए। समस्त जीवन हमें यह शिक्षा ग्रहण करनी होगी—जो कुछ भी भयानक है, उसका मुक़ाबला करना है, साहस के साथ उसे रोकना है। दुःख-कष्ट से डरकर भागने के बजाय उसका मुक़ाबला करना है। बंदरों की तरह वे सब भी पीछे हट जाएँगे।

एक समय मैंने भारत महासागर के उपकूल स्थित पश्चिम भारत के मरुखंड का भ्रमण किया था। काफी दिनों तक मैं पैदल-पैदल ही उस मरुभूमि में भ्रमण करता रहा; लेकिन प्रतिदिन मुझे यह देखकर आश्चर्य होता था कि चारों तरफ सुंदर-सुंदर झीलें हैं। उन झीलों के चारों तरफ वृक्षराजि विराजमान है और उनके जल में वृक्ष-समूहों की छाया काँप रही है। मैं मन-ही-मन बुदबुदा उठता था—कैसा अद्भुत दृश्य है! लोग इसे मरुभूमि कहते हैं! महीने भर मैं उन वृक्ष-राशि और तालाब-पोखरों को निहारता हुआ घूमता रहा।

एक दिन बेहद प्यास लग आई और पानी पीने का मन हुआ। मैं उन सुंदर-निर्मल झीलों के समूह में से एक झील की ओर बढ़ा। आगे बढ़ते ही वह तालाब अचानक अदृश्य हो गया। उस पल मेरे मन में इस ज्ञान का उदय हुआ कि मरीचिका के बारे में जीवन भर जो किताबों में पढ़ता आया हूँ, यह वही मरीचिका है। साथ ही मुझे यह आभास भी हुआ कि पूरे महीने मरीचिका देखते हुए ही भटकता रहा, लेकिन मैं यह नहीं जानता था कि यही मरीचिका है।

उसके अगले दिन दुबारा चलना शुरू किया। पहले की तरह ही दुबारा झीलें नजर आने लगीं; लेकिन साथ ही यह आभास भी होता रहा कि यह मरीचिका है, सचमुच की झील नहीं है। इस जगत् के संदर्भ में भी यही कथा है। हम सब भी

प्रतिदिन, प्रतिमास, प्रतिवर्ष जगत्–रूपी मरुभूमि में भ्रमण कर रहे हैं, लेकिन मरीचिका को मरीचिका नहीं समझ पाते। किसी दिन यह मरीचिका गायब हो जाएगी, लेकिन वह दुबारा नजर आएगी। शरीर भूतपूर्व कार्यों के अधीन रहेगा, अस्तु यह मरीचिका भी लौट आएगी। जितने दिनों हम सब कर्म में आबद्ध रहेंगे उतने दिनों जगत् लौट-लौटकर हमारे सामने आता रहेगा। नर–नारी, पशु–उद्भिद, आसक्ति–कर्तव्य सभी आएँगे, लेकिन ये सब पहले की तरह हम पर अपना प्रभाव विस्तार करने में समर्थ नहीं होंगे। नए ज्ञान के प्रभाव से कर्म की शक्ति नष्ट होगी, उसका जहर भी दूर होता जाएगा। दुनिया एकबारगी बदल जाएगी, क्योंकि जब–जब दुनिया नजर आएगी, तब-तब सत्य और मरीचिका का प्रभेद–ज्ञान भी नजर आएगा।

ठीक–ठीक संन्यास क्या आसान होता है? ऐसा कठिन आश्रम और कोई नहीं है। जरा भी डगमगाए नहीं कि पहाड़ से लुढ़ककर बिलकुल खाई में गिर पड़ेंगे। हाथ-पैर टूट जाएँगे।

एक दिन मैं पैदल आगरा से वृंदावन की ओर जा रहा था। पास में कानी कौड़ी नहीं थी। वृंदावन पहुँचने में प्राय: एक कोस से ज्यादा की दूरी थी। सड़क के किनारे एक आदमी बैठा तमाखू पी रहा था। उसे देखकर मेरे मन में भी तमाखू पीने की चाह जाग उठी।

मैंने उस आदमी से कहा, ''क्यों भाई, चिलम जरा मुझे भी देगा?''

वह आदमी अचकचा गया।

उसने कहा, ''महाराज, हम भंगी (मेहतर) हैं।''

संस्कार जो था! यह सुनकर मैं पीछे हट गया और तमाखू पिए बिना ही मैं दुबारा चल पड़ा। कुछ ही दूर जाकर मुझे खयाल आया—सच ही तो! संन्यास लिया है, जाति-कुल–मान सब छोड़ चुका हूँ। फिर भी, जैसे ही उस आदमी ने अपने को मेहतर बताया, मैंने पैर पीछे हटा लिए। उसका छुआ हुआ तमाखू मैं नहीं पी सका। यह खयाल आते ही मैं बेचैन हो उठा।

उस वक्त मैं एक फलांग रास्ता तय कर चुका था। मैं उलटे पाँव दुबारा उस मेहतर के पास पहुँचा। वह अभी भी वहीं बैठा हुआ था।

मैंने जाते ही कहा, ''मेरे बाप, एक चिलम तमाखू भर ला।''

मैंने उसकी आपत्ति पर ध्यान नहीं दिया।

मैंने कहा, ''तमाखू भरा चिलम तुझे देना ही होगा।''

बेचारा क्या करता! अंत में वह चिलम भर लाया। मैंने आनंद के साथ धूम्रपान किया और वृंदावन आ पहुँचा। संन्यास लेकर जाति–वर्ण के पार चला गया हूँ या नहीं, इसकी जाँच करके अपने को परखना होगा। ठीक–ठीक संन्यास–व्रत की रक्षा करना

कितना कठिन है! बातों में या कामों में एक बाल भी इधर-उधर होने का उपाय नहीं होता।

प्रत्येक धर्म में तपस्या और कृच्छसाधन का विधान है। धर्म के इस पहलू पर हिंदू हमेशा चरम सीमा पर रहते हैं। ऐसे बहुतेरे लोग हैं, जो जीवन भर हाथ ऊपर किए रखते हैं, जब तक कि उनका हाथ सूखकर अवश नहीं हो जाता।

मैंने एक ऊर्ध्व बाहु पुरुष को एक बार देखा था।

मैंने उससे पूछा, "जब शुरू-शुरू में इस किस्म का अभ्यास शुरू किया, तब आपने कैसा महसूस किया था?"

उन्होंने जवाब दिया, "शुरू में भयंकर दर्द होता था। इतना दर्द होता था कि नदी में जाकर पानी में डूबा रहता था। इससे कुछ देर को दर्द जरा धीमा पड़ जाता। महीने भर बाद खास दर्द नहीं रहा।"

इस किस्म के अभ्यास द्वारा भी सिद्धि या विभूति-लाभ होता है।

जब मैं जयपुर में था, वहाँ एक महा-वैयाकरण से भेंट हुई। मन में इच्छा जागी कि उनसे व्याकरण पढ़ूँ। व्याकरण में महापंडित होने के बावजूद उनमें अध्यापन की उतनी क्षमता नहीं थी। मुझे वे प्रथम सूत्र का भाष्य तीन दिनों तक समझाते रहे। इसके बावजूद मैं उनके द्वारा दिया हुआ पाठ बूँद भर भी नहीं समझ पाया।

चौथे दिन अध्यापक महाशय ने झुंझलाकर कहा, "स्वामीजी, तीन दिनों में भी मैं आपको प्रथम सूत्र का मर्म तक नहीं समझा सका। लगता है, मेरा अध्यापन आपके लिए व्यर्थ है।"

यह बात सुनकर मेरे मन में तीखी भर्त्सना जाग उठी। मैंने बेहद दृढ़संकल्प होकर प्रथम सूत्र का भाष्य अपने आप पढ़ डाला। तीन घंटों के अंदर-अंदर इस सूत्र-भाष्य का अर्थ मानो 'करामलकवत्' की तरह प्रत्यक्ष हो उठा। अध्यापक के पास जाकर मैंने समस्त व्याख्या बातों-ही-बातों में उन्हें बता दी। सब सुनकर अध्यापक ने पूछा, "जो व्याख्या मैं तीन दिनों में नहीं समझा सका, आपने कुल तीन घंटों में उसकी ऐसी सुंदर व्याख्या कैसे कर दी?" उसके बाद ज्वार के जल की तरह मैं अध्याय पर अध्याय पढ़ गया। मन की एकाग्रता हो, तो सब सिद्ध हो जाता है—सुमेरु पहाड़ भी तोड़ा जा सकता है।

मलाबार देश में हर विषय में औरतों को ही प्रधानता मिलती है। वहाँ सर्वत्र ही खासतौर पर साफ-सुथरा रखने पर ध्यान दिया जाता है और विद्या-अध्ययन में बेजोड़ उत्साह नजर आता है। उस देश में मैंने देखा, अनेक महिलाएँ अच्छी संस्कृत बोलती हैं। लेकिन भारत के अन्यत्र 10 लाख में शायद एक भी महिला संस्कृत नहीं बोल सकती।

एक बार हिमालय भ्रमण करते-करते एक रात मैंने किसी पहाड़ी गाँव में आश्रय लिया था। शाम ढलने के कुछ देर बाद उस गाँव में ढोल-मजीरों की जोरदार थाप सुनकर मैंने मकान-मालिक से पूछा। उन्हीं की जुबानी मैंने सुना कि गाँव में किसी आदमी पर 'देवता का असर' हुआ था। मकान-मालिक के अतिशय आग्रह और अपना कौतूहल चरितार्थ करने के लिए हम वह दृश्य देखने चल पड़े।

वहाँ जाकर मैंने बहुत से लोगों का जमावड़ा देखा। मकान-मालिक ने झौवा भर लंबे बालों वाले एक व्यक्ति को दिखाकर कहा कि उस पर ही 'देवता का असर' हुआ है। मैंने देखा, उसके करीब ही एक कुठार आग में तपाया जा रहा था। कुछ देर बाद ही मैंने देखा, उस धधकते कुठार से उस उपदेवताविष्ट आदमी की देह जो जगह-जगह, यहाँ तक कि बालों को भी दाग दिया गया। लेकिन हैरानी की बात यह थी कि उस कुठार के स्पर्श से उसका कोई अंग या बाल जला नहीं। उसके चेहरे पर भी किसी तरह की पीड़ा नजर नहीं आई। वह दृश्य देखकर मैं चकित रह गया।

इस बीच गाँव का मुखिया मेरे पास आया और उसने हाथ जोड़कर कहा, ''महाराज, आप दया करके इसका भूत छुड़ा दें।''

मैं तो चकरा गया। मैं क्या करूँ? सभी लोगों के अनुरोध पर मुझे उस उपदेवताविष्ट आदमी के पास जाना ही पड़ा। वहाँ पहुँचकर पहले मुझे उसके कुठार की जाँच करने का मन हुआ। जैसे ही मैंने उसे छुआ, मेरा हाथ जल गया। उस वक्त वह कुठार कुछ काला भी पड़ गया था। मारे जलन के मैं बेचैन हो उठा। मेरे मन से थ्योरी-थ्योरी सब लुप्त हो गई। अब क्या करता मैं? जलन से व्याकुल होने के बावजूद मैंने उस आदमी के सिर पर हाथ रखकर कुछेक मंत्र पढ़े। हैरत है, ऐसा करते हुए, दस-बारह मिनट के अंदर, ही वह आदमी स्वस्थ हो गया।

उसके बाद गाँववालों की मुझ पर जो भक्ति उमड़ी, उसका क्या बयान करूँ? उन लोगों ने मुझे कोई गण्यमान्य, पहुँचा हुआ महात्मा समझ लिया। लेकिन मुझे यह सारा मामला कुछ समझ में नहीं आया। आखिरकार बिना कुछ केहे-सुने अपने आश्रयदाता के साथ उनके कुटीर में लौट आया। उस वक्त रात के बारह बज चुके थे। मैं तत्काल सो गया। लेकिन हाथ की जलन और वह रहस्य-भेद न कर पाने की बौखलाहट के मारे नींद नहीं आई। धधकते हुए कुठार से भी आदमी की देह नहीं जली, यह देखकर बार-बार यही खयाल आता रहा, स्वर्ग और पृथ्वी में ऐसे अनेक तथ्य हैं, जिनकी दर्शन-शास्त्र में या कहीं और कल्पना भी नहीं की जा सकती।

लेकिन ठाकुर इस सिद्धाई की बेहद निंदा करते थे।

वे कहा करते थे, ''इन सब शक्तियों के प्रकाश की तरफ अगर मन लगाओगे तो परमार्थ-तत्त्व तक नहीं पहुँचा जा सकता।''

लेकिन इनसान का मन इतना कमजोर होता है तो गृहस्थ लोगों की तो बात ही क्या, साधुओं में भी चौदह आने लोग सिद्धाई के उपासक हो जाते हैं। पश्चिमी देशों में इस किस्म का छलावा देखकर लोग अवाक् हो जाते हैं। सिद्धाई लाभ बुरी चीज है, यह धर्म-पथ में कुसंस्कार है, यह बात ठाकुर कृपा करके समझा गए हैं, इसीलिए समझ पाया हूँ।

मद्रास में जब मैं मन्मथ बाबू (महेशचंद्र न्यायरत्न महाशय के ज्येष्ठ पुत्र मन्मथनाथ भट्टाचार्य, मद्रास में एकाउंटेंट जनरल थे) के घर पर ठहरा हुआ था, तब एक दिन मैंने सपना देखा, माँ का निधन हो गया है। मैं उदास हो गया। उन दिनों मैं मठ को भी ज्यादा पत्र आदि नहीं लिखता था। घरवालों को पत्र लिखना तो काफी दूर की बात थी।

उस सपने की बात जब मैंने मन्मथ बाबू को बताई तो उन्होंने इस बारे में कुशल-समाचार जानने के लिए कलकत्ता 'तार' भेजा, क्योंकि वह सपना देखने के बाद मैं बेतरह दुःखी हो गया था।

इधर मद्रास के मेरे साथी मेरे लिए अमेरिका जाने का इंतजाम करके मुझसे जल्दी करने को कह रहे थे, लेकिन माँ का शारीरिक कुशल-समाचार पाए बिना मेरा जाने का मन नहीं हो रहा था। मेरी उदासी देखकर मन्मथ बाबू ने सुझाया कि शहर से कुछ दूर पर एक पिशाच-सिद्ध व्यक्ति रहते हैं। वह जीव के बारे में शुभ-अशुभ, भूत-भविष्य—सारी खबरें बता सकते हैं।

मन्मथ बाबू के अनुरोध पर और अपनी मानसिक परेशानी दूर करने के लिए मैं उनके पास जाने को राजी हो गया। मन्मथ बाबू, मैं, आलासिंगा और कोई एक अन्य व्यक्ति कुछ दूर रेल से फिर पैदल चलकर उनके यहाँ पहुँचे। वहाँ जाकर देखा, एक विकटाकार दुबला-पतला, काला-कलूटा आदमी मरघट के नजदीक बैठा हुआ है। उसके अनुचरों ने 'किड़िंग-मिड़िंग' करके मद्रासी भाषा में हमें समझाया कि वही पिशाच-सिद्ध पुरुष हैं। पहले तो उस आदमी ने हमारी तरफ ध्यान ही नहीं दिया। उसके बाद जब हम लौटने लगे, तब उसने हमसे जरा रुकने का अनुरोध किया। हमारा संगी आलासिंगा ही दुभाषिए का काम कर रहा था। उसने हमसे ठहरने को कहा। उसके बाद वह आदमी पेंसिल से कुछ देर आँकी-बाँकी लकीरें खींचता रहा। उसके बाद मैंने देखा, वह आदमी 'कंसेन्ट्रेशन' (मन एकाग्र) करके बिलकुल स्थिर हो आया। उसके बाद पहले उसने मेरा नाम, गोत्र, चौदह पीढ़ियों के बारे में बताया। उसने यह भी बताया कि ठाकुर हर पल मेरे साथ घूम रहे हैं। उन्होंने माँ का भी कुशल-समाचार दिया। उन्होंने यह भविष्यवाणी भी की कि बहुत जल्दी ही मुझे धर्म-प्रचार के लिए बहुत दूर जाना होगा। माँ का कुशल-समाचार पाकर भट्टाचार्य के साथ मैं शहर लौट

आया। आते ही तार द्वारा मुझे माँ का कुशल-समाचार भी प्राप्त हुआ।

उस कमबख्त ने जो-जो बताया, वह सब सच हो गया, भले वह संयोग हो या और कुछ।

लेकिन मैं बिना देखे-सुने, बातों पर भरोसा करनेवाला बंदा नहीं हूँ। महामाया के राज्य में आकर जगत् के छलावे के साथ-साथ जाने कितनी ही तरह के छलावे मैंने देखे! माया! माया!

एक बार एक और व्यक्ति के बारे में सुना था। मन-ही-मन कोई प्रश्न सोचकर उनके पास जाते ही वे उस प्रश्न का उत्तर दे देते थे। मैंने यह भी सुना था कि वे भविष्यवाणी भी करते हैं। मेरे मन में कौतूहल जाग उठा, इसलिए कुछ मित्रों के साथ मैं उनके पास पहुँचा। हममें से हर किसी ने मन-ही-मन एक-एक सवाल सोच लिया। कहीं भूल न हो जाए, इसलिए हमने अपने प्रश्न अलग-अलग कागज के टुकड़ों पर लिखकर अपनी जेबों में रख लिया।

हममें से एक-एक के साथ जैसे-जैसे उनकी भेंट होती गई, उन्होंने उसका प्रश्न दुहराकर फटाफट उसका जवाब भी दे डाला। बाद में उन्होंने एक कागज के टुकड़े पर कुछ लिखकर, उसे तहाकर मेरे हाथ में थमा दिया। उस कागज के ऊपर उन्होंने मुझे हस्ताक्षर करने को कहा।

उन्होंने हिदायत दी, "इसे खोलकर मत देखिएगा। इसे जेब में रख लें। जब मैं कहूँ, तभी निकालिएगा।" हम सबको अलग-अलग उन्होंने यही हिदायत दी। उसके बाद हमारे भावी जीवन में घटनेवाली कुछेक घटनाओं का भी उल्लेख किया।

अंत में उन्होंने कहा, "आप लोग जिस भी भाषा में चाहें, कोई शब्द या वाक्य सोच लें।"

मैंने मन-ही-मन संस्कृत भाषा में एक प्रकांड वाक्य रट लिया। वे संस्कृत का बिंदु-विसर्ग भी नहीं जानते थे।

उन्होंने कहा, "अपनी जेब से वह कागज का टुकड़ा निकाल लें।"

मैंने देखा, उस कागज पर संस्कृत का वही वाक्य लिखा हुआ है। उन्होंने घंटे भर पहले वह वाक्य लिखा था और उसके नीचे अपना मंतव्य भी लिखा—"मैंने अभी जो लिखा है, बाद में ये महाशय यही वाक्य सोचेंगे।" बिलकुल ऐसा ही हुआ। मेरे एक मित्र को भी उन्होंने ऐसा ही एक कागज थमाया था और उसने भी उस पर हस्ताक्षर करके अपनी जेब में रख लिया था। अब, उन्होंने उस मित्र को भी एक वाक्य सोच लेने को कहा। मेरे मित्र ने 'कुरान' के एक अंश से अरबी भाषा में एक वाक्य सोच लिया। उस आदमी को यह भाषा भी आती होगी, इसकी संभावना और भी कम थी। मेरे मित्र ने देखा कि वही वाक्य उसके कागज पर लिखा हुआ था।

मेरे साथियों में एक डॉक्टर भी थे। उन्होंने जर्मन भाषा में लिखी हुई डॉक्टरी की किसी किताब से एक वाक्य सोचा। उनके कागज पर भी वही वाक्य लिखा हुआ मिला।

मैंने सोचा कि उस दिन शायद मैं किसी तरह से प्रभावित हो गया हूँगा, इसलिए कुछ दिनों बाद मैं दुबारा उस आदमी के पास पहुँचा। उस दिन मेरे साथ मित्रों का एक नया दल गया था। उस दिन भी उन्होंने अद्‌भुत सफलता का परिचय दिया।

इसी तरह एक बार हैदराबाद में रहते हुए मैंने सुना कि वहाँ एक ब्राह्मण रहते हैं। वे हर क़िस्म की चीज खोज निकालते हैं। वे चीजें कहाँ से निकल आती हैं, कोई नहीं जानता। वे एक स्थानीय कारोबारी थे और संभ्रांत व्यक्ति! मैंने उनका कौशल देखना चाहा। लेकिन उस दिन उन्हें बुखार था।

भारत में एक आम विश्वास प्रचलित है कि कोई साधु अगर किसी बीमार आदमी के माथे पर हाथ फेर दे तो उसकी बीमारी दूर हो जाती है। इसलिए उस ब्राह्मण ने मेरे पास आकर कहा, "महाशय, मेरे माथे पर हाथ फेरकर मेरा बुखार ठीक कर दीजिए।"

मैंने कहा, "ठीक है, लेकिन आपको भी अपना कौशल दिखाना होगा।"

वे राजी हो गए। उनकी इच्छानुसार मैंने उनके माथे पर हाथ फेर दिया। वे भी अपनी प्रतिश्रुति-पालन करने के लिए बाहर निकल आए। हमने उनके कमर से लिपटे एक टुकड़ा कपड़े के अलावा उनकी देह पर मौजूद सारी पोशाक उतार ली। उस दिन काफी ठंड थी, इसलिए मैंने अपना एक कंबल उनके बदन पर लपेट दिया। कमरे के एक कोने में उन्हें बिठा दिया और पच्चीस जोड़ी आँखें उन पर गड़ गईं।

उन्होंने कहा, "जो व्यक्ति जो चीज चाहता है, कागज पर लिख ले।"

हम सबने ऐसे-ऐसे फलों का नाम लिखा, जो उस अंचल में पैदा ही नहीं होते थे। जैसे—अंगूर, संतरा, ऐसे ही सब फल। मैंने वे सारे कागज उन्हें थमा दिए। उसके बाद कंबल के अंदर से अंगूर का गुच्छा, संतरा वगैरह सभी कुछ निकलने लगा। इतने सारे फल जमा हो गए कि अगर वजन किया जाता तो सबको मिलाकर उनके शरीर के वजन से दुगुना होता। उन्होंने वे सारे फल हमें खाने को कहा। हममें से किसी-किसी ने आपत्ति जताई। उन लोगों ने सोचा, यह जरूर सम्मोहन का मामला है, लेकिन उस ब्राह्मण ने फल खुद ही खाने शुरू कर दिए। यह देखकर हम सब भी वे फल खाने में जुट गए। वे सब असली फल ही थे।

सबसे अंत में उन्होंने ढेर सारे गुलाब के फूल बाहर निकाले। हर फूल बिलकुल विशुद्ध था। फूलों की पँखुरियों पर ओस-कण तक चमक रहे थे। एक भी फूल तुड़ा-मुड़ा या कुचला हुआ नहीं था। उनमें से एक फूल भी नष्ट नहीं हुआ था। एक-दो

नहीं, ढेर सारे फूल! ऐसा कैसे संभव हुआ, यह पूछने पर उन्होंने बताया, "सारा कुछ हाथ-सफाई का मामला है।"

खैर, मामला चाहे जैसे भी घटा हो, यह बात बिलकुल स्पष्ट थी कि महज हाथ की सफाई द्वारा ऐसे करतब दिखाना असंभव है। इतने विपुल परिमाण में इतनी सारी चीजें वे लाए कहाँ से?

बहरहाल, ऐसी ढेरों घटनाएँ मैंने देखी हैं।

इनसान के मन के भीतर ही ऐसी सब असाधारण शक्तियाँ छिपी होती हैं।

मैं मनोविज्ञान के बारे में काफी कम जानता हूँ, लेकिन जितना जानता हूँ, उतना भर सीखने में ही मुझे जीवन के तीस वर्षों तक मेहनत करनी पड़ी। उसके बाद जितना सीखा, छह वर्षों से लोगों के सामने गाता फिर रहा हूँ। जी हाँ, थोड़ा-सा सीखने-पढ़ने में ही मेरे तीस वर्ष खर्च हो गए, कठिन मेहनत करते हुए पूरे तीस वर्ष गुजारने पड़े। कभी-कभी चौबीस घंटों में से बीस घंटे उद्यम करता रहा, कभी रात को कुछ घंटे सोया हूँ, कभी रात-रात भर मेहनत करता रहा। कभी-कभी ऐसी जगहों में रहा हूँ, जिसे प्रायः शब्दहीन, वायुहीन कहना चाहिए। कभी-कभी तो गुफा तक में रहना पड़ा है। ये बातें जरा सोचकर देखो। इतने सबके बावजूद मैं थोड़ा सा ही जानता हूँ या कुछ भी नहीं जानता, जैसे मैंने इस विज्ञान के बहिर्वास का ही स्पर्श किया हो। लेकिन मैं यह राय बना सकता हूँ कि यह विज्ञान सत्य है, सुविशाल है और अत्याश्चर्य भरा है।

पहले किसी एक विषय पर ध्यान लगाने का अभ्यास करना होता है। एक समय था, जब मैं एक काले बिंदु पर मन एकाग्र किया करता था। इस पर्व के अंत में मुझे वह बिंदु नजर नहीं आता था या वह बिंदु सामने ही है यह समझ नहीं पाता था। मन निवात हो जाता था। किसी वृत्ति की तरंग नहीं उठती थी—जैसे निवात सागर हो। ऐसे में अतींद्रिय सत्य की कुछेक छायाएँ झलक उठती थीं। इसीलिए मुझे लगता है कि जिस किसी मामूली विषय को थामकर उस पर भी ध्यान का अभ्यास करके मन को एकाग्र या ध्यानस्थ किया जा सकता है। वैसे जिस पर जिसका मन लगे, उसे मन में लेकर ध्यान का अभ्यास किया जाए तो मन जल्दी ही स्थिर हो जाता है। इसीलिए इस देश में इतने देव-देवी की मूर्ति पूजा होती है।

ऐसे भी कई एक लोगों से मेरी भेंट हुई है, जिन लोगों ने मुझे बताया कि उन्हें पूर्वजन्म की याद है। वे लोग ऐसी एक स्थिति पर पहुँच गए हैं, जहाँ उनके अंतर में पूर्वजन्म की स्मृतियाँ उदित होती हैं।

प्रश्न : आप क्या अपने पूर्वजन्मों की बात जानते हैं?

—हाँ, जान सकता हूँ।

जान सकता हूँ और जानता भी हूँ। लेकिन विवरण नहीं बताऊँगा।

मेरे भारत-भ्रमण के दौरान एक स्थान पर अनेक लोग मेरे चारों तरफ भीड़ लगाते थे और मुझे उपदेश देने को कहते थे।

हालाँकि यह विश्वास करना कष्टसाध्य है, वे लोग आते थे और लगातार तीन-तीन दिनों तक दिन-रात मैं उन लोगों से बातें करने को लाचार हो जाता था। वे लोग मुझे पल भर के लिए भी आराम नहीं करने देते थे। यहाँ तक कि मैंने कुछ खाया भी है या नहीं, यह भी नहीं पूछते थे।

तीसरी रात जब सब लोग चले गए, किसी छोटी जात का कोई दरिद्र व्यक्ति मेरे पास आया और उसने कहा, ''स्वामीजी, मैं देख रहा हूँ कि आज तीन दिनों से आपने कुछ भी आहार नहीं किया। यहाँ तक कि एक गिलास पानी तक नहीं पीया। इससे मुझे बड़ी तकलीफ हो रही है।''

उसकी बात सुनकर मुझे ऐसा लगा कि उस दीन आदमी के वेश में स्वयं भगवान् ही मेरी परीक्षा ले रहे हैं।

मैंने उससे पूछा, ''तुम क्या मुझे कुछ भोजन दे सकते हो?''

उसने उत्तर दिया, ''स्वामीजी, देने के लिए तो मेरे प्राण आकुल-व्याकुल हैं। लेकिन हमारे यहाँ की बनी हुई चपाती आप खाएँगे कैसे? मैं आटा-दाल आदि ला देता हूँ, आप खुद बनाकर आहार कर लें।''

संन्यास आश्रम के नियमानुसार उन दिनों मैं आग का स्पर्श नहीं करता था।

इसलिए मैंने उससे कहा, ''तुम अपने हाथों बनाई हुई रोटी ही मेरे लिए ले आओ, मैं वही खाऊँगा।''

यह सुनकर वह आदमी बेहद डर गया। वह खेतड़ी के महाराज की प्रजा था। इसलिए उसे डर था कि महाराज अगर सुनेंगे कि मोची होकर उसने साधु को अपने हाथों पकाई हुई रोटी खिलाई है तो वे उसे कठोर दंड देंगे और मुमकिन है, उसे अपने राज्य से निर्वासित कर दें।

मैंने उसे आश्वासन दिया, ''तुम डरो मत। इसके लिए महाराज तुम्हें कोई दंड नहीं देंगे।''

लेकिन उसे इस बात पर भरोसा नहीं हुआ। लेकिन दयावश वह अपने यहाँ की बनी रोटी मेरे लिए ले आया।

वह रोटी खाकर मुझे ऐसा लगा कि देवराज इंद्र अगर सोने के पात्र में स्वर्गीय अमृत लाकर मुझे देते तो भी इतना स्वादिष्ट नहीं लगता। उस आदमी की दया देखकर मेरी आँखों में आँसू आ गए। मैंने सोचा—दीन-दरिद्र कुटीरों में ऐसे उदार-हृदय, हजारों-हजार लोग निवास करते हैं, लेकिन हम सब उन लोगों को नीच जाति और अस्पृश्य

कहकर घृणा करते हैं। बाद में, जब खेतड़ी के महाराजा से मेरी जान-पहचान हुई, तब मैंने उन्हें उस आदमी के महान् कार्य के बारे में बताया। दो-चार दिनों में ही महाराजा ने उस आदमी को बुला भेजा। कोई बहुत बड़ी सजा पाने की आशंका से वह काँपते-काँपते महाराजा के सामने हाजिर हुआ। लेकिन महाराजा ने उसके काम के लिए उसकी प्रशंसा की और वह आराम से जीवनयापन कर सके, इसका भी प्रबंध कर दिया।

मेरे लिए आप आतंकित न हों। यह सच है कि मुझे अकसर ही बरगद के पेड़ तले सोकर, किसी दयालु किसान का दिया हुआ दो मुट्ठी अन्न खाकर दिन गुजारना पड़ता है; लेकिन साथ ही यह भी सच है कि मैं किसी महाराजा का भी अतिथि बनकर विशाल प्रासाद में कई-कई दिन निवास करता हूँ और युवती दासियाँ मोरपंख से सारी-सारी रात मुझे पंखा झलती हैं। मेरे जीवन में अनेक प्रलोभन आए हैं। इन सबका मैं विलक्षण अभ्यस्त हूँ। आप मेरे बारे में व्यर्थ चिंता न करें।

उफ! कितने दुःख-कष्ट के दिन गुजरे हैं। एक बार लगातार तीन दिनों तक आहार न पाकर सड़क पर बेहोश हो गया था। जब होश आया, मैंने देखा, मेरा सर्वांग बरसात के पानी में भीग गया है। पानी में भीगकर तन-मन जरा स्वस्थ हो आया। मैं उठकर धीरे-धीरे दुबारा चल पड़ा और एक आश्रम पहुँचकर थोड़ा-बहुत मुँह में डाला, तब जाकर जान में जान आई।

उन दिनों मैं हिमालय पर कठोर तपस्या में तल्लीन था। अधिकतर मैं ध्यान-जप में डूबा रहता था। भूख लगती थी तो दर-दर भीख माँगकर जो भी जुटता था, उसी से पेट भर लेता था। लेकिन अधिकतर समय जो मिलता था, उससे पेट भी नहीं भरता था, न ही मन! उन आहारों का स्वाद इतना निकृष्ट होता था।

एक दिन ऐसा लगा—धिक्कार है ऐसा जीवन। इस पहाड़ी के गरीब-गुरबा लोगों को खुद ही भर पेट आहार नहीं मिलता, अपने नन्हे-नन्हे बच्चों और परिवारवालों के मुँह में दोनों जून दो मुट्ठी अन्न तक नहीं डाल पाते, लेकिन इसके बावजूद वे लोग अपने हिस्से के आहार में से बचाकर कुछ-न-कुछ मेरे लिए रख छोड़ते हैं। इस तरह जीने से भला क्या फायदा? इससे तो बेहतर है कि भूखा रहकर ही देह त्याग दूँ।

जैसे ही मेरे मन में यह खयाल आया, बस उसी दिन से मैंने मधुकरी के लिए जाना छोड़ दिया। इस तरह लगातार दो-दो दिन बिना खाए ही गुजर गए। जब प्यास लगती थी तो अंजुरी भर झरने का पानी पी लेता था। तीन दिनों बाद एक घने जंगल में जाकर, एक चट्टान पर बैठकर ध्यान करने लगा। आँखें खुली हुई थीं। अचानक तन-बदन जाने क्यों काँप उठा। मैंने देखा, डोरिया निशानवाला एक भारी-भरकम बाघ मेरी तरफ ललचाई आँखों से घूर रहा है। मैंने सोचा—चलो, बच गया। इतने दिनों

बाद मैं खुद भी जरा चैन पाऊँगा और इस बाघ का भी पेट भर जाएगा। यह तुच्छ देह अगर रंच मात्र भी किसी जीव की सेवा में काम आ जाए, तो मैं धन्य हो जाऊँगा। आँखें मूँदकर मैं बाघ के हमले की प्रतीक्षा करने लगा और मन-ही-मन यह भी सोचता रहा कि हमला करने में देर क्यों कर रहा है। मैं जरा चकरा गया। लेकिन उसके बाद ही उतने दु:ख में भी मुझे हँसी आने लगी। मैं समझ गया—गुरुदेव मुझसे ढेरों काम करानेवाले हैं, इसीलिए वे मेरी रक्षा कर रहे हैं।

ककड़ीघाट, अल्मोड़ा के करीब, अगस्त, 1890 (प्रगाढ़ ध्यान के बाद)

इस वृक्ष तले एक महा-शुभ मुहूर्त कट गया, आज एक बहुत बड़ी समस्या का समाधान हो गया। मेरी समझ में आ गया कि समष्टि और व्यष्टि (विश्व-ब्रह्मांड और अणु-ब्रह्मांड) एक ही नियम से संचालित होते हैं।

विश्व-ब्रह्मांड और अणु-ब्रह्मांड एक ही नियम से संगठित हैं। व्यष्टि जीवात्मा जिस तरह एक चेतन देह द्वारा आवृत्त है, विश्वात्मा भी उसी तरह चेतनामयी प्रकृति के बीच या दृश्य जगत् के बीच स्थित है।

□

विदेश यात्रा की तैयारी

हैदराबाद, 11 फरवरी, 1893

मेरे सभी इरादे फँसकर चकनाचूर हो गए और इसीलिए मैं शुरू से ही मद्रास से जल्दी निकल पड़ने को हड़बड़ा रहा था। इस मामले में मुझे अमेरिका भेजने के लिए आर्यावर्त के किसी राजा को पकड़ने को काफी वक्त मेरे हाथों में होता। लेकिन हाय, अब तो बहुत देर हो गई।

पहली बात तो यह कि इस गरमी में मैं घूम-फिर नहीं सकूँगा। ऐसा किया तो मैं मर जाऊँगा। दूसरी बात यह कि राजपूताना के मेरे घनिष्ठ बंधु-मित्र मुझे पाकर अपने पास ही रख लेंगे। पश्चिमी देश को जाने ही नहीं देंगे। इसलिए मेरा इरादा अपने मित्रों के अनजाने में किसी नए व्यक्ति को पकड़ना था। लेकिन मद्रास में इतनी देर हो जाने के कारण मेरा सारा भरोसा चूर-चूर हो गया। अति दुःख के साथ मैंने यह कोशिश ही छोड़ दी। ईश्वर की जो इच्छा है, वह पूरी हो।

बहरहाल, 'जितना जीऊँ, उतना सीखूँ।' अनुभव ही दुनिया में सर्वश्रेष्ठ अध्यापक है।

खेतड़ी, मई 1893

पहले से ही मैं शिकागो जाना चाहता था। ऐसे में मद्रास के लोगों ने स्वतः प्रवृत्त होकर मैसूर और रामनाद के महाराज की मदद से मुझे भेजने की सारी तैयारी कर डाली।

खेतड़ी के राजा और मेरे बीच प्रगाढ़ प्रेम मौजूद है। इसलिए बातों-ही-बातों में मैंने उन्हें लिखा था कि मैं अमेरिका जा रहा हूँ। खेतड़ी के राजा ने सोचा कि जाने से पहले मैं उनसे मिलकर ही जाऊँगा। इसका एक और विशेष कारण यह भी था कि भगवान् ने उन्हें सिंहासन के लिए एक उत्तराधिकारी दिया था और इसलिए वहाँ काफी जश्न मनाया जा रहा था। इससे भी बड़ी बात यह है कि मेरे पहुँचने के बारे में सुनिश्चित करने के लिए उन्होंने अपने निजी सचिव को इतनी दूर, मद्रास भेजा है।

बंबई, 22 मई, 1893

कई दिन हुए, बंबई पहुँचा हूँ। दो-चार दिनों में यहाँ से प्रस्थान करूँगा।

आजकल खेतड़ी के महाराज के निजी सचिव और मैं साथ-साथ हैं। अपने प्रति उनके प्यार और सहृदयता के लिए मैं उनका कितना कृतज्ञ हूँ, उसे मैं शब्दों में बयान नहीं कर सकता। राजपूताना की आम जनता जिस श्रेणी के व्यक्ति को 'ताजिमी सरदार' कहकर अभिहित करती है और जिनकी अभ्यर्थना के लिए स्वयं राजा तक को अपना आसन छोड़कर उठना पड़ता है, वे उसी सरदार श्रेणी के व्यक्ति हैं। लेकिन यही व्यक्ति इतने अनाडंबर हैं और इस ढंग से मेरी सेवा करते हैं कि मैं कभी-कभी सकुचा जाता हूँ।

इस व्यावहारिक जगत् में ऐसी घटना अकसर ही देखने में आती है कि जो लोग बेहद सज्जन व्यक्ति हैं, वे लोग भी दुःख-कष्ट में डूबे रहते हैं। यह रहस्य दुर्जेय लग सकता है, लेकिन मेरा व्यक्तिगत अनुभव यही है कि इस दुनिया में सबकुछ मूलतः सच्चा है। ऊपर से तरंगमाला चाहे जिस रूप में भी हो, उसके अंतर के गहनतम प्रदेश में प्रेम और सौंदर्य का एक अनंत विस्तृत स्तर विराजमान होता है। जब तक हम उस स्तर तक नहीं पहुँच पाते, तभी तक अशांति है, बेचैनी है। लेकिन अगर एक बार उस शांति मंडल में पहुँच जाएँ तो चाहे जितना भी झंकार हो, गर्जन हो और हवा का तर्जन हो, चट्टान की आधारशिला पर प्रतिष्ठित गृह उससे रंचमात्र न काँपता है, न थरथराता है।

बंबई, 24 मई, 1893

31 तारीख को यहाँ से अमेरिका के लिए रवाना होने का सारा बंदोबस्त पक्का हो गया है।

यह बात हमेशा याद रखना होगा कि हम सब प्रभु के हाथों की कठपुतली मात्र हैं। हमेशा पवित्र बने रहो। कभी किसी एक शब्द या वाक्य में भी कभी अपवित्र न होना और सदा यथासाध्य परोपकार करने की कोशिश करना। याद रखना, एक शब्द में पति-सेवा करना स्त्रियों का प्रधान धर्म है। नित्य यथाशक्ति गीता-पाठ करना। तुमने इंदुमती 'दासी' क्यों लिखा है ? ब्राह्मण और क्षत्रिय 'देव' और 'देवी' लिखेंगे, वैश्य और शूद्र 'दास' और 'दासी' लिखेंगे।

अमेरिका से वहाँ के आश्चर्यविवरण भरे पत्र मैं कभी-कभी लिखता रहूँगा। खेतड़ी महाराजा के प्राइवेट सेक्रेटरी मुझे जहाज में चढ़ाने के लिए आए हैं।

□

दैव आह्वान और विश्व धर्म सभा

अब मैं काशी छोड़ रहा हूँ।

अब, जब मैं यहाँ लौटूँगा, तब मैं समाज पर किसी बम की तरह फट पड़ूँगा और समाज स्वामिभक्त कुत्ते की तरह मेरा अनुसरण करेगा।

मैं एक ऐसे धर्म का प्रचार करने जा रहा हूँ, बौद्ध धर्म जिसकी विद्रोही संतान है और ईसाई धर्म, अपने समस्त दावों के बावजूद, जिसकी दूरागत प्रतिध्वनि मात्र है।

प्रभु ने इसी काम के लिए मुझे बुलाया है। मेरा समस्त जीवन सैकड़ों दुःख-यंत्रणा में गुजरा है। मैंने अपने प्राणप्रिय आत्मीय स्वजनों को एक तरह से अनाहार से मरते देखा है। लोग मेरा उपहास और अवज्ञा करते रहे, मुझे बदमाश कहते रहे।

यह सब मैं उन लोगों के लिए सहता रहा जिन लोगों ने मेरा उपहास किया, मेरे प्रति घृणा दिखाई। यह जगत् दुःखों का आगार जरूर है, मगर यह महापुरुषों के लिए शिक्षालय भी है। इसी दुःख से ही सहानुभूति, सहिष्णुता तथा सबसे ऊपर अदम्य दृढ़ इच्छा-शक्ति का विकास होता है, जिस महाशक्ति के सहारे इनसान समस्त जगत् भी अगर चूर-चूर हो जाए तो भी वह नहीं काँपता।

मैं मुक्ति नहीं चाहता, भक्ति नहीं चाहता। मैं रौरव नरक में जाऊँगा, 'वसन्तवल्लोकिहितं चरन्तः' (वसंत की तरह लोगों के प्रति कल्याण आचरण करना) यही मेरा धर्म है।

लोग उनका नाम लें या न लें, मुझे कोई परवाह नहीं; लेकिन उनका उपदेश, जीवन, शिक्षा दुनिया भर में फैल जाए, उसके लिए मैं जी-जान से कोशिश करने को तैयार हूँ।

यह सच है कि मेरा अपना जीवन एक महापुरुष के प्रति प्रगाढ़ प्यार की प्रेरणा से परिचालित है, लेकिन इससे क्या होता है? अतींद्रिय तत्त्व सिर्फ एक ही व्यक्ति के माध्यम से प्रचारित नहीं होते।

यह भी सच है कि मैं विश्वास करता हूँ कि श्रीरामकृष्ण परमहंस एक आप्तपुरुष थे—ईश्वरीयशक्ति द्वारा प्रेरित! लेकिन ईश्वरीय शक्ति से मैं भी प्रेरित हूँ और तुम लोग भी इसी से प्रेरित हो! तुम्हारे शिष्य भी इसी रूप में होंगे। ऐसे ही अनंतकाल तक चलता रहेगा।

मैं किसी के कथनानुसार नहीं चलूँगा। मेरे जीवन का व्रत क्या है, मैं जानता हूँ। और किसी भी जाति विशेष से मेरी कोई दुश्मनी नहीं है। जैसे मैं भारत का हूँ वैसे ही समग्र जगत् का। किसी देश का क्या मुझ पर खास दावा है? मैं किसी जाति विशेष का क्या क्रीतदास हूँ?

मैं अपने पीछे ऐसी एक शक्ति देखता हूँ, जो मनुष्य, देवता या शैतान की शक्ति से कई गुना अधिक और बड़ी है।

मैं कायरता से घृणा करता हूँ। मैं कायरता और राजनीतिक अहंकार से कोई संस्पर्श नहीं रखना चाहता। मैं किसी भी प्रकार की पॉलिटिक्स में विश्वासी नहीं हूँ। ईश्वर और सत्य ही जगत् की एकमात्र राजनीति है, बाकी सब फिजूल है।

सत्य मेरा ईश्वर है, समग्र जगत् मेरा देश है।

अमेरिका आने से पहले माँ (श्रीमाँ शारदा देवी) से आशीर्वाद माँगते हुए मैंने उन्हें पत्र लिखा था। उन्होंने आशीर्वाद दिया और मैं खट् से नदी पार हो गया।

मेरा मन कहता है, धर्म महासम्मेलन इसी इनसान (अपने प्रति उँगली से इशारा करते हुए) के लिए आयोजित होनेवाला है। कुछ ही दिनों में यह मिलाकर देख लेना।

मैं अतिशय शुष्क, कठिन ढंग से प्रेम के मधुरतम रस को और कोमल बनाकर तेज गति से कर्म के मसालों से स्वादिष्ट बनाकर योग की पाठशाला में पकाकर परोसना चाहता हूँ, ताकि शिशु वर्ग भी इसे हजम कर सके।

हिंदू भावों का अंग्रेजी में अनुवाद करना, उस पर से शुष्क दर्शन, जटिल पुराण और अद्भुत मनोविज्ञान के माध्यम से ऐसा धर्म निकालना, जो एक तरफ सहज-सरल हो और जन-साधारण के लिए हृदयग्राही हो और दूसरी तरफ बड़े-बड़े मनीषियों के लिए भी उपयोगी हो, जिन लोगों ने इस तरह की चेष्टा की है, वे लोग ही बता सकते हैं कि यह कितना कठिन है। सूक्ष्म अद्वैत तत्त्व को दैनिक जीवन के लिए उपयोगी, जीवंत और कवित्वमय बनाना होगा। असंभव, जटिल पौराणिक तत्त्वों में से जीवंत दृष्टांतों को ढूँढ़ निकालना होगा। विभ्रांति के योगशास्त्र में से वैज्ञानिक और कार्य रूप में परिणत करने का उपयोगी मनस्तत्व खोज निकालना होगा। इन सबको इस ढंग से व्यक्त करना होगा, ताकि शिशु भी समझ सके। यही मेरा जीवन-व्रत रहा है।

उसके बाद मैंने सोचा कि भारत में तो कोशिश कर चुका, अब दूसरे-दूसरे देशों में देखा जाए। उन्हीं दिनों धर्म महासभा का अधिवेशन होनेवाला था। भारत से किसी

एक को इस सभा में भेजना होगा। उन दिनों मैं सिर्फ घुमंतू, खानाबदोश था, फिर भी मैंने कहा, 'भारतवासियो, तुम लोग अगर मुझे भेजोगे तो मैं जाऊँगा। मुझे किसी नुकसान का डर नहीं। अगर नुकसान हुआ भी तो मैं उसकी परवाह नहीं करूँगा।' इसके लिए धन जुटाना भी काफी मुश्किल था। काफी दिनों तक जी-जान से कोशिश करने के बाद विदेश जाने भर खर्च ही जुटा पाया और मैं इस देश में आ पहुँचा। मैं धर्म महासभा के आयोजन के दो-एक महीने पहले ही यहाँ पहुँचा और परिचयहीन हालत में गलियों-सड़कों में भटकता फिरा।

मेरा अमेरिका जाना अपनी इच्छा या तुम लोगों की इच्छा से ही संभव नहीं हुआ। लेकिन भारत के ईश्वर, जो किसी अदृष्ट के नियंता हैं, उन्होंने ही मुझे यहाँ भेजा था। इसी तरह उन्होंने सैकड़ों मनुष्यों को विश्व के सभी जातियों के पास भेजा है, भेजते रहेंगे। पार्थिव कोई शक्ति ही इसके प्रतिरोध में समर्थ नहीं है।

□

अमेरिका की राह में

योकोहामा, जापान, 10 जुलाई, 1893

मुझे अपनी गतिविधियों के बारे में तुम लोगों को हमेशा अवगत कराते रहना चाहिए था। लेकिन मैंने ऐसा नहीं किया, इसके लिए मुझे माफ करना। इस किस्म के लंबे सफर में हर रोज ही विशेष व्यस्त रहना पड़ता है। खासकर, मेरी तो अपने साथ ढेरों सामान लेकर घूमने की आदत नहीं थी। आजकल जो सब साथ लेना पड़ा है, उसके तत्त्वावधान में ही मेरी सारी ताकत खर्च हो रही है। सच पूछो तो यह भयंकर झंझट का काम है।

बंबई से रवाना होने के बाद हफ्ते भर के अंदर मैं कोलंबो पहुँच गया। जहाज प्रायः दिन भर बंदरगाह पर ही लगा रहा। मौका देखकर मैं जहाज से उतरकर शहर देखने निकल पड़ा। मैंने एक गाड़ी ले ली और कोलंबो की सड़क पर घूमने लगा। यहाँ के सिर्फ बुद्ध भगवान् मंदिर की मुझे याद है। वहाँ बुद्धदेव की एक विशाल परिनिर्वाण-मूर्ति शयन भंगिमा में मौजूद है।

बाद में हमारा जहाज पिनांग के तट पर लगा। वह जगह मलय उपद्वीप में समुद्र पर स्थित एक छोटा सा भूमिखंड है।

पिनांग से मैं सिंगापुर रवाना हो गया। रास्ते में दूर से ही उच्चशैल समन्वित सुमात्रा के भी दर्शन हुए। जहाज के कप्तान ने मुझे प्राचीन काल के जल-दस्यु के कई अड्डों की ओर उँगली से इशारा करके दिखाया।

सिंगापुर! वहाँ एक खूबसूरत वनस्पति-उद्यान स्थित है। वहाँ अनेक प्रकार के पाम नजर आए। 'भ्रमकारी का पाम' (ट्रैवलर्स पाम) नामक सुंदर तालवृंत जैसा पाम यहाँ बेतहाशा उगते हैं और 'रोटीफल' (ब्रेड फ्रूट्स) वृक्ष तो यहाँ हर ओर हैं। मद्रास में जैसे आम की बहुतायत है वैसे ही यहाँ मैंगोस्टिन काफी मात्रा में उपलब्ध हैं; यथा आम के साथ किसकी तुलना की जा सकती है?

वहाँ से हांगकांग! सिंगापुर-मलय उपद्वीप के अंतर्गत होने के बावजूद वहीं से यह अहसास होने लगता है कि हम चीन में आ गए हैं। वहाँ चीन का माहौल इतना प्रबल है। मजदूरों के सारे काम, सारे व्यवसाय-वाणिज्य शायद उन्हीं लोगों के हाथ में हैं। हांगकांग तो विशुद्ध चीन ही है। जैसे ही जहाज तट पर लंगर डालता है, वैसे ही सैकड़ों चीनी नावें आकर आपको साथ ले जाने के लिए घेर लेती हैं।

हम हांगकांग में तीन दिन रुके थे। वहाँ से मैं कैंटन देखने गया। हांगकांग से एक नदी के साथ-साथ 80 मील तक का सफर तय करके कैंटन पहुँच गया। यहाँ स्फूर्ति और कर्मव्यस्तता की मिली-जुली हलचल देखने को मिली! नौकाओं की कैसी भीड़! पानी मानो चारों तरफ छाया हुआ! ये नौकाएँ सिर्फ माल या यात्रियों को ले जाने के लिए नहीं होतीं, हजारों नावें रहनेवाले घर की तरह होती हैं। उनमें से ढेरों नावें बेहद खूबसूरत और विशाल हैं। सच तो यह है कि वे सब नावें दुमंजिले-तिमंजिले घर जैसी होती हैं, घरों के चारों तरफ बरामदे, बीच में सड़कें। लेकिन सभी पानी में तैरती हुईं।

हम लोग जहाँ उतरे, वह छोटी सी जगह चीन सरकार ने विदेशियों को रहने के लिए प्रदान की है। इसके चारों तरफ, नदी के दोनों किनारे-किनारे, मीलों तक यह विशाल शहर बसा हुआ है। यहाँ अनगिनत लोग निवास करते हैं। जीवन संग्राम में एक-दूसरे को धकियाकर गिराते हुए, स्वयं आगे बढ़ते हुए। जी-जान लड़ाकर जीवन-संग्राम में विजेता बनने की कोशिश करते हुए! महाकलरव! महाव्यस्तता! लेकिन, यहाँ आधिवासियों की संख्या चाहे जितनी भी हो, यहाँ कर्म-प्रवणता चाहे जितनी भी हो, इस जगह जैसा गंदा शहर मैंने नहीं देखा। लेकिन, जिन अर्थों में भारत के किसी शहर को गंदगी से भरा हुआ कहते हैं, उस तरह की गंदगी की बात मैं नहीं कर रहा हूँ। चीनी लोग तो जरा सी मैल तक व्यर्थ नष्ट नहीं होने देते। मैं बात चीनी लोगों की कर रहा हूँ, जिनके बदन से भयंकर दुर्गंध आती रहती है। उन लोगों ने जैसे कसम खाई है कि वे लोग कभी नहाएँगे नहीं।

मैं कई चीनी मंदिर भी देखने गया। कैंटन में जो सबसे विशाल बौद्ध मंदिर है, वह प्रथम बौद्ध सम्राट् और सर्वप्रथम 500 बौद्ध अनुयायियों की स्मृति में समर्पित है। वैसे बुद्ध की मूर्ति ही प्रधान है! उनके नीचे ही सम्राट् आसीन थे और द्वार पर शिष्यों की मूर्ति! सभी मूर्तियों पर काठ की खूबसूरत खुदाई!

कैंटन-भ्रमण के बाद मैं हांगकांग लौट आया। वहाँ से जापान पहुँचा। नागासाकी बंदर पर, हमारा जहाज कुछ देर के लिए रुका। हम सब कई घंटों के लिए जहाज से उतरकर गाड़ी में शहर घूम आए। चीन से यह खास मामले में अलग है। पृथ्वी पर जितनी भी साफ-सुथरी जातियाँ हैं, जापानी उनमें अन्यतम हैं। सब किस कदर साफ-सुथरा! प्रायः सभी रास्ते चौड़े-सीधे और समानांतर! सब-के-सब पक्के रास्ते! इनके

छोटे-छोटे घर बिलकुल पिंजरेनुमा होते हैं! प्राय: हर शहर और गाँव-देहात के पिछले हिस्से में चीड़ के पेड़ों से ढके हुए छोटे-छोटे पहाड़। यह है जापान की सौंदर्य भूमि! प्राय: प्रत्येक घर के पिछवाड़े एक-एक बगिया! जापानी फैशन में नन्हे-नन्हे गुल्मों से ढके हुए भूमिखंड! छोटी-छोटी कृत्रिम जल-प्रणाली और कंकड़-पत्थरों की पुलिया से बखूबी सजे हुए!

नागासाकी से मैं कोबी पहुँचा। कोबी पहुँचकर मैंने जहाज छोड़ दिया और सड़क मार्ग से योकोहामा चला आया। मैं जापान के मध्यवर्ती प्रदेश-समूह देखना चाहता था।

मैंने इन लोगों के असंख्य मंदिर देखे। प्रत्येक मंदिर में कुछ संस्कृत मंत्र प्राचीन बँगला अक्षरों में लिखे मिले।

□

अब अमेरिका की ओर

मेटकॉफ, मैसाचुसेट्स, 20 अगस्त, 1893

जापान से मैं वैंकूवर पहुँचा। मुझे प्रशांत महासागर के उत्तरांश से जाना पड़ा। उन दिन कड़ाके की सर्दी थी। गरम कपड़ों के अभाव में काफी तकलीफ झेलनी पड़ी। बहरहाल किसी तरह वैंकूवर पहुँचकर, वहाँ से कनाडा होते हुए मैं शिकागो पहुँचा। वहाँ करीब बारह दिनों तक रुका रहा। यहाँ अकसर प्रतिदिन ही मैं मेला देखने निकल जाता था। मेला काफी बड़ा था। कम-से-कम दस दिन घूमे बिना सारा कुछ देख पाना असंभव था।

यहाँ मेरा भयंकर खर्च हो रहा है। हर दिन लगभग एक पाउंड खर्च पड़ जाता है। यहाँ एक चुरुट का दाम ही हमारे देश के आठ आने के बराबर है। ये अमेरिकी इतने धनी हैं कि ये लोग पानी की तरह रुपए खर्च करते हैं और इन लोगों ने कानून बनाकर हर चीज का दाम इतना चढ़ा रखा है कि दुनिया की कोई भी जाति किसी हाल में इस देश के करीब न आ सके। यहाँ मामूली कुली-मजूर भी हर दिन औसतन 9-10 रुपए कमा लेता है और खर्च भी कर देता है। यहाँ आने से पहले जिन सब धन-ऐश्वर्य सोने का सपना देखा-सुना था, वह टूट गया है। अब, असंभव से जूझना पड़ रहा है। सैकड़ों बार मुझे लगता है कि मैं यह देश छोड़कर चला जाऊँ। लेकिन अगले ही पल खयाल आता है कि मैं अक्खड़ जीव हूँ और मुझे भगवान् से आदेश मिला है। मुझे कोई राह दिखाई नहीं दे रही है, लेकिन उनकी निगाहें तो सबकुछ देख रही हैं। खैर, जीऊँ या मरूँ, मैं अपना उद्देश्य नहीं छोड़ूँगा।

जान लें, यह ईसाइयों का देश है। कहना चाहिए, यहाँ अन्य किसी धर्म या मत की बूँद भर भी प्रतिष्ठा नहीं है। मैं दुनिया के किसी संप्रदाय की दुश्मनी से नहीं डरता। आजकल यहाँ मैं मेरी संतानों की बीच निवास कर रहा हूँ। प्रभु ईसा ही मेरी मदद करेंगे। मैंने एक बात गौर की है—ये लोग हिंदू धर्म-संबंधी मेरे उदार विचार और नाजरथ के

अवतार के प्रति प्यार देखकर बेहद मुग्ध हुए हैं, आकर्षित भी हुए हैं। मैं इन लोगों से कहा करता हूँ कि मुझे उन गैलीलियो महापुरुष के खिलाफ कुछ नहीं कहना है। बस, जैसे वे लोग ईशु को मानते हैं, साथ ही उन लोगों को भारतीय महापुरुषों को भी मानना चाहिए। यह बात इन लोगों ने सादर ग्रहण की है।

अब ठंड का मौसम आनेवाला है। मुझे सभी तरह के ऊनी कपड़ों का इंतजाम करना होगा।

हाल में यहाँ एक बड़ी मजेदार बात हुई। यहाँ कपूरथला के राजा साहब आए हुए थे। शिकागो समाज के एक हिस्से ने उन्हें काफी गण्यमान्य बना रखा था। मेले में इन राजा साहब से मेरी भेंट हुई। लेकिन वे ठहरे बड़े आदमी, मुझ जैसे फकीर से वे क्यों बात करते?

यहाँ मेले में एक पागल सा, धोतीधारी, एक मराठा ब्राह्मण नजर आया। वह मेले में कागज पर नाखून से बनाई हुई तसवीरें बेच रहा था। वह आदमी अखबारों के रिपोर्टर से उस राजा के खिलाफ तरह-तरह की बातें कर रहा था। वह बता रहा था कि यह आदमी बेहद नीच जाति का है। ये राजे-महाराजे क्रीतदासों जैसे होते हैं। ये लोग काफी दुर्नीतिग्रस्त होते हैं वगैरह-वगैरह! और ये सत्यवादी (संपादक वर्ग) जिनकी वजह से अमेरिका मशहूर है, इन लोगों ने उस आदमी की बातों को थोड़ा-बहुत अहमियत देने के इरादे से अगले दिन अखबारों में बड़े-बड़े अक्षरों में बड़े-बड़े कॉलम छाप डाले। उन लोगों ने भारत से आए हुए एक ज्ञानी पुरुष का भी विवरण दिया है, उन लोगों ने जरूर मुझे देखा होगा।

मुझे झाड़ पर चढ़ाकर मेरी जुबान से ऐसी-ऐसी बातें कहलवाई, जो मैंने कभी सपने में भी नहीं सोची थीं। उसके बाद इन राजा साहब के बारे में उस मराठा ब्राह्मण ने जो-जो कहा था, सब मेरी जुबान पर बिठा दिया। बस, इतने से ही शिकागो-समाज को ऐसा धक्का लगा कि सबने फटाफट राजा साहब का परित्याग कर दिया। इन संपादकों ने मेरे जरिए मेरे ही देश के बंदे को खासा धक्का दिया। बहरहाल, इससे साफ जाहिर है कि इस देश में रुपए-पैसे या उपाधि की शान-शौकत के मुकाबले बुद्धि का आदर-सम्मान अधिक है।

कल नारी-कारागार की अध्यक्षा मिसेज जॉनसन महोदया यहाँ आई थीं। यहाँ जेल को कारागार नहीं कहते, संशोधनागार कहते हैं। अमेरिका में जो-जो देखा, उन सबमें यह एक विचित्र घटना है। कारागारवासियों से कैसा सहृदय बरताव किया जाता है, कैसे उनका चरित्र संशोधित होता है; वे औरतें जब अपने समाज में दुबारा जाती हैं तो समाज के अनिवार्य अंग के रूप में परिणत हो जाती हैं। कितना अद्‌भुत है! कितना सुंदर! स्वयं देखे बिना तुम लोगों को विश्वास नहीं होगा।

यह सब देखकर जब मुझे अपने देश का खयाल आया तो मैं बेचैन हो उठा। भारत में हम लोग गरीबों, मामूली लोगों, पतितों को क्या समझते हैं ? उन लोगों के पास कोई उपाय नहीं है, उनके लिए फरार होने की कोई राह नहीं है, ऊपर उठने का कोई मौका नहीं है। भारत के दरिद्र, भारत के पतित, भारत के पापी जीवों का कोई सहायक, कोई मित्र नहीं है। वह चाहे जितनी भी कोशिश करे, उसके लिए उठ खड़े होने का कोई उपाय नहीं है। वे लोग दिनोंदिन डूबते जा रहे हैं। राक्षसों की तरह नृशंस समाज उन पर लगातार चोट करता जाता है। उसकी वेदना वे लोग विलक्षण अनुभव करते हैं, लेकिन वे लोग नहीं जानते कि ये आघात कहाँ से, किस ओर से आ रहे हैं! वे लोग भी इनसान् हैं, यह बात वे लोग भूल गए हैं।

इसका नतीजा दासत्व है और पशुत्व है। चंद चिंतनशील व्यक्ति इधर कुछ दिनों से समाज की इस दुर्दशा को समझने लगे हैं; लेकिन दुर्भाग्यवश उन लोगों ने यह दोष हिंदू धर्म पर मढ़ दिया है। उन लोगों की धारणा है कि दुनिया में इस महानतम धर्म का विनाश ही समाज की उन्नति का एकमात्र उपाय है।

सुनो बंधु, प्रभु-कृपा से मैंने इसका रहस्य आविष्कार कर लिया है। इसमें हिंदू धर्म का कोई दोष नहीं है। हिंदू धर्म तो यह सिखाता है कि जगत् में जितने भी प्राणी हैं, सब तुम्हारी ही आत्मा के बहुरूप मात्र हैं। समाज की हीन अवस्था का एकमात्र कारण यही है कि इस तत्त्व को कार्यरूप नहीं दिया गया। सहानुभूति का अभाव है, हृदय का अभाव है। प्रभु तुम लोगों के पास बुद्ध रूप में आए और उन्होंने सीख दी कि तुमलोग गरीबों के लिए, दीन-दुःखियों के लिए, पापियों के लिए आँसू बहाओ, उन लोगों से सहानुभूति रखो। लेकिन तुम लोगों ने उनकी सीख पर ध्यान नहीं दिया।

बालाजी और जी! जी तुम्हें याद होंगे। एक दिन शाम को पांडिचेरी में शाम को एक पंडित के साथ समुद्र-यात्रा के बारे में हमारी बहस होने लगी। उसकी वह विकट भंगिमा और उसका 'कदापि नहीं'—यह बात मुझे हमेशा याद रहेगी। इन लोगों की अज्ञता की गहराई देखकर अचरज होता है। ये लोग नहीं जानते कि भारत दुनिया का एक अति क्षुद्र हिस्सा है! समाज की यह हालत धर्म को नष्ट करके खत्म नहीं की जा सकती, बल्कि हिंदू धर्म के महान उपदेशों का अनुसरण करके ही यह दशा सुधारी जा सकती है! समाज में हिंदू धर्म की स्वाभाविक परिणतिस्वरूप बौद्ध धर्म की अद्‌भुत सहृदयता के सहारे!

मैं पिछले बारह वर्षों से मन में यह जिम्मेदारी सँभाले और दिमाग में यह विचार-चिंतन लिए घूमता फिरा हूँ। मैं तथाकथित अनगिनत अमीर-दौलतमंद के दरवाजे-दरवाजे भटकता रहा। उन लोगों ने मुझे केवल पाखंडी समझा। मन के भीतर भरते हुए रक्त को पोंछते हुए मैं आधी दुनिया घूमता रहा और अब, सहायता प्रार्थी होकर इस विदेश में

उपस्थित हुआ हूँ।

प्रभु अनंत शक्तिमान हैं! मैं जानता हूँ कि वे मेरी सहायता करेंगे। मैं इस देश में भूखा-प्यासा, ठंड झेलता हुआ मर सकता हूँ; लेकिन हे मद्रासवासी नौजवान वर्ग! इन गरीब, अज्ञ, अत्याचार-पीड़ित लोगों के लिए सहानुभूति मैं तुम लोगों को अर्पित करता हूँ, मेरी यह प्राणांतक चेष्टा तुम लोगों को जिम्मेदारी-स्वरूप अर्पित करता हूँ।

यह एक दिन का काम नहीं है। यह पथ अतिशय कंटकपूर्ण है। लेकिन हम सब ज्योति-तनय हैं, ईश्वर-तनय! भगवान् की जय हो! हम सब सिद्धि-लाभ जरूर करेंगे! करेंगे ही करेंगे। सैकड़ों-सैकड़ों लोग इस चेष्टा में अपने प्राण त्याग करेंगे, उसके बाद सैकड़ों-सैकड़ों लोग इस प्रण में व्रती होने को तैयार हो जाएँगे! प्रभु की जय हो! मैं यहाँ अकृतकार्य होकर मर सकता हूँ, मेरे बाद कोई और यह जिम्मेदारी ग्रहण करेगा।

बीमारी क्या है, तुम लोग समझ गए होगे! इसकी दवा क्या है, इसकी भी जानकारी हो गई, बस अब विश्वासी बनो! हम लोग धनी या अमीरों की परवाह नहीं करते। हम हृदय शून्य, महज दिमाग-संपन्न व्यक्तियों को और उनके निस्तेज संवाद-पत्रों के निबंध, लेखन की भी परवाह नहीं करते! विश्वास! विश्वास! सहानुभूति! अग्निमय विश्वास! अग्निमय सहानुभूति! जय हो, प्रभु! जय प्रभु! जीवन तुच्छ है! मरण तुच्छ है! भूख-प्यास तुच्छ है! तुच्छ है सर्दी! जय हो, प्रभु!

आगे बढ़ो! अग्रसर हो! प्रभु हमारे नेता हैं! पीछे मुड़कर मत देखो! कौन गिरा, मत देखना! बस, आगे बढ़ चलो! आगे! आगे! और आगे! इसी तरह हम अग्रसर होंगे! एक गिरेगा, दूसरा उसकी जगह खड़ा हो जाएगा।

बोस्टन पहुँचकर पहले मुझे एक धोती खरीदनी होगी। वहाँ अगर ज्यादा दिन रहना पड़ा तो मेरी यह अपूर्व पोशाक नहीं चलेगी। मुझे देखने के लिए सड़क पर सैकड़ों लोग खड़े हो जाते हैं। अस्तु, मुझे काले रंग की लंबी कमीज पहननी होगी। अब सिर्फ व्याख्यान देते समय ही मैं गेरुआ लबादा और पगड़ी धारण करूँगा।

कनाडा को छोड़कर समग्र अमेरिका में रेलगाड़ी में अलग-अलग क्लास नहीं होती। इसलिए मुझे फर्स्ट क्लास में सफर करना पड़ा, क्योंकि इसके अलावा और कोई क्लास नहीं होती। वैसे मेरी पुलमैनस् गाड़ी में चढ़ने का भरोसा नहीं होता। रेल के ये डिब्बे काफी आरामदेह होते हैं। इसमें आहार, पान, निद्रा, यहाँ तक कि नहाने तक का बढ़िया बंदोबस्त रहता है। ऐसा महसूस करोगे, जैसे तुम होटल में हो। लेकिन यह फिजूलखर्ची है।

यहाँ के समाज में घुसकर उन लोगों को शिक्षा देना महा कठिन काम है। खासकर इन दिनों, जब कोई भी शहर में नहीं है। सभी लोग गरमी की छुट्टियों में बाहर गए हुए हैं। ठंड पड़ते ही वे लोग दुबारा शहर में लौट आएँगे। तब जाकर वे मुझसे मिलेंगे।

इसलिए मुझे यहाँ कुछ दिन रहना होगा। इतनी-इतनी कोशिशों के बाद मैं इतनी आसानी से नहीं छोड़नेवाला! बस, तुम लोगों से जितना हो सके, मेरी मदद करो और अगर तुम लोग मदद न भी कर सको तो मैं अकेले ही आखिरी साँस तक कोशिश करता रहूँगा और अगर मैं यहाँ रोग, शीत या अनाहार से दम तोड़ दूँ तो तुम लोग इस व्रत के साथ उठ खड़े होना और जुट जाना! पवित्रता, सरलता और विश्वास। मैं चाहे जहाँ भी रहूँ, मेरे नाम जो भी पत्र या रुपए आएँ, कुक कंपनी को वह मेरे पास भेज देने की हिदायत दे दी है। रोम एक दिन में ही निर्मित नहीं हुआ। तुम लोग अगर रुपए भेजकर मुझे कम-से-कम छह महीने यहाँ रख सको, तो उम्मीद है, मुझे सारी सुविधा मिल जाएगी। इस बीच मैं भी जो कोई काठ का टुकड़ा अपने सामने नजर आएगा, उसे ही पकड़कर मैं बहते रहने की कोशिश करूँगा। अपने भरण-पोषण का अगर कोई प्रबंध कर पाया तो मैं तत्काल तुम्हें तार भेजूँगा।

पहले तो अमेरिका में ही कोशिश करूँगा। यहाँ अगर असफल रहा तो इंग्लैंड में कोशिश करूँगा। अगर वहाँ भी नाकाम रहा तो भारत लौट आऊँगा और भगवान् के दूसरे आदेश की प्रतीक्षा करूँगा।

इतिहास में मैं पहला हिंदू संन्यासी हूँ, जो समुद्र पार करके इस पश्चिमी देश में आया है।

जब मैं महज एक दरिद्र, अपरिचित संन्यासी-मात्र था, जब एक भी बंधु-बाँधव नहीं था, सात समंदर तेरह नदी पार करके मुझे अमेरिका आना था, लेकिन किसी के भी नाम लिखा हुआ मेरे पास कोई परिचय-पत्र नहीं था। मैंने स्वभावत: ही सोचा था कि यह नेता जब अमेरिकी हैं और भारत प्रेमी हैं तो शायद वे मेरे लिए अमेरिका में किसी के नाम परिचय-पत्र दे देंगे। लेकिन जब मैं उनके पास गया और उनसे मैंने ऐसे किसी परिचय-पत्र के लिए अनुरोध किया तो उन्होंने पूछा, "तुम क्या हमारी सोसाइटी में शामिल हो जाओगे?" मैंने उत्तर दिया, "नहीं, मैं आप लोगों की सोसाइटी में कैसे शामिल हो सकता हूँ? मैं आप लोगों के बहुतेरे सिद्धांतों में विश्वास जो नहीं करता।" उन्होंने कहा, "तो तुम जाओ, मैं तुम्हारे लिए कुछ भी नहीं कर सकता।" यही क्या मेरी राह आसान करना था? अगर यहाँ मेरा कोई थिओसोफिस्ट मित्र होता तो मैं उनसे पूछता, "इसे ही क्या मेरे लिए रास्ता बनाना कहते हैं?"

बहरहाल, कई दोस्तों की मदद से मैं मद्रास से अमेरिका आ पहुँचा।

धर्म संसद् शुरू होने से कई महीने पहले मैं अमेरिका आ गया था। बहुत कम से रुपए थे मेरे पास! वह भी धर्म महासभा शुरू होने से पहले सारे खर्च हो गए। इधर ठंड का मौसम भी आ पहुँचा था। मेरे पास जो पतली-महीन पोशाक थी, वह तो गरमी में पहनने लायक थी। एक दिन मेरे हाथ मारे ठंड के बेजान हो गए। ऐसे घोरतर शीत-

प्रधान देश में मैं क्या करूँ, मुझे समझ में नहीं आया; क्योंकि अगर मैं सड़क पर निकलकर भीख माँगूँ, तो मुझे जेल भेज दिया जाएगा। उन दिनों आखिरी सहारे के तौर पर बस, चंद डॉलर भर थे। मैंने मद्रास, अपने दोस्तों को तार भेजा। थिओसोफिस्ट लोगों को जब यह जानकारी मिली तो उन्हीं में से किसी एक ने लिखा—"यह शैतान जल्दी ही मरेगा! ईश्वर की इच्छा से हमारी जान बची।" वाह! यही क्या मेरे लिए रास्ता बनाना था?

इस वक्त मैं ये बातें नहीं बताता; लेकिन हे मेरे देशवासियों, आप लोगों ने जबरदस्ती मेरे दिल से यह बात निकाल ली। तीन वर्षों तक मैंने इस बारे में चूँ तक नहीं की। मौन ही मेरा मूलमंत्र था! लेकिन आज यह स्वत: ही उजागर हो गया। सिर्फ इतना ही नहीं, मैंने धर्म महासभा में कई थियोसोफिस्ट देखे। मैंने उन लोगों से बात करने, उनसे हेलमेल करने की कोशिश की। उनमें से हर किसी ने मेरी तरफ ऐसी अवज्ञा भरी नजरों से देखा, वह मुझे आज भी याद है। उनकी अवज्ञापूर्ण दृष्टि मानो मुझसे कह रही थी—'यह एक क्षुद्र कीड़ा! यह कमबख्त देवताओं में कैसे घुस आया?'

यह बात विशेष तौर पर याद रखनी होगी कि सभी समाज और सभी देशों में एक जैसा आदर्श और कार्यप्रणाली प्रचलित नहीं है। इस बारे में हमारी अज्ञता ही एक जाति के प्रति दूसरी जाति की घृणा का प्रमुख कारण है। एक अमेरिकी यह सोचता है कि उसके देश की रीति-नीति के अनुसार वह जो कुछ करता है, वही सबसे अच्छा है और जो इस रीति का अनुसरण नहीं करता, वह अति दुष्ट व्यक्ति है। एक हिंदू (भारतवासी) सोचता है कि उसका आचार-व्यवहार ही श्रेष्ठ और सच है, इसलिए जो इसका अनुसरण नहीं करता, वह दुष्ट है। हम सहज ही इस स्वाभाविक भ्रम में पड़ जाते हैं। यह अतिशय अनिष्टकर है। संसार में सहानुभूति की जो कमी नजर आती है, उसका आधा हिस्सा इसी भ्रम से ही पैदा होता है।

मैं जब पहली बार इस देश (अमेरिका) में आया, तब एक दिन मैं शिकागो के एक मेले में घूम रहा था। पीछे से एक आदमी ने मेरी पगड़ी पकड़कर खींच दी। मैंने पीछे मुड़कर देखा। वह आदमी कपड़े-लत्ते से खासा साफ-सुथरा नजर आया, सूरत-शक्ल से भी काफी सज्जन दिखा! मैंने उससे दो-एक बातें कीं। मैं अंग्रेजी जानता हूँ, यह समझ में आते ही वह बेहद शर्मिंदा हो गया। इसी मेले में एक बार किसी ने मुझे जान-बूझकर धक्का दे दिया। ऐसे बरताव की वजह पूछने पर वह भी शर्मिंदा हो गया। अंत में उसने हकलाते-हकलाते मुझसे क्षमा-याचना करते हुए पूछा, "आपने ऐसी पोशाक क्यों पहन रखी है?"

ऐसे सब व्यक्तियों की सहानुभूति उन लोगों की मातृभाषा और अपनी पोशाक-पहनावे के दायरे में ही सीमाबद्ध रहती है। दुर्बल जातियों पर सबल जातियाँ जो सब

अत्याचार करती हैं, उन सबकी अधिकांश वजहें इसी कुसंस्कार से उत्पन्न हैं। इसके द्वारा इनसान के प्रति इनसान का सौहार्द नष्ट हो जाता है। जिस व्यक्ति ने मुझसे पूछा कि मैं उनकी तरह की पोशाक क्यों नहीं पहनता और मेरी वेशभूषा की वजह से उन्होंने मुझसे बदतमीजी करने की कोशिश की थी, मुमकिन है वे बेहद भले आदमी थे, मुमकिन हों कि वे संतान-वत्सल पिता हों और सज्जन जीव हों, लेकिन जैसे ही उन्होंने भिन्न वेशी और भिन्न पहनावे में किसी को देखा, तभी झट से उनकी स्वाभाविक सहृदयता लुप्त हो गई।

सभी देश ही आगंतुक विदेशियों का शोषण करते हैं, क्योंकि उन लोगों को जानकारी नहीं होती कि किसी नई स्थिति में पड़कर आत्मरक्षा कैसे की जाती है। इसीलिए वे लोग भी इस देश के लोगों के बारे में गलत धारणाएँ लेकर जाते हैं। नाविक, फौजी और व्यापारी विदेशों में विचित्र-विचित्र व्यवहार करते हैं। अपने देश में उस तरह की हरकत करने के बारे में वे लोग सपने में भी नहीं सोच सकते। शायद इसी कारण चीनी लोग यूरोपीय और अमेरिकी लोगों को 'विदेशी शैतान' कहते हैं। पश्चिमी जीवन के भले पक्ष अगर वे लोग देख पाते तो इस तरह की बातें कभी नहीं करते।

अनजान जगह, अपरिचित व्यक्ति के तौर पर मैं बोस्टन पहुँचा। मेरे बदन पर लाल कोट, सिर पर पगड़ी थी। उस शहर के एक व्यस्त अंचल की एक व्यस्त सड़क पर मैं चला जा रहा था। मैंने गौर किया, कुछ अधेड़ लोग और कई छोकरे मेरे पीछे-पीछे आ रहे हैं। मैंने अपनी चाल तेज कर दी, उन लोगों ने भी अपनी गति तेज कर दी। तभी कोई चीज मेरे कंधे पर आ पड़ी। मैंने दौड़ना शुरू कर दिया। एक गली के किसी कोने में जा पहुँचा। और तभी मेरे सामने से ही वे लोग मुझसे कतराकर आगे दौड़ गए। मैं बच गया।

जब मैं आप लोगों के देश की रीति-नीति नहीं जानता था, तब एक बेहद संभ्रांत रुचिवाले परिवार के बेटे को अपनी माँ को उनके नाम से पुकारते हुए सुना तो मैं अतिशय मर्माहत हो उठा। बहरहाल, बाद में मैं अभ्यस्त हो गया। मैं समझ गया कि इस देश की यही रीति है। लेकिन हमारे देश में हम कभी अपने माता-पिता की उपस्थिति में उनका नाम नहीं लेते।

मैं एक ऐसे संप्रदाय से जुड़ा हुआ हूँ, जो लोग काफी कुछ आप लोगों के रोमन कैथोलिक चर्च के भिक्षुक साधुओं जैसे हैं। अर्थात् हमें अपने पोशाक-पहनावे के प्रति उदासीन होकर घूमना-फिरना पड़ता है, भिक्षा में मिले अन्न पर गुजारा करना पड़ता है। जनसाधारण जब चाहते हैं, हमें धर्म-कथा सुनानी पड़ती है। जहाँ कहीं आश्रय मिलता है, हम वहीं सो जाते हैं। हमें इसी तरह की जीवन-पद्धति का अनुसरण करना पड़ता है। हमारे संन्यासी संप्रदाय का नियम ही यही है कि प्रत्येक महिला को, यहाँ तक कि

छोटी बच्ची को भी 'माँ' संबोधित करते हैं। हमारे यहाँ यही रीत है। पश्चिम में आकर भी मैं अपनी पुरानी आदत नहीं छोड़ पाया। यहाँ महिलाओं को जैसे ही 'माँ' कहकर संबोधित किया, मैंने देखा, वे लोग बेहद आतंकित हो उठती हैं। शुरू-शुरू में मैं इसका कारण नहीं समझ पाया। बाद में, कारण भी समझ में आ गया। मैं समझ गया कि 'माँ' बनकर वे लोग 'बूढ़ी' जो हो जाएँगी।

□

शिकागो, 2 अक्तूबर, 1893

महासभा में मैं बिलकुल ऐन वक्त पर, बिना किसी तैयारी के आखिर पहुँच ही गया। कुछ समय मुझे बेतरह व्यस्त रहना पड़ा।

महासभा में लगभग हर दिन मुझे व्याख्यान देना पड़ा। वहाँ दुनिया भर के विशिष्ट वक्ता और चिंतक व्यक्ति उपस्थित थे। उन लोगों के सामने खड़े होने और व्याख्यान देने में मुझे कितना डर लगा था। लेकिन प्रभु ने मुझे शक्ति दी। प्राय: प्रतिदिन मैं किसी वीर की तरह सभाकक्ष में श्रोताओं के आमने-सामने रहा। अगर मैं सफल हुआ तो उन्होंने ही मुझमें शक्ति संचार की और अगर मैं शोचनीय हद तक व्यर्थ हुआ तथा ऐसा ही होगा, यह भी मैं पहले से ही जानता था, इसकी वजह यह रही कि मैं नितांत अज्ञानी था।

प्रो. ब्रैडली ने मेरे प्रति अतिशय दया व्यक्त की और हमेशा मुझे प्रोत्साहित किया। अहा! सभी लोग मेरे प्रति, मुझ जैसे नगण्य के प्रति किस कदर प्रीति-परायण थे, यह मैं भाषा में नहीं समझा सकता। प्रभु धन्य हैं! उनकी जय हो! उनकी कृपादृष्टि से ही भारत का एक दरिद्र, अज्ञ संन्यासी इस महाशक्ति के देश में पंडित, धर्मज्ञों के समतुल्य गिना गया। प्रिय भाई, जीवन में हर दिन मुझे प्रभु की करुणा प्राप्त हो रही है। मेरी इच्छा होती है कि मैं इन फटे-पुराने वस्त्रों और मुट्ठी भर भिक्षा पर ही जीवन बिता दूँ और लाखों-लाख युगव्यापी जीवन के माध्यम से उनका कार्य करता रहूँ। कार्यों के माध्यम से ही उनकी सेवा करता रहूँ।

इन दिनों मैं यहाँ की जीवन-यात्रा के साथ अपने को मिला लेने की कोशिश कर रहा हूँ। यह समूचा जीवन, समस्त स्थिति को मैंने उन्हीं का दान मानकर ग्रहण किया है और शांत भाव से उसी में घुल-मिल जाने की कोशिश की है। अमेरिका में मेरी हालत डोंगी में उठाई गई मछली जैसी थी। मैं प्रभु के द्वारा ही संचालित होता रहा। मुझे यह भी आशंका हुई कि इतने दिनों की अभ्यस्त जीवन धारा का

अब शायद मुझे त्याग करना पड़ेगा। इस बार मुझे अपना इंतजाम शायद खुद करना पड़ेगा।

यह धारणा कितनी जघन्य, अन्यायपूर्ण और अकृतज्ञता भरी थी! मैं स्पष्ट रूप से समझ चुका हूँ कि जिन्होंने मुझे हिमालय के तुषार शैल पर या भारत के चिलचिलाते प्रांतों में मार्गदर्शन कराया है, वे ही यहाँ भी राह दिखाएँगे, मेरी मदद करेंगे। उनकी जय हो, अशेष जय हो। इसलिए मैंने दुबारा अपनी पुरानी रीत में, बेहद शांत भाव से अपने को ढाल दिया है। अब कोई आगे बढ़कर मुझे खाना दे जाता है, कोई आश्रय देता है। कोई-कोई अनुरोध करता है कि—हमें उनके बारे में बताओ। मैं जानता हूँ, उन्होंने ही इन लोगों को मेरे पास भेजा है, मैं तो सिर्फ निर्देश-पालन करता रहूँगा। वे ही मेरे लिए सारा कुछ जुटा रहे हैं। उनकी इच्छा ही पूरी होगी।

अनन्याश्चिन्तयन्तो मां ये जनाः पर्युपासते।
तेषां नित्यभिनियुक्तानां योगक्षेमं वहाम्यहम्।

—गीता, 9/22

इसी तरह एशिया में, यूरोप, अमेरिका और भारत की मरुभूमि में भी एक ही चीज विद्यमान है। अमेरिका की वाणिज्य-व्यस्तता में भी अन्य कुछ नहीं है। वे यहाँ नहीं हैं—यह भला संभव है? अगर वे सच ही यहाँ मेरे साथ न हों तो मैं पक्का समझ लूँगा कि वे यही चाहते हैं कि यह तीन मिनट की माटी की काया मैं छोड़ दूँ। हाँ, तब वे यही चाहते हैं और मुझे पक्का भरोसा है कि मैं इसका आनंद सहित पालन करूँगा।

यं शैवाः समुपासते शिव इति ब्रह्मेति वेदान्तिनो।
बौद्धा बुद्ध इति प्रमाणपटवः कर्तेति नैयायिकाः॥
अर्हन्नित्यथ जैनशासनरताः कर्मेति मीमांसकाः।
सोहयं बो विदधातु वांछितफलं त्रैलोक्यनाथो हरिः॥

नैयायिक या द्वैतवादी, विख्यात दार्शनिक उदयनाचार्य ने इस श्लोक की रचना की है।

शिकागो, 10 अक्तूबर, 1893

इन दिनों मैं शिकागो के विभिन्न स्थानों में व्याख्यान देता फिर रहा हूँ। मेरी धारणा है कि ये व्याख्यान अच्छे ही हो रहे हैं। प्रति व्याख्यान के लिए 30 से 80 डॉलर प्राप्त हो रहे हैं। आजकल धर्म महासभा के कारण शिकागो में मेरा नाम इस ढंग से फैल गया कि अभी इस क्षेत्र को त्याग करना सही नहीं होगा। मुझे

लगता है कि इस मामले में आप भी मुझसे जरूर सहमत होंगे। बहरहाल, जल्दी ही मैं बोस्टन जा सकता हूँ, लेकिन ठीक कब, फिलहाल नहीं बता सकता। कल स्ट्रीटर से लौटा हूँ। वहाँ एक व्याख्यान के लिए मुझे 87 डॉलर मिले हैं। इस सप्ताह प्रति दिन ही मेरा व्याख्यान है।

शिकागो, 26 अक्तूबर, 1893

यहाँ मेरा काम ठीक-ठाक ही चल रहा है और यहाँ प्राय: सभी लोग मेरे प्रति बेहद सहृदय हैं। हाँ, नितांत जाहिल-गँवारों को छोड़कर! विभिन्न सुदूर देशों से बहुत सारे लोग बहुत सारी योजनाएँ, विचार और आदर्शों के प्रचार के लिए यहाँ जमा हुए हैं और अमेरिका ही एकमात्र ऐसी जगह है, जहाँ हर किसी की सफलता की संभावना है। लेकिन अपनी योजना का विषय बिना कुछ कहे-सुने मैंने तय कर लिया है। यही बेहतर है। योजना के लिए एकाग्र ढंग से अध्यवसाय किए जाने की इच्छा है मेरी। योजना आड़ में रहेगी, अन्यान्य वक्ताओं की तरह बाहर मैं काम किए जाऊँगा।

मुझे यहाँ जो सज्जन लाए हैं और जिन्होंने अभी तक मुझे त्याग नहीं किया है, वे साहब, मैं निश्चित हूँ कि जब तक मैं यहाँ हूँ, मुझे त्याग नहीं करेंगे। आपको यह जानकर खुशी होगी कि मैं ठीक-ठाक काम कर रहा हूँ और रुपए-पैसे अर्जित करने की पूछें तो भविष्य में काफी अच्छा करने की उम्मीद रखता हूँ। वैसे इस मामले में मैं बिलकुल ही कच्चा हूँ, लेकिन जल्दी ही इस कारोबार के कौशल सीख लूँगा। शिकागो में मैं बेहद लोकप्रिय हूँ, इसलिए मैं चाहता हूँ कि यहाँ कुछ समय और रहूँ और रुपए जमा करूँ।

कल मैं शहर के सबसे प्रभावशाली महिलाओं के 'फोर्टनाइटली क्लब' में बौद्ध धर्म पर भाषण देने जा रहा हूँ। अब, मेरे लिए योजना की सफलता की संभावना निश्चित लग रही है!

शिकागो, 2 नवंबर, 1893

भगवान् ने मुझे अनेक मित्र और सहायक दिए हैं। बॉस्टन के निकटवर्ती एक गाँव में डॉ. राइटर से मेरी जान-पहचान हुई। वे हार्वर्ड विश्वविद्यालय में ग्रीक भाषा के प्रोफेसर हैं। उन्होंने मेरे प्रति अतिशय सहानुभूति दिखाई, धर्म सभा में जाने की विशेष अनिवार्यना जताई। उन्होंने कहा कि वहाँ जाने से समस्त अमेरिकी जाति से मेरा परिचय होगा। मेरा किसी से भी परिचय नहीं था। इसलिए उन प्रोफेसर ने मेरे लिए सारे इंतजाम करने की जिम्मेदारी अपने ऊपर ले ली। अंत में मैं दुबारा शिकागो चला आया। यहाँ एक सज्जन के घर में धर्म महासभा के प्राच्य और पश्चिमी

प्रतिनिधियों के साथ मेरे भी रहने-सहने का प्रबंध हो गया।

'महासभा' शुरू होनेवाले दिन हम सब 'शिल्प प्रासाद' (आर्ट पैलेस) नामक कोठी में इकट्ठे हुए। वहाँ महासभा के अधिवेशन के लिए एक विशाल हॉल और कई छोटे-छोटे अस्थायी हॉल बनवाए गए। यहाँ सभी जाति के लोग जमा हुए थे। ब्राह्म समाज के प्रतापचंद्र मजूमदार और बंबई के नागरकर भारत से आए थे! वीर चंद गांधी, जैन समाज के प्रतिनिधि के रूप में और एनी बेसेंट और चक्रवर्ती, थिओसफी के प्रतिनिधि आए थे।

उनमें से मजूमदार से तो मेरा पहले से ही परिचय था और चक्रवर्ती मुझे नाम से जानते थे। घर से 'शिल्प प्रासाद' तक हमें जुलूस की शक्ल में ले जाया गया और हम सभी को मंच पर कतार में बिठा दिया गया। जरा कल्पना कर देखो, नीचे एक हॉल और ऊपर एक प्रकांड गैलरी, उस गैलरी में अमेरिका के सुशिक्षित समाज के चुने हुए 6-7 हजार पुरुष-स्त्री, आपस में सटकर बैठे हुए थे और मंच पर संसार के सर्वजातीय पंडितों का समावेश था; और मैं जिसने जीवन में कभी किसी आम व्यक्ति के सामने व्याख्यान नहीं दिया, वह इस महासभा में व्याख्यान देनेवाला था।

संगीत, व्याख्यान वगैरह कार्यक्रम यथारीति धूमधाम से संपन्न हुआ। उसके बाद सभा आरंभ हुई। तब एक-एक प्रतिनिधि को सभा के समक्ष परिचित कराया गया। उन लोगों ने भी आगे बढ़कर कुछ-कुछ कहा। हाँ, मेरी ही छाती धड़क रही थी और जुबान सूख गई। मैं तो इस हद तक घबड़ा गया था कि दोपहर से पहले व्याख्यान देने की मेरी हिम्मत नहीं पड़ी।

मजूमदार बढ़िया बोले! चक्रवर्ती ने तो और भी बढ़िया भाषण दिया। खूब तालियाँ बजीं। वे सभी लोग अपना-अपना भाषण तैयार करके लाए थे। मैं मंद बुद्धि, मूर्ख—मैंने कुछ भी तैयार नहीं किया था। देवी सरस्वती को प्रणाम करके मैं आगे बढ़ा। डॉक्टर बारोज ने मेरा परिचय दिया।

मेरा गेरुआ वस्त्र देखकर दर्शक मेरी ओर पहले ही थोड़ा-बहुत आकर्षित हो उठे थे। अमेरिकावासियों को धन्यवाद देकर और दो-एक अन्य बातें कहकर मैंने एक छोटा सा भाषण दिया।

जब मैंने 'अमेरिकावासी बहनो और भाइयो' कहकर सभा को संबोधित किया तो दो मिनट तक ऐसी तालियाँ बजीं कि कान बहरे हो आए। उसके बाद मैंने बोलना शुरू किया। जब मेरा बोलना खत्म हुआ तो हृदय के आवेग के मारे अवश होकर मैं एकदम से बैठ गया।

अगले दिन सभी अखबारों ने कहा कि उस दिन मेरा व्याख्यान ही सबके

मन को छू गया। अस्तु, उस दिन समस्त अमेरिका मुझे जान गया। श्रेष्ठ श्रीधर ने सच ही कहा है, 'मूकं करोति वाचालम्'। भगवान् गूँगे को भी महावक्ता बना देते हैं। भगवान् के नाम की जय हो। उसी दिन हॉल में इतने श्रोता जमा हुए थे, जितने कभी नहीं हुए। एक अखबार में छपे कुछ अंश मैं उद्धृत कर रहा हूँ—

'महिला! महिला! महिला! केवल महिला! पूरी जगह भरी हुई थी! कहीं कोई कोना तक खाली नहीं रहा। विवेकानंद के भाषण से पहले जो सब लेख पढ़े गए, वे दिलचस्प न भी हों, फिर भी लोग सिर्फ विवेकानंद का भाषण सुनने के लिए अतिशय सहनशील होकर बैठे रहे।' इत्यादि!

अखबारों में मेरे बारे में जो बातें प्रकाशित हुई हैं, वह सब मैं अगर तुम्हें काटकर भेज दूँ तो तुम्हें आश्चर्य होगा। लेकिन तुम तो जानते ही हो, नाम-यश से मैं घृणा करता हूँ। इतना भर जानना ही यथेष्ट होगा कि जब भी मैं मंच पर खड़ा होता था, मेरे लिए कानों को बहरा कर देनेवाली तालियाँ गूँज उठती थीं। लगभग सभी अखबारों ने मेरी बेहद प्रशंसा की है। बेहद दकियानूस लोगों को भी यह स्वीकार करना पड़ा है कि 'इस सुदर्शन, तेजवान्, बलशाली, अद्‌भुत वक्ता ने ही महासभा में श्रेष्ठ आसन अधिकार किया है।' वगैरह-वगैरह! तुम लोगों के लिए इतना भर जानना ही काफी होगा कि प्राच्य देशीय कोई भी व्यक्ति अमेरिकी समाज पर अपना प्रभाव विस्तार नहीं कर पाया।

अमेरिकी लोगों की मेहरबानी के बारे में क्या कहूँ! अब मुझे कोई अभाव नहीं है। मैं बेहद सुख में हूँ और यूरोप-भ्रमण के लिए जो खर्च चाहिए, वह मुझे यहीं से मिल जाएगा।

यहाँ मुझे घर के किराए या खाने-पीने में एक पैसा भी नहीं लगता, क्योंकि अगर मैं चाहूँ तो इस शहर के अनेक सुंदर घरों में मैं रह सकता हूँ। यहाँ मैं लगातार किसी-न-किसी का अतिथि बना रहता हूँ।

यह बात दिनोंदिन मेरी समझ में आती जा रही है कि प्रभु मेरे साथ-साथ हैं और मैं उनके आदेश का अनुसरण करने की कोशिश कर रहा हूँ। उनकी इच्छा ही पूरी होगी। यह पत्र खेतड़ी के महाराजा साहब को भेज देना और इसकी चर्चा मत करना। हम सब जगत् के लिए अनेक महत् कार्य करेंगे, वह भी निःस्वार्थ भाव से करेंगे, नाम-यश के लिए नहीं।

कहना ही होगा, ढेर सारे भाव बेहद कम शब्दों में व्यक्त करना एक विशेष कला है। यहाँ तक कि मणिलाल द्विवेदी के प्रबंध की भी काफी काट-छाँट करनी पड़ी थी। प्रायः एक हजार से भी अधिक पेपर पढ़े गए। लेकिन उन लोगों के आँय-

बाँय लेख सुनने का समय नहीं था। अन्यान्य वक्ताओं को आमतौर पर आधा घंटा समय दिया गया था, उनकी अपेक्षा मुझे काफी ज्यादा वक्त दिया गया था, क्योंकि श्रोताओं को रोक रखने के लिए लोकप्रिय वक्ताओं को सबसे आखिर में रखा जाता था। वैसे भी मेरे प्रति इन लोगों की अतिशय सहानुभूति थी और इन लोगों के धैर्य के भी क्या कहने! भगवान् उन पर अपना आशीष बरसाएँ। प्रातः दस बजे से लेकर वे लोग रात दस बजे तक बैठे रहते थे। बीच में केवल खाने के लिए आधे घंटे की छुट्टी होती थी। इस बीच लगातार अलग-अलग प्रबंधों का पाठ होता रहता था। उनमें से अधिकांश ही फिजूल और सारहीन होते थे। लेकिन श्रोता अपने प्रिय वक्ताओं के व्याख्यान सुनने की प्रतीक्षा में इतनी देर बैठे रहते थे। सिंहल के धर्मपाल भी उन लोगों के अन्यतम प्रिय वक्ता थे। वे बेहद प्रेमी जीव हैं और इस महासभा के अधिवेशन के समय हमारी खूब घनिष्ठता हो गई है।

इस देश में व्याख्यान देना बेहद फायदेमंद कारोबार है। बहुत बार इसमें प्रचुर रुपए मिलते हैं। मिस्टर इंगरसोल को हर व्याख्यान के लिए 500 से 600 डॉलर तक मिलते हैं। वे इस देश के सबसे प्रसिद्ध वक्ता हैं।

□

धर्म महासभा में

हे अमेरिकावासी बहनो और भाइयो! आज आप लोगों ने हम लोगों की जैसी आंतरिक और सादर अभ्यर्थना की है, उसके उत्तर-दान के लिए मैं दंडायमान हुआ हूँ और इससे आज मेरा हृदय आनंद से उच्छ्वसित हो उठा है। पृथ्वी पर सबसे प्राचीनतम संन्यासी समाज की तरफ से मैं आप लोगों को धन्यवाद ज्ञापित करता हूँ। सर्वधर्म के उद्‌भव-स्वरूप जो सनातन हिंदू धर्म है, उसका प्रतिनिधि होकर आज मैं आप लोगों को धन्यवाद देता हूँ और क्या कहूँ—पृथ्वी की विभिन्न हिंदू जाति और विभिन्न हिंदू-संप्रदायों के कोटि-कोटि हिंदू नर-नारियों की तरफ से आज मैं आप लोगों को हृदय से धन्यवाद देता हूँ।

इस सभा-मंच पर आसीन उन कई-एक वक्ताओं को भी मैं धन्यवाद देता हूँ, जिन लोगों ने प्राच्यदेशीय प्रतिनिधियों के बारे में यह मंतव्य व्यक्त किया है कि सुदूर देशवासी जाति-समूह में से जो लोग यहाँ समवेत हुए हैं, वे लोग विभिन्न देशों में अन्य धर्मों के प्रति सहिष्णुता के भाव-प्रचार के गौरव का दावा कर सकते हैं। जो धर्म चिरकाल से जगत् को समदर्शन और सर्वविध मत-ग्रहण की शिक्षा देता आया है, मैं उसी धर्म में शामिल अपने को गौरवान्वित महसूस करता हूँ। हम लोग केवल दूसरे धर्मावलंबी के मतों के प्रति सहिष्णु हैं, ऐसा नहीं है, हम यह भी विश्वास करते हैं कि सभी धर्म सत्य हैं। जिस धर्म की पवित्र संस्कृत भाषा में अंग्रेजी के 'एक्सक्लूशन' (अर्थात् हेय या परित्याज्य) शब्द का किसी तरह भी अनुवाद नहीं किया जा सकता, मैं उसी धर्म से जुड़ा हूँ। जो जाति पृथ्वी के समस्त धर्म और जाति के उत्पीड़ितों और शरणार्थियों को हमेशा से, खुले मन से, आश्रय देता आया है, मुझे ऐसे देश का व्यक्ति होने पर गर्व है। आप लोगों को यह बताते हुए मैं गौरव महसूस कर रहा हूँ कि जिस वर्ष रोमन जाति के भयंकर उत्पीड़न और अत्याचार ने यहूदियों के पवित्र देवालय को चूर-चूर कर दिया था, उसी वर्ष यहूदियों के विशुद्धतम अवशिष्ट अंश दक्षिण भारत में आश्रय के लिए आया

तो हमने उन लोगों को सादर ग्रहण किया और आज भी उन लोगों को अपने हृदय में धारण किए हुए हैं। ऐसे धर्म का अनुयायी होने में मैं गर्व महसूस करता हूँ, जिसने जरथ्रुस्त के अनुयायियों और बृहत् पारसी जाति के अवशिष्ट अंश को शरण दी थी और जिसका पालन वह आज तक कर रहा है। मैं उसी धर्म से जुड़ा हुआ हूँ।

भाइयो, करोड़ों-करोड़ नर-नारी जो श्लोक प्रतिदिन पाठ करते हैं और जिसकी आवृत्ति मैं भी बचपन से करता आया हूँ, उस स्तोत्र के कुछ अंश मैं आप लोगों के सामने उद्धृत कर रहा हूँ—

रुचीनां वैचित्र्यादृजुकुटिलनानापथजुषाम्।
नृणामेको गम्यस्त्वमसि पयसामर्णव इव॥

अर्थात् जैसे विभिन्न नदियाँ विभिन्न स्रोतों से निकलकर समुद्र में मिल जाती हैं, उसी प्रकार हे प्रभो! भिन्न-भिन्न रुचि के अनुसार सीधे-सहज और टेढ़े-मेढ़े विभिन्न राहों से जानेवाले लोग अंत में तुझमें ही आकर मिल जाते हैं। यानी तुम ही वह रूप हो, जो एकमात्र गम्य स्थान है।

मैं अपने दरिद्र देशवासियों के लिए तुम लोगों से मदद माँगने आया था। ईसाई देश में ईसाई लोगों से गैर-इसाई लोगों के लिए सहायता प्राप्त करना कितना दुरूह काम है, यह मैंने विशेष रूप से उपलब्ध किया है।

मुझे याद आता है, बचपन में कभी किसी ईसाई पादरी को भारत में एक भीड़ में भाषण देते सुना था। तरह-तरह की मीठी-मीठी बातें करते हुए वे बोल उठे, "अगर मैं तुम लोगों के विग्रह इस खिलौने को लाठी से पीटूँ तो यह मेरा क्या कर सकता है?"

वहाँ उपस्थित जनता में से ही कोई बोल उठा, "अगर मैं तुम्हारे भगवान् को गाली दूँ, तो वे मेरा क्या कर सकते हैं?" पादरी ने उत्तर दिया, "तुम्हारी मौत के बाद तुम्हें सजा मिलेगी।" उस व्यक्ति ने भी छूटते ही जवाब दिया, "तुम्हारे भी मरने के बाद मेरे देवता भी तुम्हें दंड देंगे।"

फल से ही वृक्ष का परिचय होता है। जब मैं देखता हूँ कि जिन लोगों को मूर्ति-पूजक कहा जाता है, उन लोगों में ऐसे मनुष्य भी होते हैं जिनकी तरह नीतिज्ञान, आध्यात्मिकता और प्रेम मैंने और कहीं नहीं देखा, तब मेरे मन में यह प्रश्न जागता है—पाप से क्या कभी पवित्रता जन्म ले सकती है?

मैं एक संन्यासी हूँ—मेरा परिचय दिया गया है भिक्षुक तुल्य! यही मेरे जीवन का सबसे बड़ा अहंकार है। इस नजरिए से मैं ईसाई तुल्य हूँ। इस बात से मैं गर्वित हूँ। आज मुझे जो जुटता है, मैं खा लेता हूँ, लेकिन कल की फिक्र नहीं करता। 'फूलों के खेत में लिली फूलों पर नजर डालो। ये फूल कभी मेहनत नहीं करते, तकली भी नहीं घुमाते।' हिंदुओं के संदर्भ में यह अक्षर-अक्षर सत्य है। यहाँ शिकागो के इस मंच पर

अनेक सज्जन लोग आसीन हैं, जो इस बात की साक्षी दे सकते हैं कि पिछले बारह वर्षों से मुझे नहीं मालूम कि मेरा अगला आहार कब जुटेगा। अपने प्रभु के लिए भिखारी बनने में मुझे गर्व है।

इस देश के शिकागो में अपने पहले व्याख्यान के समय मैंने श्रोतागण को 'मेरे भाइयो और बहनो 'कहकर संबोधित किया था और तुम जानते हो कि वे लोग उठकर खड़े हो गए थे। तुम लोगों को शायद आश्चर्य हो रहा होगा कि उन लोगों ने ऐसा क्यों किया। तुम लोग शायद यह सोच रहे होगे कि—मुझमें कोई अलौकिक शक्ति थी। मैं तुम लोगों की बताता हूँ कि मुझमें एक शक्ति जरूर थी। वह शक्ति थी—मैंने जीवन में कभी किसी यौन-संबंधी विचार या खयाल को प्रश्रय नहीं दिया। मैंने अपने विचार को, अपने मन को और अपनी शक्ति को सिखाया था, ताकि लोगबाग आमतौर पर जिस स्तर पर सोचते हैं, उसके मुकाबले मैं उच्चतर स्तर पर प्रवाहित हो सकूँ। इसके फलस्वरूप मुझमें एक ऐसी दृढ़ गति तैयार हुई, जिसे कोई भी रोक नहीं सका।

धर्म महासभा में मैंने जो कुछ कहा था और वह कितना फलप्रसू हुआ, उसके निदर्शनस्वरूप मेरे पास जो दो-चार दैनिक और मासिक पत्रिकाएँ पड़ी हैं, उनमें से ही कुछ-कुछ भेज देता हूँ। नहीं, अपना ढोल स्वयं पीटना मेरा उद्देश्य नहीं है; लेकिन आप मुझसे स्नेह करते हैं, इसी नाते पूरे विश्वास के साथ आपसे यह अवश्य कहूँगा कि इससे पहले कोई हिंदू इस देश में इस रूप में प्रभाव-विस्तार नहीं कर पाया। मेरे अमेरिका आगमन से अगर और कोई काम न भी हो पाया हो, फिर भी अमेरिकावासियों ने कम-से-कम इतनी सी बात उपलब्ध की है कि आज भी भारतवर्ष में ऐसे-ऐसे मनुष्यों का आविर्भाव होता रहता है, जिन लोगों के चरणों में बैठकर विश्व की सबसे अधिक सभ्य जाति भी धर्म और नीति की शिक्षा-लाभ कर सकती है और हिंदू जाति ने जो एक संन्यासी को प्रतिनिधि के रूप में इस देश में भेजा था, उसकी सार्थकता तो इसी में यथेष्ट रूप में सिद्ध हुई है—आप लोगों को क्या यह नहीं लगता?

कुछ पत्रिकाओं के अंश-विशेष मैं उद्धृत कर रहा हूँ—

"संक्षिप्त व्याख्यान का अधिकांश ही विशेष वाग्मितापूर्ण हुआ था, यह सच है। लेकिन हिंदू संन्यासी ने धर्म महासभा की मूल नीति और उसकी सीमाबद्धता की जितने सुंदर तरीके से व्याख्या की थी, अन्य कोई भी वैसा नहीं कर पाया। उनका पूरा व्याख्यान मैं यहाँ उद्धृत कर रहा हूँ और श्रोताओं पर उसकी प्रतिक्रिया के बारे में सिर्फ इतना कह सकता हूँ कि वे दैवशक्ति-संपन्न वक्ता हैं और अपनी निश्छल उक्तियाँ जिस मधुर भाषा के माध्यम से वे व्यक्त करते हैं, वह उनके गैरिक वसन और बुद्धिदीप्त दृढ़ मुखमंडल की तुलना में कम आकर्षक नहीं है।" (न्यूयॉर्क क्रिटिक)

उसी पृष्ठ पर दुबारा लिखा गया है—

''उनकी शिक्षा, वाग्मिता और मनमोहक व्यक्तित्व ने हमारे सामने हिंदू सभ्यता की एक नई धारा उन्मुक्त की है। उनका प्रतिभादीप्त मुखमंडल, गंभीर और सुललित कंठ-स्वर स्वत: ही मनुष्य को उनकी तरफ आकृष्ट करता है और विधि-प्रदत्त संपद की सहायता से तथा इस देश के बहुत से क्लब और गिरजों में प्रचार के फलस्वरूप आज हम लोग उनके मतवाद से परिचित हुए हैं। वे किसी प्रकार के नोट बनाकर व्याख्यान नहीं देते। लेकिन अपने वक्तव्य का विषय वे धारावाहिक ढंग से व्यक्त करते हैं और अपूर्व कौशल तथा एकांतिकता के साथ वे मीमांसा करते हैं। अंतर की गंभीर प्रेरणा उनकी वाग्मिता को अपूर्व ढंग से सार्थक कर देती हैं।'

'धर्म महासभा में विवेकानंद ही निर्विरोध रूप से सर्वश्रेष्ठ व्यक्ति हैं। उनका भाषण सुनकर हम समझ सकते हैं कि इस शिक्षित जाति में धर्म प्रचारक भेजना कितनी निर्बुद्धिता का काम है।' ('हेराल्ड', यहाँ का श्रेष्ठ अखबार)

और अधिक उद्‌धृति नहीं भेज रहा हूँ, कहीं आप मुझे दंभी न समझ लें।

जैसा मैं भारतवर्ष में था, यहाँ भी ठीक वैसा ही हूँ। हाँ, सिर्फ इसी विशेष उन्नत और शिष्ट देश में यथेष्ट समादर और सहानुभूति अर्जित की है, जो हमारे देश के निर्बोध लोग सपने में भी नहीं सोच सकते। हमारे देश में तो साधु को एक टुकड़ा रोटी देने में भी सब लोग कुंठित होते हैं और यहाँ एक व्याख्यान के लिए लोग हजार रुपए तक देने को तैयार रहते हैं। इसके अलावा, इन लोगों ने जो उपदेश-लाभ किया, उसके लिए आजीवन कृतज्ञ रहते हैं।

इस अपरिचित देश के स्त्री-पुरुष मुझे जितना थोड़ा-बहुत समझते हैं, भारत में किसी ने कभी भी उतना भी नहीं समझा। अगर मैं चाहूँ तो अब मैं यहाँ परम आराम से जीवन गुजार सकता हूँ, लेकिन मैं संन्यासी हूँ और समस्त दोष-त्रुटि के बावजूद मैं भारतवर्ष को प्यार करता हूँ। इसलिए दो-चार महीनों के बाद मैं अपने देश लौट रहा हूँ और जो लोग कृतज्ञता का लेशमात्र भी परवाह नहीं करते, उन्हीं लोगों में पहले की तरह नगर-नगर, धर्म और उन्नति के बीज वपन करता रहूँगा।

ये सब उद्‌धृतियाँ पढ़ने के बाद भारतवर्ष से एक संन्यासी को इस देश में भेजना समीचीन हुआ, आपको क्या यह नहीं लगता?

कृपया यह पत्र प्रकाशित न करें। जैसा मैं भारत में था वैसा ही यहाँ भी हूँ। पाखंड के माध्यम से नाम कमाने से मैं घृणा करता हूँ।

मैं प्रभु का काम किए जा रहा हूँ और वे जहाँ भी मुझे ले जाएँगे, मैं वहीं जाऊँगा। 'मूकं करोति वाचालम्' इत्यादि। जिनकी कृपा गूँगे को वाचाल बना देती है, पंगु से पहाड़ लंघन कराती है, वे ही मेरी सहायता करेंगे। मैं इनसानों की मदद की अपेक्षा नहीं रखता। अगर प्रभु की इच्छा हुई तो चाहे भारत में या अमेरिका में या उत्तर ध्रुव में—हर जगह

वे ही मेरी मदद करेंगे। अगर वे मेरी मदद न करें तो कोई भी नहीं कर पाएगा। चिरकाल प्रभु की जय हो।

यहाँ की धर्म महासभा का उद्‌देश्य था—सभी धर्मों के बीच ईसाई धर्म की श्रेष्ठता प्रमाणित करना। लेकिन इसके बावजूद दार्शनिक हिंदू धर्म अपनी मर्यादा-रक्षा करने में समर्थ हुआ।

मेरी धारणा है कि शिकागो धर्म महासभा का उद्‌देश्य था—जगत् के सामने गैर-ईसाई धर्मों को हीन प्रमाणित करना। लेकिन गैर-ईसाई धर्म ही प्रमुख प्रमाणित हुआ! अस्तु, ईसाइयों की दृष्टि में इस महासभा का उद्‌देश्य सिद्ध नहीं हुआ। अब पैरिस में और एक महासभा आयोजित करने की चर्चा है। लेकिन रोमन कैथोलिक, जो शिकागो महासभा के आयोजक थे, वे लोग ही अब विशेष कोशिश कर रहे हैं कि पैरिस में यह धर्म महासभा न हो। लेकिन शिकागो सभा के माध्यम से भारतीय चिंतन को विशेष रूप से विस्तार की सुविधा उपलब्ध हुई। इसके जरिए वेदांत चिंताधारा के विस्तार की भी सुविधा मिली। अब, समग्र जगत् वेदांत के सैलाब में बह रहा है! हाँ, अमेरिकी लोग शिकागो सभा के परिणामों से विशेष खुश हैं, सिर्फ जाहिल-गँवार पादरी और चर्च की लड़कियों को छोड़कर!

शिकागो का वह विश्व-महामेला कैसा अद्‌भुत था! और वह धर्म महामेला, जिसमें पृथ्वी के सभी देशों से लोग आए और अपने-अपने धर्म-मत व्यक्त करते रहे—यह भी कितना अद्‌भुत था! डॉ. वैरोज और मिस्टर बॉनी के अनुग्रह से मुझे भी अपने भाव सबके समक्ष रखने का मौका मिला। मिस्टर बॉनी कितने अद्‌भुत व्यक्ति हैं! जरा सोचकर देखो, वे कैसे दृढ़चेता व्यक्ति हैं, जिन्होंने अपने मानस-नेत्रों से इस विराट् कार्यक्रम की कल्पना की और उसे कार्यरूप में परिणत करने में भी प्रभूत सफलता अर्जित की। उस पर वे पुरोहित भी नहीं थे, स्वयं एक वकील होते हुए विभिन्न धर्म संप्रदायों के संचालक नेता थे। वे अतिशय मधुर स्वभाव, विद्वान् और सहिष्णु व्यक्ति थे। उनके हृदय की गहराई, मर्मस्पर्शी भाव उनके उज्ज्वल युगल-नयन से व्यक्त होता था। □

घटनाओं की घनघटा

मेरी यह अमेरिका-यात्रा धर्म-महासभा के लिए नहीं थी। इस सभा द्वारा हमारी राह काफी साफ हो गई है। काम की सुविधा तो हुई है। इसलिए हम सब भी महासभा के सदस्यगण के विशेष कृतज्ञ हैं। लेकिन अगर ठीक-ठीक कहा जाए तो धन्यवाद, अमेरिका निवासी, सहृदय अतिथि-वत्सल, उन्नत अमेरिकी जाति को प्राप्य है, जिन लोगों में भ्रातृभाव दूसरी-दूसरी जातियों की अपेक्षा विशेष रूप से विकसित हुआ है। किसी अमेरिकी से अगर ट्रेन में पाँच मिनट के लिए भी परिचय-स्वरूप बातचीत होने लगती है तो वे साहब तुम्हारे मित्र बन जाएँगे और अतिथि रूप में आपको आमंत्रित करेंगे, अपने घर ले जाकर खूब दिल खोलकर बातें करेंगे। यही अमेरिकी लोगों का चरित्र है, यही उन लोगों का परिचय है। उन लोगों का आभार प्रकट करना हमारा कर्म नहीं। मेरे प्रति उन लोगों की सहृदयता वर्णनातीत है। मेरे प्रति उन लोगों ने जैसा अपूर्व सदय बरताव किया है, अगर वह बयान करने बैठूँ तो मुझे कई वर्ष लग जाएँगे।

मैंने अमेरिका के पारिवारिक जीवन के बारे में ढेरों फिजूल की बातें सुनी हैं। मैंने सुना है कि वहाँ की महिलाओं का चाल-चलन महिलाओं जैसा नहीं होता। यह भी सुना है कि वे लोग आजादी के तांडव में उन्मत्त होकर पारिवारिक जीवन की सब सुख-शांति, अपने पैरों तले कुचलकर चूर-चूर कर देती हैं और इसी तरह की अनेक-अनेक अजब कांडों की खबरें मिली हैं। लेकिन साल भर अमेरिकी परिवारों और अमेरिका के स्त्री-पुरुषों के बारे में मुझे जो-जो अनुभव हुए हैं, मैंने देखा, ये सारी जानकारियाँ कितनी भयंकर, निर्मूल और भ्रामक थीं। अमेरिका की नारियों, तुम लोगों का ऋण मैं सौ जन्मों में भी नहीं चुका पाऊँगा। तुम लोगों के प्रति अपनी कृतज्ञता मैं भाषा में बयान नहीं कर सकता। प्राच्य अतिशयोक्ति ही प्राच्य मानवों की गंभीर कृतज्ञता-ज्ञापन की एकमात्र उपयुक्त भाषा है—

'असितगिरिसमं स्यात कज्जलं सिन्धुपात्रे
सुरतरुवरशाखा लेखनी पत्रमूर्वी।
लिखति यदि गृहीत्वा सारदा सर्वकालं—'

'यदि सागर मस्याधार, हिमालय पर्वत मसी, पारिजात शाखा लेखनी, पृथ्वी पत्र हो और स्वयं सरस्वती लेखिका बनकर अनंतकाल तक लिखती रहें' फिर भी तुम लोगों के प्रति मेरी कृतज्ञता प्रकाश में असमर्थ होगी।

पिछले वर्ष, गरमी के मौसम में, मैं दूर देश से आया था। नाम-यश, धन-विद्याहीन, बंधुहीन, सहायहीन, प्रायः कौड़ी-कौड़ी को मोहताज, परिव्राजक प्रचारक रूप में इस देश में आया था मैं। उस समय अमेरिका की नारियों ने ही मेरी सहायता की थी, आहार और प्रश्रय दिया था, अपने घर ले गईं और पुत्र तथा सहोदर के रूप में मेरा जतन किया। जब उनके अपने पादरी कुल ने इस 'खतरनाक विधर्मी' को त्याग करने के लिए उन लोगों को उकसाया था, जब उनके सबसे अंतरंग मित्रवर्ग, इस 'अज्ञातकुलशील विदेशी' और शायद 'भयंकर चरित्र के प्राणी' को त्याग करने की सलाह दे रहे थे, उस समय भी वे लोग मेरी मित्र रूप में मौजूद थीं। ये महामना, निःस्वार्थ पवित्र नारियाँ ही चरित्र और अंतःकरण के बारे में विचार करने में अधिकतर निपुण होती हैं, क्योंकि निर्मल दर्पण में ही प्रतिबिंब पड़ते हैं।

मैंने सैकड़ों-हजारों सुंदर पारिवारिक जीवन देखे हैं, सैकड़ों ऐसी जननियाँ देखी हैं, जिन लोगों के निर्मल चरित्र और निःस्वार्थ अमित स्नेह का वर्णन करने के लिए मेरे पास भाषा नहीं है। मैंने सैकड़ों ऐसी कन्याएँ और कुंवारी लड़कियाँ देखी हैं, जो लोग 'डायना देवी के ललाटस्थ तुषार कणिका जैसी निर्मल' हैं। इससे भी बढ़कर वे लोग विलक्षण शिक्षिता और सर्वाधिक मानसिक और आध्यात्मिक उन्नति- संपन्न हैं। तो क्या अमेरिका की सभी नारियाँ देवी-स्वरूपा हैं? नहीं, ऐसा नहीं है। अच्छी और बुरी, हर जगह होती हैं। लेकिन जिन लोगों को हम असत् नाम से अभिहित करते हैं, जाति के उन दुर्बल मनुष्यों द्वारा इस बारे में धारणा बनाने से नहीं चलेगा, क्योंकि ऐसे लोग तो झाड़-झंखाड़ जैसे पड़े रहते हैं। जो सच्चे हों वे उदार और पवित्र होते हैं, उन लोगों के द्वारा ही जातीय जीवन का निर्मल और सतेज प्रवाह निरूपित होता है।

मैं अमेरिका की आधुनिक महिलागण के उदार मन की प्रशंसा करता हूँ। मैंने इस देश में अनेक उदारमना पुरुष भी देखे हैं। उन लोगों में कोई-कोई तो प्रत्यंत संकीर्ण भावापन्न संप्रदायों के थे। हाँ, एक अंतर जरूर है। पुरुषों के संदर्भ में एक विपत्तिजनक आशंका यह है कि वे लोग उदार होने के फेर में संभव है, अपना धर्म गँवा दें। लेकिन महिलाएँ, जहाँ जो कुछ भला है, उनके प्रति सहानुभूति हेतु

उदारता उपलब्ध करती हैं, फिर भी अपने धर्म से बिंदु मात्र भी विचलित नहीं होतीं।

इस देश की लड़कियों जैसी लड़कियाँ जगत् में नहीं हैं। कितनी पवित्र! स्वाधीन! सापेक्ष और दयावती! नारियाँ ही इस देश में सबकुछ हैं। विद्या, बुद्धि—सबकुछ उनके अंतस् में है। इस देश का बर्फ जितना श्वेत है उतनी ही हजार-हजार नारियाँ हैं, जिनका मन पवित्र है।

इस देश में आकर मैंने बहुतेरे उदार स्वभाव के पुरुष-स्त्री देखे और विस्मित हुआ हूँ। लेकिन धर्म महासभा के बाद एक विख्यात प्रेसबिटेरियन समाचार-पत्र ने एक तीखी आक्रामक रचना द्वारा मेरी अभ्यर्थना की थी। संपादक ने इसे 'उत्साह' कहा था।

सोचकर देखो, तुम लोगों में सभ्यता के इतने गर्व के बावजूद मैं नितांत हिंदू हूँ, इसीलिए किसी भी कार्यक्रम में मुझे बैठने को आसन नहीं दिया गया था।

दूसरे धर्मों से विद्वेष कई जगहों पर इतना प्रबल होता है कि बहुत बार मुझे ऐसा लगा है कि विदेश में मुझे अपनी हड्डियाँ भी छोड़कर कर जानी होंगी।

इंगरसोल ने मुझसे कहा था, "पचास वर्ष पहले अगर आप प्रचार करने आए होते तो आपको फाँसी दे दी जाती, आपको जिंदा जला दिया जाता या ढेले मारकर गाँव से खदेड़ दिया जाता।"

जो हिंदू ईसा मसीह में चारित्रिक सौंदर्य नहीं देख पाता, मैं समझता हूँ कि वह करुणा का पात्र है। जो क्रिश्चियन हिंदू-क्रिश्चियन की श्रद्धा नहीं करता, मुझे उस पर भी तरस आता है।

अगर मैं नाजरेथवासी ईसा के समय में पैलेस्टाइन में निवास कर रहा होता तो आँसुओं से नहीं, हृदय के रक्त से मैं उनके चरण धोता।

□

संग्राम संवाद

शिकागो, 25 नवंबर, 1893

यहाँ मैं ढेरों चौंकानेवाले और अपूर्व दृश्य देख रहा हूँ। अमेरिका एक अद्‌भुत देश है। दरिद्र और स्त्री जाति के लिए यह देश मानो स्वर्ग है। यह कहना चाहिए कि इस देश में, एक तरह से, कोई दरिद्र नहीं है और कहीं की भी स्त्रियाँ इस देश की स्त्रियों की तरह स्वाधीन, शिक्षित और उन्नत नहीं हैं। समाज में ये लोग ही सब कुछ हैं।

यह एक अपूर्व शिक्षा है। संन्यासी जीवन का कोई धर्म, यहाँ तक कि दैनंदिन जीवन की छुटपुट चीजें तक, मुझे बदलनी नहीं पड़ीं, जबकि इस अतिथि वत्सल देश में हर घर के दरवाजे मेरे लिए खुले हुए हैं। जिस प्रभु ने भारतवर्ष में मुझे संचालित किया है, वे क्या मुझे यहाँ संचालित नहीं करेंगे? वे तो कर ही रहे हैं। किसी एक संन्यासी को इस देश में आने की क्या जरूरत थी? आप इसकी जरूरत शायद न समझ सके हों, लेकिन इसकी जरूरत थी। जगत् में हमारे परिचय का एकमात्र दावा है—धर्म! उस धर्म के झंडाबरदार, सच्चे-खरे लोगों को भारत के बाहर भेजना होगा। तभी भारतवर्ष जो आज भी जिंदा है, यह बात जगत् की अन्यान्य जातियों को समझाई जा सकेगी।

जिस संन्यासी के हृदय में दूसरों के कल्याण-साधना की स्पृहा नहीं है, वह संन्यासी ही नहीं है। वह तो पशु मात्र है।

मैं अलस पर्यटक नहीं हूँ या सिर्फ दृश्य देखते हुए सैर करते फिरना ही मेरा पेशा नहीं है। अगर आप जीते रहे तो मेरे कार्यकलाप आप देख पाएँगे और मुझे आजीवन आशीषें देंगे।

शिकागो, नवंबर 1894

इस देश में लोग भाषण दे-देकर अर्थ-संग्रह करने की कोशिश कर रहे थे। और

थोड़ा-थोड़ा सफलता अर्जित न की हो, ऐसा नहीं है; लेकिन उन सबसे कहीं अधिक सफलता मैंने लाभ की थी। मैं किसी भी प्रकार उनके लिए बाधक नहीं बना। फिर किस कारण से मैं अधिक सफल हुआ? क्योंकि भगवान् की यही इच्छा थी। लेकिन इन सब बातों को लेकर मेरे बारे में भयंकर झूठ अतिरंजित ढंग से, इस देश में ये लोग प्रचारित कर रहे हैं।

लोग क्या कहते हैं, मैं इसकी परवाह नहीं करता। मैं अपने भगवान् से, अपने धर्म से, अपने देश से और सबसे ऊपर दरिद्र भिक्षुओं से प्यार करता हूँ। मैं निपीड़ित, अशिक्षित और दीन-हीन लोगों को प्यार करता हूँ। उन लोगों की वेदना मैं अपने अंतर में महसूस करता हूँ। कितने तीखे ढंग से महसूस करता हूँ, वह प्रभु ही जानते हैं। वे ही मेरा मार्ग-दर्शन करेंगे। इनसानों की निंदा-स्तुति की मैं परवाह नहीं करता। उन लोगों में से अधिकांश को ही मैं अज्ञ, शोर करने वाले जैसा मानता हूँ। सहानुभूति और निःस्वार्थ प्यार की मर्मकथा, ये लोग कभी भी नहीं समझते।

लेकिन रामकृष्ण के आशीर्वाद से मुझमें वह अंतर्दृष्टि मौजूद है। मुट्ठी भर सहकर्मियों को लेकर मैं काम करने की कोशिश कर रहा हूँ और उन लोगों में से हरेक मेरी ही तरह दरिद्र भिक्षुक है। उन लोगों को आपने देखा है। प्रभु का काम चिर दिन दीन-दरिद्रों ने ही संपन्न किया है। आशीर्वाद दें कि ईश्वर के प्रति, गुरु के प्रति और अपने प्रति मेरा विश्वास अटूट रहे।

प्रेम और सहानुभूति ही एकमात्र पथ है। प्रेम ही एकमात्र उपासना है।

मिनियापोलिस, मिनेसोटा, 24 नवंबर, 1893

पहली बार, जिस दिन मैं यहाँ आया उसी दिन यहाँ बर्फबारी हुई और सारे दिन, सारी रात बर्फ पड़ती रही। मेरे 'आरक्टिक्स' (पानी-कीचड़-बर्फ से बचाव के लिए एक किस्म के रबर के जूते) खूब काम आए। मैं बर्फ में परिणत मिनेहाहा जलप्रपात देखने गया था। बेहद सुंदर जलप्रपात था। आज तापमात्रा शून्य से 21 डिग्री कम थी, लेकिन मैं स्लेज गाड़ी से निकल पड़ा और मैंने वहाँ का खूब आनंद लिया। इतने बर्फ में कान और नाक की पोर सुन्न हो सकती है, इस खयाल से भी मैं बिलकुल नहीं डरा।

बर्फ से ढका वह प्राकृतिक दृश्य देखकर मुझे जितना आनंद आया, उतना आनंद इस देश के अन्य किसी दृश्य देखने के आनंद से कहीं बढ़कर था।

कल कुछेक लोगों को भी देखा, जो बर्फ से ढकी झील पर स्केटिंग जूते पहनकर स्केट कर रहे थे।

डेट्राएट, 20 फरवरी, 1894

यहाँ मेरा व्याख्यान समाप्त हुआ। यहाँ कई अच्छे लोगों से मेरी मित्रता हुई है, जिनमें पिछले विश्वमेला के सभापति मिस्टर पामार अन्यतम हैं। मैं स्लेटन के प्रति पूरी तरह वीतश्रद्ध हूँ। काफी कोशिश कर रहा हूँ उसके हाथ से छुटकारा पा जाऊँ। इस आदमी के पल्ले पड़कर मैंने 500 डॉलर गँवा दिए।

धारावाहिक रूप से चलनेवाले ये अभ्यर्थना-भोज काफी थकान भरे होते हैं। उस पर से इन लोगों का उबाऊ आहार! सैकड़ों तरह के व्यंजन और उनके परोसने का ढंग! पुरुषों के क्लब में हर व्यंजन के बीच में धूम्रपान करना, उसके बाद नए सिरे से खाना शुरू करना मुझे असहनीय लगता है।

मेरी धारणा थी कि एकमात्र चीनी लोग ही आधे-आधे दिन तक खाते हैं और बीच-बीच में धूम्रपान करते हैं। बहरहाल, यहाँ के लोग काफी सज्जन हैं। यह बताते हुए अचरज होता है कि विशप स्तर के एक पादरी और एक यहूदी चिकित्सक मेरे प्रति अतिशय आकृष्ट हो उठे और मेरी उच्च प्रशंसा की। यहाँ जिन-जिन लोगों ने व्याख्यान दिया, उन्हें कम-से-कम हजार डॉलर मिले। हर जगह ऐसा ही होता रहा और मेरे लिए यह सब करना ही स्लेटन का काम था। इसके बजाय वह झूठा मुझे यह बताता रहा कि हर जगह उसके प्रतिनिधि मौजूद हैं और वे मेरे लिए विज्ञापन करेंगे तथा सारी व्यवस्था भी करेंगे।

अब मैं घर लौट रहा हूँ। मेरे प्रति अमेरिकी लोगों का प्यार देखकर, इतने दिनों में, मैं शायद प्रचुर धन उपार्जन कर सकता था। लेकिन मेरी राह में बाधक बनने के लिए प्रभु ने शायद जिमी मिल्स और स्लेटन को भेज दिया है। उस प्रभु की गति समझना कठिन है।

बहरहाल, यह एक गोपनीय मामला है। प्रेसिडेंट पामार शिकागो गए हुए हैं, ताकि स्लेटन को झूठी बातें फैलाने से रोका जा सके। प्रार्थना करो, वे सफल हों। यहाँ अनेक विचारकों ने मेरा अनुबंध-पत्र देखा है और उनका कहना है कि यह एक निंदनीय प्रताड़णा है, यह किसी भी समय रद्द किया जा सकता है। लेकिन मैं ठहरा संन्यासी! आत्मपक्ष का कोई समर्थन नहीं है। इससे बेहतर यही है कि मैं सारा कुछ फेंक-फाँककर भारत लौट जाऊँ।

डेट्राएट, 12 मार्च, 1894

इन दिनों मैं मिस्टर पामार का अतिथि हूँ। ये बड़े प्यारे व्यक्ति हैं।

एक नाट्यशाला में मैंने ढाई घंटे व्याख्यान दिया। सभी बेहद खुश थे। अब मैं बोस्टन और न्यूयॉर्क में रह रहा हूँ। यहाँ जो आमदनी हुई है, उसी से वहाँ का खर्च

पूरा हो जाएगा। फ्लैग और प्रोफेसर राइटर का ठिकाना याद नहीं है। मिशिगन में व्याख्यान देने नहीं जा रहा हूँ। मिस्टर हॅलडैन आज सुबह मुझे मिशिगन में व्याख्यान देने के लिए मना रहे थे। लेकिन मेरा अब बोस्टन और न्यूयॉर्क देखने में अधिक आग्रह है। सच कहूँ तो जितना मैं लोकप्रिय होता जा रहा हूँ और मेरी वाग्मिता का उत्कर्ष बढ़ रहा है, उतनी ही मुझे परेशानी हो रही है।

डेट्राएट, 15 मार्च, 1894

बूढ़े पामार के साथ मेरी खासी जमने लगी है। वृद्ध, सज्जन और सदानंद जीव हैं। मेरे बारे में सबसे मजेदार बात यहाँ के एक समाचार पत्र ने लिखी है—'झंझा सदृश यह हिंदू यहाँ मिस्टर पामार का अतिथि है। मिस्टर पामार ने हिंदू धर्म ग्रहण कर लिया है। वे भारतवर्ष जा रहे हैं। लेकिन उनकी शर्त है कि दो विषयों में कुछ रद्दो-बदल करनी होगी—जगन्नाथदेव का रथ खींचेंगे, उनके लॉग हाउस फार्म के 'पारचेरन्' नस्ल के घोड़े और उनकी जर्सी गायों को हिंदुओं के गोमाता संप्रदाय में शामिल करना होगा। इस किस्म के घोड़े और गायें मिस्टर पामार के लॉग हाउस फार्म में ढेरों हैं और ये सब उनके बेहद दुलारे हैं।'

पहले व्याख्यान के समय आयोजन ठीक नहीं हुआ था। हॉल का किराया ही लगा 150 डॉलर था! हॅलडेन को मैंने छोड़ दिया है। अब कोई दूसरा आ जुटा है। देखूँ, इससे प्रबंध बेहतर होता है या नहीं। मिस्टर पामार मुझे दिन भर हँसाते रहते हैं। कल फिर एक रात्रि-भोज होगा। अब तक तो सब ठीक ही चल रहा है, लेकिन पता नहीं क्यों, यहाँ आकर मेरा मन बोझिल हो गया है।

व्याख्यान वगैरह के फिजूल काम से मैं तंग आ गया हूँ। सैकड़ों तरह के मनुष्य नामधारी कुछेक प्राणियों से मिल-जुलकर मैं झुँझला उठा हूँ। मेरे विशेष पसंद की चीज क्या है, वह मैं तुम्हें बताऊँ। मैं लिख भी नहीं सकता, व्याख्यान भी नहीं दे सकता; लेकिन मैं गंभीर रूप से चिंतन कर सकता हूँ और जब मैं उद्दीप्त या उत्तप्त हो उठता हूँ तब बातों की आग बरसा सकता हूँ। लेकिन वह बहुत कम, अतिशय कम और मनपसंद लोगों के सामने होना जरूरी है। अगर उन लोगों की इच्छा हो तो मेरे भावों का जगत् में प्रचार करें, मुझसे यह सब नहीं होने का। काम का यह एक तर्कसंगत विभाग मात्र है।

एक इनसान खुद चिंतन करे और उसके बाद उस चिंतन से प्राप्त भावों का स्वयं प्रचार करे, ऐसा आदमी कभी भी सफल नहीं हो सकता। इस तरह से प्रचारित भावों का कोई मूल्य नहीं होता। चिंतन के लिए, खासकर आध्यात्मिक चिंतन के लिए, स्वाधीनता बेहद आवश्यक है।

स्वाधीनता की यह माँग और मनुष्य मात्र मशीन नहीं है—इस तत्त्व की प्रतिष्ठा ही सभी धर्म-चिंतनों का सार है। इसलिए, यंत्र की तरह रुटीन माफिक चिंतन संभव नहीं है। सबकुछ को यंत्र के स्तर पर खींच लाने की इस प्रवृत्ति ने ही पाश्चात्य को अपूर्व संपदशाली बनाया है, यह सच है; लेकिन इसी प्रवृत्ति ने ही सभी प्रकार के धर्मों को उसके द्वार से विताड़ित भी किया है। जो कुछ थोड़ा सा बचा-खुचा है, पाश्चात्य ने उसे भी पद्धतिगत कसरत में पर्यवसित कर दिया है।

मैं बिलकुल भी 'झंझा सदृश' नहीं हूँ, बल्कि ठीक उसके विपरीत हूँ। मुझे जो चाहिए वह यहाँ नहीं मिल सकता। यह 'झंझावर्तमय' आबोहवा भी मैं सहन नहीं कर पा रहा हूँ। पूर्णत्व-लाभ करने का पथ यही है कि मुझे अपने को 'परफेक्ट' करना होगा। कुछेक पुरुषों और महिलाओं को परफेक्ट करने के लिए यथाशक्ति प्रयत्न करना होगा। खसखस-वन में मोती बिखेरने यानी अपात्र को मूल्यवान् उपदेश देकर समय, स्वास्थ्य और शक्ति का अपव्यय करना मेरा कर्म नहीं है। मुट्ठी भर, कुछ बड़े व्यक्तित्व संपन्न व्यक्तियों को तैयार करना ही मेरा व्रत है।

अभी-अभी फ्लैग का एक पत्र मिला। व्याख्यान के मामले में वे मेरी सहायता करने में असमर्थ हैं। वे कह रहे हैं—'पहले बोस्टन जाओ।' व्याख्यान देने की इच्छा अब मुझे नहीं है। मेरे माध्यम से किसी व्यक्ति या श्रोताओं को खुश करने की चेष्टा—यह मुझे जरा भी पसंद नहीं है।

डेट्राएट, 16 मार्च, 1894

मैं किसी भी तरह से परेशान नही हूँ। जीवन को मैं सहज भाव से, अपने स्वभाव मुताबिक ग्रहण कर रहा हूँ। मेरी कहीं जाने की विशेष इच्छा नहीं है, चाहे वह बोस्टन हो या और कहीं। जो होना है, वह होगा, मैं इसी मन:स्थिति में हूँ। अच्छा या बुरा, कुछ हो ही जाएगा। मेरे पास इन दिनों यथेष्ट परिमाण में अर्थ मौजूद है, जिसके सहारे स्वदेश लौटने और थोड़ा-बहुत देश-दर्शन संभव होगा। 'काम' के बारे में मेरी कुछेक योजनाएँ हैं। जिस गति से सारा कुछ आगे बढ़ रहा है, उसके लिए और भी चार-पाँच बार मुझे यहाँ वापस लौटना होगा।

सबको बताने और उस ढंग से सबका भला करने के मामले में मैं कुछ कहूँ, ऐसी दुनिया को मुझे कुछ नहीं कहना है। इसलिए इस पल मैं बेहद खुश हूँ और खासा मजे में हूँ। विशाल, प्राय: मानवहीन इस कोठी में मैं अकेले, होंठों में चुरुट दबाए सपना देख रहा हूँ और इतने दिनों में मेरी देह में जो कर्म-ज्वर चढ़ा हुआ था, उस बारे में थोड़ा-बहुत दार्शनिक चिंतन कर रहा हूँ। यह सबकुछ अर्थहीन है। मैं कुछ भी नहीं हूँ, यह पृथ्वी भी कुछ नहीं है, ईश्वर ही एकमात्र काम के आदमी हैं।

हम उनके हाथों की कठपुतली भर हैं।

डेट्राएट, 17 मार्च, 1894

मिस्टर पामार के साथ अधिक समय रहने की वजह से मिसेज बैगली क्षुब्ध थीं, इसलिए आज मैं उनके पास वापस जा रहा हूँ। पामार के घर में वक्त काफी अच्छा ही गुजरा। पामार सच ही काफी खुशदिल, हँसमुख, मजलिसी व्यक्ति हैं। हाँ, जरा ज्यादा ही तीखे स्कॉच के भक्त हैं। लेकिन वह नितांत निर्मल और शिशु की तरह सरल इनसान हैं। मेरे जाने की बात सुनकर वे बेहद दुःखी हुए।

डेट्राएट, 18 मार्च 1894 (मेरी हेल को लिखा गया पत्र)

कलकत्ता का पत्र मुझे भेजने के लिए तुम्हें मेरा आंतरिक धन्यवाद। यह पत्र मेरे गुरु-भाइयों ने भेजा है। गुरुदेव के बारे में तुमने मुझसे ढेरों बातें सुनी हैं। उन्हीं के जन्मदिन-समारोह का एक व्यक्तिगत निमंत्रण-पत्र मुझे कलकत्ता के गुरु-भाइयों ने प्रेषित किया है। वह पत्र मैं तुम्हें वापस भेज रहा हूँ।

मजुमदार कलकत्ता लौट गए हैं और वहाँ यह कहते फिर रहे हैं कि विवेकानंद उस देश में हर प्रकार के पापकर्म में लिप्त है, विशेषतया सर्वनिम्न स्तर की चरित्रहीनता में!!! ईश्वर उनकी आत्मा पर कृपा करें। आप दुःखी मत हों। मेरे देश में सभी लोग मेरा चरित्र बखूबी जानते हैं, खासकर मेरे आजीवन संगी, भ्रातृवृंद मुझे इतनी अच्छी तरह जानते-पहचानते हैं। इन सब जघन्य, फिजूल की बातों पर वे लोग कभी भी विश्वास नहीं करेंगे। मजुमदार की इस प्रचेष्टा को वे लोग अत्यंत फूहड़ समझकर हँसेंगे। तो ये हैं 'अमेरिका के आश्चर्यजनक आध्यात्मिक इनसान!'!! वैसे यह अमेरिकी लोगों की त्रुटि नहीं है। जब तक कोई व्यक्ति सच ही आध्यात्मिक नहीं हो जाता, जब तक उसके भीतर आत्मा का स्वरूप और सच्ची अंतर्दृष्टि उन्मुक्त नहीं होती, तब तक भूसे से असली बीच का पार्थक्य समझ पाना संभव नहीं होता। इतने नीचे उतर जाने की वजह से मुझे उस अभागे मजुमदार पर तरस आता है। उस बूढ़े बालक को ईश्वर आशीष दें।

पत्र में अंग्रेजी में मेरा जो नाम लिखा है, वह बहुत पहले का है। पत्र-लेखक मेरे शैशव का साथी है, अब मेरी तरह संन्यासी है। खासा कवित्वपूर्ण नाम है। मेरे छोटे नाम का ही प्रयोग किया है। मेरा पुराना नाम है—'नरेंद्र' अर्थात् 'मनुष्यों में श्रेष्ठ' ('नर' का मतलब है—मनुष्य और 'इंद्र' का मतलब है—राजा, अधिपति)—यह नहीं है क्या? हमारे देश में इसी तरह के नाम होते हैं। हमारे लिए करने को और कुछ नहीं है। इस नाम को मैं छोड़ सका हूँ, इस बात से खुश हूँ।

शिकागो, 19 मार्च, 1894

इस देश में मुझे कोई अभाव नहीं है। लेकिन यहाँ भिक्षा नहीं चलती, परिश्रम यानी जगह-जगह व्याख्यान, उपदेश देते रहना होता है। इस देश में जितनी गरमी है उतनी ही ठंड! यहाँ की गरमी कलकत्ते की अपेक्षा किसी अंश में भी कम नहीं है। ठंड की बात तुम्हें क्या बताऊँ? समूचा का समूचा देश कहीं दो हाथ, कहीं तीन हाथ, कहीं-कहीं पाँच हाथ बर्फ से ढका हुआ होता है। दक्षिणी हिस्से में बर्फ नहीं है। बर्फ तो छोटी चीज है। जब पारा शून्य से ऊपर, 32 के निशान पर पहुँच जाता है, तब बर्फ पड़ती है। कलकत्ता में शायद ही कभी 60 डिग्री फॉरेनहाइट होता है—शून्य से ऊपर, इंग्लैंड शायद ही कभी शून्य के करीब पहुँचता है। यहाँ पारा शून्य से नीचे 4 डिग्री या 5 डिग्री तक उतर जाता है। उत्तरी हिस्से से कनाडा में पारा जम जाता है। उस समय अलकोहल थर्मामीटर इस्तेमाल करना होता है। जब कड़ाके की ठंड होती है यानी पारा जब शून्य से ऊपर 20 डिग्री से भी नीचे रहता है, तब बर्फ नहीं पड़ती।

मैं समझता था कि बर्फ पड़ने का मतलब है प्रचंड ठंड! लेकिन ऐसा नहीं है। बर्फ अपेक्षाकृत गरमी के दिनों में पड़ती है। कड़ाके की ठंड में एक किस्म का नशा होता है। गाड़ियाँ नहीं चलतीं, स्लेज चक्रहीन होकर घिसटने लगते हैं। सबकुछ जमकर काठ हो जाता है। नदी, नाला, लेक (झील) के ऊपर से हाथी तक जा सकते हैं। नियाग्रा का प्रचंड प्रवाहशाली विशाल निर्झर जमकर पत्थर हो जाता है!!! लेकिन मैं काफी मजे में हूँ। पहले दिन मुझे जरा डर लगा, उसके बाद गरज के चलते रेल से कनाडा के करीब, तो कभी दक्षिणी अमेरिका में लेक्चर देता फिर रहा हूँ। गाड़ियाँ बिलकुल घर की तरह, स्टीम पाइप (नल के जरिए बहता हुआ भाप) जुड़ी होने के कारण खूब गरम रहती हैं। बाहर चारों तरफ बर्फ के ढेर, श्वेत-शुभ्र! अपूर्व शोभा होती है।

पहले मुझे डर लगता था कि कहीं मेरे नाक-कान कटकर गिर न पड़ें, लेकिन आज तक कुछ नहीं हुआ। लेकिन कपड़ों के पहाड़, उसके ऊपर सलोम चमड़े की कोट, जूते, जूते के ऊपर ऊन के जूते आदि पहनकर बाहर निकलना पड़ता है। साँसें बाहर निकलते-न-निकलते दाढ़ी में जम जाती हैं। इसके ऊपर तमाशा क्या होता है, जानते हो? घर के ऊपर पानी में टुकड़ा भर बर्फ डाले बिना ये लोग पानी नहीं पीते। घर के अंदर गरमी जो रहती है। हर घर को सीढ़ियों की स्टीम-पाइप गरम रखती है।

कला-कौशल में ये लोग अद्वितीय हैं, भोग-विलास में ये लोग अद्वितीय हैं,

पैसे कमाने में भी अद्वितीय हैं और खर्च में भी अद्वितीय! कुली को रोज 6 रुपए देने पड़ते हैं, नौकर को भी उतने ही, इसलिए 3 रुपए से कम में ठेके की गाड़ी नहीं मिलती। चार आने से कम में चुरुट नहीं है। मध्यवित्त जूतों की जोड़ी 24 रुपए में! 500 रुपए में पोशाक! जितनी कमाई उतना ही खर्च! एक लेक्चर 200-300-500-2000-3000 रुपए तक! मुझे 500 रुपए तक मिले हैं। वैसे यहाँ मेरे पौ बारह हैं! ये लोग मुझे प्यार करते हैं, हजारों लोग मुझे सुनने आते हैं।

प्रभु की इच्छा से यहाँ मजुमदार महाशय से मेरी भेंट हो गई। पहले तो अतिशय प्रीति दिखाई। लेकिन बाद में जब समूचे शिकागो के नारी-पुरुष मुझे सुनने के लिए टूट पड़ने लगे, तब मजुमदार बिरादर के मन में आग जल उठी। मैं यह सब देख-सुनकर अवाक्—बता भइए, मैंने क्या तेरे अन्न पर धावा बोला है? तेरी तो इस देश में काफी खातिर है! लेकिन मेरे जितना अगर तुम्हारा कुछ नहीं बना तो उसमें मेरा क्या दोष है? इस मजुमदार ने पार्लियामेंट ऑफ रिलीजन के पादरी से मेरी खूब-खूब निंदा की है। उसने कहा है—''अरे, वह कोई नहीं है! ठग और जुआचोर है। वह तुम लोगों के देश में आकर कहता है—मैं फकीर हूँ।'' यह कहकर उसने मेरे प्रति उन लोगों का मन काफी खट्टा कर दिया है। उसने प्रेसिडेंट बैरोज का दिमाग तो इतना भर दिया है कि अब वह मुझसे ठीक तरह बात ही नहीं करता। उन लोगों की पुस्तिका (पैमफ्लेट) में यथासाध्य मुझे दबाने की कोशिश रहती है। लेकिन मेरे गुरु मेरे सहाय हैं भइए! मजुमदार के कहने से क्या होता है! समूचा अमेरिकी राष्ट्र मुझे प्यार करता है, मेरी श्रद्धा करता है, रुपए देता है, मुझे गुरु की तरह मानता है—मजुमदार क्या करेगा? पादरी-फादरी का क्या काम? वैसे भी, ये लोग विद्वानों की जात हैं। यहाँ 'हम विधवाओं का ब्याह कराते हैं और मूर्ति-पूजा नहीं करते।' ये सब बातें नहीं चलतीं। सिर्फ पादरियों के सामने चलती हैं। ये लोग दर्शन चाहते हैं, लर्निंग (विद्या) चाहते हैं, कोरी गप नहीं चलती।

यह धर्मपाल छोकरा खासा दिलचस्प है, भला इनसान है। उसका इस देश में काफी आदर हुआ था। मजुमदार को देखकर मुझे अक्ल आ गई है। मैं समझ चुका हूँ—'जे निघ्नन्ति परहितं निरर्थकं ते के न जानीमहे'—भर्तृहरि (जो लोग दूसरों का निरर्थक अनिष्ट-साधन करते हैं, वे लोग कैसे मनुष्य हैं, मैं नहीं बता सकता)।

सबकुछ चला जाता है, बस यह करमजली हिंसा नहीं जाती। हमारी जाति में यही दोष है, सिर्फ दूसरों की निंदा और दूसरों की बढ़ती के प्रति ईर्ष्या। केवल हम बड़े हैं, अन्य कोई बड़ा नहीं होगा।

इस देश की महिलाओं जैसी महिलाएँ अन्य किसी देश में नहीं हैं। कितनी पवित्र!

स्वाधीन! स्वापेक्ष और दयामयी! इस देश में नारियाँ ही सब हैं! विद्या, बुद्धि, सब उनमें ही समाई हुई है। 'या श्रीः स्वयं सुकृतानां भवनेषु' (जो पुण्यवान् लोगों के गृह में लक्ष्मीस्वरूपिणी हैं) इस देश और 'पापात्मनां हृदयेस्वलक्ष्मीं' (पापात्मागण के हृदय में अलक्ष्मीस्वरूपिणी) हमारे देश में यही बोझ है! हरे! हरे! इन लोगों की महिलाओं को देखकर मेरी तो अक्ल गुम है। 'त्वं श्रीस्त्वंमीश्वरी त्वं ह्रींः' इत्यादि—(तुम ही लक्ष्मी, तुम ही ईश्वरी, तुम लज्जास्वरूपिणी)। 'या देवी सर्वभूतेषु शक्तिरूपेण संस्थिता' (या देवी सर्वभूतेषु शक्तिरूप संस्थिता) इत्याद्रि। जैसे इस देश का बर्फ श्वेत-शुभ है, वैसे ही यहाँ हजारों-हजार औरतें हैं, जिनका मन शुद्ध पवित्र है! और हमारे यहाँ दस वर्ष की उम्र में बेटा बियानेवालियाँ! प्रभो, अब मेरी समझ में आया। अरे दद्दा— यत्र नर्यस्तु पूजान्ते रमन्ते तत्र देवताः '(जहाँ स्त्रियाँ पूजिता होती हैं, वहाँ देवता भी आनंद मनाते हैं) बूढ़े मनु ने कहा है।

हम सब महापापी हैं। स्त्रियों को घृण्यकीट, नरकमार्ग इत्यादि कह-कहकर अधोगति को प्राप्त हुए हैं। आकाश-पाताल का अंतर है, बाप! 'याथातथ्यातोर्थान् व्यदधात्' (यथोपयुक्त भाव से कर्मफल विधान करते हैं) प्रभु क्या कोरी गपबाजी से बहलते हैं? प्रभु ने तो कहा है, 'त्वं स्त्री त्वं पूमानसि त्वं कुमार उत वा कुमारी' इत्यादि— (तुम ही स्त्री हो, तुम ही पुरुष हो, तुम ही बालक हो, तुम ही बालिका हो) और हम कहा करते हैं—'दुरमपसर रे चंडाल' (ओ रे चांडाल! दूर हट जा), केनैषा निर्मिता नारी मोहिनी' (किसने इस मोहिनी नारी का निर्माण किया है?) इत्यादि।

अरे, भइए, अपने देश के दक्षिण प्रांतों में ऊँची जाति के लोगों का नीचों पर अत्याचार, मंदिरों में देवदासियों की नाचने की धूम अपनी आँखों से देखी है। जो धर्म गरीबों का दुःख दूर नहीं करता, इनसान को देवता नहीं बनाता, वह कैसा धर्म है? हमारा धर्म कैसा है? हमारा धर्म 'छूतमार्ग' है; सिर्फ 'हमें छुओ मत! हमें छुओ मत!' हे हरि! जिस देश के बड़े-बड़े दिमाग आज दो हजार वर्षों से केवल यह सोच रहे हैं कि दाहिने हाथ से खाऊँ या बाएँ हाथ से? दाहिनी तरफ से पानी लूँ या बाईं तरफ से और 'फट्-फट् स्वाहा, क्रां क्रुं हूँ हूँ करते रहते हैं, उन लोगों की अधोगति नहीं होगी तो किसकी होगी? 'कालः सुप्तेषु जागर्ति कालो हि दूरतिक्रमः' (भले सब नींद में सोए हों, लेकिन काल जागता रहता है। काल को अतिक्रम करना बहुत कठिन है) उन्हें सब पता है, उनकी आँखों में कौन धूल झोंक सकता है, भइए!

जिस देश में करोड़ों-करोड़ लोग महुआ के फूल खाकर जीते हैं और 10-20 लाख साधु और प्रायः 10 करोड़ ब्राह्मण इन गरीबों का खून चूसते हैं और उन लोगों की उन्नति की कोई चेष्टा नहीं करते, वह देश है या नरक? वह धर्म है या पिशाच-

नृत्य? सुनो भाई, इस बात को जरा गहराई से तौलो। मैंने समूचा भारत घूम-घूमकर देखा है। यह देश भी देख लिया। कारण बिना कोई कार्य होता है क्या? पाप किए बिना क्या सजा मिलती है? सर्वशास्त्रपुराणेषु व्यासस्य वचनद्वयम्। परोपकारः पुण्याय पापाय परपीड़नम्॥ (समस्त शास्त्र और पुराणों में व्यास के दो वाक्य हैं—परोपकार करने से पुण्य और परपीड़न करने से पाप जन्म लेता है।) क्या यह सच नहीं है?

यह सब देखकर, विशेष दारिद्र्य और अज्ञता देखकर मुझे नींद नहीं आती। केप कॉमरिन (कुमारिका अंतरीप) में माँ कन्याकुमारी के मंदिर में पूजा कर, भारतवर्ष की आखिरी चट्टान के टुकड़े पर बैठकर मेरे मानस में एक विचार आया—यह जो हम इतने सारे संन्यासी हैं, घूमते फिर रहे हैं, लोगों को मेटाफिजिक्स (दर्शन) की शिक्षा दे रहे हैं, यह सब पागलपन है। 'खाली पेट धर्म नहीं होता—' गुरुदेव कहते थे न? ये जो गरीब लोग हैं, जानवरों जैसा जीवन बसर कर रहे हैं उसका कारण है मूर्खता; इन पाजी कमबख्तों ने पिछले चार युगों से उन लोगों का खून चूसकर पिया है और अपने पैरों तले रौंदा है।

याद करो, कुछेक संन्यासी जैसे पैदल-पाँव गाँव-गाँव घूमते फिरते हैं, क्या कोई काम करते हैं? उसी तरह कुछेक निःस्वार्थ, परिहित-अभिलाषी संन्यासी, गाँव-गाँव विद्या-वितरण करने घूमते हैं, तरह-तरह के उपायों और बातों से, नक्शे, कैमरे, ग्लोब (मानचित्र, कैमरा, गोलक) इत्यादि की सहायता से चांडाल तक की उन्नति की योजना बनाते हुए घूमते रहते हैं तो क्या भविष्य में इनके माध्यम से मंगल हो सकता है या नहीं? यह सारी योजना मैं इस छोटे से पत्र में नहीं लिख सकता।

मूल सारांश यह कि—If the mountain does not come to mohamed, mohamed must come to the mountain. गरीब लोग इतने गरीब हैं कि वे लोग पाठशालाओं में पढ़ने नहीं आ सकते और कविता वगैरह पढ़कर उनका कोई भला भी नहीं होनेवाला।

We as a nation have lost our individuality and that is the cause of all mischief in India. We have to give back to the nation its lost individuality and raise the massess. The Hindu, the Mahommedan, the christian, all have trampled them under foot. Again the force to raise them must come from inside, i.e. from the orthodox Hindus. In every country the evils exist not with but against religion. Religion, therefore, is not to blame, but men.

यह करने के लिए पहले तो चाहिए लोग। फिर पैसा! गुरु-कृपा से मुझे हर शहर में 10-15 लोग मिल जाएँगे। पैसे की कोशिश में, न हो उसके बाद चक्कर लगाऊँगा। भारत के लोग ही पैसे देंगे!!!—Fools and dotardo and selfishers personificed वे लोग देंगे। इसलिए अमेरिका आया हूँ, खुद कमाई करूँगा, कमाई करके

देश लौटूँगा। And devote the rest of my life to the realization of this one aim of my life.

जैसे हमारे देश में सामाजिक 'वर्चू' (सदाचार) का अभाव है, वैसे ही इस देश में स्पिरिचुएलिटी (आध्यात्मिकता) नहीं है। मैं इन लोगों को अध्यात्म दे रहा हूँ, ये लोग मुझे पैसा दे रहे हैं। कितने दिनों में सिद्धकाम होऊँगा, नहीं जानता। हमारी तरह ये लोग 'हिपोक्रेट' (पाखंडी) नहीं हैं और 'जेलसी' (ईर्ष्या) तो बिलकुल भी नहीं हैं। हिंदुस्तान में, मैं किसी पर भी निर्भर नहीं करता। स्वयं प्राणपण से रोजगार करूँगा, अपने प्लान कैरीआउट करूँगा 'और डाइ इन द एटेंप्ट' (या फिर इस कोशिश में दम तोड़ दूँगा)। 'सन्निमित्ते वरं त्यागो विनाशे नियते सति'—(जब मृत्यु निश्चित है तो सच्चे और ईमानदार उद्देश्य के लिए देह-त्याग करना ही बेहतर है।)

हो सकता है, तुम लोग यह सोचो कि यूरोपियन नॉनसेंस (असंभव फिजूल बात) मेरे भीतर क्या है, तुम लोग बिलकुल नहीं जानते। हममें से कोई अगर 'इन माइप्लान' मेरी योजना सफल करने में तो—ऑलराइट (अत्यंत उत्तम) वरना गुरुदेव विल शो मी द वे आउट (मुझे पथ दिखाएँगे)!

सभी से पूछकर देखना—सभी ईर्ष्या त्यागकर, इकट्ठा होकर रह सकेंगे या नहीं। अगर न रह सकें, अगर ईर्ष्यालु हुए बिना न रह सकें तो उन लोगों को बाकी सबके कल्याण के लिए अपने घर चले जाना चाहिए। यह हमारी जाति का दोष है, 'नेशनल सिन' (राष्ट्रीय पाप)!!! इस देश में यह नहीं है, इसलिए ये लोग इतने बड़े हैं।

संयुक्तराष्ट्र अमेरिका, ग्रीष्मकाल, 1894

यह बड़ा मजेदार देश है। गरमी पड़ने लगी है। आज सुबह हमारे यहाँ के वैशाख जैसी गरमी और इस वक्त इलाहाबाद के माघ जैसी ठंड! चार घंटे में इतना परिवर्तन! यहाँ के होटलों के बारे में क्या बताऊँ! न्यूयॉर्क में एक होटल है, जहाँ कमरे का दैनिक किराया 5,000 रुपए तक है—खाना-पीना छोड़कर! भोग-विलास के देश यूरोप में भी ऐसा नहीं हैं। यह है, दुनिया का सबसे धनी देश! रुपए ठीकरों की तरह खर्च हो जाते हैं। मैं शायद ही कभी होटल में ठहरता हूँ। यहाँ मैं अकसर बड़े-बड़े अमीरों का अतिथि होता हूँ। मैं इन लोगों के लिए एक मशहूर व्यक्ति हूँ। पूरा मुल्क मुझे जानता है, इसलिए जहाँ भी जाता हूँ, लोग स्वयं आगे बढ़कर मेरा स्वागत करते हैं। मिस्टर हेल, शिकागो में जिनके घर में मेरा CENTRE (केंद्र) है, उनकी पत्नी को मैं 'माँ' कहता हूँ और उनकी बेटियाँ मुझे 'दादा' (बड़ा भाई) बुलाती हैं। ऐसा महापवित्र, दयालु परिवार मैंने तो और कहीं नहीं देखा। अरे भइए, अगर ऐसा न होता तो क्या इन पर इतनी प्रभु-कृपा होती? कितनी दया है इन लोगों के हृदय में! अगर

इन्हें खबर मिलती है कि फलाँ जगह कोई गरीब तकलीफ में है, बस, औरत-मर्द सभी चल पड़ते हैं—उसे खाना-कपड़ा देने के लिए, उसके लिए नौकरी जुटाने के लिए!

अरे हाँ, याद आया, आजकल यहाँ झींगा मछली की प्रचुरता है। भर पेट खाओ, सब हजम! फल ढेरों मिलते हैं—केला, संतरा, अमरूद, सेब, बादाम, किशमिश, अंगूर आदि। अन्य बहुत सारे फल कैलिफोर्निया से आते हैं। अनार की भी बहुतायत है; लेकिन आम, लीची वगैरह नहीं हैं।

यहाँ एक किस्म का साग मिलता है SPINACH! जिसे पकाते हैं तो उसका स्वाद हमारे यहाँ के कलमी साग जैसा लगता है और जिनको ये लोग 'ऐसपरागस' कहते हैं। स्वाद में यह ठीक मुलायम डेंगो की डंठल जैसा लगता है, लेकिन 'दूध का चाव छाछ' से नहीं पूरा किया जा सकता, भइए! लेकिन अरहर की दाल कोई दाल ही नहीं होती। ये लोग इस दाल के बारे में जानते भी नहीं। यहाँ भात है, पावरोटी है, किस्म-किस्म की मांस-मछली है। इन लोगों का खाना फ्रांसीसी लोगों जैसा है। यहाँ दूध है, दही कभी-कभार, मट्ठा प्रचुर है! 'क्रीम' हमेशा ही उपयोग किया जाता है। चाय, कॉफी—सब में यही क्रीम! नहीं, मलाई नहीं, दूध का मट्ठा! इनके अलावा मक्खन, बर्फ का पानी तो है ही! चाहे ठंड हो या गरमी, दिन हो या रात, घोर सर्दी लगी हो या बुखार चढ़ा हो—ढेर-ढेर बर्फ का पानी! ये लोग साइंटिफिक (विज्ञानमनस्क) लोग हैं। बर्फ का पानी पीने से सर्दी बढ़ जाती है—यह सुनकर ये लोग हँसते हैं। जितना खाओ उतना अच्छा। यहाँ नाना आकार की कुल्फी भी मिलती है।

हरि की इच्छा से नियाग्रा फॉल्स (जल-प्रपात) सात-आठ बार तो देख ही लिया। बेहद ग्रैंड (उच्च भावोद्दीपक) जरूर है, मगर जितना सुना है उतना नहीं। ठंड के मौसम में एक दिन Aurora Borealis भी हो आया।

लेक्चर-वेक्चर तो लिखकर नहीं देता। हाँ, एक बार लिखकर दिया था, जिसे तुमने छाप दिया। बाकी सब आशु पठन! जुबान पर जो आता है, सब गुरुदेव ही जुटा देते हैं। कागज-पत्तर के साथ कोई रिश्ता ही नहीं होता। डेट्राएट में एक बार लगातार तीन घंटों तक भाषण दिया था। कभी-कभी तो मैं खुद भी ताज्जुब में पड़ जाता हूँ, 'माधो, तेरे भीतर इतना कुछ था!

जो व्यक्ति भगवान् के लिए बारह वर्ष तक ब्रह्मचर्य का पालन करेगा, उसी को वह क्षमता होगी। मैंने ऐसा किया, इसीलिए मेरे दिमाग का परदा खुल गया। इसीलिए अब मुझे दर्शन जैसे जटिल विषय पर व्याख्यान सोचकर नहीं देना पड़ता। मान लो, कल मुझे व्याख्यान देना है। जो व्याख्यान दूँगा, उसकी पूरी तसवीर, आज रात, एक

के बाद एक मेरी आँखों के सामने से गुजर जाएगी। अगले दिन व्याख्यान देते हुए वही सब बोलता जाता हूँ।

जो लोग बेहद 'इमोशनल' (भाव-प्रवण) होते हैं, उन लोगों की कुंडलिनी सर-सर करके ऊपर चढ़ती जरूर है, लेकिन जितनी तेजी से चढ़ती है उतनी ही तेजी से उतर भी जाती है। जब उतरती है तो साधक को अध:पतन तक ले जाकर छोड़ती है। इसीलिए भाव-साधना में सहयोगी, कीर्तन-फीर्तन में एक भयानक दोष है। नाच-कूदकर सामाजिक उच्छ्वास में इस शक्ति की ऊर्ध्व गति होती जरूर है, लेकिन निम्नगामी होते समय जीव में भयानक काम-वृत्ति का आधिक्य होता है। अमेरिका में मेरा व्याख्यान सुनकर सामायिक उच्छ्वास में बहुतेरे लोग भावानिष्ट, कोई-कोई जड़वत हो आता। खोज-खबर लेने पर मुझे पता चला कि इस मन:स्थिति के तत्काल बाद ही बहुत से लोगों में काम-प्रवृत्ति का आधिक्य होता था। सटीक ध्यान-धारणा के अभ्यास के बिना ऐसा ही होता है।

मेरे व्याख्यान में यूरोपीय दर्शन और धर्म के अनेक शब्द व्यवहार के लिए किसी मित्र-आलोचक ने समालोचना की आड़ में मुझसे शिकायत की है। मैं संस्कृत शब्द प्रयोग कर पाता तो मुझे परम आनंद होता। वह अपेक्षाकृत सहज होती, क्योंकि संस्कृत भाषा ही धर्म-भाव प्रकाश का एकमात्र सटीक वाहन है। लेकिन मेरे मित्र यह बात भूल गए कि पाश्चात्य नर-नारी मेरे श्रोता थे। हालाँकि किसी भारतीय ईसाई मिशनरी ने कहा था, 'हिंदू लोग अपने संस्कृत ग्रंथों का अर्थ भूल गए हैं। मिशनरी लोगों ने ही उनका अर्थ आविष्कार किया।' इसके बावजूद उस समवेत वृहद् मिशनरी मंडली में मैंने एक भी ऐसे व्यक्ति को नहीं देखा, जो संस्कृत भाषा की एक भी पंक्ति समझते हों। लेकिन उन्हीं में बहुतेरे व्यक्तियों ने वेद, वेदांत और हिंदू धर्म के विभिन्न पवित्र शास्त्रों के बारे में समालोचना करते हुए बड़े-बड़े गवेषणापूर्ण प्रबंधों का पाठ किया था।

डेट्राएट, 30 मार्च, 1894 (मिस मेरी हेल को लिखा गया पत्र)

इस बीच मैं अगर चला न गया, मिसेज बैगली का भी यही आग्रह है, तो मैं आगामी गरमी में शायद एनिस्कोयम जाऊँगा। मिसेज बैगली ने वहाँ एक सुंदर घर का बंदोबस्त कर रखा है। वह महिला काफी धर्म-प्राण, स्पिरिचुअल हैं। वैसे मिस्टर पामार काफी हद तक पियक्कड़ किस्म के 'स्पिरिचुअल' हैं, फिर भी सज्जन व्यक्ति हैं। अधिक और क्या लिखूँ! मैं शारीरिक और मानसिक दोनों तरह से ठीक हूँ। मेरी स्नेहिल बहनों, तुम सब सुखी, चिर सुखी होओ।

हाँ, याद आया, मिसेज शर्मन ने तरह-तरह के उपहार दिए हैं—नाखून काटने

और पत्र रखने की चीजें, एक छोटा सा बैग़ वगैरह-वगैरह। हालाँकि मुझे वह सब लेने में आपत्ति थी, खासकर सीपी के हैंडलवाला नाखून काटने के शौकीन वस्तु को लेकर, फिर भी उनके आग्रह पर मुझे लेना ही पड़ा। इस ब्रश का मैं क्या करूँगा, मैं नहीं जानता। भगवान् उन लोगों की रक्षा करें! उन्होंने मुझे यह सलाह भी दी है कि मैं इस अफ्रीकी लिबास में, भद्र समाज में न जाऊँ। बहुत खूब! मैं भी भद्र समाज का एक सदस्य हूँ। हे भगवान्, अभी और कितना देखना होगा। अधिक दिनों तक जिंदा रहने पर कैसे-कैसे अद्‌भुत अनुभव होते हैं।

न्यूयॉर्क, 9 अप्रैल, 1894

सेक्रेटरी साहब ने मुझे लिख भेजा है कि भारत चले जाना मेरा कर्तव्य है, क्योंकि भारत ही मेरा कर्मक्षेत्र है। इसमें तो कोई शक नहीं। लेकिन हे भ्रातागण, अभी हमें एक मशाल जलानी होगी जो समूचे भारत को प्रकाशित करे। इसलिए हड़बड़ी मत मचाओ, ईश्वरेच्छा से समय पर सब हो जाएगा।

मैंने अमेरिका के अनेक बड़े-बड़े शहरों में व्याख्यान दिए हैं और इनके लिए मुझे रुपए मिले हैं। उन रुपयों से यहाँ के अत्यधिक खर्च मिटाकर भी वापसी के किराए के लिए काफी धन बच जाएगा। यहाँ मेरे अनेक अच्छे दोस्त बने हैं, उनमें से कई लोगों की समाज में काफी प्रतिष्ठा है। वैसे कट्टर पादरी लोग मेरे विपक्ष में हैं और वे लोग सीधे-सीधे मुझसे मुकाबले में असफल होता पाकर, वे गाली-गलौज और मेरी निंदा पर उतर आए हैं तथा 'म-बाबू' उन लोगों की मदद कर रहे हैं। जरूर वे मारे जलन के पागल हो गए हैं।

उन्होंने उन लोगों से कहा है कि मैं भयानक प्रवंचक और बदमाश हूँ। दूसरी तरफ कलकत्ता जाकर वहाँ के लोगों में वे कहते फिरे कि मैं घोर पाप में निमग्न हूँ, खासकर मैं व्यभिचार में लिप्त हो गया हूँ। प्रभु उन पर कृपा करें। भाइयो, कोई भी अच्छा काम बिना बाधा के संपन्न नहीं होता। जो लोग आखिर तक अध्यवसाय के साथ लगे रहते हैं, केवल वे ही लोग सफल होते हैं। तुम्हारे बहनोई (प्रो. रंगाचार्य) की लिखी हुई किताबें और तुम्हारे पागल मित्र का एक पत्र मुझे मिला है। 'युग' के बारे में लिखा हुआ निबंध बहुत आकर्षक है। उसमें युग की जो व्याख्या की गई है, वही तो सही व्याख्या है, फिर भी मेरा विश्वास है कि सत्ययुग आ पहुँचा है। इस सत्ययुग में एक वर्ण, एक वेद होगा और समस्त जगत् में शांति और समन्वय स्थापित होगा। इस सत्ययुग की धारणा का अवलंबन करके ही भारत को पुनः नवजीवन मिलेगा। इसी में अपना विश्वास स्थापित करो।

पुनश्च : पत्र लिखते समय मेरे नाम के आगे 'हिज होलिनेस' मत लिखा करो।

मुझे यह अत्यंत विकट शब्द लगता है।

शिकागो, वसंतकाल, 1894

मजुमदार की लीला सुनकर बेहद दुःखी हूँ। गुरु-मार विद्या का प्रयोग करो, तो ऐसा ही होता है। मेरा कोई कसूर नहीं है। मजुमदार दस वर्ष पहले यहाँ आया था। उसे काफी ख्याति और सम्मान भी मिला। अब मेरा पौ बारह है। गुरुदेव की इच्छा! मैं क्या करूँ? इसमें इतना भड़क जाना मजुमदार का बचपना है। खैर, छोड़ो, उपेक्षितव्यां तद्वचं भवत्सदृशानां महात्मनाम्! अपि कीटदंशनभीरुका: वयं रामकृष्णतनया: तद्धृदयरुधिरपोषिता: ? अलोकसामान्यमचिन्त्यहेतकुं निन्दन्ति मन्दाश्चरितं महात्मनां' इत्यादय: संस्मृत्य क्षन्तव्योहयं जाल्म: मजुमदाराख्य:। प्रभु की इच्छा! इस देश के लोगों में अंतर्दृष्टि प्रबोधित होती है। मजुमदार-फजुमदार की करतूत क्या उनका गतिरोध कर सकती है? मुझे नाम की आवश्यकता नहीं है। I want to be a voice without a form. किसी को भी मेरा समर्थन करने की जरूरत नहीं है।

न्यूयॉर्क, 10 अप्रैल, 1894

व्याख्यान के प्रसंग में कहूँ, मैंने रुपए उगाहना छोड़ दिया है। अब मैं अपने को और अध:पतित नहीं कर सकता। मेरे सामने जब कोई विशेष उद्देश्य था, तब मैंने काम किया। अब जब काम नहीं है तो मैं अपने लिए कमाई नहीं कर सकता। मेरे पास जितना है, वह मेरे लौट जाने के लिए काफी है। यहाँ मैंने एक भी पेनी कमाने की कोशिश नहीं की। यहाँ जो मेरे दोस्त हैं, उन लोगों ने मुझे उपहार भेंट करना चाहा, मैंने मना कर दिया। डेट्राएट में जिन लोगों ने मुझे दान दिया था, मैंने उन लोगों के रुपए भी लौटा देने की कोशिश की और उन लोगों से कहा कि जब मेरी कोशिशें सफल होने का कोई मौका नहीं है, तब उन लोगों का धन अपने पास रखने का मुझे कोई अधिकार नहीं है; लेकिन वे लोग राजी नहीं हुए। उन लोगों का कहना था कि अगर मैं चाहूँ तो ये रुपए पानी में फेंक दूँ। लेकिन जान-बूझकर तो मैं ये रुपए ले नहीं सकता! हे माँ, मैं परम आनंद में हूँ। हर जगह मेरे प्रभु ने ही मेरे लिए दयालु लोगों और आश्रय की व्यवस्था की थी। इसलिए अति मात्रा में हिसाबी होने की मुझे कोई जरूरत नहीं है।

बोस्टनवासियों की तरह हालाँकि उतने बौद्धिक होने के बावजूद न्यूयॉर्क के लोग काफी दायित्वशील हैं। बोस्टनवासी यह बखूबी जानते हैं कि हर किसी से कैसे फायदा उठाया जा सकता है और मुझे संदेह है कि उन लोगों की उँगलियों के बीच से पानी भी नहीं रिस सकता! भगवान् उन लोगों का मंगल करे!!! मैंने दृढ़ संकल्प लिया है कि मैं चला जाऊँगा और मैं जरूर चला जाऊँगा। हे प्रभु! मुझे निश्छल, सरल-

स्वभाव और दरिद्र लोगों के साथ ही रहने दो। मुझे बड़बोले और हाँकनेवाले लोगों की छाया तक से दूर रखना। मेरे प्रभु कहा करते थे कि ऐसे लोग गिद्धों के दल होते हैं, जो बातचीत में काफी ऊँचे-ऊँचे विचरण करते हैं, लेकिन उन लोगों का मन भूतल की मिट्टी में रखे लोंदा भर सड़े मांस के टुकड़े जैसा होता है।

इस बीच एक दिन बारनाम में सर्कस देखने गया था। निस्संदेह यह अच्छी चीज है। मैं अभी तक डाउन-टाउन नहीं गया हूँ। यह सड़क बेहद सुंदर और निर्जन है।

एक दिन बारनाम में गाने सुने—स्पैनिश सिरिनाडा। वह जो भी हो, मुझे बेहद पसंद आया।

पाश्चात्य संगीत बेहद अच्छा है। उसके 'हॉरमनी' का जवाब नहीं, हम लोग वहाँ तक अभी पहुँच ही नहीं पाए हैं, लेकिन ये हमारे अनभ्यस्त कानों को नहीं सुहाते। इसीलिए हमारी यह धारणा बन गई है कि वे लोग सियार की बोली बोलते हैं। लेकिन ध्यान लगाकर सुनते-सुनते मुझे जब समझ में आने लगा तब मैं अवाक् रह गया। उनका संगीत मुझे मुग्ध कर देता।

न्यूयॉर्क, 26 अप्रैल, 1894

प्रिय इसाबेल, तुमने भारत के कागज-पत्रों की जो डाक कल भेजी है…काफी लंबे अंतराल के बाद यह सच ही अच्छी खबर है।

उसमें, मेरे बारे में, कलकत्ता से प्रकाशित एक छोटी सी पुस्तिका भी है, जिसमें लिखा है—'प्रत्यादिष्ट व्यक्ति' को अपने देश में प्रतिष्ठा मिली, अपने जीवन में कम-से-कम एक बार के लिए मुझे यह देखने को मिला।

इसमें मेरे बारे में प्रकाशित अमेरिकी और भारतीय पत्र-पत्रिकाओं से संगृहीत अंश भी मौजूद हैं। कलकत्ता के पत्र वगैरह के अंश खासतौर पर तृप्तिकर हैं, लेकिन उनमें प्रशंसा की बहुलता है। इसलिए वह सब मैं तुम्हें नहीं भेज रहा हूँ।

उन लोगों ने मेरे बारे में 'अपूर्व', 'अद्‌भुत', 'सुविख्यात' ऐसे बहुत से आलतू-फालतू के शब्द लिखे हैं, लेकिन ये शब्द समग्र देश के हृदय की कृतज्ञता वहन कर लाए हैं। अब मैं लोगों की बातों की परवाह नहीं करता, मेरे अपने देश के लोग भी कहें तो भी नहीं। हाँ, सिर्फ एक बात! मेरी बूढ़ी माँ अभी भी जिंदा हैं। जीवन भर उन्होंने असीम कष्ट सहे हैं। इन सबके बावजूद मनुष्य और भगवान् की सेवा में उत्सर्ग कर देने की वेदना भी उन्होंने झेली है। लेकिन उन्होंने अपनी श्रेष्ठ आशा के, अपने सबसे ज्यादा स्नेह के जिसको उन्होंने दान किया है—वही बेटा दूर-देश जाकर—कलकत्ता में मजूमदार जैसी बदनामी फैला रहा है, उसी तरह—जघन्य और निकृष्ट जीवन बिता रहा है, यह समाचार उन्हें बिलकुल खत्म कर देगा। लेकिन प्रभु महान्

हैं, उनकी संतान की क्षति कोई नहीं कर सकता।

थैले से बिलैया निकल पड़ी, मेरे न चाहते हुए भी! यह संपादक कौन है, जानती हो? हमारे देश के अन्यतम समाचार-पत्र के संपादक, जिन्होंने मेरी इतनी प्रशंसा की है और अमेरिका में मैं हिंदू धर्म का समर्थन करने आया हूँ, इसके लिए उन्होंने ईश्वर को धन्यवाद दिया है। वे रिश्ते में मजुमदार के भाई लगते हैं। अभागा मजुमदार। ईर्ष्या में जलता-फुँकता हुआ झूठ बोल-बोलकर उसने अपने ही उद्देश्य को नुकसान पहुँचाया है। प्रभु जानते हैं कि मैंने आत्मसमर्थन की जरा भी कोशिश नहीं की है।

न्यूयॉर्क, 1 मई, 1894

प्रिय इसाबेल, अपने कोट के लिए ठीक-ठीक जोगिया रंग काफी खोजने पर भी मुझे कहीं नहीं मिला। इसलिए उससे मिलता-जुलता जो भला सा रंग मुझे मिला, पीताभ रक्तिम, उसी से खुश होना पड़ा। कुछ ही दिनों में वह कोट तैयार भी हो जाएगा।

कुछ दिन पहले वाल्डॉर्फ में व्याख्यान से मुझे 70 डॉलर मिले। कल जो व्याख्यान देनेवाला हूँ, वहाँ भी कुछ पाने की आशा है। 7 से लेकर 19 तारीख तक बोस्टन में ही कई व्याख्यान हैं, लेकिन वहाँ वे लोग काफी कम पैसे देते हैं।

कल 13 डॉलर चुकाकर एक पाइप खरीदी है। दुहाई है, फादर पोप को (मिस्टर जॉर्ज हेल, जिनके लिए पाइप खरीदी गई) यह बात मत बताना। कोट पर खर्च आएगा 30 डॉलर! खाना-पीना, पानी, सबकुछ ठीक-ठीक मिल जाता है और काफी रुपए भी मिलते हैं। आशा है कि अगले व्याख्यान के बाद ही मैं अविलंब बैंक में कुछ रुपए जमा कर सकूँगा। मैंने अभी खाना खा लिया है, क्योंकि शाम को एक निरामिष रात्रिभोज में व्याख्यान देने जाना है।

जब निरामिष खाना जुट जाता है, तब मैं निरामिष बन जाता हूँ; क्योंकि निरामिष खाना ही मुझे पसंद है। लाइमैन एबॅट के यहाँ परसों दोपहर के खाने का निमंत्रण है। यानी कुल मिलाकर खासा अच्छा समय गुजर रहा है। आशा है, बोस्टन में भी अच्छा समय बीतेगा, सिर्फ इस जघन्य, अति जघन्य, उबाऊ भाषणों को छोड़कर। बहरहाल, 19 तारीख के बाद, एक छलाँग में बोस्टन से शिकागो! उसके बाद जी खोलकर साँस लूँगा और जमकर आराम करूँगा! दो-तीन हफ्ते के लिए लंबा आराम! तब इत्मीनान से बैठे-बैठे गपशप करूँगा और पाइप के कश लूँगा।

अरे हाँ, याद आया, तुम्हारे न्यूयॉर्की लोग काफी भले हैं, बावजूद इसके कि उन लोगों के पास अक्ल से ज्यादा दौलत है!

हार्वर्ड विश्वविद्यालय के छात्रों के लिए मुझे भाषण देने जाना है। बोस्टन में

तीन व्याख्यान और हार्वर्ड में तीन—इन सबकी व्यवस्था मिसेज ब्रीड ने की है। अभी भी वे कुछ इंतजाम में लगी हैं, ताकि मैं शिकागो जाते हुए एक बार न्यूयॉर्क आ सकूँ। चलो, कुछ सख्त उपदेश सुनाकर रुपए-पैसे जेब के हवाले करके सट से शिकागो उड़ जाऊँगा।

दुनिया में एक चीज से ही मैं घृणा करता हूँ—छलावे से!

बोस्टन, मई 1894

हम सबका कर्तव्य केवल त्याग है—ग्रहण नहीं! अगर मुझ पर धुन न सवार होती तो मैं यहाँ कभी नहीं आता। इससे मेरे काम में मदद मिलेगी, इसी आशा से मैं धर्म महासभा में शामिल हुआ। हालाँकि मेरे देशवासियों ने मुझे यहाँ भेजना चाहा तो मैंने लगातार आपत्ति जताई थी। मैं उन लोगों से कह आया हूँ, "मैं महासभा में योगदान कर सकता हूँ या नहीं भी कर सकता हूँ। अब, ऐसी दशा में तुम लोग चाहो तो मुझे भेज सकते हो।" उन लोगों ने मुझे पूरी स्वाधीनता देकर भेजा है।

बूढ़े मिशनरियों के आक्रमण की मैं बिलकुल परवाह नहीं करता। लेकिन मजुमदार की ईर्ष्या की आग देखकर मुझे गहरी चोट लगी है। मेरी प्रार्थना है कि उसे होश आ जाए। वैसे इसके द्वारा मेरे गुरुदेव की एक बात एक बार फिर सच साबित हुई—'काजल की कोठरी में तुम चाहे जितना भी बच-बचाकर चलो, तुम चाहे जितने भी सयाने बनो, काजल का एकाध दाग जरूर लगेगा।" साधु या पवित्र बनने की कोई चाहे जितनी भी कोशिश क्यों न करे, इनसान जब तक इस पृथ्वी पर है उसका स्वभाव कुछ-न-कुछ निम्नगामी जरूर होगा।

भगवान् की तरफ जानेवाली राह सांसारिक राह के बिलकुल विपरीत होती है। ईश्वर और धनेश्वर्य एक साथ क्या किसी को कभी मिला है?

मैं कभी, किसी दिन भी 'मिशनरी' (धर्म प्रचारक) नहीं था। किसी दिन बनूँगा भी नहीं। मेरा अपना स्थान हिमालय है। अपने पूरे विवेक के साथ, परितृप्त मन से आज मैं कम-से-कम यह कह सकता हूँ—'हे प्रभु, अपने भाइयों की भयंकर यंत्रणा मैंने देखी है। यंत्रणा-मुक्ति की राह मैंने खोज निकाली है और वह राह मुझे मिल भी गई है, प्रतिकार के लिए भी जी-जान से कोशिश की है, लेकिन मैं नाकाम रहा हूँ। तुम्हारी ही इच्छा पूर्ण हो, प्रभु!"

बोस्टन, 14 मई, 1894

उफ! ये लोग इतने नीरस हैं। यहाँ तक कि महिलाएँ तक शुष्क मेटाफिजिक्स के बारे में बातें करती हैं। काफी कुछ हमारे वाराणसी की तरह, जहाँ सबकुछ शुष्क दर्शन है! यहाँ कोई भी 'प्रिय मेरे!' वाक्यांश का मतलब नहीं समझता। इन लोगों

के लिए धर्म युक्ति का विषय है, बिलकुल पत्थर जैसा! 'प्रियतम' शब्द जिन्हें प्रिय नहीं है, मैं उनकी परवाह भी नहीं करता।

हमारे लोग ब्राह्म समाज को इतना नापसंद करते हैं कि वे लोग इसे व्यक्त करने का भी हमेशा मौका खोजते रहते हैं। मुझे यह बात पसंद नहीं है। किसी व्यक्ति के प्रति शत्रुता जीवन के समस्त अच्छे कामों को मिटा नहीं सकती। धर्मक्षेत्र में लोग शिशु-मात्र हैं। ये लोग कभी भी अति धर्मप्रवण प्राणी नहीं थे। इन लोगों ने केवल युक्ति की ही कोरी बातें की हैं। इन लोगों ने प्रियतम को खोजने या पाने की कोशिश नहीं की। जब तक कोई ऐसा नहीं करता, मुझे नहीं लगता कि उसके अंतस् में धर्म नामक कोई तथ्य है। उन लोगों के पास पोथी-पत्रा, संज्ञा, आदर्श, बातें, युक्ति आदि यथेष्ट हो सकती हैं; लेकिन धर्म नहीं होता। यह तो तब शुरू होता है, जब अंतरात्मा प्रियतम की आवश्यकता और कामना महसूस करती है। इसके पहले कदापि नहीं।

शिकागो, 24 मई, 1894

इसके साथ मैं आपको राजपूताना के अन्यतम शासक महामान्य खेतड़ी के महाराज का पत्र भेज रहा हूँ। साथ ही भारत के महत्त्वपूर्ण देसी राज्य जूनागढ़ के भूतपूर्व मंत्री का पत्र भी भेज रहा हूँ। ये अफीम कमीशन के सदस्य हैं और भारत के ग्लैडस्टोन के नाम से प्रख्यात हैं। मुझे लगता है कि यह पत्र पढ़कर आपको विश्वास होगा कि मैं प्रतारक नहीं हूँ।

प्रिय बंधु, मैं जो सच ही संन्यासी हूँ, इस बारे में हर तरह से आपको आश्वस्त करने के लिए मैं जवाबदेह हूँ। लेकिन यह सिर्फ 'आपको ही'! बाकी निकृष्ट लोग क्या कहते हैं या नहीं कहते हैं, मैं उसकी परवाह नहीं करता।

"कोई तुम्हें साधु कहेगा, कोई तुम्हें चांडाल, कोई पागल कहेगा, कोई कहेगा दानव; किसी भी ओर बिना देखे सीधे अपनी राह चलते चलो।" यह बात कही थी बुढ़ापे में संन्यास ग्रहण करनेवाले राजा भर्तृहरि ने, जो भारत के एक प्राचीन सम्राट् और महान् संन्यासी थे।

शिकागो, 22 मई, 1894

मैं न्यूयॉर्क और बोस्टन के बीच निरंतर आवाजाही करता फिर रहा था!

नहीं जानता, कब भारत पहुँचूँगा। समस्त जिम्मेदारी उन पर ही डाल देना बेहतर है। वे ही मेरे पीछे रहकर मुझे परिचालित कर रहे हैं।

सुनो, मुझे छोड़कर मेरे बिना काम करने की कोशिश करो। मान लो कि मैं कभी था ही नहीं। किसी प्राणी के लिए या किसी चीज की प्रतीक्षा मत करो। जितना कर सको, किए जाओ, किसी से कोई अपेक्षा मत रखो! इस देश से मैं जितना चाहूँ, रुपए

प्राप्त कर सकता हूँ, यह बात सही नहीं है। यह वर्ष इस देश के लिए बेहद कीलाई का वर्ष है। ये लोग अपने ही दरिद्र लोगों के सारे अभाव दूर नहीं कर पा रहे हैं। ऐसे समय में मैं जो उनके अपने वक्ताओं से काफी सहूलियतें ले पाया, इसके लिए मुझे उन लोगों को धन्यवाद देना चाहिए।

लेकिन यहाँ भयंकर खर्च हो रहा है। हालाँकि यहाँ मुझे प्रायः हमेशा ही और हर जगह ही अच्छे-अच्छे और बड़े-बड़े परिवारों में आश्रय मिलता है, फिर भी रुपए मानो पंख लगाकर उड़ जाते हैं।

शिकागो, 18 जून, 1894

हफ्ते भर के अंदर मैं न्यूयॉर्क जा रहा हूँ।

बोस्टन के अखबार में मेरे विरुद्ध लिखी गई रचना पढ़कर मिसेज बैगली काफी विचलित हुई हैं। उन्होंने डेट्राएट से मुझे उसकी एक प्रति भेजी है और पत्र-वत्र लिखना बंद कर दिया है। प्रभु उन्हें आशीष दें। वे मेरे प्रति हमेशा ही बेहद सदय रही हैं।

हमारी यह दुनिया भी अजीब जगह है! पूरी तरह अपरिचित और मामूली से 'परिचय-पत्र' हीन होने के बावजूद यहाँ के लोगों से जिस मात्रा में मुझे सहृदयता मिली है, उसके लिए मैं ईश्वर के प्रति दिल से कृतज्ञ हूँ। आखिरकार सभी कुछ ही मंगलमुखी है।

शिकागो, वसंतकाल, 1894

इस देश में दो-तीन वर्ष तक व्याख्यान देते रहो तो रुपए प्राप्त किए जा सकते हैं। मैंने थोड़ी-बहुत तो कोशिश की है, यहाँ के लोगों को शांति भी मिली है, लेकिन मेरे स्वभाव से यह बिलकुल मेल नहीं खाता।

शिकागो, 20 जून, 1894

दीवानजी साहब, जो लोग मुझे बिना देखे-सुने, मेरी बदनामी फैला रहे हैं, उन लोगों ने परोक्षभाव से भी मेरा उपकार नहीं किया है। हमारे हिंदू समाज के पक्ष से, अमेरिकी जनसाधारण से, मेरे प्रतिनिधित्व के बारे में एक भी शब्द न कहने की वजह से यह सब बदनामी यथेष्ट क्षति का कारण बन गई है। मैं जो उन लोगों का प्रतिनिधि हूँ, इस बारे में क्या किसी ने कभी कुछ भी लिखा? या मेरे प्रति अमेरिकावासियों की सहृदयता के लिए कभी किसी ने धन्यवाद का एक भी वाक्य लिखकर भेजा? दूसरी तरफ मजुमदार, बंबई का नागरकर और सोहराबजी नामक एक ईसाई महिला ने, अमेरिकावासियों से तार स्वर से यही घोषणा की है कि मैं एक पक्का पाखंडी हूँ और अमेरिका में कदम रखने के बाद ही मैंने गेरुआ धारण किया है।

वैसे इन सब प्रचारों के फलस्वरूप, अमेरिका में मेरी अभ्यर्थना में कोई भी कमी

नहीं आई है, न ही मेरे सम्मान को कोई नुकसान पहुँचा है, लेकिन आर्थिक सहायता में यह भयावह नुकसान जरूर हुआ है कि अमेरिकावासियों ने बिलकुल ही हाथ समेट लिया है। यह जो साल भर से मैं यहाँ हूँ, इस बीच भारत के एक भी किसी प्रसिद्ध व्यक्ति ने इन देशवासियों को यह जानकारी देना जरूरी नहीं समझा कि मैं प्रतारक नहीं हूँ। उस पर से मिशनरी संप्रदाय हमेशा छिद्रान्वेषण में जुटा हुआ है और भारत की ईसाई पत्रिकाओं में मेरे विरुद्ध जो छपा है, उसकी छोटी-से-छोटी खबरें इकट्ठी करके यहाँ के अखबारों में छापी जा रही हैं। आप लोग यह भी जान रखिए कि यहाँ की आम जनता भारत में ईसाई और हिंदुओं में क्या अंतर है, इस बारे में अधिक जानकारी नहीं रखती। हमारे देश में अगर किसी महान् व्यक्ति का प्रयाण होता है तो कई शताब्दियों तक दूसरे महान् व्यक्ति की प्रतीक्षा में बैठे रहना पड़ता है और इस देश में किसी एक की मृत्यु के साथ-साथ वह जगह भर जाती है। इस देश में शिक्षित स्त्री-पुरुषों की संख्या बहुत अधिक है।

पथ-प्रदर्शक देव-मानवों ने भारत में ही जन्म लिया था। ये वही महान् श्रीरामकृष्ण परमहंस हैं और उन्हीं को केंद्र में रखकर नौजवानों का दल धीरे-धीरे संघबद्ध हो उठा है। वे लोग ही इस महाव्रत का उद्यापन करेंगे।

इस काम के लिए संघ की जरूरत है और कम-से-कम शुरू-शुरू में थोड़े-थोड़े से अर्थ की भी जरूरत पड़ती है। लेकिन भारतवर्ष में हमें अर्थ कौन देगा? इसीलिए मैं अमेरिका चला आया। आपको शायद याद हो कि मैंने सारा अर्थ दरिद्र लोगों से ही संग्रह किया था। धनी संप्रदाय का दान मैं ग्रहण नहीं कर पाया, क्योंकि वे लोग मेरे विचारों को नहीं समझ सके। इस देश में साल भर तक लगातार व्याख्यान देते हुए भी मैं खास कुछ नहीं कर पाया। वैसे व्यक्तिगत रूप से मुझे कोई अभाव नहीं है, लेकिन मैं अपनी योजना के मुताबिक काम करने के लिए अर्थ-संग्रह नहीं कर पाया।

इसका पहला कारण है—इस बार अमेरिका में इस वर्ष दुर्दिन चल रहे हैं, हजारों गरीब बेरोजगार हो गए हैं। दूसरा कारण है, मिशनरी और ब्राह्मसमाजी लोग मेरे मत को ध्वंस करने में जुटे हैं। तीसरा कारण है, पूरा एक वर्ष बीत गया, मेरे देश के किसी एक बंदे की जुबान से यह बात नहीं निकली कि मैं सच ही संन्यासी हूँ, प्रतारक नहीं हूँ और मैं हिंदू धर्म का प्रतिनिधि हूँ। केवल इतनी सी ही बात तो कहनी थी, फिर भी इसके बावजूद मैं अपने देशवासियों को प्यार करता हूँ।

मनुष्यों से सहायता लेना मैं पसंद नहीं करता। जो गिरि-गुफा, दुर्गम वन और मरुभूमि में मेरे साथ-साथ रहे, मेरा विश्वास है, वे हमेशा मेरे साथ रहेंगे; और अगर

ऐसा नहीं हुआ तो मुझसे भी अधिक शक्तिमान कोई पुरुष किसी दिन जन्म लेगा और यह महान् कार्य उससे संपन्न कराएँगे। मैं पूर्णत: निश्छल हूँ; और मेरे चरित्र की सबसे मुख्य त्रुटि यह है कि मैं अपने देश से प्यार करता हूँ, बेहद-बेहद प्यार करता हूँ।

शिकागो, 28 जून, 1894

यहाँ मेरे कामकाज के विस्तार की आशा लगभग शून्य तक पहुँच गई है, क्योंकि यहाँ विस्तार की काफी संभावना तो थी, लेकिन निम्नोक्त कारणों से वह आशा बिलकुल ही निर्मूल हो गई है।

भारत की जो थोड़ी-बहुत खबरें मिल रही हैं, वह मद्रास से भेजे गए पत्रों से। तुम लोगों के पत्रों से तो हमेशा यही सुन रहा हूँ कि भारत में सभी लोग मेरी काफी प्रशंसा कर रहे हैं, लेकिन ये खबरें तो केवल तुम जानते हो और मैं जानता हूँ, क्योंकि आलासिंगा द्वारा भेजे गए तीन वर्ग इंच के कागज के टुकड़े के अलावा मुझे ऐसा एक भी भारतीय अखबार नहीं मिला, जिसमें मेरे बारे में कुछ लिखा गया हो।

दूसरी तरफ भारत के ईसाई लोग जो कुछ कह रहे हैं, मिशनरी लोग बड़े जतन से इकट्ठा करके नियमित रूप से प्रकाशित कर रहे हैं और घर-घर जाकर, मेरे मित्र-बंधु मुझे त्याग दें, इसकी कोशिश कर रहे हैं। उनका उद्देश्य खूब अच्छी तरह सिद्ध भी हो रहा है। क्योंकि भारत से कोई एक बंदा भी कोई एक बात भी मेरे लिए नहीं कह रहा है। भारत की हिंदू पत्रिकाएँ भले मुझे आसमान तक चढ़ाकर मेरी प्रशंसा कर रही हों, लेकिन उनकी एक भी बात अमेरिका तक नहीं पहुँचती है। इसलिए इस देश में बहुतेरे लोग सोचने लगे हैं कि मैं प्रवंचक हूँ। एक तो ये मिशनरी लोग मेरे पीछे पड़े हुए हैं, उस पर से यहाँ के हिंदू लोग भी उनमें शामिल हो गए हैं। इस मामले में मेरे पास जवाब देने को कुछ भी नहीं है।

अब लगता है, केवल मद्रास के कई छोकरों की जोर-जबरदस्ती की वजह से धर्म-महासभा में जाना मेरी बेवकूफी थी, क्योंकि वे लोग आखिर छोकरे ही तो हैं। वैसे मैं अनंत काल तक उनके प्रति कृतज्ञ रहूँगा, मगर वे लोग चंद उत्साही युवक होने के अलावा और कुछ नहीं हैं और कामकाज की क्षमता उन लोगों में बिलकुल भी नहीं है। मैं कोई पहचान-पत्र लेकर नहीं आया। किसी को जब आर्थिक सहायता की जरूरत होती है तो उसके पास पहचान-पत्र होना बेहद जरूरी है, वरना मिशनरी और ब्राह्मसमाज के विरुद्ध आचरण के सामने मैं जो प्रवंचक नहीं हूँ, यह बात कैसे साबित करूँगा?

इस एक वर्ष में भारत से मेरे लिए किसी ने समर्थन में कुछ नहीं कहा और यहाँ सभी मेरे विपक्ष में हैं। तुम लोग अपने-अपने घर में बैठे-बैठे मेरे बारे में जो

भी कहो, यहाँ वह सब खबर किसे होती है? दो महीने से भी अधिक हो गए, इस बारे में मैंने आलासिंगा को लिखा था, लेकिन उसने मेरे पत्र का जवाब तक नहीं दिया। मुझे आशंका है कि उसका उत्साह शायद ठंडा पड़ गया है।

इधर मेरे गुरु-भाई बच्चों की तरह केशव सेन के बारे में ढेरों फिजूल की बातें कर रहे हैं और मद्रासी लोग थिओसोफिस्ट लोगों के बारे में, मैंने पत्र में जो कुछ लिखा है, वही उनसे कह रहे हैं। इससे सिर्फ शत्रुओं की ही सृष्टि हो रही है। काश, अगर भारत में दिमागवाला कोई एक व्यक्ति मेरे काम में हाथ बँटानेवाला मुझे मिल जाता। लेकिन, उनकी इच्छा ही पूरी होगी, मैं इस देश में प्रवंचक ही गिना गया। बेवकूफी मुझसे ही हुई थी। कोई पहचान-पत्र साथ लिए बिना धर्म महासभा में चले आना। मुझे आशा थी कि बहुतेरे लोग जुट जाएँगे। अब देख रहा हूँ कि मुझे अकेले ही धीरे-धीरे काम करना होगा। बहरहाल, मुझे कोई कर्म करते हुए, अपना प्रारब्ध क्षय करना होगा। अपने आर्थिक स्थिति के बारे में कहूँ तो मेरी आर्थिक स्थिति काफी ठीक-ठाक है और ठीक-ठाक ही रहेगी।

यहाँ मैं हर पल इस आशा में रहा कि भारत से कुछ आएगा, लेकिन कुछ नहीं आया। खासकर पिछले दो महीने, पल-पल मेरे उद्वेग और यंत्रणा की सीमा नहीं थी। भारत से तो एक समाचार-पत्र तक नहीं आया। मेरे मित्र भी महीने-महीने प्रतीक्षा करते रहे, लेकिन आया कुछ नहीं, एक आवाज तक नहीं आई। इसलिए बहुतेरे लोगों के उत्साह पर पानी पड़ गया। बहुतेरे लोगों ने मुझे त्याग दिया। लेकिन यह तो सजा है। इनसानों पर मेरे निर्भर होने की सजा। हाँ, मद्रासी नवयुवकों को अनंतकाल तक मेरा धन्यवाद!

मैं सदा-सर्वदा उन लोगों के कल्याण की प्रार्थना करता रहता हूँ। मैं उन लोगों से तनिक भी असंतुष्ट नहीं हूँ। मैंने जीवन में केवल एक बार दूसरों की सहायता पर निर्भर होने की भयानक भूल की है और इसके लिए सजा भी भुगत रहा हूँ। यह मेरा ही दोष है, उन लोगों का कोई दोष नहीं है। प्रभु मद्रासी लोगों को अपना आशीष दें।

मैंने अब सागर-वक्ष पर अपनी नौका बहा दी है। जो होना है, हो जाए। कठोर आलोचना के लिए मुझे क्षमा करना। असल में मेरी तो कोई माँग या दावा नहीं है। मैं जैसा कर्म करूँगा वैसा ही फल पाऊँगा। अब, जो भी घटे, मुझे मुँह बंद किए सहते जाना होगा।

मैं नहीं जानता कि इसके बाद मुझे क्या करना होगा? मेरा संक्षिप्त-वाक्य है, धीरज के साथ प्रतीक्षा करना और उन्हीं के निर्देशानुसार अपने को समर्पित करना।

संयुक्त राष्ट्र अमेरिका, 11 जुलाई, 1894

पिछले वर्ष मैंने केवल बीज-वपन किया था, इस वर्ष मैं फसल काटना चाहता हूँ। इस बीच जितना भी संभव हो, भारत में आंदोलन जारी रखो!

डेट्राएट में व्याख्यान देकर मुझे 900 डॉलर यानी 2,700 रुपए मिले थे। अन्यान्य व्याख्यानों में एक घंटे के लिए मुझे 2,500 डॉलर यानी 7,500 रुपयों की आय हुई। लेकिन मुझे मिला कुल 200 डॉलर! एक प्रवंचक व्याख्यान-कंपनी ने मुझे ठग लिया था। मैंने उन लोगों का साथ छोड़ दिया है। यहाँ ढेरों रुपए खर्च हो गए। मेरे हाथ में केवल 3,000 डॉलर हैं।

बेकन, न्यूयॉर्क, 17 जुलाई, 1894

यहाँ मैं कल पहुँचा हूँ। यहाँ कई-एक दिन रहूँगा। न्यूयॉर्क में मुझे आपका एक पत्र मिला था, लेकिन 'इंटीरियर' नहीं मिला। इस वजह से मुझे खुशी ही हुई है, क्योंकि मैं अभी भी विशुद्ध त्रुटिहीन नहीं हुआ हूँ। और प्रेसबिटिरियन धर्म भिक्षुओं का खासकर 'इंटीरियर' लोगों का मेरे प्रति निःस्वार्थ प्यार है, यह जानकर, बाद में कहीं 'प्रेमी' ईसाई महाशयों पर मेरा विद्वेष जाग न जाए, इसलिए मैं उन लोगों से दूर ही रहना चाहता हूँ।

हमारे धर्म की शिक्षा है—क्रोध संगत हो, फिर भी महापाप है। अपना-अपना धर्म ही अनुसरण योग्य है। 'साधारण' और 'धर्म संबंधी' भेद में क्रोध, हत्या, अपवाद इत्यादि में मैं कोई अंतर नहीं कर पाता। सैकड़ों कोशिशों के बाद भी मैं इनमें कोई अंतर नहीं कर पाया। यह सूक्ष्म नैतिक पार्थक्य-बोध, भगवान् करें, मेरे स्वजातीय लोगों में कभी भी प्रवेश न करे। नहीं, मजाक नहीं, सुनिए, मदर चर्च, आपसे ही कहता हूँ—ये लोग जो कपटी, मक्कार, पाखंडी, स्वार्थी और प्रतिष्ठाप्रिय हैं, मैंने साफ-साफ देखा है, इसलिए इनके पागल उद्‌गारों की मैं बिलकुल भी परवाह नहीं करता।

यहाँ की गरमी मुझे बखूबी सहन हो रही है। एक अति अमीर महिला ने सोयामस्कॅट जाने का आमंत्रण दिया है। पिछली सर्दी में उनसे न्यूयॉर्क में परिचय हुआ था। धन्यवाद समेत मैंने इनकार कर दिया है। इस देश में किसी का आतिथ्य स्वीकार करने में काफी सतर्क हो गया हूँ, खासकर अमीर लोगों के आमंत्रण पर हामी भरने में। अतिशय धनवान् लोगों की तरफ से और भी कई आमंत्रण आए हैं, उन सबसे भी मैंने इनकार कर दिया है। इतने दिनों में इन लोगों के क्रिया-कलाप मैं बखूबी समझ गया हूँ।

फिशकिल-ऑन-द हडसन, न्यूयॉर्क, 19 जुलाई, 1894

इस गरमी में गार्नेसी परिवार का सीडर बागान अति मनोरम स्थान है, मिस गार्नेसी

सोयामस्कॅट जा चुकी हैं। वहाँ के लिए मुझे भी आमंत्रण मिला था, लेकिन मैंने सोचा कि प्रचुर पेड़ों से भरपूर यह निर्जन और शांत परिवेश अधिक श्रेय है। करीब ही सुंदर हडसन प्रवाहित हो रही है और पीछे की तरफ पहाड़!

बहुत संभव है कि जल्दी ही मैं इंग्लैंड जाऊँगा। लेकिन यह बात केवल तुम्हें ही बताता हूँ कि मैं थोड़ा-बहुत रहस्यमय भी हूँ। देवादेश के बिना मैं हिल-डुल भी नहीं सकता! देवादेश अभी भी मुझ तक नहीं पहुँचा।

मेरे बारे में तुम रंचमात्र भी परेशान न होना। चिरकाल ही मेरा घुमंतू जीवन रहा है—गृहहीन जीवन! इधर-उधर परिव्राजक की तरह किसी भी देश का अच्छा-बुरा मेरे लिए यथेष्ट है।

सोयामस्कॅट, मैसाचुसेट्स, 26 जुलाई, 1894

भगिनी मेरी का सुंदर पत्र मिला है। देख रहे हो न, समाज में मैं किस तरह ऊँचा उठता जा रहा हूँ। यह सब भगिनी जिनी की शिक्षा का फल है। वह खेल-कूद, दौड़-भाग में धुरंधर है। प्रति मिनट 500 के हिसाब से दूसरी भाषाओं के व्यवहार में सुदक्ष, धारा-प्रवाह बतकही में बेजोड़! धर्म की वह खास परवाह नहीं करती बस यदा-कदा ही! आज वह अपने घर चली गई। मैं ग्रीनएकर जा रहा हूँ।

मैं मिसेज ब्रीड के यहाँ गया था। वहाँ मिसेज स्टॉन भी थीं। मिसेज पुलमैन वगैरह मेरे यहाँ के प्रख्यात प्रतिष्ठित मित्र वर्ग मिसेज स्टान के यहाँ ठहरे हैं। उन लोगों का सौजन्य पहले की तरह ही है। ग्रीनएकर से लौटते हुए रास्ते में कुछ दिनों के लिए मैं मिसेज बैगली से मिलने के लिए एनिस्कोया में जाऊँगा।

धत् तेरे की! सब भूल जाता हूँ। यहाँ मैं समंदर में मछलियों की तरह डूब-डूबकर नहाता हूँ। खूब आनंद आ रहा है। 'प्रांतर के बीच में' आदि ना जाने कैसा गीत हैरिएट ने मुझे सिखाया था। खैर, जहन्नुम में जाए! एक फ्रेंच पंडित मेरा विचित्र अनुवाद सुनकर हँसते-हँसते लोटपोट हो गए। इसी ढंग से तुम सब बेवकूफों के दल ने मुझे फ्रेंच सिखाया था न! तुम लोग भी कश्ती पर पानी से निकाली हुई मछली की तरह छटपटा रहे हो न? अच्छा है, गरमी में भुन रहे हो। यहाँ कैसी मनोरम, सुंदर ठंड है! जब मुझे खयाल आता है कि तुम चार लोग गरमी में जल-भुन रहे हो और मैं यहाँ ठाट से ठंड का आनंद ले रहा हूँ, तो मेरा आनंद सौ गुना बढ़ जाता है। आ-हा-हा-हा!

न्यूयॉर्क राज्य में कहीं पर मिस फिलिप्स की पहाड़, झील, नहीं जंगल से घिरी, कोई सुंदर सी जगह है। और क्या चाहिए! मैं उस जगह को हिमालय में बदलने जा रहा हूँ। वहाँ जरूर एक मठ खोलूँगा। गर्जन-तर्जन, लात-जूते, झगड़े-झंझट के तहलके

में फँसे इस अमेरिका में धर्मों के मतभेद के भँवर में और एक नया विरोध सृष्टि किए बिना मैं इस देश से नहीं जानेवाला।

'ग्रीनएकर इन, ईलियट' मेन, 31 जुलाई, 1894

यह एक बड़ी सराय और खलिहान-भंडार है, यहाँ ईसाई वैज्ञानिकों ने अपनी समिति की बैठक आयोजित की है। जिस महिला के दिमाग में पहले-पहल इस सभा की कल्पना आई थी, उन्होंने पिछले वसंत में न्यूयॉर्क में मुझे यहाँ आने का निमंत्रण दिया था। इसलिए मैं यहाँ आया हूँ। यह जगह काफी सुंदर और ठंडी है, इसमें कोई संदेह नहीं, साथ ही शिकागो के मेरे बहुतेरे मित्र यहाँ मौजूद हैं। मिसेज मिलय और मिस स्टॅकहैम की बातें तुम लोगों को याद होंगी। वे दोनों और कई-कई अन्य सज्जन स्त्री-पुरुष नदी तट पर खुली जगह में तंबू गाड़कर रह रहे हैं। वे सब लोग काफी स्फूर्ति में हैं और कभी-कभी वे सभी दिन भर, जिसे तुम लोग वैज्ञानिक पोशाक कहते हो, वही पहने रहते हैं।

व्याख्यान प्राय: हर दिन होते हैं। बोस्टन से मिस्टर किलविल नामक एक व्यक्ति यहाँ आए हैं। लोगों का कहना है कि वे हर दिन ही भावाविष्ट होकर व्याख्यान देते हैं—'यूनिवर्सल ट्रूथ' की संपादिका, जो 'जिमी मिल्स' प्रासाद की ऊपरी मंजिल में रहती थीं, यहाँ आकर रहने लगी हैं। वे उपासना का संचालन करती हैं और मनोबल के सहारे सभी प्रकार के व्यायाम को बेहतर बनाने की शिक्षा देती हैं। लगता है, ये लोग जल्दी ही अंधों को चक्षुदान और इस प्रकार के कई कार्य संपन्न करनेवाले हैं।

कुल मिलाकर यह सम्मेलन अद्‌भुत है। ये लोग समाज के बँधे-बँधाए नियमों की खास परवाह नहीं करते। सभी पूरी-पूरी तरह स्वाधीन ढंग से काफी आनंद में हैं, मिसेज मिल्स काफी प्रतिभासंपन्न महिला हैं। अन्यान्य अनेक महिलाएँ भी उन्हीं की तरह हैं, डैट्रायेटवासिनी अन्य एक उच्च-शिक्षिता महिला सागर-तट से 15 मील दूरवर्ती एक द्वीप में मुझे ले जानेवाली हैं। आशा करता हूँ कि वहाँ हमारा समय परमानंद में बीतेगा। मिस आर्थर स्मिथ भी यहीं हैं। मिस गर्नसी, सोयामस्कॅट से अपने घर चली गई हैं। मैं यहाँ से शायद एनिस्कोयम चला जाऊँ।

यह जगह सुंदर और मनोरम है। यहाँ नहाने की अतिशय सुविधा है। कोरा स्टॉकसाम ने मेरे लिए नहाने की एक पोशाक बनवा दी है। मैं भी अब बिलकुल बत्तख की तरह पानी में उतरकर नहाने का आनंद लिया करता हूँ।

बोस्टन के मिस्टर वुड भी यहाँ मौजूद हैं। वे तुम लोगों के संप्रदाय के प्रमुख पंडा हैं। लेकिन, 'व्हर्लपूल' महोदया के संप्रदाय-युक्त होने में उन्हें विशेष आपत्ति है। इसलिए वे अपने नाम के साथ दार्शनिक-रासायनिक-भौतिक-आध्यात्मिक वगैरह

और भी कितने-कितने विशेषण जोड़कर अपने को मन:शक्ति-प्रभाव से आरोग्य दिलानेवाले यानी मनोचिकित्सक के रूप में परिचित कराना चाहते थे। कल यहाँ एक भयंकर तूफान उठा था। उस वजह से तंबुओं की उत्तम-मध्यम 'चिकित्सा' हो गई है। जिस बड़े तंबू के नीचे उन लोगों के ये व्याख्यान चल रहे थे, 'इस' चिकित्सा' के हमले से उसकी आध्यात्मिकता इतनी बढ़ गई है कि वह मर्त्यलोक की दृष्टि से पूरी तरह अंतर्निहित हो गई। प्राय: दो सौ कुरसियाँ आध्यात्मिक भाव से गद्गद होकर जमीन के चारों तरफ नृत्य करने लगी थीं।

मिल्स कंपनी की मिसेज फिग्स हर दिन सुबह एक क्लास लेती हैं और मिसेज मिल्स इस पूरी जगह मानो उछलती-कूदती व्यस्त रहती हैं। वे सभी लोग परम आनंद में मग्न हैं। खासकर कोरा को देखकर मैं खूब खुश हुआ हूँ। पिछली सर्दी के मौसम में उन लोगों ने काफी कष्ट सहा है। अब थोड़ा-बहुत आनंद मनाना उसके लिए बेहतर ही होगा।

तंबू में वे लोग जैसे आजादी से रहते हैं, तुम लोग सुनोगे तो विस्मित होगे। वैसे ये सभी लोग बेहद भले और श्रद्धात्मा हैं। बस, जरा खामखयाली हैं, और क्या!

मैं यहाँ अगले शनिवार तक हूँ।

अभी उस दिन रात को छावनी के सभी लोग एक चीड़ के पेड़ तले सोने पहुँच गए। मैं हर रोज सुबह इसी पेड़ तले हिंदू मुद्रा में बैठकर इन लोगों को व्याख्यान देता हूँ। उस रात मैं भी उन लोगों के साथ गया था। तारक-खचित आकाश तले, जननी धरित्री की गोद में सोते हुए रात काफी आनंद से गुजरी थी। मैंने तो इस आनंद को पूरा-पूरा उपभोग किया।

साल भर जी-तोड़ मेहनत के बाद यह रात कितनी सुखद बीती—जमीन पर सोना, जंगल में पेड़-तले बैठकर ध्यान करना—कितना सुख था, तुम लोगों को क्या बताऊँ! जो लोग सराय में ठहरे हैं, वे सभी लोग कमोबेश समृद्ध हैं और तंबू के लोग स्वस्थ, सबल, शुद्ध और निश्छल स्त्री-पुरुष हैं। मैं उन सभी लोगों को 'शिबोऽहं' करना सिखाता हूँ और वे लोग इसकी आवृत्ति करते रहते हैं। सभी कितने सरल और शुद्ध तथा साहसी हैं। इसलिए इन लोगों को शिक्षा देकर मैं भी परम आनंद और गौरव महसूस करता हूँ।

भगवान् को धन्यवाद कि उन्होंने मुझे नि:स्व कर दिया, ईश्वर को धन्यवाद कि उन्होंने इन तंबूवासियों को दरिद्र बनाया है। शौकीन बाबू लोग और शौकीन महिलाएँ होटल में निवास करती हैं, लेकिन तंबूवासियों की नसें मानो लोहे की बनी हुई हैं। मन मोटे-मोटे तीन परतोंवाले इस्पात से तैयार किया गया है और उन लोगों की आत्मा

अग्निमय है। कल जब मूसलाधार बारिश हो रही थी और आँधी-तूफान ने सारा कुछ उलट-पलट डाला था, तब ये ही वीर-हृदय व्यक्तिगण आत्मा की अनंत महिमा में विश्वास दृढ़ रखकर, आँधी-तूफान उन लोगों को उड़ा न ले जाए, इस कोशिश में वे अपनी-अपनी तंबू की रस्सी थामे झूल गए। तुम लोग अगर यह दृश्य देख पाते तो तुम लोगों का हृदय प्रशस्त और उन्नत हो उठता। मैं इन लोगों की कर्म कुशलता देखने के लिए 50 कोस तक चलकर जाने को प्रस्तुत हूँ।

आशा करता हूँ, तुम लोग अपने सुंदर ग्राम निवास में खूब आनंद से हो। मेरे लिए पल भर भी परेशान न होना। वे मुझे देखेंगे ही देखेंगे और अगर न भी देखें तो मैं निश्चित जान लूँगा कि मेरे जाने का समय हो गया है और मैं खुश-खुश चला जाऊँगा।

'हे माधव, बहुतेरे लोग तुम्हें काफी कुछ देते हैं! मैं ठहरा गरीब। मेरे पास और कुछ नहीं है, केवल यह शरीर मन और आत्मा है। यह सब मैं तुम्हारे चरण-कमलों में अर्पित करता हूँ? हे जग ब्रह्मांड के अधीश्वर! आपको दया करके यह सब ग्रहण करना ही होगा। अगर तुमने लेने से इनकार कर दिया तो नहीं चलेगा।'' इसलिए मैंने अपना सर्वस्व चिरकाल के लिए दे डाला है।

एक बात और! ये लोग कितने शुष्क किस्म के लोग हैं और समग्र जगत् में ऐसे खूब कम लोग ही हैं, जो शुष्क नहीं हैं। वे लोग 'माधव' अर्थात् भगवान् जो रसस्वरूप हैं इस बात को बिलकुल नहीं समझते। वे लोग या तो ज्ञान की खिचड़ी या झाड़-फूँक करनेवाले रोग-निवारक ओझा या टेबल पर भूत उतारनेवाले डायन-विद्या वगैरह के पीछे दौड़ते हैं। इस देश में प्रेम, स्वाधीनता, तेज के बारे में जितनी बातें सुनाई देती हैं, उतनी और कहीं सुनने में नहीं आतीं। लेकिन, यहाँ के लोग यह सब जितना समझते हैं, उतना और कहीं नहीं। यहाँ ईश्वर के बारे में धारणा है, वह या तो 'सभयं वज्रमुद्यतं' या रोग-आरामकारी शक्ति विशेष या फिर किसी प्रकार का स्पंदन वगैरह है! प्रभु इन लोगों का मंगल करें। ये लोग दिन-रात तोते की तरह 'प्रेम! प्रेम! प्रेम!' करके चीखते रहते हैं।

ग्रीनएकर, मेन, 11 अगस्त, 1894

अब तक ग्रीनएकर में ही हूँ। यह जगह खासी मोहक लगी। सभी लोग सहृदय हैं। केनिलवर्थ की मिसेज प्रैट नामक एक शिकागोवासिनी महिला मेरे प्रति विशेष रूप से आकृष्ट होकर मुझे 500 डॉलर देना चाहती हैं। मैंने इनकार कर दिया है। लेकिन मुझे यह वचन देना पड़ा है कि मुझे जब भी पैसों की जरूरत होगी, मैं उन्हें बताऊँगा। आशा करता हूँ, भगवान् मुझे ऐसी स्थिति में कभी न डालें। एकमात्र उनकी ही सहायता

मेरे लिए पर्याप्त है। कलकत्ता से फोनोग्राफ के पहुँचने की खबर भी अभी नहीं आई।

आगामी शरतकाल मैं न्यूयॉर्क में रहूँगा। न्यूयॉर्क बेहद आकर्षक स्थान है। वहाँ के लोगों में जो अध्यवसाय है, अन्यान्य नगरवासियों में नजर नहीं आता।

एनिस्कोयम, मैसाचुसेट्स, 20 अगस्त, 1894

मैं थोड़ी नीरवता चाहता हूँ। लेकिन, लगता है कि प्रभु की ऐसी इच्छा नहीं है। ग्रीनएकर में हर दिन औसत सात से आठ घंटे तक बकबक करना पड़ा है—यही मेरा विश्राम था। लेकिन, यह सब तो प्रभु का ही काम है, इसलिए मेरे उद्यम में कोई कमी नहीं आई।

एनिस्कोयम, मैसाचुसेट्स, 20 अगस्त, 1894

मैं पुनः बैगली लोगों के साथ हूँ। वे लोग यथारीति सहृदय हैं। प्रोफेसर राइट यहाँ नहीं थे। लेकिन परसों ही वे यहाँ आ पहुँचे हैं और मिल-जुलकर, एक संग रहते हुए हमारा समय अच्छा बीत रहा है। एवनस्टन के मिस्टर ब्रैडली, जिनसे तुम्हारी एवनस्टन में भेंट हुई थी, यहीं थे। कई दिनों खूब नौका-विहार किया गया और एक शाम तो नाव उलट गई। सारे कपड़े-लत्ते और बाकी सब भीगकर सराबोर हो गया।

ग्रीनएकर में मेरे दिन काफी मजे में गुजरे। ये सभी लोग निष्ठापरायण और सहृदय हैं।

मैं सोच रहा हूँ कि न्यूयार्क लौट जाऊँ या फिर बोस्टन में मिसेज उली बुल के पास। संभवतः तुमने इस देश के विख्यात वायलिन वादक मिस्टर उली बुल के बारे में सुना हो। ये उनकी विधवा पत्नी हैं। ये महिला काफी धर्मशीला हैं। वे कैंब्रिज में रहती हैं और भारत से लाई हुई नक्काशीदार लकड़ियों से तैयार किया गया उनका एक सुंदर बैठकघर भी है। वे चाहती हैं कि मैं जब कभी उनके यहाँ जाऊँ और उनके बैठकघर का अपने व्याख्यान के लिए इस्तेमाल करूँ।

वैसे बोस्टन हर विषय के लिए काफी वृहद् क्षेत्र है। लेकिन बोस्टन के लोग कुछ भी जितनी तत्परता से ग्रहण करते हैं, उसी तत्परता से त्याग भी कर देते हैं। दूसरी तरफ, न्यूयार्कवासी जरा ढीले-ढाले होते हुए भी जब भी कोई चीज पकड़ते हैं, तब उसे नहीं छोड़ते।

मेरा स्वास्थ्य लगातार ठीक ही है। आशा करता हूँ कि भविष्य में भी अच्छा ही जाएगा। मेरे संचय से खर्च करने की कोई वजह अभी तक नहीं घटी, फिर भी मैं काफी मजे में समय गुजार रहा हूँ। अर्थ-संबंधी सभी परिकल्पनाएँ मैंने त्याग कर दी हैं। अब केवल मामूली सा भोजन और सिर पर थोड़ी सी छाँव मिल जाए, मैं पूरी तरह तृप्त रहूँगा और अपना काम करता जाऊँगा।

संभवत: इससे पहले के पत्र में मैंने तुम्हें बताया नहीं कि कैसे मैं पेड़-तले सोया, पेड़-तले रहा और धर्मप्रचार किया। इसके अलावा, कम-से-कम कई-एक दिनों के लिए और एक बार फिर स्वर्गीय परिवेश में अपने को पाने का सौभाग्य मिला।

एनिस्कोयम, 23 अगस्त, 1894

सर्वजन के लिए यह जीवन बेहद झुँझलाहट भरा है। मैं लगभग अक्षम हूँ। मैं भागकर जाऊँ भी तो कहाँ जाऊँ? भारत में मैं जनगण से घिरा रहूँगा। भीड़ मेरे पीछे दौड़ती हुई मेरा जीवन हैरान-परेशान कर देगी। एक आउंस यश के लिए एक पाउंड शांति और पवित्रता अर्पित करनी पड़ती है। पहले मैंने कभी इस बारे में नहीं सोचा। इस तरह के प्रचार से मैं पूर्ण रूप से विरक्त हूँ। मुझे अपने पर भी विरक्ति होती है। प्रभु जरूर मुझे शांति और पवित्रता की राह दिखाएँगे। क्यों? माँ, मैं तुम्हारे सामने निश्छल रूप में स्वीकार करता हूँ कि कोई भी इनसान जनता के बीच जीवन नहीं गुजार सकता, यहाँ तक कि धर्म जगत् में भी नहीं। प्रतियोगिता का दैत्य हर समय ही मन की प्रशांति को कुरेदने-खरोंचने लगता है। जो लोग किसी विशेष मतवाद के प्रचार में प्रशिक्षण-प्राप्त हैं, वे लोग यह कभी महसूस नहीं कर सकते। वे लोग तो जानते ही नहीं कि धर्म क्या है? लेकिन जो लोग ईश्वर की तलाश में घूमते हैं और जिनके दिमाग में दुनियावी स्वार्थ नहीं है, वे लोग हर-पल यही महसूस करते हैं कि नाम-यश की हर बूँद पवित्रता के विनिमय से ही संगृहीत होती है। प्रभु मेरी सहायता करें। मैं अपने से भी बेहद नाराज हूँ। अच्छा, यह दुनिया ऐसी क्यों है कि अपने को सबके सामने न धकेलो तो कोई काम नहीं होता। कहीं गोपन में या अदृश्य रहकर, किसी की नजरों में आए बिना, इनसान काम क्यों नहीं कर सकता?

अरे हाँ, तुम्हें बता दूँ कि टॉमस ए.कैंपिस की किताब का एक मोहक संस्करण मेरे हाथ लगा है। वह वृद्ध संन्यासी मुझे बेहद प्रिय हैं। अवगुंठन की आड़ में जो होता है, उसका आकस्मिक दर्शन लाभ किया था उन्होंने। बहुत कम लोगों को ही ऐसा मौका मिलता है। मेरी दृष्टि में यही धर्म है। यह किसी वाक्यवागीश का कर्म नहीं है, यही मेरी राय है और मैं इस पर विश्वास करता हूँ। मैं इस किस्म के मुखौटेधारी वाक्यवागीशों से दूर रहना चाहता हूँ। ये लोग टॉमस ए. कैंपिस की सुंदर दुनिया से काफी दूर हैं।

मैगनोलिया, मैसाचुसेट्स, 28 अगस्त, 1894

भारत के लोगों को मैंने लिख दिया है कि वे लोग मुझे लगातार पत्र लिख-लिखकर परेशान न करें। अब, वे लोग क्यों पत्र लिखते हैं? जब मैं भारत परिभ्रमण पर था, तब तो किसी ने भी मुझे पत्र नहीं लिखा। अब वे लोग अमेरिका में मुझे,

हड़बड़ी में आयं-बायं लिखकर अपनी अतिरिक्त शक्ति क्यों खर्च करते हैं? यहाँ-वहाँ-जहाँ भी मेरा समूचा जीवन परिव्राजक का जीवन है! मुझे कोई हड़बड़ी भी नहीं है! मेरे दिमाग में मूर्खों जैसी जो परिकल्पना थी, वह संन्यासी को शोभा नहीं देती। वह मैंने परित्याग कर दिया है। अब, मैं जीवन को सहज भाव से लेना चाहता हूँ। मुझे कोई अशोभन जल्दीबाजी नहीं है। माँ, तुम याद रखना, उत्तर मेरु में जाकर भी मैं स्थिर नहीं हो पाऊँगा। मुझे घूमते-भटकते ही समय बिताना होगा—यही मेरा संकल्प है, यही मेरा धर्म है, इसलिए भारतवर्ष, उत्तरी ध्रुव, दक्षिणी ध्रुव—कहीं भी मैं जाऊँ, कहीं भी मैं रहूँ, मुझे कोई परवाह नहीं। पिछले दो वर्षों से मैं ऐसी जाति में विचरण करता रहा हूँ, जिनकी भाषा तक मैं नहीं बोल पाता। 'मेरे पिता नहीं हैं, माँ नहीं हैं, भाई नहीं, बहन नहीं, मित्र नहीं, शत्रु नहीं, घर नहीं, देश नहीं—शाश्वत की खोज में मैं महज परिव्राजक हूँ, जो ईश्वर के अलावा अन्य किसी की भी सहायता नहीं चाहता।'

एनिस्कोयम, मैसाचुसेट्स, 31 अगस्त, 1894

तुम तो जानती हो, रुपए रखना, यहाँ तक कि रुपए छूना तक मेरे लिए अति मुश्किल है। यह मेरे लिए अतिशय खिजानेवाला काम है और इससे मेरा मन बेहद नीचे गिर जाता है। इस वजह से अपना पक्ष का और रुपए-पैसे संबंधी मामलों का बंदोबस्त करने के लिए संघबद्ध होकर तुम लोगों को एक समिति स्थापित करनी होगी।

यहाँ जो सब मेरे मित्र-बंधु हैं, वे लोग ही मेरे लिए रुपए-पैसों का बंदोबस्त करते रहे हैं—अब, इन रुपयों-पैसों के भयानक हंगामे से रिहाई पा जाऊँ तो मैं चैन की साँस लूँ।

होटल बेलव्यू, बोस्टन, 13 सितंबर, 1894

स्वदेश से स्वीकृति आ चुकी है, इसलिए प्रभु अपने सेवक के अहंकार को बढ़ावा देंगे, ऐसा मुझे नहीं लगता। मैं तो इसी बात से खुश हूँ कि उन लोगों ने मुझे जो स्वीकृति दी है, वह मेरी वजह से नहीं है। लेकिन मेरा विश्वास है कि तिरस्कार में नहीं, प्रशंसा में ही व्यक्ति की उन्नति होती है। देश के संदर्भ में भी यही सच है। जरा सोचकर देखो, मेरे और मेरे दरिद्र देश के प्रति कारण-अकारण कितने ही तिरस्कार बरसते रहे हैं। इन लोगों ने ईसाइयों या उनके धर्ममत या उनके प्रचारकों को कभी कोई नुकसान नहीं पहुँचाया। ये सभी लोग आपस में मित्र की तरह रहते आए हैं। अस्तु, माँ, तुम देख लेना, कोई विदेशी देश अगर कोई एक अच्छी बात कहे तो भारत का कितना मंगल हो सकता है। मेरे मामूली कार्य के लिए अमेरिकावासियों ने जो स्वीकृति दी है, उसमें भी उन लोगों का भला ही हुआ है। लाखों-लाखों दलित, निंदित, दरिद्र

भारतवासियों का दिन-रात तिरस्कार न करके उन लोगों से दो-एक अच्छी बात की जाए, हर देश से मैं यही भीख माँगता हूँ। संभव हो तो उन लोगों की मदद करो। अगर मदद न कर सको तो कम-से-कम गाली-गलौज देना तो बंद करो।

बोस्टन, 13 सितंबर, 1894

लगभग हफ्ते भर हुआ, इस होटल में हूँ। अभी बोस्टन में कुछ और दिन रहूँगा। गाउन तो इतने सारे पड़े हैं, मगर वह सब ढोकर ले जाना आसान नहीं है। एमिस्कोयम में जब बेतरह भीग गया था, तब वही अच्छीवाली काली पोशाक पहने था, जो तुम्हें बेहद पसंद है। ऐसा लगता है कि यह कभी नष्ट नहीं होनेवाली। मेरे निर्गुण ब्रह्मध्यान में यह समा गई है। मैं खानाबदोश की तरह घूमता ही रहता हूँ। अभी हाल में एबह्यू लिखित तिब्बती घुमंतू लामाओं का विवरण पढ़कर मुझे बड़ा मजा आया। हमारे संन्यासी-संप्रदाय का यथार्थ चित्रण है। लेखक का कहना है कि ये अद्‌भुत लोग होते हैं, अपनी मनमर्जी से आकर हाजिर हो जाते हैं, चाहे जो भी व्यक्ति हो, उसके यहाँ चाहे निमंत्रित हों या अनिमंत्रित, बस, खाने में जुट जाते हैं। जब, जहाँ मन हो, रहते हैं; जब, जहाँ मन हो, चल देते हैं। ऐसा कोई पहाड़ नहीं है, जो उन लोगों ने आरोहण नहीं किया। ऐसी कोई नदी नहीं, जो उन लोगों ने पार नहीं की। ऐसी कोई जाति नहीं है, जिसकी उन लोगों की जानकारी न हो! ऐसी कोई भाषा नहीं है, जो वे न जानते हों। लेखक की राय में, जिस शक्ति की वजह से तमाम ग्रह चक्कर लगाते रहते हैं, उसी का छोटा सा हिस्सा भगवान् ने इन लोगों को भी सौंप दिया है।

आज यह घुमंतू लामा, लिखने की धुन में आकर सीधे एक दुकान पर पहुँचा, लिखने की विभिन्न सामग्रियों के साथ बटन लगी लकड़ी की एक छोटी सी दवात और एक पोर्टफोलियो भी खरीद लाया है। शुभ संकल्प है। मेरा खयाल है, पिछले महीने भारत से ढेरों पत्र आए हैं। मेरे देशवासियों ने मेरे कामकाज की इतनी तारीफ की है कि मैं खुश हो गया हूँ। उन लोगों ने काफी कुछ किया है। इसके अलावा, लिखने को और कुछ नहीं सूझ रहा है। प्रोफेसर राइट, उनकी पत्नी और बच्चों ने मेरी काफी खातिर-तवज्जो की है, जैसा वे लोग हमेशा ही करते आए हैं। भाषा में उनके प्रति कृतज्ञता मैं व्यक्त नहीं कर पा रहा हूँ। वैसे, अब तक तो सबकुछ ठीक-ठीक ही चल रहा है। बीच में भयंकर सर्दी ने जकड़ लिया था। अब, लगभग विदा हो चुकी है। नींद न आने के बारे में भी मैं क्रिश्चियन साइंस का अनुसरण कर रहा हूँ! अच्छा फल भी मिला है।

बोस्टन, 11 सितंबर, 1894

बेटी, इन दिनों मैं बोस्टन में कई जगह व्याख्यान दे रहा हूँ। अब एक ऐसी

जगह चाहिए, जहाँ बैठकर मैं अपने भाव-विचार लिपिबद्ध कर सकूँ। व्याख्यान बहुत हुए, अब मैं लिखना चाहता हूँ। मुझे लगता है कि इसके लिए मुझे न्यूयॉर्क जाना होगा। मिसेज गार्नसी ने मेरे प्रति काफी सदय बरताव किया था और वे हमेशा ही मेरी मदद करने को इच्छुक रहती हैं। मैंने सोचा है कि उनके यहाँ बैठे-बैठे किताब लिखूँगा।

बोस्टन, 21 सितंबर, 1894

मैं लगातार एक जगह से दूसरी जगह घूमता फिर रहा हूँ, हर वक्त काम करता रहता हूँ, व्याख्यान दे रहा हूँ, क्लासें ले रहा हूँ और लोगों को तरह-तरह की वेदांत शिक्षाएँ दे रहा हूँ।

मैंने जो पुस्तक लिखने का संकल्प किया है, अभी तक उसकी लाइन भी नहीं लिख पाया हूँ। संभव है, बाद में यह हाथ काम में ले सकूँगा। यहाँ के उदार मतावलंबियों में मुझे कई परम मित्र मिल गए हैं। दकियानूसी ईसाइयों में भी कुछेक ऐसे लोग मिल गए हैं। उम्मीद है कि जल्दी ही भारत लौटूँगा। इस देश को तो काफी खँगाल लिया! खासकर अतिरिक्त श्रम ने मेरी सेहत को काफी कमजोर कर दिया है। जनसाधारण के सामने बड़े-बड़े व्याख्यान देते हुए और किसी एक जगह थिर होकर न बैठने की वजह से लगातार अफरातफरी में यहाँ से वहाँ घूमते रहने की वजह से कमजोरी आने लगी है।

अस्तु, समझ गए न कि मैं जल्दी ही लौट रहा हूँ। यहाँ मैं कुछेक लोगों का अत्यंत प्रिय हो उठा हूँ। और इन लोगों की संख्या लगातार बढ़ती जा रही है। वे लोग जरूर यही चाहेंगे कि मैं यहाँ हमेशा के लिए बस जाऊँ। लेकिन, मुझे लगता है कि अखबार में नाम छपना और सर्वसाधारण के बीच काम करते रहने की वजह से नकली लोक-मान्यता तो बहुत हुई, अब और क्यों? मुझे इन सबकी कतई इच्छा नहीं है।

किसी भी देश के अधिकांश लोग कभी भी महज सहानुभूतिवश लोगों का उपकार नहीं करते।

हमारी जाति की तुलना में पाश्चात्य लोग अधिक कंजूस होते हैं। यह बात मैं दिल से विश्वास करता हूँ कि एशियावासी दुनिया की सभी जातियों से कहीं अधिक दानशील होते हैं, लेकिन वे बेचारे बेहद गरीब होते हैं।

न्यूयॉर्क, 25 सितंबर, 1894

मठ के सभी लोगों के लिए लिखा गया। इस देश में गरमी के दिनों में सभी लोग दरिया-किनारे जाते हैं। मैं भी गया था, लेकिन दूसरों के कंधे पर सवार! इन लोगों में नाव और जहाज चलाने का नशा होता है। यहाँ 'याट' नामक एक किस्म के छोटे-छोटे जहाज होते हैं। जवान-बूढ़े, जिनके भी पास पैसा है, उन लोगों के पास

इस किस्म का एक जहाज होता है। उन्हीं जहाजों का पाल खोलकर लोग दरिया में घूमते हैं—फिर घर लौटकर खाते-पीते हैं, नाचते-कूदते हैं। गाना-बजाना तो दिन-रात चलता रहता है। पियानो के शोर से घर में चैन से बैठना मुहाल होता है।

यह जो जी. डब्ल्यू. हेल हैं—इन्हीं के पते पर पत्र भेजो। चलो, उन लोगों के बारे में कुछ बताऊँ। हेल और उनकी पत्नी दोनों काफी बूढ़े हैं। उनकी दो बेटियाँ, दो भतीजियाँ, एक बेटा है। बेटा कमाई करने के लिए किसी दूसरी जगह रहता है। इन लोगों के देश में लड़की का रिश्ता ही रिश्ता कहलाता है। बेटा तो विवाह करके पराया हो जाता है—बेटी का पति बार-बार पत्नी के पीहर पहुँच जाता है। इन लोगों का कहना है—पुत्र का जब तक विवाह नहीं होता, तभी तक वह पुत्र होता है, लेकिन बेटी हमेशा बेटी बनी रहती है।

चारों ही युवतियाँ हैं, शादी-ब्याह नहीं किया। इस देश में ब्याह में काफी हंगामा है। पहले तो मन-मुताबिक दूल्हा चाहिए। दूसरे, पैसा चाहिए। लड़के कमबख्त मजे लेने में अतिशय धाकड़ हैं, मगर शादी की जिम्मेदारी से भागते रहते हैं। जवान लड़कियाँ किसी को पटा ही लेती हैं। लड़के जाल में फँसना नहीं चाहते। इसी ढंग से चलते-चलते किसी तरह 'लव' हो जाता है, तब जाकर शादी होती है। हेल दंपति साधारण प्राणी हैं। लेकिन हेल की बेटियाँ रूपसी हैं, अमीर आदमी की बेटियाँ हैं, यूनिवर्सिटी गर्ल हैं। नाच-गाने-पियानो बजाने में अद्वितीया हैं। कई-कई छोकरे उन लोगों के इर्द-गिर्द मँडराते रहते हैं! उन लोगों की ऊँची पसंद के दायरे में नहीं आते। लगता है कि वे लड़कियाँ अब शादी-ब्याह नहीं करेंगी! मेरे संस्पर्श में आकर उनमें घोर वैराग्य जाग उठा है। आजकल वे लोग ब्रह्म-चिंता में निमग्न हैं।

मेरी और हेरियट—बेटियाँ हैं। दूसरी हेरिएट और ईसाबेल, भतीजियाँ हैं। दोनों बेटियों के बालों का रंग सुनहरा है, यानी वे लोग ब्लांड हैं और दोनों भतीजियाँ ब्रॉनेट यानी काले बालोंवाली हैं। जूते सिलाई से लेकर चंडी-पाठ तक—ये लोग सभी कामों में माहिर हैं। भतीजियों के पास पैसा नहीं है। वे दोनों कहीं किंडरगार्टेन स्कूल चलाती हैं, बेटियाँ कोई कमाई नहीं करतीं। वैसे इस देश की बहुतेरी लड़कियाँ कमाती हैं। कोई किसी पर निर्भर नहीं रहती। करोड़पति का बेटा भी कुछ कमाता है, ब्याह करता है और किराए पर अलग घर लेकर रहता है। हेल की बेटियाँ मुझे 'दादा' (बड़ा भाई) कहकर बुलाती हैं। मैं उन लोगों को 'माँ' (बिटिया) बुलाता हूँ। मेरा सारा सामान उन्हीं लोगों के घर में पड़ा है। मैं चाहे जहाँ जाऊँ, चाहे जहाँ रहूँ, मेरा सामान उनके घर में ही रहता है। वही लोग सामान सुव्यवस्थित रखते हैं। इस देश के लड़के बचपन से ही कमाना शुरू कर देते हैं। लड़कियाँ यूनिवर्सिटी में लिखाई-पढ़ाई करती हैं।

इसीलिए व्याख्यानों में 50 प्रतिशत लड़कियाँ नजर आती हैं। छोकरों को उनसे एक छदाम भी नहीं मिलता।

इस देश में भूत बुलानेवाले लोग भी खूब हैं। मीडियम वह होता है, जो भूतों को बुलाता है। मीडियम एक परदे की आड़ में जाता है और परदे के अंदर से भूत निकलने लगता है—हर रंग के बड़े-छोटे भूत! मैंने कुछेक देखे जरूर, लेकिन मुझे तो ठगबाजी ही लगी। अब कुछ और भूतों को देखकर मैं किसी फैसले पर पहुँचूँगा। ऐसे कुछ भूत बुलानेवाले मेरी काफी श्रद्धा करते हैं।

दूसरे हैं—क्रिश्चियन सान्यस! ये ही हैं आजकल के खास दल—हर जगह मिल जाते हैं। ये लोग फैलते जा रहे हैं, पुरातनपंथियों की छाती में काँटे चुभो रहे हैं। ये लोग वेदांती हैं, यानी इन लोगों ने अद्वैतवाद के कुछेक मत इकट्ठा करके बाइबिल में घुसेड़ दिया है और 'सोऽहं सोऽहं' बुदबुदाते हुए रोग-बीमारी दूर कर देते हैं। ये सभी लोग मेरी भी काफी खातिर करते हैं।

आजकल इस देश में पुरातनपंथी त्राहि-त्राहि कर रहे हैं। अब यहाँ 'डेविल वारशिप' खास नहीं चलता। मुझसे ये कमबख्त यम की तरह डरते हैं। कहते हैं, "पता नहीं कहाँ से तो यह कमबख्त आ जुटा। दुनिया भर के औरत-मर्द इसके पीछे-पीछे घूमते रहते हैं।" पुरातनपंथियों को जड़ से उखाड़ फेंकने की तदबीर कर रहा है।" मुझमें आग धधक उठी है और गुरु-कृपा से मुझमें जो आग धधकने लगी है, अब वह बुझनेवाली नहीं है। वक्त के साथ इन पुरातनपंथियों का दम निकल जाएगा। बच्चू लोगों को पता चलेगा कि उन लोगों ने कैसे बाघ को अपने घर में जगह दी है। यहाँ थिओसोफिस्ट का खास बोलबाला नहीं है। लेकिन वे लोग भी पुरातनपंथियों के पीछे पड़े हुए हैं।

यह क्रिश्चियन साइंस हमारे यहाँ वैष्णवों की ईश्वर भक्ति की तरह है। कहो 'कहीं कोई रोग नहीं'—बस, तुम स्वस्थ हो गए।' या कहो 'सोऽहं'! बस, छुट्टी! ऐश करो। देश घोर 'मैटीरियलिस्ट' है (जड़वादी)! इस ईसाई देश के लोग तभी धर्म को मानते हैं, जब रोग ठीक कर दो, कोई जादू-मंतर करो कि पैसा बरसने का उपाय हो। इसके अलावा और कुछ खास नहीं समझते! वस कोई-कोई खासे ऐश में हैं। जितने सारे दुष्ट, बदजात, ठग-प्रवंचक मिशनरीवाले हैं, उन लोगों की गरदन मरोड़ते हैं और उन लोगों का पाप-मोचन करते हैं। इन लोगों ने मुझमें एक नई हुलिया का इनसान देखा है। इन पुरातनपंथियों तक की अक्ल गुम हो गई है और अब सभी भक्ति करने लगे हैं! बाबा, ब्रह्मचर्य से बढ़कर और कौन सा बल है भला!

ये लोग भलेमानस, दयावान् और सत्यवादी हैं। यहाँ सब भला है, लेकिन यह

जो 'भोग' है, यही इन लोगों का भगवान् है—रुपयों की नदी, रूप की तरंग, विद्या की लहर, विलास का ढेर!

यहीं से सारा कुछ आकार लेता है! महाशक्ति का विकास—ये लोग वामाचारी हैं। उन्हीं की सिद्धि है यहाँ! और क्या? इन लोगों की लड़कियों को देखकर मेरी तो अक्ल गुम है, बाप! मुझे बच्चे की तरह घाट-मैदान, दुकान-हाट तक ले जाती हैं। सब तरह के काम करती हैं। मैं तो उसकी चवन्नी का चवन्नी हिस्सा भी नहीं कर पाया।

संयुक्त राष्ट्र अमेरिका, 27 सितंबर, 1894

मेरे विभिन्न व्याख्यान और बातचीत के बारे में कलकत्ता से जो किताबें प्रकाशित हुई हैं, उनमें मैंने एक बात पर गौर किया है। उस सब में कुछेक बातें ऐसे एकरूप तरीके से व्यक्त की गई हैं कि पढ़कर ऐसा लगता है, मानो मैं राजनीति की चर्चा कर रहा हूँ। लेकिन मैं राजनीतिज्ञ नहीं हूँ या राजनीतिक आंदोलनकारी भी नहीं हूँ। मेरा लक्ष्य सिर्फ आंतरिक आत्मतत्त्व की ओर है, अगर वही ठीक हो जाए तो बाकी सब ठीक हो जाएगा—यही मेरी राय है!

अतः तुम कलकत्ता के लोगों को जरूर से सतर्क कर देना कि मेरे किसी लेख या बातों में झूठ-मूठ का कोई राजनीतिक उद्‌देश्य आरोपित न करे। क्या बेवकूफी है। सुना है कि रेवरेंड कालीचरण बनर्जी ने ईसाई मिशनरी के लोगों के सामने अपने एक व्याख्यान में कहा था कि मैं एक राजनीतिक प्रतिनिधि हूँ। अगर सर्वसाधारण के सामने यह बात कही गई हो तो मेरी तरफ से उससे खुलेआम कहना कि वे कलकत्ता के किसी भी अखबार में लिखकर अपनी बात या तो प्रमाणित करें या अपना यह अहमकाना मंतव्य वापस लें। यह किसी अन्य धर्मावलंबी का अपमान करने का ईसाई मिशनरी के लोगों का एक अप-कौशल मात्र है। मैंने आम तरीके से ईसाई-संचालित शासन तंत्र को निशाना बनाकर सरल ढंग से समीक्षा करते हुए कुछेक कड़ी-कड़ी बातें कही हैं। लेकिन इसका मतलब यह नहीं है कि मेरा राजनीतिक या इसी किस्म की किसी चर्चा की तरफ रुझान है या राजनीति या उस किस्म के किसी विषय से मेरा कोई सरोकार है। जो लोग ऐसा सोचते हैं, इन सब व्याख्यानों के विशेष-विशेष अंश उद्‌धृत करके प्रकाशित करने से एक शानदार मामला बनता है और जो लोग यह साबित करना चाहते हैं कि मैं एक राजनीतिक प्रचारक हूँ, मैं उनसे कहता हूँ, 'हे ईश्वर! मेरे मित्रों के हाथों से मेरी रक्षा करो।'

मेरे मित्रों से कहना, जो लोग मेरी निंदा करते हैं, उनको मेरा एकमात्र उत्तर है—बिलकुल खामोश रहना। मैं उन लोगों का ढेला खाकर अगर कंकड़ मारने जाऊँ, तब

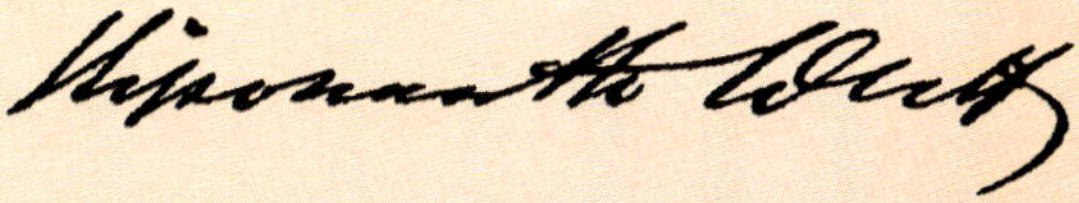

स्वामी विवेकानंद के पिता विश्वनाथ दत्त की कोई तसवीर उपलब्ध नहीं है। अंग्रेजी में उनका एक हस्ताक्षर भर मिलता है और रिश्ते के भाई वकील तारकनाथ को लखनऊ से भेजा गया एक पत्र, जो पोस्टकार्ड पर लिखा गया था। ऊपर दिए गए हस्ताक्षर की तारीख 23 नवंबर, 1868 है। उस दिन कानून के व्यवसाय में विश्वनाथ दत्त के पार्टनर आशुतोष धर के साथ दत्त एंड धर की स्थापना के कागजात पर दस्तखत किए गए।

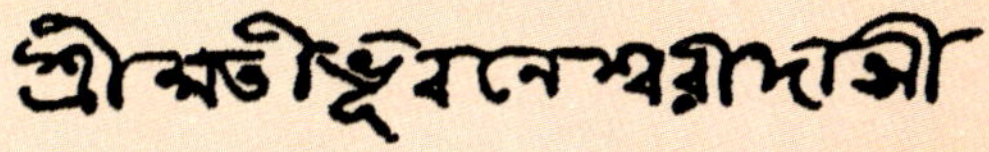

गर्भधारिणी जननी भुवनेश्वरी के बँगला हस्ताक्षर अदालत के कागजात में मौजूद हैं। मोती जैसी लिखावट में बँगला हस्ताक्षर दिवंगत पति के लेटर्स ऑफ एडमिनिस्ट्रेशन के आवेदन-पत्र से लिया गया है। तारीख है 11 अगस्त, 1885। वे बँगला में अपना नाम लिखती थीं—भुवनेश्वरी दासी।

नरेंद्र की जननी की जो तसवीरें मिली हैं, वे बेटे के देहावसान के बाद ली गई हैं। भुवनेश्वरी का जन्म 1841 में हुआ था। 10 वर्ष की उम्र में उनका विवाह हुआ। वे छह बेटियों और चार बेटों की माँ बनीं। शोक-ताप, वैधव्य-पीड़ा, प्रिय बेटियों की आत्महत्या, अति दुलारे बेटे का संन्यास-ग्रहण, मामले-मुकदमे और आर्थिक अभाव से जर्जर भुवनेश्वरी के दुःखों का अंत नहीं था। इन सबसे उनकी सेहत नष्ट हो चुकी थी, उसकी साक्षी है जीवन के अंतिम दौर में उतारी गई उनकी यह तसवीर। यह तसवीर ब्रह्मबांधव उपाध्याय की 'स्वराज' पत्रिका में वैशाख 1314 में प्रकाशित हुई थी। मेनिनजाइटिस रोग से भुवनेश्वरी का देहासवान 25 जुलाई, 1911 को हुआ था। उनकी मृत्यु से पूर्व उनके विश्व-विजेता प्रिय पुत्र का तिरोधान 4 जुलाई, 1902 को हो चुका था।

दीदी स्वर्णमयी, मँझले भाई महेंद्रनाथ और छोटे भाई भूपेंद्रनाथ के अलावा अन्य भाई-बहनों की कोई खोज-खबर नहीं मिलती। सिर्फ इतनी ही जानकारी मिलती है कि बहन योगींद्रबाला और एक अन्य बहन ने अपनी-अपनी ससुराल में आत्महत्या कर ली थी। दीदी स्वर्णमयी एक समय गौरमोहन स्ट्रीटवाले पुश्तैनी मकान में ही निवास करती थीं। सत्तर वर्ष की उम्र में उनका देहावसान 16 फरवरी, 1932 को हुआ।

मँझले भाई महेंद्रनाथ के साथ लंदन में सन् 1896 में स्वामीजी की अचानक भेंट हुई। बाद में स्वामीजी के बारे में कई अविस्मरणीय ग्रंथों के रचयिता महेंद्रनाथ अभिमानवश विलायत से पैदल ही स्वदेश लौटे थे। इसमें कई वर्ष लगे थे। महेंद्रनाथ का देहावसान 88 वर्ष की उम्र में सन् 1956 में कलकत्ता में हुआ।

छोटे भाई भूपेंद्रनाथ पिता की मृत्यु के समय दुधमुँहे शिशु थे। स्वामीजी की मृत्यु के बाद क्रांति-आंदोलन से जुड़ने के कारण पहले जेल गए, बाद में माँ के गहने बेचने से मिले धन से वे विदेश चले गए। यह तसवीर सन् 1915 में ग्रीस के एथेंस में ली गई थी। भूपेंद्रनाथ सन् 1925 में स्वेच्छा-निर्वासन से स्वदेश लौटे। 'स्वामी विवेकानंद पैट्रियेट प्रोफेट' उनकी चर्चित पुस्तक है। भूपेंद्रनाथ की मृत्यु सन् 1961 में हुई।

3, गौरमोहन मुखर्जी स्ट्रीट, कलकत्ता में दरियाटोना में दत्त परिवार का यह पुश्तैनी मकान अब तीर्थस्थली है। इसी घर में 12 जनवरी, 1863 को नरेंद्रनाथ का जन्म हुआ। मामले-मुकदमे से जर्जरित और बहु-विभक्त इस विशाल मकान का रामकृष्ण मिशन की कोशिशों से पुनरुद्धार कराया गया है। अधिग्रहण के समय दत्त-कोठी के मुख्य प्रवेश-द्वार की खस्ता हालत इस तसवीर से ही स्पष्ट है।

श्रीरामकृष्ण के इस चित्र से समूचा विश्व परिचित है। उस जमाने के कलकत्ता के सबसे मशहूर फोटोग्राफी संस्थान बोर्न एंड शेफर्ड के एप्रेंटिस अविनाश चंद्र दा थे। सन् 1883 के अक्तूबर महीने के किसी रविवार को यह चित्र खींचा गया था। स्थान था दक्षिणेश्वर के विष्णु मंदिर का चबूतरा। इस चित्र प्रकरण के आयोजक थे उनके गृहस्थ भक्त भवनाथ चट्टोपाध्याय, जिनकी सहायता के बिना यह तसवीर उतारना संभव ही नहीं होता, उनका नाम था—नरेंद्रनाथ दत्त!

उस दिन श्रीरामकृष्ण परमहंस चित्र खिंचवाने के लिए राजी नहीं थे। उस वक्त वे राधाकांतजी के मंदिर के अहाते में चहलकदमी कर रहे थे। नरेन के साथ भगवत्-प्रसंग की चर्चा करते-करते अंत में वे समाधिमग्न हो गए। उस वक्त नरेंद्रनाथ के आह्वान और सहायता से यह विश्वविख्यात चित्र खींचा गया। इस प्रसंग में स्वामी प्रभानंद ने लिखा है—''अचानक अविनाश के हाथ से नेगेटिव काँच जमीन पर गिर पड़ा, जिससे उसका एक कोना टूट गया। इस दोष को ढकने के लिए अविनाश चंद्र दाँ ने उस काँच का ऊपरी हिस्सा अर्धचंद्राकृति के आकार में काट दिया।'' चित्र-ग्रहण के प्राय: तीन हफ्ते बाद भवनाथ ने वह तसवीर श्रीरामकृष्ण को दिखाई। श्रीरामकृष्ण ने काशीपुर में एक दिन श्रीमाँ के सामने हँसते-हँसते कहा, ''तुम लोग अब फिक्र मत करना, अब देखना घर-घर मेरी पूजा शुरू हो जाएगी, मैं इसके लिए अपने पिता की कसम भी खा सकता हूँ!''

सन् 1886 में रामकृष्ण परमहंस के देह-त्याग के आस-पास काशीपुर उद्यानबाटी में ली गई यह तसवीर स्वामीजी के चित्र-संग्रह में सबसे पुरानी है। यह तसवीर किसने ली थी, इसके पीछे किसका हाथ था, यह जानकारी आज भी स्पष्ट नहीं है। अब तक स्वामीजी के 105 छायाचित्रों की जानकारी मिली है।

बेलगाँव में भक्त हरिपद मित्र के आग्रह पर परिव्राजक विवेकानंद की यह तसवीर सन् 1892 में किसी समय खींची गई थी। स्टूडियो का नाम था एस महादेव एंड सन, छायाकार थे गोविंद श्रीनिवास वेलिंग! स्वामीजी की दाहिनी तरफ काठ का जो स्टैंड दिखाई दे रहा है, वह अभी हाल के समय तक जतन से संरक्षित था। बेलगाँव कैंटोनमेंट का यह स्टूडियो सन् 1970 में बंद हो गया।

विख्यात 'शिकागो भंगिमा'! सितंबर 1893 में विश्वविख्यात होने के बाद खींची गई तसवीर। फोटोग्राफर टॉमस हैरिसन का स्टूडियो भी शिकागो के सेंट्रल म्यूजिक हॉल में स्थित था। कैबिनेट कार्ड पोर्ट्रेट शृंखला में सात तसवीरें खींची गई थीं। इस फोटो की पाँच प्रतियों पर स्वामीजी ने हस्ताक्षर भी किए थे।

स्वामीजी अप्रैल 1896 में अमेरिका से दूसरी बार इंग्लैंड आए। 19 जुलाई को वे कैप्टन और मिसेज सेवियार तथा मिस मूलर के साथ यूरोप-भ्रमण के लिए निकल पड़े। उस बार दिसंबर में उनकी भारत-यात्रा शुरू हुई। उसके पहले उनकी प्रशंसिका मिस सूटर ने लंदन के एक प्रोफेशनल फोटोग्राफर अल्फ्रेड एलिस से छह तसवीरें खिंचवाईं। हाल ही में इन तसवीरों की एक प्रूफ शीट उपलब्ध हुई है। एलिस शृंखला के तीन मूल प्रिंट नॉर्दन कैलिफोर्निया स्थित वेदांत सोसाइटी के दुर्लभ संग्रह में मौजूद हैं।

पगड़ीविहीन यह आकर्षक तसवीर भी लंदन के एलिस स्टूडियो में खींची गई थी—दिसंबर 1896 में। इस चित्र की एक मूल प्रति वेदांत सोसाइटी ऑफ कैलिफोर्निया की संग्रहशाला में मौजूद है।

15 जनवरी, 1897 को विदेश से कोलंबो वापस आने के बाद किसी समय यह तसवीर खींची गई थी। उस बार स्वामीजी कोलंबो में चार दिन रुके थे। एक पुराने प्रिंट पर फोटोग्राफर का नाम लिखा हुआ है—'ए. डब्ल्यू. ऐंड्री, कोलंबो।' बाद में कोलंबो विश्वविद्यालय की अध्यापिका मिसेज पूनम गुलासिंगम ने फोटोग्राफर ऐंड्री के उत्तराधिकारियों को ढूँढ़ने की कोशिश की, मगर नाकाम रहीं। गवेषिका का खयाल है कि कोलंबो में उतारी गई इन तीन तसवीरों में एक तसवीर 16 जनवरी, 1897 को और बाकी दोनों तसवीरें तीन दिन बाद 19 जनवरी, 1897 को खींची गई थीं।

मद्रास में फरवरी 1897 में मशहूर फोटोग्राफर और स्वामीजी के प्रशंसक टी.जी. अप्पावान मुदलियार ने दो तसवीरें खींची थीं। उनमें से एक का ब्लॉक प्रिंट 'प्रबुद्ध भारत' पत्रिका के साथ वितरित किया गया और पाठकों से इसके खर्च हेतु दो आने भेजने का अनुरोध किया गया। अप्रैल 1897 के अंक में संपादक ने बड़े दुख से लिखा कि ये पैसे अनेक पाठकों ने अभी तक नहीं भेजे हैं। बाद में अप्पावान मुदलियार के बारे में पता लगाने की कोशिश की गई, लेकिन इस मामले में निराशा हाथ लगी।

संभवत: फरवरी 1897 में मद्रास में यह ऐतिहासिक तसवीर टी.जी. अप्पावान मुदलियार ने खींची थी। बीच की पंक्ति में बाएँ से तारापद, स्वामी शिवानंद, स्वामी विवेकानंद, स्वामी निरंजनानंद और स्वामी सदानंद बैठे हैं, पिछली पंक्ति में खड़े हैं—आलासिंगा पेरूमल, शॉर्टहैंड लेखक जे.जे. गुडविन, एम.एन. बैनर्जी और अन्य कई स्थानीय प्रशंसक।

सन् 1897 में कलकत्ता में स्वामीजी की यह तसवीर आर्ट वर्कर्स लीग ने खींची थी। उनका पता था—34 कॉलेज स्ट्रीट, कलकत्ता। इस तसवीर की बिक्री के लिए अखबारों में विज्ञापन दिया गया था। कैबिनेट साइज फोटो की कीमत 1 रुपया थी। चेन्नई में रहते हुए उनके अपने केश मुंडित करवाने का प्रमाण है यह पगड़ीधारी चित्र। स्वामीजी के देहावसान के तीन सप्ताह बाद (24 जुलाई, 1902) इस चित्र का दुबारा विज्ञापन—'द बेंगाली' में प्रकाशित हुआ था।

इस तसवीर का उतना प्रचार नहीं हुआ। तसवीर खींचने की तारीख के बारे में भी भ्रांति है। यह तसवीर शायद 8, बोसपाड़ा लेन में वशीश्वर सेन के किराए के घर में ली गई थी, जिस दिन वे दूसरी बार विदेश यात्रा (20 जून, 1899) पर जा रहे थे। मूल तसवीर ग्रुप तसवीर का हिस्सा है। उस तसवीर में मौजूद थे स्वामी त्रिगुणातीतानंद, स्वामी शिवानंद, स्वामी विवेकानंद, स्वामी तुरीयानंद, स्वामी ब्रह्मानंद और स्वामी सदानंद। उस दिन श्रीमाँ शारदादेवी ने बागबाजार के बोस पाड़ा लेनवाले घर में इन त्यागी संतानों को दोपहर के भोजन पर आमंत्रित किया था।

सैनफ्रांसिस्को के बुशनेल स्टूडियो में सन् 1900 में जो सात तसवीरें खींची गई थीं, यह तसवीर उन्हीं में से एक है। स्थानीय अखबार—'सैनफ्रांसिस्को क्रॉनिकल' की रिपोर्टर मिस ब्लान्स पार्टिंगटन ने स्वामीजी का साक्षात्कार लेने के बाद उनसे एक चित्र की माँग की। उनको स्वामीजी की यह तसवीर पसंद आई। वह साक्षात्कार 18 मार्च, 1900 में प्रकाशित हुआ, यानी यह तसवीर जरूर 17 मार्च, 1900 से पहले खींची गई होगी।

9 दिसंबर, 1900 को स्वामीजी अचानक कैरो से स्वदेश लौट आए। उनकी सहयात्री के पत्र से जानकारी मिलती है कि वहाँ स्वामीजी को दिल का दौरा पड़ा था। देश लौटकर भी वे तरह-तरह के रोग झेलते रहे, उनकी चिट्ठियों में इसका उल्लेख मिलता है। सन् 1901 में स्वामीजी शिलांग गए, जहाँ वे गंभीर रूप से बीमार पड़ गए। क्या शिलांग की यह तसवीर ही उनकी आखिरी तसवीर है ? इस बात पर विश्वास नहीं होता, क्योंकि इसके बाद भी वे चौदह महीने जीवित रहे थे। उन दिनों घोषाल स्टूडियो शिलांग का प्रसिद्ध स्टूडियो था। क्या उसी स्टूडियो में यह तसवीर खींची गई थी ?

तो मैं भी उन्हीं के स्तर पर उतर आऊँगा। उन लोगों से कहना, 'सत्य अपनी प्रतिष्ठा अपने आप करेगा। मेरे लिए उन लोगों को किसी से विरोध करने की जरूरत नहीं है।'

साधारण लोगों से जुड़े इस फिजूल से जीवन और अखबारों की खब्त से मैं बिलकुल ही परेशान हो गया हूँ। अब मेरे प्राणों में यह आकांक्षा जागी है—हिमालय की उस शक्तिमय गोद में मैं वापस लौट जाऊँ।

शिकागो, सितंबर 1894

इन दिनों मैं इस देश में सर्वत्र घूमता फिर रहा हूँ और सबकुछ देख रहा हूँ और इस नतीजे पर पहुँचा हूँ कि समग्र पृथ्वी में एकमात्र एक ही देश है, जहाँ लोग समझते हैं कि धर्म क्या चीज है! वह देश है—भारतवर्ष! हिंदुओं में तमाम दोष-त्रुटियाँ हों, इसके बावजूद नैतिक चरित्र और आध्यात्मिकता में अन्य जाति से भी काफी ऊर्ध्व हैं। उनकी निस्वार्थ संतानों की यथायोग्य जतन-तदबीर और उद्यम द्वारा पाश्चात्य की कर्मेषणा और तेजस्विता के कुछ उपादान, हिंदुओं की शांत गुणावली में मिला दिए जाएँ तो अब तक पृथ्वी पर जितने भी तरह के मनुष्य नजर आते रहे हैं, उन सबसे काफी उत्कृष्ट किस्म के मनुष्य आविर्भूत होंगे।

मैं कब भारत लौट सकूँगा, बता नहीं सकता। लेकिन मुझे विश्वास है कि इस देश में मैं काफी कुछ देख चुका हूँ, इसलिए अब बहुत जल्दी ही यूरोप रवाना होनेवाला हूँ। उसके बाद—भारतवर्ष!

न्यूयॉर्क, 9 जुलाई (सितंबर?) 1894

(5 सितंबर, 1894 को मंतव्य)

जय जगदंबे! मुझे उम्मीद से बढ़कर मिला है! माँ ने अपने प्रचारक को मर्यादा से अभिभूत किया है। उनकी दया देखकर मैं शिशु की तरह रोया हूँ। भगिनीगण! मेरी बहनो! अपने दास को वे कभी त्याग नहीं करतीं। मैंने जो पत्र तुम लोगों को भेजे हैं, वह सब पढ़ने के बाद सब समझ जाओगी! अमेरिका के लोगों को जल्दी ही वे मुद्रित कागजात मिल जाएँगे।

पत्रों में जिन लोगों का नाम अंकित है, वे लोग हमारे देश के सर्वोच्च-सर्वश्रेष्ठ लोग हैं। सभापति थे कलकत्ता के एक आभिजात्य श्रेष्ठ, दूसरे व्यक्ति थे महेश चंद्र न्यायरत्न, कलकत्ता के संस्कृत कॉलेज के प्रिंसिपल और भारतीय ब्राह्मण-समाज के शीर्ष स्थानीय! उनकी यह मर्यादा गवर्नमेंट द्वारा भी अनुमोदित है। बहनो, देखिए न, मैं कैसा पाखंडी हूँ। उस माँ की इतनी दया प्रत्यक्ष करने के बावजूद मैं बीच-बीच में विश्वास खो बैठता हूँ। उन्होंने हमेशा मेरी रक्षा की, यह देखकर भी मन कभी-

कभी विषादग्रस्त हो उठता है! बहनो, यह बात हमेशा के लिए समझ लें कि वे ही पिता हैं, वे ही माता हैं। अपनी संतानों का वे कभी परित्याग नहीं करतीं। ना! ना! ना! तरह-तरह के विकृत मतवाद छोड़-छाड़कर सरल शिशु की तरह उनकी शरण में जाओ। अब, मुझसे लिखा नहीं जा रहा है, मैं लड़कियों की तरह आँसू बहा रहा हूँ।

जय प्रभु! जय भगवान्!

वाशिंगटन डी सी, 23 अक्टूबर, 1894

इतने दिनों में इन लोगों के निजी धर्माचार्यों में मैं भी एक धर्माचार्य गिना जाने लगा हूँ। ये सभी लोग मुझे और मेरे व्याख्यान पसंद करते हैं। मुमकिन है, मैं अगले ठंड के मौसम तक भारत लौट आऊँ। आप बंबई के मिस्टर गांधी को जानते हैं? वे अभी भी शिकागो में ही हैं! जैसी कि भारत में मेरी आदत थी, यहाँ भी मैं समस्त जगहों में भ्रमण करता रहता हूँ। फर्क बस इतना है कि यहाँ मैं व्याख्यान देता हूँ, प्रचार करते हुए घूमता-फिरता हूँ। हजारों-हजार लोग परम आग्रह और सम्मान से मेरा व्याख्यान सुनते हैं। इस देश में रहना बेहद खर्चीला है, लेकिन प्रभु सर्वत्र ही मेरा इंतजाम कर देते हैं।

वाशिंगटन, 1 नवंबर (?) 1894

यहाँ मुझे काफी सद्व्यवहार मिला है। कामकाज भी बखूबी चल रहा है! इस बीच उल्लेखनीय कुछ भी नहीं घटा। सिर्फ भारत से गड्डी-गड्डी अखबार पाकर कुछ झुँझलाया जरूर था। मदर चर्च और मिसेज गार्नसी को वे सब अखबार गाड़ी में लादकर भेज दिए। भारत के लोगों को मना कर दिया कि अब वे लोग अखबार न भेजें। भारत में काफी हलचल मच गई है। आलासिंगा ने लिखा है कि समूचे देश में गाँव-गाँव में मेरा नाम फैल गया है। नतीजा यह हुआ है कि वह पहले जैसी शांति अब नहीं रही। इसके बाद, अब कहीं भी विश्राम या छुट्टी पाना मुश्किल होगा। मैं देख रहा हूँ, भारत के ये अखबार मुझे खत्म किए बिना नहीं मानेंगे। मैंने कब, क्या खाया, कब छींका, यह सब प्रकाशित होता रहेगा। वैसे बेवकूफी मेरी ही है। सच तो यह है कि मैं यहाँ आया था कि बेहद खामोशी से कुछ अर्थ-संग्रह करूँगा, लेकिन मैं जाल में फँस गया हूँ और अब मुझे खामोशी से नहीं रहने दिया जाएगा।

संयुक्त राष्ट्र, अमेरिका 1894

पिछली सर्दी के मौसम में मैंने यहाँ काफी सैर की है। हालाँकि यहाँ अतिरिक्त ठंड थी, मगर मुझे उतनी ठंड महसूस नहीं हुई। मुझे लगा था कि मुझे यहाँ भयंकर ठंड झेलनी होगी, लेकिन मौसम मजे-मजे से गुजर गया।

न्यूयॉर्क, 19 नवंबर, 1894

अन्य किसी चीज की जरूरत नहीं है। जरूरत है सिर्फ प्रेम की, सरलता और सहिष्णुता की! जीवन का अर्थ--विस्तार, विस्तार और प्रेम एक ही बात है! अस्तु, प्रेम ही जीवन है—यही जीवन का एकमात्र कानून है! स्वार्थपरता ही मृत्यु है। जीवन रहते भी वह मृत्यु है और देहावसान में भी यही स्वार्थपरता ही प्रकृत-मृत्यु स्वरूप है। देहावसान के बाद कुछ भी बच नहीं रहता तो लोग यह कहते हैं, उन लोगों को भी यह स्वीकार करना होगा कि यह स्वार्थपरता ही यथार्थ मृत्यु है।

परोपकार ही जीवन है। परहित-चेष्टा का अभाव ही मृत्यु है। 90 प्रतिशत जन, नर-पशु ही मृत हैं! वे लोग प्रेत-तुल्य हैं, क्योंकि हे युवकवृंद, जिसके हृदय में प्रेम नहीं, वह मृत होने के अलावा और क्या है? हे युवकवृंद, दरिद्र, अज्ञ और निपीड़ित जनगण की पीड़ा तुम लोग अपने-अपने प्राणों में महसूस करो! उस अनुभव की वेदना से तुम सबके हृदय अवरुद्ध हों, तुम सबका दिमाग चलता रहे, तुम लोग उस दर्द से पागलपन की दहलीज तक पहुँच जाओ।

तब जाकर भगवान् के पाद-पद्म में अपने अंतर की वेदना बताओ, तभी तुम लोगों को उनसे शक्ति और सहायता मिलेगी! तुम सब में अनंत उत्साह, अनंत शक्ति जाग उठेगी। पिछले दस वर्षों से मेरा मूल-मंत्र था—'आगे बढ़ो!' अभी भी कहता हूँ—'आगे बढ़ते जाओ।' इन दिनों अपने चारों तरफ अँधेरे के सिवा मुझे कुछ दिखाई नहीं देता, तब भी मैं कहता हूँ—'आगे बढ़ते जाओ।' अब भी जरा-जरा प्रकाश दिखाई दे रहा है! अब भी मैं कहता हूँ—आगे बढ़ो! डरो मत, वत्स! ऊपर के तारकखचित अनंत आकाशमंडल की ओर भय से देखते हुए यह मत सोचो कि वह तुम्हें कुचल डालेगा। प्रतीक्षा करो, तुम देखोगे, कुछ ही देर बाद देखोगे, सबकुछ तुम्हारे पैरों-तले है! सुनो, रुपए-पैसों से कुछ नहीं होता, न नाम मिलता है, न यश! कोई विद्या भी प्राप्त नहीं होती; लेकिन प्यार से सबकुछ मिल जाता है। चरित्र ही बाधा-विघ्न भरे वज्रदृढ़ प्राचीर में से राह निकाल सकता है। मैंने हमेशा ही प्रभु पर निर्भर किया है, दिवालोक जैसे उज्ज्वल सत्य पर निर्भर किया है। मुझे अपने विवेक पर कहीं यह कलंक लेकर मरना न पड़े कि मैं नाम के लिए, यहाँ तक कि दूसरों का उपकार करने के लिए, आँखमिचौनी खेलता रहा हूँ।

कैंब्रिज, मैसाचुसेट्स, 6 दिसंबर, 1894

मैंने अपने धन का कुछ हिस्सा भारत भेजा है और इस कोशिश में लगा हूँ कि जल्दी ही सारा धन वहाँ भेज दूँ। अपने पास सिर्फ लौटने भर का धन रख लूँगा।

कैंबिज, 26 दिसंबर, 1894

अकसर सुनता हूँ कि किसी-न-किसी मिशनरी अखबार में मुझ पर हमला करते हुए कुछ-कुछ लिखा जा रहा है। उसमें से कुछ भी देखने या पढ़ने का मेरा मन नहीं होता।

शिकागो, 1894

प्रभु-कृपा से अभी भी नाम-यश की इच्छा मेरे मन में नहीं जागी, शायद जागेगी भी नहीं। मैं तो यंत्र हूँ, वे यंत्री हैं। इस यंत्र में इतने दूर देश में, हजारों-हजार हृदयों में वे धर्मभाव उद्दीप्त कर रहे हैं। हजारों-हजार नर-नारी इस देश में मुझसे अतिशय स्नेह, प्रीति और भक्ति करते हैं। हजारों पादरी और पुरातनपंथी ईसाई मुझे शैतान का सहोदर समझते हैं।

मैं उनकी कृपा पर चकित हूँ। जिस शहर में भी जाता हूँ, हलचल मच जाती है। इन लोगों ने मुझे नाम दिया है 'साइक्लोनिक हिंदू'। याद रखो, यह सब उन्हीं की इच्छा है। I am a voice without a form.

शिकागो, 3 जनवरी, 1895

मैं देख रहा हूँ, इस देश में भी मेरे लिए काफी काम पड़ा है। पता नहीं, कब भारत जाना होगा। वे जैसे मुझे चला रहे हैं, मैं उसी तरह चल रहा हूँ। मैं पूरी तरह उनके हाथों में हूँ।

शिकागो, 3 जनवरी, 1895

पिछले इतवार को ब्रुकलिन में व्याख्यान दिया! शाम को वहाँ पहुँचा। मिसेज हीगल ने मेरे अभिनंदन का आयोजन किया था और डॉ. जेम्स वगैरह एथिकल सोसाइटी के कई विशिष्ट सदस्य वहाँ उपस्थित थे। उन लोगों ने सोचा था कि प्राच्य देशीय धर्म-प्रसंग ब्रुकलिन के जनसाधारण को पसंद नहीं आएगा।

लेकिन प्रभु-कृपा से व्याख्यान बेहद साफल्य-मंडित हुआ है। ब्रुकलिन के प्राय: आठ सौ गण्यमान्य लोग इसमें शामिल हुए। जिन लोगों का यह खयाल था कि व्याख्यान सफल नहीं होगा, उन्हीं लोगों ने कई धारावाहिक व्याख्यानों का आयोजन किया है।

यहाँ एक नया गाउन जुटाने की कोशिश में हूँ। पुराना लबादा भी यहीं है। लेकिन बार-बार धोने के फलस्वरूप वह इतना छोटा हो गया है कि वह पहनकर लोगों के सामने जाया नहीं जा सकता। लगता है, शिकागो में हूबहू वैसा ही गाउन मिल जाएगा।

शिकागो, 11 जनवरी, 1895

इस देश के दो प्रधान केंद्र—बोस्टन और न्यूयॉर्क—के बीच भागता-दौड़ता रहता हूँ। इसमें बोस्टन को 'मस्तिष्क' और न्यूयॉर्क को 'मनीबैग' कहा जा सकता है। दोनों

ही शहरों में मेरा कामकाज आशातीत रूप से सफल हुआ है। अखबारों में क्या छपा है, इस बारे में मैं माथापच्ची नहीं करता। यह भी आशा मत करना कि वे सब रिपोर्ट मैं तुम लोगों को भेजूँगा। शुरू-शुरू में थोड़ी-बहुत हलचल जरूरी थी। जो यथार्थ सत्य है, मैं उसी की शिक्षा देना चाहता हूँ, चाहे यहाँ हो या अन्यत्र! मैं किसी की परवाह नहीं करता। जितने दिनों तक देह-त्याग नहीं करता उतने दिनों तक अथक काम किए जाऊँगा। मृत्यु के बाद भी जगत् के कल्याण के लिए मैं कार्य करता रहूँगा।

यहाँ हजारों भले लोग मेरे प्रति श्रद्धा-संपन्न हैं। अखबारों में छपी अफवाहें जितना मुझे नहीं बढ़ा सकीं, उससे कहीं अधिक, इस देश में मेरा प्रभाव, धीरे-धीरे पर अधिक विस्तृत होकर फैल गया है। पुरातनपंथी अपनी रग-रग से यह समझ चुके हैं और किसी हाल भी इसे रोक नहीं पा रहे हैं और इसीलिए कि मेरा प्रभाव बिलकुल नष्ट हो जाए, इस कोशिश में रंच मात्र भी त्रुटि नहीं रख रहे हैं। लेकिन मेरे प्रभु ने घोषणा कर दी है, वे लोग सफल नहीं होंगे।

प्रभु मुझे प्रतिदिन निरंतर गहरी-से-गहरी अंतर्दृष्टि प्रदान कर रहे हैं। मुझे जिन लोगों को शिक्षा देनी है, भले वे हिंदू हों, मुसलमान हों, ईसाई हों, मैं इसमें फर्क नहीं मानता। जो लोग प्रभु को प्यार करते हैं, उन लोगों की सेवा करने के लिए मैं सर्वदा प्रस्तुत हूँ, यह जान लो।

मुझे खामोशी से, धीर-स्थिर चित्त से काम करने दो—प्रभु सर्वदा मेरे साथ हैं।

शिकागो, 12 जनवरी, 1895

अब, तुम लोग हमेशा के लिए यह जान लो कि मैं नाम-यश या इस तरह की फिजूल चीजों की बिलकुल परवाह नहीं करता। जगत् के कल्याण के लिए मैं अपने भाव-विचारों का प्रचार करना चाहता हूँ। तुम लोगों ने खूब बड़ा काम जरूर किया है; लेकिन काम जितनी दूर हुआ है, उससे केवल मेरा ही नाम-यश फैला है। केवल जगत् की वाहवाही लूटने के लिए ही जीवन खर्च करने के बजाय मुझे लगता है कि मेरे जीवन का और अधिक मूल्य है। ऐसी अहमकाना, अहम की बातों के लिए मेरे पास बिलकुल समय नहीं है, यह जान लो।

न्यूयॉर्क, 24 जनवरी, 1895

मेरे अंतिम व्याख्यान को पुरुषों का समादर नहीं मिला, लेकिन महिलाओं में अत्यधिक समादृत हुआ है। तुम जानते हो कि ब्रुकलिन नामक जगह नारी-अधिकार आंदोलन के विरोध का केंद्र रही है। इसलिए जब मैंने कहा कि महिलाएँ सभी विषयों में अधिकार पाने के योग्य हैं और उन्हें पाना ही चाहिए, यह उचित है। जाहिर है कि पुरुषों को यह पसंद नहीं आया। खैर, कोई बात नहीं, महिलाएँ बेहद खुश हैं।

न्यूयॉर्क, 1 फरवरी, 1895

अभी-अभी तुम्हारा सुंदर-सा पत्र मिला। निष्काम भाव से काम करने को विवश होना भी कभी-कभी उत्तम होता है, यद्यपि इससे अपने किए हुए कर्म के फल-भोग से वंचित रह जाना पड़ता है।

तुम्हारी तमाम समालोचनाएँ पढ़कर मैं बिलकुल भी दुःखी नहीं हुआ, बल्कि खासतौर पर खुश हूँ। उस दिन मिस थार्सबि के घर में एक प्रेसबिटेरियन सज्जन से मेरी खूब बहस हुई। जैसा कि अकसर होता है, वे सज्जन अत्यंत उत्तेजित और क्रुद्ध होकर गाली-गलौज पर उतर आए। बहरहाल, इसके लिए मिसेज बुल ने बाद में मेरी अत्यंत भर्त्सना की, क्योंकि यह सब मेरे काम के लिए नुकसानदेह है। लगता है, तुम्हारी भी यही राय है।

इस बारे में ठीक इसी वक्त तुमने भी लिखा है, यह खुशी की बात है; क्योंकि मैं भी इस बारे में काफी गहराई से सोच रहा हूँ। पहली बात तो यह कि मैं इन सब मामलों के लिए बिलकुल भी दुःखी नहीं हूँ। तुम्हें शायद इस बात पर झुँझलाहट हो, होनी भी चाहिए। सांसारिक उन्नति के लिए मधुरभाषी होना कितना अच्छा होता है, मैं बखूबी जानता हूँ। मैं यथासाध्य मिष्टभाषी होने की कोशिश करता हूँ, लेकिन इसके लिए जब मुझे अपने अंतस के साथ उत्कट किस्म का समझौता करना पड़ता है, तब मैं थम जाता हूँ। मैं विनम्र दीनता में विश्वासी नहीं हूँ, मैं समदर्शिता का भक्त हूँ।

साधारण इनसान का कर्तव्य है—अपने 'ईश्वर' यानी समाज के सभी आदेशों का पालन करना, लेकिन ज्योति के तनय ऐसा कभी नहीं करेंगे। यह एक चिरंतन नियम है। एक व्यक्ति अपने तत्कालीन माहौल और सामाजिक विचारों के साथ तालमेल बिठाकर सर्वकल्याणप्रद समाज के सभी तरह के सुख-संपद पा लेता है, दूसरा व्यक्ति एकाकी रहकर समाज को अपनी तरफ खींच लेता है।

समाज से अपना तालमेल बिठाकर जो चलता है, उसकी राह फूलों भरी होती है; जो ऐसा नहीं करता, उसकी राह काँटों भरी होती है। लेकिन, लोकमत के उपासक पल भर में ही विनाश-प्राप्त होते हैं और सत्य के तनय चिरंजीवी होते हैं।

मैं सत्य की एक अनंत शक्तिसंपन्ननाशक पदार्थ से तुलना करता हूँ। वह जहाँ गिरता है, वहाँ क्षय करते-करते ही अपनी राह बना लेता है। नरम चीज में जल्दी ही और सख्त ग्रेनाइट पत्थरों में देर से ही सही, लेकिन अपनी राह बना ही लेगा।

जल्लिथितं तल्लिथितम्! बहन, मैं हर घोर मिथ्या के साथ मीठे वाक्यों का मेल नहीं कर पाता, इसके लिए मुझे अत्यंत खेद है। लेकिन मैं ऐसा नहीं कर सकता। जीवन भर इस कारण भोगता रहा। फिर भी ऐसा नहीं कर पाया। मैंने बार-बार कोशिश भी

की, मगर व्यर्थ रहा। ईश्वर महिमामय हैं। वे मुझे मिथ्याचारी नहीं होने देंगे। अंत में, मैंने वह छोड़ दिया। अब जो अंतर में है, वही बाहर खिल उठे।

मुझे ऐसी कोई राह नहीं मिली, जो सबको खुश कर दे। अस्तु, मैं स्वरूपतः जो हूँ, वही मुझे रहना होगा। मुझे अपनी अंतरात्मा के सामने विशुद्ध रहना होगा। यौवन और सौंदर्य नश्वर हैं, जीवन और धन-संपत्ति नश्वर हैं, नाम-यश भी नश्वर हैं, यहाँ तक कि पर्वत भी चूर्ण-विचूर्ण होकर धूल-मिट्टी में परिणत हो सकता है। बंधुत्व और प्रेम क्षणस्थायी हैं—एकमात्र सत्य ही चिरस्थायी है। हे सत्यरूपी ईश्वर! तुम ही मेरे एकमात्र पथ-प्रदर्शक बनो।

अब मेरी काफी उम्र हो गई है! अब और मीठा मधु बनना नहीं चाहता। मैं जैसा हूँ वैसा ही रहूँ। 'हे संन्यासी, तुम निर्भय होकर दुकानदारी त्याग करो, शत्रु-मित्र किसी की परवाह न करके सत्य में दृढ़-प्रतिष्ठ हो।' इस पल से मैं ऐसे भोग से विरक्त हो रहा हो रहा हूँ। 'इहलोक और परलोक में विभिन्न असार भोगनिचय का परित्याग करो।' हे सत्य, एकमात्र तुम ही पथ-प्रदर्शक बनो।

मुझे न तो धन की कामना है, न नाम-यश की, न भोग की! बहन, यह सब मेरे लिए अति तुच्छ हैं। मैं तो अपने भाइयों की सहायता करना चाहता था। वैसे आसानी से अर्थोपार्जन हो सकता है, यह कौशल मैं नहीं जानता—ईश्वर को धन्यवाद! अपने हृदय में स्थित सत्य की वाणी अनसुनी करके मैं बाहरी लोगों के खयाल-खुशी के अनुसार क्यों चलूँ? बहन, मेरा मन अभी भी दुर्बल है, बाहरी जगत् से सहायता आती है तो अभ्यासवश कभी-कभी मैं उसे कसकर जकड़ लेता हूँ। लेकिन मैं डरता ही हूँ। सर्वापेक्षा भय ही गुरुतर पाप है—यही मेरे धर्म की शिक्षा है!

प्रेसबिटेरियन पंडित महाशय से मेरा आखिरी वाक्युद्ध और उसके बाद मिसेज बुल के साथ लंबी बहस होने के बाद अब मैं स्पष्ट समझ गया हूँ कि मनु ने संन्यासियों को उपदेश क्यों दिया था—एकाकी रहना, एकाकी विचरण करना। बंधुत्व या प्यार ही सीमाबद्धता है। बंधुत्व में, विशेषकर महिलाओं के बंधुत्व में, चिरकाल ही 'देहि-देहि' भाव होता है। हे महापुरुषगण, तुम लोगों ने ही सही कहा है कि जिसे भी किसी व्यक्ति विशेष पर निर्भर करना पड़ता है, वह सत्य-स्वरूप ईश्वर की सेवा नहीं कर सकता। हृदय तुम शांत हो, निःसंग हो, तभी तुम अनुभव करोगे कि प्रभु तुम्हारे साथ हैं।

जीवन कुछ भी नहीं है, मृत्यु भी भ्रममात्र है। यह सबकुछ भी नहीं है, एकमात्र ईश्वर ही है। हृदय, तुम डरो मत! निःसंग हो! बहन, राह लंबी है, समय कम, संध्या भी करीब है। मुझे शीघ्र घर लौटना होगा। अदब-कायदे की शिक्षा संपूर्ण करने का

समय मेरे पास नहीं है। मैं जो वार्ता वहन करके लाया हूँ, वही मैं बयान नहीं कर पा रहा हूँ। तुम सत्स्वभावा हो! परम दयावती! माँ का संदेश है—मैं तुम्हारे लिए सबकुछ करूँगी! लेकिन क्षुब्ध न होना, मैं तुम सबको शिशु की तरह देखती हूँ।

नहीं, अब और सपने मत दिखाओ! ओ मन, अब अधिक सपने मत दिखाओ। बस बात इतनी सी है कि अब जगत् को देने लायक मेरे पास कुछ भी नहीं है। इनसान का मन खुश करने के लिए मेरे पास समय नहीं है। यह सब करते हुए मैं पाखंडी बन जाऊँगा। मैं हजार बार मृत्यु वरण करूँगा, मगर फिर भी (मेरुदंडहीन) जेली मछली की तरह जीवनयापन करते हुए निर्बोध मनुष्यों की आशा-आकांक्षा नहीं मिटा पाऊँगा, भले वह मेरा स्वदेश हो या विदेश!

तुमने भी अगर मिसेज बुल की तरह सोच लिया हो कि मेरा कोई विशेष कार्य है तो तुमने गलत समझा है, तुम्हें पूरी तरह से गलतफहमी हुई है। इस दुनिया में या किसी भी दुनिया में मेरा कोई काम नहीं है। मुझे कुछ कहना है, वह मैं अपने ढंग से कहूँगा, न हिंदू ढंग से, न ईसाई ढंग से या अन्य किसी भी ढंग से नहीं। मैं उन सबको अपने ढंग से रूप दूँगा—बस, इतनी सी बात है!

मुक्ति ही मेरा एकमात्र धर्म है और जो भी इसमें बाधा देने का प्रयास करेगा, मैं उसका परिहार करूँगा, भले उससे संघर्ष करके या फिर उससे पलायन करके।

क्या कहा? मैं याजक कुल की मनःतुष्टि का प्रयत्न करूँगा? बहन, मेरी बात को गलत समझकर तुम खिन्न मत होना। तुम सब शिशु-मात्र हो और शिशुओं का दूसरों के अधीन रहकर ही शिक्षा पाना कर्तव्य है। तुम सबने अभी भी उस उत्सव का आस्वाद नहीं पाया, जो 'युक्ति को अयुक्ति में परिणत करता है, मर्त्य को अमर करता है, इस जगत् को शून्य में पर्यवसित करता है और मनुष्य को देवता बना देता है।'

अगर तुममें शक्ति हो तो लोग जिसे 'दूहजगत्' के नाम से अभिहित करते हैं, उस मूर्खता के जाल से निकल आओ। तभी मैं तुम्हें साहसी और मुक्त कहूँगा। जो लोग इस आभिजात्य रूप मिथ्या ईश्वर को चूर-चूर करके, उसकी चरम कपटता को पद-दलित करने का साहस करते हैं, अगर उन लोगों को प्रोत्साहित न कर सको, तो चुप बने रहो। लेकिन समझौते और मनःतुष्टि रूपी मूर्खता के जरिए, उन लोगों को दुबारा कीचड़ में घसीटने की कोशिश मत करो!

मैं इस जगत् से घृणा करता हूँ—इस स्वप्न से, इस विकट दुःस्वप्न से, उसके गिर्जा और प्रवंचनासमूह से, उसके शास्त्र और दुष्टताओं से, उसके सुंदर चेहरे और कपटी हृदय से, धर्म-ध्वज उठाए उसके उद्गारों से और उसके अंतःसारशून्यता से घृणा

करता हूँ। सबमें ऊपर धर्म के नाम पर की जा रही दुकानदारी से मैं घृणा करता हूँ।

क्या कहा? संसार के क्रीतदास लोग क्या कहते हैं, उसके द्वारा मेरे हृदय का विचार करोगी? छिः बहनो, तुमलोग संन्यासी को नहीं पहचानती। वेद का कहना है, संन्यासी वेदशीर्ष होता है, क्योंकि वह गिर्जा, धर्ममत, ऋषि, प्राफेट, शास्त्र आदि मामले की परवाह नहीं करता। चाहे मिशनरी हो या कोई और, चाहे वे लोग यथासाध्य चीत्कार और हमला करें, मैं उनकी परवाह नहीं करता। भर्तृहरि की भाषा में, ये लोग चांडाल हैं या ब्राह्मण या शूद्र या तपस्वी या फिर तत्त्व विचार के पंडित या योगीश्वर! इस तरह विभिन्न लोग विभिन्न आलोचनाएँ करते रहें, योगी न रुष्ट होते हैं, न तुष्ट! वे लोग अपने ढंग से चलते रहते हैं।

तुलसीदास ने भी कहा है—

हाथी चले बजार में, कुत्ते भूँके हजार।

साधुओं को दुर्भाव नहीं, जब निंदे संसार।

जब हाथी बाजार से होकर गुजरता है, तब हजारों कुत्ते उसके पीछे-पीछे चलते हुए चीखना-चिल्लाना शुरू कर देते हैं, लेकिन हाथी पलटकर भी नहीं देखता। उसी तरह जब संसारी लोग निंदा करते रहते हैं, तब साधुवृंद इससे विचलित नहीं होते।

मैं लैंड्सबर्ग के घर में ठहरा हुआ हूँ। ये साहसी और महान् व्यक्ति हैं। प्रभु उन्हें आशीष दें। कभी-कभी मैं गार्नसी (Guernseys) के घर में सोने चला जाता हूँ।

न्यूयॉर्क, 9 फरवरी, 1895

माँ ठाकुरानी (शारदा देवी) के लिए अगर जमीन खरीद दें तो मुझे लगेगा कि आप ऋणमुक्त हो गए। इसके आगे मुझे कुछ समझ-वमझ नहीं आता। तुम लोग तो मेरे नाम को आगे करने के लिए हर समय तैयार रहते हो कि मैं तुम लोगों का ही एक आदमी हूँ। लेकिन जब मैं कोई काम करने को कहता हूँ, बस, पीछे हट जाते हो—'मतलब की गरजी जग सारो'। यह जगत् मतलब की गरजी है।

मैं बंगाल को जानता हूँ, इंडिया को जानता हूँ! बस लंबी-लंबी हाँकनेवाले और काम के समय—0 (शून्य)⋯

मैंने यहाँ न जमींदारी खरीदी है, न बैंक में लाख-लाख रुपए जमा किए हैं। इस घोर ठंड में पर्वत-पहाड़ों का बर्फ धकियाकर रात दो-एक बजे तक सड़कों पर चलते हुए, लेक्चर दे-देकर मैंने दो-चार हजार रुपए जमा किए हैं—माँ ठाकुरानी जी के लिए जगह खरीदकर मैं निश्चिंत हो जाऊँगा। मुक्केबाजी का अड्डा बनाने की ताकत मुझमें नहीं है। अवतारों के बच्चे कहाँ हैं? छोटे-छोटे अवतार? ओ हे, अवतार के पिल्लों!

न्यूयॉर्क, 14 फरवरी, 1895

मनु की धारणा के अनुसार—संन्यासी के लिए किसी सत्कार्य के लिए भी अर्थ-संग्रह करना ठीक नहीं है। अब मैं साँस-साँस यह बसूखी समझ गया हूँ कि प्राचीन ऋषिगण जो कह गए हैं, वह अक्षर-अक्षर सच है—'आशा हि परमं दुःखं नैराश्यं परमं सुखम्।' आशा ही परम दुःख और आशा-त्याग में ही परम सुख है।

यह जो मुझमें 'यह करूँगा, वह करूँगा' जैसा बचपना था, अब वह सब पूर्णतया भ्रम लगता है। अब मेरी ये सकल वासनाएँ त्याज्य होती जा रही हैं। सभी वासना त्याग करके सुखी होओ। कोई न तुम्हारा शत्रु हो या मित्र! तुम एकाकी रहो। इसी ढंग से भगवान् का नाम प्रचार करते-करते शत्रु-मित्र के प्रति समदृष्टि जन्म लेती है, हम सुख-दुःख से अतीत हो जाते हैं। वासना ईर्ष्या त्यागकर किसी भी प्राणी से हिंसा न करते हुए, किसी भी प्राणी के अनिष्ट या उद्वेग का कारण न होकर हम लोग पहाड़-पहाड़, गाँव-गाँव भ्रमण करते फिरेंगे।''

'धनी-दरिद्र, ऊँच-नीच, किसी से भी कोई सहायता मत माँगो! किसी चीज की आकांक्षा मत करो। यह जो सब दृश्यावली आँखों के सामने से एक के बाद एक करके अंतर्निहित होती जा रही है, उन सबको साक्षी के रूप में देखो, उन सबको गुजर जाने दो।''

मुमकिन है, इस देश में मुझे खींच लाने के लिए ऐसे ही भावोन्मत्त कामनाओं की जरूरत थी। यही अभिज्ञता-लाभ करने के लिए मैं प्रभु को धन्यवाद देता हूँ।

आजकल मैं काफी मजे में हूँ। मैं और लैंड्सबर्ग मिलकर थोड़े से चावल-दाल या जौ पकाते हैं, चुपचाप खा लेते हैं। उसके बाद कुछ लिखते-पढ़ते हैं। उपदेशप्रार्थी, अगर कोई गरीब मिलने चला आता है तो उससे बातचीत होती है। इस ढंग से रहते-सहते मुझे लगता है कि मैं और अधिक संन्यासी की तरह जीवनयापन कर रहा हूँ। अमेरिका आने के बाद इतने दिनों मैंने पहले कभी ऐसा महसूस नहीं किया।

"अगर धन हो तो दारिद्र्य का भय, ज्ञान हो तो अज्ञान का भय, रूप हो तो वार्धक्य का भय, यश के साथ निंदकों का भय, अभ्युदय के साथ ईर्ष्या का भय, यहाँ तक कि देह के साथ मृत्यु का भय मौजूद रहता है। इस जगत् के समग्र भाव भययुक्त हैं। एकमात्र वे ही निर्भीक हैं, जिन्होंने सर्वस्व त्याग किया है।''

भोगे रोगभयं कुले च्युतिभयं वित्ते नृपालादभयं
माने दैन्यभयं बले रिपुभयं रूपे जराया भयम्।
शास्त्रे वादिभयं गुने खलभयं काये कृतान्ताद्भयं
सर्वं वस्तु भयान्वितं भूवि नृणां वैराग्यमेवाभयम्॥ —वैराग्यशतकम्

उस दिन मैं मिस कर्विन से मिलने गया था। मिस फॉर्मर और मिस थर्सिवि भी वहीं मौजूद थीं। आधा घंटा हमारा मजे में गुजरा। मिस कर्विन की इच्छा है कि आगामी इतवार से उनके घर में ही किसी तरह मैं क्लास खोल दूँ। लेकिन अब मैं इन सबके लिए खास जल्दी में नहीं हूँ। अगर कोई काम अपने आप ही आ पड़ा तो उसमें प्रभु की ही जय-जयकार है। अगर नहीं आया तो प्रभु की और अधिक जय-जयकार है।

न्यूयॉर्क, 18 मार्च, (फरवरी) 1895

मजे में ही चल रहा है। हाँ, सिर्फ बड़े-बड़े डिनर, मुझे ज्यादा देर करा रही है। अधिकतर घर रात 2 बजे के बाद पहुँच रहा हूँ। आज रात भी इसी तरह के एक कार्यक्रम में जा रहा हूँ। लेकिन, यही आखिरी है। इतनी रात तक जगे रहना मेरे लिए सही नहीं है। सुबह 11 बजे से 1 बजे तक, हर दिन, घर-घर में मेरी क्लासें चलती हैं, जब तक कि श्रोतावर्ग थक न जाए, तब तक मुझे बक-बक करते रहना होता है। ब्रुकलिन का कोर्स कल रात पूरा हो गया। अगले सोमवार को वहाँ और एक व्याख्यान है।

बीन का सूप और भात या बार्ली इन दिनों मेरा आहार है! रुपए-पैसों के मामले में अभी तक मैं खर्चा-पानी चलाए जा रहा हूँ, क्योंकि अपनी क्लासों के लिए मैं कोई पैसा नहीं देता और पब्लिक के सामने भाषण वगैरह का इंतजाम कई लोगों के जरिए होता है।

न्यूयॉर्क में मेरे लिए कुछ अच्छे व्याख्यानों का इंतजाम किया जा रहा है। वह मैं किस्तों में देना चाहता हूँ।

डेल्मनी और वाल्डर्फ में खाने-पीने से मेरी सेहत का बड़ा नुकसान हुआ है। इसलिए निमंत्रणों से बचने के लिए मैं बहुत जल्दी ही पूरी-पूरी तरह निरामिष हो गया हूँ।

पाश्चात्य देश के कई भले वैज्ञानिकों ने मुझसे कहा कि वेदांत की धारणाएँ अपूर्व युक्तिपूर्ण हैं। इनमें से एक के साथ मेरा खास परिचय हुआ है। उन्हें खाने का वक्त नहीं मिलता, लेबोरेटरी से बाहर आने तक का वक्त नहीं मिलता, फिर भी घंटों वे वेदांत विषयक मेरा व्याख्यान सुनते हैं। कारण पूछने पर उन्होंने कहा—वेदांत के उपदेश विज्ञानसम्मत हैं, वर्तमान युग के अभाव और आकांक्षाओं को वेदांत बेहद सुंदर ढंग से व्यक्त करता है और आधुनिक विज्ञान में धीरे-धीरे जो सब सिद्धांत जुड़ते जा रहे हैं, उन सबके साथ वेदांत का इतना सामंजस्य है कि मैं इसके प्रति आकर्षित हुए बिना रह नहीं पाता।

अमेरिका में रहते हुए मुझमें कुछ अद्भुत शक्ति का स्फुरण हुआ था। लोगों की आँखों में देखकर मैं पल भर में उनके मन की बात समझ लेता था। कौन क्या सोच रहा है या नहीं सोच रहा है, यह आँखों के सामने प्रत्यक्ष हो उठता था! किसी-किसी को मैं बता भी देता था। जिन-जिनको बताता था, उनमें से बहुतेरे लोग मेरे चेले बन जाते थे। जो लोग किसी मतलब से मुझसे हेल-मेल करने आते थे, वे लोग मेरी इस शक्ति का परिचय पाकर मेरे आस-पास भी नहीं आते थे।

जब मैंने शिकागो वगैरह शहरों में व्याख्यान देना शुरू किया, तब हफ्ते में 12-14 या कभी अधिक लेक्चर देना पड़ता था। अत्यधिक शारीरिक और मानसिक श्रम से मुझमें थकान हो गई। व्याख्यान के विषयों की कमी महसूस होने लगी। मैं सोचने लगा, कल अब कुछ नया कहाँ से बोलूँ? नए-नए भाव मानो आते ही नहीं थे।

एक दिन व्याख्यान के बाद लेटे-लेटे मैं इसी खयाल में डूबा हुआ था कि अब क्या उपाय किया जाए? सोचते-सोचते मुझे तंद्रा-सी आ गई। उसी मन:स्थिति में मुझे सुनाई दिया जैसे कोई मेरे करीब खड़ा-खड़ा व्याख्यान दे रहा है। कितने नए-नए भाव, कितनी नई-नई बातें! वह सब मैंने इस जन्म में न सुनी थीं, न सोची थीं। नींद से जागकर मैंने वे बातें याद रखीं और अपने व्याख्यान में वही सब कहा। ऐसा जाने कितने दिनों घटता रहा, इसकी कोई गिनती नहीं है। यूँ ही लेटे-लेटे जाने कितने दिनों ऐसे व्याख्यान सुने। कभी-कभी तो वह व्याख्यान इतनी जोर-जोर से सुनाई देता था कि बगल के कमरे के लोगों को वह आवाज सुनाई देती थी और अगले दिन वे लोग मुझसे पूछते थे, "स्वामीजी, पिछली रात आप किससे इतनी जोर-जोर से बातें कर रहे थे?" उन लोगों का प्रश्न मैं किसी तरह टाल जाता था। अद्भुत कांड था।

लोग जब मेरी खातिर करने लगे, तब पादरी लोग मेरे पीछे पड़ गए। मेरे बारे में जाने कितनी बदनामी, कितने कलंक अखबारों में छपे। कितने ही लोगों ने मुझे इसका प्रतिवाद करने को कहा। लेकिन मैंने उस पर ध्यान ही नहीं दिया। मेरा दृढ़ विश्वास है कि चालाकी से दुनिया में कोई महान् कार्य नहीं होता। इसीलिए इन अश्लील कुत्साओं पर कान न देकर मैं चुपचाप अपना काम किए जाता था। मुझे यह भी नजर आता था कि बहुत बार जिन लोगों ने मेरे नाम से व्यर्थ ही गाली-गलौज की थी, वे लोग भी अनुतप्त होकर मेरी शरण में आ जाते थे और खुद ही अखबारों में अपनी ही बातों का खंडन करते हुए माफी माँगते थे।

कभी-कभी ऐसा भी हुआ है—कि जैसे ही यह खबर सुनी कि किसी ने मुझे अपने घर में आमंत्रित किया है, तो झट से मेरे नाम दुनिया भर की झूठी कुत्साएँ गढ़कर मालिक-मकान को जड़ आते। एक बार एक मकान मालिक यह सब सुनकर अपने

घर में ताला जड़कर कहीं और चले गए। जब मैं उनके यहाँ पहुँचा तो सबके सब फुर्र! वहाँ कोई भी नहीं था। कुछ दिनों बाद जब उन लोगों को सच्ची बात मालूम हुई तो वे ही लोग काफी पछताए और मेरे शिष्य बनने चले आए। असल में बात क्या है, जानते हो? इस दुनिया में सबकुछ दुनियादारी है। जो लोग सच्चे साहसी और सच्चे ज्ञानी होते हैं, वे लोग क्या ऐसी दुनियादारी के भुलावे में आते हैं, रे बाप? जगत् चाहे जो कहे, मैं अपना कर्तव्य निभाकर चला जाऊँगा। समझ लो, यही वीरों का काम है, वरना कौन यह क्या कह रहा है, अगर दिन-रात इन्हीं सब में लगे रहोगे तो दुनिया में कोई भी महान् काम नहीं किया जा सकता।

तुमने यह श्लोक सुना ही होगा—

निन्दन्तु नीतिनिपुण यदि व स्तुवन्तु
लक्ष्मीः समाविशतु गच्छतु व यथेष्टम्
अद्यैव मरणमस्तु शताब्दान्तरे वा
न्याय्यात् पथः प्रविचलन्ति पदं न धीराः॥ —भर्तृहरि

लोग तुम्हारी स्तुति करें या निंदा, तुम्हारे प्रति लक्ष्मी की कृपा हो या न हो, आज या सौ वर्ष बाद तुम्हारा देहपात हो, किंतु तुम न्याय-पथ से भ्रष्ट न होना।

मैं सत्य-संधान के लिए जिज्ञासु हूँ। सत्य कभी भी मिथ्या से बंधुत्व नहीं कर सकता। यहाँ तक कि चाहे समस्त पृथ्वी मेरे विरुद्ध खड़ी हो जाए, अंत में सत्य की जय अवश्यंभावी है।

मिशनरी-विशनरी इस देश में खास नहीं चलती। ईश्वर-इच्छा से ये लोग मुझे बेहद प्यार करते हैं। ये लोग किसी की भी बातों के बहकावे में आनेवाले नहीं हैं। ये लोग मेरे 'आइडियाज' को समझते हैं।

अमेरिका में मैं अद्वैतवाद का ही अधिक प्रचार कर रहा हूँ, द्वैतवाद का प्रचार नहीं कर रहा हूँ—ऐसा एक आक्षेप मैंने एक बार सुना था। द्वैतवाद की प्रेम, भक्ति और उपासना में कितना असीम आनंद-लाभ होता है, यह मैं जानता हूँ। उसकी संपूर्ण महिमा से मैं पूर्णतः अवगत हूँ। लेकिन मित्रो, अभी अपने आनंद में क्रंदन करने का भी समय नहीं है। हम सब यथेष्ट रो चुके हैं। अभी हमें और अधिक कोमलता का अवलंबन करने का समय नहीं है। इस ढंग से कोमलता का साधन करते-करते हम सब जीते-जी मृत हो गए हैं। हम सब रुई के ढेर की तरह मुलायम हो गए हैं। हमारे देश के लिए इन दिनों जरूरी है—फौलाद जैसी दृढ़ मांसपेशी और इस्पात जैसी नसें। इन दिनों ऐसी दृढ़ इच्छा-शक्ति चाहिए, जिसका प्रतिरोध करने में कोई समर्थ न हो। वह मानो ब्रह्मांड के समग्र रहस्य-भेद करने में समर्थ हो। यद्यपि इस कार्य-साधन

में समुद्र के अतल में जाना होता है, सर्वदा, सर्व प्रकार से मृत्यु को आलिंगन करने के लिए तैयार रहना पड़ता है, लेकिन यही हम सबके लिए आवश्यक है। आवश्यक है अद्वैतवाद के महान् आदर्श की उपलब्धि! अद्वैतवाद के महान् आदर्श धारणा की उपलब्धि करते ही इस भाव का आविर्भाव होता है।

वेदांत के अद्वैत भाव का प्रचार करना जरूरी है, ताकि लोगों का हृदय जाग्रत हो, ताकि वे लोग अपनी आत्मा की महिमा जान सकें। इसीलिए मैं अद्वैतवाद का प्रचार करता रहता हूँ, और मैं सांप्रदायिक ढंग से इसका प्रचार नहीं करता। सार्वभौम और सर्वजनग्राह्य युक्ति प्रदर्शन करके मैं इसका प्रचार करता रहता हूँ।

जब मैं बालक था, सोचता था, उन्मत्तता काम के मामले में बहुत बड़ी चीज है; लेकिन अब, जैसे-जैसे उम्र बढ़ रही है, मैंने देखा, ऐसी बात नहीं है। इस क्षेत्र में मुझे तजुरबा हुआ, सर्वप्रकार की उन्मत्तता का परिहार करना ही बुद्धिमान का काम है।

किसी भी मनुष्य के लिए सबकुछ मानकर उस पर विश्वास कर लेने का मतलब है, उसे पागल बनाना। एक बार मेरे पास एक किताब आई थी। उसमें यह कहा गया कि उस किताब पर मुझे विश्वास करना चाहिए। उस किताब में कहा गया था कि आत्मा जैसी कोई चीज नहीं होती; लेकिन स्वर्ग में देवी-देवताओं का निवास है और हममें से प्रत्येक के दिमाग से रोशनी की एक किरण स्वर्ग तक जाती है। लेखक को इन बातों की जानकारी कैसे हुई? भद्र महिला प्रेरित होकर चाहती थीं कि मैं भी उस पर विश्वास कर लूँ। चूँकि मैं राजी नहीं हुआ, इसलिए उन्होंने कहा, ''तुम बहुत बुरे आदमी हो। तुमसे कोई उम्मीद नहीं रही।'' यही है उन्मत्तता!

नहीं, मैं किसी अलौकिक विद्या या अकाल्टिज्म में विश्वास नहीं करता। अगर कोई चीज मिथ्या है तो वह है ही नहीं। जो मिथ्या है, उसका अस्तित्व हो ही नहीं सकता। अद्‌भुत व अलौकिक घटनाएँ भी प्राकृतिक मामलों के अंतर्गत ही आती हैं। मैं उन सबको विज्ञान का विषय मानता हूँ। यह सब मेरे लिए गुप्त विद्या का विषय नहीं है। मैं किसी गुप्त-विद्या या संघ में आस्था नहीं रखता। यह सब किसी का कुछ भी भला नहीं करते, भला कर ही नहीं सकते!

न्यूयॉर्क, 27 मार्च, 1895

प्रतारणा का यह अद्‌भुत देश है। यहाँ दूसरों से सुविधा ऐंठने की कोई-न- कोई गुप्त अभिसंधि 99 प्रतिशत लोगों में होती है। अगर कोई पल भर के लिए आँखें बंद कर लेता है तो उसका सर्वनाश! भगिनी जोसेफाइन अग्निशर्मा हैं। मिसेज पीक सीधी-सादी महिला हैं। यहाँ के लोगों ने मुझसे ऐसा बरताव किया है कि कुछ करने से पहले

कुछ घंटे मुझे चारों तरफ देखना पड़ता है। उनकी सलाह से मिसेज बुल काफी उपकृत हुई हैं। मैंने भी कुछेक सलाहें ग्रहण की थीं, लेकिन ये सलाहें किसी काम नहीं आईं। मिसेज एडम्स जो चाहती हैं, उससे सामने का दिन-दिन बढ़ता बोझ उतारा नहीं जा सकता। चलते-चलते जब मैं सामने झुकने की कोशिश करता हूँ तो सारे बोझ का केंद्र पाक स्थली के ऊपरी हिस्से पर पड़ता है नतीजा यह होता है कि मुझे लुढ़कते हुए चलना पड़ता है।

मेरी क्लासें महिलाओं से ही भरी रहती हैं। जीवन अपनी पुरानी राह पर ही चल रहा है। अनवरत व्याख्यान देते-देते और बक-बक करते बहुत बार विरक्ति भी होती है। मन होता है, ढेर-ढेर दिनों के लिए चुप हो जाऊँ।

न्यूयॉर्क, 11 अप्रैल, 1895

कुछ दिनों गाँव में रहने के लिए कल मैं मि. लेगेट के साथ जा रहा हूँ। आशा करता हूँ, विशुद्ध वायु-सेवन से मेरा भला होगा।

यह घर अभी ही छोड़ देने की इच्छा मैंने त्याग कर दी है, क्योंकि इसमें काफी खर्च पड़ जाएगा। इसके अलावा, अभी ही घर छोड़ देना युक्तिसंगत नहीं होगा, मैं धीरे-धीरे यही करने की कोशिश कर रहा हूँ।

मिस हेमलिन मेरी 'ठीक-ठीक लोगों' से जान-पहचान करा देना चाहती हैं। प्रभु जिन लोगों को भेजते हैं, वे लोग ही निखालिस-विशुद्ध लोग होते हैं—अपनी सारी जिंदगी के अनुभवों से मैंने यही तो समझा है। वे ही लोग यथार्थ सहायता कर सकते हैं और वे ही लोग मेरी सहायता करेंगे। बाकी बचे लोगों के बारे में मेरा यही वक्तव्य है कि प्रभु उन सभी लोगों का कल्याण करें और उन लोगों के हाथों से मेरी रक्षा करें!

मेरे सभी मित्रों ने यही सोचा था कि किसी दरिद्र बस्ती में यूँ अकेले-अकेले रहने से और प्रचार करने से कुछ भी नहीं होगा और कोई शरीफ औरत कभी भी वहाँ नहीं आएगी, खासकर मिसेज हेमलिन का यही खयाल था। खुद वे या उनकी तरह जो लोग ठीक-ठीक लोग हैं, वे लोग उस दरिद्रोचित कुटीर में निर्जनवासी किसी आदमी के पास आकर उसके उपदेश सुनेंगे, ऐसा हो ही नहीं सकता। लेकिन वे भले कुछ भी सोचें, यथार्थ 'ठीक-ठीक लोग' इस जगह निरंतर आने लगे, वे भी आने लगीं। हे प्रभो! इनसान के लिए तुम्हारा और तुम्हारी दया पर विश्वास स्थापन करना कितना मुश्किल है! शिव! शिव!

माँ, मैं तुमसे ही पूछता हूँ? ठीक-ठीक लोग ही भला कहाँ हैं और बे-ठीक या बुरे लोग ही भला कहाँ हैं? सब तो वे ही हैं। हिंस्र व्याघ्र में भी वे ही हैं और

मृगछौने में भी वे ही हैं। पापी के अंदर भी वे ही हैं, पुण्यात्मा के भीतर भी वे ही हैं! सभी कुछ वे ही हैं। हर तरह से मैं उनके शरणागत हूँ। जीवन भर अपनी गोद में आश्रय देने के बाद अब क्या वे मेरा परित्याग करेंगी? भगवान् की कृपादृष्टि न हो तो समुंदर में बूँद भर पानी भी नहीं होता, घने वन-जंगल में एक छोटी सी डाल भी नहीं मिलती और कुबेर के भंडार में मुट्ठी भर अन्न भी नहीं मिलता। और अगर उनकी इच्छा हुई तो मरुभूमि में झरना बहने लगता है और भिक्षुक का भी सकल अभाव मिट जाता है। एक गौरैया उड़कर कहाँ जा पड़ी है, उनकी नजर रहती है। माँ, यह सब क्या केवल कहने की बातें हैं? या अक्षर-अक्षर सत्य घटना है?

अच्छा, अब इन 'ठीक-ठीक लोगों' की चर्चा यहीं छोड़ें। हे मेरे शिव! तुम ही मेरे भले हो, तुम ही मेरे बुरे हो। प्रभो, बचपन से ही मैंने तुम्हारे चरणों में शरण ली है। ग्रीष्म-प्रधान देश या हिमानी-मंडित ध्रुव प्रदेश में, पर्वत-शिखर पर या महासमुद्र के अतल में, मैं जहाँ भी जाऊँ, तुम मेरे संग-संग रहोगे। तुम ही मेरी गति, मेरे नियंता, मेरी शरण, मेरे सखा, मेरे गुरु, मेरे ईश्वर, तुम ही मेरे स्वरूप हो। तुम कभी भी मेरा त्याग नहीं करोगे, कभी नहीं! यह मैं ठीक जानता हूँ।

हे मेरे ईश्वर! प्रबल बाधा-विघ्न से अकेले-अकेले युद्ध करते-करते कभी-कभी मैं कमजोर पड़ जाता हूँ, तब मैं मनुष्य की सहायता के बारे में सोचता हूँ। चिरदिन के लिए इन सब कमजोरियों से मेरी रक्षा करना, ताकि मैं तुम्हारे अलावा और किसी से सहायता की प्रार्थना न करूँ। अगर कोई किसी भलेमानस पर अपना विश्वास स्थापित करता है, तो वह उसका कभी त्याग नहीं करता या उसके प्रति कभी विश्वासघात नहीं करता। प्रभु, तुम सकल भले के सृष्टिकर्ता हो, तुम क्या मेरा त्याग करोगे? तुम तो जानते हो, जीवन भर मैं तुम्हारा हूँ! मैं केवल तुम्हारा ही दास हूँ। तुम क्या मेरा त्याग करोगे? ताकि मैं दूसरे मुझे ठगते रहें या मैं बुरे की तरफ ढल जाऊँ?

माँ, वे कभी भी मेरा त्याग नहीं करेंगे, इस बारे में मैं निश्चित हूँ।

न्यूयॉर्क, जून 1895

मैं अभी-अभी यहाँ पहुँचा हूँ। इस छोटी सी यात्रा से मेरा उपकार हुआ है! वहाँ की बस्ती और पहाड़, खासकर मि. लेगेट के न्यूयॉर्क स्टेट के गाँव का घर मुझे बेहद पसंद आया।

बेचारी लैंड्सबर्ग यह घर छोड़कर चली गई है। वह मुझे अपना पता तक बताकर नहीं गई। खैर, वह जहाँ भी जाए, प्रभु उसका मंगल करें। मैंने जो जीवन में दो-चार निश्छल लोगों के दर्शन का सौभाग्य-लाभ किया है, वह उन्हीं में एक है।

जो कुछ भी घटता है, सब भले की तरह होता है। सभी मिलन के बाद विच्छेद

होता है। मुझे आशा है कि मैं अकेले ही इसी सुंदर ढंग से काम किए जा सकूँगा। मनुष्य से जितनी कम सहायता ली जाए, भगवान् से उतनी ही अधिक सहायता मिलेगी। अभी-अभी लंदन से मुझे एक अंग्रेज का पत्र मिला। वे कुछ दिनों मेरे दो गुरु-भाइयों के साथ हिमालय पहाड़ पर रहे थे। उन्होंने मुझे लंदन बुलाया है।

न्यूयॉर्क, 22 जून, 1895

मेरे दिन पहले की तरह ही एक जैसे गुजर रहे हैं। मैं यथासाध्य या तो अनर्गल बकता रहता हूँ या बिलकुल चुप रहता हूँ। इस बार गरमी में ग्रीनएकर जाना हो पाएगा, पता नहीं। उस दिन मिस फार्मर के साथ भेंट हुई, तब वे कहीं जाने के लिए बेतरह व्यस्त थीं, इसलिए बहुत कम बातचीत हो पाई। वे एक महीयषी महिला हैं।

लैंड्सबर्ग अन्यत्र चली गई हैं! यहाँ मैं अकेला ही हूँ। आजकल इधर फल, बादाम—यही सब मेरा आहार है। अच्छा भी लगता है और स्वस्थ आहार तो है ही! इस गरमी में अपना तीस-चालीस पाउंड वजन तो घटा ही लूँगा। मेरे आकार मुताबिक वही वजन ठीक भी रहेगा। अरे, धत! पैदल चलने के बारे में मिसेज एडम्स की सलाह के बारे में तो एकबारगी भूल गया। जैसे ही वे न्यूयॉर्क आ पहुँचेंगी, मुझे फौरन उन सबके अभ्यास में लग जाना होगा।

व्याख्यान न देने के बावजूद इस वर्ष मुझे सिर उठाने का भी समय नहीं मिला। भारत से वेदांत पर द्वैत, अद्वैत और विशिष्टाद्वैत—इन तीनों प्रधान संप्रदायों का भाष्य भेजा है। आशा करता हूँ कि वह सब निर्विघ्न यहाँ पहुँचेगा। उन विषयों की चर्चा करते हुए काफी आनंद आएगा। इस गरमी में वेदांत-दर्शन के बारे में पुस्तक लिखने का मैंने संकल्प किया है। इस जगत् में अच्छा-बुरा, सुख-दुःख का सम्मिश्रण तो चिरकाल ही रहेगा। चक्र चिरकाल ही घूमता रहेगा, ऊपर-नीचे होता रहेगा! तोड़ना-गढ़ना विधि का अलंघ्य विधान है। जिन लोगों ने इन सबके पार जाने की कोशिश की, वे लोग ही धन्य हैं।

न्यूयॉर्क, 24 अप्रैल, 1895

जो रहस्यमय चिंताराशि आजकल पाश्चात्य जगत् में अकस्मात् ही आविर्भूत हुई है, उसके मूल में यद्यपि कुछेक सत्य जरूर है, फिर भी मैं जानता हूँ कि ये सब अधिकांश ही फिजूल और कांड-ज्ञानहीन और मतलब से परिपूर्ण है। इसीलिए भारत में या अन्यत्र कहीं भी धर्म के इस पक्ष से मैंने कोई संबंध नहीं रखा। 'मिस्टिक लोग भी' मेरे प्रति विशेष अनुकूल नहीं हैं।

प्राच्य में या पाश्चात्य में—सर्वत्र एकमात्र अद्वैत दर्शन ही मनुष्य को 'भूत पूजा' और इसी तरह के कुसंस्कारों से मुक्त रख सकता है। अद्वैत ही मनुष्य को उसके निजी

ढंग से प्रतिष्ठित और शक्तिमान बना सकता है, इस बारे में मैं आपसे पूरी तरह सहमत हूँ। पाश्चात्य देशों की तरह भारत में भी इस अद्वैतवाद की जरूरत है। लेकिन, यह काम अत्यंत दुरूह है। पहली बात तो यह कि सबसे पहले सबके मन में रुचि जगानी होगी, उसके बाद जरूरी है शिक्षा। सबसे अंत में समग्र सौध तैयार करने के लिए आगे बढ़ना होगा।

इसके लिए चाहिए सरलता, पवित्रता, विराट् बुद्धि और सर्वजयी इच्छाशक्ति। यह सब गुण-संपन्न मुट्ठी भर लोग अगर काम आ जाएँ, तब तो दुनिया ही उलट-पलट हो जाए। पिछले वर्ष इस देश में (अमेरिका) मैंने ढेरों व्याख्यान दिए थे, काफी वाहवाही भी मिली थी; लेकिन बाद में मैंने देखा कि वह सारा काम मैंने मानो विशुद्ध रूप से अपने लिए किया है। चरित्र-गठन के लिए केवल धीर व अविचलित जतन और सत्य की उपलब्धि के लिए तीखी प्रचेष्टा ही मानव जाति के भावी जीवन पर अपना प्रभाव-विस्तार कर सकती है। इसलिए मैंने निश्चय किया है कि इस वर्ष मैं इसी तरीके से अपनी कार्य-प्रणाली नियमित करूँगा। कुछेक चुने हुए स्त्री-पुरुषों को अद्वैत वेदांत की उपलब्धि के बारे में शिक्षा देने का प्रयास करूँगा। किस हद तक सफल होऊँगा, पता नहीं।

पत्रिका निकालने के बारे में मैं आपसे पूरी तरह सहमत हूँ। लेकिन यह सब करने जितनी व्यवसाय-बुद्धि मुझमें बिलकुल भी नहीं है। मैं शिक्षा-दान और धर्म-प्रचार कर सकता हूँ। बीच-बीच में लिख भी सकता हूँ। सत्य पर मेरा गहरा विश्वास है। प्रभु ही मेरी सहायता करेंगे और वे ही जरूरत मुताबिक कर्मी भी भेजेंगे! भगवान् करें, मैं मन-कर्म-वचन से पवित्र, निःस्वार्थ और निश्छल हो सकूँ।

न्यूयॉर्क, 25 अप्रैल, 1895

फिलहाल ग्रीनएकर नहीं जा पा रहा हूँ। अभी मैंने सहस्रदीपोद्यान (थाउजेंड आइलैंड पार्क) जाने का बंदोबस्त किया है, वह जगह चाहे जहाँ भी हो। वहाँ मेरी एक छात्रा मिस डचर की एक कुटीर है। हमने तय किया है कि हम कुछ लोग वहाँ एकांतवास में विश्राम करेंगे और शांति में वक्त गुजारेंगे। मेरी क्लास में जो लोग आते हैं, मैं उनमें से कुछेक को 'योगी' बनाना चाहता हूँ। ग्रीनएकर जैसी कर्म-व्यस्त जगह इस काम के लिए अनुपयुक्त है। यह दूसरी जगह चूँकि आबादी से काफी दूर है, इसलिए सिर्फ लेना चाहते हैं, ऐसे लोग वहाँ जाने की हिम्मत नहीं करेंगे।

ज्ञानयोग की क्लास में जो लोग आते हैं, शुक्र है कि मिस हैमलिन ने 130 लोगों के नाम लिख रखे थे। इसके अलावा, और 50 लोग बुधवार की योग-क्लास में आते थे और सोमवार की क्लास में अन्य 50 जन! मि. लैंड्सबर्ग ने सारे नाम लिख

रखे थे। वैसे भी नाम लिखा हो या न हो, ये सभी लोग आएँगे। मि. लैंड्सबर्ग ने मेरी संगति छोड़ दी थी, लेकिन सारे नाम उन्होंने मुझे सौंप दिए थे। ये सभी लोग आएँगे और अगर अभी न भी आए तो बाद में आएँगे। इसी ढंग से चलेगा। प्रभु, सब तुम्हारी ही महिमा है।

नाम लिख रखना और विज्ञापन देना बहुत बड़ा काम है, इसमें कोई संदेह नहीं है। मेरे लिए जो लोग यह काम कर रहे हैं, उन सबके प्रति मैं कृतज्ञ हूँ। लेकिन यह बात मैं बखूबी समझ रहा हूँ कि किसी दूसरे पर निर्भर रहना मेरा अपना ही आलस्य है, इसलिए यह अधर्म है। आलस्य से हमेशा अधर्म ही होता है। इसलिए, अब से ये सारे काम मैं खुद ही कर रहा हूँ और बाद में भी मैं खुद ही करूँगा। फलस्वरूप भविष्य में किसी के लिए कोई परेशानी की वजह नहीं होगी।

बहरहाल, मैं मिस हैमलिन के 'ठीक-ठीक लोगों' में से किसी को ले सका तो मुझे खुशी होगी। लेकिन दुर्भाग्य यह है कि ऐसा तो अभी तक कोई एक जन भी नहीं आया। खैर, आचार्यों का चिरंतन कर्तव्य होता है कि अत्यंत 'बे-ठीक' लोगों में से ही ठीक-ठीक लोग तैयार कर लेना!

मुद्दे की बात यह है कि मिस हैमलिन नामक इस कमउम्र महिला ने न्यूयॉर्क के 'ठीक-ठीक लोगों' से परिचय करा देने की उम्मीद बँधाई थी और मुझे प्रोत्साहित भी किया था। इसी योजना मुताबिक उन्होंने जिस ढंग से मेरी मदद की, उसके लिए भी मैं उनके प्रति विशेष कृतज्ञ हूँ, फिर भी मुझे लगता है कि मेरा जो छोटा-छोटा काम है, बेहतर यही है कि ये सब काम मैं खुद अपने हाथ से करूँ। अभी दूसरों से मदद लेने का वक्त नहीं आया। यह काम काफी छोटा है।

मिस हैमलिन के बारे में आपकी जो अति उच्च धारणा है, इससे मैं बेहद खुश हूँ। आप उनकी मदद करेंगी, यह जानकर मैं खासतौर पर खुश हूँ, क्योंकि उन्हें सच ही मदद की जरूरत है।

लेकिन माँ, रामकृष्ण की कृपा से किसी भी इनसान की सूरत देखते ही उसके अंदर जो स्वभावसिद्ध संस्कार मौजूद हैं, वह प्रायः अभ्रांत रूप से मैं समझ सकता हूँ। इसका नतीजा यह हुआ है कि आप मेरे हर मामले में जो चाहे करें, मैं रत्ती भर भी असंतोष जाहिर नहीं करूँगा। मिस फॉर्मर की सलाह भी मैं खुशी-खुशी ग्रहण करूँगा, चाहे वे भूत-प्रेत के बारे में कितनी भी बातें करें। इन सब भूत-प्रेत के अंतराल में मुझे एक अगाध प्रेमपूर्ण हृदय के दर्शन होते हैं। हाँ, सिर्फ इस पर एक प्रशंसनीय उच्चाकांक्षा का सूक्ष्म आवरण चढ़ा हुआ है। खैर, यह भी कई वर्षों बाद जरूर गायब हो जाएगा। यहाँ तक कि लैंड्सबर्ग भी बीच-बीच में अगर मेरे मामले में हस्तक्षेप

करे तो मैं कोई आपत्ति नहीं करूँगा। लेकिन बस यहीं तक!

इन लोगों के अलावा अगर और कोई मेरी मदद करने आता है तो बेतरह डर जाता हूँ, बस मैं यही बता सकता हूँ। आपने जो मेरी मदद की है, सिर्फ उसी वजह से नहीं, मेरे अपने ही स्वाभाविक संस्कारवश (या जिसे मैं अपने गुरु महाराज की प्रेरणा मानता हूँ) आपको (सारा बुल) मैं अपनी माँ जैसी मानता हूँ। इसलिए आप मुझे जो भी सलाह देंगी, वह मैं हमेशा मानूँगा। लेकिन यह सलाह या आदेश स्वयं आपसे ही मिलना चाहिए। आप बीच में अगर और किसी को खड़ा करेंगी तब मैं प्रार्थना करूँगा कि मुझे खुद चुनाव की अनुमति मिले। बस, यही बात, और क्या!

न्यूयॉर्क, 5 मई, 1895

मैंने जो अंदाजा लगाया था, वही हुआ! यद्यपि प्रो. मैक्समूलर अपने हिंदू धर्म संबंधी रचना-समग्र के अंतिम भाग में निंदासूचक एक मंतव्य दिए बिना नहीं रह सके। फिर भी मुझे हमेशा ही यही लगता रहा कि किसी-न-किसी समय यह समग्र तत्त्व ही वे समझ लेंगे। अब, जितनी जल्दी हो सके, उनकी आखिरी पुस्तक 'वेदांतवाद' प्राप्त करो। उस पुस्तक में तुम देखोगी कि उन्होंने सारा कुछ साग्रह ग्रहण किया है, जन्मांतरवाद समेत!

कई-कई संदर्भों में तुम्हें यह भी नजर आएगा कि शिकागो में मैंने जो कुछ भी कहा है, यह उसी का अभ्यास भर है।

वे बूढ़े-प्रवीण सज्जन यह बात समझ गए, मैं इसी बात से खुश हूँ, क्योंकि आधुनिक गवेषणा और विज्ञान के विरोध के मुहाने पर धर्म को महसूस करने की यही एकमात्र राह है।

न्यूयॉर्क, 6 मई, 1895

मैं यहाँ नाम-यश बटोरने नहीं आया। मेरी अनिच्छा के बावजूद यह सब आ पड़ा है! अकेला मैं ही भरपूर साहस के साथ अपने देश का समर्थन कर रहा हूँ। इन लोगों ने हिंदुओं से जो उम्मीद नहीं की थी, वही-वही मैंने इन लोगों को दिया है। इन दिनों बहुतेरे लोग मेरे विरुद्ध हैं, लेकिन मैं कभी भी कायर नहीं बनूँगा।

अमेरिकी जीवन के केंद्र न्यूयॉर्क में मेरी प्रतिष्ठा दृढ़तर हुई है। यहाँ मेरा काम जारी रहेगा। मैं अपने शिष्यों को योग, भक्ति और ज्ञान की शिक्षा की परिसमाप्ति के लिए मैं निर्जन ग्रीष्मवास के लिए ले जा रहा हूँ, ताकि वे लोग इस काम को जारी रखने में मदद कर सकें।

यहाँ एक दल नए इनसानों की सृष्टि करनी होगी, जो सारे इनसान ईश्वर में निश्छल विश्वास करेंगे और संसार को बिलकुल ग्राह्य नहीं करेंगे।

न्यूयॉर्क, मई 1895

मेरे छात्रगण मेरी सहायता के लिए दुबारा आ पहुँचे हैं। अब क्लासें काफी सुंदर ढंग से चला करेंगी, इसमें कोई संदेह नहीं।

मैं इससे खुश हूँ, क्योंकि यह बिंदु मेरे जीवन का अविच्छेद अंश बन गया है। आहार और श्वास-प्रश्वास की तरह यह भी मेरे जीवन के लिए जरूरी है।

न्यूयॉर्क, 16 मई, 1895

मैं शिकागो जा पाऊँगा या नहीं, मुझे नहीं पता। मैं एक फ्री-पास जुटाने की कोशिश कर रहा हूँ। अगर मुझे फ्री-पास मिल गया तो मैं आने की कोशिश करूँगा, अन्यथा नहीं। रुपए-पैसों के नजरिए से इस बार के जाड़े का काम जरा भी सफल नहीं हुआ। बस, किसी तरह गुजारा हो गया। लेकिन आध्यात्मिक नजरिए से मैं बेहद मजे में हूँ।

न्यूयॉर्क, 28 मई, 1895

आखिरकार, इस देश में कुछ कर जाने में समर्थ हुआ।

पार्सी, न्यू हैंपशायर, 7 जून, 1895

अंत में मि. लेगेट के पास आ पहुँचा हूँ। जीवन में जो सुंदर-सुंदर जगहें देखी हैं, यह जगह उनमें अन्यतम है। जरा कल्पना करें, चारों तरफ से घनघोर, विशाल जंगलों से आच्छादित पर्वतश्रेणियाँ और उसके बीच एक झील! वहाँ हम लोगों के अलावा और कोई नहीं है। कितना मनोरम! कितना निस्तब्ध! कितना शांतिपूर्ण! शहर के कोलाहल से दूर मैं जो यहाँ किस कदर आनंद में हूँ, आप आसानी से अंदाजा लगा सकती हैं।

यहाँ आकर मुझे मानो नवजीवन-लाभ हुआ है। मैं अकेले-अकेले वन में चला जाता हूँ। वहाँ अपनी गीता का पाठ करता हूँ और खासा सुख में हूँ। दस दिनों के अंदर मैं यह जगह छोड़कर सहस्राद्वीपोद्यान (थाउजेंड आइलैंड पार्क) पहुँच जाऊँगा। वहाँ मैं घंटों, दिनों ईश्वर का ध्यान करूँगा और अकेले निर्जन में रहूँगा।

थाउजेंड आइलैंड पार्क, न्यूयॉर्क, 18 जून, 1895

एक बांग्ला लोकोक्ति है—'धानकुटनी अगर स्वर्ग भी पहुँच जाए तो वह धान ही कूटेगी।' इसके अलावा यहाँ मैं काफी मजे में हूँ। एक ही बात है! मुझे काफी मेहनत करनी पड़ रही है।

थाउजेंड आइलैंड पार्क, 26 जून, 1895

प्रो. मैक्समूलर के 'आत्मा का अमरत्व' निबंध-समूह मैंने मदर चर्च को भेज दिया है। उन बूढ़े-प्रवीण व्यक्ति ने वेदांत के किसी भी अंश की उपेक्षा नहीं की है।

उनके इस निर्भीक कृतित्व को शाबासी देता हूँ।

भारत से आए पत्रों में भारत लौट आने के लिए मुझसे बार-बार अनुरोध किया गया है। वे लोग बेचैन हो उठे हैं। अगर मैं यूरोप जाऊँ तो न्यूयॉर्क अंचल के मि. फ्रांसिस लेगेट का अतिथि बनूँगा। वे पूरे छह हफ्ते तक जर्मनी, फ्रांस, इंग्लैंड और स्विट्जरलैंड—सब जगह घूमेंगे-फिरेंगे। वहाँ से भारत लौटूँगा। अगर मैं चाहूँ तो यहाँ भी लौट सकता हूँ। इस देश में मैंने जो बीज बोया है, उसकी परिणति की कामना करता हूँ। इस बार के जाड़े में न्यूयॉर्क में बहुत अच्छा काम हुआ। सहसा भारत लौट गया तो सारा काम मिट्टी हो सकता है। इसीलिए जाने के बारे में अभी तक कुछ तय नहीं कर पाया।

सहस्राद्वीपोद्यान में गौर करने लायक ऐसी कोई घटना नहीं घटी। यहाँ के दृश्य बेशक रमणीय हैं। यहाँ कई एक मित्र हैं। उन लोगों के साथ जी भरकर ईश्वर और आत्मा के बारे में चर्चा होती है। फल, दूध वगैरह आहार करता हूँ और वेदांत संबंधी प्रकांड-प्रकांड संस्कृत के ग्रंथ पढ़ता हूँ। ये ग्रंथ भारत के लोगों के अनुग्रह से प्राप्त हुए हैं।

मद्रास-अभिनंदन का उत्तर पढ़कर तुम काफी विचलित हुए थे। लेकिन, यहाँ उसका काफी सुफल हुआ है। अभी उसी दिन मद्रास के 'क्रिश्चियन कॉलेज' के अध्यक्ष मि. मिलर ने अपने एक भाषण में मेरे विचारों में से अनेक को शामिल करके कहा कि ईश्वर और मनुष्य के संबंध में भारत के तत्त्व पाश्चात्य देशों के लिए अत्यंत उपयोगी हैं और उन्होंने युवकों को वहाँ जाकर प्रचार-कार्य में व्रती होने का आह्वान किया है। इस बात पर यहाँ की धार्मिक संस्थाओं के लोग खुश नहीं हैं।

देश-प्रेम जीवन में बेहद आनंददायक है। मुझे एक जगह ज्यादा दिन तक अटकाए रखा गया तो मैं शायद दम ही तोड़ दूँगा। परिव्राजक जीवन की किसी से तुलना नहीं की जा सकती।

चारों तरफ अँधेरा जितना घना हो आता है, उद्देश्य उतना ही करीब आता जाता है, उतना ही जीवन का असली अर्थ—जीवन में जो स्वल्प है, वह खिल उठता है! इनसान इसे क्यों नहीं समझता, यह समझ में नहीं आता। उसने एकांत अर्थहीनता में अर्थ-संगति ढूँढ़ने की कोशिश की थी। सपने में वास्तव का संधान शिशु-सुलभ उद्यम के अलावा और क्या है? 'सबकुछ क्षणिक है, सबकुछ परिवर्तनशील' है—इसे निश्चित जानकर ज्ञानी व्यक्ति सुख-दु:ख त्यागकर जगत्-वैचित्र्य के साक्षी के रूप में मौजूद रहते हैं, किसी भी वस्तु के प्रति आसक्त नहीं होते।

थाउजेंड आइलैंड पार्क, 26 जून, 1895

यह जगह बेहद मोहक लग रही है। खाना-पीना मामूली, बस अध्ययन-आलोचना-ध्यान वगैरह पूरे दम से जारी है। एक अपूर्व शांति के आवेग से प्राण भर उठे हैं। हर दिन ऐसा लगता है कि मेरे लिए करने को कुछ भी नहीं है। मैं हर वक्त परम शांति में हूँ! सारा कार्य वे ही करते हैं, हम तो महज यंत्र मात्र हैं! उनका नाम धन्य है। कामिनी-काँचन और प्रतिष्ठा रूपी निविड़ बंधन मानो तेरे तन-बदन से सामयिक भाव से खिसक जाता है। जैसा कि मुझे भारत में भी बीच-बीच में अनुभूति होती थी, यहाँ भी वैसी ही उपलब्धि हो रही है—'मेरी भेदबुद्धि, मेरा भला-बुरा बोध, भ्रम, अज्ञान विलुप्त हो गया है। मैं गुणातीत राज्य में विचरण कर रहा हूँ। कौन सी विशेष विधि स्वीकार करूँ, कौन सी छोड़ दूँ? इस उच्च भावभूमि से ऐसा लगता है, मानो सारा विश्व ही एक छोटा सा गढ़ैया है। 'हरिः ओम तत्सत्' एकमात्र वे ही हैं, और कहीं कुछ नहीं है। मैं तुममें हूँ, तुम मुझमें हो। हे प्रभो, तुम मेरे चिर आश्रय बनो। शांतिः शांतिः शांतिः।

संयुक्त राष्ट्र अमेरिका, 9 जुलाई, 1895

महाराज तो बखूबी जानते हैं कि मैं दृढ़ अध्यवसायवाला जीव हूँ। मैंने इस देश में एक बीज बोया है, वह अभी ही पौधा बनकर खड़ा हो गया है। उम्मीद है कि बहुत जल्दी ही यह वृक्ष के रूप में परिणत हो जाएगा। मुझे कई सौ अनुगामी शिष्य मिल गए हैं, मैं कई एक को संन्यासी बनाऊँगा। उसके बाद उन लोगों के हाथों में कामकाज सौंपकर भारत लौट जाऊँगा।

ईसाई पादरी जितना ही मेरे पीछे पड़े हैं उतना ही उन लोगों के देश पर अपने स्थायी निशान छोड़ जाने की मेरी धुन बढ़ती जा रही है। इस बीच लंदन में भी मेरे कुछ मित्र जुट गए हैं। मेरा खयाल है कि अगस्त के आखिर में वहाँ जाऊँगा। हर कार्य को ही तीन अवस्थाओं से होकर गुजरना पड़ता है—उपहास, विरोध और अंत में ग्रहण! जो लोग अपने समय में प्रचलित भावराशि छोड़कर और अधिक उच्चतर तत्त्व जाहिर करेंगे, उन्हें लोग निश्चित रूप से गलत समझेंगे। इसलिए बाधा और अत्याचार आते हैं तो उनका स्वागतम! सिर्फ मुझे दृढ़ और पवित्र होना होगा और ईश्वर में गहरी आस्था रखनी होगी, तभी ये बाकी चीजें उड़-उड़ा जाएँगी।

थाउजेंड आइलैंड पार्क, 30 अगस्त, 1895

ओ मेरी माँ! मेरी छाती में दुःखों का पहाड़ जमा है! ये सभी पत्र दीवानजी का मृत्यु-संवाद लाए हैं? हरिदास-बिहारीदास ने यह निस्सार देह त्याग कर दिया है। मेरे लिए वे पिता-तुल्य थे! पिछले पाँच सालों से बेचारे अपने कर्म-व्यस्त जीवन से

विश्राम की तलाश में थे। आखिरकार उन्हें विश्राम मिल ही गया। लेकिन, ज्यादा दिनों तक वे इसका आनंद नहीं ले पाए। प्रभु से प्रार्थना है कि पृथ्वी नामक इस अपरिच्छन्न गड्ढे में उन्हें दुबारा लौटकर न आना पड़े। स्वर्ग में भी उनका पुनर्जन्म न हो। उन्हें दुबारा शरीर धारण न करना पड़े, चाहे वह भला हो या बुरा! यह दुनिया अति मात्रा में अलीक है और बेहद खोखली बातों में विश्वासी है। ओ मेरी माँ, मैं अनवरत-अविश्रांत प्रार्थना करता हूँ कि इनसान प्रकृत सत्य को समझ सके। यानी भगवान् के प्रति यह दुकानदारी हमेशा-हमेशा के लिए बंद हो।

आज मन इतना भाराक्रांत है कि अब और लिखा नहीं जा रहा है।

थाउजेंड आइलैंड पार्क, अगस्त 1895

मैंने अपने देशवासियों के प्रति थोड़े-बहुत कर्तव्य किए हैं। अब जगत् के लिए—जिससे यह देह मिली है, इस देश के लिए—जिस देश ने मुझमें भाव भरे हैं, मानव जाति के लिए—जिनके बीच रहकर मैं अपने को एक मानता हूँ—अब मैं इन सबके लिए कुछ करूँगा। जैसे-जैसे उम्र बढ़ रही है, उतना ही 'मनुष्य सर्वश्रेष्ठ प्राणी है'—हिंदुओं के इस मतवाद का तात्पर्य समझ पा रहा हूँ।

संयुक्त राष्ट्र अमेरिका, अगस्त 1895

इस वर्ष मैंने ढेर-ढेर काम किया है और आगामी वर्ष और भी बहुत कुछ करने की आशा रखता हूँ। सुनो, मिशनरी लोगों के बारे में माथापच्ची मत करना। वे लोग चीखेंगे-चिल्लाएँगे, यह तो स्वाभाविक है। अपना अन्न मारा जाए, तो कौन नहीं चिल्लाता? पिछले दो वर्षों में मिशनरी फंड में बहुत बड़ा गड्ढा हो चुका है और गड्ढा बढ़ता ही जा रहा है। बहरहाल, मैं मिशनरी लोगों की संपूर्ण सफलता की कामना करता हूँ। तुमने बहुत अच्छा कहा कि मेरे भाव भारत के मुकाबले पाश्चात्य देशों में बहुत अधिक मात्रा में कार्यकर होते जा रहे हैं। सच तो यह है कि भारत ने मेरे लिए जो किया, मैंने भारत के लिए उससे कहीं ज्यादा किया है। थोड़ी सी रोटी और उसके साथ टोकरी भर गाली-गलौज—यही तो मैंने पाया है वहाँ।

मैं सत्य में विश्वास करता हूँ। मैं कहीं भी क्यों न जाऊँ, प्रभु मेरे लिए झुंड-झुंड कर्मी भेज देते हैं।

वे लोग गुरु के लिए जीवन-त्याग करने को तैयार हैं। सत्य ही मेरा ईश्वर है! समग्र जगत् मेरा देश है। मैं 'कर्तव्य' में विश्वासी नहीं हूँ। कर्तव्य तो संसारी के लिए अभिशाप होता है, संन्यासी के लिए नहीं। कर्तव्य तो एक फिजूल सी बात है। मैं मुक्त हूँ। मेरे बंधन छिन्न हो चुके हैं। यह शरीर कहाँ जाता है या न जाता हो, मैं क्या इसकी परवाह करता हूँ?

दुनिया को सिखाने के लिए मेरे पास एक ही सत्य है। जिन्होंने मुझे यह सत्य दिया है, वे पृथ्वी के श्रेष्ठ और सर्वाधिक साहसी व्यक्तियों में से मेरे लिए सहकर्मी भेज देंगे।

न्यूयॉर्क, 2 अगस्त, 1895

मैं अपने बहुत सारे दोस्तों के साथ पहले पेरिस जा रहा हूँ, फिर 17 अगस्त को यूरोप की यात्रा करूँगा। पेरिस में अपने दोस्त के विवाह होने तक (कुल एक सप्ताह) रुकूँगा, उसके बाद लंदन चला जाऊँगा।

यहाँ मेरे ढेरों घनिष्ठ मित्र हैं, लेकिन दुर्भाग्य की बात यह है कि उनमें से अधिकांश दरिद्र हैं। इसलिए कामकाज भी धीमी गति से ही चलता रहेगा। इसके अलावा न्यूयॉर्क में उल्लेखनीय कुछ रचने-गढ़ने से पहले और भी कुछ महीने मेहनत करनी होगी। अस्तु, ठंड का मौसम शुरू होते ही मुझे न्यूयॉर्क वापस लौटना होगा। गरमियों में दुबारा लंदन चला जाऊँगा। अभी तो जैसा लग रहा है, उसके मुताबिक इस बार कुछ सप्ताह ही लंदन में रुक पाऊँगा। लेकिन प्रभु की इच्छा रही तो इतने कम समय में ही किसी बड़े काम की शुरुआत हो जाएगी। मैं लंदन कब पहुँचूँगा, इसकी खबर मैं तार द्वारा भेज दूँगा।

थिओसोफिस्ट संप्रदाय के कुछेक लोग न्यूयॉर्क मेरी क्लास में आए थे। इनसान जैसे ही वेदांत की महिमा समझ लेता है, उसकी आलतू-फालतू धारणाएँ तत्काल खत्म हो जाती हैं।

मेरा यह हमेशा का तजुरबा रहा है कि इनसान जब वेदांत के महान् गौरव की उपलब्धि कर लेता है, तब मंत्र-तंत्र आदि अपने आप ही गायब हो जाते हैं। जिस पल इनसान को सत्य का आभास होता है, उस पल निम्नतर सत्य अपने आप ही विलुप्त हो जाता है। संख्या की अधिकता से कोई फर्क नहीं पड़ता। विशृंखल जनता सौ वर्षों में भी जो नहीं कर पाती, चंद मुट्ठी भर सरल, संघबद्ध और उत्साही नौजवान एक वर्ष में उससे कहीं अधिक काम कर डालते हैं। किसी एक वस्तु का उत्ताप निकटवर्ती अन्यान्य वस्तु में संचरित होता है—यही प्रकृति का नियम है। इसलिए जब तक हम सबके अंदर वह ज्वलंत अनुराग, सत्यनिष्ठा, प्रेम और सरलता जीवित है, तब तक हमारी सफलता भी अवश्यंभावी है। 'सत्यमेव जयते नानृतम्, सत्येन पन्था विततो देवयानः'—यह सनातन सत्य मेरे वैचित्र्य भरे जीवन में बहुत बार जाँचा-परखा गया है।

न्यूयॉर्क, 9 अगस्त, 1895

जो लोग मेरा अनिष्ट चाहते हैं, ऐसे बहुतेरे लोग मिल जाएँगे। लेकिन इसी से

क्या यह प्रमाणित नहीं होता कि सत्य हमारे ही पक्ष में है? मुझे जीवन में जितनी ही बाधाएँ मिलीं, उतना ही मुझमें शक्ति का स्फुरण हुआ। एक टुकड़ा रोटी के लिए मैं घर-घर विताड़ित होता रहा, दूसरी तरफ राजा-महाराजा मुझे अपनी गाड़ी में बिठाकर खुद गाड़ी हाँककर ले गए, मेरी पूजा की। विषयी लोग और पुरोहित कुल मुझ पर लगातार समान रूप से निंदा-वर्षण करता रहा। लेकिन इन सबसे मुझे क्या फर्क पड़ता है? भगवान् उन लोगों का कल्याण करें। वे लोग भी मेरी आत्मा के साथ अभिन्न हैं। इन सभी लोगों ने स्प्रिंग-बोर्ड की तरह मेरी मदद की है। इन लोगों के प्रतिघातों से मेरी शक्ति विकसित होते हुए उच्च से उच्चतर होती गई।

वाक्-सर्वस्व धर्म-प्रचारकों ने देखा कि मेरे लिए भय की कोई बात नहीं, यह बात मैं बखूबी समझ गया हूँ। सत्यद्रष्टा महापुरुषगण कभी किसी की शत्रुता कायम नहीं रखते। 'वचनवागीश' आराम से भाषणबाजी करते रहें। इससे बेहतर वे लोग कुछ जानते ही नहीं। चलो, वे लोग नाम, यश और कामिनी-कंचन में विभोर रहें, मस्त रहें। और हम सब धर्मोपलब्धि, ब्राह्म-लाभ और ब्रह्म होने के लिए दृढ़व्रती हों। हम सब मृत्यु तक और जीवन-जीवनांतर तक उस सत्य को थामे रहें। दूसरी की बातों पर हम कान न दें। समग्र जीवन की साधना के फलस्वरूप हममें से कोई एक भी अगर जगत् के जटिल बंधनपाश को तोड़कर मुक्त हो सके, तभी मुझे लगेगा कि हमारे व्रत का उद्यापन हुआ। हरि: ओम!

और एक बात! भारत को मैं सचमुच बेहद प्यार करता हूँ, लेकिन दिन-प्रतिदिन जैसे-जैसे मेरी आँखें खुलती जा रही हैं, हमारी दृष्टि में भारतवर्ष, इंग्लैंड या अमेरिका वगैरह आखिर है क्या? भ्रांतिवश लोग जिन्हें 'मनुष्य' के नाम से अभिहित करते हैं, हम सब उसी 'नारायण' के ही सेवक हैं।

पेरिस, 9 सितंबर, 1895

भारत के लोग अगर यह चाहते हैं कि मैं यहाँ हिंदू-खाद्य के अलावा और कुछ न खाऊँ तो उन लोगों से कहो कि वे लोग मेरे लिए कोई रसोइया और उसे रखने लायक उपयुक्त खर्च भेज दें। एक कानी कौड़ी भी मदद करने की हैसियत नहीं है और गरदन पर सवार होकर सलाह दें—यह देखकर मुझे हँसी आती है।

दूसरी तरफ मिशनरी लोग अगर यह कहते हैं कि मैंने कामिनी-कंचन-त्याग-रूप प्रधान दोनों व्रतों को कभी भी भंग किया है तो उन लोगों से कहना कि वे बहुत बड़े झूठे हैं।

पेरिस, 9 सितंबर, 1895

आलासिंगा, मैं किसी की भी सहायता नहीं चाहता। मैं ही तो दूसरों की सहायता

करता आया हूँ। मुझे मदद करे, ऐसा आदमी तो मुझे अभी तक कहीं नजर नहीं आया। बंगाली लोग? उन लोगों के देश में जितने भी लोगों ने जन्म लिया है, उसमें सर्वश्रेष्ठ रामकृष्ण परमहंस के कामों में मदद के लिए थोड़े से रुपए तक तो उगाह नहीं सकते, इधर लगातार फालतू बकवास करते रहते हैं और जिसके लिए उन लोगों ने कभी कुछ नहीं किया, बल्कि जिसने उन लोगों के लिए यथासाध्य किया, उसी पर वे लोग हुक्म चलाना चाहते हैं। वाकई, यह जगत् ऐसा ही कृतघ्न है।

रीडिंग, इंग्लैंड, 1895

शशि, लोग भले कुछ भी कहें! ये 'लोग इनसान हैं या कीड़े-मकोड़े!' इन बंगालियों ने ही मुझे पाल-पोसकर बड़ा किया, इनसान बनाया, रुपए-पैसे देकर भेजा, अभी भी मुझे पाल-पोस रहे हैं, हा-हा-हा! अब, उन लोगों को खुश करने जैसी बातें करनी होंगी? बंगाली लोग क्या कहते हैं, नहीं कहते हैं—इन बातों की क्या परवाह करनी चाहिए? उन लोगों के देश में बारह वर्ष की उम्र की लड़की बेटे की माँ बन जाती है। जिनके जन्म लेने से उन लोगों का देश पवित्र हो गया, उनका चवन्नी भर भी भला तो कर नहीं पाते, उस पर से लंबी-लंबी बातें करते हैं। तुम्हें क्या यह लगता है कि मैं बंगाल जाऊँगा? उन लोगों ने भारतवर्ष का नाम बदनाम किया है। मठ बनाना चाहिए, पश्चिम के राजपूताना में, पंजाब में, यहाँ तक कि बंबई में! लंदन में कुछ हब्शी जैसे लोग घूमते-फिरते नजर आते हैं। कभी सिर पर टोपी-टोपन पहने दिख जाते हैं। इनके काले-कलूटे हाथ छू जाने भर से अंग्रेज खाना नहीं खाते! ये इज्जत है उनकी। नौकर-नौकरानियों के दल में हँसी-मजाक करते हुए ये लोग अपने देश जाकर अमीर आदमी बन जाते हैं। राम! राम! आहार केंचुआ-केकड़ा, पेशाब-सुवासित पोखर का पानी, भोजन-पात्र फटे-चीथड़े, केले का पत्ता और बेटों के मल-मूत्र मिश्रित गीली मिट्‌टी के फर्श पर खाना! प्रेतिनी डाकिनी के साथ मस्ती करना! दिगंबर कौपीनधारी! बस, जुबान का ही जोर चलता है! उन लोगों के मतामत से भला क्या फर्क पड़ता है, बिरादर! तुम लोग बस अपना काम किए जाओ।

होटल मिनर्वा, फ्लोरेंस, 20 दिसंबर, 1896

राखाल, परस्पर विवाद और परस्पर निंदा करना हमारी जातीय विशिष्टता है। आलसी, अकर्मण्य, मंदभाषी, ईर्ष्यापरायण, भीरु और कलहप्रिय—यही तो हैं हम बंगाली लोग! बेवकूफों की बातों की बिलकुल भी परवाह नहीं करो! वह जो कहते हैं न—'बूढ़े बेवकूफ जैसा बेवकूफ और कोई नहीं होता।' उन लोगों को जरा चीखने-चिल्लाने दो न!

इंग्लैंड में

अंग्रेज जाति के प्रति मुझसे ज्यादा किसी के मन में हिकारत हो, ऐसे किसी ने भी, कभी इंग्लैंड की धरती पर पदार्पण नहीं किया। लेकिन जितना-जितना मैं उन लोगों के साथ रहने-सहने लगा और उन लोगों के साथ हेलमेल बढ़ता गया, जैसे-जैसे मैंने गौर किया कि ब्रिटिश जाति का जीवन-यंत्र किस ढंग से परिचालित होता है और जैसे-जैसे यह बात मेरी समझ में आई कि इस जाति का दिल कहाँ धड़कता है, उतना-उतना ही मैं उन लोगों को प्यार करने लगा।

रिडिंग, इंग्लैंड, सितंबर 1895

बिना किसी बाधा-विघ्न के मैं इंग्लैंड पहुँच गया हूँ। दोस्त का पता भी मिल गया। उनके घर में मैं खासा मजे में हूँ! बेहद प्यारा परिवार है। उनकी पत्नी सच्चे अर्थों में देवी-तुल्य हैं। वे भी यथार्थ भारत-प्रेमी हैं। साधुओं की घनिष्ठ संगति में मिल-जुलकर रहते हुए, उन लोगों की तरह ही खान-पान करते हुए उन्होंने लंबा अरसा भारत में गुजारा है। इसलिए मैं भी इनके यहाँ काफी मजे में हूँ। इसी दौरान भारत से लौटे हुए, कई रिटायर्ड उच्च पदस्थ सैनिकों से भी भेंट हुई। उन लोगों ने मेरे साथ काफी अच्छा व्यवहार किया।

सड़कों पर कोई मेरी तरफ अचरज से मुँह बाए हुए भी नहीं देखता। भारत से बाहर, अन्य किसी भी जगह इतना चैन महसूस नहीं किया। अंग्रेज लोग हमें समझते हैं और हम भी उन्हें समझते हैं। इस देश की शिक्षा और सभ्यता भी काफी ऊँचे स्तर की है। इस वजह से और काफी लंबे अरसे की शिक्षा के फलस्वरूप ही यह फर्क है।

मेरा मित्र संस्कृत में सुपंडित है। इसलिए हम दोनों शंकर वगैरह आचार्यों के भाष्य-पाठ में हमेशा ही व्यस्त रहते हैं। यहाँ सिर्फ धर्म और दर्शन का सिलसिला जारी है।

पाश्चात्य देशों में यह सिखाया जाता है कि 'न्यू टेस्टामेंट' के साथ अठारह सौ वर्ष पहले समाज का जन्म हुआ था, इससे पहले समाज का कोई अस्तित्व नहीं था। खैर, पाश्चात्य जगत् के संदर्भ में यह बात भले सच हो, लेकिन समग्र जगत् के संदर्भ में यह बात सच नहीं है। लंदन में जब मैं व्याख्यान देता था, तब एक सुपंडित मेधावी मित्र अकसर ही मुझसे बहस किया करते थे। उनके तरकश में जितने भी तीर थे, सब-के-सब मुझ पर निक्षेप करने के बाद एक दिन अचानक तार-स्वर में बोल उठे, "तो फिर आप लोगों के ऋषि-मुनि हमें इंग्लैंड में शिक्षा देने क्यों नहीं आए?" जवाब में मैंने कहा, "क्योंकि उस जमाने में इंग्लैंड नामक कोई जगह थी ही नहीं, जहाँ वे आते।

वे क्या अरण्य में पेड़-पौधों में प्रचार करते?''

रिडिंग, इंग्लैंड, 24 सितंबर, 1895

मैं खुद आगे बढ़कर किसी के साथ परिचित होना नहीं चाहता। अगर प्रभु लोगों को मेरे सामने हाजिर कर दें, तभी बेहतर है। दूसरों पर अपने को न लादना ही मेरी नीति है।

अब मैं अगली लहर की प्रतीक्षा में हूँ। 'कभी टालो मत, कभी ढूँढ़ो मत; ईश्वर जो भेजें, उसकी प्रतीक्षा करना'—यही मेरा मूल-मंत्र है।

कैवर्शम्, 4 अक्तूबर, 1895

मैं अभी इंग्लैंड में हूँ। मि. स्टडी ने मुझसे दीक्षा ग्रहण की है। यह आदमी बेहद उद्यमी और सज्जन है।

श्रीरामकृष्ण ही मेरी रक्षा कर रहे हैं। ओ रे पागल! यहाँ परी जैसी महिलाएँ लाखों-लाखों रुपयों की मालकिन—यह सब तुच्छ हुआ जा रहा है, यह क्या मेरे दम पर! नहीं, वे ही मेरी रक्षा कर रहे हैं।

कैवर्शम्, अक्तूबर 1895

इंग्लैंड में मैं खूब आनंद ले रहा हूँ। खाना खाने और धूम्रपान करने के लिए थोड़ा वक्त बचाकर मैं अपने दोस्त के साथ दर्शन-शास्त्र की चर्चा में समय बिता रहा हूँ। द्वैतवाद-अद्वैतवाद और इनसे जुड़े विषयों के अलावा हमारे लिए चर्चा का और कोई विषय नहीं है।

यहाँ अंग्रेज काफी मित्रवत् भावों से भरे हुए हैं। चंद एंग्लो-इंडियन के अलावा अन्य कोई भी काले लोगों से घृणा नहीं करता। यहाँ तक कि सड़क पर भी मेरे प्रति कोई व्यंग्य नहीं करता। कभी-कभी मैं चकित होकर यह भी सोचता हूँ कि क्या मेरे चेहरे का रंग गोरा हो गया है? लेकिन आईने में सच पकड़ में आ जाता है। यहाँ सभी लोग काफी मिलनसार हैं।

जो सब अंग्रेज पुरुष-स्त्री भारतवर्ष से प्यार करते हैं, वे लोग हिंदुओं से बढ़कर हिंदू हैं। यह सुनकर आपको आश्चर्य होगा कि यहाँ विशुद्ध भारतीय पद्धति से तैयार किए गए प्रचुर साग-सब्जियाँ मुझे उपलब्ध हो रही हैं। जब कोई अंग्रेज किसी एक विषय में लगता है तो उसकी गहराइयों में उतर जाता है।

कैवर्शम्, रिडिंग, इंग्लैंड, अक्तूबर 1895

मिस्टर स्टडी तारक दादा के परिचित हैं। वे ही मुझे यहाँ लाए हैं और हम दोनों मिलकर यहाँ इंग्लैंड में हंगामा मचाने की कोशिश में हैं। इस बार नवंबर के महीने में मैं फिर अमेरिका जाऊँगा।

कैवर्शम्, अक्टूबर 1895

मुझे दिन-रात मेहनत करनी पड़ती है। उस पर से लट्टू की तरह घूमते फिरना। हमारे देश की तरह यहाँ लेक्चर देने के लिए उलटे अपने घर से खर्च करना पड़ता है। हाँ, जब बहुत ज्यादा दिनों तक लेक्चर दे लेते हैं और अगर प्रभाव जम जाए तो इस खर्च की थोड़ी-बहुत भरपाई हो जाती है। मैंने जो रुपए-पैसे पहले वर्ष अमेरिका में अर्जित किए थे (उसके बाद से अपने हाथ से एक पैसा भी नहीं लिया)। वह सब अब खत्म हो चुके हैं। बस, अमेरिका पहुँचने के भर का पैसा बच रहा है। यूँ घूम-घूमकर लेक्चर देते-देते मेरी सेहत काफी खराब हो गई है। अकसर नींद नहीं आती। उस पर से अकेलापन भी है।

इंग्लैंड, अक्तूबर 1895

मैं व्यक्ति-स्वातंत्र्य में विश्वास करता हूँ, यही मेरा व्रत है। इनसान को उन्नत करने के अलावा मेरी अन्य कोई महत्त्वाकांक्षा नहीं है। मैं फिर कहता हूँ, मैंने कोई संप्रदाय नहीं रचा-गढ़ा, कोई संघ या संस्था भी प्रतिष्ठित नहीं की। मैं बहुत थोड़ा ही जानता हूँ और उस अल्प ज्ञान का कुछ भी गोपन न रखकर मैं जी भरकर शिक्षा देता हूँ। जिस विषय का मैं जानकार नहीं, उसे निश्छल भाव से स्वीकार करता हूँ। जब कभी मैं देखता हूँ कि कोई व्यक्ति थिओसोफिस्ट या ईसाई या मुसलमान या फिर दुनिया के किसी भी व्यक्ति द्वारा उपकृत हो रहा है तो मुझे अवर्णनीय खुशी होती है। मैं तो सेवक-मात्र हूँ, इस पृथ्वी पर मैं किसी का भी प्रभु नहीं हूँ। इसके बावजूद अगर कोई इनसान मुझे प्यार करता है तो मैं उसे सहर्ष आमंत्रित करता हूँ। और कोई मुझसे घृणा करता है तो उसकी भी मैं सादर अभ्यर्थना करता हूँ।

हर किसी को आत्मरक्षा करनी होगी, हर किसी को अपना कर्तव्य करना होगा। मैं किसी की सहायता की प्रत्याशा नहीं करता। मैं किसी का भी प्रत्याह नहीं करता। इस दुनिया से मदद की प्रार्थना करने का, मुझे कोई अधिकार नहीं है। अतीत में जिन लोगों ने मुझे मदद की है या भविष्य में भी जो लोग मेरी मदद करेंगे, मेरे प्रति उन सबकी करुणा मौजूद है, इसका दावा कभी नहीं किया जा सकता। इसीलिए मैं सभी लोगों के प्रति चिर-कृतज्ञ हूँ। तुम्हारी परिस्थिति इतनी बुरी देखकर मैं बेहद चिंतित हूँ। लेकिन यह जान लो कि—'मुझसे भी ज्यादा दुःखी लोग इस संसार में हैं।' मैं तुमसे भी ज्यादा बुरी परिस्थिति में हूँ। इंग्लैंड में सबकुछ के लिए मुझे अपनी ही जेब से खर्च करना पड़ता है। आमदनी कुछ भी नहीं है। लंदन में एक कमरे का किराया हर हफ्ते के लिए 3 पाउंड होता है। ऊपर से भी कई खर्च हैं। अपनी तकलीफों के लिए मैं किससे शिकायत करूँ? यह मेरा अपना कर्मफल है, मुझे ही भुगतना होगा।

मैंने जब संन्यास लिया है तो सब जान-समझकर ही लिया है कि इस शरीर को कभी-कभी अनाहार भी झेलना होगा। खैर, इससे क्या फर्क पड़ता है? संन्यासी को कभी क्षोभ नहीं करना चाहिए। इस संसार में संन्यासी एक परिव्राजक पथिक मात्र है। राह में चाहे जो भी आए, सभी कुछ मंगल है।

मैं तो एक भिखारी हूँ। मेरे मित्र-यार भी गरीब हैं। मैं गरीबों को ही प्यार करता हूँ। मैं दारिद्र्य का स्वागत करता हूँ। बीच-बीच में मुझे जो उपवासी रहना पड़ता है, इस वजह से मैं खुश हूँ। मैं किसी से भी मदद की प्रार्थना नहीं करता। मदद माँगकर क्या होगा? सत्य खुद ही अपना प्रचार करेगा। मेरी मदद नहीं मिली तो सत्य लुप्त नहीं हो जाएगा। गीता में कहा है—'सुख-दुःखे समेकृत्वा लाभालाभौ जयाजयौ। ततो युद्धाय युज्यस्व···' चिरंतन प्रेम, हर परिस्थिति में अविचलित प्रशांति और सर्वोपरि ईर्ष्या और विद्वेष से संपूर्ण मुक्त व्यक्ति की ही जय होती है—एकमात्र उसी की जय होती है, अन्य किसी की नहीं!

समूचे इंग्लैड में मेरे कुल एक मित्र हैं, जो जरूरत पड़ने पर मुझे आहार और आश्रय देते हैं।

लंदन, वेस्टमिनिस्टर गेजेट, 23 अक्तूबर, 1895

मैं जो शिक्षा देता हूँ, वह अपने गुरु की शिक्षा के मुताबिक ही देता हूँ। उनके उपदेशों का अनुकरण करते हुए अपने प्राचीन शास्त्रों को, जैसा मैंने स्वयं समझा है, वही मैं व्याख्या भी करता हूँ। किसी अलौकिक ढंग से प्राप्त किसी भी विषय की शिक्षा देने का दावा मैं नहीं करता। मेरे उपदेशों में जितना सा भी तीक्ष्ण विचार है, बुद्धिसम्मत और चिंतनशील व्यक्ति के लिए जितना ग्राह्य है, उतना भी लोग अगर ग्रहण कर लें तो मैं अपने को यथेष्ट पुरस्कृत समझूँगा।

सभी धर्मों का लक्ष्य है—किसी विशेष मानव-जीवन के आदर्श-स्वरूप ग्रहण करके स्थूल भाव से भक्ति, ज्ञान या योग की शिक्षा देना। इन सब आदर्शों का अवलंबन करके भक्ति, ज्ञान और योग संबंधी जो साधारण भाव और साधना प्रणाली मौजूद है, वेदांत उसी का विज्ञान-रूप है। मैं इसी विज्ञान का प्रचार करता हूँ। मैं सभी लोगों से यही कहता हूँ कि विज्ञान की सहायता से अपनी-अपनी साधना के उपाय-स्वरूप अवलंबित आदर्श हर कोई खुद समझ ले! मैं सभी को यही परामर्श देता हूँ कि हर कोई अपनी-अपनी अभिज्ञता के ही प्रमाण-स्वरूप ग्रहण करे। जहाँ कहीं कोई ग्रंथ प्रमाण के रूप में प्रस्तुत करता हूँ, वहाँ यह समझना चाहिए कि कोशिश करके वे सब पुस्तकें संग्रह की जा सकती हैं और लोग अगर चाहें तो वह सब खुद पढ़ सकते हैं। जनसाधारण की नजरों की ओट में स्थित महापुरुषों की वाणी-स्वरूप मैं कुछ भी प्रस्तुत

नहीं करता। मैंने यह सब किसी गुप्त ग्रंथ या हस्तलिपि पढ़कर अर्जित किया है, मैं यह दावा भी नहीं करता। मैं किसी गुप्त संस्था का मुखिया भी नहीं हूँ। मैं इस बात पर भी विश्वास नहीं करता कि इस प्रकार की संस्थाओं के जरिए जनसाधारण का किसी प्रकार का कल्याण हो सकता है। सत्य स्वयं अपना प्रमाण है। उसे किसी अँधेरे में छिपे रहने की कोई जरूरत नहीं होती।

मैं प्रत्येक व्यक्ति के हृदय में गूढ़ भाव से मौजूद हूँ और सर्वसाधारण की संपत्ति-स्वरूप आत्म-तत्त्व का ही उपदेश देता हूँ। चंद दृढ़चित्त व्यक्ति आत्मज्ञान लाभ करें और इस ज्ञान के सहारे दैनिक जीवन के कार्य करते रहें तो पूर्व-पूर्व युगों की तरह ही इस युग में भी संपूर्ण जगत् को उलट-पलट सकते हैं। इससे पहले के युग में भी एक-एक दृढ़चित्त महापुरुष इसी तरह अपने-अपने समय में युगांतर लाए थे।

सन् 1893 में शिकागो में जो धर्म-सभा हुई थी, मैं उसमें हिंदू धर्म का प्रतिनिधि था। तब से मैं अमेरिका में घूम-घूमकर व्याख्यान दे रहा हूँ। अमेरिकी जातियाँ परम आग्रह के साथ मेरे व्याख्यान सुनती हैं और मुझसे परम बंधुवत आचरण करती हैं। उस देश में मेरा कामकाज इस ढंग से सुप्रतिष्ठित हो चुका है कि मुझे जल्दी ही वहाँ वापस लौटना होगा।

मैं ऐसे एक दर्शन का प्रचार कर रहा हूँ, जो दुनिया में मौजूद सभी प्रकार के धर्मों में निहित है। संभव है, उन सभी धर्मों की आधारशिला हो और सभी धर्मों के प्रति मेरी संपूर्ण संवेदना है! मेरा उपदेश किसी भी धर्म का विरोधी नहीं है। व्यक्ति जीवन की उन्नति-साधना ही विशेष रूप से मेरा लक्ष्य है। मैं व्यक्ति को ही तेजस्वी बनाने का प्रयास करता हूँ। हर व्यक्ति ही ईश्वर का अंश या ब्रह्म है—मैं यही शिक्षा देता हूँ और सर्व-साधारण को अपने अंदर अंतर्निहित इसी ब्रह्मभाव के बारे में सचेतन होने का आह्वान करता हूँ। जाने-अनजाने में यही प्रकृत रूप से सभी धर्मों का आदर्श है।

मुझे आशा है कि मैं कुछेक लोगों को इसी तरह की शिक्षा दूँगा और उन लोगों को अपने-अपने ढंग से दूसरों के सामने व्यक्त करने को प्रोत्साहित करूँगा। मेरे उपदेशों को वे लोग जितना चाहे रूपांतरित करें। कोई नुकसान नहीं होगा। मैं अनिवार्य-विश्वास्य मतवाद के रूप में कोई शिक्षा नहीं दूँगा, क्योंकि इसी के परिणाम-स्वरूप सत्य की जय निश्चित है।

मैं आजकल जो सब कार्य कर रहा हूँ, उसकी जिम्मेदारी मेरे दो-एक मित्र के हाथों में है।

अपना उद्‌देश्य सफल करने के लिए मुझे जो भी राह नजर आएगी, मैं उस राह

का अनुसरण करने के लिए प्रस्तुत हूँ। लोगों के बैठकखाने में या अन्यान्य स्थलों पर सभा में शामिल होना, पत्रों के उत्तर देना या साक्षात् ढंग से सोच-विचार करना—मैं सबकुछ करने के लिए तैयार हूँ। अर्थ—लालसा-प्रधान इस युग में सभी लोगों से मैं यही कहना चाहता हूँ कि मेरा कोई भी कार्य अर्थ-लाभ के इरादे से अनिष्ठित नहीं होता।

लंदन, 24 अक्तूबर 1895

मेरा यह सर्वदा भ्रमणशील जीवन भी बेहद अजीब है। कहीं कोई विश्राम नहीं। विश्राम ही मेरी मृत्यु है—यही है अभ्यास की शक्ति! यहाँ-वहाँ हलकी फुलकी सफलता और ऊबड़-खाबड़ राहों में काफी परिमाण में धक्के खाना। पेरिस में काफी कुछ देखने का मौका मिला। न्यूयॉर्क की मेरी मित्र मिस जोसोफिन मैकलिओड ने मुझे महीने भर सारा कुछ दिखाया। वहाँ भी अमेरिका की दयालु महिला। इंग्लैंड में ये लोग हमें बखूबी जानते-पहचानते हैं। जो लोग हिंदुओं को पसंद नहीं करते, वे लोग उनसे नफरत करते हैं, जो लोग पसंद करते हैं, वे लोग पूजा करते हैं।

यहाँ कामकाज की गति धीमी है, मगर निश्चित है। बहती-उतराती या ऊपरी-ऊपरी भी नहीं है। अमेरिकी महिलाओं की तरह इंग्लैंड की महिलाएँ उतनी उच्च शिक्षित नहीं हैं, उतनी सुंदरी भी नहीं हैं।

जब कभी कोई सफलता मिलती है, मैं हताशा महसूस करता हूँ। मुझे लगता है, सारा कुछ वृथा है—मानो इस जीवन का कोई अर्थ नहीं है, मानो जाग्रत् अवस्था में सपने देखना।

प्रेम, बंधुत्व, धर्म, पुण्य, दया—ये सारे-के-सारे मन की तात्क्षणिक अवस्थाएँ हैं। मुझे लगता है कि मुझे अभी काफी दूर तक जाना होगा। इसके बावजूद मैं अपने को समझाता हूँ—ओ जी, कितना दूर है! फिर भी, देह और मन को अपना काम तो करना ही होगा और यह भी उम्मीद है कि यह बुरा नहीं होगा। फिर भी लगता है, जीवन की गहराई जैसे-जैसे बढ़ रही है वैसे-वैसे अपने ऊपर कर्तृत्व जैसे खोता जा रहा है।

एक अदद शांत, विश्रामपूर्ण विवाहित जीवन अधिकांश लोगों के लिए भला है। मिस्टर स्टर्डी, जिनके साथ इन दिनों मैं रह रहा हूँ, वे कई बार भारत जा चुके हैं। हमारे देश के साधु-संतों की संगति में उन्होंने काफी वक्त गुजारा है और अपनी जीवन-यात्रा के बारे में वे काफी सख्त भी हैं। लेकिन अंत में, वे शादी-ब्याह करके स्थित हो गए हैं। उनकी एक प्यारी शिशु-संतान है। उन लोगों का जीवन बेहद खूबसूरत है। वैसे उनकी पत्नी मेटाफिजिक्स या संस्कृत में उतना माथापच्ची नहीं करतीं, लेकिन

उनका समस्त जीवन अपने पति को अर्पित है। पति का मन संस्कृत, मेटाफिजिक्स में डूबा रहता है।

इंग्लैंड, अक्तूबर या नवंबर, 1895

विद्या के दम पर इन लोगों को अनुगत रखना होगा, वरना ये लोग फुः कहकर उड़ा देंगे। ये लोग न साधु समझते हैं, न संन्यासी, न त्याग-वैराग्य का अर्थ समझते हैं। वे लोग जो समझते हैं, वह यह कि ज्ञान की व्याप्ति, व्याख्यानों का समारोह और कर्म-व्यस्तता!

लंदन, 18 नवंबर, 1895

इंग्लैंड में मेरा कामकाज सच ही अच्छा चल रहा है, मैं खुद भी चकित हूँ। अंग्रेज लोग अखबारों में ज्यादा बकवास नहीं करते। वे लोग खामोशी से अपना काम किए जाते हैं। मुझे यह पक्का विश्वास है कि अमेरिका के मुकाबले इंग्लैंड में काफी अधिक काम होगा। झुंड-के-झुंड लोग आते जा रहे हैं, लेकिन इतने लोगों के लिए तो मेरे पास जगह ही नहीं है। इसलिए बड़ी-बड़ी संभ्रांत महिला और अन्यान्य सभी महिलाएँ जमीन पर पालथी मारकर बैठती हैं। मैं उन महिलाओं से कहता हूँ—आप लोग कल्पना करें कि भारतीय आकाश तले, शाखा-प्रशाखाओं में समृद्ध किसी विशाल वटवृक्ष के नीचे वे लोग बैठी हैं। वैसे, वे लोग भी यह भाव पसंद करती हैं।

अगले सप्ताह मुझे यहाँ से चले जाना होगा, इसलिए ये लोग काफी दुःखी हैं। किसी-किसी का खयाल है कि मैं अगर इतनी जल्दी चला गया तो यहाँ के कामकाज का काफी नुकसान होगा। लेकिन, मुझे ऐसा नहीं लगता। मैं किसी व्यक्ति या वस्तु पर निर्भर नहीं करता। एकमात्र प्रभु ही मेरा भरोसा हैं और मेरे अंदर वे ही कार्यरत हैं। अरे हाँ, कुछेक विज्ञापनों का प्रबंध करो। विज्ञापनों के दम पर ही अखबार चलता है। मैं तुम्हारे लिए 'भक्ति' के बारे में कोई लंबा प्रबंध लिखूँगा। लेकिन, एक बात याद रखो—'मृत्यु तक मुझे फुरसत नहीं है।' दिन-रात काम, काम, सिर्फ काम! अपनी रोटी का इंतजाम खुद ही करना पड़ता है और अपने देश की भी मदद करनी पड़ती है—सबकुछ अकेले ही। इस वजह से शत्रु-मित्र सभी से सिर्फ गालियाँ ही सुन रहा हूँ।

कलकत्ता से किसी एक संन्यासी को बुला भेजा है। उसे मैं लंदन के कामकाज के लिए छोड़ जाऊँगा। अमेरिका के लिए भी एक संन्यासी चाहिए। उसका सारा खर्च मैं दूँगा। उस संन्यासी को अंग्रेजी और संस्कृत दोनों का ही अच्छा जानकार होना चाहिए, महिलाओं के पल्ले पड़कर कहीं बिगड़ न जाए।

सच तो यह है कि मैं लगातार काम करते-करते थक गया हूँ। जिस किस्म का

कठोर परिश्रम मैं करता रहा हूँ, अगर किसी अन्य हिंदू को उस तरह का परिश्रम करना पड़ता तो वह खून उगलकर दम तोड़ देता। दीर्घ विश्राम के लिए मैं भारत जाना चाहता हूँ।

आर-एस-ब्रिटानिक (जहाज में), 29 नवंबर, 1895

अब तक की यात्रा काफी मनोरम थी। जहाज का खजाँची मेरे प्रति काफी सदय है और उन्होंने मेरे लिए एक केबिन छोड़ दिया है। एकमात्र असुविधा है आहार—मांस! मांस! मांस! उन लोगों ने कहा है कि आज वे लोग मेरे लिए थोड़ी सी तरकारी बना देंगे।

हम सब यहाँ लंगर डाले रुके हुए हैं! कुहासा इतना घना है कि जहाज आगे नहीं बढ़ पा रहा है। इसलिए मौका पाकर मैं चिट्ठियाँ लिखने बैठ गया हूँ।

यह बेहद अद्‌भुत कुहासा है! प्रायः अभेद्य! हालाँकि सूरज पूरी उज्ज्वलता और पूरी मुसकान के साथ अपनी किरणें बिखेर रहा है। अपनी नाइट शर्ट मैं एवेन्यू रोड में ही छोड़ आया हूँ। अस्तु, ट्रंक न आने तक मुझे बिना कमीज के ही काम चलाना होगा।

अमेरिका में प्रत्यावर्तन

प्राच्य भूभाग में घोषित करने के लिए जैसे महात्मा बुद्ध की एक विशेष वाणी थी, उसी तरह पाश्चात्य देश में घोषित करने के लिए मेरी भी एक वाणी है।

इंगारसोल ने एक बार मुझसे कहा था, "इस जगत् से जितना लाभ उठाया जा सकता हो, सभी लोगों को यही कोशिश करनी चाहिए—यही मेरा विश्वास है। संतरे को निचोड़कर जितना संभव हो रस निकाल लेना चाहिए! कहीं एक बूँद भी बाकी न रह जाए, क्योंकि इस जगत् के अलावा अन्य किसी जगत् के अस्तित्व के बारे में हम सुनिश्चित नहीं हैं।"

मैंने उन्हें जवाब दिया था, "इस जगत् रूपी संतरे को निचोड़ने की जो प्रणाली आप जानते हैं, उससे कहीं बेहतर प्रणाली मैं जानता हूँ और मैं इस तरह ज्यादा रस पा लेता हूँ। मैं जानता हूँ, मेरी मृत्यु नहीं है, इसलिए मुझे रस निचोड़ लेने की कोई जल्दी भी नहीं है। मैं यह भी जानता हूँ कि डरने की कोई वजह नहीं है, इसलिए मैं धीरे-धीरे आनंद ले-लेकर इसे निचोड़ रहा हूँ। मेरा कोई कर्तव्य नहीं है, पत्नी-पुत्र आदि और विषय-संपत्ति का भी कोई बंधन नहीं है। मैं सभी स्त्री-पुरुष को प्यार कर सकता हूँ। सभी मेरे लिए ब्रह्मस्वरूप हैं। इनसान को भगवान् कहकर उसे प्यार करना कितने आनंद की बात है, एक बार जरा सोचकर देखें। आप भी संतरे को इस

तरह निचोड़ देखें, अन्य तरीके से निचोड़कर जितना रस पाते हैं, उससे दस हजार गुना ज्यादा पाएँगे।''

इस देश में बहुतेरे लोग मुझसे पूछते थे, ''आपने मेरे मन के सवाल बिना पूछे कैसे जान लिया?'' इसमें मेरा कोई खास श्रेय नहीं है। यह सब तो पल-पल ठाकुर की देन है!

न्यूयॉर्क, 8 दिसंबर, 1895

दस दिन की बेहद दमघोंटू और विक्षुब्ध समुद्र यात्रा के बाद मैं सही-सलामत न्यूयॉर्क आ पहुँचा हूँ। मेरे दोस्तों ने इस बीच कुछ घरों का इंतजाम कर दिया है। मैं वहीं रह रहा हूँ और इच्छा है कि जल्द-से-जल्द क्लास भी शुरू कर दूँ। इसी बीच थिओसोफिस्ट लोग भी बेहद आशंकित हो उठे हैं और मुझ पर वार करने की यथासाध्य कोशिश में जुट गए हैं।

मैं मिसेज लेगेट और अन्यान्य मित्रों से भेंट करने गया था। वे लोग हमेशा की तरह सदय और अनुरक्त मिले।

मैंने अब तक जितनी भी समुद्र-यात्राएँ की हैं, उनमें सबसे अधिक जानलेवा दस दिन की समुद्र यात्रा के बाद न्यूयॉर्क पहुँचा हूँ। इन्हीं दस दिनों में बेहद दुःखी और बेचैन रहा।

यूरोप के जगमगाते शहरों के बाद न्यूयॉर्क शहर बेहद गंदा और फिजूल सा नजर आता है। अगले सोमवार से मैं अपना काम शुरू कर दूँगा।

न्यूयॉर्क, 8 दिसंबर, 1895

तुम लोग जैसे 'दलिद्दरों का दल' दुनिया में अन्यत्र कहीं नहीं है। नीच जातियाँ, चिरकाल से तुम लोगों के अत्याचार तले उठते-बैठते लात-जूते खा-खाकर इनसानियत एकबारगी खो बैठे हैं और अब प्रोफेशनल (पेशेवर) भिखारी बन गए हैं। उनके ऊपरी वर्ग के लोग दो-एक पन्ने अंग्रेजी पढ़कर, हाथ में आवेदन लिए दफ्तर-दफ्तर भटकते फिर रहे हैं। बीस रुपएवाली किसी एक नौकरी का पद खाली होते ही पाँच सौ बी.ए, एम. ए. डिग्रीधारी दरखास्त करने की भीड़ लगा देते हैं। कमबख्त दरखास्त भी कैसा—''घर में अन्न का दाना भी नहीं है, माँ-बीवी दाने-दाने को मोहताज हैं। साहब, दो मुट्ठी खाने को दो, वरना हम सब खत्म हो जाएँगे।'' नौकरी शुरू करके भी चरम गुलामी करनी पड़ती है। तुम लोगों के उच्च शिक्षित, बड़े-बड़े (!) लोगों का झुंड दल बाँधकर 'हाय! हाय भारत बरबाद हो गया! हे अंग्रेज, तुम लोग हम लोगों को नौकरी दो, दुर्भिक्ष खत्म करो' आदि दुहाई देकर दिन-रात सिर्फ 'दो-दो' का हो-हल्ला मचाते हैं। सभी बातों का सार-तत्त्व यही है—'ओ अंग्रेज, हमें दो।' अरे भई, और

कितना देंगे? रेल दिया, तार से संवाद देने की सुविधा दी, राज्यों में अनुशासन-शृंखला दी, डाकुओं के गिरोह को लगभग खदेड़ दिया, विज्ञान-शिक्षा प्रदान की। और कितना देंगे? निःस्वार्थ भाव से कौन कितना देता है भला? मैं कहता हूँ, कमबख्तो। उन लोगों ने इतना कुछ तो दिया है, तुम लोगों ने क्या दिया?

प्रश्न : हमारे पास देने को क्या है? राज्य-कर देते हैं!

—अहा रे, बलिहारी जाऊँ! वह क्या तुम लोग देते हो, जूते मारकर वसूल करते हैं, राज्य-रक्षा करने के बहाने।

न्यूयॉर्क, 10 दिसंबर, 1895

इंग्लैंड में काफी सफलता मिली है और वहाँ मैं पहला बीज बो आया हूँ, जो अगली गरमियों मेरे लौट जाने तक अपना चमत्कार दिखाने लगेगा। तुम्हें यह सुनकर आश्चर्य होगा कि मेरे कई शक्तिशाली मित्र इंग्लैंड के चर्च के बड़े-बड़े सिरमौर हैं!

मिसेज फेल्पस को मेरा स्नेह देना और दया करके उनके साथ वहाँ (डेट्रॉयट में) क्लास का प्रबंध करना। सबसे बेहतर तो यह होगा, अगर किसी जन-समागम में व्याख्यान देने का इंतजाम हो, जहाँ मैं अपने कामकाज की साधारण योजना की व्याख्या कर सकूँ, यूनीटेरियन चर्च मिल जाते हैं। अगर बिना पैसे के व्याख्यान का इंतजाम किया जा सके तो देखना, वहाँ काफी भीड़ होगी! लगता है कि वहाँ जो संचय होगा, उसमें सारा खर्च पूरा हो जाएगा। इसलिए उन लोगों से जल्दी करने को कहो—मिसेज फेल्पस, तुम और मिसेज फांकी—उन लोगों के साथ काम करना।

यह योजना पूरी तरह संभव है, अगर मिसेज फेल्पस और मिसेज बैगली चाहें, तभी वे लोग यह काम झटपट कर सकेंगे।

न्यूयॉर्क, 16 दिसंबर, 1895

यहाँ हफ्ते में मेरी छह क्लासें होती हैं! इसके अलावा प्रश्नोत्तर की भी एक क्लास होती है। श्रोताओं की संख्या 70 से लेकर 120 तक। इसके अलावा, हर इतवार को मैं जनसाधरण में भी एक व्याख्यान देता हूँ। पिछले महीने जिस हॉल में मेरा व्याख्यान हुआ था, उसमें 600 लोग बैठ सकते थे। लेकिन आमतौर पर 900 लोग तो आते ही हैं। 300 लोग खड़े रहते हैं और बाकी 300 लोग जगह न पाकर वापस लौट जाते हैं। इसलिए इस हफ्ते मैंने और भी बड़ा हॉल लिया है, जिसमें 1,200 लोग बैठ सकते हैं।

यह व्याख्यान सुनने के लिए कोई रुपए-पैसे नहीं माँगे जाते। लेकिन सभा में जो चंदा मिल जाता है, उससे घर का किराया चुका दिया जाता है। इस हफ्ते अखबारवालों की नजरें भी मुझ पर पड़ी हैं। इस साल पूरे न्यूयॉर्क को मैंने काफी विमुग्ध

कर दिया है। अगर गरमियों में मुझे यहाँ रहने की जगह मिल जाती तो यहाँ का कामकाज काफी मजबूती से चल सकता था। लेकिन चूँकि उस महीने मैंने इंग्लैंड जाने का संकल्प किया है, इसलिए यह काम अधूरा ही छोड़कर जाना होगा।

इसके अलावा मुझे यह आशंका भी है कि लगातार कामकाज के दबाव से मेरी सेहत भी गिर रही है, थोड़ा आराम जरूरी है। यहाँ की पाश्चात्य रीतियों में हम सब अनभ्यस्त हैं, खासकर घड़ी के काँटे के मुताबिक कामकाज चलाना। यहाँ 'ब्रह्मवादिन्' पत्रिका काफी शान से निकल रही है। मैंने 'भक्ति' के बारे में एक प्रबंध लिखना शुरू किया है।

यहाँ मेरे कई मित्र, इतवार को जो मैं व्याख्यान देता हूँ, वह सब छाप रहे हैं।

अगले महीने मैं डेट्राएट जा रहा हूँ। वहाँ से बोस्टन और हार्वर्ड विश्वविद्यालय! उसके बाद कुछ दिन आराम करने के बाद मैं इंग्लैंड चला जाऊँगा।

न्यूयॉर्क, 23 दिसंबर, 1895

बाल-विवाह से मुझे बेहद नफरत है। इस वजह से मैंने भयंकर दुःख झेले हैं और इस महापाप में मैंने अपनी जाति को भी दुःख झेलते देखा है। अस्तु, इस पैशाचिक प्रथा का अगर मैं प्रत्यक्ष या परोक्ष ढंग से समर्थन करूँ तो खुद मुझे ही अपने से घृणा होने लगेगी।

मुझ जैसे आवेग-प्रवण लोग हमेशा ही आत्मीय और मित्रों के शिकार होते हैं। यह जगत् बेहद हृदयहीन है। यह जगत् तुम्हारा मित्र है, बशर्ते तुम उसके दास हो। मेरे लिए यह जगत् अतिशय विशाल है। हमेशा ही मुझे इसका कोई एक छोर कहीं-न-कहीं मिल ही जाता है। अगर भारत के लोग मुझे पसंद न करें तो अन्यत्र कहीं कोई मुझे जरूर पसंद करेगा।

बाल विवाह रूपी इस आसुरी प्रथा पर मुझे यथाशक्ति पदाघात करना होगा। मुझे अफसोस है, बेहद अफसोस है कि छोटी-छोटी बच्चियों के लिए पति जुटाने के बारे में अपने को शामिल नहीं कर पाऊँगा। प्रभु मेरे सहाय हों। मैं इसमें कभी नहीं था, कभी रहूँगा भी नहीं।

जो इनसान शिशु के लिए पति जुटाता है, मैं उसका खून भी कर सकता हूँ।

कुल मिलाकर बात इतनी सी है कि मुझे अपनी मदद के लिए ऐसे व्यक्ति चाहिए, जो लोग साहसी, निर्भीक और विपत्ति में डरें नहीं, वरना मैं अकेला ही काम करता रहूँगा। मुझे तो अपना व्रत पूरा करना ही होगा। मैं अकेला ही अपना संकल्प पूरा करूँगा; कौन आया, कौन गया, इस ओर मैं ध्यान नहीं देता। गुरु महाराज ने मुझे जो दायित्व सौंपा था, वह संपन्न करने की मैंने यथासाध्य कोशिश की है—यह सोचकर मैं खुश

हूँ। काम अच्छा हुआ हो या बुरा, मैंने यथासाध्य प्रयत्न किया, यही सोचकर मैं खुश हूँ। मैं किसी देश, किसी व्यक्ति से मदद का प्रार्थी नहीं हूँ।

अमेरिका में रहने के समय से ही अखबारों के प्रतिनिधियों को साक्षात्कार देने का मुझे अभ्यास हो गया है। हमारे देश में इस तरह की प्रथा नहीं है, इसलिए मैं सर्वसाधारण को जो जानकारी देना चाहता हूँ, उसके लिए विदेश जाकर, वहाँ प्रचार के प्रचलित रिवाजों का सहारा लूं, यह युक्तिसंगत नहीं है। सन् 1893 में अमेरिका के शिकागो शहर में जो विश्व धर्मसभा आयोजित हुई थी, वहाँ मैं हिंदू धर्म का प्रतिनिधि था। मैसूर के राजा और कई अन्य मित्रों ने मुझे वहाँ भेजा था। मुझे लगता है कि अमेरिका में मैं थोड़ा-बहुत सफल जरूर हुआ, इतना दावा मैं कर सकता हूँ। शिकागो के अलावा भी अमेरिका के अन्यान्य बड़े-बड़े शहरों में मैं कई-कई बार आमंत्रित हुआ हूँ। मैं काफी लंबे अरसे से अमेरिका में निवास कर रहा हूँ। पिछले वर्ष गरमियों में एक बार इंग्लैंड भी आया था। इस वर्ष भी आया हूँ। लगभग तीन वर्षों से मैं अमेरिका में रह रहा हूँ। मेरी राय में अमेरिका की सभ्यता काफी उच्च स्तर की है। मैंने देखा है, अमेरिकी जाति का चित्र बड़ी आसानी से नए-नए भाव ग्रहण कर सकता है। कोई भी चीज बिलकुल नई है, यह सोचकर वे लोग उसका परित्याग नहीं करते। उसमें सच ही कोई गुण-अवगुण है या नहीं, वे लोग इसकी जाँच करते हैं। उसके बाद फैसला करते हैं कि वह ग्राह्य है या त्याज्य!

सर्व धर्म-सार की शिक्षा देने की बात करूँ तो मेरी शिक्षा प्रणाली के बारे में स्पष्टतर राय दी जा सकती है। धर्म समूह के गौण अंशों को अलग छोड़ दिया जाए और जो मुख्य-मुख्य बातें हैं, जो मूल आधारशिला है, उसी ओर दृष्टि आकर्षण करना ही मेरा कार्य है।

न्यूयॉर्क, 23 दिसंबर, 1895

यहाँ का कामकाज बखूबी चल रहा है। यहाँ आने के बाद से ही मैं दैनिक दो क्लासों के लिए लगातार मेहनत कर रहा हूँ। कल हफ्ते भर की छुट्टी लेकर मि. लेगेट के साथ शहर से बाहर जा रहा हूँ। प्रख्यात गायिका मदाम स्टरलिंग से क्या आप परिचित हैं? वे मेरे कामकाज में विशेष रुचि ले रही हैं!

कामकाज का वैषयिक पक्ष पूरी-पूरी तरह एक कमेटी के हाथों में सौंपकर मैं इन सभी झंझटों से मुक्त हो गया हूँ। वैषयिक प्रबंध-क्षमता मुझमें नहीं है—इस प्रकार के कामकाज मुझे टुकड़े-टुकड़े कर देते हैं। इन दिनों मैंने 'योगसूत्र' शुरू किया है और एक-एक सूत्र को लेकर विभिन्न भाष्यकारों की धारणाओं पर चर्चा कर रहा हूँ। सारा कुछ लिखता जा रहा हूँ। लिखने का काम पूरा होते ही अंग्रेजी में पतंजलि का

पूर्णांग सटीक अनुवाद करूँगा।

न्यूयॉर्क, 6 जनवरी, 1896

इंग्लैंड में मैंने देखा—मैं सच्चे अर्थों में शिक्षार्थियों से घिरा हूँ। अंग्रेजों ने मेरे प्रति आंतरिक अभ्यर्थना ज्ञापित की है। अंग्रेज जाति के बारे में मेरी धारणा भी काफी कुछ बदल चुकी है।

सबसे पहले तो मेरी इस बात पर नजर पड़ी कि लांतु वगैरह जो लोग मुझ पर हमला करने के लिए इंग्लैंड से यहाँ आए थे, वहाँ उनका कोई अता-पता नहीं है। अंग्रेज उनके अस्तित्व तक की उपेक्षा करते हैं। जो लोग इंगलिश चर्च में शामिल नहीं हैं, उन्हें सज्जन ही नहीं गिना जाता। इस चर्च के कई सच्चे लोग और प्रतिष्ठा-मर्यादा में अग्रणी लोग ही मेरे सच्चे मित्र बन गए हैं! अमेरिका की तुलना में इंग्लैंड के बारे में मेरी अभिज्ञता बिलकुल और तरह की है। बताओ, है या नहीं!

प्रेसबिटेरियन वगैरह पुरातनपंथी लोगों के साथ, यहाँ के होटलों में मेरी अभिज्ञता का किस्सा सुन-सुनकर तो अंग्रेज लोग हँसते-हँसते लोटपोट हो गए। इन दोनों देशों के बीच शिक्षा-दीक्षा और आचार-व्यवहार का फर्क समझने में मुझे जरा भी देर नहीं हुई। यह बात भी मेरी समझ में आ गई कि अमेरिकी लड़कियाँ झुंड-की-झुंड किस वजह से यूरोपीय लोगों से विवाह रचाती हैं। मुझे सभी लोगों से सदय व्यवहार मिला है। वहाँ के स्त्री-पुरुष सभी लोग वसंत के मौसम में मेरी वापसी की राह देख रहे हैं।

अब वहाँ के काम के बारे में बताऊँ! अंग्रेज समाज में वेदांत की अनुभूति उच्च स्तर पर भर उठी है। बहुतेरे शिक्षित और उच्च पदस्थ लोग, जिनमें धर्मभिक्षुओं की संख्या भी कम नहीं है, मुझसे कहते हैं—इंग्लैंड में यह मानो ग्रीस द्वारा रोम-विजय की पुनरावृत्ति हो रही है।

साधारण व्याख्यान के अलावा, हफ्ते में, मैं आठ क्लासें और लेता था। उन क्लासों में इतने लोग जमा होते थे कि बहुतेरी आभिजात्य महिलाएँ निःसंकोच फर्श पर ही बैठी रहती थीं। इंग्लैंड में मुझे दृढ़संकल्प नर-नारी नजर आए। वे लोग पूरे दायित्व के साथ अपनी जाति-सुलभ उद्यम और अध्यवसाय से कामकाज चलाते रहेंगे। न्यूयॉर्क में भी इस वर्ष मेरा कामकाज काफी अच्छा चल रहा है। मिस्टर लेगेट न्यूयार्क के प्रकांड अमीर व्यक्ति हैं। वे मेरे एकांत अनुरागी भी हैं। अधिकतर न्यूयॉर्कवासी दृढ़ चित्त हैं, इसलिए मैंने संकल्प लिया है कि यहीं मैं अपना केंद्र स्थापित करूँगा। यहाँ के मेथाडिस्ट और प्रेसबिटेरियन संप्रदाय के गण्यमान्य लोगों को मेरे उपदेश अजब लगते हैं। मगर इंग्लैंड के धार्मिक, संभ्रांत व्यक्तियों में ये उपदेश उच्चतम तत्त्व स्वरूप गिने

जाते हैं।

इसके अलावा इंग्लैंड में अमेरिकी औरतों का स्वभाव-सुलभ पर-चर्चा अज्ञात है। अंग्रेज महिलाएँ जरा श्लथगति होती हैं, लेकिन एक बार उन लोगों के दिमाग में कुछ घुस जाए तो उसे पूरी-पूरी तरह ग्रहण करके ही मानती हैं। वहाँ वे लोग सारा कामकाज यथारीति चलाए जा रहे हैं और हर हफ्ते मुझे उसका विवरण भी भेज रहे हैं। जरा सोचो, और यहाँ मैं अगर एक सप्ताह भी अनुपस्थित रहूँ, तो सारा कामकाज रफा-दफा!

न्यूयॉर्क, 16 जनवरी, 1896

यहाँ मैंने अपनी क्लासें और रविवार के व्याख्यान शुरू कर दिए हैं। इन दोनों ही कार्यों ने काफी उत्साह जगाया है। इन सबके लिए मैं रुपए नहीं लेता, लेकिन हॉल-खर्च बाबत थोड़ी-बहुत मदद जरूर लेता हूँ! पिछले रविवार के व्याख्यान ने काफी प्रशंसा अर्जित की है! वह छापी भी जा रही है। अगले हफ्ते तक मैं तुम्हें कुछ प्रतियाँ भेज दूँगा। उसमें हमारे कामकाज की एक साधारण परिकल्पना भी मिलेगी।

मेरे मित्रों ने एक आशुलिपिक (जे. जे. गुडविन) को नियुक्त कर दिया है। इसलिए इन सभी क्लासों के पाठ और व्याख्यान लिपिबद्ध भी होते जा रहे हैं।

ग्रामीण अंचल में एक जमीन पाने की संभावना भी है। उस जमीन पर कुछ घर, ढेरों पेड़ और एक नदी भी है। गरमियों में वह जगह ध्यान के लिए इस्तेमाल की जाएगी। वैसे मेरी अनुपस्थिति में उस जगह की देखरेख के लिए और रुपए-पैसों के लेन-देन, प्रकाशन और अन्यान्य कार्यों के लिए एक कमेटी की जरूरत पड़ेगी।

मैंने अपने को रुपए-पैसों के मामले से बिलकुल अलग कर लिया है, हालाँकि रुपए-पैसे न हों तो कोई भी आंदोलन जारी नहीं रखा जा सकता। इसलिए लाचार होकर कार्य-संचालन का समस्त दायित्व कमेटी के हाथों सौंप देना पड़ता है। मेरी अनुपस्थिति में वे लोग ये सारे कामकाज चलाते रहेंगे।

न्यूयॉर्क, 25 जनवरी, 1896

लगता है, इस वर्ष अतिरिक्त परिश्रम का दबाव है, क्योंकि मैं अवसाद महसूस कर रहा हूँ। थोड़े विश्राम की बेहद जरूरत है।

कल इस महीने के आखिरी रविवार का व्याख्यान है। अगले महीने के पहले रविवार का व्याख्यान ब्रुकलिन शहर में होगा। उसके बाद के तीन व्याख्यान न्यूयॉर्क में। इस वर्ष की न्यूयॉर्क व्याख्यानमाला यहीं संपन्न करूँगा। अस्तु, मैं सभी विषयों में निश्चिंत हूँ। अध्यापन में मुझे थकान आने लगी है। कुछेक महीने इंग्लैंड में काम करने के बाद भारत लौट जाऊँगा और कुछेक वर्षों के लिए या हमेशा के लिए गुम

हो जाऊँगा। मुझे विश्वास है कि भगवान् मुझे प्रचार-कार्य के बंधन से मुक्ति देंगे।

आत्मा ही एक और अखंड सत्ता-स्वरूप है, बाकी सब असत्य है—यह ज्ञान हो जाने के बाद क्या किसी इनसान की आशा-आकांक्षा मानसिक उद्वेग का कारण बन सकती है? माया के प्रभाव से ही परोपकार वगैरह खयाल मेरे दिमाग में घुसे थे, अब फिर खिसकते जा रहे हैं। चित्त-शुद्धि यानी चित्त को ज्ञान-लाभ के उपयोगी बनाने के अलावा कर्म की और कोई सार्थकता नहीं है—मेरे अंदर यही विश्वास धीरे-धीरे दृढ़तर होता जा रहा है।

दुनिया अपने भले-बुरे के साथ अलग-अलग गति से चलती रहेगी। अच्छा या बुरा, सिर्फ नए-नए नाम और नए-नए स्थानों में नजर आता रहेगा। एकांतिक प्रशांति और विश्राम के लिए मेरा हृदय प्यासा है। ''एकाकी विचरण करो! एकाकी विचरण करो। जो लोग एकाकी अवस्थान करते हैं, उन लोगों का किसी के भी साथ कदाचित् कभी विरोध नहीं हो सकता। वे लोग किसी की भी परेशानी का कारण नहीं बनते, न कोई दूसरा उन लोगों के उद्वेग का कारण नहीं होता।'' वही छिन्न वस्त्र (कोपीन), मुंडित मस्तक, तकतले शयन और भिक्षान्न-भोजन हाय, यही सब अब मेरी तीखी आकांक्षा के विषय हैं। सैकड़ों अपूर्णता के बावजूद वही भारत भूमि ही एकमात्र स्थान है, जहाँ आत्मा अपनी मुक्ति का संधान पाती है, ईश्वर का संधान पाती है। पाश्चात्य के ये सब आडंबर अंतः सारशून्य और आत्मा के बंधन हैं। इससे अधिक तीखेपन से मैंने विश्व की असारता का अनुभव कभी नहीं किया। हे प्रभु! सभी लोगों के बंधन छिन्न कर दे, सभी लोग माया-मुक्त हो जाएँ, यही विवेकानंद की चिरंतन प्रार्थना है।

न्यूयॉर्क, 6 फरवरी, 1896

मेरी सेहत लगभग टूट चुकी है। न्यूयॉर्क आने के बाद मैं एक रात भी अच्छी तरह सो नहीं पाया। इस वर्ष लिखने और व्याख्यान का विरामहीन काम जारी है। कई वर्षों से जमा कामकाज और दुश्चिंता अब मेरे सिर पर सवार हो गई है और इंग्लैंड में एक महा-संग्राम मेरा इंतजार कर रहा है। मैं चाहता हूँ, सागर के बिलकुल अतल में समा जाऊँ और एक गहरी नींद लूँ।

अब तक मैं सारे कामकाज पूरे दिल से जारी रखने की कोशिश किए जा रहा हूँ, नतीजा प्रभु के हाथ है। अगर वे सब काम भले हुए हों तो भले आज हो या कल, उनमें अंकुर फूटेंगे ही! पिछले कामकाज अगर निष्फल थे तो जितनी जल्दी हो, उन सबका खत्म हो जाना भी मंगलमय है। जीवन का दाय-दायित्व लेकर भी मैं परितृप्त हूँ। किसी संन्यासी को जितना कर्म-व्यस्त होना चाहिए, मैं उससे कहीं ज्यादा व्यस्त रहता हूँ, उससे कहीं अधिक काम करता हूँ। अब मैं समाज से पूर्णतः अदृश्य हो जाऊँगा।

संसार का स्पर्श मुझे अध:पतित किए दे रहा है। अब, अपने को समेट लेना जरूरी है। इस बारे में मैं निश्चित हूँ। हृदय को पवित्र करने के अलावा कर्म का और कोई मूल्य नहीं है। मेरा हृदय यथेष्ट पवित्र है, तब मैं क्यों दूसरों के कल्याण के लिए माथापच्ची करूँ? अगर यह जान लो कि आत्मा ही एकमात्र स्थायी है, और कुछ भी स्थायी नहीं है, तब किस बात की आशा करते हो? किसकी इच्छा-पूरण के लिए अपने को कष्ट दे रहे हो? यह पृथ्वी एक स्वप्न है और स्वप्न को लेकर मैं फिजूल ही अपना सिर क्यों खपाऊँ? योगी के लिए इस पृथ्वी की आबोहवा जहर है। लेकिन, अब मैं जाग गया हूँ। मेरा पुराना फौलादी मन लौट आया है—आत्मीय-स्वजन, बंधु-बांधव, शिष्यों के प्रति आकर्षण तेजी से अदृश्य होता जा रहा है। 'धन-दौलत या वंश-परंपरा के माध्यम से नहीं, यह सब भूसी माल का परित्याग कर देना ही अरमत्व-प्राप्ति का उपाय है।' वेद! आजकल बात करते हुए भी मुझे थकान आने लगती है। अब, मैं मुँह पर ताला जड़कर सालोंसाल निर्वाक् बैठे रहना चाहता हूँ। बातों का कोई मोल नहीं होता।

न्यूयॉर्क, 17 फरवरी, 1896

इतने दिनों बाद मैं अमेरिकी सभ्यता के केंद्र न्यूयॉर्क को जगाने में समर्थ हुआ हूँ। लेकिन इसके लिए मुझे भयंकर संग्राम करना पड़ा है। पिछले दो वर्षों से एक पैसा भी नहीं आया।

हाथ में जो कुछ भी था, प्राय: सबकुछ मैंने न्यूयॉर्क और इंग्लैंड के कामकाज में खर्च कर दिया। अब उस कगार पर आ खड़ा हुआ हूँ कि बस, काम चल जाएगा।

बेहद कठिन काम है वत्स, बेहद कठिन काम! जब तक अपरोक्ष अनुभूति और पूर्ण त्याग का भाव धारण करने लायक एक दल उपयुक्त शिष्य तैयार नहीं हो जाते, उतने दिनों इस काम-कांचन के भँवर में अपने को स्थिर रहकर, अपने आदर्श को थामे रहना सच ही कठिन मामला है। ईश्वर को धन्यवाद, इसी बीच काफी हद तक सफल हो सके हैं। मुझे समझ न पाने के लिए मैं मिशनरी लोगों या अन्य लोगों को अब दोष नहीं देता। वे लोग इसके अलावा और कर भी क्या सकते थे? उन लोगों ने तो पहले कभी ऐसा आदमी देखा नहीं, जो कामिनी-कांचन की बिलकुल भी परवाह नहीं करता। शुरू-शुरू में जब उन लोगों ने देखा तो उन्हें भरोसा नहीं हुआ। अब लोगों का झुंड मैं मेरे पास आने लगा है। अब सैकड़ों-हजारों लोग की समझ में आ चुका है कि दुनिया में ऐसे लोग भी हैं, जो अपनी काम-वृत्ति को सच ही संयत कर सकते हैं। इसके अलावा, साधुता और संयम के प्रति उन लोगों की श्रद्धा-भक्ति भी बढ़ती जा रही है। जो लोग धीरज रखते हैं, उन लोगों के लिए सबकुछ जुट जाता है।

न्यूयॉर्क, 29 फरवरी, 1896

इस दौरान 'कर्मयोग' नामक पुस्तक प्रकाशित हुई है। उससे बड़ी एक पुस्तक 'राजयोग' की छपाई चल रही है। 'ज्ञानयोग' शायद बाद में प्रकाशित हो। चूँकि ये किताबें संवाद शैली में लिखी गई हैं, इसलिए जनप्रिय होंगी।

आशुलिपिक गुडविन अंग्रेज है। वह मेरे कामकाज के प्रति इतना आग्रही हो उठा है कि मैंने उसे ब्रह्मचारी बना लिया है। वह मेरे साथ-साथ घूमता-फिरता है। हम एक साथ इंग्लैंड भी जाएँगे।

बोस्टन, 23 मार्च, 1896

इन दिनों मैंने जिन लोगों को संन्यास की दीक्षा दी है, उनमें सच ही एक महिला भी हैं। ये कभी मजदूरों की नेत्री थीं। बाकी सब पुरुष हैं। इंग्लैंड में भी मैं कुछेक लोगों को संन्यास की दीक्षा दूँगा। उसके बाद उन लोगों को मैं अपने साथ भारत ले जाने की कोशिश करूँगा। मुझे जो सफलता मिली है, उसकी वजह है मेरी सहज भाषा! आचार्य की महत्ता होती है—उनकी भाषा की सरलता। मुझे आशंका भी होती है, इन दिनों मुझे कुछ ज्यादा ही मेहनत करनी पड़ रही है। इस दीर्घ, लगातार परिश्रम से मेरी नसें जैसे टूटने लगी हैं।

मुझे तुम लोगों से रंच-मात्र भी सहानुभूति नहीं चाहिए। यह सब तो सिर्फ इसलिए लिख रहा हूँ, ताकि तुम लोग मुझसे ज्यादा कुछ की आशा न करो। जितनी दूर तक हो सके, अच्छी तरह काम किए जाओ। हाल-फिलहाल मेरे द्वारा कोई बड़ा काम होगा, अपने से ऐसी उम्मीद मुझे नहीं लगती। बहरहाल, आशुलेखन प्रणाली में मेरे व्याख्यान कलमबंद होते जा रहे हैं, इसलिए काफी सारा साहित्य तैयार हो चुका है, यह देखकर मैं खुश हूँ। चार किताबें बिलकुल तैयार हो गई हैं।

बहरहाल, लोक-कल्याण के लिए मैं यथासाध्य कोशिश कर रहा हूँ, यही सोच-सोचकर मैं संतुष्ट हूँ। अन्यान्य कार्यों के सिलसिले में जब मैं अवसर लेकर गिरि-गुफाओं में ध्यानमग्न हो जाऊँगा, तब इस बारे में मेरा विवेक साफ रहेगा।

सरलता ही कुंजी है। मेरे प्रभु की भाषा ही मेरा आदर्श है। अत्यंत सार-कथा, मगर सर्वाधिक सहजबोध्य! मन के चिंतन को इसी भाषा के माध्यम से ही व्यक्त करना होगा।

इंग्लैंड में दूसरी बार

रिडिंग, इंग्लैंड, 20 अप्रैल, 1896

इस बार समुद्र यात्रा आनंददायक रही और शरीर को लेकर भी कोई हंगामा नहीं हुआ। समुद्र-पीड़ा टालने के लिए मैंने खुद ही थोड़ा-बहुत इलाज कर लिया। आयरलैंड से होकर और इंग्लैंड के चंद पुराने शहर देखकर मैं एक दौड़ में घूम आया। अब दुबारा रिडिंग में ही 'ब्रह्म, माया, जीव, जीवात्मा और परमात्मा' वगैरह लेकर पड़ा हूँ। दूसरे संन्यासी (स्वामी शारदानंद) भी यहीं हैं। मैंने जितने लोग देखे हैं, उनमें यही काफी भले और सुपंडित व्यक्ति हैं। हम सभी इन दिनों किताबों के संपादन में व्यस्त हैं। सफर की राह में कोई उल्लेखनीय घटना नहीं घटी। सबकुछ नितांत नीरस, एकसार और गद्यमय रहा—मेरे जीवन की तरह! जब मैं अमेरिका से बाहर जाता हूँ, तभी अमेरिका को ज्यादा प्यार करने लगता हूँ। जो भी हो, अब तक जो देखा, उनमें वही बिताए हुए कुछेक वर्ष ही सर्वोत्कृष्ट रहे हैं।

रिडिंग, मई (!) 1896

मेरे पिछले पत्र में अगर कोई भूल रह गई हो, इसलिए यह पत्र लिख रहा हूँ। काली जिस दिन वहाँ से स्टार्ट करे, उस दिन या उससे पहले वह ई. टी. स्टर्डी को पत्र लिखकर सूचित कर दे, ताकि वह जाकर जहाज से उसे ले आए। यह लंदन शहर मानो लोगों का जंगल है! एक साथ मानो दस-पंद्रह कलकत्ता हो। अस्तु, अगर इस प्रकार न किया गया, तो गड़बड़ हो जाएगा।

लंदन, मई 1896

फिर लंदन में हूँ। इन दिनों इंग्लैंड की आबोहवा काफी मोहक और ठंडी है। घर के फायर-प्लेस में आग जलाकर रखनी पड़ती है। तुम्हें बता दूँ कि हमारे इस्तेमाल के लिए हमें इस बार एक पूरा-का-पूरा घर मिल गया है। घर छोटा जरूर है, मगर काफी सुविधाजनक है। वैसे, लंदन में घर-किराया अमेरिका की तरह खास नहीं है। यहाँ मेरे कुछ पुराने मित्र भी हैं। मिस मैकलाउड, यूरोप भ्रमण के बाद अभी हाल ही में लंदन लौटी हैं। उनका स्वभाव सोने की तरह खरा है और उनके स्नेह-प्रवण हृदय में कहीं कोई बदलाव नहीं आया है।

इस घर में हम सब मिलकर छोटे-मोटे परिवार बन गए हैं। हमारे साथ भारतवर्ष से आए हुए एक संन्यासी (स्वामी शारदानंद) भी रह रहे हैं। अभी मेरी दो-दो क्लासों का अधिवेशन चल रहा है। चार-पाँच महीने इसी तरह चलेगा! उसके बाद मैं भारत चला जाऊँगा! लेकिन मेरा मन अमेरिका में ही पड़ा है। मुझे यांकी देश बेहद पसंद है। मैं सारा कुछ नया देखना चाहता हूँ। मैं पुराने ध्वंसावशेषों के इर्द-गिर्द अलग ढंग

से घूमते-फिरते, जीवन भर प्राचीन इतिहास को लेकर हाय-हाय करने और प्राचीन लोगों के बारे में सोच-सोचकर लंबी-लंबी उसाँसें भरने को राजी नहीं हूँ। मेरे खून में जो जोर और जोश है, उसके साथ ऐसा नहीं चल सकता।

सकल भाव व्यक्त करने का उपयुक्त स्थान, पात्र और मौका केवल अमेरिका में ही है। मैं आमूल परिवर्तन का घोरतर पक्षपाती हो गया हूँ। मैं जल्दी ही भारत लौटूँगा! मैं लौटूँगा यह देखने के लिए कि परिवर्तन-विरोधी, लुजलुजी जेली मछली की तरह इस विराट् शिशु के लिए कुछ कर सकता हूँ या नहीं। प्राचीन संस्कारों को मैं उछालकर फेंक दूँगा और नए सिरे से आरंभ करूँगा—बिलकुल नया! नूतन! सरल, मगर सबल! सद्यः शिशु जैसा नवीन और सतेज!

जो सनातन, असीम, सर्वव्यापी और सर्वज्ञ हैं, वे कोई व्यक्ति विशेष नहीं—तत्त्व मात्र हैं! तुम-मैं, सभी लोग उस तत्त्व के बाह्य प्रतिरूप मात्र हैं। यह अनंत तत्त्व जितना अधिक किसी व्यक्ति के अंतस् में व्यक्त होता है, वे उतने ही महान् हैं! अंत में सभी लोगों को उस पूर्ण प्रतिमूर्ति बनना होगा। इस रूप में अभी भी हालाँकि सभी स्वरूपतः एक हैं, तथापि तभी सच्चे अर्थों में सब एक हो जाएँगे। इसके अलावा, धर्म और कुछ भी नहीं है! यह एकत्व अनुभव या प्रेम ही इसका साधन है। पुरातनपंथी, दकियानूस निर्जीव अनुष्ठान और ईश्वर-संबंधी धारणाएँ प्राचीन कुसंस्कार मात्र हैं। वर्तमान समय में भी उन सबको जिलाए रखने की कोशिश आखिर क्यों? अगर बगल से ही जीवन और सत्य की नदी बह रही है, तब प्यासे को नाली का पानी क्यों पिलाया जाए? यह मनुष्य की स्वार्थपरता के अलावा और कुछ भी नहीं है।

पुराने संस्कारों का समर्थन करते-करते मैं परेशान हो गया हूँ। जीवन क्षणस्थायी है, समय भी क्षिप्र गति से भागा जा रहा है। जिस स्थान और पात्र में भावराशि आसान से कार्य में परिणत हो सके, वही स्थान और पात्र ही हर किसी को चुन लेना चाहिए। काश, मुझे बारह साहसी, उदार, महत सहृदय व्यक्ति मिल जाते।

मैं मजे में हूँ और जीवन का भरपूर आनंद ले रहा हूँ।

लंदन, 30 मई, 1896

प्रोफेसर मैक्समूलर के साथ अच्छी जान-पहचान हो गई है। वे ऋषिकल्प व्यक्ति हैं—वेदांत भावों से भरपूर! तुम्हें क्या लगता है? कई वर्षों से वे मेरे गुरुदेव के प्रति गहरी श्रद्धा में विभोर हैं। 'नाइनटींथ सेंचुरी' उन्होंने गुरुदेव के बारे में एक प्रबंध लिखा था। उन्होंने मुझसे प्रश्न किया था—"आप जगत् के समक्ष उनके प्रचार के लिए क्या-क्या कर रहे हैं?" वर्षों-वर्षों से रामकृष्ण ने उन्हें मुग्ध किया है। यह क्या खुशखबरी नहीं है?

इन दिनों मैंने यहाँ क्लास खोली है। अगले हफ्ते से हर इतवार को मैं व्याख्यान भी आरंभ कर दूँगा। ये क्लासें काफी बड़ी होती हैं। जो घर मैंने पूरे मौसम के लिए किराए पर लिया है, उसी घर में क्लासें भी चलती हैं। कल रात मैंने खुद ही खाना पकाया था। जाफरान, लेवेंडर, जावित्री, जायफल, कबाबचीनी, दालचीनी, लवंग, इलायची, मक्खन, नींबू का रस, प्याज, किशमिश, बादाम, काली मिर्च और चावल—यह सब मिलाकर ऐसी स्वादिष्ट खिचड़ी बनाई थी कि खुद को ही खाने को नहीं मिला। घर में हींग नहीं थी, वरना चुटकी भर वह भी डाल देता तो खाना और लजीज होता।

लंदन, 6 जून, 1896

प्रो. मैक्समूलर असाधारण व्यक्ति हैं। कुछ दिनों पहले मैं उनसे मिलने गया था। सच तो यह था कि मैं उनके प्रति अपनी श्रद्धा निवेदन करने गया था। कोई भी व्यक्ति, जो श्रीरामकृष्ण को प्यार करता है, वे चाहे महिला हों या पुरुष, वे चाहे जिस भी संप्रदाय, मत या जाति में शामिल क्यों न हों, उनके दर्शनों के लिए जाना मैं तीर्थयात्रा जैसा मानता हूँ। 'मद्‌भाक्तानांच ये भक्तास्ते मे भक्ततमा मताः'—जो लोग मेरे भक्तों के भक्त हैं, वे लोग मेरे सर्वश्रेष्ठ भक्त हैं। यह क्या सच नहीं है?

प्रोफेसर मानो सहृदयता के मूर्ति विशेष हैं। उन्होंने स्टर्डी साहब और मुझे नाश्ते पर आमंत्रित किया था और हमें ऑक्सफोर्ड के कई कॉलेज और बोडलियन लाइब्रेरी दिखाई। हमें रेलवे स्टेशन तक पहुँचाने भी आए। वे हमारा इतना स्नेह-जतन क्यों कर रहे हैं, यह पूछने पर उन्होंने उत्तर दिया, "रामकृष्ण परमहंस के किसी शिष्य के साथ रोज-रोज तो मुलाकात होती नहीं।" सच ही, मैंने यह नई बात सुनी।

सुंदर उद्यान-समृद्ध वह मनोरम, छोटा सा गृह, सत्तर वर्ष उम्र के बावजूद उनका स्थिर-प्रसन्न आनन, बाल-सुलभ मसृन ललाट, रजत-शुभ्र केश—ऋषि-हृदय के किसी निभृत अंतराल में गंभीर आध्यात्मिकता की खान की उपस्थिति की झलक देती हुई उनके चेहरे की प्रत्येक रेखा, उनके समग्र जीवन की संगिनी वह उच्चाशया सहधर्मिणी, उनके उद्यान के वृक्ष, पुष्पसंभार, वहाँ का निस्तब्ध भाव और निर्मल आकाश—ये समस्त मिलकर मुझे मेरी कल्पना के प्राचीन भारत के उस गौरवमय युग में ले गए, जब भारत में ब्रह्मर्षि और राजर्षि, उच्चाशय वानप्रस्थी, अरुंधति और वशिष्ठ आदि विभूतियाँ निवास करती थीं।

भारत के प्रति उनकी कैसी असीम भक्ति है! काश, उस शतांश अनुराग का एकांश भी मेरे अंतस् में होता तो मैं धन्य हो जाता। यह असाधारण मनस्वी पचास

या उससे भी अधिक वर्षों से भारतीय चिंतन-राज्य में निवास और विचरण कर रहा है, परम आग्रह और हार्दिक प्यार के साथ संस्कृत साहित्य के अनंत अरण्य के प्रकाश और छाया विनिमय का पर्यवेक्षण कर रहा है। अंत में ये सब उनके अंतस् में बस गए हैं और उनके सर्वांग को इन सबने आलोकित कर डाला है।

पता है, मुझे क्या लगा? स्वयं सायण ने ही अपना भाष्य व्यक्त करने के लिए मैक्समूलर के रूप में दुबारा जन्म लिया हो। काफी लंबे अरसे से मेरे मन में यह धारणा दृढ़ हो चुकी है। मैक्समूलर को देखकर यह धारणा मानो और अधिक बद्धमूल हो गई है। ऐसा अध्यवसायी, ऐसा वेद-वेदांतसिद्ध पंडित इस देश में और कहीं नजर नहीं आया। उस पर से ठाकुर (श्रीरामकृष्णदेव) के प्रति कैसी अगाध भक्ति है। उन्हें वे 'अवतार' मानते हैं! उनके घर मैं अतिथि बना, उन्होंने कितना जतन किया। उन दोनों बूढ़े-बूढ़ी को देखकर ऐसा लगा, मानो वशिष्ठ-अरुंधति की तरह दोनों गृहस्थ जीवनयापन कर रहे हैं। मुझे विदा देते हुए बूढ़े इनसान की आँखें नम हो आई थीं।

जो वेदों के भाष्यकार हैं, ज्ञान की ज्वलंत मूर्ति हैं, उनके लिए वर्णाश्रम, जातिभेद क्या चीज है। उनके लिए ये सब अर्थशून्य है। जीवों के कल्याण के लिए वे यथेच्छा बार-बार जन्म ले सकते हैं। खासकर उस देश में, जहाँ विद्या और वित्त दोनों ही मौजूद हैं। वे अगर यहाँ जन्म न लेते तो यह प्रकांड ग्रंथ प्रकाशन का खर्च कहाँ से जुटाते? तूने सुना नहीं? यह ऋग्वेद छपाने के लिए ईस्ट इंडिया कंपनी ने नौ लाख रुपए नकद दिए थे। उससे भी काम नहीं चला। इस देश के (भारत के) सैकड़ों वैदिक पंडितों को मासिक अर्थ देकर इस काम में नियुक्त किया गया था। विद्या और ज्ञान के लिए इस प्रकार का विपुल अर्थ-व्यय इस प्रकार की प्रबल ज्ञानतृष्णा, इस देश, इस युग में किसी ने भी क्या कभी देखा है? मैक्समूलर ने स्वयं ही अपनी भूमिका में लिखा है कि वे 25 वर्षों तक केवल पांडुलिपि ही लिखते रहे। उसके बाद उसे छपाने में 20 वर्ष लग गए। पूरे 45 वर्षों तक एक ही किताब के पीछे यूँ लगे रहना किसी मामूली इनसान का काम नहीं है। अब तू समझ, मैं क्या इन्हें यूँ ही सायण कहता हूँ?

इंग्लिश चर्च के बड़े-बड़े महंत कहा करते थे—मेरे प्रयासों से बाइबिल में वेदांत के भाव प्रतिष्ठित हो गए हैं।

इंग्लैंड के किसी मिशनरी या किसी व्यक्ति ने मेरे विरुद्ध कुछ नहीं कहा। किसी एक व्यक्ति ने भी मेरी निंदा करने की कोशिश नहीं की, मैं यह देखकर चकित हुआ हूँ कि मेरे अधिकांश मित्र 'चर्च ऑफ इंग्लैंड' में शामिल हैं।

मैं यूरोप में काफी स्थानों में घूमा हूँ, जर्मनी और फ्रांस भी गया हूँ; लेकिन इंग्लैंड और अमेरिका ही मेरा प्रधान कार्यक्षेत्र बना रहा। शुरू-शुरू में मैं जरा मुश्किल में पड़

गया था, क्योंकि भारत से जो लोग उन समस्त देशों में पहुँचे, प्रायः उन सभी लोगों ने भारत के विरुद्ध कहा। लेकिन मेरी सदा यही धारणा रही कि भारतवासी ही पृथ्वी पर सर्वाधिक नीतिपरायण और धार्मिक जाति हैं। इसलिए इस बारे में हिंदुओं के साथ अन्य किसी जाति की तुलना करना भूल है।

जनसाधारण में हिंदू जाति की श्रेष्ठता के प्रचार के लिए शुरू-शुरू में बहुतेरे लोगों ने मेरी निंदा शुरू कर दी और मेरे खिलाफ सैकड़ों झूठी बातें भी फैलाईं। वे लोग कहते फिरे—मैं प्रवंचक हूँ, एक-आधी ही नहीं, मेरी बहुतेरी पत्नियाँ और ढेर सारे बच्चे हैं। लेकिन ऐसे धर्म-प्रचारकों के बारे में जैसे-जैसे मुझे तजुरबा होता गया, उतना ही धर्म के नाम पर ये लोग कितनी दूर तक अधर्म कर सकते हैं, इस बारे में मेरी आँखें खुल गईं।

इंग्लैंड में ऐसे मिशनरियों के खुराफात रंचमात्र भी नहीं थे। वहाँ कोई भी मुझसे लड़ाई करने नहीं आया। अमेरिका में किसी-किसी ने अगर मेरी निंदा करने की कोशिश की भी तो लोगों ने उनकी बातों पर ध्यान ही नहीं दिया, क्योंकि तब तक मैं लोगों में काफी प्रिय हो उठा था। जब मैं दुबारा इंग्लैंड आया, तब मेरा खयाल था कि वहाँ भी कोई मिशनरी मेरे पीछे पड़ जाएगा, लेकिन 'ट्रुथ' पत्रिका ने उन लोगों का मुँह बंद करा दिया।

इंग्लैंड में समाज-बंधन भारत के जाति-भेद से भी अधिक कठोर है। इंग्लिश चर्च के सभी सदस्य सज्जन वंश के हैं! मिशनरी लोगों में अधिकांश ही ऐसे नहीं हैं। चर्च के सदस्यों ने मेरे प्रति यथेष्ट संवेदना व्यक्त की थी। मेरा खयाल है कि इंग्लिश चर्च के लगभग तीस प्रचारक धर्म संबंधी विविध विषयों में मेरे साथ पूरी तरह सहमत हैं। लेकिन मैंने गौर किया है कि इंग्लैंड के प्रचारक या पादरियों ने इन सभी विषयों में मुझसे मतभेद रखने के बावजूद कभी भी चोरी-छिपे मेरी निंदा नहीं की। मुझे इस बात की खुशी भी थी और इस पर विस्मय भी हुआ था। यही जातिभेद और वंश परंपरागत शिक्षा की खूबी है!

अमेरिका के बहुतेरे लोगों ने इंग्लैंड के मुकाबले काफी अधिक लोगों ने मेरे प्रति संवेदना व्यक्त की। निम्न जाति के मिशनरी लोगों की निंदा ने वहाँ मेरे काम में मदद ही की थी। अमेरिका जाते समय मेरे पास रुपए-पैसे भी नहीं थे। भारत के लोगों ने कुल मिलाकर जाने का किराया भर दिया था। काफी जल्दी ही वह खर्च भी हो गया। इसलिए जैसे यहाँ, वैसे ही वहाँ भी मुझे जनसाधारण पर ही निर्भर करना पड़ा था। अमेरिकी लोग बेहद अतिथि-वत्सल हैं।

अमेरिका के एक-तिहाई लोग ईसाई हैं। बाकी लोगों का कोई धर्म नहीं है, यानी

वे लोग किसी विशेष संप्रदाय में शामिल नहीं है; लेकिन उन लोगों में भी विशिष्ट धार्मिक लोगों के दर्शन हो जाते हैं। वैसे मुझे लगता है कि इंग्लैंड में मेरा जितना कामकाज हुआ है, वह बिलकुल पक्का हुआ है। अगर मैं कल मर भी जाऊँ और कामकाज चलाने के लिए वहाँ कोई संन्यासी न भी भेज सकूँ तो भी इंग्लैंड में मेरा काम जारी रहेगा।

अंग्रेज काफी भलेमानस हैं। बचपन से ही उन लोगों को अपनी भावनाएँ दबाए रखने की शिक्षा दी जाती है। अंग्रेजों की बुद्धि जरा मोटी होती है। फ्रांसीसी या अमेरिकी लोगों की तरह वे लोग झट से कोई बात पकड़ नहीं पाते; लेकिन बेहद दृढ़कर्मी होते हैं। अमेरिकी जाति की उम्र अभी भी उतनी नहीं हुई कि वे लोग त्याग का महात्म्य समझ सकें। इंग्लैंड सैकड़ों युगों से ऐश-विलास और ऐश्वर्य भोग कर रहा है, इसलिए वहाँ बहुतेरे लोग त्याग के लिए प्रस्तुत हैं।

पहली बार जब मैं इंग्लैंड पहुँचा और मैंने व्याख्यान देना शुरू किया, तब मेरी क्लास में कुल बीस-तीस छात्र ही आते थे। वहाँ से जब मैं अमेरिका चला आया, तब भी वहाँ क्लासें चलती रहीं। बाद में जब मैं दुबारा इंग्लैंड पहुँचा, तब अपनी इच्छा भर से एक हजार श्रोता जुटा सकता था। वैसे अमेरिका में इससे अधिक श्रोता मिल जाते थे, क्योंकि मैं अमेरिका में पूरे तीन वर्ष और इंग्लैंड में साल भर गुजार चुका था। इंग्लैंड और अमेरिका में मैं एक-एक संन्यासी छोड़ आया हूँ। अन्यान्य देशों में भी प्रचार-कार्य के लिए संन्यासी भेजने की इच्छा है।

लंदन, 7 जून, 1896

मेरे आदर्श को अति संक्षेप में भी व्यक्त किया जा सकता है, वह है—मनुष्य के सामने उसके अंतर्निहित देवत्व की वाणी का प्रचार करना होगा और सभी कामकाज के उसी देवत्व विशेष का पथ-निर्धारण कराना होगा।

यह संसार कुसंस्कारों की शृंखला में जकड़ा हुआ है। जो उत्पीड़ित है, भले ही वह नर हो या नारी, मुझे उस पर करुणा आती है। जो उत्पीड़नकारी है, वह और अधिक मेरी करुणा का पात्र है।

एक धारणा दिवालोक की तरह मेरे मानस में स्पष्ट हो गई है कि सकल दुःखों के मूल में है—अज्ञता! जगत् को प्रकाश कौन देगा? आत्मविसर्जन ही अतीत का कर्म-रहस्य था, युगों-युगों तक यही चलता रहेगा। जो लोग जगत् में सबसे बढ़कर साहसी और वरेण्य हैं, उन लोगों को चिर दिन 'बहुजन हिताय, बहुजन सुखाय' आत्मविसर्जन करना होगा। दिल में अनंत प्रेम और करुणा लेकर सैकड़ों बृद्धों के आविर्भाव की जरूरत है।

आजकल जगत् के समस्त धर्म प्राणहीन मिथ्या अभिनय में पर्यवसित हो चुके हैं। इन दिनों जो सबसे अधिक जरूरी है, वह है—चरित्र! आजकल जगत् उन लोगों की कामना करता है, जिनका जीवन प्रेमदीप्त और स्वार्थ-शून्य है। प्रेम हर बात को वज्र की तरह शक्तिशाली बना देता है।

हमें चाहिए—ज्वालामुखी वाणी और उससे भी अधिक ज्वलंत कर्म! हे महाप्राण, उठो! जागो! जगत् दुःख की आग में जल-जलकर खाक हो रहा है, तुम्हें क्या सोए रहना चाहिए? आओ! हम आवाज देते रहेंगे, जब तक सोए हुए देवता जाग्रत् नहीं होते, जब तक अंतर के देवता बाहर के आह्वान का प्रति उत्तर नहीं देते। जीवन में इससे बड़ा और क्या है? इससे महत्तर और कौन सा कर्म है? आगे बढ़ने के साथ-साथ ही आनुषंगिक छुटपुट कार्य भी आ पड़ेंगे। मैं आँट-घाट बाँधकर कोई काम नहीं करता। कार्यप्रणाली स्वयं अपने को गढ़ लेती है और अपना कार्य-साधन करती है। मैं सिर्फ इतना ही कहता हूँ—उठो! जागो!

लंदन, 7 जुलाई, 1896

यहाँ का कामकाज विस्मयकारी ढंग से आगे बढ़ता जा रहा है। भारत से एक संन्यासी यहाँ आए थे। मैंने उन्हें अमेरिका भेज दिया है और भारत से और एक संन्यासी भेजने को कहा है। यहाँ का मौसम अब खत्म हुआ। इसलिए सारी क्लासें और रविवार के व्याख्यान अगली 16 तारीख से बंद हो जाएँगे। 19 मई को मैं शांति और विश्राम के लिए स्विट्जरलैंड के पहाड़ों पर जा रहा हूँ! वहाँ मैं महीने भर रहूँगा। शरत् के मौसम में दुबारा लंदन लौट आऊँगा और अपना कामकाज दुबारा शुरू कर दूँगा। यहाँ का कार्य काफी आशाजनक ढंग से चल रहा है। यहाँ दिलचस्पी जगाने का जो काम भारत से कर सकता था, उससे कहीं ज्यादा मैं भारत के लिए ही कर रहा हूँ।

मैं अपने तीन अंग्रेज मित्रों के साथ स्विट्जरलैंड के पहाड़ पर जा रहा हूँ। उम्मीद है कि बाद में, ठंड के आखिर में, कुछेक अंग्रेज दोस्तों को लेकर मैं भारत जा रहा हूँ। वे लोग भी हमारे मठ में ही रहेंगे। वैसे मठ तैयार करने की अभी सिर्फ योजना ही चल रही है। हिमालय पर कहीं उसे वास्तविक रूप देने की कोशिश की जा रही है।

लंदन, 6 जुलाई, 1896

ब्रिटिश साम्राज्य में चाहे जितनी भी भूल-त्रुटि हो, लेकिन चारों तरफ भाव बिखेरने का यही सर्वश्रेष्ठ यंत्र है। इसमें कोई संदेह नहीं है। मेरा संकल्प है कि इसी यंत्र के केंद्र-स्थल में अपनी भावराशि का प्रचार करूँगा, तभी यह समग्र विश्व में फैल जाएगा। वैसे बड़े-बड़े काम धीरे-धीरे ही होते हैं, खासकर हम हिंदुओं के लिए, चूँकि

हम विजित जाति हैं, हमारे कामों में ढेरों बाधा-विघ्न हैं। लेकिन, मैं यह भी कहूँगा कि चूँकि हम विजित जाति हैं, इसलिए हमारे भाव चारों तरफ बिखरकर ही रहेंगे। यही देखा गया है कि आध्यात्मिक आदर्श चिरकाल ही विजित, पददलित जातियों में से ही उभरता है। देखो न, यहूदियों ने अपने आदर्श से समूचे रोम साम्राज्य को छाए रखा था।

तुम्हें यह जानकर खुशी होगी कि मैं भी दिनोंदिन सहिष्णुता और सहानुभूति की शिक्षा अपने अंदर समो रहा हूँ। मुझे लगता है कि प्रबल-प्रतापशाली एंग्लो-इंडियन लोगों में भी भगवान् मौजूद है, अब मुझे यह विश्वास होने लगा है। धीरे-धीरे मैं उसी अवस्था की ओर अग्रसर हो रहा हूँ, जहाँ अगर कोई शैतान भी मौजूद हो तो उस तक को प्यार कर सकूँगा।

अपनी बीस साल की उम्र में मैं इतना गँवार और एकरस था कि किसी के भी प्रति सहानुभूति नहीं दिखा पाता था। जो मेरे भावों के विरुद्ध होता था, उसके साथ मैं मिलकर नहीं चल पाता था। कलकत्ता के जिस फुटपाथ पर थिएटर स्थित होता था, मैं उस फुटपाथ पर कदम तक नहीं रखता था। अब, इस तैंतीस वर्षीय उम्र में वेश्याओं के साथ अनायास ही एक घर में रह सकता हूँ। उन महिलाओं का तिरस्कार करने का खयाल मेरे मन में भी नहीं आएगा।

अच्छा, मैं क्या धीरे-धीरे बुरा होता जा रहा हूँ? या मेरा मन क्रमशः उदार होकर अनंत प्रेम या साक्षात् भगवान् की ओर अग्रसर हो रहा है? लोगों का मंतव्य भी मेरे कानों तक आता रहता है कि जिस व्यक्ति को अपनी चारों तरफ का बुरा और अमंगल दिखाई नहीं देता, वह अच्छे काम भी नहीं कर सकता। ऐसा व्यक्ति अदृष्टवादी होकर निश्चेष्ट हो जाता है। मैं तो यह सब देखता नहीं, बल्कि मेरी कर्मशक्ति तो प्रबल वेग से बढ़ती जा रही है, साथ ही कामकाज में खूब सफलता भी मिल रही है। कभी-कभी मेरे मन में एक तरह का प्रबल भाव जागता है। मेरा मन होता है कि विश्व में सबको, सभी चीजों को आशीर्वाद दूँ, सबको प्यार करूँ, सबको गले लगाऊँ। तब देखता हूँ कि लोग जिसे बुरा कहते हैं, वह महज भ्रांति-मात्र है। प्रिय फ्रांसिस, इन दिनों मैं इसी प्रकार के भावों में विभोर हूँ और तुम तथा मिसेज लेगेट मुझे कितना प्यार करते हो, आनंद के आँसू आ जाते हैं। जिस दिन मैंने जन्म ग्रहण किया, उस दिन को धन्यवाद! यहाँ आकर मुझे कितनी दया, कितना प्यार मिला है। इसके अलावा, जिस अनंत प्रेमस्वरूप से मेरा आविर्भाव हुआ है, वे मेरे भले-बुरे (बुरे शब्द से डरना मत) प्रत्येक काम पर नजर रखते आ रहे हैं, क्योंकि मैं उनके हाथों का एक यंत्र होने के अलावा और क्या हूँ? कभी, किसी समय भी इसके अलावा और क्या था? उनकी

सेवा में मैंने अपना सर्वस्व त्याग कर दिया है, अपने प्रियजन को त्याग कर दिया है, अपने सुखों की उम्मीद तक छोड़ दी है। मैंने अपना जीवन तक विसर्जित कर दिया है। वे मेरे सदा लीलामय परम आदर के धन हैं। मैं उनके खेल का संघाती हूँ। इस जगत् के कांड कारखाने के कहीं, कोई कारण खोजने से भी नहीं मिलता। यह सब उन्हीं का खेल है, सबकुछ उन्हीं का भाव, उन्हीं का खयाल है। किस कारण से वे दुबारा युक्ति द्वारा परिचालित होंगे? वे लीलामय हैं! इस जगत्-नाट्य के सभी अंशों में वे यही सब हँसने-रोने का अभिनय करते हैं। जैसा जो कहा करता है—क्या मजा! क्या मजा!

सच ही, बड़ा मजेदार है यह जगत्! और सबसे मजेदार हैं वे स्वयं! वही अनंत प्रेमास्पद प्रभु! पूरा-का-पूरा जगत् ही क्या मजेदार नहीं है? हम सब में परस्पर भ्रातृभाव कहो या खेल के संघाती कहो—मानो इस जगत् के क्रीड़ाक्षेत्र में झुंड भर स्कूली बच्चों को खेलने के लिए छोड़ दिया गया है। सबके सब शोरगुल करते हुए खेल रहे हैं। बताओ, क्या ऐसा नहीं है? मैं किसकी प्रशंसा करूँ, किसकी निंदा? यह सभी कुछ तो उन्हीं का खेल है।

लोग जगत् की व्याख्या की माँग करते हैं, लेकिन उनकी व्याख्या कैसे की जाए? उनका तो कोई ओर-छोर ही नहीं है। वे तो किसी विचार, किसी चिंतन की परवाह नहीं करते। हम सबको छोटे-छोटे दिमाग, छोटी-छोटी बुद्धि देकर उन्होंने हम सबको बुद्धू बना रखा है। लेकिन इस बार वे मुझे चकमा नहीं दे सकते। इस बार मैं होशियार और सजग हूँ।

इतने दिनों में मैंने दो-एक विषय सीखा है! मैंने सीखा है—भाव, प्रेम, प्रेमास्पद आदि समस्त युक्ति-विचार, विद्या-बुद्धि और वाक्याडंबर से परे, इन सबसे बहुत दूर रहते हैं! 'साकी', प्याला पूर्ण करो—आओ, हम प्रेम मदिरा पान करके पागल हो जाएँ!

सैंस ग्रैंड, स्विट्जरलैंड, 25 जुलाई, 1896

मैं जगत् को बिलकुल भूल जाना चाहता हूँ, कम-से-कम अगले दो महीनों के लिए! मैं ईषत् कठोर साधना करना चाहता हूँ। वही मेरा विश्राम होगा। पहाड़ और बर्फ देखकर मेरे मन में एक अपूर्व शांति का भाव जाग उठता है। यहाँ मुझे जैसी अच्छी नींद आ रही है, ऐसी नींद मुझे बहुत दिनों से नहीं आई।

वैले, स्विट्जरलैंड, 5 अगस्त, 1896

मैं थोड़ी-बहुत पढ़ाई-लिखाई कर रहा हूँ, काफी उपवास कर रहा हूँ और इन सबसे अधिक साधना कर रहा हूँ। वन-जंगल की सैर काफी आरामदेह है। हम जहाँ ठहरे हैं, वह जगह तीन विराट् तुषार-प्रवाह के नीचे है। यहाँ का प्राकृतिक दृश्य अत्यंत

मनोरम है।

अरे हाँ, स्विट्जरलैंड के ताल-किनारे आर्यों की आदि वासभूमि के बारे में मेरे मन में जो थोड़ी-बहुत दुविधा थी, वह बिलकुल ही मिट गई है। तातारियों के सिर से लंबी चुटिया हटा देने पर वे लोग जैसे दिखते हैं, स्विट्जरलैंड के आदिवासी लोग बिलकुल वैसे ही नजर आते हैं।

सैन्स फी, अगस्त 1896

कल मैं 'मोंटी रोजा' के तुषार-प्रवाह के किनारे गया था और उस चिर-तुषार के लगभग बीचोबीच से कड़ी-कड़ी पपड़ियोंवाले कुछेक फूल तोड़ लाया था।

सैन्स फी, 5 अगस्त, 1896

यह जगह चारों तरफ से चिर-तुषार के शिखरों से घिरी हुई है। मैं एक वनभूमि की घास पर बैठा हुआ हूँ। मेरी समस्त चिंता-फिक्र अपने प्रियजन की तरफ लौट-लौट जाना चाहती है, इसीलिए मैं लिखने बैठ गया हूँ।

इन दिनों मैं स्विट्जरलैंड में हूँ! लगातार भ्रमण करता हुआ! यहाँ विश्राम कर रहा हूँ, जो बेहद जरूरी था। यह छोटा-मोटा हिमालय ही है। यहाँ मन उच्च सोपान पर पहुँच जाता है। समस्त पार्थिव विचार और संबंध मन से कहीं दूर खिसक जाते हैं। मैं निविड़ ढंग से यह अभिज्ञता उपभोग कर रहा हूँ। मुझे अनुभव हो रहा है, जैसे मैं उच्चतर सोपानों पर चढ़ता जा रहा हूँ। मुझसे लिखा नहीं जा रहा है, मगर मैं प्रार्थना करता हूँ कि तुम सब भी यह अनुभूति चिरंतन महसूस करो, जब तुम्हारे चरण इस वस्तु-निर्भर पृथ्वी को स्पर्श किए रहने से इनकार कर दें, जब आत्मा आध्यात्मिकता के महासमुद्र में भासमान हो उठे।

सैन्स फी, 8 अगस्त, 1896

प्रिय गुडविन, इन दिनों मैं यहाँ विश्राम का आनंद ले रहा हूँ! विभिन्न पत्रों में कृपानंद के बारे में काफी बातें पढ़ी हैं। मुझे उसके लिए अफसोस है, उसे अपने ढंग से चलने दो।

मेरे आहत होने की बात पूछ रहे हो? वह तो देव-दानव के साध्यातीत है। अस्तु, निश्चिंत रहो।

अब मैं खासा चंगा हो उठा हूँ। खिड़की से बाहर निगाह डालते ही मेरी आँखों के ठीक सामने ही विराट् तुषार-प्रवाह नजर आते हैं। मुझे लगता है जैसे मैं हिमालय पर हूँ। अब मैं पूर्णतः शांत हूँ, मेरी नसों की स्वाभाविक शक्ति मानो लौट आई है और तुमने जिस प्रकार के विरक्तिजनक मामलों का उल्लेख किया है, वह मुझे बिलकुल भी स्पर्श नहीं करता। यह बचपना भरा खेल मुझे वहाँ से उद्विग्न करेगा? यह समूची

दुनिया ही निपट बच्चों का खेल है—प्रचार, शिक्षा-दान, सबकुछ! 'गीता' में कहा गया है—'जो द्वेष भी नहीं करते, आकांक्षा भी नहीं करते, उन्हें ही संन्यासी जानो।' इसके अलावा रोग, शोक और मृत्यु की चिर-लीलाभूमि इस संसार रूपी पंकिल गड्ढे में क्या आकांक्षित वस्तु मौजूद रह सकती है? जिन्होंने सकल वासना का परित्याग कर दिया है, वे लोग ही सुखी हैं।

वही शांति, वही अनंत दिव्य शांति का थोड़ा-बहुत आभास मुझे इन दिनों इस मनोरम स्थान में मिल रहा है। 'एक बार इनसान अगर यह जान ले कि आत्मा ही सबकुछ है, और कहीं कुछ नहीं, तब और किस कामना में, किसके लिए इस शरीर को दुःख-ताप से दग्ध होना पड़ेगा'—बृहदारण्यकोपनिषद्।

मुझे लगता है कि लोग जिसे 'कर्म' कहते हैं, उससे जितनी अभिज्ञता होनी चाहिए, वह मुझे हो चुकी है। मेरा काम अब खत्म हुआ, अब बाहर निकल जाने के लिए मेरे प्राण हाँफ उठे हैं। सहस्र-सहस्र लोगों के बीच क्वचित् ही कोई मुझे यथार्थ रूप में जानता है।' गीता! इसका कारण यह है कि इंद्रियाँ अत्यधिक बलवान हैं। ये इंद्रियाँ साधक के मन को जोर-जबरदस्ती नीचे उतार लेती हैं।

सैन्स फी, 12 अगस्त, 1896

प्रिय स्टर्डी, अभी तक न मैंने कुछ पढ़ा, न लिखा। मैं केवल और केवल विश्राम कर रहा हूँ। मठ से लिखा गया पत्र पाकर मुझे पता चला है कि दूसरे स्वामी (स्वामी अभेदानंद) वहाँ से रवाना होने के लिए तैयार हैं। इस बारे में मैं निश्चित हूँ कि तुम लोग जिस किस्म का व्यक्ति चाहते हो, वे उसके बिलकुल उपयुक्त हैं। हम लोगों में जिन कुछेक लोगों का संस्कृत पर पूरा-पूरा और विशेष अधिकार है, वे उनमें अन्यतम हैं। और मुझे यह भी जानकारी मिली है कि उनकी अंग्रेजी भी काफी चुस्त-दुरुस्त है। अमेरिका से सदानंद के बारे में काफी सारे अखबारों की कटिंग मिली है, उन सबसे मुझे पता चला कि उन्होंने वहाँ काफी सफलता अर्जित की है। इनसान के अंतर में जो कुछ भी है, उसे उभारने के लिए अमेरिका एक मोहक शिक्षाक्षेत्र है।

लुसार्न, स्विट्जरलैंड, 23 अगस्त, 1896

शारदानंद और गुडविन अमेरिका में प्रचार कार्य अनुपम ढंग से कर रहे हैं, यह सुनकर मुझे खुशी हुई। मेरी अपनी बात यह है कि मैं किसी भी कार्य के प्रतिदान में इस 500 पाउंड पर कोई दावा नहीं रखता। मुझे लगता है कि मैंने काफी मेहनत कर ली। अब मैं अवसर लूँगा। मैंने भारत से एक और व्यक्ति को बुला भेजा है। वे अगले महीने तक मेरे पास पहुँच जाएँगे। मैंने काम का श्रीगणेश कर दिया है, अब कोई और इसे चलाता रहे।

आप तो देख ही रहे हैं कि कार्य शुरू करने और जारी रखने के लिए कुछ दिनों तक मुझे रुपए-पैसे और विषय-संपत्ति के संस्पर्श में आना ही पड़ा। मुझे पक्का विश्वास है कि मुझे जितना सा करना चाहिए था, वह अब पूरा हुआ। अब मेरा वेदांत या जगत् के अन्य किसी भी दर्शन, यहाँ तक कि इस काम के प्रति भी कोई खिंचाव नहीं है। मैं जाने के लिए तैयार हो रहा हूँ। पृथ्वी के इस नरककुंड में अब वापस नहीं लौटूँगा। यहाँ तक कि इस कार्य के आध्यात्मिक प्रयोजन-पक्ष के प्रति भी अरुचि हो आई है। अब मेरी प्रार्थना है कि माँ जल्दी ही मुझे अपने पास बुला लें।

ये सब कामकाज, परोपकार, कल्याण वगैरह सिर्फ चित्त-शुद्धि का साधन मात्र हैं। यह सब मैंने पर्याप्त कर लिया। यह जगत् चिरकाल अनंतकाल तक जगत् ही बना रहेगा। हम स्वयं जैसे हैं वैसे ही इस जगत् को देखते हैं। कौन काम करता है और किसका काम? यह जगत् कहने को कुछ भी नहीं है, यह सब स्वयं भगवान् है। हम भूलवश इसे जगत् कहते हैं। यहाँ न मैं हूँ, तुम नहीं, आप नहीं, सिर्फ वे हैं! एकमात्र प्रभु! —'एकमेवाद्वितीयम्!'

अस्तु, अब से मैं रुपए-पैसे के बारे में सर्वथा अनजान हूँ। मैं जगत् के किसी भी संन्यासी का प्रभु या संचालक नहीं हूँ। जो कार्य उन लोगों को भला लगता है, वही वे लोग करें और मैं अगर उन लोगों की कोई मदद कर सकता हूँ तो बस, इतना सा ही मेरा उनसे सरोकार है। मैंने पारिवारिक बंधनरूपी जंजीर तोड़ डाली है और धर्मसंघ की सोने की जंजीर मैं पहनना नहीं चाहता। मैं मुक्त हूँ और हमेशा मेरी बात, सो मैंने तो कहना चाहिए अवसर ग्रहण कर लिया है। इस जगत् रंगमंच पर मुझे जितना अभिनय करना था, वह मैंने पूरा कर लिया।

स्कफासेन, स्विट्जरलैंड, 26 अगस्त, 1896

अभी-अभी आपका पत्र मिला। इन दिनों घूम-फिर रहा हूँ। आल्प्स पर्वत की खूब चढ़ाई कर रहा हूँ और तुषार-प्रवाह पार कर रहा हूँ। अब, जर्मनी जा रहा हूँ। प्रो. डॉयसन किएले ने मुझे मिलने के लिए आमंत्रित किया है।

लेक लुसार्न, स्विट्जरलैंड, 22 अगस्त, 1896

रामकृष्णनंद, आज रामदुलाल बाबू का एक पत्र मिला। उन्होंने लिखा है कि दक्षिणेश्वर महोत्सव में बहुतेरी वेश्याएँ आने लगी हैं, इसलिए बहुतेरे सज्जनों में वहाँ जाने की इच्छा कम होती जा रही है। पुनश्च : उनकी राय में पुरुषों के लिए एक दिन और महिलाओं के लिए एक दिन तय कर देना चाहिए। इस बारे में मेरे विचार निम्नलिखित हैं—

1. वेश्याएँ अगर दक्षिणेश्वर महातीर्थ में न जाने पाएँ तो वे लोग कहाँ जाएँगी?

पापियों के लिए प्रभु का विशेष आलोक होता है, पुण्यवानों के लिए उतना नहीं।

2. स्त्री-पुरुष में भेद-विभेद, जातिभेद, धनभेद, विद्याभेद वगैरह नरक-द्वार स्वरूप अनेकानेक भेद समाज में ही रहे न! पवित्र तीर्थस्थल में अगर इस प्रकार का भेद किया गया तो फिर तीर्थ और नरक में क्या भेद रह जाएगा?

3. हमारे महा जगन्नाथपुरी को ही लो! जहाँ पापी-अपापी, साधु-असाधु, बाल-वृद्ध-वनिता, नर-नारी सबका अधिकार है। वर्ष में कम-से-कम एक दिन हजारों-हजार नर-नारी पापबुद्धि और भेदबुद्धि के हाथों से निस्तार पाकर हरिनाम करें और सुनें, इसी में तो परम मंगल है।

4. अगर तीर्थस्थल में भी लोगों की पापवृत्ति एक दिन के लिए भी संकुचित न हो तो यह तुम लोगों का दोष है, उन लोगों का नहीं। ऐसा महा धर्मस्रोत प्रवाहित करो कि जो जीव उसके निकट आए, वह उस लहर में बह जाए।

5. जो लोग श्रीकृष्ण के मंदिर में जाकर भी वेश्या, नीच जाति, गरीब, छोटे लोगों का भेद करते हैं, उन लोगों (यानी जिन लोगों को तुम सज्जन कहते हो) की संख्या जितनी कम हो उतना ही मंगल है। जो लोग भक्तों की जाति या योनि या व्यवसाय देखते हैं, वे लोग हमारे ठाकुर (श्री रामकृष्ण परमहंस) को क्या समझेंगे? मैं प्रभु से प्रार्थना करता हूँ कि उनके चरणों में सिर झुकाने सैकड़ों-सैकड़ों वेश्याएँ आएँ, शराबी आएँ, चोर-डकैत सभी आएँ! उनका द्वार खुला है। 'It is easier for a camel to pass through the eye of a needle than for a rich man to enter the kindom of God' इन समस्त राक्षस भावों को मन में स्थान भी मत देना।

6. लेकिन कुछेक सामाजिक सावधानी जरूरी है। वह कैसे करें? उस दिन कई एक लोग (बूढ़े हों तो बेहतर) छड़ीदार का कार्य सँभालें। वे लोग महोत्सव-स्थल में घूमते-फिरते रहें। किसी पुरुष या स्त्री को कदाचार या गलत बातों वगैरह में लिप्त देखें तो उन लोगों को उद्यान से तत्काल बाहर निकाल दें। लेकिन जब तक लोग भलमनसाहत का बरताव करें, तब तक वे लोग भक्त और पूज्य हैं—भले वह महिला हो या पुरुष, गृहस्थ हो या असती!

किएल, जर्मनी, 10 सितंबर, 1896

आखिरकार प्रो. डॉयसन से मेरी भेंट हो ही गई। प्रोफेसर के साथ दर्शनीय स्थल देखने और वेदांत की चर्चा करते हुए कल का दिन बेहद अच्छा गुजरा।

मेरी राय में वे मानो 'युद्धमान अद्वैतवादी' हैं। किसी अन्य से समझौता करने को वे राजी नहीं हैं। 'ईश्वर' शब्द पर वे आतंकित हो उठते हैं। अगर उनके वश में होता तो वे यह सबकुछ भी नहीं रखते।

यूरोप और अमेरिका में मैंने संस्कृत-शास्त्र के अनेक अध्यापक देखे हैं। उनमें से बहुतेरे लोग वेदांत-भाव के प्रति अतिशय संवेदनशील ह्रैं। मैं उन लोगों की मनीषा और नि:स्वार्थ कार्यों के प्रति समर्पित जीवन देखकर मुग्ध हूँ। लेकिन मेरी राय में पॉल डॉयसन (या वे स्वयं जैसे अपने को संस्कृत में 'देवसेना' कहकर अभिहित करना पसंद करते हैं) और वृद्ध मैक्समूलर भारत और भारतीय चिंतन- प्रणाली के सर्वश्रेष्ठ, सच्चे मित्र हैं।

इंग्लैंड वापसी, विंबलडन, लंदन, 27 सितंबर, 1896

स्विट्जरलैंड में दो महीनों तक पहाड़ों की चढ़ाई, पर्यटन और हिमप्रवाह देखने के बाद आज मैं लंदन पहुँचा हूँ। इससे मेरा एक हित जरूर हुआ है। कई एक पाउंड गैर-जरूरी मोटापा छँट गया है। खैर, सुरक्षा तब भी नहीं है। इस जन्म की स्थूल देह की जिद है कि मन को लाँघकर वह अनंत में प्रसारित होगी। इस तरह चलता रहा तो मुझे जल्दी ही अपनी समस्त व्यक्तिगत सत्ता गँवा देनी पड़ेगी—इस रक्त-मांस की देह के बावजूद आखिरकार बाहरी जगत् में विलीन हो जाना पड़ेगा।

मैं यहाँ अपने मित्रों में शामिल हो गया हूँ। कुछ हफ्ते यहीं काम करूँगा, उसके बाद सर्दी के मौसम में भारत लौट जाऊँगा।

लंदन, 7 अक्तूबर, 1896

फिर वही लंदन! क्लासें भी यथारीति शुरू हो चुकी हैं। नित्य वर्धमान कर्म का तांडव मेरे भाग्य में लिख गया है!

मेरी स्वाभाविक प्रवणता तो यही है कि किसी निर्जन पर्वत-गुफा में जाकर चुपचाप पड़ा रहूँ। लेकिन नियति है कि मुझे पीछे से धकिया देती है और मैं आगे-आगे बढ़ता जा रहा हूँ। नियति की गति कौन रोक सकता है!

आजकल फल, बादाम वगैरह ही मेरा मुख्य आहार है और मैं इसी में स्वस्थ भी हूँ।

मेरी चरबी काफी घट गई है। लेकिन जिस दिन व्याख्यान रहता है, उस दिन मुझे भरपेट खाना पड़ता है।

इन दिनों हमें एक 'हॉल', खासा बड़ा हॉल मिल गया है। उसमें 200 या उससे भी अधिक लोग बैठ सकते हैं। हॉल के एक कोने में लाइब्रेरी भी शुरू की जाएगी। आजकल मेरी मदद के लिए भारत से और एक व्यक्ति (स्वामी अभेदानंद) भी आ पहुँचे हैं।

आज रास्ते में मदाम स्टर्लिंग से भेंट हो गई। आजकल वे मेरे व्याख्यानों में नहीं आतीं। उनके लिए यही बेहतर भी है! अत्यधिक दार्शनिक चिंतन सही नहीं होता।

वह महिला, जो मेरे हर व्याख्यान के अंत में ऐसे वक्त आ पहुँचती थीं, जब कुछ भी सुन नहीं पाती थीं, लेकिन व्याख्यान खत्म होते ही मुझे इस ढंग से धर दबोचती थीं और मुझे बकबकाने को लाचार कर देती थीं कि मारे भूख के मेरे पेट में वाटरलू का महायुद्ध शुरू हो जाता था! वे भी आई थीं! बाकी लोग भी आते हैं, और भी लोग आते रहेंगे। यह सब हर्ष का विषय है।

लंदन, 28 अक्टूबर, 1896

नए स्वामीजी (स्वामी अभेदानंद) ने अपना पहला व्याख्यान दिया! व्याख्यान काफी अच्छा हुआ था और मुझे काफी अच्छा लगा। उनमें कुशल वक्ता होने की शक्ति है—इस बारे में मैं सुनिश्चित हूँ।

गुडविन संन्यासी होगा। वैसे वह मेरे साथ ही भ्रमण करेगा। हमारी सभी किताबों के लिए हम उसके अहसानमंद हैं। मेरे व्याख्यान वह आशुलिपि प्रणाली में लिख रखता है और उसी से किताबें तैयार हुई हैं।

लंदन, 20 नवंबर, 1896

26 दिसंबर को मैं इंग्लैंड से फिर यात्रा पर निकल रहा हूँ। इटली की कई जगह देखने के बाद नेपल्स में जर्मन लॉयेड लाइन 'S.S. Prinz Regent Leopold' नामक जहाज पकड़ूँगा। 14 जनवरी को हमारा स्टीमर कोलंबो तट पर लगेगा। सिंहल की भी कुछेक जगहें देखने का मन है। उसके बाद मैं मद्रास चला जाऊँगा।

मेरे साथ मेरे अंग्रेज मित्र सेवियर दंपती और गुडविन भी जा रहे हैं। मिस्टर सेवियर और उनकी सहधर्मिणी हिमालय पर अल्मोड़ा के पास आश्रम स्थापना के लिए जा रहे हैं। वही हिमालय पर मेरा केंद्र होगा। वहाँ पश्चिम के शिष्यवृंद आकर ब्रह्मचारी और संन्यासी रूप में वास कर सकते हैं। गुडविन एक अविवाहित नौजवान है। वह मेरे साथ-साथ रहेगा और घूमेगा-फिरेगा। वह ठीक संन्यासी जैसा है।

मैं कलकत्ता और मद्रास में दो केंद्र खोलूँगा—यही है मेरी वर्तमान योजना! वहाँ नौजवान प्रचारक तैयार किए जाएँगे। कलकत्ता में केंद्र खोलने लायक अर्थ मेरे हाथ में है। श्रीरामकृष्ण आजीवन काम नहीं करते रहे। इसलिए कलकत्ता पर ही मुझे पहले नजर डालनी होगी। मद्रास में केंद्र खोलने जितना रुपया-पैसा उम्मीद है कि भारत से ही मिल जाएगा।

बस, इन्हीं तीन केंद्रों को लेकर ही हमारा कामकाज शुरू होगा। बाद में बंबई और इलाहाबाद भी जाऊँगा। प्रभु की इच्छा साथ रही तो इन सभी केंद्रों के माध्यम से हम सब न केवल भारत में जाएँगे, बल्कि पृथ्वी के समस्त देशों में झुंड-झुंड प्रचारक भेजेंगे। यह बात मत भूलना कि सभी देशों के लोगों के प्रति ही मेरा खिंचाव है।

सिर्फ भारत के प्रति ही नहीं है, हर देश मुझे खींचता है।

लंदन, 28 अगस्त, 1896

लंदन में प्रचार-कार्य में बेहद सफलता मिली है। कैप्टेन और मिसेज सेवियर तथा मि. गुडविन कामकाज करने के लिए मेरे साथ भारत जा रहे हैं और इस काम में वे लोग अपना खर्च खुद करेंगे। फिलहाल मैं कलकत्ता और हिमालय में एक-एक केंद्र खोलने जा रहा हूँ। 7,000 फुट ऊँचाई पर एक समूचे पहाड़ पर यह केंद्र स्थापित किया जाएगा। वह पहाड़ गरमियों में खासा ठंडा रहेगा और सर्दी में भरपूर ठंडा भी रहेगा। कैप्टेन और मिसेज सेवियर यहीं रहेंगे।

लंदन, 3 दिसंबर, 1896

इस पल सारा मामला काफी शानदार ढंग से जम गया है। 39 नं. विक्टोरिया स्ट्रीट का बड़ा हॉल लोगों से भर गया था। अभी भी श्रोतागण आते ही जा रहे हैं।

हाँ, मेरा वह पुराना, प्रिय देश अब मुझे आवाजें दे रहा है। अब मुझे जाना ही होगा! अस्तु, इस अप्रैल में रूस जाने की सारी योजना रद्द! भारत में सारा कामकाज थोड़ा सुव्यवस्थित करके मैं चिर-सुंदर अमेरिका, इंग्लैंड वगैरह देशों में दुबारा लौट आऊँगा।

गुडविन का आना परम सौभाग्य की बात है, क्योंकि इसके फलस्वरूप यहाँ दिए गए व्याख्यान लिपिबद्ध होकर क्रमिक रूप से प्रकाशित भी हो रहे हैं।

अगले हफ्ते मुझे तीन व्याख्यान देने हैं। बस, उसके बाद इस मौसम में लंदन में मेरा कामकाज खत्म! वैसे यहाँ सभी लोगों का खयाल है कि चरम सफलता के समय काम छोड़ देना बेवकूफी है। लेकिन मेरे प्रिय प्रभु ने निर्देश दिया है, 'प्राचीन भारत की ओर यात्रा करो।' इसलिए मैं उनका आदेश-पालन करूँगा।

डैंपियर, 'प्रिंस-रिजेंट लिओपोल्ड' (जहाज) 3 जनवरी, 1897

नेपल्स से चार दिनों की भयावह समुद्र-यात्रा के बाद पोर्ट सैयद तक आ पहुँचा हूँ। जहाज काफी हिल-डुल रहा है, अस्तु, इस स्थिति में मेरी इस टेढ़ी-मेढ़ी लिखावट के लिए मुझे माफ करना।

स्वेज से एशिया! फिर एशिया में! मैं क्या एशियावासी हूँ या यूरोपियन हूँ या अमेरिकी! मैं अपने अंदर विभिन्न व्यक्तित्वों का अद्‍भुत सम्मिश्रण महसूस कर रहा हूँ।

कई दिन बाद ही कोलंबो उतर रहा हूँ और सोच रहा हूँ कि सिंहल में कुछ करूँ। लगभग 800 ई.पूर्व बंगाल से सिंहल में उपनिवेश की स्थापना हुई थी। यहीं स्थित था प्राचीन पृथ्वी का सबसे बड़ा व्यवसाय-केंद्र और अनुराधापुर उस जमाने का लंदन था!

पाश्चात्य के सबकुछ में मुझे रोम ही सबसे अधिक आनंदमय लगा। पंपिया देखने

के बाद तथाकथित 'आधुनिक सभ्यता' पर से मेरी श्रद्धा बिलकुल ही फुर्र हो गई है। भाप और विद्युत को छोड़ दिया जाए, उन लोगों के पास सबकुछ था और आधुनिक लोगों के मुकाबले उन लोगों की चारुकला की धारणा और रूपायण की शक्ति भी अनंत गुने अधिक थी।

इंग्लैंड से आते हुए रास्ते में मैंने एक बेहद मजेदार सपना देखा था। भूमध्यसागर पर आगे बढ़ते-बढ़ते मैं जहाज में सो गया था। मैंने सपना देखा—एक बेहद वृद्ध ऋषि जैसे किसी व्यक्ति ने मुझसे कहा, "तुम लोग आओ, हमारा पुनरुद्धार करो। हम हैं वही पुरातन थेरापुत्त संप्रदाय, जो भारत के ऋषियों का विचार लेकर ही गठित हुआ है। ईसाइयों ने हमारे ही प्रचारित विचारों और सत्य-समूहों को ईशु द्वारा प्रचारित बताया है, ईशु नाम का कोई वास्तविक व्यक्ति था ही नहीं। इस बारे में अनेक प्रमाण, इस जगह में अगर खुदाई की जाए, तो पता चल जाएगा।"

मैंने पूछा, "किस जगह खुदाई की जाए तो ये सभी प्रमाण और चिह्न मिल जाएँगे?"

वृद्ध ने कहा, "देखो न यहाँ, इस जगह!" इतना कहकर उन्होंने तुर्क निकटवर्ती स्थान की ओर इशारा किया।

उसके बाद मेरी नींद टूट गई।

नींद टूटते ही मैं झटपट ऊपर कैप्टेन के पास आ पहुँचा। मैंने उनसे ही पूछा, "इस वक्त हमारा जहाज किस जगह पर है?"

कैप्टेन ने जवाब दिया, "सामने ही तुर्की और क्रीट द्वीप साफ नजर आ रहा है।"

अल्मोड़ा, 9 जुलाई, 1897

अमेरिकी अखबार में एक अद्‌भुत खबर पढ़ी कि मुझे यहाँ जातिच्युत कर दिया गया है। मुझे भला जाति गँवाने का क्या भय है? मैं तो संन्यासी हूँ।

लेकिन मुझे लगातार उद्यम करना पड़ा है, ताकि अमेरिकी लोग अपेक्षाकृत उदार और धर्मप्राण हों। इस वजह से अमेरिका में अपनी समूची ताकत क्षय करके अब मैं मृत्यु के द्वार पर खड़ा हूँ।

इंग्लैंड में मैंने केवल छह महीने ही कार्य किया। एक बार के अलावा और कभी, किसी निंदा का भी शोर नहीं उठा। यह निंदा या अफवाह भी एक अमेरिकी महिला की करतूत थी। जब यह बात मेरे अंग्रेज मित्रों को पता चली तो वे आश्वस्त हो गए। मेरे खिलाफ विशेष कोई आक्रमण तो नहीं ही हुआ, बल्कि अनेक भले-भले इंग्लिश चर्च के पादरी मेरे घनिष्ठ मित्र बन गए और न चाहते हुए भी मुझे अपने कामों में

यथेष्ट मदद भी मिली।

प्रिय मेरी, मेरे लिए किसी प्रकार की आशंका या डर मन में मत पालो। अमेरिकी—केवल यूरोप के होटलवालों और करोड़पति लोगों की नजरों में और अपने लिए बड़े हैं! पृथ्वी में यथेष्ट जगह है। यांकि अगर नाराज भी हो गए तो मेरे लिए स्थान की कोई कमी नहीं होगी।

शुरू से लेकर अंत तक मैंने ही सही देखा था (अपने अमेरिकी तजुरबे के अनुसार) अमेरिकी लोग बेहद अतिथि-वत्सल होते हैं और बेहद भले स्वभाव के व्यक्ति।

सभी समाज सुधारक, कम-से-कम उनके नेता, इन दिनों अपने साम्यवाद वगैरह की कोई धार्मिक या आध्यात्मिक आधारशिला खोज निकालने के चक्कर में लगे हुए हैं और वह आधारशिला केवल वेदांत में ही उपलब्ध होती है। अनेक नेता, जो मेरा व्याख्यान सुनने आते थे, मुझसे कहते थे, ''नए ढंग से समाज-गठन करने के लिए वेदांत को आधारशिला बनाना जरूरी है।'' अमेरिका और इंग्लैंड में मेरी पोशाक की वजह से जनसाधारण कई बार भड़क गए, मुझे मारने चले—ऐसी बात तो मैंने कभी नहीं सुनी।

जो कुछ साहब बनने की इच्छा थी, वह अमेरिकन देवताओं ने खत्म कर दिया। दाढ़ी के मारे बेचैनी हुई, लेकिन नाई की दुकान में प्रवेश करते ही सुनना पड़ा—''यह चेहरा यहाँ नहीं चलेगा।'' मुझे लगा कि शायद सिर पर पगड़ी, गेरुए रंग का विचित्र ढीलमढाल लबादा देखकर नाई को पसंद नहीं आया होगा, इसलिए चलो, एक अंग्रेजी कोट और टोपा खरीद लूँ। खरीदता क्या! सौभाग्य से एक शरीफ अमेरिकी से भेंट हो गई। उसने मुझे समझाया कि यह ढीलमढाल लबादा बेहतर है, शरीफ लोग कोई आपत्ति नहीं उठाएँगे; लेकिन यूरोपियन पोशाक पहनते ही मुश्किल खड़ी होती है। सभी लोग पीछे पड़ जाएँगे। ऐसे दो-एक अन्य नाइयों ने भी इसी तरह सड़क दिखा दिया। उसके बाद मैं खुद ही अपनी हजामत बनाने लगा।

भूख के मारे पेट जलने लगता था, खाने की दुकान पर पहुँचा, ''फलाँ आहार लाओ।'' उन लोगों ने साफ इनकार कर दिया, ''नहीं है।''

''वह पड़ा तो है।'' ''ओ भइए, सीधी-सीधी भाषा में बात इतनी सी है कि यह जगह तुम जैसों के लिए बैठकर खाने के लिए नहीं है।''

''क्यों, भइए?''

''तुम्हारे साथ जो खाएगा, उसकी भी जात चली जाएगी।''

तब काफी हद तक अमेरिकी तक भी, अपने देश की तरह, भला लगने लगा।

प्रश्न : स्वामीजी, अमेरिका में आपने कितने शिष्य बनाए?

—ढेरों!

प्रश्न : यही कोई 2-4 हजार?

—इससे भी बहुत अधिक!

प्रश्न : सभी क्या मंत्र-शिष्य हैं?

—हाँ।

प्रश्न : उन सबको कौन सा मंत्र दिया, स्वामीजी? सारे-के-सारे ओंकार मंत्र दिए?

—सभी को ओंकार मंत्र दिए।

प्रश्न : लोग कहते हैं, शूद्रों को ओंकार का अधिकार नहीं है, इसीलिए वे म्लेच्छ कहलाते हैं। उन लोगों को आपने ओंकार मंत्र कैसे दिया? ओंकार मंत्र तो ब्राह्मणों को छोड़कर अन्य किसी को जुबान पर भी लाने का अधिकार नहीं है।

—जिन लोगों को मैंने मंत्र दिया, वे लोग ब्राह्मण नहीं हैं, यह तुमने कैसे जाना?

प्रश्न : भारत के अलावा सभी देश तो यवन और म्लेच्छों के देश हैं। उन लोगों में ब्राह्मण कहाँ हैं?

—जिसे-जिसे मैंने मंत्र दिया, वे सभी ब्राह्मण थे। यह बात सही है कि ब्राह्मण न हो तो वह ओंकार मंत्र का अधिकारी नहीं है। ब्राह्मण का बेटा ही ब्राह्मण होता है, यह बात बेमतलब है। हाँ, ब्राह्मण होने की संभावना अधिक होती है, लेकिन वह ब्राह्मण नहीं भी हो सकता है। बाग बाजार में चक्रवर्ती का भतीजा जो मेहतर बन गया है। सिर पर गूँ-मूत की हाँड़ी लादकर ले जाता है, वह भी तो ब्राह्मण का बेटा ही है।

प्रश्न : भाई, तुम्हें अमेरिका-इंग्लैंड में ब्राह्मण कहाँ मिल गए?

—देखो, ब्राह्मण जाति और ब्राह्मण के गुण—दोनों अलग-अलग चीज हैं। यहाँ सभी लोग जाति से ब्राह्मण हैं, वहाँ गुणों से! जैसे—सत्त्व रजः, तमः—ये तीन गुण हैं, वैसे ही ब्राह्मण, क्षत्रिय, वैश्य, शूद्र के रूप में गिना जाना भी एक गुण है। अब, जैसे तुम्हारे देश में क्षत्रिय गुण लगभग लुप्त ही हो गया है, वैसे ही ब्राह्मण गुण भी प्रायः लुप्त होता जा रहा है। उस देश में इन दिनों सभी लोग क्षत्रित्व से ब्राह्मणत्व में बदलते जा रहे हैं।

प्रश्न : इसका मतलब यह हुआ कि वहाँ के सभी सात्त्विक-भाव संपन्न लोगों को तुम ब्राह्मण कहते हो?

—हाँ, यह तो सच है। जैसे सत्त्व, रजः, तमः सभी लोगों में मौजूद हैं। हाँ, किसी में कम होता है, किसी में कोई गुण अधिक! बिलकुल उसी तरह ब्राह्मण, क्षत्रिय, वैश्य और शूद्रों के कुछेक गुण सभी लोगों में होते हैं। लेकिन ये चंद गुण समय-समय पर बढ़ते-घटते रहते हैं और समय-समय पर एक-एक गुण व्यक्त भी होता

है। एक व्यक्ति जब नौकरी करता है, जब उसे शूद्रत्व मिलता है। जब वह दो पैसे कमाने की फिक्र में रहता है, तब वह वैश्य हो जाता है और जब मार-पीट वगैरह करता है, तब उसके अंदर क्षत्रित्व जाग उठता है; और जब वह भगवान् के चिंतन या भगवद्-प्रसंग में लिप्त रहता है, तब वह ब्राह्मण होता है।

सुनो, अपने अंतर में मैं एक अतींद्रिय रहस्यवादी हूँ। यह सब युक्ति-तर्क-विचार मेरे लिए बाहरी मामला मात्र है। मैं हमेशा बाहरी चिह्न और वस्तु के संधान में ही घूमता रहता हूँ। इसलिए मेरे दीक्षा-दान की क्या परिणति होगी, इस बारे में मैं नहीं सोचता। अगर कोई एकांत भाव से मेरे माध्यम से संन्यास लेना चाहता है तो मुझे लगता है कि इसके बाद उसका क्या होगा, यह सोचने का दायित्व मेरा नहीं है। कभी-कभी अपनी भूलों के लिए मुझे ढेरों हरजाना देना पड़ता है। लेकिन, इसकी एक सुविधा और भला पक्ष भी है। इस सभी घटना-प्रवाह के बीच इसी भाव ने मुझे संन्यासी बनाए रखा है।

मैं अपने कर्मियों के कामकाज में बिलकुल दखल नहीं देता, क्योंकि जिसमें काम करने की क्षमता है, उसका अपना एक निजी व्यक्तित्व भी है। दबाव डालो तो वह टेढ़ा हो जाता है। इसी कारण मैं अपने कर्मियों को पूर्ण स्वाधीनता देना चाहता हूँ।

हिंदू लोग जब विदेश जाते हैं—रंगून, जावा, हांगकांग, जंजीबार, मेडागास्कर, स्वेज, अदन, माल्टा—तो साथ में गंगाजल और गीता भी ले जाते हैं। गीता, गंगा—हिंदुओं की हिंदुस्तानी है। पिछली बार मैं भी थोड़ा सा गंगाजल ले गया था। मौका मिलते ही एकाध बूँद पान भी कर लेता। गंगाजल पीते ही पाश्चात्य के उस जनस्रोत में, सभ्यता के कल्लोल में, करोड़ों-करोड़ों मानवों के उन्मत्तप्राय, द्रुत-पद-संचार में मेरा मन स्थिर हो जाता था। वह जनस्रोत, रजोगुण के वे उद्‌गार, पग-पग पर प्रतिद्वंद्वितापूर्ण संघर्ष, विलास-क्षेत्र अमरावती जैसा पेरिस, लंदन, न्यूयॉर्क, बर्लिन, रोम—सब लुप्त हो जाते! वही 'हर-हर-हर' की आवाजें सुनने लगता था। मेरी आँखें, वही हिमालय के क्रोड़ में स्थित विजन-विपिन और कल्लोलिनी सुरतरंगिनी को देखने लगती थीं, जो सिर से लेकर अंतस् तक की नसों, रंध्र-रंध्र में संचारित हो उठती थीं और गरज-गरजकर आवाजें देती थीं—हर! हर! हर! हर!

अपने जीवन की तरफ देखता हूँ तो मुझे कोई अफसोस नहीं होता! देश-देश में घूम-घूमकर मैं कुछ-न-कुछ लोक-शिक्षा देता रहा हूँ और उसके बदले रोटी का टुकड़ा नसीब होता था। अगर मैं यह देखता कि मैंने कोई काम नहीं किया, सिर्फ लोगों को चकमा देता रहा हूँ, तो आज मैं खुद अपने को फाँसी लगा लेता।

उस देश के लोग यह सोचते हैं कि वे लोग जितने धर्मपरायण होंगे, उतना ही

वे बाहरी हाव-भाव में गंभीर होंगे। उन लोगों की जुबान पर और कोई बात नहीं आएगी। एक तरफ, मेरी जुबान से उदार धर्मकथा सुनकर उस देश में धर्मयाजक लोग जितना अवाक् होते थे, व्याख्यान के अंत में अपने मित्रों के साथ छेड़छाड़, शरारतें करते हुए देखकर वे लोग दुबारा उतने ही चकित हो जाते थे।

कभी-कभी मुँह पर ही बोल भी देते थे, "स्वामीजी, आप एक धर्मयाजक हैं। आम लोगों की तरह इस प्रकार हँसी-तमाशा करना आपको शोभा नहीं देता। इस प्रकार की चपलता आपको नहीं दिखानी चाहिए।"

उसके उत्तर में मैं कहता था, "हम सब आनंद की संतान हैं, हम विरस चेहरा लेकर क्यों रहें?"

मेरी बातों का सार-मर्म वे लोग ग्रहण कर पाते थे या नहीं, पता नहीं!

मुझसे बहुत बार यह सवाल किया गया है, "तुम इतना हँसते क्यों हो? इतना हँसी-मजाक-विद्रूप क्यों करते हो?"

बीच-बीच में मैं काफी गंभीर हो जाता हूँ, जब पेट में भयंकर पीड़ा जाग उठती है। भगवान् आनंदमय हैं। वे सकल अस्तित्व के पीछे मौजूद हैं। वे ही सकल वस्तु के मंगलमय सत्तास्वरूप हैं। तुम लोग उनके अवतार हो। यही तो गौरवमय है! जितना ही तुम उनके नजदीक होगे, तुम्हारा दुःख-शोक या दुःखदायी स्थिति उतनी ही कम हो जाएगी। जितना ही उनसे दूर जाओगे उतना ही दुःख से तुम्हारा चेहरा सूखता रहेगा। उन्हें हम जितना अधिक जान सकेंगे, क्लेश उतना ही अंतर्धान हो जाता है। अगर ईश्वरमय होकर भी कोई शोकग्रस्त रहे तो ऐसी परिस्थिति की जरूरत क्या है? ऐसे ईश्वर का भी भला क्या प्रयोजन? उन्हें प्रशांत महासागर में फेंक दो। हम उन्हें नहीं चाहते। हमें ऐसा प्रभु नहीं चाहिए।

□

भारत वापसी

मेरा विश्वास है कि नेता गढ़े नहीं जाते। वे लोग जन्म लेते हैं। नेता का असली लक्षण है कि वे भिन्न मतावलंबियों को आम संवेदना के जरिए इकट्‌ठा कर सकते हैं। यह काम स्वाभाविक क्षमतावश अपने आप संपन्न हो जाता है, कोशिश करके यह संभव नहीं है।

पश्चिमी देश से प्रत्यावर्तन से कुछ पहले एक अंग्रेज मित्र ने मुझसे सवाल किया था, "स्वामीजी, चार वर्ष विलास की लीलाभूमि, गौरव के मुकुटधारी महाशक्तिशाली पाश्चात्य भूमि पर भ्रमण के बाद मातृभूमि आपको कैसी लगेगी?"

मैंने उत्तर दिया, "पाश्चात्य भूमि में आने से पहले मैं भारत को प्यार करता था। अब भारतभूमि का धूलकण तक मेरे लिए पवित्र है। भारत का वायु मेरे लिए पवित्रता-युक्त है। मेरे लिए यह देश अब तीर्थ-स्वरूप है।" इसके अलावा मेरे मन को अन्य कोई उत्तर नहीं सूझा।

समाज और जगत् को इलेक्ट्रिफाइ करना होगा। कैरेक्टर गठित होता रहे। उसके बाद मैं आता हूँ। समझे?

महाआध्यात्मिकता की बाढ़ आ रही है! नीच महान् बन जाएँगे। उनकी कृपा से मूर्ख महापंडित के गुरु बन जाएँगे—'उत्तिष्ठत जाग्रत प्राप्य वरान् निबोधत्।'

उठो! उठो! महातरंग आ रही है! ऑनवर्ड। ऑनवर्ड! स्त्री-पुरुष-आचंडाल, सब उनके लिए पवित्र होते हैं। आगे बढ़ते जाओ! आगे बढ़ते जाओ! अब नाम का समय नहीं, यश का समय नहीं, मुक्ति का समय नहीं, भक्ति का समय नहीं—बाद में देखा जाएगा। अभी इस जन्म में अनंत विस्तार है—उनके महान् चरित्र, उनके महान् जीवन, उनकी अनंत आत्मा का अनंत विस्तार! यही काम मुख्य है, और कुछ नहीं है। जहाँ उनका नाम पहुँचेगा, वहाँ के कीट-पतंग तक देवता हो जाएँगे, हुए जा रहे हैं। देखकर भी कोई देख नहीं रहा है? यह कैसा बच्चों का खेल है? यह कैसा पकापन है? यह

कैसा छिछोरापन है ? —'उत्तिष्ठत जाग्रत!' हरे! हरे! वे पीछे ही विद्यमान हैं!

मुझसे अब लिखा नहीं जा रहा है। ऑनवर्ड! सिर्फ यही दुहाराता जा रहा हूँ। जो लोग यह पत्र पढ़ेंगे उन लोगों के अंदर मेरी 'स्पिरिट' (शक्ति) समा जाएगी, विश्वास करो! ऑनवर्ड, हरे! हरे! सुनो, चिट्ठी को बाजार मत करना! मेरा हाथ पकड़कर यह कौन लिखा रहा है ? ऑनवर्ड! हरे! हरे! सब बह जाएगा! होशियार! वे आ रहे हैं! जो-जो उनकी सेवा के लिए हैं, यह उनकी सेवा नहीं, उनकी संतानों की सेवा है! गरीब-गुरबा, पापी-तापी, कीट-पतंग तक! उन सबकी सेवा के लिए जो-जो तैयार होंगे, उन लोगों के भीतर वे स्वयं आएँगे! उन लोगों की जुबान पर सरस्वती विराजेंगी, उन लोगों के वक्ष में महामाया महाशक्ति प्रतिष्ठित होंगी।

आकाश के तारों का चर्वण करूँगा, त्रिभुवन बलपूर्वक उखाड़ दूँगा, क्या हम लोगों को नहीं जानते ? हम रामकृष्णदास हैं।

नाना बाधा-विपत्तियों में मेरे युवा कूद पड़ेंगे, संसार त्याग करेंगे! तभी तो नींव मजबूत होगी।

आमरण कार्य करते जाएँ। मैं आप लोगों के साथ हूँ। मेरी यह काया चली भी जाए, मेरी शक्ति आप लोगों के साथ कार्यरत रहेगी। यह जीवन तो आता-जाता रहता है—धन, मान, इंद्रियभोग, सभी कुछ दो दिनों के लिए हैं। क्षुद्र सांसारिक कीट की तरह मरने के बजाय कर्मक्षेत्र में सत्य का प्रचार करते हुए मरना बेहतर है—अतिशय भला है। चलें, आगे बढ़ते चलें। मेरा प्यार और आशीर्वाद ग्रहण करें।

तुमने सुना है, ईशु ने क्या कहा था ? उन्होंने कहा था, "मेरी वाणी ही मेरी आत्मा है, वही मेरा जीवन है।" उसी तरह मेरी भी वाणी ही मेरी आत्मा और जीवन है। वे सब जलते-तपते तुम्हारे मस्तिष्क में अपनी राह बना लेगी, तुम किसी हाल भी दूर नहीं रह पाओगे।

पास्वान, 26 जनवरी, 1897

रामनाद के राजा ने मेरे प्रति जो प्यार दिखाया है, इसके लिए मैं उनका कितना कृतज्ञ हूँ, यह मैं शब्दों में व्यक्त नहीं कर सकता। मेरे माध्यम से अगर कुछ सुकर्म हुआ हो तो उनमें से हर कार्य के लिए भारत इस महानुभव राजा का ऋणी रहेगा, क्योंकि मुझे शिकागो भेजने की कल्पना सबसे पहले उन्हीं के मन उदित हुई थी। उन्होंने ही मेरे दिमाग में यह भाव प्रवेश करा दिया था और उसे कार्यरूप में परिणत करने के लिए मुझे बार-बार प्रोत्साहित करते थे।

रामनाद, 30 जनवरी, 1897

चारों तरफ की परिस्थितियाँ अति आश्चर्यजनक रूप से मेरे अनुकूल हो गई हैं। सिंहल—कोलंबो में मैं जहाज से उतरा और अब, भारत के लगभग आखिरी दक्षिणी छोर

पर रामनाद में राजा के अतिथि के रूप में ठहरा हुआ हूँ। कोलंबो से लेकर रामनाद तक मेरी परिक्रमा मानो एक विराट् शोभा यात्रा थी! हजारों-हजार लोगों की भीड़! आलोक सज्जा! अभिनंदन वगैरह!

भारत भूमि के जिस खंड पर मैंने पदार्पण किया, वहाँ 40 फीट का एक विशाल स्मृति-स्तंभ तैयार किया जा रहा है। रामनाद के राजा ने सुंदर, नक्काशीदार, विशुद्ध सोने की एक पेटी में मुझे अभिनंदन-पत्र प्रदान किया है। उस अभिनंदन-पत्र में मुझे 'हिज मोस्ट होलीनेस' (महापवित्र स्वरूप) कहकर संबोधित किया गया है। मद्रास और कलकता मेरे लिए उद्ग्रीव हो उठा है, मानो समग्र देश मेरे अभिनंदन के लिए अथक तैयारी में जुट गया है। अस्तु, तुम देख ही रहे हो कि मैं अपने सौभाग्य के उच्चतम शिखर पर आसीन हूँ। इसके बावजूद मेरा मन शिकागो के उसी निस्तब्ध, प्रशांत दिनों की तरफ ही भाग रहा है! कैसे आराम-शांति और प्रेम भरे दिन थे वे सब!

अनुराधापुर में एक बार प्रचार के लिए गया था! हिंदुओं के बीच प्रचार के लिए! बौद्ध लोगों के बीच नहीं! वह भी खुले मैदान में, किसी की जमीन पर नहीं! इन्हीं सबके बीच दुनिया भर के बौद्ध 'भिक्षु', घरबारी, औरत-मर्द, ढाक-ढोल-मंजीरा लिए हुए आ जुटे और अजीबो गरीब आवाज निकालने लगे, जिसका बयान नहीं किया जा सकता। लेक्चर तो 'अलमिति' हुआ, लगा कहीं रक्तपात न हो जाए। हिंदुओं को किसी तरह समझाया गया कि चलो, अब हम थोड़ी-बहुत अहिंसा कर लें। तब जाकर सब शांत हुआ!

मद्रास, 9 फरवरी, 1897

मुझे लगता है, ढेरों दोष-त्रुटियों के बावजूद मुझमें थोड़ा-बहुत साहस है।

आज का विषय शुरू करने से पहले मैं हिम्मत करके तुम सबसे चंद बातें करना चाहता हूँ। इधर कुछ दिनों से कुछेक मामले ऐसे खड़े हो गए हैं, जिनकी वजह से मेरे कामकाज में विघ्न आ रहा है। यहाँ तक कि अगर संभव हो तो मुझे कुचल-पीसकर, मेरे अस्तितव तक को उखाड़ फेंकने की कोशिशें जारी हैं। ईश्वर को धन्यवाद कि ये सब चेष्टाएँ व्यर्थ हो गई हैं। इस किस्म की चेष्टाएँ हमेशा ही निरर्थक होती हैं।

पिछले तीन वर्षों से मैं गौर कर रहा हूँ कि चंद व्यक्तियों के मन में मेरे और मेरे कामकाज के बारे में भ्रांत धारणाएँ घर कर गई हैं। जितने दिनों तक मैं विदेश में था, मैं खामोश रहा। मैंने एक शब्द भी नहीं कहा। लेकिन, अब अपनी मातृभूमि पर खड़ा हूँ, इसलिए इस बारे में कुछेक बात समझाकर बताना जरूरी हो आया है। इन बातों का नतीजा क्या निकलेगा, मैं उसकी परवाह नहीं करता। ये बातें सुनकर तुम लोगों के मन में भी कैसे भावोद्रेक होंगे, मैं इसकी भी परवाह नहीं करता। लोगों की राय से मैं कम ही प्रभावित होता हूँ। चार वर्ष पहले हाथ में दंड-कमंडल लेकर, संन्यासी वेश में, तुम लोगों

के शहर में दाखिल हुआ था। अभी भी मैं वही संन्यासी हूँ। अभी भी मेरे सामने समूची दुनिया पड़ी है।

अब मैं मद्रास की सुधारक समितियों के बारे में कुछ कहूँ।

मुझे आशंका है कि कुछ सुधार-समितियाँ मुझे डरा-धमकाकर इस कोशिश में लगी हैं कि मैं उनमें शामिल हो जाऊँ। उन लोगों की तरफ से इस किस्म की कोशिश अचरज में डालती है। जो इनसान पिछले पंद्रह वर्षों से अनाहार रहकर मृत्यु से संघर्ष कर रहा है, जिस इनसान के लिए इतने दिनों तक कल क्या खाएगा, कहाँ सोएगा, यह तय नहीं था, उसे इतनी आसानी से नहीं डराया जा सकता। पहले मैं उन्हीं से कहना चाहता हूँ कि वे लोग जान लें कि मुझमें अपनी भी थोड़ी सी दृढ़ता मौजूद है, थोड़ा-बहुत तजुरबा भी है, और मुझे दुनियावालों को कुछेक संदेश भी देने हैं, मैं निर्भय होकर और भविष्य की बूँद भर भी चिंता किए बिना अपना वह लक्ष्य, वह संदेश वहन करूँगा।

इन सुधारकों से मैं यह कहना चाहता हूँ कि मैं उन लोगों से भी बड़ा सुधारक हूँ। वे लोग एकाध सुधार ही करना चाहते है—मैं आमूल सुधार चाहता हूँ। हममें फर्क सिर्फ सुधार की प्रणाली का है। उनकी प्रणाली तोड़-फोड़ डालो, मेरी पद्धति है—संगठन! मैं क्षणिक या सामयिक संसार में विश्वास नहीं करता, मैं स्वाभाविक उन्नति में विश्वास करता हूँ। मुझमें इतना साहस नहीं है कि मैं ईश्वर के आसन पर अपने को बिठाकर समाज को यह निर्देश दूँ कि 'तुम्हें इस तरफ चलना होगा, उस तरफ नहीं।' मैं तो वह गिलहरी बनना चाहता हूँ, जिसने भगवान् राम के सेतु-बंधन के समय अपनी ताकत भर, मुट्ठी भर रेत वहन करके ही अपने को धन्य मान लिया था! मैं भी यही बनना चाहता हूँ।

इसी वजह से मैं मद्रास के सुधारकों से भी यही कहना चाहता हूँ कि उन लोगों के प्रति मेरी श्रद्धा और प्यार सदा मौजूद है। उन लोगों के विशाल मन, उन लोगों की स्वदेश-प्रीति, दरिद्र और अत्याचारित लोगों के प्रति उन लोगों के प्यार के लिए मैं उन लोगों को प्यार करता हूँ। लेकिन जैसी भाई अपने भाई को प्यार करता है, मगर उनके दोषों के प्रति भी आगाह करता चलता है, उसी तरह मैं भी उन लोगों से कहता हूँ कि उन लोगों की कार्य-प्रणाली सही नहीं है। सैकड़ों सालों से इसी ढर्रे पर काम करने की कोशिश की जाती रही है, लेकिन उनका कोई नतीजा नहीं निकला। अब हमें किसी और तरीके से काम करने की कोशिश करनी होगी।

विदेशी संस्थाएँ जिस ढंग से हमें चलाने की कोशिश कर रही हैं, उस ढंग से काम करना बेकार है, वह असंभव है। हममें तोड़-फोड़ करके हमें दूसरी जाति के मुताबिक गढ़ना असंभव है। इसके लिए ईश्वर को लाख-लाख धन्यवाद! मैं अन्यान्य जातियों के सामाजिक प्रथाओं की निंदा नहीं कर रहा हूँ। वे प्रथाएँ उन लोगों के लिए भले

कल्याणप्रद हों, हमारे लिए नहीं हैं। उन लोगों के लिए जो अमृत है, हमारे लिए जहर हो सकता है। हमें पहले यही सीखना होगा। किसी दूसरी तरह की विज्ञान-समृद्धि और पद्धति मुताबिक गठित होने की वजह से उन लोगों की आधुनिक समाज-विधि, प्रथाएँ और तरह की हैं। हमारे साथ किसी और तरह की समृद्धि और हजारों वर्षों की परंपरा मौजूद है। इसलिए हम स्वभावत: ही अपने संस्कार मुताबिक कह सकते हैं और हमें उसी ढंग से काम करना होगा।

अब सवाल यह उठता है कि हम किस ढंग से काम करें? मैं प्राचीन महान् आचार्यों के उपदेशों का अनुसरण करना चाहता हूँ। आप लोगों में से बहुत से लोग जानते हैं कि अमेरिका में धर्म महासभा के लिए मैं नहीं गया था। देश के आम लोगों की दुर्दशा दूर करने का मुझ पर भूत सवार हो गया था। अनगिनत वर्षों से मैंने समूचे भारत की परिक्रमा की है, लेकिन अपने स्वदेशवासियों के लिए काम करने का मुझे कभी मौका नहीं मिला। इसीलिए मैं अमेरिका गया था। उन दिनों आप लोगों में से जो मुझे जानते थे, उन लोगों को इस बात की जानकारी है। धर्म महासभा में कौन माथापच्ची करता है? यहाँ मेरे अपने रक्त-मांस के अपने लोग दिनोंदिन डूबते जा रहे हैं, उन लोगों की खबर कौन लेता है? यही मेरी पहली सीढ़ी थी!

मद्रास, 12 फरवरी, 1897

आगामी इतवार को 'मोंबासा' जहाज से मैं रवाना होनेवाला हूँ। चूँकि सेहत काफी गिर गई है, पूना और अन्य अनेक जगहों का आमंत्रण रद्द करना पड़ा। अतिरिक्त मेहनत और गरमी की वजह से मेरी तबीयत कुछ ज्यादा ही बिगड़ गई है।

आलम बाजार का मठ, कलकत्ता, 25 फरवरी, 1897

लोग अकसर कहते हैं न—"मुझे मरने की भी फुरसत नहीं है।" उसी तरह समस्त देश की शोभा यात्रा, गाजे-बाजों की नाटकीयता और संवर्धना के जगमग आयोजनों से मैं इन दिनों मृतप्राय हूँ। उत्सव समाप्त होते ही मैं पहाड़ों की तरफ भाग जाऊँगा।

मैं थक गया हूँ! इतना थक चुका हूँ कि अगर आराम नहीं किया तो शायद छह महीने भी जिंदा न रह पाऊँ।

अभी मुझे दो केंद्र खोलने होंगे—एक कलकत्ता में और दूसरा मद्रास में। इस देश में ईर्ष्यालु और निर्मम स्वभाव के लोगों की तादाद बहुत ज्यादा है। वे लोग मेरे सारे कामकाज तहस-नहस करके नष्ट करने की कोशिश में कुछ भी उठा नहीं रखेंगे।

लेकिन, आप बखूबी जानते हैं कि बाधा जितनी बढ़ती जाती है, मेरे अंदर का दैत्य भी उतना अधिक जाग उठता है। इन दोनों केंद्रों की प्रतिष्ठा से पहले ही अगर मेरी मौत हो जाती है तो मेरा जीवन-संकल्प अधूरा ही रह जाएगा।

(कलकत्ता में जन-अभ्यर्थना के बारे में)

मैंने चाहा था कि मुझे लेकर खूब हलचल हो। वजह क्या है, पता है? अगर हलचल न मचे तो उनके (भगवान् श्रीरामकृष्ण के) नाम पर लोग सचेत कैसे होंगे? इतनी-इतनी अभ्यर्थना क्या मेरे लिए की गई है? नहीं, यह तो उनके नाम का ही जय-जयकार हुआ है। उनके बारे में जानने के लिए लोगों में कितनी इच्छा जागी। अब उनके बारे में लोग थोड़ा-थोड़ा करके जानेंगे, तभी न देश का मंगल होगा। जो देश के मंगल के लिए ही आए हैं, उन्हें जाने बिना लोगों का मंगल आखिर कैसे होगा? उन्हें ठीक-ठीक जानेंगे, तभी तो मनुष्य तैयार होंगे और जब मनुष्य तैयार होंगे, तब दुर्भिक्ष खदेड़ने में आखिर कितना वक्त लगेगा! मुझे लेकर इतनी विराट सभा करके जरा हलचल मचे और उन्हें मानें, उन्हें ग्रहण करें—मैं यही चाहता था, वरना मेरे लिए इतने हंगामे की क्या जरूरत थी?

दार्जिलिंग, 26 मार्च, 1897

मुझ पर केंद्रित जातीय उल्लास-उद्दीपना के प्रदर्शन का समापन हुआ। मुझे भी वह सब संक्षेप में निपटाना पड़ा, क्योंकि मेरी सेहत बिलकुल ही टूट गई है। पश्चिम में लगातार मेहनत और भारत में एक महीने तक प्रचंड श्रम नतीजे ने बंगाली बच्चे को रोगी बना दिया—बहुमूत्र रोग! यह रोग खानदानी दुश्मन होता है और हद-से-हद कुछेक सालों में ही मेरे देहावसान की यह पूर्व-सूचना है। सिर्फ गोश्त खाकर, पानी बिलकुल न पीकर और सबसे बढ़कर दिमाग को पूरी-पूरी तरह आराम देकर ही जीवन की मियाद बढ़ाई जा सकती है, यही एकमात्र उपाय है। दार्जिलिंग में मैं अपने दिमाग को पूरी तरह विश्राम दे रहा हूँ।

दार्जिलिंग, 6 अप्रैल, 1897

मेरी अभ्यर्थना में होनेवाले खर्च के लिए कलकत्तावासियों ने टिकट बेचकर मुझसे भाषण दिलाया।

दार्जिलिंग, 20 अप्रैल, 1897

मेरा रोग काफी कुछ यहाँ शांत हो गया है। वैसे बिलकुल नीरोग भी हो सकता है! प्रभु इच्छा!

दार्जिलिंग, 28 अप्रैल, 1897

यहाँ मेरी अभ्यर्थना के लिए मानो समस्त देशवासी एकप्राण होकर इकट्ठे हुए थे। मैं जहाँ भी जाता था, सैकड़ों-हजारों लोग वहाँ उत्साहित होकर आनंद ध्वनि करते थे। राजा-रजवाड़े मेरा रथ खींच रहे थे। बड़े-बड़े शहरों की मुख्य सड़क पर तोरण-द्वार बनाए गए थे और उन द्वारों पर विभिन्न मंगल वाक्य जगमगा रहे थे। यहाँ का पूरा विषय बहुत जल्दी ही पुस्तकाकार रूप में प्रकाशित होनेवाला है। तुम्हें भी एक प्रति मिल

जाएगी। लेकिन दुर्भाग्यवश इससे पहले ही मैं हॉलैंड में कठोर परिश्रम से क्लांत हो गया हूँ और अब यहाँ की भीषण गरमी में, अतिरिक्त मेहनत करने की वजह से, बिलकुल ही अवसन्न हो आया हूँ। अस्तु, मुझे भारत की अन्यान्य जगहों के परिदर्शन की योजना रद्द करके निकटतम शैलनिवास, दार्जिलिंग की ओर बेतहाशा दौड़ लगानी पड़ी। अब मैं काफी ठीक हूँ और महीने भर अल्मोड़ा में गुजारते ही मैं पूरी तरह नीरोग हो जाऊँगा।

इन्हीं दिनों मैंने यूरोप जाने की एक सुविधा भी गँवा दी। राजा अजित सिंह और कई अन्यान्य राजा अगले शनिवार को इंग्लैंड के लिए रवाना हो रहे हैं। उन लोगों ने मुझे भी अपने साथ ले जाने के लिए काफी कोशिश की, लेकिन मेरा दुर्भाग्य कि डॉक्टर अनुमति देने को राजी नहीं हुए! वे लोग नहीं चाहते कि मैं अभी कोई शारीरिक या मानसिक परिश्रम करूँ। इसलिए बेहद उदास मन से मुझे यह मौका खो देना पड़ा। लेकिन जितनी जल्दी हो सके, मैं जाने की कोशिश करूँगा।

दार्जिलिंग बेहद खूबसूरत जगह है। यहाँ बीच-बीच में जब बादल खिसक जाते हैं, तब 28,146 फीट ऊँचे महिमामंडित कंचनजंघा के दर्शन हो जाते हैं और करीब से ही एक पहाड़ के शिखर से, कभी-कभी 29002 फीट ऊँचे, गौरीशंकर के भी हठात् दर्शन हो जाते हैं। यहाँ के अनिवासी तिब्बती, नेपाली और इससे भी सुंदर लेपचा लड़कियाँ तसवीर की तरह लगती हैं!

तुम क्या शिकागो के कल्स्टन टर्नबुल नामक किसी शख्स को जानते हो? मेरे भारत आने से पहले वे कुछेक हफ्ते यहीं थे। मैंने गौर किया है कि वे मुझे बेहद पसंद करते थे और फलस्वरूप सभी हिंदू भी उन्हें बेहद पसंद करते थे।

मेरे बाल अब पकने लगे हैं और चेहरे पर भी काफी झुर्रियाँ पड़ गई हैं। देह का मांस घट जाने की वजह से मेरी उम्र मानो बीस साल और बढ़ गई है। आजकल मैं दिनोंदिन बेहद दुबला होता जा रहा हूँ। इसकी वजह यह है कि इन दिनों मुझे केवल गोश्त खाकर जिंदा रहना पड़ रहा है—न रोटी, न भात, न आलू, यहाँ तक कि मेरी कॉफी में चीनी तक नहीं होती।

यहाँ मैं काफी मजे में हूँ, क्योंकि समतल भूमि में रहना मेरे लिए यंत्रणादायक हो आया है। वहाँ रास्तों पर अपने कदम बढ़ाना भी संभव नहीं है। लोग मुझे देखने के लिए भीड़ लगा देते हैं। नाम-यश हमेशा सुखद ही नहीं होता। इन दिनों मैंने बहुत बड़ी दाढ़ी रख ली है। वह दाढ़ी भी अब श्वेत होने लगी है। इस वेश में मैं काफी गण्यमान्य लगता हूँ। और अफवाह फैलानेवाले अमेरिकी लोगों से भी मेरी रक्षा करता है। हे श्वेत दाढ़ी, तुम जाने कितनी ही चीजें ढके रख सकती हो! तुम्हारी ही जय-जयकार है!

बागबाजार, कलकत्ता, 1 मई, 1897!

विभिन्न देशों में घूम-घूमकर मेरी यह धारणा पक्की हो गई है कि संघ बिना कोई

बड़ा काम नहीं हो सकता।

हम सब जिनके नाम पर संन्यासी हुए हैं, आप लोग जिनके जीवन को आदर्श बनाकर संसार--आश्रम में, कार्यक्षेत्र में शामिल हैं, जिनके देहावसान के बाद बीस वर्ष के अंदर-अंदर प्राच्य और पाश्चात्य जगत् में उनके पुण्य और अद्‌भुत जीवन का आश्चर्यजनक प्रसार हुआ है, यह संघ उन्हीं के नाम पर प्रतिष्ठित होगा। हम सब प्रभु के दास हैं। आप सब इस काम में सहाय हों।

तुमने कैसे जाना कि यह सब ठाकुर के भाव नहीं हैं? अनंत भावमय ठाकुर को तुम लोग अपनी-अपनी परिधि में कैद रखना चाहते हो? मैं यह परिधि तोड़कर उनके भाव समूचे संसार में बिखेर जाऊँगा। ठाकुर ने मुझे अपने पूजा-पाठ का प्रवर्तन करने के लिए कभी उपदेश नहीं दिया। वे साधन-भजन, ध्यान-धारणा और अन्यान्य ऊँचे-ऊँचे धर्मभाव के बारे में जो सब उपदेश दे गए हैं, उन सबकी उपलब्धि करके जीवों को शिक्षा देनी होगी। अनंत मत, अनंत पथ हैं। इस संप्रदायपूर्ण जगत् में एक और नया संप्रदाय तैयार करने के लिए मेरा जन्म नहीं हुआ। प्रभु के चरण-तले आश्रय पाकर हम सब धन्य हुए हैं। तीनों लोक के मनुष्यों में उनके भाव बिखेरने के लिए ही मेरा जन्म हुआ है।

कलकत्ता, 1 मई, 1897

आजकल मन में यही चाह जगी रहती है कि यह कर डालूँ, वह कर डालूँ। उनका नाम पूरे विश्व भर में फैला दूँ इत्यादि-इत्यादि! लेकिन यह भी सोचता हूँ कि इससे भारत में कहीं और एक संप्रदाय न रच जाए। इसलिए काफी सँभल-सँभलकर चलना पड़ता है। कभी सोचता हूँ, संप्रदाय बनता है, बने। फिर सोचता हूँ कि उन्होंने किसी के भाव शायद कभी नष्ट नहीं किए, समदर्शिता ही उनका भाव है। यही सोचकर, बहुत बार मन के भाव दबाकर चलता हूँ।

मैं अपने खयालों में डूबा कामकाज किए जा रहा हूँ। लेकिन आफत-विपद, अभाव-दारिद्र्य में वे स्वयं दर्शन देते हैं और सही राह पर चलाते हैं। वे हमारा मार्ग-दर्शन करते हैं—यह मैं देख सकता हूँ। लेकिन मैं प्रभु की शक्ति की जरा भी इयत्ता नहीं कर पाया।

कलकत्ता, मई 1897

इनसान के प्राण जब भक्ति से भर उठते हैं, तब उसका मन और उसकी नसें इतनी नरम हो आती हैं कि फूल की चोट तक सहन नहीं होती। तुम लोग क्या जानते हो कि आजकल मैं उपन्यासों की प्रेम कहानी तक नहीं पढ़ पाता? ठाकुर के बारे में कुछेक पल बोलते या सोचते ही मन में भावों का उद्वेलन हुए बिना मैं रह नहीं पाता। तभी मैं केवल इस भक्ति-स्रोत को दबाए रखने की कोशिश करता हूँ। मैं ज्ञान की जंजीर से अपने को

बाँधे रखना चाहता हूँ, क्योंकि अपनी मातृभूमि के प्रति मेरा कर्तव्य अभी भी शेष नहीं हुआ है। जैसे ही मैं देखता हूँ कि उद्दाम भक्ति-प्रवाह में प्राण बह जाने को आकुल-व्याकुल हो उठे हैं, उसी पल मैं उसके सिर पर कठिन ज्ञान के अंकुश से आघात करता हूँ। उफ! अभी भी मेरे ढेरों काम बाकी पड़े हैं। मैं श्रीरामकृष्णदेव का दासानुदास हूँ। वे मेरी गरदन पर जो काम लाद गए हैं, जब तक वह काम पूरा नहीं होता, उतने दिनों मुझे विश्राम नहीं है।

आलम बाजार, मठ, कलकत्ता, 5 मई, 1897

अपनी टूटी हुई सेहत वापस पाने के लिए महीने भर मैं दार्जिलिंग में रहा। अब मैं काफी ठीक हो गया हूँ। सारी बीमारी-फीमारी दार्जिलिंग में ही भाग खड़ी हुई। कल अल्मोड़ा नामक एक अन्य शैलावास के लिए यात्रा कर रहा हूँ, ताकि सेहत और अधिक बेहतर हो सके।

यह बात मैं तुम्हें पहले ही लिख चुका हूँ कि यहाँ की स्थिति मुझे ज्यादा आशाजनक नहीं लग रही है, हालाँकि समूची जाति मिलकर मेरा सम्मान कर रही है और मुझे लेकर प्रायः पगला उठी है। यह भारत देश किसी भी विषय का कार्यकारी पक्ष बिलकुल देख ही नहीं पाता। कलकत्ता के आस-पास की जमीनों की कीमतें बढ़ती जा रही हैं। मेरा वर्तमान लक्ष्य है—तीनों राजधानियों में तीन केंद्रों की स्थापना! ये केंद्र मेरे शिक्षकों के लिए शिक्षण-केंद्र होंगे। वहीं से मैं भारत पर हमला करना चाहता हूँ।

मुझे पक्का विश्वास है कि जिसे तरह-तरह से कुरुचिपूर्ण आधुनिक हिंदू धर्म कहा जाता है, वह अचल हालत में पतित बौद्ध धर्म मात्र है। यह स्पष्ट समझ लें तो हिंदुओं के लिए बिना किसी आपत्ति के इसे त्याग देना आसान होगा। बौद्ध धर्म का जो प्राचीन भाव है, जिसका श्री बुद्ध स्वयं प्रचार कर गए हैं, उसके प्रति और श्री बुद्ध के प्रति मेरी गहनतम श्रद्धा है। यह भी तुम अच्छी तरह जानते हो कि हम हिंदू लोग उन्हें अवतार मानकर उनकी पूजा करते हैं। सिंहल का बौद्ध धर्म भी उतना सुविधाजनक नहीं है। सिंहल का भ्रमण करते हुए मेरी तमाम भ्रांत धारणाएँ टूट गईं।

कभी मैं सोचा करता था कि आदर्श बौद्ध धर्म वर्तमानकाल में भी काफी कल्याण करेगा। लेकिन अब मैंने अपनी यह राय बिलकुल त्याग दी है और अब मुझे स्पष्ट यह नजर आ रहा है कि किस वजह से बौद्ध धर्म भारतवर्ष से विताड़ित हुआ था।

अमेरिका में मैं जो था, यहाँ उससे अलग हूँ। यहाँ समस्त (हिंदू) जाति मुझे मानो अपनी एक 'ऑथरिटी' मान रही है और वहाँ मैं एक अतिनिंदित प्रचारक मात्र था। यहाँ राजा लोग मेरे रथ की डोर खींचते हैं और वहाँ मुझे किसी अच्छे होटल तक में कदम नहीं रखने देते थे। इसलिए मैं जो कुछ भी कहूँ, उससे समस्त जाति, मेरे समस्त स्वदेशवासियों का मंगल होना अतिशय जरूरी है, भले वह दो-चार लोगों के लिए

अप्रीतिकर क्यों न हो? कपट भाव तो हरगिज नहीं। जो कुछ विशुद्ध और सच है, वही सब ग्रहण करना होगा। लोगों को प्यार करना होगा, उन सबके प्रति उदार भाव पोषण करना होगा। भारतवर्ष बहुत पहले ही श्रीरामकृष्ण का हो चुका है और मैंने विशुद्ध हिंदू धर्म के लिए यहाँ का काम थोड़ा-बहुत संगठित कर लिया है।

जीवन में ऐसे अनेक पल आते हैं, जब मन एकबारगी बिलकुल निराशा में डूब जाता है, खासकर किसी आदर्श को रूप देने के लिए जीवनव्यापी उद्यम के बाद जब सफलता की क्षीण आलोक-रश्मि नजर आती है, ऐन उसी समय अगर कोई प्रचंड, सर्वनाशी आघात टूट पड़े। शारीरिक लोगों की मैं परवाह नहीं करता। मुझे दुःख इस बात का है कि मेरे आदर्शों को कार्यरूप में परिणत होने का जरा भी मौका नहीं मिला। तुम जानते हो, इसकी अंदरूनी वजह है—अर्थाभाव।

हिंदू लोग शोभायात्रा निकाल रहे हैं, और भी कितना कुछ कर रहे हैं, लेकिन वे लोग रुपए नहीं दे सकते। दुनिया में आर्थिक मदद के नाम पर मुझे सिर्फ इंग्लैंड में मिस मूलर और मिस्टर सेवियर से ही मिला है। जब मैं वहाँ था तो मेरा खयाल था कि 1,000 पाउंड मिल जाएँ तो कम-से-कम कलकत्ता का प्रधान केंद्र स्थापित हो जाएगा। लेकिन मैंने ऐसा अंदाजा दस-बारह वर्ष पहले के कलकत्ता को देखकर उस समय के तजुरबे के मुताबिक लगाया था। लेकिन इस बीच चीजों के दाम तिगुने-चौगुने बढ़ गए हैं।

बहरहाल, काम तो शुरू कर दिया गया है। एक पुराना, जरा-जीर्ण घर छह-सात शिलिंग महीने के किराए पर ले लिया गया है और वहीं 24 नवयुवक शिक्षा-लाभ कर रहे हैं। स्वास्थ्य-लाभ के लिए मुझे एक महीने दार्जिलिंग रहना पड़ा। तुम्हें यह जानकर खुशी होगी कि मैं पहले से बहुत बेहतर हूँ और तुम विश्वास करो कि किसी दवा का सेवन किए बिना ही सिर्फ अपनी इच्छा-शक्ति के बल-भरोसे ही मुझे ऐसा सुफल मिला है। कल मैं एक दूसरे पहाड़ी-स्थल पर जा रहा हूँ, क्योंकि नीचे काफी गरमी है!

यह भी सुना कि लंदन में कामकाज बिलकुल भी अच्छा नहीं चल रहा है। मुख्यतः इसी वजह से मैं अभी लंदन नहीं जाना चाहता, हालाँकि जुबली-उत्सव (महारानी विक्टोरिया के राज-काज की स्वर्ण-जयंती) के मौके पर इंग्लैंड जानेवाले हमारे कई एक राजाओं ने मुझे भी अपने साथ ले जाने की कोशिश की थी। वहाँ जाकर लोगों का वेदांत-संबंधी आग्रह फिर से जीवित करने के लिए मुझे बेभाव मेहनत करनी पड़ती और फलस्वरूप मेरा शारीरिक कष्ट और ज्यादा बढ़ जाता।

बहरहाल, भविष्य में बहुत जल्दी ही मैं महीने भर के लिए वहाँ जा रहा हूँ। हाँ, यहाँ के कामकाज की शुरुआत अगर सुदृढ़ हो जाती तो मैं कितनी खुशी-खुशी और मुक्त भाव से घूम-फिर सकता था।

मिस्टर और मिसेज हैमंड ने मुझे बेहद मोहक और प्रीतिपूर्ण दो पत्र लिखे हैं। ऊपर

से मिस्टर हैमंड ने 'ब्रह्मवादिन्' पत्रिका के लिए एक खूबसूरत कविता भी भेजी है, हालाँकि मैं बिलकुल भी उस प्रशस्ति के योग्य नहीं हूँ।

अल्मोड़ा, 20 मई, 1897

रुपए-पैसे मानो अभी भी पानी में तैर रहे हैं, जुगाड़ निश्चित रूप से हो जाएगा। हॉल, बिल्डिंग, जमीन और फंड—सब तय हो जाएगा। लेकिन जब तक आजमाया न जाए, भरोसा नहीं किया जा सकता और दो-तीन महीने मैं गरम देशों में जा भी नहीं रहा हूँ। उसके बाद एक 'टूर' करके रुपए भी जरूर जुटा लूँगा।

जोगेन भी सकुशल है। मैं अल्मोड़ा में, काफी गरमी की वजह से, वहाँ से 20 मील दूर एक मोहक बागान में ठहरा हूँ। यह जगह अपेक्षाकृत ठंडी है, फिर भी गरम है। कलकत्ते की गरमी से यहाँ की गरमी कुछ कम नहीं है।

बुखार का आभास यानी हरारत का अहसास जा चुका है। वैसे मैं और किसी ठंडी जगह पर जाने की कोशिश कर रहा हूँ। थोड़ी सी गरमी में या राह की थकान से ही लिवर गड़बड़ होने लगता है। यहाँ की हवा इतनी सूखी है कि दिन-रात नाक में जलन होती रहती है। जुबान मानो सूखकर काठ की लुकाठी बन गई है।

अल्मोड़ा, 29 मई, 1897

प्रिय शशि डॉक्टर, सुबह-शाम घुड़सवारी करते हुए मैंने पर्याप्त व्यायाम शुरू कर दिया है और इसके फलस्वरूप काफी स्वस्थ भी महसूस कर रहा हूँ। व्यायाम शुरू करने के बाद मैंने अपने को काफी स्वस्थ और चुस्त महसूस किया। बचपन में, जब मैं कुश्ती का अभ्यास करता था, उस समय जितनी चुस्ती-फुरती मैंने इन दिनों से पहले कभी महसूस नहीं की थी। उन दिनों मुझे सच ही ऐसा महसूस होता था कि स्वस्थ शरीर होना आनंद का विषय है। उन दिनों शरीर की हर क्रिया में मुझे शक्ति का परिचय मिलता था और नसों की तमाम हरकतें मुझे खुशी देती थीं। यहाँ भी मुझे ऐसा महसूस हो रहा है, जैसे मुझे कोई बीमारी ही नहीं है। इन दिनों केवल एक ही परिवर्तन हुआ है। जीवन में कभी भी मुझे लेटते ही नींद नहीं आई। कम-से-कम दो घंटे मुझे करवटें बदलते हुए गुजारना पड़ता है। सिर्फ मद्रास से दार्जिलिंग तक (दार्जिलिंग में पहले महीने तक) तकिए पर सिर रखते ही मुझे नींद आ जाती थी। उस सुलभ नींद का अहसास अब बिलकुल ही गायब हो गया है।

डॉक्टर, आजकल जब मैं बर्फ से ढके हुए पर्वतशृंग के सामने ध्यान में बैठे-बैठे उपनिषद्-पाठ करता हूँ—न तस्य रोगो न जरा न मृत्युः प्राप्तस्य हि योगाग्निमयं शरीरम्।'—जिसने योगाग्निमय शरीर-लाभ किया है, उसे रोग, जरा, मृत्यु कुछ भी नहीं है। काश, उस समय तुम एक बार मुझे देखते।

अल्मोड़ा, 2 जून, 1897

मेरी तबीयत बेहद खराब है। वैसे आजकल थोड़ा बेहतर महसूस कर रहा हूँ! उम्मीद है, मैं जल्दी ठीक हो जाऊँगा।

लंदन का कामकाज कैसा चल रहा है? मुझे आशंका होती है कि कहीं यह बिलकुल चकनाचूर न हो जाए।

अल्मोड़ा के किसी कारोबारी के एक खूबसूरत बगीचे में ठहरा हुआ हूँ। इस बाग के चारों तरफ कई कोस तक पर्वत और अरण्य हैं! परसों रात को एक चीता इस बाग में घुसकर बकरियों के झुंड में से एक बकरी ले गया। नौकरों की चीख-चिल्लाहट और पहरेदार तिब्बती कुत्तों के भौंकने से मेरी ऐसी हालत हुई थी कि हाथ-पाँव ठंडे पड़ गए थे। जब से मैं यहाँ आया हूँ, हर रात इन कुत्तों को काफी दूर पर जंजीर से बाँधकर रखा जाता है, ताकि उनकी चीख-चिल्लाहट मेरी नींद में व्याघात न डाले। मौका देखकर चीता अपने आहार के लिए एक खासी तगड़ी बकरी झपट ले गया। शायद काफी दिनों से उसे ऐसा आहार नहीं जुटा था। चलो, इस शिकार से उसका प्रभूत कल्याण हो।

मेरे सामने कतार-दर-कतार दिगंत-विस्तृत बर्फ के शिखरों पर दोपहरी की लाल-लाल आभा झलक उठी है। वे शिखर यहाँ से सीधे बीस मील की दूरी पर हैं और घुमावदार पहाड़ी सड़क से चालीस मील!

नींद, आहार, व्यायाम और व्यायाम, आहार, नींद—कुछ महीने मैं सिर्फ इसी ढंग से गुजारूँगा। मिस्टर गुडविन मेरे साथ हैं। काश, तुम उसे भारतीय पोशाक में देख पाते। बहुत जल्दी ही उसका सिर घुटवाकर उसे पूर्ण विकसित संन्यासी के रूप में परिणत करने जा रहा हूँ।

अल्मोड़ा, 20 जून, 1897

काफी लंबे अरसे से मुझे लंदन के कामकाज की कोई खबर नहीं है। तुम क्या वहाँ की कोई खबर दे सकते हो? भारत में मुझे लेकर चाहे जितना भी धूमधाम क्यों न करें, यहाँ मैं किसी मदद की उम्मीद नहीं रखता, ये लोग इतने दरिद्र हैं।

लेकिन मैंने खुद भी जिस ढंग से शिक्षा प्राप्त की है, ठीक उसी तरह पेड़ के नीचे शरण लेकर और बमुश्किल अन्न-वस्त्र का इंतजाम करके अपना काम तो शुरू कर दिया है। कामकाज की धारा भी काफी बदल गई है। मैंने अपने कुछेक युवाओं को दुर्भिक्ष-पीड़ित अंचलों में भेजा है। इससे जादू-मंतर की तरह काम हुआ है। मैं देख पा रहा हूँ और हमेशा से मेरी यही धारणा भी रही है कि एकमात्र दिल के माध्यम से ही सभी लोगों के दिल को छुआ जा सकता है।

कुछेक लड़के इस दौरान शिक्षा-लाभ कर रहे हैं। लेकिन कामकाज के लिए जो जरा-जीर्ण आश्रय (आलमबाजार मठ) हमें मिला था, वह पिछले भूकंप में टूटकर ढह गया;

लेकिन गनीमत है कि वह किराए का मकान था। चलो, कोई फिक्र नहीं, विपत्ति और निराश्रय की स्थिति में भी काम चलाए जाना होगा। अब तक हमारा संबल सिर्फ मुंडित-मस्तक, फटे कपड़े और अनिश्चित आहार ही रहा है। मगर इस स्थिति का बदलाव जरूरी है। यह स्थिति जरूर बदलेगी, क्योंकि हम सब मन-प्राण से इस काम में लगे हैं।

एक तरह से यह सच है कि इस देश के लोगों के पास त्याग करने को कुछ नहीं है, यही कहा जाए तो चलता है! लेकिन त्याग हमारे रक्त-मांस में बसा हुआ है। जो युवक इन दिनों शिक्षा प्राप्त कर रहे हैं, उनमें एक किसी जिले का एक्जिक्यूटिव इंजीनियर था। भारत में यह एक उच्च पद है। उस लड़के ने घास-फूस की तरह उस पद को त्याग दिया।

अल्मोड़ा, 20 जून, 1897

मैं ठीक हो गया हूँ। बदन में खूब ताकत भी आ गई है! न प्यास लगती है और न रात को उठ-उठकर पेशाब के लिए जाना पड़ता है। कमर में दर्द-वर्द गायब है, लिवर भी ठीक है। शशि की दवाओं का फल हुआ, समझ नहीं पाया! अस्तु, सब बंद! आम खूब खा रहा हूँ। घुड़सवारी का खासा अभ्यास हो गया है। बीस-तीस मील लगातार दौड़ते रहने के बाद भी न मुझे दर्द होता है, न थकान। दूध बिलकुल बंद कर दिया है, इस डर से कि कहीं पेट न बढ़ जाए। कल अल्मोड़ा आया हूँ। अब बगीचे में नहीं जाऊँगा।

अब से मैं मिस मुलर के अतिथि के तौर पर अंग्रेजों की तरह दिन भर में तीन बार खाऊँगा।

अल्मोड़ा, 4 जुलाई, 1897

हालाँकि अभी भी मैं हिमालय पर हूँ और कम-से-कम एक महीने और रहूँगा। यहाँ आने से पहले मैं कलकत्ता का काम शुरू कर आया हूँ और हर हफ्ते वहाँ के कामकाज का विवरण भी मिल रहा है।

इन दिनों मैं दुर्भिक्ष के काम में व्यस्त हूँ। और आगामी कार्यों के लिए कई युवकों को तैयार करने के अलावा शिक्षा-कार्यों में अधिक शक्ति का प्रयोग नहीं कर पाया हूँ। अन्न जुटाने के मामले में ही मेरी समूची ताकत और क्षमता खत्म होती जा रही है। हालाँकि अब तक अति मामूली ढंग से ही कामकाज कर पाया हूँ, फिर भी अप्रत्याशित नतीजा देखने को मिल रहा है। बुद्ध के बाद यह पहली बार नजर आ रहा है कि ब्राह्मण संतानें अंत्यज, बिस्तर पर पड़े हुए विसूचिका रोगियों की सेवा में जुटी हुई है।

भारत में केवल भाषण और अध्यापन से अधिक काम नहीं होगा। प्रयोजन है—सक्रिय धर्म का! मुसलमानों की भाषा में कहा जाए तो 'खुदा की मरजी'; तो मैं यही दिखाने को संकल्पबद्ध हूँ।

अल्मोड़ा, 9 जुलाई, 1897

मैंने राजा अजित सिंह के साथ इंग्लैंड जाने का बंदोबस्त किया था; लेकिन चूँकि

डॉक्टरों ने अनुमति नहीं दी, इसलिए जाना नहीं हो सका।

मुझे अमेरिका के ढेरों अखबारों की कटिंग मिली है। उसमें मैंने देखा कि अमेरिकी महिलाओं के बारे में उक्तियों की कठोर समालोचना की गई है। उसी में एक और अद्भुत खबर मिली कि यहाँ मुझे जातिच्युत कर दिया गया है। कमाल है! मुझे जाति खोने का भय! मैं तो संन्यासी हूँ।

खैर, मेरी जाति तो किसी हाल में भी नहीं गई, बल्कि मेरी समुद्र-यात्रा पर समाज का जो एक विरुद्ध भाव था, वह पर्याप्त रूप से विध्वस्त हो चुका है।

मेरे प्रति सम्मान-प्रदर्शन के लिए एक राजा ने सामाजिक भोज का आयोजन किया था। उस भोज में इस जाति के अधिकांश बड़े-बड़े लोग शामिल हुए थे। सैकड़ों राजाओं के वंशधरों ने मेरे पाँव धोए-पोंछे, पूजा की; और समूचे देश ने जिस प्रकार से आदर-अभ्यर्थना व अभिनंदनों की झड़ी लगा दी है, यह सब भारत में पहले कभी नहीं हुआ।

रास्ते पर निकलते ही इतने लोगों की भीड़ लग जाती थी कि शांति-रक्षा के लिए पुलिस की जरूरत पड़ जाती थी! यह वाकई जातिच्युत करना ही तो है।

मैंने कोई भी कार्य किसी मतलब से नहीं किया। जो-जो मौके अपने आप आते गए, मैंने उन्हीं का सहारा लिया है। मेरे दिमाग में केवल एक ही भाव चक्कर लगा रहा था—जनसाधारण की उन्नति के लिए कोई एक यंत्र प्रस्तुत करके कार्य चलाए जाना है। मैं जिस विषय में किसी हद तक कृतार्थ हुआ हूँ और तुम्हारा भी मन उत्फुल्ल हो उठता, अगर तुम देखते कि मेरे शिष्य दुर्भिक्ष, व्याधि और दुःख कष्ट झेलते हुए कैसे काम कर रहे हैं। हैजे के शिकार 'पारियाओं' की चटाई के पास बैठकर कैसे उन लोगों की सेवा-शुश्रूषा कर रहे हैं और भूखे चांडालों के लिए अन्न जुटा रहे हैं। प्रभु मेरी सहायता कर रहे हैं, उन लोगों को भी सहायता भेज रहे हैं। लोगों के आरोपों की भला मैं क्यों परवाह करूँ?

वे प्रेमास्पद प्रभु मेरे साथ हैं, जैसे अमेरिका में, इंग्लैंड में, जैसे भारत की सड़कों पर मैं घूमता-भटकता फिरता था, कोई मुझे पहचानता नहीं था, तब वे मेरे साथ थे। लोगबाग क्या कहते या नहीं कहते हैं, उससे मुझे क्या फर्क पड़ता है? वे सब तो बच्चे हैं। उन लोगों में इससे ज्यादा और समझ ही कितनी है? मैंने परमात्मा का साक्षात्कार किया है, सामूहिक पार्थिव वस्तुएँ जो असार हैं, वह मैंने साँस-साँस में उपलब्ध किया है। साधारण बालकों की बातों पर मैं अपने निर्दिष्ट पथ से क्यों च्युत होऊँगा? मुझे देखकर क्या ऐसा लगता है?

मुझे अपने बारे में काफी कुछ कहना पड़ा, क्योंकि ये बातें मैं अगर तुम लोगों को न बताता तो मेरा कर्तव्य समाप्त नहीं होता। मैं समझ चुका हूँ कि मेरा काम पूरा हुआ। जीवन के हद-से-हद तीन-चार वर्ष बचे हैं। मेरी अपनी मुक्ति की कामना पूरी तरह

खत्म हो चुकी है। मैंने सांसारिक सुखों की प्रार्थना कभी नहीं की। मैं तो यह देखना चाहता हूँ कि मेरा यंत्र काफी प्रबल भाव से चालू हुआ है और जब मुझे विश्वास हो जाएगा कि समग्र मानव जाति के कल्याण के लिए, कम-से-कम भारत में, मैंने एक ऐसा यंत्र सचल किया, जिसे कोई ताकत दबा नहीं सकेगी, तब मैं भविष्य की चिंता-फिक्र छोड़कर आराम से सोऊँगा। निखिल आत्मा के समष्टि रूप में जो भगवान् विद्यमान हैं और एकमात्र जिस भगवान् में मेरी आस्था है, उसी भगवान् की पूजा के लिए मैं बार-बार जन्म लूँ और हजारों-हजार यंत्रणा भोग करूँ। मेरे उपास्य पापी-नारायण, तापी नारायण, सर्वजाति के दरिद्रनारायण! यही लोग विशेष रूप से मेरे आराध्य हैं।

मेरे पास काफी कम समय है। अब मुझे जो कुछ भी कहना है, उनमें से कुछ भी न दबाकर लगातार कहते जाना होगा। इससे किसी के मन को चोट पहुँचे या कोई झुँझलाए, इस पर गौर करने से नहीं चलेगा। अस्तु, प्रिय मेरी, मेरी जुबान से भले कुछ भी निकले, तुम बिलकुल डरना मत क्योंकि जो शक्ति मेरे पीछे कार्यरत है, वह विवेकानंद नहीं है बल्कि स्वयं प्रभु हैं। किसमें भला है, स्वयं प्रभु ही अधिक जानते हैं। अगर मुझे जगत् को संतुष्ट करना पड़ा तो उसमें जगत् का ही अनिष्ट होगा।

जब भी कोई नया भाव, नया विचार प्रचारित होगा, लोग उसके विरुद्ध पीछे पड़ जाएँगे। जो लोग सभ्य शिष्टाचार की सीमा न लाँघकर उपहास की हँसी हँसेंगे और जो लोग सभ्य नहीं हैं, वे लोग शिष्टाचार-विरुद्ध चीखेंगे-चिल्लाएँगे और कुत्सित निंदा रटेंगे।

अल्मोड़ा, 10 जुलाई, 1897

हमारे कर्मी दुर्भिक्षग्रस्त विभिन्न जिलों में जिस काम में उतरे हैं, यहाँ से उसका संचालन करने में मैं बेतरह व्यस्त हूँ।

व्याख्यान और वाग्मिता करते-करते मैं परेशान हो गया था, इसलिए मैंने हिमालय पर आश्रय लिया है। डॉक्टरों ने मुझे खेतड़ी के राजा के साथ इंग्लैंड नहीं जाने दिया, इसके लिए मैं बेहद दुःखी हूँ और स्टर्डी इस बात से भड़क गया है।

इस वर्ष तिब्बत जाने का बहुत मन था, लेकिन इन लोगों ने मुझे जाने नहीं दिया। क्योंकि वहाँ के पथ पर चलना काफी श्रमसाध्य था। खैर, जो भी हो, मैं खड़े पहाड़ पर, चढ़ती साँस के साथ, पहाड़ी घोड़ा दौड़ाकर ही संतुष्ट हूँ। तुम्हारी बाइसाइकिल के मुकाबले यह अधिक उन्मादनापूर्ण हैं। वैसे विंबलडन में मुझे इसका तजुरबा हो चुका है। मील-दर-मील चढ़ाई और मील-दर-मील उतराई! सड़क बस कुछेक फीट चौड़ी! खड़े पहाड़ पर मानो झूली हुई है और कई-कई सहस्र फीट नीचे खाई!

मद्रास से जल्दी ही एक पत्रिका शुरू की जाएगी। गुडविन इसी काम के सिलसिले में वहाँ गया हुआ है!

अल्मोड़ा, 13 जुलाई, 1897

जलती धूप में चढ़ती साँसों के साथ, घोड़े पर दौड़ने की वजह से, आज मेरी तबीयत जरा बिगड़ी हुई है। शशि बाबू की दवा मैंने लगभग दो हफ्ते खाई, खास कोई फायदा नहीं दिखता। लिवर का दर्द तो चला गया है और बहुत अधिक कसरत करने की वजह से मेरे हाथ-पाँव पेशीबहुल हो गए हैं, लेकिन पेट बेतरह फूल गया है। उठते-बैठते हँफनी होती है। मुमकिन है, दूध का सेवन इसका कारण है। शशि से पूछा कि दूध छोड़ा जा सकता है या नहीं। पहले भी मुझे दो बार Sun-Stroke (सर्दी-गरमी) हो चुका है। तभी से जब भी मुझे धूप लगती है, मेरी आँखें लाल हो उठती हैं। दो-तीन दिनों तक तबीयत बिगड़ी रहती है।

देवलधार, अल्मोड़ा, 13 जुलाई, 1897

अब मठ को क्या नाम दिया जाए, यह तुम्हीं लोग तय करो। रुपया सात हफ्ते के अंदर पहुँच जाएगा। जमीन की कोई खोज-खबर नहीं मिली। इस संदर्भ में काशीपुर के केष्टगोपाल का बगीचा ले लें तो क्या बेहतर नहीं होगा? बाद में कभी बड़ा काम किया जाएगा। अगर तुम सहमत हो तो इस बारे में किसी से भी मठ के अंदर या बाहर कुछ न कहकर चुपके-चुपके खोज-खबर लो। बात अधिक कानों तक पहुँच जाए तो काम खराब हो जाता है। अगर जमीन की कीमत 15-16 हजार के दरमियान हो तो फौरन खरीद लो (अगर अच्छा समझो)। अगर कीमत कुछ ज्यादा हो तो बयाना दे देना और सात हफ्ते इंतजार करना। मेरी राय में फिलहाल वही खरीद लेना बेहतर है। बाकी काम धीरे-धीरे होगा। उस बागान के साथ हम सबकी यादें जुड़ी हुई हैं। सच पूछो तो यही हमारा पहला मठ है। अति गोपन में—'फलानुमेयाः प्रारम्भाः संस्काराः प्राक्तन्य ईव।'

हालाँकि काशीपुर स्थित बागान की जमीन की कीमत काफी बढ़ गई है और इधर आर्थिक स्थिति भी वैसी नहीं रही। अब जो भी करना हो, जल्दी कर डालो। गयं गच्छ करते-करते जितने भी काम होते हैं, बिगड़ जाते हैं। जमीन तो लेनी ही है, आज न सही तो कल—और गंगा-तीर पर चाहे जितना भी बड़ा मठ हो। किसी और व्यक्ति के जरिए बातचीत शुरू की जाए तो बेहतर होगा। मेरे खरीदने की भनक मिल जाए तो लोग ऊँचे दाम हाँकेंगे। चुपचाप काम करते चलो। ठाकुर सहाय हैं! डर किस बात का?

अल्मोड़ा, 25 जुलाई, 1897

प्रिय मेरी, आजकल काफी व्यायाम कर रहा हूँ और घुड़सवारी कर रहा हूँ; लेकिन डॉक्टरों की व्यवस्था मुताबिक मुझे काफी मात्रा में मलाई निकाले हुए दूध का सेवन करना पड़ा और इसी के फलस्वरूप मैं पीछे की तुलना में सामने की तरफ अधिक बढ़ रहा हूँ। हालाँकि मैं लगातार आगे ही बढ़ता रहा हूँ, लेकिन मैं तुरंत इतनी अग्रगति नहीं चाहता, इसीलिए मैंने दूध का सेवन बंद कर दिया है।

अरे हाँ, बातों-बातों में मैं यह भी बताता चलूँ कि मेरे बाल पकने लगे हैं। इतनी जल्दी जो बूढ़ा होने लगा हूँ, इससे मैं खुश हूँ। सुनहरे के बीच यानी काले केशों के बीच में रुपहले केश काफी तेजी से बढ़ रहे हैं।

धर्म-प्रचारकों का कमउम्र होना अच्छा नहीं होता, क्या तुम्हें ऐसा नहीं लगता? मेरी राय में यही सही है। जीवन भर मेरी यही राय रही है। किसी वृद्ध के प्रति इनसान अधिक आस्था रखता है और उसे देखकर बहुत ज्यादा श्रद्धा जागती है। हालाँकि इस दुनिया में बूढ़े बदमाश ही सर्वाधिक खतरनाक होते हैं। तुम ही बताओ, क्या ऐसा नहीं है? इस दुनिया के विचार का एक निजी नियम होता है और हाय, वह सत्य से किस हद तक स्वतंत्र होता है?

वेदांत और योग की मदद से तुम उपकृत हुई हो, यह जानकर मुझे बेहद खुशी हुई है। दुर्भाग्यवश कभी-कभी मुझे अपनी दशा सर्कस के मसखरे जैसी लगती है, जो सिर्फ दूसरों को हँसाता है, लेकिन उसकी अपनी हालत बेहद करुण होती है।

हमारे जीवन की त्रुटि यही है कि हम सब वर्तमान द्वारा ही नियंत्रित होते हैं, भविष्य द्वारा नहीं! जो कुछ इस पल में हमें क्षणिक आनंद देता है, हम उसी के पीछे दौड़ते हैं। नतीजा यह नजर आता है कि वर्तमान के क्षणिक आनंद के बदले में हम भविष्य के लिए विपुल दुःख का संचय कर बैठते हैं!

अगर मुझे कोई प्यार करनेवाला नहीं होता, अगर मैं शैशव में ही मातृ-पितृहीन हो जाता तो मेरे अपने लोग ही मेरे लिए सर्वाधिक दुःख के कारण हो जाते—मेरे भाई-बहन, माँ और अन्य सभी अपने लोग! ये आत्मीय-स्वजन ही इनसान की उन्नति की राह में कठिन बाधा-स्वरूप होते हैं। यह भी काफी ताज्जुब की बात है कि इसके बावजूद लोग विवाह करते हैं और नए इनसानों को जन्म देते रहते हैं!!!

जो इनसान अकेला है, वही सुखी है! सभी का कल्याण करो, सब तुम्हें अच्छे लगें, लेकिन किसी से प्यार मत कर बैठो। यह एक प्रकार का बंधन है और बंधन सिर्फ दुःख को ही आमंत्रण देता है। अपने अंतर में तुम अकेले ही बसते हो, तभी तुम सुखी होगे। जिसकी देखभाल करनेवाला कोई नहीं होता और जो किसी के द्वारा देखभाल किए जाने के बारे में बिलकुल माथापच्ची नहीं करता, वही मुक्ति के पथ पर आगे बढ़ता जाता है।

मेरी प्रकृति में पुरुष के बजाय औरत की खूबियाँ अधिक हैं। मैं हमेशा ही दूसरों के दुःख-दर्द खामख्वाह ही अपने सिर पर ले लेता हूँ, हालाँकि मैं किसी का कोई कल्याण भी नहीं कर पाता, बिलकुल वैसे ही जैसे औरत को संतान न हो तो वह एक बिल्ली पाल लेती है और उसी पर अपना सारा प्यार उड़ेल देती है।

तुम्हें क्या लगता है, उसमें कोई आध्यात्मिकता मौजूद है? बिलकुल भी नहीं। ये

सब जड़ नसों के बंधन हैं। हाँ, बिलकुल यही बात है, हा-य! पंचभूत से रची-गढ़ी इस देह की गुलामी खत्म करना क्या आसान बात है?

तुम्हारी सखी मिसेज मार्टिन हर महीने, मेहरबानी करके, अपनी पत्रिका मुझे भेज रही है। लेकिन मुझे लग रहा है कि स्टर्डी का थर्मामीटर इन दिनों शून्य डिग्री से भी नीचे चला गया है। इस गरमी में मेरा इंग्लैंड जाना नहीं हो सका, इसलिए वे बेहद निराश हो गई हैं। लेकिन मेरे पास भी आखिर क्या उपाय था?

हमने यहाँ दो मठों की नींव डाली है—एक कलकत्ता में और एक मद्रास में। कलकत्ता का मठ (किराए का एक जीर्ण मकान) इन दिनों भूकंप की वजह से तहस-नहस हो गया है!

कुछ ही दिनों बाद मैं मैदान में जा रहा हूँ और वहाँ से इस पर्वत के पश्चिम खंड में जाऊँगा। मैदानों में जब सर्दी पड़ने लगेगी, तब समूचे देश में व्याख्यान देते हुए घूमना शुरू कर दूँगा। मैं देखूँगा कि किस परिमाण में कामकाज किया जा सकता है।

अल्मोड़ा, 29 जुलाई, 1897

परसों मैं यहाँ से जा रहा हूँ। यहाँ से मसूरी पहाड़ पर जाऊँगा या कहीं और, यह बाद में तय करूँगा। कल यहाँ अंग्रेजों के बीच में एक लेक्चर हुआ था, उससे सभी लोग बेहद खुश हुए। लेकिन उससे पिछले दिन मैंने हिंदी में एक व्याख्यान दिया था, मैं इस बात से बेहद खुश हूँ। हिंदी में भी मैं ORATORY (वाग्मिता) कर सकूँगा, पहले मुझे इसका अंदाजा नहीं था।

अल्मोड़ा, 30 जुलाई, 1897

गंगाधर, मैं अगले सोमवार को यहाँ से प्रस्थान कर रहा हूँ। यहाँ एक साहब मुहाल है वहाँ अंग्रेजी में व्याख्यान हुआ था और स्थानीय लोगों के लिए हिंदी में! हिंदी में यह मेरा पहला व्याख्यान था और सभी लोगों को बेहद अच्छा भी लगा।

अगले शनिवार को और एक व्याख्यान है! अंग्रेजी में भारतीयों के लिए।

सोमवार को बरेली-यात्रा, उसके बाद सहारनपुर, वहाँ से अंबाला, वहाँ से कैप्टेन सेवियर के साथ—शायद मसूरी! थोड़ी और सर्दी पड़ते ही बंगाल में पुनरागमन और राजपूताना गमन इत्यादि!

सुनो, तुम अंधाधुंध काम किए जाओ, डरने की क्या बात है? मैं भी 'फिर से लग ले' का सिलसिला शुरू करनेवाला हूँ। यह शरीर तो जाना ही है, फिर निकम्मेपन में क्यों जाए? It is better to wear out than rust out (जंग खाकर मरने के बजाय क्षय होते हुए मरना बेहतर है)। मर जाने के बाद भी हड्डियाँ खेल दिखाती रहेंगी, इसकी फिक्र क्यों करें? अगले दस वर्ष के अंदर समूचे भारतवर्ष में छा जाना होगा, इससे कम में काम नहीं चलेगा। ताल ठोंककर जुट जाओ—'वाहे गुरु की फतह!' रुपए-पैसे अपने

आप आते जाएँगे। हमें लोग चाहिए, रुपया-पैसा नहीं! इनसान ही सबकुछ करता है, रुपया क्या कर सकता है?

अंबाला, 19 अगस्त, 1897

शशि, मैं तत्काल धर्मशाला पहाड़ पर जा रहा हूँ।

और कुछ दिनों पंजाब के पहाड़ पर आराम करने के बाद पंजाब से ही अपना कार्य आरंभ कर दूँगा। पंजाब और राजपूताना ही मेरा कार्यक्षेत्र होगा। काम शुरू करते ही तुम लोगों को पत्र लिखूँगा।

बीच में मेरी तबीयत बेहद खराब हो गई थी। अब धीरे-धीरे सुधर रही है। पहाड़ पर कुछ दिनों रहने से ही पूरी तरह ठीक हो जाएगी।

अमृतसर, 2 सितंबर, 1897

मैं दल-बल समेत दो बजे की गाड़ी से कश्मीर जा रहा हूँ। इस बीच धर्मशाला पहाड़ पर जाकर तबीयत अब काफी स्वस्थ हो गई है और टॉन्सिल-बुखार वगैरह में भी थोड़ा आराम है।

श्रीनगर, 13 सितंबर, 1897

अब कश्मीर में हूँ। इस देश के बारे में जो तारीफ सुनी है, वह सच है। ऐसा खूबसूरत देश कोई नहीं है। यहाँ के लोग भी बेहद खूबसूरत हैं, लेकिन नेक-नजर नहीं हैं। ऐसे नरककुंड जैसे गंदे गाँव-शहर और कहीं नहीं हैं। श्रीनगर में ऋषिवर बाबू के यहाँ हम सब ठहरे हैं। वे विशेष सेवा-जतन भी करते हैं। मेरे लिए चिट्ठी पत्र इसी पते पर भेजना। दो-एक दिनों के अंदर ही मैं अन्यत्र सैर के लिए जा रहा हूँ। लेकिन आते समय मैं दुबारा कश्मीर होकर ही आऊँगा।

मेरी तबीयत, धर्मशाला जाने के बाद से ठीक है। ठंड का मौसम ही मुझे अच्छा लगता है। सेहत भी ठीक रहती है। काश्मीर के दो-एक दर्शनीय स्थल देखने के बाद किसी उत्तम स्थान में धीर-स्थिर होकर बैठ जाऊँगा—मन में इसी प्रकार की इच्छा है या फिर पानी पर सैर करता हुआ घूमूँगा। डॉक्टर साहब जो कहेंगे वही करूँगा। अक्तूबर में फिर मैदानों में जाऊँगा और पंजाब में ही दो-चार व्याख्यान दूँगा। उसके बाद सिंध होते हुए कच्छ, भुज और काठियावाड़। सुविधा हुई तो पूना तक, वरना बड़ौदा होते हुए राजपूताना! राजपूताना होकर उत्तर-पश्चिम प्रदेश (N.W.P.) और नेपाल! उसके बाद कलकत्ता! अभी तो यही कार्यक्रम है, बाकी प्रभु-इच्छा।

श्रीनगर, 15 सितंबर, 1897

आखिरकार हम सब कश्मीर आ पहुँचे हैं! इस जगह की तमाम खूबसूरती के बारे में तुम्हें लिखकर क्या फायदा? मेरी राय में यही एक ऐसा एकमात्र देश है, जो योगियों के अनुकूल है। लेकिन जो लोग इस देश के वर्तमान अधिवासी हैं, उन लोगों में अपूर्व

दैहिक सौंदर्य मौजूद है, इसके बावजूद वे लोग बेहद अस्वच्छ और गंदे रहते हैं। इस देश के दर्शनीय स्थल देखने और शारीरिक शक्ति-लाभ के लिए मैं पानी पर ही घूमता-फिरता सैर करता रहूँगा। लेकिन इन दिनों इस नगर में भयंकर मलेरिया फैला हुआ है और सदानंद और कृष्णलाल को बुखार चढ़ा हुआ है। सदानंद की तबीयत आज बेहतर है, लेकिन कृष्णलाल को अभी भी बुखार है। आज डॉक्टर आए थे। उसके लिए वे जुलाब की व्यवस्था कर गए हैं। उम्मीद करता हूँ कि कल तक वह ठीक हो जाएगा और कल ही हम लोग सफर पर भी निकल जाएँगे।

कश्मीर सरकार ने मुझे अपना एक बजरा इस्तेमाल करने के लिए दिया है। बजरा बेहद खूबसूरत और आरामदेह है! उन लोगों ने जिला के तहसीलदार को भी हुक्म जारी कर दिया है। यहाँ भी लोगों की भीड़ हमें देखने आती है। हमें आराम और सुख से रखने के लिए जो कुछ भी जरूरी है, ये लोग सबकुछ कर रहे हैं।

श्रीनगर, 30 सितंबर, 1897

कश्मीर-दर्शन करके लौट रहा हूँ। दो-एक दिन के अंदर पंजाब-सफर पर निकल जाऊँगा। मैंने फैसला किया है कि इस बार तबीयत ठीक होते ही पहले की तरह ही भ्रमण करूँगा। लेक्चर-वेक्चर भी ज्यादा नहीं दूँगा। अगर पंजाब में एकाध व्याख्यान देना पड़ा तो दे दूँगा, वरना नहीं! यहाँ के लोगों ने तो अभी तक एक पैसा भी, गाड़ी का किराया तक, नहीं दिया।

सिर्फ इन अंग्रेज शिष्यों के सामने हाथ पसारना शर्म की बात है। अस्तु, पहले की तरह ही 'कम्वलवन्त' होकर चल पड़ा हूँ।

कश्मीर, सितंबर (?) 1897

यह कश्मीर सचमुच ही भूस्वर्ग है। ऐसा देश दुनिया में कहीं नहीं है। जैसे पहाड़, वैसा ही पानी, वैसे ही पेड़-पौधे, वैसे ही औरतें-मर्द, वैसे ही पशु-पक्षी!

श्रीनगर, 1 अक्तूबर, 1897

तुम्हारे सामने कश्मीर के सौंदर्य का बयान करने की कोशिश भी नहीं करूँगा। सिर्फ इतना ही बताना यथेष्ट होगा कि इस भूस्वर्ग के अलावा कोई अन्य देश छोड़कर आते हुए मैं कभी उदास नहीं हुआ। अगर मुमकिन हो, तो राजा को राजी कराकर यहाँ एक केंद्र बनवाने की भी कोशिश कर रहा हूँ। यहाँ बहुत कुछ करने को है और उपकरण भी काफी आशाप्रद है।

मरी, 11 अक्तूबर, 1897

ऐसा लग रहा है कि आज दस दिन से तमाम काम मानो किसी धुन में करता रहा हूँ। भले वह शारीरिक रोग हो या मानसिक रोग। यहाँ मैं इस निष्कर्ष पर पहुँचा हूँ कि अब मैं कामकाज के योग्य नहीं रहा! तुम लोगों से भी मैंने अत्यंत कटु बरताव

किया है, मैं समझ सकता हूँ। लेकिन तुम (स्वामी ब्रह्मानंद) मेरे सारे अन्याय सहन करते रहे मैं यह भी जानता हूँ। उस मठ में तुम्हारे सिवा और कोई इतना सहन नहीं करेगा।

माँ का जितना काम मेरे द्वारा संभव था, वह सब मुझसे करा लिया और अंत में देह-मन चूर करके माँ ने छोड़ दिया। खैर, माँ की इच्छा!

अब से मैं इन सभी कामों से अवसर लेता हूँ। दो-एक दिन में ही मैं सब छोड़-छाड़कर अकेले-अकेले चल दूँगा, बाकी जीवन चुपचाप कहीं खामोशी से व्यतीत करूँगा।

चिरकाल मैं वीरों की तरह चलता रहा हूँ। मैं चाहता हूँ मेरा काम बिजली की तरह शीघ्र और वज्र की तरह अटल चाहिए। मैं इसी तरह मरूँगा भी! संघर्ष में मैंने कभी भी अपना कदम पीछे नहीं हटाया, अब क्या हटाऊँगा! हार-जीत तो हर कार्य में ही होती है। लेकिन मेरा विश्वास है कि कायर मरते हैं तो अगले जन्म में कृमि-कीट के ही रूप में जन्म लेते हैं। युगों तपस्या करने पर भी कायरों को मुक्ति नहीं मिलती। मुझे भी क्या अंत में कृमि होकर जन्म लेना होगा?

मेरी दृष्टि में यह संसार एक खेल-मात्र है, चिरकाल यही रहेगा। इसके मान-सम्मान, दो रुपए के नफा-नुकसान को लेकर क्या छह महीने तक फिक्र में डूबे रहना होगा? मैं ठहरा कामकाजी प्राणी! यहाँ तो लोग परामर्श में ही जिंदगी बिता रहे हैं—ये सलाह दे रहे हैं, वे भी यही कर रहे हैं; ये भय दिखा रहे हैं, वे डरा रहे हैं; मेरी निगाह में यह जीवन ऐसा कोई मधुर नहीं है कि इतना डरकर, होशियार रहकर जीना जरूरी हो। रुपए, जीवन, बंधु-बांधव, प्यार, चाह—यह सभी चीजें निश्चित करके, जो काम करना चाहता है, उनके मन में अगर इतना डर हो तो मेरे गुरुदेव ने जो कहा है—'कौआ बड़ा सयाना है'—उसका कौए जैसा ही हाल होगा।

मैंने कमर कसकर संघर्ष किया—यह मैं खूब समझता हूँ और जो कहता है, 'कुछ परवाह नहीं, वे लोग बहादुर हैं, मैं साथ ही हूँ।' उसे भी समझता हूँ। मैं उस वीर को समझता हूँ, उस देवता को समझता हूँ। ऐसे नर-देवता के चरणों में मेरा कोटि-कोटि प्रणाम! वे लोग ही जगत्-पावन हैं। वे लोग ही संसार के उद्धारकर्ता हैं। जो लोग सिर्फ यह दुहाई देते हैं—अरे बाप रे बाप! आगे मत बढ़ना! वह भय है ऐसे डिस्पेप्टिक लोग प्राय: ही भयभीत रहते हैं। लेकिन अपनी माँ की कृपा से मुझमें इतना मनोबल है कि घेरतर डिस्पेप्सिया भी मुझे कभी कायर नहीं बना सकती।

मैं शाक्त माँ का बेटा हूँ। स्त्रैण, भिनभिनानेवाला, चिथड़ा तमोगुण और नरक कुंड मेरी नजरों में एक जैसे हैं। हे माँ जगदंबे! हे गुरुदेव, तुम चिरकाल कहा करते

थे—'ओ वीर!' मेरी प्रार्थना है कि मुझे कायर की मौत न मरना पड़े हे भाई! 'उत्पत्स्यतेहस्ति मम कोऽपि समानधर्मा'—ठाकुर के इन दासानुदास में से कोई-न-कोई मेरी तरह उठेगा और मुझे समझेगा।

'जागो वीर, मिटाकर स्वप्न; सिरहाने शमन…वे न डराएँ तुम्हें'—मैंने 'ना' कभी नहीं किया, रण में कभी पीठ नहीं दिखाई, आज क्या ऐसा होगा? हारने के डर से मैं संघर्ष से हट जाऊँगा? हार तो अंग का आभूषण है, लेकिन बिना लड़े ही हार जाऊँ?

तारा माँ। माँ!…

माँ ऐसे वीर दुनिया में लाएँ—जिनकी छाती में साहस, हाथों में बल, आँखों की धधकती आग हो, जो वाकई जगदंबा के बेटे हों—ऐसा अगर एक भी इनसान दे तो मैं काम करूँगा, मैं दुबारा जन्म लूँगा, वरना समझूँगा कि माँ की इच्छा यहीं तक थी। इन दिनों मेरी 'घड़ी का घोड़ा दौड़ रहा है।' मैं तड़ी-घड़ी काम चाहता हूँ। निर्भीक हृदय।

लाहौर, 11 नवंबर, 1897

लाहौर का व्याख्यान बस, किसी तरह निपट गया। दो-एक दिन में ही देहरादून की यात्रा करूँगा। सिंधु-यात्रा फिलहाल स्थगित रही।

इन दिनों मैं हर रोज अमेरिका से आनेवाले र ों के इंतजार में हूँ। हरि और शरत के नाम जो वसीयत करने को कहा था, वह शायद कर दिया गया है।

रेगुलर एक्सरसाइज (नियमित व्यायाम) न करें तो सेहत कभी ठीक नहीं रहती। सिर्फ बकबक करने से ही रोग दबोचता है, यह निश्चित जानो!

लाहौर, 15 नवंबर, 1897

माँ, बड़े दुःख की बात है कि एकांत इच्छा के बावजूद इस यात्रा में सिंधु देश में (कराची) आकर तुम लोगों से भेंट नहीं हो पाई।

दूसरे, बीमार होने की वजह से जीवन पर मेरा भरोसा नहीं रहा। अभी भी मेरा उद्देश्य है कि कलकत्ता में एक मठ बने। इस बारे में मैं कुछ भी नहीं कर पाया। इसके अलावा देश के जो लोग पहले हमारे मठ की मदद करते थे, अब उन लोगों ने वह भी बंद कर दिया है। उन लोगों की धारणा है कि मैं इंग्लैंड से काफी दौलत लाया हूँ। ऊपर से इस वर्ष महोत्सव तक होना असंभव है, क्योंकि रासमणि के (बागान के) मालिक ने मुझे विलायतयाफ्ता बताकर मुझे उद्यान में घुसने से मना कर दिया है। अस्तु, मेरा पहला कर्तव्य यह है कि राजपूताना वगैरह स्थानों में जो दो-चार बंधु-बांधव मौजूद हैं, उन लोगों से मिलकर कलकत्ता में एक जगह के लिए जी-जान से कोशिश करूँ! इन सभी कारणों से फिलहाल अत्यंत दुःख के

साथ सिंधु देश (कराची) की यात्रा को स्थगित कर दिया है।

लाहौर, 15 नवंबर, 1897

मेरा स्वास्थ्य बिलकुल ठीक है। लेकिन रात को दो-एक बार उठना पड़ता है। नींद भी उत्तम आ रही है। काफी सारे व्याख्यान देने के बाद भी नींद में कोई रुकावट नहीं आती। व्यायाम रोज कर रहा हूँ।

देहरादून, 24 नवंबर, 1897

इस बार टेहरी के श्रीयुक्त बाबू रघुनाथ भट्टाचार्य महाशय गरदन के दर्द से काफी परेशान हैं। मैं भी अरसे से गरदन-दर्द झेल रहा हूँ। अगर तुम लोगों को कहीं 'पुराना घी' मिले तो थोड़ा सा देहरादून उक्त बाबू साहब को और खेड़ी के ठिकाने पर थोड़ा सा मुझे भेज दो।

दिल्ली, 30 नवंबर, 1897

मिस मूलर तुम्हारे (स्वामी ब्रह्मानंद) और मेरे नाम ग्रिंडले कंपनी में रुपए जमा करेंगी। चूँकि उसमें तुम्हारे नाम पावर ऑफ एटॉर्नी भी है, इसलिए तुम अकेले ही पूरे रुपए ड्रॉ कर सकते हो। ये रुपए जैसे ही जमा हों, तुम खुद और हरि फौरन पटना जाकर उस आदमी को पकड़ो और जैसे भी हो, उसे राजी कराओ। और जमीन अगर वाजिब दाम में मिले तो खरीद लो, वरना अन्यत्र कोशिश करो।

बेलूर मठ, 25 फरवरी, 1898

इधर कुछ समय से मेरी तबीयत ठीक नहीं चल रही थी। आजकल काफी ठीक हूँ। इस बार कलकत्ते में अन्यान्य वर्षों के मुकाबले कुछ ज्यादा ही सर्दी पड़ी है। और अमेरिका से जो सारे मित्र आए हैं, वे लोग यहाँ मजा ही ले रहे हैं। जो जमीन खरीदी गई है, आज हम उसकी दखल लेंगे और हालाँकि उस जमीन पर अभी ही महोत्सव करना संभव नहीं है, फिर भी इतवार को मैं वहाँ कोई-न-कोई आयोजन करूँगा। कम-से-कम श्रीजी का भस्मावशेष अपनी जमीन पर ले जाकर हम सबको वहाँ पूजा करनी होगी।

मेरे हाथ में रुपए नहीं हैं। मेरे पास जो कुछ भी था, उसकी आखिरी कौड़ी तक मैंने राजा (स्वामी ब्रह्मानंद) के हाथों में सौंप दिया, क्योंकि सभी लोगों का कहना है कि मैं फिजूलखर्च हूँ और इसीलिए मेरे पास रुपए रखने से डरते हैं।

अरे हाँ, हम सबने यहाँ दुबारा अपने नाच का सिलसिला शुरू कर दिया है। हरि, शारदा और स्वयं मुझे वाल्ट्ज नृत्य करते देखते तो तुम्हारी खुशी का ठिकाना नहीं रहता। मैं खुद भी अवाक् हूँ कि हम सब कैसे संतुलन बनाए रखते हैं।

शरत आया है और अपनी आदत मुताबिक सख्त मेहनत कर रहा है। इन दिनों हमारे पास अच्छा-खासा असबाब इकट्ठा हो गया है और पुराने मठ की चटाई के

अलावा खूबसूरत-टेबल, चेयर और तीन-तीन खाट भी मिले हैं! देखा, कितनी तरक्की हुई है! कुछेक महीनों बाद ही मैं मिसेज बूलर के साथ अमेरिका जा रहा हूँ।

यहाँ मठ तो स्थापित हो गया। कुछ और मदद पाने के लिए मैं विदेश जा रहा हूँ। तुम लोग उद्यम के साथ काम करो। अंदर और बाहर से भारत अभी सड़ा हुआ शव है। श्री महाराज के आशीर्वाद से इस देश को हम जिंदा कर लेंगे।

बेलूर मठ, 25 फरवरी, 1898

एक खास दिन के प्रति मैं विशेष ऋणी हूँ। वे मुझे शायद दार्जिलिंग ले जाने के लिए यहाँ आए हैं। कई अमेरिकी मित्र भी आए हैं। मुझे जो समय मिलता है, सारा-का-सारा मठ और उससे संलग्न प्रतिष्ठानों के कार्यों में अर्पित कर देता हूँ। इसके अलावा मुझे यह भी उम्मीद है कि अगले महीने मैं अमेरिका के सफर पर निकल जाऊँगा।

बेलूर मठ, मार्च 1898

तुलसी को चाहिए कि वह गुडविन से आशुलिपि सीख ले। जब मैं भारत से बाहर रहता था, मुझे प्रायः हर डाक से मद्रास को एक पत्र लिखना पड़ता था। मुझे वह सब पत्र भेज दो। मैं अपना यात्रा-विवरण लिखना चाहता हूँ। इस बारे में अन्यथा मत करना।

बेलूर मठ, 2 मार्च, 1898

लंदन से लौटकर जब मैं दक्षिण भारत में था और जब लोग मुझे उत्सव में भोज में बुलाकर मेरा स्वागत कर रहे थे और मुझसे सोलह आने काम वसूल कर रहे थे, ऐसे में वंशगत एक पुराना रोग उभर आया। वैसे उस रोग की संभावना हमेशा से ही थी। इन दिनों अत्यधिक मानसिक परिश्रम की वजह से वह रोग उभर आया है। साथ ही सेहत काफी खराब हो गई है और चरम अवसाद ने घेर लिया है। मुझे मद्रास तत्काल छोड़ देना पड़ा और अपेक्षाकृत ठंडी जगह उत्तरांचल में चले आना पड़ा। एक दिन भी देर करने का मतलब होता, अन्य जहाज पकड़ने के लिए उस प्रचंड गरमी में और एक सप्ताह इंतजार करना!

बातों-ही-बातों में मैं यह भी बता दूँ कि यह बात मुझे बाद में पता चली कि मि. बैरोज अगले दिन ही मद्रास आ पहुँचे थे और अपनी उम्मीद मुताबिक मुझे वहाँ न पाकर काफी रुष्ट भी हुए थे, हालाँकि मैं उनके ठहरने और अभिनंदन का सारा इंतजाम कर आया था। बेचारे को जानकारी नहीं थी कि उन दिनों मैं मरणासन्न था।

पिछली गरमियों मैं हिमालय की सैर करता रहा था। मैंने गौर किया कि ठंडी आबोहवा में आते ही मैं स्वस्थ हो जाता हूँ। लेकिन मैदान में जाते ही मैं फिर बिस्तर

पकड़ लेता हूँ। आज से कलकत्ता में बेतरह गरमी पड़ने लगी है, इसलिए मुझे फिर यहाँ से भागना पड़ेगा। इस बार ठंडे प्रदेश अमेरिका में, क्योंकि मिसेज बुल और मिस मैकलाउड इन दिनों यहीं हैं। कलकत्ता के करीब गंगा-तट पर मैंने संघ के लिए एक टुकड़ा जमीन खरीद ली है। यहाँ छोटे से एक घर में वे लोग रह रहे हैं। उसके काफी करीब ही, जहाँ अब मठ स्थापित किया गया है, उस घर में हम सब रह रहे हैं।

मैं हर रोज उन लोगों से मिलता हूँ। इस बात से वे लोग भी काफी प्रसन्न हैं। महीने भर बाद उन लोगों की कश्मीर-भ्रमण की इच्छा है। अगर वे लोग चाहेंगे तो मैं भी सलाहकार, दोस्त और शायद दार्शनिक के रूप में उन लोगों के साथ जाऊँगा। उसके बाद हम सब सागर-पथ से स्वाधीनता और बदनामियों के देश की तरफ रवाना हो जाएँगे।

तुम मेरे लिए परेशान न होना, क्योंकि रोग मुझे और दो-तीन वर्ष घसीट ले जाएगा। हद-से-हद निर्दोष संगी की तरह मेरे साथ ही रह जाए। बहरहाल मुझे इसका कोई अफसोस नहीं है। सुव्यवस्थित कर लेने की कोशिश में मैं हर वक्त कठोर परिश्रम किए जा रहा हूँ, सिर्फ इसलिए कि जब मैं रंगमंच से हट जाऊँ, तब भी समूचा यंत्र आगे की तरफ बढ़ता जाए। काफी अरसा पहले जिस दिन मैंने जीवन का विसर्जन दिया, उसी दिन मैंने मृत्यु पर विजय पा ली थी। मेरी एकमात्र दुश्चिंता है—काम! यहाँ तक कि मैंने उसे भी प्रभु को समर्पित कर दिया है। वे ही सर्वश्रेष्ठ जानकार, ज्ञाता हैं।

दार्जिलिंग, 23 अप्रैल, 1898

संदुकफू (11, 924 फीट) वगैरह स्थानों से होकर आते हुए तबीयत बिलकुल ठीक थी। लेकिन जैसे ही दुबारा दार्जिलिंग पहुँचा, पहले तो बुखार चढ़ गया। बुखार उतर गया तो अब सर्दी-खाँसी झेल रहा हूँ। रोज यहाँ से भागने की कोशिश करता हूँ, मगर इन लोगों ने आज-कल करते हुए देर करा दिया। जो भी हो, अब कल इतवार को यहाँ से रवाना हो रहा हूँ और रास्ते में एक दिन के लिए खरसान में रुककर सोमवार को कलकत्ता के लिए रवाना हो जाऊँगा। रामकृष्ण मिशन की एक सालाना मीटिंग आयोजित करनी चाहिए और मठ की भी एक वार्षिक मीटिंग बुलाना जरूरी है। उन दोनों मीटिंग में अकाल-राहत कार्य का खर्च भी 'सबमिट' करना जरूरी है। यह सारा कुछ तैयार रखना।

दार्जिलिंग, 29 अप्रैल, 1898

मुझे कई बार बुखार आ गया। अंत में मैं इन्फ्लुएंजा का शिकार हो गया। अब बुखार तो उतर गया है, मगर बेहद कमजोरी आ गई है। चलने-फिरने की ताकत

आते ही मैं पहाड़ से उतरकर कलकत्ता चला आऊँगा।

अँधेरी रातों में जब अग्निदेवता, सूर्यदेवता, चंद्रदेवता और तारकगण सो जाते हैं, तब तुम्हारे अंतर को कौन आलोकित करता है? मैंने तो इतना भर ही आविष्कार किया कि भूख ही मेरी चेतना को जगाए रखती है। अहा, 'आलोक का एक्य रूप' का महान् मतवाद कितना अपूर्व है। जरा सोचो, इस मतवाद के अभाव में यह जगत् कितने-कितने युगों से घोर अँधेरे में था। ये सब ज्ञान, प्रेम और कर्म तथा जितने भी बुद्ध, कृष्ण, ईसा हों—सब निरर्थक! उन लोगों का जीवन और कार्य एकबारगी व्यर्थ हुआ है, क्योंकि रात को जब सूरज-चाँद तिमिरलोक में डूब जाते हैं, तब वह कौन है जो अंतर को प्रकाशित किए रखता है, यह तत्त्व तो वे लोग आविष्कार कर ही नहीं सके। यह बात खासी दिलचस्प है, क्यों?

मैंने जिस शहर में जन्म लिया है, वहाँ अगर प्लेग फैल जाए तो मैं उसके प्रतिकार-कार्य में जुट जाऊँगा, मैंने यह तय किया है और जगत् में जितने भी ज्योतिष्क प्रकाश फैलाते रहे हैं, उनके प्रति आहुति अर्पित करने के बजाय मेरे निर्वाण-लाभ का यही प्रकृत उपाय है।

अल्मोड़ा, 20 मई, 1898

मेरे नैनीताल पहुँचने के बाद अब से बाबूराम (स्वामी प्रेमानंद) किसी की भी बात पर कान दिए बिना घोड़े पर सवार होकर नैनीताल पहुँचा और मेरे आने के दिन भी घोड़े पर ही हमारे साथ आया। चूँकि मैं डांडी पर सवार था, इसलिए काफी पीछे था। रात को जब डाकबँगले में पहुँचा, सुनने में आया कि बाबूराम दुबारा गिर पड़ा और हाथ में चोट लगा बैठा। नहीं, हड्डी-वड्डी नहीं टूटी और मेरी डाँटें सुनने के डर से वह देशी डाकबँगले में ही रुक गया, क्योंकि गिरने के कारण मिस मैकलाउड ने अपनी डाँडी उसे दे दी और खुद उसके घोड़े पर सवार होकर आईं।

उस रात मेरी उनसे भेंट नहीं हुई। अगले दिन मैं उसके लिए डाँडी का इंतजाम कर ही रहा था कि खबर मिली कि वह पैदल-पैदल ही चला गया है। तब से उसकी कोई खबर नहीं है। दो-एक जगह मैंने तार भी भेजे, मगर कोई खबर नहीं मिली। शायद किसी गाँव में जा बैठा है। चलो, अच्छा है! किसी की परेशानी बढ़ाने में ये लोग पारदर्शी होते हैं।

मेरी तबीयत अपेक्षाकृत काफी ठीक है। लेकिन अजीर्णता नहीं गई और दुबारा अनिद्रा ने धर दबोचा है। तुम अगर अजीर्ण की कोई अच्छी कविराजी दवा भेज सको तो बेहतर हो।

इस बार अल्मोड़ा की आबोहवा अति उत्तम है। उस पर से सेवियर ने जो

बँगला लिया है, वह अल्मोड़ा का उत्कृष्ट बँगला है। उस पार एनी बेसेंट ने भी एक छोटा सा बँगला ले लिया है और वहाँ चक्रवर्ती के साथ रह रही हैं। एक दिन मैं उनसे भेंट करने गया था। एनी बेसेंट ने मुझसे अनुरोध किया कि आपके संप्रदाय के साथ मेरे संप्रदाय की समूचे विश्व भर में प्रीति बनी रहे। आज बेसेंट हमारे यहाँ चाय पीने आ रही हैं। हमारी महिलाएँ भी करीब के एक छोटे से बँगले में रह रही हैं और आनंद से हैं। आज सिर्फ मिस मैकलाउड ही जरा अस्वस्थ हैं। हैरी सेवियर दिनोंदिन साधु बनता जा रहा है।

अल्मोड़ा, जून 1898

अत्यंत दु:ख के साथ मि. गुडविन की जीवन से चिर-विदा लेने की खबर सुनी। मामला इतना अचानक घटा कि उसकी मृत्यु के समय वहाँ उपस्थित नहीं रह सका। उसके प्रति अपनी कृतज्ञता का ऋण चुका पाना मेरे लिए कभी संभव नहीं होगा। जिन लोगों को यह लगता है कि मेरी चिंतन-धारा उनके किसी काम आई है, उन्हें यह भी जान लेना चाहिए कि मेरे चिंतन का प्राय: हर शब्द मि. गुडविन की अथक और सर्व-नि:स्वार्थ मेहनत की वजह से ही प्रकाशित हुआ है। मैंने इस्पात जैसे एक मित्र को खो दिया! मैंने एक शिष्य और चिर-भक्त को खो दिया। ऐसे एक कर्मी को गँवा दिया, जो यह नहीं जानता था कि थकान किसे कहते हैं। उसने दूसरों के लिए जिंदा रहने को जन्म लिया था। ऐसे एक व्यक्ति को खोकर यह पृथ्वी बेहद दरिद्र हो गई।

श्रीनगर, 17 जुलाई, 1898

मेरी तबीयत बिलकुल ठीक है। रात को भी प्राय: उठना नहीं पड़ता, हालाँकि दोनों वेला भात-आलू-चीनी, जो भी मिलता है, खाता हूँ। यह दवा किसी काम की नहीं है। ब्रह्मज्ञानी की देह को कोई दवा नहीं लगती।

अमरनाथ, 2 अगस्त, 1898

मुझे बेहद खुशी हुई है। मेरा खयाल था कि बर्फ का लिंग ही स्वयं शिव हैं। वहाँ चोर मनोवृत्तिवाला कोई ब्राह्मण नहीं था, कोई लेन-देन भी नहीं था, कहीं कोई अन्याय भी नहीं था। सिर्फ पूजा-ही-पूजा थी। किसी भी धर्मस्थल में मुझे इतना आनंद नहीं मिला था।

श्रीनगर, 10 अगस्त, 1898

श्री अमरनाथजी के दर्शनों के लिए गया था। बेहद आनंददायक तीर्थस्थल है! यह देव-दर्शन अविस्मरणीय रहेगा।

यहाँ मैं महीने भर और रहूँगा, उसके बाद नीचे उतर जाऊँगा।

कश्मीर, 25 अगस्त, 1898

कल्याणीया, मार्गेट, पिछले दो महीने से मैं निरे आलसी की तरह दिन गुजार रहा हूँ। भगवान् की दुनिया के अभूतपूर्व सौंदर्य की जो पराकाष्ठा हो सकती है, उसी के माध्यम से प्रकृति के इस नैसर्गिक उद्यान में, मनोरम झेलम की छाती पर नाव में बहता फिर रहा हूँ। यहाँ पृथ्वी, वायु, भूमि, तृण, गुल्मराजि, वन-जंगल की क़तारें, पर्वतमालाएँ, तुषार राशि और मानव देह—सबकुछ का कम-से-कम बाहरी पक्ष में भगवान् का ही सौंदर्य विकीर्ण हो रहा है। यह नाव ही मेरा घर-द्वार है और मैं प्रायः संपूर्ण रिक्त हूँ। यहाँ तक कि मेरे पास कलम-दवात तक नहीं है। जब जो जुट जाता है, खा लेता हूँ। ठीक जैसे रिप वैन विंकल के ढाँचे में ढला तंद्राछन्न जीवन!

सुनो, काम के दबाव तले अपने को खत्म मत कर देना। इससे कोई फायदा नहीं होगा। यह बात हमेशा याद रखना—'कर्तव्य मध्याह्न सूर्य की तरह होता है, उसकी प्रखर रश्मियाँ इनसान की जीवनी-शक्ति क्षय कर देती हैं।' साधना की दृष्टि से इसका सामयिक मूल्य जरूरी है, इससे अधिक करते हुए वह एक दुःस्वप्न मात्र होगा। हम सब जगत् के काम में अंश ग्रहण करें या न करें, जगत् अपने ढंग से चलता ही रहेगा। मोह के नशे में हम केवल अपना ही ध्वंस कर डालते हैं। एक किस्म की भ्रांत धारणा है, माँ चरम निःस्वार्थता का मुखौटा पहनकर दर्शन देती है, लेकिन सभी प्रकार के अन्याय के आगे जो सिर झुकाता है, वह अंत में दूसरों का अनिष्ट ही करता है। अपनी निःस्वार्थपरता के माध्यम से दूसरों को स्वार्थी बनाने का हमें कोई अधिकार नहीं है। क्यों? हमें ऐसा अधिकार है क्या?

श्रीनगर, 28 अगस्त, 1898

कुछ दिनों के लिए मैं दूर चला गया था। अब, मैं महिलाओं को सहयोग देने जा रहा हूँ। उसके बाद यह यात्री-दल किसी पहाड़ के पीछे बसे एक जंगल में स्थित सुंदर-शांत परिवेश में पहुँच जाएगा। वहाँ कल-कल करती हुई नदी बहती है। वहाँ वे लोग देवदारु तले बुद्ध की तरह आसन लगाकर गहरे और दीर्घस्थायी ध्यान में निमग्न रहेंगे।

कश्मीर, 6 अक्तूबर, 1898

अब 'हरिः ओम' नहीं, अब सिर्फ "'माँ! माँ!' मेरा समस्त स्वदेश-प्रेम बह गया! मेरा सबकुछ गया। अब, सिर्फ 'माँ! माँ!'

मुझसे बहुत बड़ी गलती हो गई। माँ ने मुझसे कहा, "हालाँकि म्लेच्छ लोग मेरे मंदिर में प्रवेश करते हैं। मेरी प्रतिमा अपवित्र करते हैं, इससे तुझे क्या? तू मेरी रक्षा करता है या मैं तेरी रक्षा करती हूँ?" अस्तु, अब मुझमें स्वदेश-प्रेम के नाम

पर कुछ नहीं है। मैं तो क्षुद्र शिशु मात्र हूँ।

कश्मीर, 12 अक्टूबर, 1898

देखा, मैंने सब वर्ण-वर्ण सच है—

'साहस में जो दुःख-दैन्य चाहे, मृत्यु को जो मृत्युपाश में बाँधे
काल-नृत्य करे उपभोग, मातृरूपा उसी के पास आएँ।'

माँ सचमुच उसी के पास आती हैं। मैंने अपने ही जीवन में इसे प्रत्यक्ष किया है, क्योंकि मैंने मृत्यु का साक्षात् भाव से आलिंगन किया है।

लाहौर, अक्तूबर, 1898

अब, तीन वर्ष और जीऊँगा। अब एकमात्र चिंता यह है कि इतने समय में मेरी जो परिकल्पना है, उसे वास्तव रूप दे पाऊँगा या नहीं।

बेलूर मठ, 20 अक्तूबर, 1898

अमरनाथ-दर्शन के बाद से मेरे दिमाग पर चौबीसों घंटे मानो शिव सवार हो गए हैं। वे किसी हाल भी उतर नहीं रहे हैं।

ओम अमरनाथ और बाद में ओम क्षीरभवानी के मंदिर में खूब तपस्या की थी।

अमरनाथ जाते हुए पहाड़ की एक खड़ी चढ़ाई पार कर रहा था। उस रास्ते से कोई यात्री नहीं जाता। सिर्फ पहाड़ी लोग ही आते-जाते हैं। मुझ पर जाने कैसी धुन सवार हुई—इसी मार्ग से जाऊँगा! अब जाऊँगा तो जाऊँगा। इस मार्ग पर मेहनत जो पड़ी तो शरीर जरा शिथिल पड़ गया है। वहाँ इतनी कड़ाके की सर्दी थी कि बदन पर मानो सुइयाँ चुभो रही हों।

केवल कौपीन पहनकर बदन पर भस्म लपेटे मैंने भी गुफा में प्रवेश किया। उस वक्त शीत-ग्रीष्म कुछ भी महसूस नहीं हुआ। लेकिन मंदिर से निकलकर ठंड में मानो जड़ हो आया।

वहाँ मैंने तीन-चार सफेद कबूतर देखे थे। वे कबूतर उसी गुफा में रहते हैं या कहीं आस-पास, मेरी समझ में नहीं आया।

सुना है, कबूतर के दर्शन हो जाएँ तो जो भी मनोकामना करो, सिद्ध हो जाती है।

यह देववाणी सुनने तक, मैंने कोई संकल्प नहीं किया था। मठ-वठ बनाने का संकल्प मैंने त्याग दिया है। माँ की जो इच्छा होगी, वही होगा। बहरहाल, चाहे भीतर हो या बाहर, मेरी तरह तू अगर अपने कानों से इस किस्म की अशरीरी बात सुने तो क्या तू झूठ बोल सकता है? देववाणी सच ही सुनाई देती है, बिलकुल वैसे ही जैसे इस वक्त हमारी बातचीत हो रही है।

बेलूर मई, 25 अक्तूबर, 1898

मेरी तबीयत फिर बिगड़ गई है। इसलिए मुझे कश्मीर से तत्काल कलकत्ता लौटना पड़ा है। डॉक्टरों ने कहा है कि अगले ठंड के मौसम में दुबारा परिव्राजक बनना मेरे लिए ठीक नहीं होगा। इससे अधिक हताशाजनक और क्या हो सकता है? जो भी हो, इस गरमी में मैं अमेरिका आ रहा हूँ। मिसेज बुल और मिसेज मैकलियोड ने इस वर्ष कश्मीर-भ्रमण का काफी आनंद उठाया।

धीरे-धीरे मेरी सेहत की उन्नति हो रही है और कुछेक महीनों बाद ही तो मैं अमेरिका की यात्रा करूँगा। 'माँ' जानती हैं कि हमारे लिए क्या सर्वश्रेष्ठ है। वे ही मार्गदर्शन करेंगी। अभी मैं भक्ति से बँधा हुआ हूँ। जितनी-जितनी उम्र होती जा रही है, उतनी ही ज्ञान की जगह भक्ति दखल करती जा रही है।

बेलूर मठ, नवंबर 1898

अभी उस दिन वैद्यनाथ-देवघर में प्रिय मुखर्जी के घर गया था। वहाँ ऐसी हँफनी चढ़ी कि जान होंठों पर आ गई। लेकिन मन के अंदर, साँस-साँस में गहरी आवाज उठने लगी—'सोऽहं! सोऽहं!' तकिए का सहारा लेकर प्राणवायु निकलने की प्रतीक्षा करने लगा और देखा कि अंदर से सिर्फ एक ही आवाज आ रही थी—'सोऽहं! सोऽहं! मुझे सिर्फ एक ही आवाज सुनाई देने लगी—'एकमेवाद्वयं: ब्रह्म नेह नानास्ति किंचन!'

कलकत्ता, 12 नवंबर, 1898

श्री माँ (शारदा देवी) आज सुबह नया मठ देखने जा रही हैं। मैं भी वहीं जा रहा हूँ।

बेलूर मठ, 22 नवंबर, 1898

माननीय महाराजा, आज महाराजा के सम्मुख मैं एक अत्यंत आवश्यक विषय पेश करूँगा। आपको मैं अपने जीवन का एकमात्र मित्र मानता हूँ और आपके सामने मन की बात खुलकर कहने में मुझे तिल-मात्र भी संकोच नहीं होता। अगर आपके पास मेरे इस वक्तव्य का कोई अर्थ हो तो बेहतर, वरना बंधु-सुलभ क्षमा द्वारा मेरी मूर्खता को भूल जाइएगा।

आपको इसकी जानकारी है कि विदेश से लौटने के बाद से ही मैं लगातार अस्वस्थ रहा हूँ। कलकत्ता रहने के दौरान महाराज ने अपने महानुभाव बंधुत्ववश और व्यक्तिगत रूप से सहायता का आश्वासन दिया था। आपने मुझे निश्चिंत किया था कि मैं अपनी बीमारी की वजह से परेशान न होऊँ। लेकिन मेरा यह रोग नीरोग होनेवाला नहीं है। नसों की अत्यधिक उत्तेजना की वजह से यह रोग लगा है और चाहे हजार बार जलवायु-परिवर्तन क्यों न करूँ, जब तक मन की दुश्चिंता और

उत्तेजना दूर नहीं होती, तब तक कोई सुफल नहीं होगा।

पिछले दो वर्ष विभिन्न जगहों की जलवायु की जाँच-परख में गुजर गए, लेकिन मेरा स्वास्थ्य दिनोंदिन गिरता जा रहा है। अब मैं मृत्यु की लगभग दहलीज पर खड़ा हूँ। आज मैं महाराजा के आश्वासन, महानुभवता और बंधुत्व के प्रति एक आवेदन कर रहा हूँ।

हर वक्त एक पाप-बोध मेरे दिल को क्षत-विक्षत करता रहता है। मैं इस पार्थिव जगत् में थोड़ा-बहुत सेवा करके चले जाना चाहता हूँ। मैंने अपनी माँ के प्रति घोर अन्याय किया है। मेरे मँझले भाई के चले जाने की वजह से (उन दिनों महेंद्रनाथ विदेश चले गए थे) वे अतिशय टूट गई हैं। अब मेरी अंतिम इच्छा यही है कि कुछ समय के लिए माँ की सेवा करके अपने पाप धो लूँ। अब मैं अपनी माँ के पास रहना चाहता हूँ। हमारा वंश कहीं लुप्त न हो जाए, इसलिए छोटे भाई का विवाह कर देना चाहता हूँ। इस कार्य से मेरा और मेरी गर्भधारिणी के बचे हुए दिन परम शांति से गुजर जाएँगे, इसमें कोई संदेह नहीं है। इन दिनों माँ एक टूटे-फूटे और न रहने लायक घर में रह रही हैं। मैं उनके लिए एक छोटा और सुंदर सा घर बनवाना चाहता हूँ। छोटे भाई की कमाई-धमाई के बारे में मुझे कम ही आशा है, उसके लिए भी कुछ कर जाना जरूरी है।

आप राजा राम के वंशधर हैं। आप जिसे प्यार करते हैं, आप जिसे अपना मित्र समझते हैं, उसकी इतनी सी मदद करना क्या आपके लिए अतिशय कष्टकर है? मुझे नहीं पता कि और किसके सामने अपना यह आवेदन पेश करूँ। यूरोप से मुझे जो कुछ मिला था, वह सब मैंने अपने आराध्य के कार्यों में नियोजित कर दिया। अपने लिए मैं अन्य किसी के भी आगे अपने हाथ नहीं फैला सकता। मैंने अपने परिवार की छुटपुट बातें तक आपके सामने खोलकर कही हैं और दुनिया का कोई भी दूसरा व्यक्ति ये बातें नहीं जानेगा। अब मैं थक चुका हूँ, उदास हूँ और मृतप्राय हूँ। मेरी प्रार्थना है कि आखिरी बार अपनी महत्त्व-सुलभ उदारता का प्रदर्शन करें। मेरे प्रति आपने अनगिनत बार अपनी बहुल दया दिखाई है, यह आखिरी दया उन सब अलंकार-स्वरूप शोभित होगी और मेरे जीवन के आखिरी दिन सहज और सुंदरतर ढंग से गुजरेंगे। जिस ईश्वर की सेवा में मैंने अपना जीवन उत्सर्ग करने की कोशिश की है, वही महान् ईश्वर हमेशा-हमेशा आपके और आपके आत्मीय वर्ग पर श्रेष्ठ आशीर्वाद वर्षण करें।

पुनश्च : यह पत्र नितांत व्यक्तिगत और गोपनीय है।

बेलूर मठ, 9 दिसंबर, 1898

काशीपुर में ठाकुर ने मुझसे कहा था, ''तू मुझे अपने कंधे पर चढ़ाकर जहाँ

भी ले जाएगा, मैं वहाँ जाऊँगा और रहूँगा। भले वह पेड़ के नीचे हो या कुटीर में हो।'' इसीलिए मैं स्वयं उन्हें अपने कंधे पर बिठाकर नई पृष्ठभूमि में ले जा रहा हूँ। यह बात भी तू जान ले कि काफी लंबे अरसे तक 'बहुजनहिताय' ठाकुर इस जगह आसीन रहेंगे।

प्रत्येक भक्त ठाकुर को अपनी बुद्धि के रंग में रँगकर, अलग-अलग ढंग से देखता है और समझता है। वे मानो महासूर्य हैं और हम सब ने एक-एक किस्म का रंगीन काँच अपनी-अपनी आँखों पर लगाकर उस एक ही सूर्य को तरह-तरह के रंग-बिरंगे रूप में देखा है।

यह बिलकुल इसी तरह का केंद्र-स्थान होगा। यहाँ से जो महासमन्वय की छटा विकीर्णित होगी, उसमें समस्त जगत् प्लावित हो जाएगा।

ठाकुर की इच्छा से आज उनके धर्मक्षेत्र की प्रतिष्ठा हुई। बारह वर्षों की चिंता मेरे सिर से उतर गई। मेरे मन में क्या विचार आ रहा है, जानता है? यह मठ विद्या और साधना का केंद्र-स्थल बनेगा। तुझ जैसे धार्मिक घर-बारी इस केंद्र-स्थल के चारों तरफ की जमीन पर घर-द्वार बनाकर रह सकेंगे और बीच में त्यागी संन्यासी वर्ग रहा करेगा। मठ के दक्षिण में जो जमीन है, वहाँ इंग्लैंड और अमेरिका के भक्तों के रहने के लिए घर-द्वार तैयार किए जाएँगे।

समय पर सबकुछ हो जाएगा। मैंने तो बस, बुनियाद डाल दी है। इसके बाद और भी कितना कुछ तैयार किया जाएगा। मैं भला कितना सा कर जाऊँगा!

बेलूर मठ, 15 दिसंबर, 1898

माँ ही हमारी एकमात्र प्रदर्शिका हैं और जो कुछ भी घट रहा है वह सब उन्हीं के विधान से हो रहा है!

बेलूर मठ, 26 जनवरी, 1899

मैं एक बार फिर मृत्यु की घाटी में चला गया था। बहुमूत्र का पुराना रोग अब गायब हो गया है। उसकी जगह जो आया है, डॉक्टर उसे हँफनी कह रहे हैं; दूसरे लोग अजीर्णता, जो स्नायु के अवसाद की वजह से होता है। जो भी हो, काफी परेशान करनेवाला रोग है, जिसे होता है उसे दमघोंटू अनुभूति देता है। कभी-कभी तो इसका असर कई दिनों तक रहता है। कलकत्ता में मैं सबसे ज्यादा ठीक रहता हूँ, इसलिए मैं यहाँ विश्राम के लिए हूँ और शांत हूँ, अल्पाहार पर हूँ। अगर मार्च तक मैं ठीक हो जाऊँगा तो मैं यूरोप-यात्रा पर निकल जाऊँगा। मिसेज बुल और अन्यान्य महिलाएँ जा चुकी हैं। अफसोस यही है कि अस्वस्थता की वजह से मैं उन लोगों के साथ नहीं जा सका।

मेरे लिए बिलकुल भी नहीं, जरा भी परेशान मत होना। 'माँ' जैसा चाहती

हैं, सबकुछ वैसा ही होगा। मेरा एकमात्र काम है उन्हें ग्रहण करना, मानना और अनुसरण करना।

बेलूर मठ, अप्रैल 1899

(स्वामी योगानंद के निधन के बाद)

"मेरे प्राणप्रिय भाई को मुझसे छीन लिया, इसलिए मैं ठाकुर से बेहद नाराज था, इसीलिए ये कुछेक दिन मंदिर नहीं आया। उन लोगों को (गुरु भाइयों को) मैं इतना प्यार क्यों करता हूँ, पता है? उन लोगों के साथ जितने दिन और जितने अंतरंग ढंग से बिताए हैं, उतना अपने सगे भाइयों के साथ नहीं बिताए। लेकिन, ठाकुर से भी मैं भला क्यों नाराज होऊँ? मैं यह आशा क्यों करूँ कि सबकुछ मेरी इच्छा मुताबिक ही घटेगा? और दुःख में इस कदर टूटूँ भी क्यों? मैं वीर हूँ न! ठाकुर मेरे कंधे पर हाथ रखकर कहा करते थे—'नरेन, तू वीर है! तुझे देखते ही मुझे ताकत मिलती है।' हाँ, सच ही मैं वीर हूँ। फिर मैं क्यों कायरों की तरह दुःख के सम्मुख सिर झुकाऊँ?"

बेलूर मठ, 11 अप्रैल, 1899

दो वर्षों के शारीरिक कष्ट ने मेरी बीस वर्ष उम्र हर ली है। लेकिन अच्छी बात यह है कि आत्मा में कोई परिवर्तन नहीं होता। होता है क्या? भोली आत्मा, उसी तरह विभोर रहकर तीखी एकाग्रता और आकुलता के साथ ठीक उसी तरह स्थित रहती है।

बेलूर मठ, 16 अप्रैल, 1899

अगर मैं और मेरे गुरुभाइयों के एक विशेष आहार शुद्ध-सत्त्व और यथार्थ स्वदेशहितैषी महात्मा हमारे कार्यों में सहायक हों, तो उस त्याग में हमें पल भर भी देर नहीं लगेगी, न आँखों से एक बूँद आँसू गिरेंगे। लेकिन इतने दिन हो गए, मुझे ऐसा कोई भी नजर नहीं आया। दो-एक वे हमारे HOBBY की जगह, उन लोगों की 'हवि' बिठाने की कोशिश की, बस यहीं तक! अगर सच ही स्वदेश या मनुष्य-परिवार का यथार्थ कल्याण हो, श्रीगुरु की पूजा छोड़ने की कौन कहे, कोई विकट पाप करके हम नरक-भोग करने को भी तैयार हैं, यह जान लें! लेकिन ऐसे मनुष्य की तलाश करते-करते अब मैं बूढ़ा होने लगा हूँ।

जो सब देश-हितैषी गुरु-पूजा छोड़ते ही हम सब में शामिल हो सकते हैं, उन लोगों के बारे में भी मेरे मन में थोड़ी सी दुविधा है। मैं कहता हूँ—देश के लिए आप लोगों के दिल अगर इतने ही धड़कते हैं, इतना ही अपना कलेजा दुखता हैं, दम निकलता है, आवाज घरघराती है, वगैरह-वगैरह वह और एक ठाकुर के मामले को ही तब बंद कर दिया?

तो ठाकुर की गुठली ही अगर गले में अटकने से मरने का खतरा हो तो, खैर, तो चलो, गुठली निकाली जा सकती है।

बेलूर मठ, 10 मई, 1899

मैं फिर ठीक होने लगा हूँ। मुझे लगता है, मेरी समस्त परेशानी की जड़ में बदहजमी और स्नायविक थकान है! हजम के मामले में मैं जतन ले रहा हूँ। मेरी दूसरी बार सफलता के साथ, सारी तकलीफ दूर हो जाएगी, जब तुमसे मेरी दुबारा भेंट होगी। तुम जानते हो कि पुराने बंधु-बांधवों के साथ भेंट-मुलाकात होना महा-उल्लास का मामला है। अस्तु, उल्लसित हो उठो। विचलित होने का कोई कारण नहीं है। इस वक्त मैं जो सब निराशा की पंक्तियाँ लिख रहा हूँ, उस पर बिलकुल विश्वास मत करना, क्योंकि मैं कभी भी, किसी वक्त भी अपने में नहीं होता, मैं इतना नर्वस हो आता हूँ।

चाहे जैसे भी हो, इस गरमी में यूरोप जाऊँगा-ही-जाऊँगा।

कलकत्ता, मई (?) 1899

बाप रे बाप! कितनी मेहनत की है। देखो न, अमेरिकियों ने प्यार में आकर खाट, बिछौने, गद्दे दे दिए हैं। मुट्ठी भर खाने को भी मिल जाता है। लेकिन भइए, भोग मेरी तकदीर में नहीं है। गद्दे पर लेटते ही रोग बढ़ जाता है। हँफनी से बेदम हो जाता हूँ। दुबारा फर्श पर लेट जाता हूँ, तब जाकर जान में जान आती है।

कलकत्ता, मई (?) 1899

"आज बड़ा मजा आया। मैं एक व्यक्ति के घर गया था। उन्होंने एक तसवीर बनवाई है—कृष्णार्जुन-संवाद! कृष्ण रथ पर खड़े हैं। हाथ में घोड़े की लगाम थामे अर्जुन को गीता का उपदेश दे रहे हैं। मुझे वह तसवीर दिखाकर उन्होंने पूछा, 'क्यों? कैसी लगी?' मैंने जवाब दिया, 'बुरा क्या है?' उन्होंने जिद किया, 'सारे दोष-गुण पर विचार करें और तब बताएँ कि तसवीर कैसी बनी है?' लाचार होकर मुझे कहना ही पड़ा, 'कहीं से कुछ भी नहीं बनी है। पहली बात तो यह है कि यह रथ आजकल के पैगोडा-रथ नहीं हैं। उस पर से कृष्ण के चेहरे पर कोई भावाभिव्यक्ति भी नहीं है।'

ग्रीक पौराणिक कहानी के चित्रों में जो सब रथ चित्रित गए हैं, तूने देखा है? दो पहिए होते हैं, पीछे से चढ़ा-उतरा जा सकता है। हमारा भी वही रथ था। एक चित्र बनाने से भला क्या होगा?

श्रीकृष्ण कैसे थे, पता है? समस्त गीता मूर्तिमान हो उठी है, जब अर्जुन में मोह और कायरता जागती है। उन्होंने अर्जुन को गीता का उपदेश दिया, तब उनका सेंट्रल आइडिया समूचे शरीर से फूटकर निकलता है।

दोनों घोड़ों के लगाम इस ढंग से खींच रखे हैं कि घोड़ों के पिछले दोनों पैर प्रायः घुटने के बल बैठे हुए और सामने के दोनों पैर शून्य में उठ गए हैं। दोनों घोड़ों के मुँह खुले-के-खुले रह गए हैं। इस वजह से श्रीकृष्ण के शरीर में एक भिन्न प्रकार की गतिशीलता दिखती है। उनका सखा त्रिभुवन-विख्यात वीर है। दोनों पक्षों के सैनिक-समूह के बीच अपना धनुष-बाण फेंककर कायरों की तरह रथ पर बैठ गए हैं। और श्रीकृष्ण ने उसी तरह घोड़े का लगाम खींचते हुए, हाथ में चाबुक लेकर समूची देह टेढ़ी करके अपनी वह स्वर्गीय प्रेम-करुणासिक्त बाल-सुलभ चेहरा अर्जुन की ओर फेरकर अपने प्राणसखा को 'गीता' की वाणी सुना रहे हैं।

यही, समस्त शरीर में INTENSE ACTION और चेहरा मानो नीले आकाश की तरह धीर-गंभीर और प्रशांत! यह है गीता का सेंट्रल आइडिया! देह-जीवन-प्राण-मन सबकुछ उनके श्रीचरणों में अर्पित करके सभी स्थितियों में स्थिर और गंभीर बने रहना होगा!

□

इस देश में मैं क्या करना चाहता हूँ

पश्चिम के जनगण के लिए मेरी वाणी तेजोद्दीप्त है। हे प्रिय स्वदेशवासीगण! तुम लोगों के प्रति मेरी वाणी सबलतम है। प्राचीन भारतवर्ष की वाणी मैंने यथासाध्य पश्चिम के जन-समूह में प्रचार करने की कोशिश की है। यह अच्छा हुआ या बुरा, भविष्य में ही समझ में आएगा। लेकिन उस भविष्य के बल-समृद्ध कंठ की मृदु, फिर भी निश्चित वाणी स्पंदित हो रही है, दिनोंदिन वही ध्वनि स्पष्टतर हो रही है—वही भविष्य के भारत के प्रति वर्तमान भारत की वाणी है।

विविध जातियों में ढेरों अद्भुत-अद्भुत प्रथाएँ और विधियाँ हैं। ढेरों अद्भुत शक्ति और क्षमता के विकास पर गौर करने का मुझे सौभाग्य मिला है। लेकिन सर्वाधिक आश्चर्यजनक बात यह है कि आचार-व्यवहार, संस्कृति और शक्ति के आपात वैचित्र्य के अंतराल में एक ही मानव-हृदय एक ही किस्म की आनंद-वेदना, सबलता और दुर्बलता के साथ स्पंदित होता है।

वैसे अच्छा और बुरा हर जगह है। उनमें भी आश्चर्यजनक ढंग से सामंजस्य विद्यमान है। लेकिन सबसे ऊपर सर्वत्र वही गौरवदीप्त मानव-आत्मा—अगर वह अपनी भाषा में कहना जानता हो तो वह कभी भी, किसी को भी गलत नहीं समझता। हर जाति में ऐसे नर-नारी मौजूद हैं, जिनका जीवन मानव-जाति के लिए आशीर्वाद-स्वरूप है। वे लोग सम्राट् अशोक की उस वाणी के प्रमाण-स्वरूप हैं—'प्रत्येक देश में ही ब्राह्मण और श्रमण निवास करते हैं।'

जिस पवित्र प्यार के साथ पश्चिम के लोगों ने मुझे ग्रहण किया था, वह नि:स्वार्थ हृदय के लिए ही संभव है। उस देश के प्रति मैं कृतज्ञ हूँ। लेकिन इस मातृभूमि के प्रति ही मेरा सारा जीवन की भक्ति अर्पित है। और अगर मुझे सहस्र बार भी जन्म ग्रहण करना पड़े, तब उस सहस्र जीवन का प्रति मुहूर्त मेरे देशवासियों का होगा! हे मेरे बंधुवर्ग, मेरा पल-पल तुम लोगों की ही सेवा में अर्पित होगा।

मेरा दैहिक, मानसिक, आध्यात्मिक, जो भी संबल है, वह सबकुछ तो मैंने इसी देश से पाया है। और अगर किसी भी क्षेत्र में मुझे सफलता नसीब हुई है तो वह गौरव मेरा नहीं, तुम लोगों का है। जो दुर्बलताएँ और व्यर्थताएँ हैं, सब मेरी व्यक्तिगत हैं। ये सभी दुर्बलताएँ अपने देशवासियों को, जो महती भावधारा आजन्म धारण किए रखते हैं, समृद्ध कर पाने की शक्ति के अभाववश हैं।

हम सब भारत के अध:पतन के बारे में सुनते रहते हैं। कभी मैं भी इस बात पर विश्वास करता था। लेकिन आज अनुभवों की दृढ़भूमि पर खड़े होकर, संस्कार-भुक्त दृष्टि के साथ और सबसे ऊपर देश के संस्पर्श में आकर, उन लोगों के अतिरंजित चित्र-समूह का वास्तविक रूप देखकर मैं सविनय स्वीकार करता हूँ कि मुझसे भूल हुई थी।

हे पवित्र आर्यभूमि! तुम्हारी कभी भी अवनति नहीं हुई। कितने ही राजदंड चूर-चूर होकर दूर जा पड़े, कितने ही शक्तिदंड एक हाथ से दूसरे हाथ में चले गए; लेकिन भारतवर्ष में राजा और राजसभाओं ने बेहद कम लोगों को ही प्रभावित किया है। उच्चतम से लेकर निम्नतम श्रेणी तक विशाल जनसमष्टि अपने अनिवार्य गति-पथ पर दौड़ती जा रही है। जातीय जीवन-स्रोत में कभी हलके-अर्धचेतन ढंग से, कभी प्रचल जाग्रत् ढंग से प्रवाहित हो रही है। सौ शताब्दी की समुज्ज्वल शोभायात्रा के सामने मैं स्तंभित विस्मय से दंडायमान हूँ। उस शोभायात्रा के किसी-किसी हिस्से में आलोक-रेखा लगभग स्तमित प्राय है। अगले ही पल दुगुने तेज से भास्वर! और उसके बीच हमारी देशमाता, रानी की तरह, चरण बढ़ाती हुई पशु-मानव को देव-मानव में रूपांतरित करने के लिए महिमावान् भविष्य की ओर अग्रसर हो रही हैं। स्वर्ग और मर्त्य की किसी भी शक्ति की क्षमता नहीं है कि इस जय-यात्रा का गतिरोध करे।

इस सद्यः आशीर्वादपुष्ट भूमि की ओर, जिसने मुझे यह शरीर प्रदान किया है, मैं गहरी श्रद्धा के साथ मुड़कर देखता हूँ और जिन्होंने इस दयामय पृथ्वी की इस पवित्रतम जगह में मुझे जन्म ग्रहण करने की अनुमति दी है, उन्हें मैं गहरी श्रद्धा से याद करता हूँ। जब समग्र पृथ्वी धनवान् और शक्तिमान लोगों में उन लोगों के पुरखों को खोजने की कोशिश कर रही है, तब एकमात्र हिंदू लोग संतों से उनके पुरखों का संधान करके गर्वबोध कर रहे हैं।

उस अद्‌भुत नाव में, जो युग-युगों से जीवन-समुद्र में स्त्री-पुरुषों को वहन करती रही है, मुमकिन है, कभी-कभार उसमें कोई छिद्र निकल आए।

उस नाव में अगर कहीं कोई छिद्र हो भी तो साधारण संतान के तौर पर भी, मेरा कर्तव्य है कि अपना जीवन देकर भी उस नाव की रक्षा करूँ। अगर मैं यह

देखूँ कि मेरा वह संग्राम विफल गया, तब भी चूँकि प्रभु मेरे साक्षी हैं, मैं उन लोगों को आशीर्वाद दूँगा कि "हे मेरे भाइयो! तुम लोगों ने भला ही किया—कम- से-कम कोई भी जाति इस किस्म की परिस्थिति में जो कर सकती थी, वह किया। मेरा जो कुछ भी है, सब तुम्हारा ही दान है। आखिरी समय तक मुझे अपने साथ रहने का मौका दो। आओ, हम एक साथ डूब जाएँ।"

मुझे पक्का विश्वास है, कोई भी व्यक्ति या जाति दूसरी जाति से अपने को पूरी-पूरी तरह अलग रखकर जिंदा नहीं रह सकती। जहाँ भी श्रेष्ठता, पवित्रता या नीति-संबंधी भ्रांत धारणावश इस प्रकार की चेष्टा होती है, वहीं किसी जाति ने अपने को पृथक् रखा है, वहीं उसके परिणाम अतिशय शोचनीय हो उठे हैं।

मेरा खयाल है, भारत के अध:पतन और अवनति का प्रधान कारण जाति के चारों तरफ इस प्रकार के आचारों की प्राचीर खड़ा करना है। प्राचीन काल में इन आचारों का असली उद्देश्य था, हिंदू, चारों तरफ छाए हुए बौद्ध लोगों के संस्पर्श में न आएँ। इसकी बुनियाद थी—दूसरों के प्रति घृणा!

इन सभी नीतियों के सहारे मेरा जीवन संचालित हो रहा है। इसमें एक बात यह भी है कि अपने पूर्वजों को स्मरण करके मैं कभी लज्जित नहीं हुआ। जगत् में जितने भी गर्वित पुरुषों ने जन्म ग्रहण किया है, मैं उनमें से अन्यतम हूँ। लेकिन मैं स्पष्ट भाषा में कहता हूँ कि अपना कोई गुण या शक्ति को लेकर मैं अहंकार नहीं करता। मैं अपने प्राचीन पूर्व-पुरुषों के गौरव से गौरवान्वित महसूस करता हूँ। मैं चाहे जितना भी अतीत की आलोचना करूँ, जितना भी पीछे मुड़कर देखूँ, उतना ही गौरव महसूस करता हूँ। इसी से मुझमें अपने विश्वास के प्रति दृढ़ता और साहस आया है। मुझे धरती की धूल से उठाकर महान् पूर्वपुरुषों के महान् अभिप्राय को कार्य रूप में परिणत करने के लिए नियुक्त किया है।

यह मैं, एक अति नगण्य व्यक्ति, फिर भी अपनी जाति, अपने पूर्वजों के गौरव से गौरवान्वित महसूस करता हूँ। मैं, जो तुम लोगों का अयोग्य दास हूँ, इसमें भी गौरव महसूस करता हूँ। तुम सब ऋषि-मुनियों के वंशधर हो, उन अतिशय महिमामय पूर्वजों के वंशधर हो, मैं जो तुम लोगों के देश का हूँ, इसमें भी मैं गर्व महसूस करता हूँ। अस्तु, तुम लोग आत्मविश्वास-संपन्न बनो! पूर्वजों के नाम से लज्जित न होकर उन लोगों के नाम से गौरव महसूस करो।

मैं भी स्वदेश-हितैषी होने में विश्वास करता हूँ। मेरा भी एक आदर्श है। कोई महान् कार्य करने के लिए तीन बातों की जरूरत पड़ती है—पहली हार्दिकता—आंतरिकता जरूरी है। बुद्धि, विचार-शक्ति कितनी सहायता कर सकती है? ये सब हमें कई एक चरण आगे बढ़ा देती हैं, मगर महाशक्ति की प्रेरणा हृदय-द्वार से ही

आती है। प्रेम असंभव को संभव कर देता है। जगत् के सकल रहस्य ही प्रेमी के लिए उन्मुक्त हैं।

हे भावी संस्कारकगण! भावी स्वदेश-हितैषी गण! तुम सब हृदयवान् बनो, प्रेमी बनो! तुम लोग क्या साँस-साँस में समझ रहे हो कि करोड़ों-करोड़ देवता और ऋषियों के वंशधर पशुप्राय हो उठे हैं? तुम लोग क्या साँस-साँस में महसूस कर रहे हो कि करोड़ों लोग भूखे मर रहे हैं, करोड़ों लोग सैकड़ों शताब्दियों से आधा पेट खाकर दिन गुजार रहे हैं? तुम लोग क्या मन की पोर-पोर से महसूस कर रहे हो कि अज्ञान के काले-काले बादलों ने समग्र भारत के आकाश को ढक लिया है? तुम लोग क्या यह सब सोच-सोचकर परेशान हुए हो? इन सब चिंताओं ने क्या तुम्हारी नींद हराम कर दी है? यह फिक्र क्या तुम लोगों के खून में घुल-मिलकर नसों में बहने लगी है? तुम लोगों की साँसों के घर स्पंदन के साथ क्या यह चिंता-फिक्र घुल-मिल गई है? इस फिक्र ने क्या तुम लोगों को पागल कर दिया है? देश की दुर्दशा की चिंता ने क्या तुम लोगों के एकमात्र ध्यान का विषय बना है? इस चिंता में विभोर होकर तुम लोग क्या अपना नाम-यश, विषय-संपत्ति, यहाँ तक कि तन-बदन की सुध भूल गए हो? क्या तुम लोग ऐसा बन सके हो? यदि ऐसा हुआ हो तो समझना कि तुम लोगों ने पहले चरण पर स्वदेश-हितैषी होने के प्रथम चरण में पदार्पण भर किया है।

प्राचीन काल से अन्य लोग कहते आए हैं—तुम लोग हीन हो, तुम लोगों में कोई ताकत नहीं। हजार-हजार वर्षों से यह सब सुनते हुए तुम लोग भी यही सोचने लगे हो कि हम सच ही हीन हैं, हर विषय में अकर्मण्य हैं। यही सब सोचते-सोचते तुम लोग वैसे ही हो गए हो। (अपनी देह की ओर इशारा करके) इस शरीर ने भी तो तुम्हीं लोगों के देश की माटी में जन्म लिया है। लेकिन, मैंने कभी ऐसा नहीं सोचा। मुझे अपने पर प्रचंड विश्वास था। तभी तो, देखो न, उनकी (ईश्वर) इच्छा मुताबिक जो लोग हमें चिरकाल हीन समझते थे, वे लोग ही देवता की तरह मेरी खातिर करते हैं और कर रहे हैं। तुम लोग भी अगर इस ढंग से सोच सको कि—'हमारे अंदर अनंत शक्ति, अपार ज्ञान, अदम्य उत्साह है' और अनंत की यह शक्ति अगर तुम लोग भी जाग्रत कर सको तो तुम लोग भी मेरे जैसे हो सकते हो।

तुम लोग कहोगे, 'इस ढंग से सोचने की भला हममें शक्ति कहाँ है? हमें ये बातें बताए या समझाए, ऐसा शिक्षक या सलाहकार कहाँ है?'

इसीलिए तो मैं अन्य रूप सिखाने और दिखाने आया हूँ। तुम लोग मुझसे यह तत्त्व सीख-समझ लो, अनुभव करो। उसके बाद यह विचार नगर-नगर, गाँव-गाँव,

मुहल्ले-मुहल्ले फैला दो। तुम लोग सभी मनुष्यों से जाकर कहो, 'उठो! जागो! अब सोओ मत! सारे अभाव, सकल दुःख मिटाने की शक्ति तुम्हारे अपने ही भीतर है, इस बात पर भरोसा करो। तभी यह शक्ति तुममें जाग उठेगी।'

मैंने अपनी आँखों से देखा है, तुम लोगों में अनंत शक्ति छिपी पड़ी है। उस शक्ति को जगाओ! उठो! उठो! कमर कसकर जुट जाओ। दो दिनों के लिए धन-मान लेकर क्या होगा? मेरा क्या विचार है, जानते हो? मेरा कार्य है तुम लोगों के अंदर इन भावों को जगा देना। एक इनसान तैयार करने के लिए अगर लाख-लाख जन्म भी लेना पड़े, मैं इसके लिए भी तैयार हूँ।

अपनी बात कहूँ तो अपने स्वदेशवासियों की उन्नति के जिस काम में मैंने हाथ लगाया है, उसे संपन्न करने के लिए अगर जरूरत पड़ी तो दो सौ बार जन्म ग्रहण करूँगा।

इस बार मैं जीवन के अंतिम पलों तक काम किए जाऊँगा। अमेरिका में मैंने सिर्फ एक या दो तरंगें उठाई हैं। वहाँ महाप्लावन की जरूरत है। समाज को बिलकुल उलट-पलट देना होगा। समस्त जगत् में एक नई सभ्यता का सृजन करना होगा। तभी समग्र विश्व समझ सकेगा कि महाशक्ति क्या है और मैं किसलिए आया हूँ। पहले मैंने जो शक्ति-प्रदर्शन किया था, उसकी तुलना में इस बार की शक्ति और अधिक विपुल व प्रबल होगी।

हम दोनों को भला लगे या न लगे, इसके लिए प्रभु का कार्य अटका नहीं रहता। वे मामूली धूल से भी अपने कामकाज के लिए सैकड़ों-हजारों कर्मी सृजित कर सकते हैं। उनके अधीन रहकर काम करना तो हमारे लिए सौभाग्य और गौरव का विषय है।

ठाकुर के काम के लिए ईषत् हंगामा जरूरी था। वह हो गया, यह अच्छी बात है।

भारत दीर्घ काल से यंत्रणा सहता आया है। सनातन धर्म पर काफी अरसे से अत्याचार हुआ है। लेकिन प्रभु दयामय हैं। वे अपनी संतानों के उद्धार के लिए आए हैं। पतित भारत को दुबारा जाग्रत करने का मौका दिया गया है। केवल श्रीरामकृष्ण देव के चरण तले बैठकर शिक्षा ग्रहण करने से ही भारत का उत्थान होगा। उनके जीवन, उनके उपदेशों का चारों तरफ प्रचार करना होगा, ताकि हिंदू समाज के सर्वांश, प्रति अणु-परमाणु में ये उपदेश ओत-प्रोत भाव से फैल जाएँ।

मेरे गुरुदेव कहा करते थे—हिंदू-ईसाई वगैरह विभिन्न नाम भर हैं। इनसान इनसान में परस्पर भ्रातृभाव ही विशेष बंधन हो जाता है। पहले यही सब सोचने-विचारने की कोशिश करनी होगी। दूसरों का मंगल करने की शक्ति हम सब खो

बैठे हैं। आजकल केवल अशुभ प्रभावों का विस्तार है। इन लोगों के कुत्सित कुहासे में पड़कर हममें जो लोग विशुद्ध और खरे हैं, वे लोग भी राक्षसों जैसा बरताव करने लगे हैं। इन सबको तोड़ने के लिए कठोर चेष्टा करनी होगी और इसमें हम सब जरूर सफल होंगे।

इसीलिए तो एक केंद्र-स्थापन के लिए मेरा इतना आग्रह है। संघ में काफी दोष होते हैं, इसमें कोई संदेह नहीं; लेकिन इसके अलावा कुछ भी होने का कोई उपाय नहीं है।

अंदर से जैसी प्रेरणा आए, उसी ढंग से काम करना चाहिए। कार्य अगर ठीक-ठीक और अच्छा हुआ तो मुमकिन है, मरने के सैकड़ों-सैकड़ों शताब्दियों बाद समाज को उनकी तरफ लौटकर आना ही होगा। देह-मन-प्राण, सर्वान्तःकरण से हमारे कार्यों से जुड़ जाना होगा। एक भाव, एक चिंतन के लिए जब तक हम और कुछ त्याग के लिए प्रस्तुत नहीं होते, तब तक हमें किसी काल में आलोक नजर नहीं आएगा।

जो लोग मानव जाति की किसी प्रकार से सहायता करना चाहते हैं, उन लोगों के ये समस्त सुख-दुःख, नाम-यश और जितने भी प्रकार के स्वार्थ हैं, सब पोटली बाँधकर समंदर में फेंक देना होगा और पलटकर भगवान् के पास आना होगा। सभी आचार्य यही बात कह गए हैं और कर गए हैं।

मैंने अपना भाव और जीवन सबकुछ उत्सर्ग कर दिया है। भगवान् मेरे सहाय हैं। इससे अधिक किसी की मदद मैं नहीं चाहता। यही सिद्धि का एकमात्र रहस्य है।

दूर—अति दूर, लिपिबद्ध इतिहास, यहाँ तक कि वैभव और ऐश्वर्य की क्षीण रश्मियाँ तक जहाँ प्रवेश करने में असमर्थ हैं, अनंत काल से वह आलोक स्थिर जल रहा है। बाहरी प्रकृति का लीला-वैचित्र्य कभी कुछ क्षीण, कभी अति उज्ज्वल, लेकिन चिरकाल अनिर्वाण और स्थिर रहकर न सिर्फ समग्र भारत में, समस्त भाव-राज्य में अपना नीरव, अननुभूत, शांत, फिर भी सर्वशक्तिमान पवित्र रश्मियाँ विकीर्ण कर रहा है। उषःकालीन शिशिर-संपात की तरह अश्रुत और अलक्ष्य ढंग से अति सुंदर गुलाब की कली को प्रस्फुटित कर रहा है—यही उपनिषद् की भावराशि है, यही वेदांत-दर्शन है।

मैं बेझिझक कहता हूँ, मनुष्य ने आध्यात्मिक राज्य का जो कुछ भी पाया है या पाएगा, वही उसकी पहली और आखिरी प्राप्ति होगी। भारत में भी, प्राचीन या आधुनिक काल में, विरोधी संप्रदाय भले विद्यमान हो, ये सभी उपनिषद् या वेदांत रूप प्रमाणों पर ही प्रतिष्ठित हैं। सभी भारतीय संप्रदायों को उपनिषद के प्रमाण मानकर चलना चाहिए। लेकिन इन सभी संप्रदायों के बीच हम फिलहाल ढेरों विरोध देख

रहे हैं। उपनिषद्-समूह में जो अपूर्व समन्वय विद्यमान है, बहुत बार प्राचीन और बड़े-बड़े ऋषिगण तक पकड़ नहीं पाए।

उपनिषद् के मंत्रों में गूढ़ रूप से जो समन्वय भाव विद्यमान है, अब उसकी व्याख्या और प्रचार जरूरी है। द्वैतवादी, विशिष्टाद्वैतवादी, अद्वैतवादी आदि संप्रदायों में जो समन्वय मौजूद है, वह जगत् को स्पष्ट भाव से दिखाना होगा।

ईश्वर-कृपा से मुझे एक ऐसे व्यक्ति के चरण तले बैठकर शिक्षा-लाभ का सौभाग्य मिला था, जिनका समग्र जीवन ही उपनिषद् के इस महासमन्वय की व्याख्या-स्वरूप है, जिनका जीवन उपनिषद् मंत्रों का जीवंत भाष्य-स्वरूप है! उन्हें देखकर ऐसा लगता था मानो उपनिषद् के भाव वास्तविक रूप में मानव-मूर्ति बनकर प्रकाशित हो रहे हैं। उसी समन्वय के भाव संभवतः थोड़ा-बहुत मेरे अंदर भी आ समाए हैं। मुझे पता नहीं कि विश्व के सामने वह प्रकाशित कर पाऊँगा या नहीं, लेकिन वेदांतिक संप्रदाय परस्पर-विरोधी नहीं है, परस्पर सापेक्ष है, एक मानो अन्य की परिणति-स्वरूप है, एक मानो अन्य के सोपान-स्वरूप है और सर्वशेष चरम लक्ष्य अद्वैत में 'तत्त्वमसि' में पर्यवसित है—यही दिखाना मेरा जीवन-व्रत है।

प्रश्न : अगर यह सच है तो पहले के आचार्यगण ने इस बात का उल्लेख क्यों नहीं किया?

इसलिए कि इस काम के लिए मेरा ही जन्म निश्चित था।

आत्मज्ञान से श्रेष्ठ और कुछ भी नहीं है, बाकी सब माया है। यह सब झूठा प्रचार लगता है।

मुझे याद आ रहा है कि कश्मीर के किसी देहात में एक वृद्धा मुसलमान महिला से बातचीत के दौरान मैंने पूछा था, "आप किस धर्म को माननेवाली हैं?" उन्होंने तेजस्वी मुद्रा में उत्तर दिया, "ईश्वर को धन्यवाद! उन्हीं की दया से मैं मुसलमान हूँ।" उसके बाद मैंने यही प्रश्न एक हिंदू से भी किया। उसने सीधी-सादी भाषा में उत्तर दिया—"मैं हिंदू हूँ।"

'कठोपनिषद्' के उस महाकाव्य की याद आ रही है—'श्रद्धा या अपूर्व विश्वास!'

यही श्रद्धा या यथार्थ विश्वास का प्रचार ही मेरा जीवन-संकल्प है। तुम लोग चाहे जो भी दार्शनिक मत अवलंबन करो, इससे कोई फर्क नहीं पड़ता। यहाँ मैं सिर्फ यह साबित करना चाहता हूँ कि समग्र भारत में 'मानव जाति की पूर्णता में अनंत विश्वास-रूप प्रेमसूत्र' ओतप्रोत भाव से विद्यमान है। मैं स्वयं भी इस पर विश्वास करता हूँ। इस विश्वास का समस्त भारत में विस्तार हो।

भारत के लिए जिस परिकल्पना ने मेरे मन में रूप लिया है, वह यह है—

भारत के संन्यासियों के बारे में मैंने आप लोगों को बताया है। हम लोग कैसे, किसी प्रकार का मूल्य ग्रहण किए बिना या टुकड़ा भर रोटी के बदले में, द्वार-द्वार धर्म-प्रचार करते रहते हैं, मैंने इसका भी विवरण दिया है। इसीलिए भारतवर्ष के सर्वापेक्षा निम्न स्तर के लोग धर्म की महत्तम भावराशि धारण करते हैं। यह सब इन्हीं संन्यासियों का कर्म है। लेकिन अगर किसी व्यक्ति से यह पूछा जाए—अंग्रेज लोग कौन हैं? वह उत्तर नहीं दे सकेगा।

"तुम लोगों का शासक कौन है?"

"पता नहीं।"

"शासन-तंत्र क्या है?"

यह भी नहीं जानता। लेकिन दर्शन के मूल तत्त्व वे लोग जानते हैं। जिस इह जगत् में वे लोग दुःख-कष्ट भोग करते हैं, उस जगत् के संबंध में उन लोगों में व्यावहारिक ज्ञान का ही अभाव है। ये सब लाखों-लाखों इनसान परलोक के लिए प्रस्तुत होते हैं—यही क्या यथेष्ट है? कभी नहीं। उन लोगों को तो टुकड़ा भर अच्छी रोटी और एक टुकड़ा अच्छे कंबल की ही जरूरत है। बड़ा प्रश्न यह है कि इन सब लाखों-लाख पतित लोगों के लिए वह अच्छी रोटी और अच्छा कंबल कहाँ से मिलेगा?

पहले तो यह बता दूँ कि उन लोगों में विपुल संभावनाएँ विद्यमान हैं, क्योंकि पृथ्वी पर वे लोग ही सर्वाधिक शांत जाति हैं। वे लोग डरपोक हैं, ऐसा नहीं है। युद्धक्षेत्र में वे लोग असुर-पराक्रम से युद्ध करते हैं, अंग्रेजों का श्रेष्ठ सैन्य-दल भारतीय कृषक संप्रदाय से संगृहीत है। वे लोग मृत्यु की परवाह नहीं करते। उन लोगों का मनोभाव है—'इस जन्म से पहले मैं कम-से-कम बीस बार मर चुका हूँ। हो सकता है, इसके बाद भी अनगिनत बार मरूँगा। इससे क्या फर्क पड़ता है?' वे लोग कभी भी पीठ नहीं दिखाते। विशेष भाव-प्रवण न होने पर भी योद्धा के तौर पर वे लोग भले हैं।

वैसे उन लोगों की जन्मगत प्रवृत्ति कृषि-कर्म ही है। आप उन लोगों का सर्वस्व छीन लें, उन लोगों की हत्या कर दें, कर के बोझ से उन लोगों को जर्जर कर दें, जो मन आए करें—जब तक उन लोगों को स्वाधीन ढंग से धर्म आचरण करने देंगे, वे लोग शांत और नम्र बने रहेंगे। वे लोग कभी भी दूसरों के धर्म में हस्तक्षेप नहीं करेंगे।

'हमारे भावानुयायी ईश्वर की आराधना का अधिकार हमें दे दो, भले सब छीन लो।' यही है उन लोगों का मनोभाव! अंग्रेज जब कभी इस जगह हस्तक्षेप करते हैं, बस, गड़बड़ी शुरू हो जाती है। वही था—सन् 1857 के सिपाही विद्रोह का

वास्तविक कारण! धर्म के बारे में निर्यातन भारतवासी कभी बरदाश्त नहीं करेंगे। भारतवासियों के धर्म में हस्तक्षेप करते ही विशाल मुगल साम्राज्य देखते-ही-देखते शून्य में मिल गया।

यह पवित्र और सरल कृषक कुल आखिर क्यों दुःख सहेगा? अब तक कोई भी जातिगत सभ्यता ही पूरी तरह सार्थक नहीं हुई। इस सभ्यता को जरा आगे बढ़ा दो, तभी तो अपने लक्ष्य तक पहुँचोगे। इस सभ्यता को आमूल बदलने की कोशिश न करें। किसी भी जाति की प्रचलित प्रथा, नियम-कानून, रीति-नीति छोड़ दें तो और बचा क्या रहता है? यही सब तो जाति को एकता के सूत्र में आबद्ध रखते हैं।

लेकिन, एक अति पंडित विदेशी आकर कहे "देखो, अपने हजारों वर्षों की रीति-नीति, नियम-कानून छोड़कर हमारा यह खाली कटोरा ग्रहण करो," तो उसकी बात कौन सुनेगा—यह नितांत मूर्खतापूर्ण बात होगी।

हमें परस्पर, परस्पर की मदद करनी होगी। लेकिन, इस मामले में हमें कुछ और आगे बढ़ना होगा। सहायता करने के लिए निःस्वार्थ होना जरूरी है। 'मैं तुम्हें जैसे-जैसे करने को कहूँ, बिलकुल वैसे-वैसे करोगे, तभी हम तुम्हारी सहायता करेंगे, वरना नहीं—' इसी का नाम क्या सहायता है?

वैसे, मैं यह भी कहूँगा कि संन्यास-व्यवस्था में मैं बहुत अधिक विश्वासी नहीं हूँ। इस व्यवस्था में अनेक गुण हैं, मगर अनेक दोष भी हैं। संन्यासी और गृहस्थ लोगों में पूर्ण सामंजस्य रहना चाहिए।

इस परिकल्पना को अब जाकर कागज-कलम में सुंदर ढंग से लिख लिया गया है। लेकिन, साथ-साथ मैं यह भी कहता हूँ कि आदर्शवाद के स्तर से ही मैंने यह परिकल्पना ग्रहण की थी। अब तक यह परिकल्पना शिथिल और आदर्शवादी ही थी। जैसे-जैसे दिन गुजरते गए, यह एकबद्ध और विशुद्ध होती गई। प्रकृत कर्मक्षेत्र में उतरकर मैंने उसकी त्रुटियों वगैरह पर गौर किया।

वास्तविक क्षेत्र में इसका प्रयोग करते हुए मैंने क्या आविष्कार किया? पहली बात तो यह कि संन्यासियों की इस शिक्षा-दान पद्धति में शिक्षित करने के लिए केंद्र का होना आवश्यक है। उदाहरण के तौर पर, अगर मैंने किसी को कैमरा भेजा, तो उसे इन सब विषयों में सबसे पहले शिक्षित होना होगा। भारतवर्ष में प्रायः सभी लोग अशिक्षित हैं। इसलिए शिक्षा के लिए जबरदस्त शक्तिशाली बहुकेंद्रों की जरूरत है। इसका क्या अर्थ है? रुपया! आदर्शवाद के जगत् से आप प्रतिदिन के कर्मक्षेत्र में उतर आए!

मैंने आप लोगों के देश में चार वर्ष और इंग्लैंड में दो वर्ष कठोर परिश्रम किया है।

अमेरिकी और अंग्रेज मित्र मेरे साथ भारत भी गए हैं और अति-साधारण ढंग से कामकाज का श्रीगणेश हुआ है। कई अंग्रेज इसमें शामिल भी हुए। एक अभागे, दरिद्र कर्मी ने तो अतिरिक्त परिश्रम करके मृत्यु-वरण कर लिया। एक अंग्रेज दंपती रिटायर होकर, उनके पास जो भी मामूली जमा-पूँजी थी, सब लगाकर हिमालय में एक केंद्र स्थापित करके शिक्षा-दान कर रहे हैं। मैंने उन लोगों को, मेरे द्वारा स्थापित एक पत्रिका 'प्रबुद्ध भारत' सौंप दी है। वे लोग जनसाधारण में शिक्षा-दान और अन्यान्य कार्य कर रहे हैं। मेरा अन्य एक केंद्र कलकत्ता में है।

यह बताते हुए मुझे आनंद हो रहा है कि मैंने अति साधारण ढंग से कार्य आरंभ किया है। लेकिन ठीक इसी प्रकार का काम समानांतर ढंग से महिलाओं के लिए भी करना चाहता हूँ।

मेरा उद्देश्य यही है कि भारत में और भारत के बाहर, मनुष्य जाति ने जो महत् चिंताराशि उद्भावन की है, उन सबका अति हीन, अति दरिद्र लोगों तक प्रचार करना होगा। उसके बाद वे लोग खुद सोचें। जाति-भेद होना उचित है या नहीं, महिलाओं को संपूर्ण स्वाधीनता पाना उचित है या नहीं, इस बारे में मुझे माथापच्ची करने की जरूरत नहीं है। 'विचार और कामकाज की स्वाधीनता पर ही निर्भर करता है—जीवन, उन्नति और कल्याण।' इसके अभाव में मनुष्य, वर्ण और जाति का पतन अवश्यंभावी है।

मेरे जीवन की एकमात्र आकांक्षा यही है कि मैं एक ऐसा यंत्र चालू कर जाऊँगा, जो प्रत्येक मनुष्य तक उच्च भावराशि वहन करके ले जाएगा। उसके बाद, भले ही वह नारी हो या पुरुष, वे लोग स्वयं ही अपनी भाग्य रचना कर लेंगे।

श्रीरामकृष्ण के दिव्य चरण-कमल में जो मुट्ठी भर युवक वर्ग का अभ्युदय हुआ है, उन लोगों की ओर दृष्टिपात करो। वे लोग असम से सिंधु, हिमालय से कन्याकुमारी तक उनके उपदेशामृत का प्रचार कर रहे हैं। उन लोगों ने पैदल 20,000 फीट ऊँचे हिमालय की तुषार-राशि पार करके, तिब्बत तक रहस्य-भेद कर डाला है। वे लोग चीरधारी होकर दरवाजे-दरवाजे भिक्षा कर रहे हैं। उन लोगों पर जाने कितने-कितने अत्याचार हुए, यहाँ तक कि वे लोग पुलिस द्वारा भी नियांतित होकर कारागार में डाल दिए गए। अंत में सरकार को जब उन लोगों के निर्दोष होने का प्रमाण मिला, तब जाकर उन लोगों को मुक्ति मिली।

पाँच-सात छोकरों ने मिलकर, जिन लोगों के पास फूटी कौड़ी भी नहीं थी, एक कार्य शुरू किया, जो अब ऐसी निरंतर (acclerated) गति से बढ़ता जा रहा है, ऐसा उत्साह क्या प्रभु की इच्छा है?

'जगत् में कहीं कोई पाप नहीं है।'—कहा जा रहा है कि मैं इस घोर पैशाचिक

तत्त्व का प्रचार कर रहा हूँ। जगत् के एक छोर से दूसरी छोर तक लोगों ने मेरे नाम पर जघन्य गाली-गलौज की है। चलो, ठीक है। लेकिन आज जो लोग मुझे गालियाँ दे रहे हैं, उन्हीं लोगों के वंशधर कभी मुझे यह आशीर्वाद देंगे कि मैंने अधर्म का प्रचार नहीं किया, धर्म का ही प्रचार किया है। मैं अज्ञानांधकार का विस्तार नहीं कर रहा हूँ, बल्कि ज्ञानालोक का विस्तार करने की कोशिश कर रहा हूँ। इसके लिए मैं गर्व महसूस करता हूँ।

मैंने यूरोप के असंख्य नगरों का भ्रमण किया है और उन लोगों के दारिद्र्य में भी सुख-स्वाच्छंदय और विद्या देकर मैं अपने यहाँ के गरीब लोगों की हालत याद करके रोता रहा हूँ। ऐसा पार्थक्य क्यों है?

अमेरिका में जिन बिस्तरों पर वे लोग सोते हैं, वे सब इतने नरम और आरामदेह होते हैं, उस तरह के बिस्तर तुम लोगों ने इस देश में अपनी आँखों से देखे भी नहीं होंगे। इसके बावजूद अपने देश के दीन-दुःखियों के बारे में सोच-सोचकर रात-रात भर मुझे नींद नहीं आती थी। मेरी आँख नहीं लग पाती थी। फर्श पर लेटे-लेटे मैं छटपटाता रहता था।

सही जिज्ञासुओं को उत्तर देते-देते और लगातार दो रातों तक बक-बक करते रहने पर भी मुझे थकान नहीं महसूस होती। आहार-निद्रा त्यागकर मैं लगातार बोल सकता हूँ। अगर मैं चाहूँ तो हिमालय की गुफा में समाधि लगाए बैठा रह सकता हूँ। लेकिन मैं ऐसा क्यों नहीं करता? आखिर मैं क्यों इस देश में पड़ा हूँ? केवल देश की दशा देखकर और उसका नतीजा सोच-सोचकर मैं स्थिर नहीं रह पाता। यह समाधि-वमाधि बेहद तुच्छ लगती है, 'ब्रह्मपद तुच्छ हो जाता है। तुम लोगों के लिए मंगल-कामना ही मेरा जीवन-व्रत है। जिस दिन यह व्रत खत्म हो जाएगा, उस दिन यह काया यहीं फेंककर सरपट दौड़ लगा दूँगा।

मैंने समूची दुनिया घूमकर देख डाली। इस देश जैसे, इतनी अधिक तामस-प्रकृति के लोग, दुनिया में और कहीं नहीं हैं। बाहर सात्त्विकता का दिखावा, अंदर बिलकुल ईट-कंकड़ों जैसी जड़ता! इन लोगों के द्वारा जगत् का कौन सा काम होगा? ऐसी निकम्मी, आलसी, शिश्नोदर-परायण जाति, दुनिया में कितने दिन और जिंदा रह सकेगी?

इसीलिए मैं इन लोगों के अंदर रजोगुण बढ़ाकर, कर्म-तत्परता द्वारा, इस देश के लोगों को पहले दैहिक जीवन-संग्राम में समर्थ बनाना चाहता हूँ। शरीर में बल नहीं, हृदय में उत्साह नहीं, दिमाग में प्रतिभा नहीं। क्या होगा रे? इन जड़-पिंडों द्वारा क्या होगा? मैं हिला-डुलाकर इन लोगों में हरकत जगाना चाहता हूँ। यही मेरा प्राणांतक प्रण है। मैं वेदांत के अमोघ मंत्र-बल से इन लोगों को जगाऊँगा।

''उत्तिष्ठत् जाग्रत्'—यही अभय वाणी सुनाने के लिए ही मेरा जन्म हुआ है।

मैं बिना किसी दुविधा के कहूँगा कि अपने समूचे जीवन के कार्यों के अनुभवों के दौरान मैंने हमेशा ही गौर किया है कि 'अलाल्टिजिम' मानव जीवन को क्षतिग्रस्त और दुर्बल कर देती है। हम शक्ति चाहते हैं। अन्य जाति की अपेक्षा हम भारतीय शक्तिशाली और उत्साह व्यंजक विचार चाहते हैं। सभी विषयों में हम यथेष्ट अतिसूक्ष्मता बरतते हैं। सैकड़ों वर्षों से हम सब रहस्यमयता से परिपूर्ण रहे हैं। फलस्वरूप हमारी बुद्धि संबंधी विषय और आध्यात्मिकता हजम करने की ताकत कमजोर पड़ चुकी है। समस्त जाति निराशाजनक ढंग से पौरुषहीनता के गह्वर में उतर गई है। प्रत्येक वीर्यवान् जाति के गठन के लिए एक ताजा और उत्साहजनक चिंतनधारा का होना जरूरी है।

समस्त पृथ्वी को और अधिक उपयुक्त एवं शक्तिशाली बनाने के लिए उपनिषद् मौजूद हैं। अद्वैतवाद है, शक्ति का शाश्वत आकार! लेकिन इसके लिए काफी मेहनत करनी होगी। इसे पांडित्य के सख्त आवरण से मुक्त करना होगा। उसके बाद देश के इस छोर से उस छोर तक सरलता, सौंदर्य और संभ्रम पैदा करनेवाली शिक्षा प्रदान करनी होगी। 'यह काफी विशाल विषय है।' आगामी दिनों में यह सुसंपन्न हो उठेगी। हमें यही काम करना होगा। एक विषय के बारे में मैं निश्चित हूँ कि अगर कोई अपने प्रकृत-प्रेम और निःस्वार्थ भाव अर्पित करके किसी की सहायता करना चाहे तो ऐसा बेहद सुंदर ढंग से घट सकेगा।

मैं कभी प्रतिहिंसा की बात नहीं करता। मैंने हमेशा शक्ति की ही बात की है। समुद्र के जलकणों के विरुद्ध क्या हमारी प्रतिहिंसा-वृत्ति जागती है? लेकिन हाँ, एक मच्छर के लिए यह काफी बड़ी बात है।

इन दिनों मेरी एकमात्र इच्छा है देश को जगाना! महावीर अपनी शक्तिमत्ता का सारा विश्वास गँवाकर सो चुके हैं। न कोई हरकत, न कोई आवाज! सनातन धर्मभाव से इसे किसी तरह जगा सकें तो मैं समझूँगा कि ठाकुर का और हम लोगों का आना सार्थक हुआ। अभी तो केवल इच्छा है, मुक्ति वगैरह बातें तुच्छ लगती हैं।

जितने दिन बीत रहे हैं, उतना ही मुझे स्पष्ट नजर आ रहा है कि पौरुष ही सार वस्तु है। यह मेरा नया संदेश है।

जो लोग अपने कुसंस्कार हमारे देशवासियों की गरदन पर लादने की कोशिश करते हैं, मैं उन लोगों से सहमत नहीं हूँ।

मिस्र के तत्त्व विशेषज्ञों का मिस्र के प्रति कौतूहल की तरह भारतवर्ष के बारे में भी लोगों का कौतूहल पोषण करना आसान है; लेकिन यह स्वार्थ-प्रेरित है।

किन्हीं-किन्हीं लोगों ने प्राचीन ग्रंथों, गवेषणागारों या सपने में भारत को जैसा देखा है, उसे दुबारा उसी रूप में देखना चाहते हैं। मैं भी उसी भारत को दुबारा देखना चाहता हूँ, जिस भारत में प्राचीन युग में जो कुछ श्रेष्ठ भाव था, उसके साथ वर्तमान युग के श्रेष्ठ भावों को स्वाभाविक तौर पर मिला-जुला देखना चाहता हूँ। इस नवीन स्थिति की सृष्टि अंदर से ही होगी, बाहर से नहीं।

इसीलिए मैं केवल उपनिषद् का ही प्रचार करता हूँ। उपनिषद् के अलावा मैं और कोई आवृत्ति नहीं करता। उपनिषद् के भी जिन वाक्यों में शक्ति की बात कही गई है, वही सब दुहराता हूँ। शक्ति! इस एक शब्द में ही वेद-वेदांतों का मर्मार्थ मौजूद है।

बुद्ध की वाणी थी—अप्रतिरोध या अहिंसा! लेकिन मेरी राय में उस अहिंसा की शिक्षा देने के लिए शक्ति का भाव एक अधिक उन्नत उपाय है। अहिंसा के पीछे एक भयंकर दुर्बलता होती है। दुर्बलता से प्रतिरोध जन्म लेता है। मैं सागर के एक जल-कण के विरुद्ध प्रतिशोध लेने या उससे कतराने की बात नहीं सोचता। मेरे लिए यह कुछ भी नहीं है, लेकिन एक मच्छर के लिए यह खतरनाक है। सभी प्रकार की हिंसा के संदर्भ में एक ही बात है—शक्ति और निर्भीकता! मेरा आदर्श वही महापुरुष है, सिपाही विद्रोह के समय लोगों ने उसकी हत्या कर दी थी और जिसने सीने पर छुरे का जख्म झेलते हुए अपना मौन भंग किया था—'तुम भी उन्हीं के अंग हो।'

तुम यह प्रश्न कर सकते हो कि इस प्रकार के चिंतन में रामकृष्ण का स्थान कहाँ है? उनका जीवन अद्‌भुत था। उनकी एक अति आश्चर्यजनक साधना थी, जो अनजाने में ही गढ़ उठी थी। वे स्वयं भी यह नहीं जानते थे। वे इंग्लैंड और इंग्लैंडवासियों के बारे में—वे लोग समुद्र-पार की एक अद्‌भुत जाति हैं—इसके सिवा उन्हें कोई जानकारी नहीं थी। लेकिन वे एक महत् जीवन दिखा गए और मैं उसके तात्पर्य की व्याख्या करता हूँ।

उन्होंने कभी भी किसी की निंदा नहीं की। एक बार मैंने अपने देश के किसी व्यभिचारी संप्रदाय की आलोचना की थी। पूरे तीन घंटे तक मैं बोलता रहा। उन्होंने शांत भाव से सब सुना। जब मेरा बोलना खत्म हुआ, तो उन्होंने कहा, "चलो, ऐसा ही सही! हर घर में ही एक खिड़की-दरवाजा रह सकता है, इसे कौन जानता है?"

प्रश्न : भारत के संदर्भ में आपके धर्मांदोलन का अवदान क्या है?

—हिंदू धर्म की साधारण नींव का आविष्कार करना और जातीय चेतना जाग्रत् करना। वर्तमान काल में हिंदू के नाम पर भारत में तीन संप्रदाय समझ में आते हैं। पहला—दकियानूस या पुरातनपंथी संप्रदाय, दूसरा—मुसलमान जमाने के संस्कार-

संप्रदाय समूह और तीसरा—आधुनिक संप्रदाय समूह! आजकल मुझे जो नजर आता है कि उत्तर से लेकर दक्षिण तक के सभी हिंदू केवल एक ही विषय में सहमत हैं—गो-मांस भोजन में सभी हिंदुओं को आपत्ति है!

प्रश्न : वेद में विश्वास के बारे में क्या सभी सहमत नहीं हैं?

—बिलकुल भी नहीं! यही हम लोग दुबारा जाग्रत् करना चाहते हैं।

प्रश्न : आपने पहले जिन तीन संप्रदायों का नाम लिया, उनमें आप अपने को किस संप्रदाय में शामिल समझते हैं?

—मैं सभी संप्रदायों का हूँ। हम लोग ही सनातन हिंदू हैं। लेकिन हाँ, छूत-मार्ग से हमारा कोई सरोकार नहीं है। वह हिंदू धर्म नहीं है। वह हमारे किसी शास्त्र में नहीं है। वह प्राचीन आचारों द्वारा अनुमोदित एक कुसंस्कार है। इसने हमेशा जाति के अभ्युदय में बाधा डाली है।

प्रश्न : इस प्रबुद्ध हिंदू धर्म में श्रीरामकृष्ण का स्थान कहाँ है?

—इस विषय की मीमांसा का दायित्व मुझ पर नहीं है। मैंने कभी किसी व्यक्ति विशेष का प्रचार नहीं किया। मेरा अपना जीवन इस महात्मा के प्रति अगाध श्रद्धा-भक्ति से परिचालित है, लेकिन अन्य लोग मेरा यह भाव किस हद तक ग्रहण करेंगे, इसका निर्णय वे लोग स्वयं करें। चाहे कितना भी बड़ा हो, केवल एक ही निर्दिष्ट जीवन-उद्गम से चिरकाल पृथ्वी पर ईश्वरीय शक्ति का स्रोत प्रवाहित नहीं होता। प्रत्येक युग को नए सिरे से पुनः यह शक्ति प्राप्त करनी होती है। हम सभी क्या ब्रह्मस्वरूप नहीं हैं?

हमारी कार्य-प्रणाली अति सहज ही वर्णित की जा सकती है। यह प्रणाली और कुछ नहीं है, केवल जातीय जीवन को पुनःप्रतिष्ठित करना है। बुद्ध ने त्याग का प्रचार किया, भारत ने सुना। छह शती बीतते-न-बीतते अपने सर्वोच्च गौरव-शिखर पर आरोहण किया। यही रहस्य है। 'त्याग और सभी लोग'—भारत का जातीय आदर्श है। इन दोनों विषयों में उन्हें उन्नत करें तो जो कुछ बचा-खुचा होगा, वह अपने आप उन्नत हो जाएगा। इस देश में धर्म की पताका चाहे जितनी भी ऊँचाई पर थामी रखी जाए, वह किसी हाल में भी पर्याप्त नहीं है। केवल इसी पर ही भारत का उद्धार निर्भर करता है।

अमेरिका आकर मैं एक बहुत बड़े प्रलोभन में पड़ गया हूँ। इतने बड़े प्रलोभन का सामना पहले कभी नहीं हुआ।

नहीं, नहीं, कोई महिला नहीं, मैं तो एक संघ गढ़ने के बारे में सोच रहा हूँ।

ईश्वर चाहेंगे तो मठ को महासमन्वय-क्षेत्र बनाना होगा। ठाकुर हमारे सर्वभाव के साक्षात् समन्वय मूर्ति हैं। यह समन्वय भाव अगर यहाँ जगाए रखें तो ठाकुर

जगत् में प्रतिष्ठित रहेंगे। तुम लोग भी ठाकुर का उदार भाव लोगों को समझाते रहो। चंडाल से लेकर ब्राह्मण तक सभी सर्वमत और सर्वपथ को मानें, ताकि सभी लोग यहाँ आकर अपने-अपने आदर्श का दर्शन पाएँ, यही करना होगा।

जिस दिन मठ की जमीन पर ठाकुर की स्थापना की, तब लगा मानो यहाँ से उनके भावों का विकास होकर समूचे विश्व चराचर में छा गया है। मैं तो यथासाध्य कर ही रहा हूँ और करता रहूँगा। तुम लोग भी ठाकुर का उदार भाव लोगों को समझा दो। वेदांत को सिर्फ पढ़कर क्या होगा? व्यावहारिक जीवन में शुद्धाद्वैतवाद की सच्चाई प्रमाणित करना होगी। शंकर इस अद्वैतवाद को वन-जंगल पहाड़ों पर रख गए हैं। मैं इसलिए आया हूँ कि उसे वहाँ से लाकर विश्व-संसार और समाज में सर्वत्र रख जाऊँ। घर-घर, मैदान-घाट, पर्वत प्रदेशों में इस अद्वैतवाद की दुंदुभि-नाद को फैलाना होगा।

इसकी थोड़ी-बहुत झलक तुम लोगों को भी नजर आने लगेगी। समय आने पर पृथ्वी को ठाकुर का उदार भाव ग्रहण करना ही होगा। इसकी शुरुआत हो चुकी है। इस प्रबल सैलाब में सभी को बह जाना है।

समय के दौरान इस प्रकार की कर्म-तत्परता और आत्मनिर्भरता देश में आएगी ही आएगी, मैं साफ देख पा रहा हूँ, There is no escape. इससे बच नहीं सकते।

जो अतिशय अंधा है, जो समय के संकेत को देख नहीं रहा है, समझ नहीं रहा है, वह सचमुच अंधा है। उन लोगों को दिखाई नहीं दे रहा है कि सुदूर ग्रामीण, दरिद्र पिता-माता की यह संतान (श्रीरामकृष्ण) इन दिनों उन सब देशों में सचमुच पूजित हो रहे हैं, जिन देशों के लोग सैकड़ों शताब्दी से मूर्ति-उपासना के विरुद्ध चीखते-चिल्लाते आ रहे हैं। यह किसकी शक्ति है? यह क्या तुम्हारी-हमारी शक्ति है? नहीं, यह और किसी की भी शक्ति नहीं है। जो शक्ति यहाँ रामकृष्ण परमहंस के रूप में आविर्भूत हुई है, यह उसकी शक्ति है। अभी हम लोग उस महाशक्ति के खेल का प्रारंभ भर देख रहे हैं और वर्तमान युग के अवसान से पहले ही तुम लोग इसका आश्चर्यजनक, अति आश्चर्यजनक खेल प्रत्यक्ष करोगे। भारतवर्ष के पुनरुत्थान के लिए इस शक्ति का विकास उचित समय पर ही हुआ है।

हम लोग अपने जातीय जीवन के इस मूल भाव को हटाकर जैसे कोई अन्य भाव स्थापित करने जा रहे थे, जिस मेरुदंड के बल पर हम दंडायमान हैं, हम उसकी जगह कोई दूसरा मेरुदंड स्थापित करने जा रहे थे। अपने जातीय जीवन के धर्म रूपी मेरुदंड की जगह हम राजनीति रूपी मेरुदंड की स्थापना करने जा रहे थे। अगर हम इसमें सफल हो जाते तो हम जड़ से मिट जाते। लेकिन ऐसा नहीं होना

था। इसीलिए इस महाशक्ति का प्रकाश हुआ। इस महापुरुष को तुम लोग चाहे जिस भी भाव से ग्रहण करो, मैं परवाह नहीं करता। उनकी किस हद तक भक्ति-श्रद्धा करते हो, उससे भी कोई फर्क नहीं पड़ता। लेकिन यह बात मैं डंके की चोट पर कहता हूँ कि कुछेक शताब्दियों में भारत में इस रूप में ऐसी अद्‌भुत महाशक्ति का विकास पहले कभी नहीं हुआ। इस शक्ति के द्वारा सिर्फ भारतवर्ष ही नहीं, समग्र मानव जाति की उन्नति और मंगल किस प्रकार हो रहा है, यह जानने के लिए तुम लोग इस शक्ति के बारे में विचार-विमर्श, चिंतन करो। इसे समझने की कोशिश करना तुम लोगों का कर्तव्य है।

हम आध्यात्मिक आदर्श चाहते हैं। धर्मवीर हुए बिना हम उन्हें अपना आदर्श नहीं बना सकते। रामकृष्ण परमहंसदेव में हमें ऐसा ही एक धर्मवीर, ऐसा ही एक आदर्श मिला है। अगर यह जाति ऊपर उठना चाहती है तो मैं पक्के विश्वास के साथ कहता हूँ कि इस नाम में मग्न हो जाना होगा। मैं या कोई दूसरा रामकृष्ण परमहंस का प्रचार करे, इसमें कुछ भी नहीं आता-जाता। मैंने तुम लोगों के सामने इस महान् आदर्श पुरुष को स्थापित कर दिया है। अब आगे सोचने-समझने का दायित्व तुम लोगों पर है। इस महान् आदर्श पुरुष के संदर्भ में तुम लोग क्या करोगे, हमारे जातीय कल्याण के लिए तुम लोगों को अभी ही तय कर लेना चाहिए। एक बात याद रखना हमारे लिए जरूरी है कि तुम लोगों ने चाहे जितने भी महापुरुषों के दर्शन किए हों, और ज्यादा साफ-साफ कहूँ, जितने भी महापुरुषों का जीवन-चरित पढ़ा है, उनमें इनका जीवन पवित्रतम है। तुम लोग भी यह तो स्पष्ट ही देख रहे हो कि ऐसी अति-अद्‌भुत आध्यात्मिक शक्ति के विकास के बारे में, तुम लोगों ने पहले कभी पढ़ा भी नहीं, देखना तो बहुत दूर की बात है। उनके तिरोभाव के बाद, दस वर्ष बीतते-न बीतते, यह शक्ति समस्त विश्व में परिव्याप्त हो गई है।

हमारे जातीय कल्याण के लिए, हमारे धर्म की उन्नति के लिए कर्तव्य-बुद्धि से प्रेरित होकर मैंने यह महान आध्यात्मिक आदर्श तुम लोगों के सामने स्थापित कर दिया है। मुझे देखकर उनका विचार मत करो। मैं तो अति क्षुद्र यंत्र मात्र हूँ। मुझे देखकर उनके चरित्र का विचार मत करो। उनका चरित्र इतना उन्नत था कि मैं या उनका कोई अन्य शिष्य अगर सैकड़ों-हजारों जीवन-व्यापी कोशिश करें, तथापि वे जो यथार्थ में थे, उसके करोड़ हिस्से के एक हिस्से के बराबर भी नहीं हो सकता।

या तो हमें समग्र विश्व जय करना होगा या फिर मौत को गले लगाना होगा। इसके अलावा और कोई राह नहीं है। क्षुद्र परिधि से बाहर आने के लिए हमें अपने हृदय का प्रसार करना होगा। हमारा जो जीवन है, उस पर नजर डालनी होगी। इन दोनों में से एक तो करो—या तो जीवित रहो या मर जाओ।

प्रिय किडी, ज्ञान मार्ग काफी हद तक सही है। मगर इसमें आशंका यही है कि कहीं यह शुष्क पांडित्य में न बदल जाए। प्रेम और भक्ति काफी विराट् और अच्छी चीजें हैं, मगर निरर्थक भाव-प्रवणता में असली चीज नष्ट हो जाने की संभावना है। इनका सामंजस्य जरूरी है। श्रीरामकृष्ण का जीवन ऐसा ही सामंजस्यपूर्ण था। लेकिन ऐसे महापुरुष कभी-कभी ही जगत् में आते हैं। हम सब उनके जीवन और उपदेश, आदर्श-स्वरूप सामने रखकर आगे बढ़ सकते हैं।

वैसे भगवान् हर कहीं विद्यमान हैं, लेकिन हम उन्हें केवल मानव-चरित्र के माध्यम से जान पाते हैं। श्रीरामकृष्ण जैसा ऐसा उन्नत चरित्र किसी भी काल में किसी भी महापुरुष का नहीं रहा। इसलिए उन्हें ही केंद्र में रखकर हम सबको संघबद्ध होना होगा, फिर भी हर किसी को उन्हें अपने ढंग से ग्रहण करने की स्वाधीनता रहेगी। कोई उन्हें आचार्य कहे, कोई परित्राता, कोई ईश्वर, कोई आदर्श पुरुष या कोई महापुरुष—जिसकी जो खुशी हो, उन्हें उस नाम से संबोधित करे!

चरित्रवान्, बुद्धिमान, परार्थ में सर्वत्यागी और आज्ञानुवर्ती युवक वर्ग में ही मेरा भावी भरोसा है, जो मेरे विचारों को कार्यरूप देकर अपने और देश के कल्याण-साधन में अपना जीवन उत्सर्ग कर सकते हैं।

नचिकेता जैसे श्रद्धावान दस-बारह नौजवान मिल जाएँ, तो मैं देश की चिंता और चेष्टा नई राह पर संचालित कर सकता हूँ।

मेरा मन होता है, यह मठ-वठ सब बेच दूँ। इन सब दीन-दुःखी, दरिद्रनारायणों को विलुप्त कर दूँ। उस देश में जब मैं गया था, तब माँ से कितनी-कितनी विनती की थी—"माँ, इस देश के लोग फूलों के बिस्तर पर सोते हैं, अच्छे-से-अच्छा खाते-पीते हैं! कितना आनंद-सुविधा भोग करते हैं और मेरे देश के लोग अनाहार मर रहे हैं। माँ, उन लोगों के लिए कोई उपाय नहीं करोगी?" उस देश में धर्म-प्रचार के लिए जाने के पीछे मेरा और एक उद्‌देश्य था कि इस देश के लोगों के लिए अगर मैं अन्न का प्रबंध कर सकूँ।

देश के लोगों को दोनों वक्त दो मुट्‌ठी अन्न तक नसीब नहीं होता, यह देखकर कभी-कभी मन होता है, तेरी भक्ति में यह शंख-ध्वनि या घंटा बजाना फेंक-फाँक दूँ! फेंक दूँ तेरे बारे में लिखाई-पढ़ाई और अपने मुक्त होने की चेष्टा, सब लोग मिलकर गाँव-गाँव घूमें, चरित्र और साधना का प्रचार करें, अमीरों को समझा-बुझाकर, पैसा-कौड़ी जुटाकर ले आऊँ और दरिद्र नारायण लोगों की सेवा करते हुए यह जीवन गुजार दूँ।

इच्छा करती है कि तेरे छूत-मार्ग का दायरा तोड़-ताड़कर अभी निकल पड़ूँ—'कौन, कहाँ, पतित-कंगाल, दीन-दरिद्र लोग हैं?' आवाज दूँ और सबको ठाकुर के

नाम पर बुला ले जाऊँ। जब तक ये लोग नहीं खड़े होंगे, माँ नहीं जागेंगी। हम लोग इन लोगों के लिए अगर अन्न-वस्त्र की सुविधा का इंतजाम न कर पाए तो और क्या किया? हाय! ये लोग दुनियादारी का कुछ भी नहीं जानते। इसीलिए दिन-रात घोर मेहनत-मशक्कत करने के बाद भी भोजन-वस्त्र नहीं जुटा पाते। आइए, हम इन लोगों की आँखें खोल दें। मैं दिव्य दृष्टि से देख रहा हूँ कि इन लोगों और मुझमें एक ही ब्रह्म मौजूद है! एक ही शक्ति समाई है, केवल विकास का तारतम्य-मात्र है!

इतनी तपस्या करके मैंने एक ही सार-तत्त्व उपलब्ध किया है कि वे हर जीवन में अधिष्ठित हैं, इसके अलावा ईश्वर और कुछ नहीं होता। जो जीवों से प्रेम करता है, वही ईश्वर की सेवा करता है।'

माँ ठाकुरानी (श्री शारदा देवी) क्या हैं, यह तुम लोग समझ नहीं पाए। अभी भी कोई नहीं समझता, धीरे-धीरे समझोगे। सुनो बिरादर, शक्ति बिना जगत् का उद्धार संभव ही नहीं। हमारा देश सब में अधम क्यों है? शक्तिहीन क्यों है? क्योंकि वहाँ शक्ति की अवमानना होती है। माँ ठाकुरानी भारत में पुनः उसी महाशक्ति को जगाने आई हैं। शक्ति की कृपा न हुई तो क्या खाक होगा!

मेरी तो आँखें खुलती जा रही हैं, दिनोंदिन सबकुछ समझ में आ रहा है।

माँ की कृपा मेरे लिए पिता की कृपा से लाखों गुना बढ़कर है। इस माँ के पक्ष में मैं भी जरा दकियानूस हूँ। माँ का हुक्म हुआ तो वीरभद्र, भूत-प्रेत सबकुछ कर सकते हैं।

विश्वास बड़ा धन है, भाई, जब मैं जीवित दुर्गा की पूजा दिखाऊँगा, तभी मेरी सार्थकता है।

माँ की याद आते ही मैं कभी-कभी कहता हूँ—"को रामः?" भाई, यह जो मैं कह रहा हूँ यही मेरी कट्टरता है।

रामकृष्ण परमहंस ईश्वर थे या मनुष्य, भाई, उन्हें जो भी कहो, मगर जो माँ की भक्ति नहीं करता, उसे धिक्कार ही देना।

भविष्य में क्या होगा, वह मुझे दिखाई नहीं दे रहा है; देखने में मुझे दिलचस्पी भी नहीं है! लेकिन मैं अपने दिव्य चक्षु से यह जरूर देख रहा हूँ कि हमारी वही प्राचीना जननी दुबारा जाग उठी हैं और दुबारा नवयौवना और पहले की अपेक्षा अनंत गुणों से महिमामंडिता होकर अपने सिंहासन पर आसीन हुई हैं।

थोड़ी सी नई राह का निर्माण करके उसे मैंने सभी के लिए खोल दिया है।

इस शरीर ने जन्म लिया है और मर भी जाएगा। तुम लोगों में अगर मैं अपने थोड़े-बहुत विचार भी प्रवेश कर पाया होऊँ तो मैं समझूँगा कि यह शरीर धारण

करना सार्थक हुआ।

साधनावस्था में जब मैं भारत के विभिन्न स्थानों में भ्रमण किया करता था, तब कितनी ही गुफाओं के निर्जन में बैठे-बैठे कितना ही समय गुजारा है, कितनी ही बार मुक्ति-लाभ न होने पर प्रायोपवेशन में देह-त्याग करने का संकल्प किया है, कितना-कितना ध्यान, साधना-भजन किया। लेकिन अब मुक्ति-लाभ के लिए वह विजातीय आग्रह नहीं रहा। अब तो केवल यह खयाल आता है कि जितने दिनों तक पृथ्वी का एक भी आदमी भूखा है, उतने दिनों मुझे भी अपनी मुक्ति की जरूरत नहीं है।

देखो, यह जो मैं कितने ही वर्ष भारत के विभिन्न देशों में घूमता-फिरता रहा, कितने ही हृदयवान् लोगों को देखा! हाँ, जाने कितने ही लोगों से भेंट हुई, जिनके पास बैठकर हृदय एक अद्‌भुत शक्ति से भर जाता था, उसी के बल-भरोसे मैं तुम लोगों से महज ये चंद बातें कह रहा हूँ, तुम लोग मुझे कोई बहुत बड़ा व्यक्ति मत समझ बैठना।

सदा-संप्रसारण ही जीवन है, संकोचन ही मृत्यु है। जो अपना ऐश ढूँढ़ता है, निकम्मेपन में लिप्त है, उसके लिए नरक में भी जगह नहीं होगी। जो नरक में भी जाकर जीवों के लिए कातर होता है, उन लोगों के लिए प्रयास करता है, वही रामकृष्ण का पुत्र है। दूसरे महज कृपा के पात्र हैं।

जो इस महासंधि पूजा के समय कमर कसकर खड़े हो जाएँगे, गाँव-गाँव, घर-घर उनकी खबर वितरण करेंगे, वही मेरा भाई होगा, वही उनका पुत्र होगा। बाकी जो लोग हैं, जो अक्षम हैं तो वे राजी-खुशी अलग हो जाएँ।

यह पत्र तुम लोग पढ़ना, योगेन-माँ, और गुलाब-माँ को भी पढ़कर सुनाना। यह 'टेस्ट' (परीक्षा) है। जो रामकृष्ण का बेटा है, वह अपना भला नहीं चाहता। प्राणात्येऽपि पर कल्याणचिकीर्षवः' (प्राण देकर भी दूसरों के कल्याण के आकांक्षी, जो लोग सिर्फ अपना ऐश चाहते हैं, आलस्य चाहते हैं, जो लोग अपनी जिद के सामने सबकी बलि देने को राजी हैं, वे लोग हमारे कोई नहीं। वे लोग दूर हो जाएँ। अभी ही! भले-भले। उनका चरित्र, उनकी शिक्षा, उनका धर्म हर दिशा में फैलाओ। यही साधना है, भजन है। यही साधना और सिद्धि है।

□

पश्चिम में दूसरी बार

गंगा से निकलने में हमें दो दिन लग गए।

24 जून की रात हमारा जहाज मद्रास पहुँचा। सुबह-सुबह उठकर देखा, समुद्र के बीच हम प्राचीरों से घिरे मद्रास बंदरगाह पर थे। अंदर स्थिर जल और बाहर उत्ताल तरंगें गरज रही थीं। एक-एक बार बंद की दीवार से टकराकर, दस-बारह हाथ ऊँचे उछल जाती थीं और झाग बनकर बिखर जाती थीं।

संध्या समय जहाज छूटा। उस वक्त एक शोर मचा। मैंने खिड़की से झाँककर देखा, करीब 1,000 की संख्या में मद्रासी स्त्री-पुरुष, बालक-बालिका बंदर के बाँध पर बैठे हुए थे। जहाज छूटते ही उन लोगों ने यह विदाई-सूचक शोर मचाया था। मद्रासी लोग अगर खुश होते हैं तो बंगालियों की तरह मुँह से विशेष ध्वनि निकालते हैं।

मद्रास से कोलंबो चार दिन। गंगासागर से तरंगों का जो टूटना-बिखरना शुरू हुआ, वह धीरे-धीरे बढ़ता गया। मद्रास के बाद और अधिक बढ़ गया। जहाज बेभाव झूला झूलने लगा। यात्री सिर पकड़े उलटियाँ करते-करते बेचैन हो उठे।

25 जून को जहाज ने कोलंबो छोड़ा। इस बार भरे-पूरे मानसून में गमन। जहाज जैसे-जैसे आगे बढ़ रहा था, आँधी-तूफान उतना ही तेज हो उठा था। झंझा उतनी ही विकट निनाद कर रही थी! मूसलाधार बारिश! अँधेरा! प्रकांड-प्रकांड लहरें गरजतीं-तरजतीं जहाज से टकराती रहीं। डेक पर थिर होकर खड़े होना मुश्किल! जहाज में तड़ाक-तड़ाक आवाजें गूँजती रहीं, मानो सबकुछ टूट-फूटकर चकनाचूर हो जाएगा। कप्तान का कहना था—"वाकई! इस बार का मानसून भयानक है।"

छह दिन का रास्ता, पूरे चौदह दिनों तक भयंकर आँधी-तूफान, बरखा-बादल झेलते हुए आखिरकार हम अदन पहुँचे। कोलंबो से जैसे-जैसे आगे बढ़े, आँधी-तूफान उतना ही तेज होता गया। आसमान उतना ही घहराता रहा, बारिश उतनी ही जोर से होती रही, उतनी ही भयंकर लहरें। ऐसी तूफानी लहरें धकियाकर जहाज भला आगे

बढ़ सकता था! जहाज़ की रफ्तार आधी रह गई। शाम को द्वीप के करीब पहुँचकर अंधड़-तूफान और बढ़ गया। कप्तान ने कहा, "मानसून का केंद्र यही है। बस, यह जगह पार कर जाएँ, उसके बाद सागर धीरे-धीरे शांत हो जाएगा।" ऐसा ही हुआ। यह दुःस्वप्न भी कट गया।

14 जुलाई को रेड सी (लाल सागर) पार करके जहाज स्वेज पहुँच गया।

यह बेहद सुंदर प्राकृतिक बंदरगाह है। प्रायः तीन तरफ रेत का टीला और पहाड़, पानी भी बेहद गहरा! पानी में असंख्य मछलियाँ और मगरमच्छ तैर रहे थे।

सुबह के समय खाना-पीना निपटने से पहले ही सुनने में आया कि जहाज के पीछे बड़े विकराल मगरमच्छ तैर रहे हैं। इससे पहले यूँ जीता-जागता मगरमच्छ पहले कभी नजर नहीं आया था।

मगरमच्छ की खबर सुनते ही हम फटाफट इकट्ठे हो गए।

बरामदे की रेलिंग थामे कतार-दर-कतार महिला-पुरुष, लड़के-लड़कियाँ झुक-झुककर मगरमच्छ देखने लगे। हम लोग जब हाजिर हुए, तब मगरमच्छ हजरात जरा दूर चले गए थे। मेरा मन थोड़ा खिन्न हो गया।

आधा घंटा तीन क्वाटर—मेरी झुँझलाहट बढ़ रही थी, तभी किसी ने कहा, "यह रहा! यह रहा!"

दस-बारह लोगों का शोर सुनाई दिया—"वो देखो, आ रहा है! इधर से आ रहा है।"

मैंने देखा दूर एक प्रकांड काली चीज तैरकर इधर ही आ रही थी, पाँच-सात इंच जल के नीचे धीरे-धीरे वह चीज आगे बढ़ आई। प्रकांड चपटा सिर दिखाई दिया! वही राजशाही चाल, भयंकर हंगर।

सेकंड क्लास के लोग अतिशय उत्साहित हो उठे! उनमें एक फौजी भी था। उसके उत्साह की तो कोई सीमा नहीं थी। पूरा जहाज खोजकर एक भारी-भरकम कँटिए का जुगाड़ किया। उसमें करीब सेर भर मांस रस्सी से कसकर बाँध दिया। उसमें एक मोटी रस्सी बाँधी गई। चार हाथ रस्सी छोड़कर उसमें काठ की एक मोटी काठी भी कस दी गई। उसके बाद काठी समेत वह कँटिया झटपट पानी में फेंक दी गई।

हम सब धड़कते दिल से, एड़ियों के बल खड़े बरामदे की रेलिंग पर झुके-झुके श्रीमान मगरमच्छ के आने की राह देखते रहे। वह मगरमच्छ कँटिया के आस-पास चक्कर लगाता रहा। फेंके गए गोश्त के चारे को मुँह में लेकर वह उसे हिला-डुलाकर देखता रहा। देखे! सब खामोश खड़े थे। अब वह चित हो गया! मांस का टुकड़ा निगलने लगा। निगलने दो! तब वह 'चपटा' धीरे-धीरे छिपकर वह पूरा टुकड़ा हजम करके जाने लगा ऐन वक्त रस्सी खिंच गई। विस्मित 'चपटा' ने मुँह झटकारकर

उस रस्सी को फेंक देना चाहा! परिणाम उलटा हुआ! कँटिया उसके मुँह में धँस गई और जहाज पर सवार लड़के, बूढ़े, जवान रस्सी पकड़कर खींचने लगे। उस मगरमच्छ का सिर पानी से ऊपर उठ गया! सब लोग जोर से खींचो।

खींच भइए, खींच! अरे, यह तो खून का फव्वारा छूट पड़ा! अब कपड़े-लत्तों की माया करने से नहीं चलेगा। चल, खींच! ले, वह तो जहाज की तरफ खिंच आया! अब, उसे खींचकर जहाज पर ला फेंको! होशियार! खूब होशियार! अगर कहीं टूटकर एक बकोटा मारा नहीं कि एक हाथ हवा! और उसकी पूँछ से सावधान! अब रस्सी ढीली कर! बाप-रे-बाप, क्या मगरमच्छ है! धप्प से जहाज पर आ गिरा!

सावधान कभी मार नहीं खाता—काठ का यह टुकड़ा उसके सिर पर दे मारो। ए जी फौजी मैन, तुम ठहरे सिपाही, यह तुम्हारे ही बूते का काम है। हाँ, ठीक! ठीक! खून-सने बदन और कपड़ों में ही फौजी यात्री काठ का टुकड़ा उठाकर मगरमच्छ के माथे पर दनादन मारने लगा। महिलाएँ बोल उठीं, "हाय, हाय! कितना निष्ठुर है! मत मारो! उसे मत मारो।" वे सब चीखने लगीं, हालाँकि उस मगरमच्छ को मारते हुए देखना भी बंद नहीं किया। खैर, उस वीभत्स कांड पर यहीं विराम लगाता हूँ। अब, कैसे उस मगरमच्छ का पेट चीरा गया, कैसे खून की नदी बहने लगी, कैसे वह मगरमच्छ छिन्न-अस्त्र, छिन्न-देह, छिन्न-हृदय होते हुए भी कितनी देर तक छटपटाता रहा, काँपता रहा कैसे उसके पेट से अस्थि, चर्म, मांस, काठ-पौधों के ढेर निकले—अब वह सब बातें छोड़ें। बात बस यह हुई कि उस दिन मेरा खाना-पीना मिट्टी हो गया। हर चीज में मुझे उस मगरमच्छ की गंध आ रही थी।

अब भूमध्य सागर! भारतवर्ष के बाहर ऐसी यादगार जगह और कहीं नहीं है—एशिया, अफ्रीका, प्राचीन सभ्यता का अवशेष! एक किस्म की रीति-नीति, खाने-पीने की इतिश्री हुई। अब एक और प्रकार की आकृति-प्रकृति, आहार-विहार, पोशाक-पहनावा, आचार-व्यवहार आरंभ हो गया! यूरोप आ पहुँचा।

जहाज नेपल्स में लगा—हम इटली पहुँच गए।

नेपल्स छूटने के बाद जहाज मार्साइ पहुँचा। उसके बाद सीधे लंदन!

स्वेश, 14 जुलाई, 1899

इस बार मैं सच ही निकल पड़ा हूँ। उम्मीद है, करीब दो-एक सप्ताह में लंदन पहुँच जाऊँगा। इस वर्ष अमेरिका जरूर जाऊँगा। उम्मीद है कि तुमसे मिलने का मौका जरूर मिलेगा। पता है, मैं अभी भी इतना ही वस्तुतांत्रिक हूँ कि मित्रों से आमने-सामने मिलना चाहता हूँ।

भारत में मेरी तबीयत काफी खराब थी। दिल की गड़बड़ी चल रही थी। पहाड़ों पर चढ़ाई, बर्फीले स्रोत में नहाना और स्नायु संबंधी अवसाद वगैरह इसके कारण थे।

हँफनी के प्रकोप से प्रचंड रूप से बेकाबू रहता था। उस बात का हमला पूरे सात दिन। सात रात स्थिर बना रहा। हर पल मेरी साँस छूटती रहती थी! मुझे खड़ा रहना पड़ता था।

इस बार के सफर ने मुझे एक नए इनसान में रूपांतरित कर दिया है। अब मैं अपेक्षाकृत बेहतर महसूस कर रहा हूँ और अगर ऐसा ही चलता रहा तो आशा करता हूँ, अमेरिका पहुँचने से पहले काफी तरोताजा हो उठूँगा।

इंग्लैंड,

विंबलडन, इंग्लैंड, 3 अगस्त, 1899

प्रिय जो, आखिरकार मैं हाजिर हो गया हूँ। तुरीयानंद और मुझे रहने को एक खूबसूरत जगह भी मिल गई है।

समुद्र-यात्रा की वजह से सेहत काफी बेहतर हो गई है। इसकी वजह है, डंबल उठाकर व्यायाम और मौसम से आँधी-तूफान में लहरों पर स्टीमर की उलट-पलट! अजीब बात है न! आशा है, यह कायम रहेगा।

आजकल यहाँ की आबोहवा बेहद सुंदर और उष्ण है। सभी लोगों का कहना है कि कुछ ज्यादा ही उष्ण है! कुछ दिनों के लिए मैं शून्यवादी हो गया हूँ, कहीं किसी में भी विश्वास नहीं करता। कहीं कोई योजना, कोई पश्चाताप, कोई प्रयास—कुछ भी नहीं है। कामकाज के बारे में भी कोई हस्तक्षेप नहीं करने की नीति ग्रहण कर ली है! वैसे इकट्ठे होकर जुट जाओ, कर्म से किसी को भी निस्तार नहीं है। इस बार की समुद्र-यात्रा के फलस्वरूप मेरी उम्र कई वर्ष कम हो गई है। बस, जब एकदम से छाती जोर-जोर से धकड़ने लगती है तो अहसास होता है कि अब उम्र हो गई है। यह क्या किसी अस्थि-चिकित्सा का कोई मामला है? मेरा रोग दूर करने के लिए क्या स्थाधिक पसलियाँ काटकर निकाल देंगे? नहीं, नहीं, यह नहीं होनेवाला! मेरी पसलियों से कुछ तैयार करना नहीं, चलेगा। रोग चाहे जो भी हो, इसके लिए मेरी हड्डी उन्हें नहीं मिल सकती। मेरी हड्डियाँ गंगा में प्रबाल सृष्टि करेंगी, मेरी तकदीर में यही लिखा है। अब, मेरी फ्रेंच सीखने की इच्छा है, लेकिन वह सब व्याकरण की अला-बला बिलकुल नहीं। मैं सिर्फ पढ़ता जाऊँगा और तुम अंग्रेजी में उनकी व्याख्या कर देना।

विंबलडन, 6 अगस्त, 1899

माँ, स्टर्डी के ठिकाने पर भेजा गया आपका (मिसेज बुल) पत्र मुझे मिल गया। आपकी सहृदय बातों के लिए मैं कृतज्ञ हूँ। इसके बाद मुझे क्या करना है या कुछ करना भी है या नहीं, मैं नहीं जानता। जहाज में सवार होने तक मैं बिलकुल ठीक था, मगर यहाँ उतरने के बाद मेरी तबीयत फिर खराब रहने लगी है। मानसिक परेशानियों की बात करूँ तो वह इन दिनों बहुत अधिक है।

काकी माँ ने, जिन्हें आपने देखा भी है, मुझे ठगने की गंभीर साजिश रची थी, उन्होंने तथा उनके लोगों ने मुझे 6000 रुपयों यानी 400 पाउंड का एक मकान बेचने की धोखाधड़ी की थी। मैंने सरल विश्वास के साथ वह घर अपनी माँ के लिए खरीद लिया। बाद में उन लोगों ने मुझे दखल नहीं लेने दिया। उन लोगों ने सोचा कि मैं ठहरा संन्यासी जीव, लोक-लाज के डर से जोर-जबरदस्ती दखल करने के बारे में कोर्ट तक नहीं जाऊँगा।

आपने और अन्यान्य लोगों ने जो रुपए मुझे कामकाज के लिए दिए थे, मुझे नहीं लगता कि उसमें से मैंने एक भी रुपया खर्च किया हो। मेरी माँ की मदद की स्पष्ट इच्छा जाहिर करते हुए, कैप्टेन सेवियर ने मुझे 8000 रुपए दिए थे। लगता है, वे रुपए भी पानी में गए। इसके अलावा मेरे परिजनों के लिए या मेरे व्यक्तिगत खर्च के लिए भी कुछ भी खर्च नहीं किया गया। मेरे आहार-भोजन वगैरह का खर्च खेतड़ी-राज दिया करते थे और उस राशि में से आधी से भी अधिक राशि हर महीने मठ में चली जाती थी। एकमात्र ब्रह्मानंद ने (काकी माँ के खिलाफ) इस मामले के बाबत कुछ खर्च किए हों, क्योंकि इस ढंग से मैं निश्चय ही ठगा या लूटा नहीं जा सकता, अगर उसने ऐसा किया हो, तो चाहे जिस भी उपाय से हो, मैं उसकी भरपाई कर दूँगा, बशर्ते तब तक मैं जीता रहा।

युरोप और अमेरिका में व्याख्यान देकर मुझे जो रुपए मिले हैं, वह मैंने अपनी इच्छानुसार खर्च किया है। लेकिन काम के लिए जो भी मिला है, उसके पाई-पैसे का हिसाब मठ में रखा हुआ है।

अभी तक मेरी कोई योजना नहीं है या कहूँ, योजना बनाने का कोई आग्रह भी नहीं है। मैं काम करना चाहता भी नहीं। माँ, कोई अन्य कर्मी खोज लें। वैसे भी मुझ पर यथेष्ट बोझ है।

विंबलडन, अगस्त 1899

आशा है कि कई हफ्ते बाद ही न्यूयॉर्क पहुँच जाऊँगा। उसके बाद की बात मैं नहीं जानता। अगले बसंत तक मुमकिन है कि मैं पुनः इंग्लैंड लौट आऊँ।

मैं एकांत भाव से कामना करता हूँ कि कभी भी, किसी को भी दुःख का सामना न करना पड़े। लेकिन (यह भी सच है कि) एकमात्र दुःख ही जीवन की गहराई में प्रवेश करने की अंतर्दृष्टि प्रदान करता है। क्या ऐसा नहीं है?

हमारी वेदना के मुहूर्त में हमेशा-हमेशा के लिए बंद दरवाजे दुबारा खुल जाते हैं और अंतर में प्रवेश का सैलाब प्रवेश करता है!

उम्र के साथ-साथ हमारे अनुभव भी बढ़ते हैं। लेकिन हाय, इस जगत् में उपलब्ध ज्ञान का हम सदुपयोग नहीं कर पाते। जिस पल यह अनुभूति होती है कि कुछ सीखा

है, तभी रंगमंच से जल्द-से-जल्द विदा लेनी पड़ती है। इसी का नाम माया है।

अमेरिका

रिजली मैनर, 4 सितंबर, 1899

पिछले छह महीनों से बुरी हालत का भयावह दौर चल रहा है। जहाँ भी जाता हूँ, वहीं दुर्भाग्य मानो मेरा पीछा कर रहा है। इंग्लैंड में लगता है, स्टर्डी कामकाज से विरक्त हो गया है। उसे हममें कोई भारतीय तपस्वीसुलभ कृच्छसाधक नजर नहीं आता।

रिजली मैनर, 14 सितंबर, 1899

प्रिय स्टर्डी, मिसेज जॉनसन की राय में किसी धार्मिक व्यक्ति को कोई रोग होना उचित नहीं है। अब, उन्हें लग रहा है कि मेरा धूम्रपान वगैरह भी पाप है। इस रोग के कारण मिसेज मूलर भी मुझे छोड़ गई हैं। शायद वे ही लोग सही हैं। तुम भी जानते हो और मैं भी जानता हूँ, मैं जो हूँ, सो हूँ। भारत में अनेक लोगों ने मेरे इस दोष के लिए और यूरोपीय लोगों के साथ आहार करने में आपत्ति जताई है। मैं यूरोपीय लोगों के साथ खाता हूँ, इसलिए मुझे एक पारिवारिक मंदिर से निकाल बाहर किया गया। मेरा मन होता है कि इतना विनम्र बन जाऊँ कि हर किसी की इच्छानुसार आकार गठित कर सकूँ। लेकिन दुर्भाग्य की बात यह है कि ऐसा कोई व्यक्ति मुझे आज भी नजर नहीं आया, जो सबको संतुष्ट कर सके, खासकर जिसे अनेक जगहों पर जाना पड़ता है, उसके लिए तो सभी को तुष्ट करना संभव ही नहीं है।

जब मैं पहली बार अमेरिका आया, तब पतलून न पहनने से तो यहाँ लोग मेरे प्रति दुर्व्यवहार करते थे। उसके बाद मुझे कड़क आस्तीन और कॉलर पहनने को विवश किया गया, वरना वे लोग मुझे छूने तक को तैयार नहीं थे। वे लोग मुझे जो खाना देते थे, अगर मैं नहीं खाता था तो वे लोग मुझे अजीब समझते थे। यही सब चलता था।

भारत की धरती पर कदम रखते ही उन लोगों ने मेरा सिर मुँड़वाकर मुझे कौपीन पहनाया। फलस्वरूप मुझे डायबिटिज वगैरह की शिकायत शुरू हो गई।

वैसे यह सब मेरा ही कर्मफल है। और इससे मैं खुश भी हूँ, क्योंकि इसमें भी हालाँकि उन्हीं दिनों जैसी यंत्रणा होती है, फिर भी इसमें जीवन का और एक तजुरबा हुआ जो भले ही इस जीवन में या अगले जीवन में काम आएगा।

लेकिन मैं खुद ही ज्वार-भाटा के बीच से होकर गुजर रहा हूँ। मैं हमेशा से जानता हूँ और यही प्रचार भी करता हूँ कि हर आनंद के पीछे-पीछे दुःख चला आता है। चक्रवृद्धि सूद समेत भले न आए, असल तो आता-ही-आता है। मुझे इस जगत् से प्रचुर प्यार मिला है, इसलिए यथेष्ट घृणा के लिए भी मुझे प्रस्तुत रहना होगा। इससे

मैं खुश ही हूँ, क्योंकि मेरे सहारे मेरा यही मतवाद प्रचारित किया जा रहा है। प्रत्येक उत्थान के साथ उसका अनुरूप पतन भी जुड़ा होता है।

अपनी तरफ से मैं अपने स्वभाव और नीति को हमेशा कसकर थामे रहता हूँ। जिसे भी एक बार बंधु मानकर ग्रहण किया, वह हमेशा ही मेरा बंधु है। इसके अलावा भारतीय नीति अनुसार मैं बाहरी घटनावली का कारण खोजने के लिए अपने अंतर्मन की तरफ ही दृष्टिपात करता हूँ। मैं जानता हूँ कि मुझ पर जितना विद्वेष और घृणा की लहरें आ पड़ती हैं, उसके लिए मैं ही जिम्मेदार हूँ, सिर्फ मैं ही। ऐसा न होकर कुछ और हो, यह संभव ही नहीं है।

रिजली मैनर, 14 सितंबर, 1899

मैं लगेट के परिवार में सिर्फ आराम ही कर रहा हूँ, और कुछ भी नहीं कर रहा हूँ। अभेदानंद भी यहीं है, खूब मेहनत कर रहा है।

रिजली मैनर, 20 सितंबर, 1899

मैं काफी ठीक हूँ। तुम्हें धन्यवाद! तीन दिनों के अलावा यहाँ बताने लायक नम आबोहवा नहीं थी। मिस (मार्गरेट) नोबेल कल आई थीं और हमारा वक्त काफी मजे में गुजर रहा है। यह बताते हुए काफी दुःख भी हो रहा है कि मैं दुबारा मोटा होता जा रहा हूँ। यह बहुत बुरी बात है। क्या मैं कम खाकर दुबारा दुबला हो जाऊँ?

रिजली मैनर, अक्तूबर 1899

जो मैं नहीं हूँ, वह होने का नाटक मैंने कभी किया हो, ऐसा मुझे याद नहीं पड़ता। ऐसा नाटक करना मेरे लिए संभव भी नहीं है, क्योंकि मेरे साथ कोई घंटे भर भी रहे तो वह आसानी से मेरे धूम्रपान, खराब मिजाज के बारे में जान लेता है। 'मिलन मात्र में ही विच्छेद है।'—यही प्रकृति का नियम है। इसके लिए किसी प्रकार का निराशा का भाव मुझमें नहीं आता। उम्मीद है, तुम्हारे मन में भी कोई तिक्तता नहीं रहेगी। कर्म ही हमें मिला देता है और कर्म ही हमें विच्छिन्न कर देता है।

मेरी नीति है, रुपए के लिए हाथ फैलाने के बजाय हमें स्वेच्छा-दान का इंतजार करना चाहिए।

मैं अपने सभी कामों में यही एक नीति मानकर चलता हूँ, क्योंकि मेरा स्वभाव बहुतों के लिए ही नितांत अप्रीतिकर है। इस बारे में मैं काफी सजग रहता हूँ और जब तक किसी को मेरी जरूरत नहीं होती, मैं इंतजार में रहता हूँ। पल भर में अपने को विच्छिन्न करने को भी प्रस्तुत रहता हूँ। विच्छेद के मामले में मेरा मन कभी उदास नहीं होता और न ही इस बारे में ज्यादा कुछ सोचता है, क्योंकि मेरे नित्य घुमंतू जीवन में ऐसा अकसर ही करना होता है। लेकिन, अनिच्छा के बावजूद, इसके जरिए मैं जो दूसरे को कष्ट देता हूँ, यही मेरा दुःख है।

रिजली मैनर, 18 (?) अक्तूबर, 1899

एक विषय है, जिसका नाम प्रेम है; एक अन्य विषय है, जिसे मिलन कहते हैं और प्रेम से मिलन बड़ा होता है।

मैं धर्म को प्यार नहीं करता। मैं तो खुद ही धर्म हो गया हूँ। धर्म ही मेरा जीवन है। मनुष्य ने जिसमें जीवन व्यतीत किया है। उसे प्यार नहीं करता। जिसे हम लोग प्यार करते हैं, वह अभी भी मैं नहीं हूँ। 'भक्ति और ज्ञान के बीच यही फर्क है, इसलिए भक्ति से ज्ञान बड़ा होता है।'

रिजली मैनर, 23 अक्तूबर, 1899

इससे पहलेवाली मेरी चिट्ठी में मेरी शारीरिक हालत का बयान था। माँ (मिसेज हेल), जीवन में सुख के मुकाबले यंत्रणा अधिक है। अगर ऐसा न होता तो क्यों मैं तुम्हें और तुम्हारी संतानों को दैनिक जीवन में याद करता हूँ। सुख इतना ही प्रिय है, क्योंकि यह दुष्प्राप्य है। हमारे जीवन का अधिक कृच्छ होती है, निश्चेष्टता, अवसाद, बाकी का चालीस भाग ही होती है—यंत्रणा, केवल 10 प्रतिशत ही सुख होता है—यह भी अत्यंत भाग्यशालियों के लिए होता है। अधिकांश समय ही हम सब इस अवसाद की स्थिति के साथ आनंद को मिला देते हैं।

रिजली, 1 नवंबर, 1899

प्रिय मार्गो, लगता है, तुम्हारे मन में जैसे कोई विषाद मौजूद है। तुम घबराओ नहीं, कुछ भी चिरस्थायी नहीं होता। चाहे तुम कुछ भी करो, जीवन कहीं से अनंत नहीं है। इसके लिए मैं बेहद कृतज्ञ हूँ। जगत् में जो लोग श्रेष्ठ और सर्वाधिक साहसी हैं, यातना ही उनकी तकदीर है; हालाँकि इसका प्रतिकार संभव है, फिर भी जब तक प्रतिकार नहीं होता, आगामी युगों तक इस जगत् में यह विषय कम-से-कम एक स्वप्न भंग के शिक्षा-रूप में भी ग्रहणीय है। अपनी स्वाभाविक स्थिति में मैं तो अपने दुःख-यंत्रणा को सानंद ही वरण करता हूँ। किसी-न-किसी को तो इस जगत् में दुःख-भोग करना ही होगा। मैं खुश हूँ कि प्रकृति के आगे जो लोग बलिदान हुए हैं मैं भी उन्हीं में से एक हूँ।

न्यूयॉर्क, 10 नवंबर, 1899

इन दिनों मैं न्यूयॉर्क में हूँ। डॉ. (एगबर्ट) गार्नेसी ने कल मेरे पेशाब की जाँच की है, उसमें कोई शुगर या ऐलबुमीन नहीं मिला है। अस्तु, मेरा मूत्राशय ठीक-ठाक है। हाँ, हृदय-यंत्र जरा नर्वस है। उसका शांत होना ज़रूरी है। इसके लिए जरूरी है कि कुछेक खुशमिजाज लोगों का संग-साथ और कई-एक अच्छे दोस्त तथा सामान्य निर्जनता! एकमात्र असुविधा है डिस्पेप्सिया! वही तो दुश्मन है। अब देखो न, सुबह के वक्त मैं बिलकुल ठीक-ठाक होता हूँ और मीलों पैदल चल सकता हूँ। लेकिन

शाम को खाने-पीने के बाद चलना लगभग असंभव हो जाता है—गैस! वायु! जो पूरी तरह खाने पर निर्भर करता है। मुझे 'बैट्ल क्रीक हैल्थ फूड' आजमाना चाहिए। अगर मैं डेट्रायट आऊँ तो वहाँ शांति भी मिलेगी और साथ ही मुझे बैट्ल क्रीक फूड भी मिलेगा।

अगर तुम कैंब्रिज आओ तो सारे नियम-कानून मानते हुए या मामला तुम्हारे-मेरे बीच ही गुप्त रहे, हम दोनों ही पका लेंगे। 'बैटल क्रीक' फूड तैयार करना होगा। देखो, खाना-वाना पकाने में मेरा हाथ काफी मँजा हुआ है। तुम्हें तो कुछ भी पकाना नहीं आता। बेहतर होगा कि तुम प्लेट वगैरह साफ करने में मेरा हाथ बँटाना। सुनो, जब अतिशय जरूरत पड़ती है तो रुपए मुझे ठीक मिल जाते हैं, माँ हमेशा इसका खयाल रखती है। अस्तु, इस मामले में कोई मुश्किल नहीं है। मेरा जीवन विपन्न होने की कोई आशंका नहीं है, डॉक्टरों ने यह मान लिया है। बस, सिर्फ यह डिस्पेप्सिया से छुटकारा मिल जाए और जिस पर यह निर्भर करता है, वह है—'खाद्य! खाद्य! खाद्य! और यह कोई परेशानी की बात नहीं है। उफ! मैं कितना-कितना परेशान था!

न्यूयॉर्क, 21 नवंबर, 1899

मेरी रुखाई पर उदास मत होना। मेरी जुबान पर भले कुछ भी हो, लेकिन तुम मेरा मन तो जानते हो। तुम लोगों का सभी प्रकार से शुभ हो। पिछले प्रायः एक वर्ष से मैं मानो किसी झोंक में चल रहा हूँ। इसकी वजह मैं नहीं जानता। किस्मत में यह नरक-यंत्रणा भोग लिखा था, वह हो गया। अब, मैं सच ही पहले की तुलना में काफी बेहतर हूँ। प्रभु तुम लोगों के सहाय हों। मैं चिर-विश्राम के लिए शीघ्र ही हिमालय पर जानेवाला हूँ। मेरा काम अब खत्म हो चुका है।

लॉस एंजेलस, 6 दिसंबर, 1899

प्रिय निवेदिता, किसी-किसी का स्वभाव ही ऐसा होता है कि उनको दुःख पाना ही प्रिय होता है। जिन लोगों के बीच मैं पैदा हुआ हूँ, अगर उन लोगों के लिए अपना जीवन उत्सर्ग नहीं करता तो अन्य लोगों के लिए करना ही पड़ता, इसमें कोई संदेह नहीं है। असल में किसी-किसी में यह आदत होती है, धीरे-धीरे मैं समझ रहा हूँ।

यह सच है कि हम सब सुख के पीछे-पीछे भाग रहे हैं, लेकिन कोई-कोई दुःख में ही आनंद पाते हैं, यह क्या बेहद आश्चर्य की बात नहीं है? इसमें नुकसान कोई नहीं है, सिर्फ सोचने की बात यह है कि सुख-दुःख दोनों ही संक्रामक होता है।

हंगरसोल ने एक बार कहा था कि वे अगर भगवान् होते तो वे व्याधि को संक्रामक न बनाकर स्वास्थ्य को ही संक्रामक बना देते। लेकिन व्याधि अपेक्षाकृत अधिक भले न हो, अनुरूप भाव से संक्रामक होते हैं, यह बात उन्होंने बिलकुल नहीं सोची।

मुसीबत यही है। मेरे व्यक्तिगत सुख-दुःख से दुनिया का कुछ भी नहीं आता-

जाता। सिर्फ दूसरे संक्रामित न हों, यह देखना जरूरी है। कर्म-कौशल यही हैं। जब भी कोई महापुरुष इनसानों के दुःख से व्यथित होते हैं, तब उनका चेहरा लटक जाता है। वे छाती पीटने लगते हैं और सबको आवाजें दे-देकर कहते हैं—"तुम लोग इमली का पानी पीओ, कोयला चबाओ, बदन पर राख मलकर गोबर के ढेर पर बैठे रहो और सिर्फ आँसू बहा-बहाकर करुण सुर में विलाप करो।"

मैं देख रहा हूँ। उन सब में त्रुटि थी, सच ही त्रुटि थी। अगर सच ही तुम जगत् का बोझ अपने कंधों पर लेने को प्रस्तुत हो तो सर्वतोभाव से उसे ग्रहण करो, लेकिन तुम्हारा विलाप और अभिशाप हमें सुनाई न दे। अपनी निजी ज्वाला-यंत्रणा से हमें यूँ आशंकित मत करो कि अंत में हम सबको यह लगे कि तुम्हारे पास न जाकर अगर हम अपने दुःख का बोझ खुद ही वहन करते और पड़े रहते तो बेहतर था। जो इनसान सच ही जगत् का दायित्व अपने ऊपर लेता है, वह जगत् को आशीषें देते-देते अपने मार्ग पर चलता रहता है। उसकी जुबान पर निंदा का एक भी शब्द, एक भी समालोचना नहीं होती। इसका कारण यह नहीं है कि जगत् में पाप नहीं है। इसका कारण यह है कि वह स्वेच्छा से, स्वयं प्रवृत्त होकर वह पाप अपने कंधों पर उठा लेता है। जो परित्राता हैं, उन्हें ही आनंद सहित अपने मार्ग पर चलना होगा। जिन लोगों को परित्राण मिलता है, यह काम उन लोगों का नहीं है।

आज सुबह सिर्फ यही तत्त्व का प्रकाश ही मेरे सामने उद्घाटित हुआ है। अगर यह अनुभूति मेरे अंदर स्थायी तौर पर आई है और मेरे समग्र जीवन को परिव्याप्त करती है तो यही यथेष्ट है।

दुःख-भार से जर्जर जो व्यक्ति जहाँ पर हैं, सब आओ! अपना सब बोझ मुझ पर डालकर अपने मन-मरजी से चलते रहो और तुम लोग सुखी हो तथा यह भूल जाओ कि मैं कोई किसी काल में था।

लॉस एंजेलस, 9 दिसंबर, 1899

आखिरकार कैलिफोर्निया आ पहुँचा हूँ। जो मेरे लिए भी भला है, जिन्हें मैं प्यार करता हूँ। उनके लिए भी भला है। हमारे किसी कवि ने कहा है कि—'हाय तुलसी! कहाँ वाराणसी, कहाँ कश्मीर, कहाँ खुरासान, कहाँ गुजरात! वैसे ही इनसान का पूर्व कर्म ही उसे आगे की तरफ खींचे लिए जाता है।' अस्तु, मैं यहाँ हूँ। यही तो सबसे अच्छा है! है कि नहीं?

पिछली रात यहाँ एक व्याख्यान था। वैसी ठसाठस भीड़ नहीं थी, क्योंकि विज्ञापन नहीं दिया गया था। अगर मेरी तबीयत ठीक रही तो जल्दी ही मैं इस शहर में क्लासों की व्यवस्था करूँगा। इस बार मैं व्यवसाय की राह पर हूँ, जल्द-से-जल्द कुछेक डॉलरों की सख्त जरूरत है देखता हूँ। अगर सफल हो जाऊँ।

लॉस एंजेलस, 12 दिसंबर, 1899

आपने ठीक ही पकड़ा है—मैं निष्ठुर हूँ! अति निष्ठुर हूँ। मेरे अंदर जो कोमलता आदि जो कुछ भी है, वह मेरी त्रुटि है। काश, यह दुर्बलता मुझमें कम होती, अति कम! यह कोमल भाव ही मेरी दुर्बलता है और यही मेरे सभी दु:खों का कारण है।

अरे हाँ, (बाली) म्युनिसिपैलिटी अत्यधिक कर बिठाकर हमें उखाड़ फेंकना चाहती है। यह मेरा ही दोष है, क्योंकि मैंने ट्रस्ट बनाकर मठ को जन-साधारण को नहीं सौंपा। मैं, जो कभी-कभी अपने लड़कों के प्रति रूढ़ वाक्यों का प्रयोग करता हूँ, उसके लिए मुझे खासतौर पर खेद है; लेकिन वे लोग भी जानते हैं कि दुनिया में सबसे ज्यादा मैं उन लोगों को प्यार करता हूँ।

दैव की सहायता शायद सच ही मुझे मिली है। लेकिन उफ! दैव की इतनी सी कृपा के लिए मुझे किस हद तक अपना खून बहाना पड़ा है! अगर मुझे यह न मिला होता तो मैं शायद और खुश होता और इनसान के तौर पर और बेहतर इनसान होता। हाँ, यह जरूर है कि वर्तमान स्थिति बेहद तमसाच्छन्न लग रही है; लेकिन मैं खुद भी योद्धा हूँ, युद्ध करते-करते ही मुझे अपने प्राण देने होंगे। इसके बावजूद हिम्मत छोड़ देने से काम नहीं चलेगा। इसीलिए तो अपने लड़कों पर अपना मिजाज ठीक नहीं रख पाता। मैं उन लोगों को युद्ध करने को नहीं बुला रहा हूँ। मैं तो उन लोगों को मेरे युद्ध में बाधा न देने को कहता हूँ।

अदृष्ट के विरुद्ध मेरी कोई शिकायत नहीं है। लेकिन, अब मैं चाहता हूँ कि मेरे लड़कों में कम-से-कम कोई एक मेरे साथ खड़ा होकर समस्त प्रतिकूल स्थितियों से संग्राम करे।

आप बिलकुल फिक्र न करें। भारतवर्ष में अगर कोई काम करता है तो वहाँ मेरी उपस्थिति जरूरी है। मेरा स्वास्थ्य अब पहले से काफी ठीक है। मुमकिन है, समुद्र-यात्रा से और भी ठीक हो जाए। खैर, इस बार अमेरिका में सिर्फ यार-दोस्तों को परेशान करने के अलावा खास कोई कामकाज नहीं किया।

वाकई, मेरे जीवन की भूलें काफी बड़ी हैं। लेकिन उन हरेक भूलों का कारण अतिशय प्यार है। अब मुझे इस प्यार से वितृष्णा हो गई है। काश, मुझमें इतना प्यार न होता। आप लोग भक्ति की बात करते हैं। हाय, मैं अगर निर्विकार और कठोर वेदांती हो पाता। खैर, अब तो यह जीवन समाप्त हुआ। अगले जन्म मैं कोशिश कर देखूँगा। मुझे अफसोस यही है, खासकर आजकल के मेरे बंधु-बांधवों ने मुझसे आशीर्वाद के बजाय अपकार ही अधिक पाया है। जो शांति और निर्जनता मैं जीवन भर खोजता रहा, वह मेरे नसीब में नहीं जुटा।

वर्षों पहले मैं हिमालय पर गया था, यह सोचकर कि अब वापस नहीं लौटूँगा।

इधर मेरी बहन ने आत्महत्या कर ली। जब यह खबर मुझ तक पहुँची तो मेरे उसी दुर्बल हृदय ने मुझे शांति की आशा से विच्युत कर दिया। उसी दुर्बल हृदय ने ही मुझे एक बार फिर, जिन लोगों को मैं प्यार करता हूँ, उन लोगों के लिए थोड़ी सी सहायता की भिक्षा के लिए मुझे भारत से खदेड़ दिया। इसीलिए आज मैं अमेरिका में हूँ। मैंने शांति की कामना की थी, लेकिन भक्ति के आधार मेरे मन ने मुझे उससे वंचित कर दिया। संग्राम और यंत्रणा, यंत्रणा और संग्राम! खैर, छोड़ें, जब यही मेरी नियति है तो यही हो और जितनी जल्दी इसकी परिसंपत्ति हो उतना ही मंगल है। लोग कहते हैं, मैं भावुक हूँ, भाव-प्रवण हूँ! लेकिन मेरी हालत और स्थिति जरा सोच देखें।

कार्यों का समापन भीषण तमसाच्छन्न और भयंकर विशृंखल हुआ जा रहा है! लेकिन भगवान् के लिए यह मत सोच लें कि मैं पल भर भी हिम्मत छोड़ दूँगा या हथियार डाल दूँगा? काम करते-करते अंत में अगर सड़क पर मरने के लिए भगवान् मुझे अपने छकड़ा गाड़ी का घोड़ा भी बनाकर रखें तो चलो, उनकी ही इच्छा पूर्ण हो। वाहे गुरु की फतह! गुरुजी की जय हो। हाँ, चाहे जो भी, जैसी भी परिस्थिति क्यों न आए, संसार आए नरक आए, देवतागण आएँ, माँ आएँ—मैं संग्राम जारी रखूँगा, कभी भी हार नहीं मानूँगा, स्वयं भगवान् से संग्राम करके रावण ने तीन जन्मों में मुक्ति पा ली थी। महामाया से संग्राम तो गौरव का विषय है।

लॉस एंजेलस, 20 दिसंबर, 1899

हाल ही में मेरी तबीयत फिर बिगड़ गई थी, इसीलिए डॉक्टर ने घिस-घिसकर कई इंच मेरी खाल उखाड़ डाली है। अभी भी उसकी यंत्रणा महसूस कर रहा हूँ।

निवेदिता से एक अतिशय आशाप्रद पत्र मिला है। मैं पैसाडेनिया में जी-तोड़ मेहनत किए जा रहा हूँ और आशा है कि यहाँ मेरे कामों का कुछ सुफल होगा। यहाँ कोई-कोई व्यक्ति बेहद उत्साही हैं। 'राजयोग' किताब सच ही कमाल का असर दिखा रही है। मन की तरफ से मैं काफी ठीक हूँ! आजकल मैं जितनी शांति में हूँ, वैसा पहले कभी नहीं था। उदाहरण के तौर पर, व्याख्यान देने के फलस्वरूप मेरी नींद में कोई रुकावट नहीं आई। यह जरूर एक फायदा है! थोड़ा-बहुत लिखने का काम भी कर रहा हूँ। यहाँ के व्याख्यानों को एक सांकेतिक लेखक ने लिख लिया था, स्थानीय लोग वह सब छापना चाहते हैं।

जैसा कि हमेशा होता रहा है, योजनाएँ धीरे-धीरे कार्यरूप में परिणत हो रही हैं। लेकिन जैसा कि मैं कहता रहा हूँ—'माँ ही सब जानती हैं।' अब, वे मुझे मुक्ति दें और अपने कार्यों के लिए किसी और को चुन लें।

अरे हाँ, फल में आसक्ति न रखकर काम किए जाने का जो उपदेश 'गीता' में

दिया गया है, उसे मन-ही-मन, ठीक-ठीक अभ्यास करने का असली उपाय मैंने आविष्कार कर लिया है। ध्यान, मनोयोग और एकाग्रता की साधना के बारे में मुझे एक ऐसा प्रकाश मिला है, जिसका अभ्यास करने से मेरे सभी प्रकार के उद्वेग और दुर्भावना खत्म हो जाएगी। मन को इच्छानुसार एक जगह घेरे रखने के कौशल के अलावा और कुछ भी नहीं है।

यंत्रणा-भोग में भी एक आनंद है, अगर वह दूसरों के लिए हो। क्या ऐसा नहीं है? मिसेज लेगेट मजे में हैं। जो भी कुशल-मंगल है और वे लोग कहते हैं कि मैं भी ठीक हूँ, सकुशल हूँ। शायद उन लोगों की बात ठीक हो। जो भी हो, मैं काम किए जा रहा हूँ और कामों के बीच ही मरना चाहता हूँ; हाँ, अगर माँ का यह अभिप्रेत हो! मैं संतुष्ट हूँ।

लॉस एंजेलस, 23 दिसंबर, 1899

निवेदिता, सचमुच मैं चुंबक चिकित्सा-प्रणाली से, 'मैग्नेटिक हीलिंग' से धीरे-धीरे स्वस्थ हो उठा हूँ। कुल मिलाकर अब मैं काफी ठीक हूँ। मेरी देह का कोई भी यंत्र कभी भी नहीं बिगड़ा—स्नायु, दुर्बलता और डिस्पेप्सिया ने ही मेरी देह में सारी गड़बड़ी मचा रखी थी।

अब मैं रोज, खाने से पहले या बाद में, किसी भी समय मील पर मील टहल आता हूँ। मैं काफी ठीक हो गया हूँ और मेरा दृढ़ विश्वास है कि ठीक ही रहूँगा।

अब वह चक्र घूम गया है। माँ ही वह चक्र घुमा रही हैं। उनका काम जितने दिनों तक पूरा नहीं होता, वे मुझे जाने नहीं दे रही हैं। यही है रहस्य! चारों तरफ की स्थितियाँ काफी आशाप्रद लग रही हैं, अस्तु तैयार हो जाओ!

लॉस एंजेलस, 27 दिसंबर, 1899

मैं तेजी से पैसे कमा रहा हूँ! आजकल दिन में 25 डॉलर! जल्दी ही मैं और ज्यादा काम करूँगा और मुझे प्रतिदिन 50 डॉलर मिलने लगेगा। मुझे आशा है कि सानफ्रांसिस्को में मैं और भी बेहतर करूँगा। दो-तीन हफ्ते में ही मैं वहाँ जाऊँगा। एक अच्छी खबर यह भी है कि सारी रकम मैं अपने ही पास रख रहा हूँ और कोई फिजूलखर्ची भी नहीं है। इसके बाद हिमालय पर मैं एक छोटी सी जगह खरीदूँगा, एक पूरा-का-पूरा पहाड़! समझो, 6,000 फीट की ऊँचाई पर। साथ ही चारों तरफ चिर-तुषार का अपरूप दृश्य। वहाँ छोटा-मोटा झरना या झील भी जरूर होना चाहिए। सिडर पेड़! हिमालय का सिडर वन! और फूल! चारों तरफ—सर्वत्र फूल-ही-फूल! मेरी एक छोटी सी कुटिया होगी! बीच में, मेरी साग-सब्जी की बगिया, जो मैं खुद तैयार करूँगा और और मेरी किताबें! इनसान का चेहरा शायद ही कभी देखूँगा। उसके बाद मेरे कानों के पास ही अगर पृथ्वी भी ध्वंस हो जाए, मैं माथापच्ची नहीं करूँगा।

काफी काम कर लिया, अब विराम! मैं! जिंदगी भर कितना-कितना अशांत रहा! यायावर के रूप में जन्म लिया! पता नहीं आजकल मेरे अंदर यही अनुभूति है। भविष्य अभी तक आया नहीं, हैरत है! अपने सुख के संदर्भ में मेरे सारे सपने व्यर्थ होने को लाचार हैं! लेकिन और लोगों के संदर्भ में सच होंगे-ही-होंगे!

लॉस एंजेलस, 24 जनवरी, 1900

निवेदिता, जो शांति और विश्राम मैं खोज रहा हूँ, वह कभी मिलेगा, मुझे नहीं लगता। लेकिन महामाया मेरे द्वारा दूसरों का, कम-से-कम मेरे स्वदेश का, थोड़ा-बहुत कल्याण करा रही हैं और इस उत्सर्ग के भाव के आधार पर अपनी तकदीर के साथ कोई समझौता करना भी अपेक्षाकृत सहज है। हम सभी लोग अपने-अपने तरीके से उत्सर्गीकृत हैं। महापूजा चल रही है। एक विराट् बलि के अलावा अन्य किसी प्रकार से इसका अर्थ नहीं मिल पाता। जो लोग इसमें बाधा देते हैं, उन लोगों को जोर-जबरदस्ती दबा दिया जाता है और उन लोगों का दुर्भाग्य भी ज्यादा होता है। अब मैं स्वेच्छा से आत्मसमर्पण करने को कृतसंकल्प हूँ।

लॉस एंजेलस, 27 दिसंबर, 1899

धीरा माता, मेरा स्वास्थ्य पहले से काफी ठीक है और दुबारा काम करने के लिए पर्याप्त ताकत मिल गई है। इस बीच काम शुरू भी कर दिया है और मामले के खर्च बाबत कुछ रुपए (1,300 रुपए) भेज दिए हैं, जरूरत पड़ी तो और भेज दूँगा।

बेचारे लड़के! बीच-बीच में मैं उन सबसे कितना रूढ़ बर्ताव करता हूँ। इसके बावजूद वे लोग जानते हैं कि मैं उन लोगों का सबसे बड़ा मित्र हूँ। तीन हफ्ते पहले मैंने उन लोगों को तार द्वारा जानकारी दी है कि मैं पूरी-पूरी तरह स्वस्थ हूँ। अगर मैं और अधिक अस्वस्थ न हो जाऊँ तो फिलहाल जैसा स्वास्थ्य है, उसमें ही चल जाएगा। मेरे बारे में बिलकुल फिक्र न करें, मैं पूरी धुन से कामकाज में जुट गया हूँ।

अब मैं पहले से बहुत अधिक चैन से हूँ और यह भी समझ गया हूँ कि यह चैन कायम रखने का एकमात्र उपाय है दूसरों को सिखाना। इसलिए यही मेरा एकमात्र 'सेफ्टी वाल्व' है। मुझे चंद साफ-सुथरे, तेज दिमागवाले लड़कों की जरूरत है। मेरे लिए कामकाज करना तभी संभव होगा, जब मैं पूरी-पूरी तरह अपने पैरों पर खड़ा हो जाऊँ, नि:संग स्थिति में ही मेरी बुद्धि ज्यादा खुलती है। माँ भी यही चाहती हैं। जो को विश्वास है कि माँ के मन में काफी बड़े-बड़े मामलों के बारे में बड़ी-बड़ी परिकल्पनाएँ चल रही हैं! भगवान् करें, ऐसा ही हो। देख रहा हूँ, जो और निवेदिता सचमुच ही भविष्यद्रष्टा बन गई हैं। मैं सिर्फ इतना ही कह सकता हूँ कि जीवन में मैंने जितनी भी चोट खाई है, जितनी भी यंत्रणा झेली हैं, सभी सानंद आत्मत्याग में परिणत हो जाएँगी, अगर माँ एक बार फिर भारत की तरफ आँख उठाकर देखें, अपनी

कृपा-दृष्टि डालें।

मैं कामकाज करने के लिए जल्दी ही कैलिफोर्निया जानेवाला हूँ। कैलिफोर्निया से जब मैं निकलूँगा, तो तुरीयानंद को बुला भेजूँगा और उसे प्रशांत महासागर के तटवर्ती अंचलों के कामकाज में नियुक्त कर दूँगा। मेरी यह निश्चित धारणा है कि यहाँ एक बहुत बड़ा कर्मक्षेत्र है।

जो ने एक महिला-चिकित्सक को खोज निकाला है। वे 'हाथ घिसने' की चिकित्सा करती हैं। हम दोनों ही उनके इलाज में हैं। जो की धारणा है कि उन्होंने मुझे काफी चंगा कर दिया है और उसका यह भी दावा है कि उस पर भी इलाज का अलौकिक सुफल हुआ है। बहरहाल, 'हाथ घिसने' की चिकित्सा का सुफल हो या कैलिफोर्निया के 'ओजोन' भाप का सुफल हो या फिर आजकल दुर्भाग्य-दशा कट जाने का फल हो, मैं स्वस्थ हो उठा हूँ। भरपेट खाना खाने के बाद भी तीन मील चल लेना काफी बड़ी बात है!

लॉस एंजेल, 27 दिसंबर, 1899

आजकल यहाँ उत्तर भारत जैसी ठंड है, सिर्फ बीच-बीच में कुछ दिन जरा गरम रहते हैं। यहाँ गुलाब के फूल भी हैं और पाम-पेड़ भी खूबसूरत हैं। मेरी कुटिया के चारों तरफ खेतों में बार्ली लहरा रहे हैं, गुलाब और अन्यान्य किस्म के फूल खिले रहते हैं। गृहस्वामिनी ब्रजेट शिकागो की महिला हैं। स्थूलकाया वृद्धा और बेहद रसिक और वाक्य-चतुर! उन्होंने शिकागो में मेरे व्याख्यान सुने हैं और बेहद मातृ-वत्सला हैं।

ठीक इन्हीं दिनों मैं सुखी हूँ और बाकी जीवन भी सुखी रहने की उम्मीद है।

थोड़े-बहुत रुपए कमा लूँ तो बेहद खुशी होगी। थोड़ा-बहुत कर भी रहा हूँ। मार्गेट को बताना कि मैंने काफी सारे रुपए कमा लिए हैं और अब मैं जापान, होनुलूलू, चीन और जावा देशों से होता हुआ अपने देश वापस लौटूँगा। फटाफट रुपए कमाने के लिए यह एक बेहतरीन जगह है और सुना है कि सैनफ्रांसिस्को इससे भी बेहतर जगह है।

पैसाडोना, 17 जनवरी, 1900

मिस मैक्लियोड और मिसेज लेगेट की मदद से मैं शारदानंद को 2,000 रुपए देने में सक्षम हुआ हूँ। उन दोनों ने यथासाध्य दिया है, बाकी व्याख्यान के माध्यम से!

यहाँ या अन्य कहीं व्याख्यान द्वारा कुछ खास होगा, मुझे ऐसी उम्मीद नहीं है। इसमें भी तो मेरा खर्च तक पूरा नहीं पड़ता। सिर्फ इतना ही नहीं, पैसे खर्च की संभावना होते ही कोई नजर नहीं आता। इस देश में व्याख्यान के क्षेत्रों का जरूरत से ज्यादा उपयोग किया गया है। अब व्याख्यान सुनने से लोगों का मन उचट गया है।

शारीरिक तौर पर मैं सकुशल हूँ। मेरे निरोगकर्ता का खयाल है कि मैं कहीं भी

जाने को स्वतंत्र हूँ। खैर, यह सब चलता रहेगा और कुछ ही महीनों के अंदर मैं पूरी तरह स्वस्थ हो जाऊँगा। वे समझ रहे हैं कि मैं स्वस्थ हूँ। बाकी प्रकृति पर निर्भर है।

मैं यहाँ मुख्यत: स्वास्थ्य-लाभ के लिए आया था और मुझे सुफल भी मिला है। इसके अलावा, मुझे 2,000 रुपए मिले हैं, जो मामले का खर्च चलाने के लिए काम आएँगे। चलो, अच्छा है।

अब मुझे लगा है कि व्याख्यान-मंच पर खड़े होकर मेरे काम करने की बारी खत्म हो चुकी है। इस किस्म के काम करके मेरे लिए स्वास्थ्य बिगाड़ना गैर-जरूरी है।

अब, मेरे सामने यह स्पष्ट हो उठा है कि मठ की सारी चिंता-फिक्र-सोच मुझे त्याग करनी पड़ेगी। और किसी समय मुझे अपनी गर्भधारिणी माँ के पास लौट जाना होगा। मेरी वजह से उनकी काफी दुर्दशा हुई है। मैं उनके आखिरी दिन सहज और आरामदेह बनाने की कोशिश करूँगा। तुम्हें पता है कि कभी शंकराचार्य को भी यही करना पड़ा था। माँ के आखिरी दिनों में उन्हें वापस लौट जाना पड़ा था।

इस सर्वश्रेष्ठ त्याग के लिए मुझ तक आह्वान भी आ रहे हैं। मुझे उच्चाकांक्षा, नेतृत्व और यश की आकांक्षा का विसर्जन देना होगा। मेरा मन इसके लिए प्रस्तुत है और मुझे यह तपस्या करनी होगी। शारदानंद, ब्रह्मानंद और तुम्हारे (धीरामाता) नाम मैं मठ के संदर्भ में एक ट्रस्ट बनाना चाहता हूँ।

शरत से इसके कागजात मिलते ही मैं यह काम कर डालूँगा। उसके बाद ही मैं शांत होऊँगा। मैं अब विश्राम चाहता हूँ। बस, मुट्ठी भर अन्न, कुछेक किताबें और थोड़ा-बहुत लिखने-पढ़ने का काम! आजकल माँ मुझे स्पष्ट रूप से यही आलोक दिखा रही हैं।

अब यह नजर आ रहा है कि सन् 1884 में मेरा माँ को छोड़ आना महात्याग का विषय था। अब, माँ के पास लौट जाना और अधिक त्याग का विषय होगा। लगता है, उस काल में महा आचार्य (शंकर) ने जो किया था, जगन्माता चाहती हैं कि मैं भी वही करूँ।

अब मैं एक शिशु के अलावा कुछ नहीं हूँ। मेरा क्या काम है? मेरी समूची शक्ति अपने आप ही समर्पित है। मैं साफ देख पा रहा हूँ।

मैं समझ गया हूँ कि मैं अब व्याख्यान मंच से वाणियों का प्रचार नहीं कर पाऊँगा। इसमें मैं खुश हूँ। अब मैं विश्राम चाहता हूँ। मैं बिलकुल थक चुका हूँ, ऐसा नहीं है; लेकिन इसके परवर्ती अध्याय में—बातें नहीं, अलौकिक स्पर्श! जैसा कि श्रीरामकृष्ण का था।

लॉस एंजेलस, 17 जून, 1900

जीवन भर मैंने दुनिया के लिए श्रम किया है, लेकिन मेरी देह का टुकड़ा भर मांस नोचे बिना दुनिया ने मेरी तरफ रोटी का एक टुकड़ा तक नहीं फेंका।

लॉस एंजेल्स, 15 फरवरी, 1900

निवेदिता, जो भी हो, अब मैं काफी सख्त हो गया हूँ। मेरी दृढ़ता अब पहले से ज्यादा बढ़ गई है। अब मेरा हृदय मानो लोहे के पत्तर से मढ़ दिया गया है। अब मैं संन्यास-जीवन के काफी नजदीक पहुँच रहा हूँ।

तुम्हें वे कहानियाँ मिल गई हैं, जानकर खुशी हुई। अगर तुम्हें ये अच्छी लगें तो तुम यह सब नए सिरे से लिख डालो। अगर कोई प्रकाशक मिल जाए तो इन्हें प्रकाशित भी कर डालो और इनकी बिक्री से कुछ आमदनी हो तो उस राशि का अपने कामकाज में उपयोग कर लेना। अपने लिए मुझे इनकी जरूरत नहीं है। यहाँ मुझे थोड़ा सा अर्थ मिला है। अगले सप्ताह मैं सैनफ्रांसिस्को जा रहा हूँ। उम्मीद है, वहाँ कुछ सहूलियत रहेगी।

मैं धीरे-धीरे धीर, स्थिर, शांत प्रकृति होने लगा हूँ। अब चाहे जो भी घटे, मैं तैयार हूँ। इस बार जिस काम में लगूँगा, उसमें हर चोट पर काम होगा, एक भी व्यर्थ नहीं जाएगा। यही होगा मेरे जीवन का अगला अध्याय!

पैसाडोना, 23 फरवरी, 1900

प्रिय मेरी, मि. हेल के देह-त्याग के वेदनादायक समाचार के साथ तुम्हारा पत्र कल ही मुझ तक पहुँचा है। मैं मर्माहत हुआ हूँ। संन्यास की शिक्षा के बावजूद मेरी हृदय-वृत्ति अभी भी जिंदा है। मैंने जिन महाप्राण पुरुषों के दर्शन किए हैं, मि. हेल उन लोगों में से एक हैं।

जीवन में मैंने काफी कुछ सहन किया है, बहुतेरे लोगों को खो भी दिया है और उस वियोग की सबसे विचित्र यंत्रणा यह है कि मुझे यह अनुभव होता है कि जो चला गया, मैं उसके योग्य नहीं था। पिता की मृत्यु के बाद महीनों मैंने इसी यातना में गुजारा है कि मैं उनका कितना अबाध्य था!

हम चाहे जितनी भी किताबें पढ़ डालें या व्याख्यान सुनें या बड़ी-बड़ी बातें करें, आखिरकार अनुभव ही एकमात्र शिक्षक है। सिर्फ वही आँखें खोल देता है। अनुभव भले किसी प्रकार से उपलब्ध हो, वही सबसे बेहतर है। हम हँसी के आलोक में आँखों में जल से ही तो सीखते हैं। पता नहीं ऐसा क्यों होता है, लेकिन होता है। यही तो नजर आता है। यही काफी है! काश, हम सभी लोग अगर सपनों में डूबे रह पाते।

जीवन में इतने दिनों तक तुम्हें सुरक्षित आश्रय मिला है और मुझे पल-पल

जलना-रोना पड़ा है। अभी कुछेक क्षणों के लिए तुम जीवन का दूसरा पक्ष देख पाए। इस किस्म के अविराम आघातों से मेरा जीवन तैयार हुआ है। इससे भी सैकड़ों गुना भयंकर आघात दारिद्र्य और विश्वासघात का होता रहा और मेरी अपनी मूर्खता की यंत्रणा भी मेरे साथ-साथ रही। क्या नैराश्यवाद है? अब तुम समझोगी कि यह कैसे आता है। ठीक! ठीक! मैं तुम्हें और क्या बताऊँ, मेरी सारी बातें तो तुम जानती ही हो। मैं सिर्फ एक बात कहता हूँ और इस बात में जरा भी मिलावट नहीं है कि अगर हमारी आपस में दुःख विनिमय करना संभव होता और तुम्हें देने के लिए मेरे पास अगर आनंद भरा मन होता तो मैं सच कहता हूँ, हमेशा-हमेशा के लिए मैं वह तुमसे बदल लेता।

कैलिफोर्निया, 21 फरवरी, 1900

वाक्य-यातना, शास्त्र-वास्त्र, मतामत, मेरी इस बूढ़ी उम्र में जहर होता जा रहा है। जो भी कार्य करोगी, वह मेरे सिर-माथे! इति निश्चितम! झूठ-मूठ की डाँट-फटकार, चीख-चिल्लाहट में वक्त बरबाद होता जा रहा है, उम्र क्षय हो रही है; लेकिन लोकहित एक कदम भी आगे नहीं बढ़ रहा है।

सैनफ्रांसिस्को, 2 मार्च, 1900

प्रिय मेरी, आजकल मैं रुपए जुटाने में व्यस्त हूँ; लेकिन ज्यादा कुछ नहीं कर पा रहा हूँ। हाँ, चाहे जिस किसी उपाय से हो, देश लौटने का खर्च उठाने जितने रुपए मुझे जुटाना ही होगा। यहाँ एक नया क्षेत्र मिला है, सैकड़ों-सैकड़ों श्रोता आ रहे हैं। मेरी किताबें पढ़कर ये लोग पहले से ही तैयार और उत्सुक हैं।

वैसे रुपए जुटाने का मामला जितना धीमा है उतना ही उबाऊ भी! बस, कई-कई सौ और जुगाड़ कर पाऊँ, मैं खुश हो जाऊँगा।

मेरी सेहत में ढेर-ढेर उन्नति हुई है, लेकिन पहले जैसी ताकत अभी भी वापस नहीं आई। इस जरा सी ताकत के लिए मुझे काफी मेहनत करनी होगी। कम-से-कम कुछेक दिनों के लिए शांति और आराम मिल पाता।

सबकुछ माँ ही जानती हैं! मेरी वही पुरानी बात—वे ही बेहतर जानकार हैं। पिछले दो वर्ष खासतौर पर गुजरे। मन के दुःख में ही जीता रहा। अब आवरण जरा खिसक गया है। अब मैं सुदिन यानी और भी भली स्थिति की उम्मीद में हूँ।

सैनफ्रांसिस्को, 4 मार्च, 1900

निवेदिता, अब मैं और अधिक काम नहीं करना चाहता। अब विश्राम और शांति चाहता हूँ। स्थान और काल का तत्त्व मेरा जाना हुआ है। लेकिन मेरी विधिलिपि और कर्मफल मुझे निरंतर उसी ओर खींचे लिए जा रही है, जहाँ काम-ही-काम है! काम और काम! हम सब गायों के झुंड की तरह कसाईखाने की ओर खिंचे चले जा रहे

हैं। जैसे कसाईखाने की आरे खदेड़ी जाती हुई गाय राह के किनारे कहीं-कहीं से टुकड़ा-टुकड़ा घास उखाड़-उखाड़कर चबाती चलती है, हमारी हालत बिलकुल वैसी ही है। वही है हमारा कर्म या हमारा भय! भय ही दुःख और व्याधि का भंडार है। विभ्रांत और भय से चकित होकर हम सब दूसरों को नुकसान पहुँचाते रहते हैं। आघात करने से डरते हुए हम और ज्यादा आघात करते हैं। पाप से बच-बचकर चलने की एकांत कोशिश में हम सब पाप के मुँह में ही जा पड़ते हैं।

अपने आस-पास हम जाने कितने-कितने व्यर्थ के कूड़ा-करकट का ढेर रचते रहते हैं। इससे हम सबका कोई भला नहीं होता, बल्कि जिसे हम त्यागना चाहते हैं, उसी की तरफ, उसी दुःख की तरफ हम खिंचते चले जाते हैं।

अहा! काश, हम बिलकुल निर्भीक, साहसी और लापरवाह हो पाते!

सैनफ्रांसिस्को, 4 मार्च, 1900

मेरा स्वास्थ्य वैसा ही है। मुझे कोई खास हेर-फेर नजर नहीं आ रहा है। स्वास्थ्य में शायद उन्नति ही हो रही है, हालाँकि अनजाने में ही। मेरी आवाज में इतना दम है कि मेरा व्याख्यान 3,000 श्रोता सुन सकें। ऑकलैंड में दो-दो बार मुझे यही करना पड़ा और दो घंटे व्याख्यान देने के बाद भी मुझे अच्छी नींद आती है।

सैनफ्रांसिस्को, 7 मार्च, 1900

मेरी तबीयत बस, किसी तरह लस्टम-पस्टम साथ दे रही है। न रुपए-पैसे हैं, जी-तोड़ मेहनत ऊपर से और परिणाम भी शून्य! लॉस एंजेलस भी बुरा नतीजा! अगर कुछ देना न पड़े, तो वे लोग दल बाँधकर व्याख्यान सुनने आते हैं, लेकिन, अगर कुछ खर्च करना पड़े, तो नहीं आते! ले-देकर मामला यही है।

सैनफ्रांसिस्को, 17 मार्च, 1900

डॉ. हिलर और मिसेज हिलर शहर में लौट आए हैं। उन लोगों ने बताया कि मिसेज मिल्टन के इलाज से उन्हें काफी फायदा हुआ है। (उनके इलाज से) मेरे सीने पर ढेरों लाल-लाल धब्बे उभर आए हैं। खैर, आरोग्य के मामले में कितनी दूर क्या होता है, बाद में विस्तार से आपको जानकारी दूँगा।

यहाँ मैं खामोशी से सब सहन करने की नीति अपनाए हुए हूँ। अब तक इसका नतीजा बुरा नहीं निकला।

तीन बहनों में मँझली मिसेज हैन्सबरो आजकल यही हैं। वे मेरी मदद करने के लिए लगातार बड़ी मेहनत से काम किए जा रही हैं। प्रभु उन लोगों का मन आशीषों से भर दें। ये तीनों बहनें मानों तीन देवियाँ हैं।

यहाँ-वहाँ इस प्रकार की आत्माओं का संस्पर्श मिल जाता है, इसीलिए सकल अर्थहीनता की भरपाई हो जाती है।

सैनफ्रांसिस्को, 22 मार्च, 1900

मेरी, तुमने सही कहा कि भारतवासियों के बारे में सोचने-चिंता करने के अलावा, और भी बहुत कुछ सोचने और चिंता करने को बच रहता है। लेकिन गुरुदेव के कार्य ही मेरे जीवन का मुख्य कर्तव्य हैं। उसकी तुलना में यह सब गौण है।

काश, यह आत्मत्याग सुखकर होता। ऐसा नहीं होता। फलस्वरूप, स्वभावत: ही कभी-कभी मन में कड़वाहट जागती है। लेकिन जानती हो मेरी, अभी भी मैं इनसान हूँ और अपना सबकुछ एकबारगी भुला नहीं सकता। वैसे उम्मीद है, किसी दिन यह भी कर पाऊँगा।

मेरी बात पूछो तो मैं अनवरत घूमते-घूमते थक चुका हूँ। इसलिए घर लौटकर शांति से रहना चाहता हूँ। अब और काम नहीं करना चाहता। ज्ञान-तपस्वी की तरह निर्जन में जीवन बिताना ही मेरा स्वभाव है। वह अवसर कभी नहीं आया। प्रार्थना करता हूँ कि अब वह मुझे उपलब्ध हो। इन दिनों मैं भग्न-स्वास्थ्य, कर्म-क्लांत हूँ। हिमालय के आश्रम से जब भी मिसेज सेवियर का कोई पत्र मिलता है, उसी पल मेरा मन होता है कि वहाँ उड़कर पहुँच जाऊँ। हर दिन मंचों पर व्याख्यान देते-देते, लगातार घूमते-घूमते और नित्य-नूतन चेहरे देखते-देखते मैं बेतरह थक चुका हूँ।

सैनफ्रांसिस्को, 25 मार्च, 1900

निवेदिता, मैं पहले से काफी बेहतर हूँ और धीरे-धीरे ताकत भी मिल रही है। अब कभी-कभी लगता है कि बहुत जल्दी ही मुक्ति मिल जाएगी। पिछले दो वर्षों की यंत्रणाओं ने मुझे काफी सबक सिखाया है। व्याधि और दुर्भाग्य के परिणाम हमारा कल्याण ही साधन करते हैं, हालाँकि उस वक्त यही लगता है कि हम शायद बिलकुल ही डूब गए।

सैनफ्रांसिस्को, 28 मार्च, 1900

मैं खूब डटकर मेहनत कर रहा हूँ और जितनी ज्यादा मेहनत कर रहा हूँ, उतना ही बेहतर महसूस कर रहा हूँ। अस्वस्थ होकर मेरा यह खास उपकार जरूर हुआ है। अब मैं सही-सही समझ सकता हूँ कि अनासक्ति का क्या अर्थ होता है और मुझे आशा है कि अति शीघ्र ही मैं पूर्णत: अनासक्त हो जाऊँगा।

हम सब अपनी सामूहिक शक्ति एक ही ओर लगाकर एक ही विषय में आसक्त हो जाते हैं। और इसका और भी एक पक्ष है, जो समान रूप से कठिन होने के बावजूद उस तरफ बहुत कम ही ध्यान देते हैं—वह है पल भर में किसी विषय से अनासक्त होने की, अपने को अलग कर लेने की शक्ति। यह आसक्ति और अनासक्ति—दोनों ही जब संपूर्ण भाव से विकसित हो उठती हैं, तभी इनसान महान् सुखी होता है।

सभी वस्तुओं को घूमकर आना पड़ता है। वृक्षरूप में विकसित होने के लिए

बीज को कुछ दिन माटी तले पड़े-पड़े सड़ना होता है। पिछले दो वर्षों से मानो इसी रूप में माटी तले सड़ने का क्रम चल रहा था। मृत्यु के कराल ग्रास में पड़कर पहले भी जब कभी मैं छटपटाता रहा हूँ, उसके बाद ही समग्र जीवन मानो प्रबल भाव से उच्छ्वसित हो उठा है!

इसी तरह एक बार रामकृष्ण के सामने हाजिर हुआ था और एक बार ऐसी ही स्थिति में पड़ने के बाद अमेरिका आना पड़ा। अंतिम स्थिति ही, अन्य सब में सबसे बड़ी थी। वह भाव अब जा चुका है। अब मैं इतना स्थिर और शांत हो गया हूँ कि समय-समय पर मैं खुद ही चकित रह जाता हूँ। अब मैं सुबह-शाम काफी मेहनत करता हूँ, जब जो मिलता है, खा लेता हूँ। रात बारह बजे सोने जाता हूँ और नींद भी कितनी गहरी आती है। पहले मुझमें कभी भी यूँ सोने की ताकत नहीं थी।

सैनफ्रांसिस्को, 7 अप्रैल, 1900

अब मैं अपने पैरों पर खड़े होकर महानंद के साथ मेहनत कर रहा हूँ। कर्म ही मेरा अधिकार है, बाकी माँ जानें।

देखो, यहाँ मैंने जितने दिनों रहने का सोचा था, देख रहा हूँ, उससे अधिक दिनों तक रहकर काम करना होगा। इसके लिए तुम विचलित न होना। अपनी समस्या का मैं खुद समाधान कर लूँगा। अब मैं अपने पैरों पर खड़ा हो गया हूँ, रोशनी भी नजर आ रही है। मुमकिन है, सफलता मुझे विपथगामी कर देती और मै जो संन्यासी हूँ, इस सच्चाई को शायद याद नहीं रख पाता। इसीलिए माँ मुझे यह अभिज्ञता दे रही हैं।

आलामेडा, कैलिफोर्निया, 20 अप्रैल, 1900

सोमवार को शिकागो की यात्रा करूँगा। एक सहृदय महिला ने, तीन महीने तक इस्तेमाल करने लायक, न्यूयॉर्क का एक रेलवे पास दे दिया है। चलो, माँ ही मेरी देखभाल करेंगी। जीवन भर मुझे सँभाले रहने के बाद अब वे मुझे निरुपाय तो फेंक नहीं देंगी।

आलामेडा, कैलिफोर्निया, 23 अप्रैल, 1900

आज ही मुझे यात्रा पर निकल जाना चाहिए था। लेकिन हुआ यह कि यात्रा से पहले कैलिफोर्निया के विशाल 33 वृक्षराजि तले तंबू में रहने का लोभ मैं संवरण नहीं कर पाया। इसलिए तीन-चार दिनों के लिए यात्रा स्थगित कर दी। इसके अलावा लगातार काम करते रहने के बाद और चार दिनों की जी-तोड़ यात्रा पर निकलने से पहले ईश्वर के मुक्त वायु में साँस लेने की मुझे जरूरत थी।

कल जंगल की ओर यात्रा पर निकल रहा हूँ। उफ! शिकागो जाने से पहले दिल और अँतड़ियों में ओ-जोन (OZONE) भी लूँगा।

आलामेडा, 30 अप्रैल, 1900

आकस्मिक अस्वस्थता और बुखार के लिए अभी भी शिकागो यात्रा नहीं कर पाया। दीर्घ भ्रमण के झटके सहन करने जैसी ताकत मिलते ही मैं रवाना हो जाऊँगा।

आलामेडा, 2 मई, 1900

मैं बेहद अस्वस्थ हो गया था। महीने भर से कठिन मेहनत के फलस्वरूप मुझ पर रोग का दुबारा हमला हो गया था। खैर, इस बात से मैं इतना तो समझ गया हूँ कि मेरे दिल या किडनी में कोई रोग नहीं है। सिर्फ अतिरिक्त परिश्रम की वजह से सभी स्नायु कमजोर हो गए हैं। इसलिए, कुछ दिनों के लिए आज मैं ग्रामांचल की ओर जा रहा हूँ और तबीयत स्वस्थ न होने तक वहीं रहूँगा।

सैनफ्रांसिस्को, 18 मई, 1900

शिक्षा-दान के लिए विभिन्न लोगों में घूमते रहने का काम, संन्यासियों का नहीं है। संन्यासियों के लिए होती है—निःसंगता और ऐसी निर्जनता, जो वह लोगों के चेहरों पर कदाचित् ही देख पाता है।

अब मैं इसके लिए प्रस्तुत हूँ, कम-से-कम शरीर की तरफ से! अगर मैंने अवसर ग्रहण नहीं किया तो प्रकृति ही मुझे ऐसा करने को विवश करेगी।

न्यूयॉर्क, 13 जून, 1900

परेशान होने का कोई कारण नहीं है। जैसा मैंने लिखा था, मैं पहले से अधिक स्वस्थ हूँ। किडनी के बारे में पुरानी सभी आशंकाएँ दूर हो गईं! मेरा एकमात्र रोग उद्वेग है, इसे भी मैं बहुत जल्दी ही जय कर लूँगा।

न्यूयॉर्क, 23 जून, 1900

खूब अच्छा हूँ, सुखी हूँ—जैसा रहता हूँ। ज्वार से पहले लहरें उमड़ेंगी ही।

हर प्रकार की भावुकता और आवेग दूर करने के लिए मैं कृतसंकल्प हूँ। मुझे फिर कभी भी आवेग-विह्वल देखना तो फाँसी पर चढ़ा देना। मैं ठहरा अद्वैतवादी, ज्ञान हमारा लक्ष्य है, भावावेग नहीं, प्यार नहीं, कुछ भी नहीं! क्योंकि ये सभी इंद्रिय या कुसंस्कार या बंधन के अंतर्गत आते हैं? मैं हूँ सद्-स्वरूप! चिद्-स्वरूप!

माँ ही मुझे देख रही हैं, मेरी निगरानी कर रही हैं। भावावेग के नरक से वे ही मेरा उद्धार करके लाई हैं। विशुद्ध युक्ति-विचार के आलोक में उत्तीर्ण किए दे रही हैं।

मुझ पर किसी का कोई अधिकार नहीं है, क्योंकि मैं हूँ आत्मस्वरूप! मुझमें कोई उच्चाकांक्षा नहीं है।

मुझमें हमेशा ही अनासक्ति मौजूद थी! एक ही मुहूर्त में वह दुबारा लौट आई! अब, जल्दी ही मैं ऐसी जगह खड़ा हो जाऊँगा, जहाँ कोई भावुकता या हृदय का आवेग मुझे स्पर्श भी नहीं कर सकेगा।

न्यूयॉर्क, 11 जुलाई, 1900

अपने लंबे-लंबे बाल काट डालने पर मैं सबसे तिरस्कृत हो रहा हूँ।

मैं डेट्रॉयेट गया था, कल लौट आया। जितनी जल्दी संभव हो, फ्रांस जाने की कोशिश कर रहा हूँ। वहाँ से भारत!

न्यूयॉर्क, 18 जुलाई, 1900

प्रिय तुरीयानंद, डेट्रॉयेट में कुल तीन दिनों रहा। न्यूयॉर्क में इन दिनों भयंकर गरमी है।

प्राय: हफ्ते भर पहले काली, पहाड़ पर चला गया है! सितंबर से पहले लौट नहीं पाएगा। मैं बिलकुल अकेला हूँ। मुझे यही प्रिय है।

न्यूयॉर्क, 24 जुलाई, 1900

अगले बृहस्पतिवार को फ्रांसीसी जहाज 'ला शैंपेन' में मेरी यात्रा पर निकलने की बात है।

□

फ्रांस

फ्रांस अतिशय खूबसूरत देश है। चीन के कुछेक अंशों को छोड़कर ऐसा देश अन्यत्र कहीं नहीं है।

पश्चिम में स्नान का मतलब क्या है ? मुँह और माथा धोना, हाथ धोना, जो बाहर से नजर आता है। और क्या! पेरिस! सभ्यता की राजधानी, पेरिस! रंग-ढंग, भोग-विलास का भू-स्वर्ग! विद्या और उद्योग का केंद्र—पेरिस! उसी पैरिस में एक अति धनी बंधु, एक वर्ष के लिए मुझे आमंत्रित करके लाए हैं! मुझे यहाँ लाकर उन्होंने प्रासाद जैसे सुंदर, एक विशाल होटल में ठहराया है। यहाँ राजभोग है, खाना-पीना है! लेकिन, नहाने का नाम तक नहीं! दो दिनों तक मैंने किसी तरह सह लिया, अंत में सहा नहीं गया। अंत में अपने उस बंधु से कहना पड़ा—भाई साहब, तुम्हारा यह राजभोग तुम्हें मुबारक! मेरा हाल ऐसा हो गया है—छोड़ दे, माँ रो लूँ, जान बचे! ऐसी भयंकर गरमी और नहाना नसीब न हो! पगलाए कुत्ते जैसा हाल हो जाएगा।' बंधु दुःखी भी हो गए और नाराज भी हो गए—ऐसे होटल में रहना मुश्किल है। चलिए, कोई अच्छी जगह खोजते हैं। लगभग बारह खास होटल खोजे गए, नहाने की जगह किसी भी होटल में नहीं थी। हाँ, अलग से स्नानागार जरूर मौजूद है। वहाँ जाकर, चार-पाँच रुपए थमाकर एक बार नहा सकते हैं। हरि बोल, हरि! उसी दिन शाम के अखबार में पढ़ा। एक बूढ़ी औरत नहाने के लिए टब में बैठी और वहीं भगवान् को प्यारी हो गई। इस तरह जन्म में एक बार ही बुढ़िया की खाल से जल-स्पर्श हुआ और सत्यानाश! नहीं, इसमें एक भी शब्द अतिरंजित नहीं है।

पेरिस, 23 अगस्त, 1900

मठ के हिसाब-किताब की रूपरेखा अभी-अभी हस्तगत हुई। मैंने पढ़ लिया! बेहद आनंदजनक है! मैं खुश हूँ।

मैं इंग्लैंड, अमेरिका और भारत में वितरण के लिए हजार या उससे भी अधिक

प्रतियाँ छपने को दे रहा हूँ। इसके अंत में सिर्फ एक वाक्य जोड़ूँगा—

भिक्षा का आवेदन!

पेरिस, 25 अगस्त, 1900

मैंने मिसेज बुल को मठ से रुपए उठा लेने का मौका दिया था। लेकिन उस बारे में उन्होंने कुछ नहीं कहा और इधर ट्रस्ट की वसीयत दस्तखत के लिए पड़े हुए थे, इसलिए ब्रिटिश कंसुलेट के कार्यालय में जाकर मैंने दस्तखत कर दिया है। कागज-पत्र अब भारत पहुँचने ही वाला होगा। अब मैं स्वाधीन हूँ और किसी भी बंधन से बँधा हुआ नहीं हूँ, क्योंकि कामकाज के मामले में मैंने अपने लिए किसी क्षमता या कर्तव्य का पद नहीं रखा। रामकृष्ण मिशन के सभापति का पद भी मैंने त्याग दिया है।

अब, मठ का सारा कुछ मुझे छोड़कर रामकृष्ण के अन्यान्य वर्तमान शिष्यों के हाथ में चला गया। अब से ब्रह्मानंद सभापति हुए। उसके बाद यह पद क्रमवार रूप से प्रेमानंद वगैरह के जिम्मे होगा।

अभी तो मुझे यह सोच-सोचकर खुशी हो रही है कि मेरे सिर पर से एक बड़ा बोझ उतर गया। अब मैं अपने को विशेष सुखी महसूस कर रहा हूँ।

पूरे बीस वर्ष तक मैंने रामकृष्ण की सेवा की, भले यह भूलों के जरिए रहा हो या सफलता के जरिए रहा हो। अब मैं अवसर लेता हूँ, बाकी जीवन अपने ढंग से बिताऊँगा।

अब मैं किसी का भी प्रतिनिधि नहीं हूँ, किसी के प्रति उत्तरदायी भी नहीं हूँ। अपने मित्रों के प्रति मेरा एक अस्वाभाविक उत्तरदायित्व-बोध था। अब मैंने बहुत-बहुत सोचकर देखा, मैं किसी का भी कर्जदार नहीं हूँ। मैंने तो देखा, अपनी जान की बाजी लगाकर अपनी सामूहिक शक्ति का प्रयोग किया, बदले में पाया—गर्जन-तर्जन, अनिष्ट-चेष्टा और परेशानी भरे झमेले! यहाँ से, भारत से—सबसे मेरी इति!

मैं तुम्हें हमेशा-हमेशा के लिए जानकारी दे दूँ—मुझमें भले और कोई भी दोष क्यों न हो, जन्म से ही मेरे भीतर ईर्ष्या, लोभ और कृतित्व की आकांक्षा कभी नहीं रही।

पेरिस, 28 अगस्त, 1900

निवेदिता, यही तो जीवन है! सिर्फ कठोर परिश्रम और इसके अलावा हम और कर भी क्या सकते हैं? कठोर परिश्रम करो। कुछ-न-कुछ घटेगा ही! कोई एक पथ जरूर खुल जाएगा। और अगर ऐसा नहीं हुआ, शायद कभी भी न हो, तो उसके बाद क्या? हमारा जितना कुछ उद्यम है। सभी कुछ सामाजिक तौर पर, उस चरम परिणति, मृत्यु को टालते रहने की प्रचेष्टा भर है। अहो, महान् सर्वदुःखहर मृत्यु! अगर तुम न होतीं तो जगत् की क्या हालत होती?

ईश्वर को धन्यवाद कि वर्तमान में प्रतीयमान यह जगत् सत्य नहीं है, नित्य भी

नहीं है। इसका भविष्य भी और बेहतर कैसे हो सकता है? वह भी तो वर्तमान का फलस्वरूप है। अस्तु, और अधिक बुरा न भी हो तो भी वह भविष्य वर्तमान के ही अनुरूप होगा।

स्वप्न अहो! केवल ही स्वप्न! स्वप्न देखते हुए चलते रहो! स्वप्न! स्वप्नों का इंद्रजाल ही इस जीवन का हेतु है और इसी में ही इस जीवन का प्रतिविधान भी निहित है। स्वप्न! स्वप्न! केवल ही स्वप्न! सपनों के जरिए ही सपनों को तोड़ो।

मैं फ्रेंच भाषा सीखने की कोशिश कर रहा हूँ और यहाँ···र के साथ बातचीत कर रहा हूँ। इसी बीच बहुतेरे लोग तारीफ भी कर रहे हैं। समूची दुनिया के साथ इस अंतहीन गोरखधंधे की बातें, अदृष्ट के इस सीमाहीन चरखी की बातें! जिसकी डोर का छोर किसी के हाथ नहीं लगता, फिर भी हर कोई, कम-से-कम उस वक्त, यह समझ लेता है कि उसे छोर मिल गया है और यह सोचकर कम-से-कम उसे अपनी तृप्ति का बोध होता है। कुछ समय के लिए वह अपने को भुलाए-बहलाए रखता है—यही तो मामला है।

अरे हाँ, अब बड़े-बड़े काम करने होंगे। लेकिन बड़े कामों में कौन सिर खपाता है? कुछ छोटे काम ही क्यों न किए जाएँ? इस एक से कोई अन्य काम हीन तो नहीं है। 'गीता' तो छोटे में ही बड़े को देखना सिखाती है! धन्य है वह प्राचीन ग्रंथ!

सेहत के बारे में सोचने का मेरे पास बहुत अधिक समय नहीं था। इसलिए, यही समझ लेना चाहिए कि सेहत ठीक ही है। वैसे इस संसार में कुछ भी चिर दिन भला नहीं रह पाता। लेकिन बीच-बीच में हम भूल जाते हैं। भला तो यही है कि सिर्फ भला हो और भला करें।

अब भला हो या बुरा, हम सभी इस संसार में अपने-अपने हिस्से का अभिनय किए जा रहे हैं। जब सपना टूट जाएगा और हम रंगमंच छोड़कर चले जाएँगे, तब इन सब बारे में हम दिल खोलकर हँसेंगे। इतनी सी बात मैं निश्चित रूप से समझ चुका हूँ।

पेरिस, 1 सितंबर, 1900

घूम-घूमकर मरने की मुझे खास इच्छा नहीं है। अब तो मानो यही उद्देश्य है कि कहीं बैठकर पोथी-पत्रा लिए समय व्यतीत करूँ। फ्रेंच भाषा थोड़ी-बहुत आने लगी है, लेकिन दो-एक महीने उन लोगों के साथ रहते-सहते अच्छी-खासी बातचीत की भी क्षमता आ जाएगी।

यह भाषा और जर्मन भाषा—इन दोनों भाषाओं पर अगर उत्तम अधिकार मिल जाए तो एक तरह से यूरोपीय विद्या में यथेष्ट प्रवेश मिल जाता है। यह देश (फ्रांस) पाश्चात्य सभ्यता के शीर्ष पर है। यह पेरिस नगरी पाश्चात्य सभ्यता की राजधानी है।

मेरी तबीयत कभी अच्छी, कभी खराब! बीच में मिसेज मिल्टन का हाथ-घिसनेवाला इलाज फिर शुरू किया गया है। वे कहती हैं कि तुम 'ऑलरेडी' अच्छे हो

गए हो। यह देख भी रहा हूँ कि पेट में चाहे कितनी भी वायु हो, चलने-फिरने, चढ़ने में कोई तकलीफ नहीं होती। हर सुबह जमकर डंड-बैठक करता हूँ। उसके बाद काले पानी में डुबकी!

जिसके पास रहूँगा, कल वह घर देख आया हूँ! वह एक गरीब व्यक्ति है—स्कॉलर! उसके समूचे घर में किताबें-ही-किताबें हैं। वह छठी मंजिल के एक फ्लैट में रहता है। उस पर से इस देश में अमेरिका की तरह लिफ्ट नहीं होती। चढ़ाई-उतराई है। लेकिन उसमें मुझे तकलीफ नहीं होती।

उस घर के चारों तरफ एक सुंदर पार्क है। वह शख्स अंग्रेजी नहीं बोल पाता, इसलिए भी वहाँ जा रहा हूँ। मुझे वहाँ बात-बात में फ्रेंच बोलनी होगी। अब माँ की इच्छा! बाकी काम उनका, वे ही जानें। उनकी जुबान से तो कुछ फूटता नहीं! गुम होकर रहती हैं। लेकिन देखता हूँ कि इन सबके बीच ध्यान-जप तो खूब जारी है!

पेरिस, 15 सितंबर, 1900

पेरिस पर मैं मुग्ध होता जा रहा हूँ। मैं जूल बोया नामक एक फ्रेंच विद्वान् के साथ रह रहा हूँ। ये साहब मेरे कामकाज पर मुग्ध हैं।

वे अंग्रेजी में बहुत कम बातें करते हैं। नतीजा यह हुआ है कि मुझे अपनी अधसीखी अस्पष्ट फ्रेंच भाषा में ही ताल-से-ताल मिलाना पड़ता है और उनका कहना है कि मैं अच्छी तरह ही उत्तीर्ण हो रहा हूँ। जब वे धीरे-धीरे बोलते हैं तो मुझे उनकी बातें समझ में आ जाती हैं।

परसों मैं ब्रिटनी जाऊँगा। वहाँ मेरे अमेरिकी मित्रगण समुद्री हवा का मजा ले रहे हैं, साथ ही मालिश का भी सुख उपभोग कर रहे हैं!

एम् वायेस के साथ मैं उन लोगों से संक्षिप्त मुलाकात के लिए जाऊँगा। उसके बाद कहाँ जाऊँगा, पता नहीं! मैं क्या काफी हद तक फ्रेंच हो गया हूँ? साथ-साथ मैं व्याकरण भी सीख रहा हूँ और काफी मेहनत कर रहा हूँ। कुछ ही महीनों में मुझे पूरी तरह फ्रेंच हो जाना चाहिए। लेकिन, इंग्लैंड में रहने के दौरान मैं सब भूल जाऊँगा?!

पेरिस, अगस्त 1990

हरिभाई, अभी मैं फ्रांस देश के समुद्र-तट पर वास कर रहा हूँ। कांग्रेस ऑफ हिस्ट्री ऑफ रिलीजन संपन्न हो गया है। कुछ भी नहीं, प्राय: बीस पंडितों ने पढ़-पढ़ाकर शालिग्राम की उत्पत्ति, जिहोबा की उत्पत्ति वगैरह बकवास किया था। मैंने भी थोड़ी-बहुत बकवास की।

ये यूरोपीय पंडित कहते हैं कि आर्य लोग जाने कहाँ से उड़कर आए और भारत के जंगली लोगों को मार-भगाकर, उन लोगों की जमीन छीनकर वहाँ रहने लगे। यह सब अहमक जैसी बातें हैं। देख रहा हूँ, हमारे पंडित लोगों पर भी इसी गँवारपन की

धुन सवार है। उस पर से ये सब विरूप झूठ वे लोग अपने बाल-बच्चों को भी सुनाते हैं यह अति अन्याय है।

मैं ठहरा मूर्ख व्यक्ति। जितनी बुद्धि है, जितनी भर समझ है, उसी के दम पर मैंने इस पेरिस की सभा में प्रतिवाद किया। इन देशी और स्वदेशी पंडितों से सवाल पर सवाल भी पूछे। उम्मीद करता हूँ कि वक्त मिला तो और-और संशय उठाऊँगा।

पेरिस, 14 अक्तूबर, 1900 (मूल फ्रेंच भाषा में है)

'मैं जूल बोया नामक एक मशहूर फ्रेंच लेखक के साथ रह रहा हूँ। मैं उनका अतिथि हूँ। उन्हें अपने लेखन से ही जीविका अर्जित करनी पड़ती है, इसलिए वे धनी तो नहीं हैं, लेकिन हम दोनों के बीच अनेक उच्च-उच्च विचारों की एकता है और हम दोनों एक-दूसरे के साहचर्य में काफी आनंद में हैं।

कई वर्ष पहले उन्होंने मेरा आविष्कार किया और इसी बीच मेरी कई एक पुस्तिका का उन्होंने फ्रेंच में अनुवाद कर डाला है।

मदाम कालवे मिस मैकलाउड और मैं जूल बोया के साथ सैर करूँगा। मशहूर गायिका मदाम कालवे का अतिथि बनूँगा।

हम लोग कंस्तान्तिनोपल, प्राच्य के निकट, ग्रीस और मिस्र में जाएँगे। वापसी में वेनिस भी देख आएँगे।

वापस लौटकर पेरिस में कई-एक व्याख्यान भी दे सकता हूँ। लेकिन वे सारे व्याख्यान अंग्रेजी में दूँगा। साथ में दुभाषिया भी रहेगा।

इस उम्र में कोई नई भाषा सीखने जितना समय या शक्ति अब मुझमें नहीं है। अब मैं बूढ़ा इनसान हूँ, क्या कहते हो?

अमेरिका में उपार्जित सारे रुपए मैंने भारत भेज दिए हैं। अब मैं मुक्त हूँ पहले की तरह भिक्षाजीवी संन्यासी बन गया हूँ। मुझे अब मठ के इस किस्म का दायित्व लिए-लिए नहीं घूमना होगा। पेड़ की डाल पर नींद में सोया हुआ पंछी रात की समाप्ति पर जैसे जागता है और गा उठता है तथा गहरे नीलाकाश की ओर उड़ जाता है, बिलकुल उसी तरह मेरे जीवन की भी परिसमाप्ति हुई!

इसीलिए मुझे लग रहा है कि मेरे जीवन का एक नया अध्याय खुला है। लग रहा है, माँ मुझे पूरे इत्मीनान और स्नेह से चलाए लिए जाएँगी। अब, विघ्न-संकुल पथ पर चलने की चेष्टा खत्म। अब, पंछी के पंखों का बिस्तर!

जीवन में उपलब्ध समस्त तजुर्बों ने मुझे यही सीख दी है कि एकांतिक भाव से मैंने जो भी चाहा, मुझे हमेशा मिला। इसके लिए ईश्वर को धन्यवाद! हाँ, कभी-कभी काफी दुःख सहने के बाद मिला। लेकिन इससे क्या फर्क पड़ता है? पुरस्कार का मधुर स्पर्श सबकुछ भुला देता है।

पेरिस, 22 अक्तूबर, 1900

कमान के मामले में बेहद मशहूर मि. मैक्सिम मेरे बारे में बेहद उत्साहित हैं। चीन और चीनी लोगों के बारे में लिखी जानेवाली अपनी अगली किताब में वे अमेरिका में किए गए मेरे कार्यों के बारे में कुछ लिखना चाहते हैं। इंग्लैंड में भी मेरे कामकाज के बारे में कैनन हाउवेस ने भी (रेवरेंड ह्यू रेजिनाल्ड हाउवेस) खोज-खबर ली है। ऐसा हो सकता है, माँ इस बार मेरे आदि अंतरराष्ट्रीय योजनाओं में प्राण-संचार करानेवाली है।

अब मुझे लगता है कि मेरे शारीरिक और मानसिक स्वास्थ्य की टूटी हालत के बाद एक अंतरराष्ट्रीय स्तर के कामकाज का द्वार खुल जाएगा। माँ ही सबसे बेहतर जानती हैं।

मेरा समस्त जीवन ही एक के बाद एक उत्थान-पतन की कथा है। इसलिए मैं इस बात पर विश्वास करता हूँ कि सभी लोगों के जीवन में शायद ऐसा ही होता है। इसीलिए पतन होने पर भी मैं दुःखी नहीं होता, मैं सबकुछ समझ सकता हूँ, फिर भी मुझे तकलीफ होती है और गुस्से से भर उठता हूँ।

हमारे देश में कहावत है कि पाँव में चक्कर हो तो इनसान घुमंतू हो जाता है। मेरे पाँवों में तो हमेशा से ही चक्कर है।

परिणाम भी प्रत्यक्ष है। इतना-इतना सोचा कि पैरी में बैठकर कुछ दिन फ्रेंच भाषा और सभ्यता पर बातचीत की जाएगी, पुराने दोस्त-मित्र त्यागकर, एक गरीब फ्रेंच, नए मित्र के साथ रहने लगा। (वे अंग्रेजी नहीं जानते और मेरी फ्रेंच नहीं समझते। अजीब-सा मामला है।) इच्छा यह थी कि गूँगे बनकर बैठे रहकर फ्रेंच बोलने का उद्यम किया जाएगा और मैं एक दिन बढ़िया फ्रेंच भाषा बोलना सीख जाऊँगा। ऐसा तो हुआ नहीं बल्कि मैं चल पड़ा हूँ विएना, तुर्की, ग्रीस, मिस्र, जेरुसलम की सैर पर! भावी को कौन मिटा सकता है! तुम्हें यह पत्र मैं मुसलमान-प्रभुत्व की अवशिष्ट राजधानी कॉन्सटेंटिनोपल से लिख रहा हूँ!

तीन संगी मेरे साथ हैं—दो फ्रेंच और एक अमेरिकी! अमेरिकी है तुम लोगों की परिचिता, मिस मैकलाउड; फ्रेंच पुरुष-मित्र—मोसिये जूल बोउवा जो फ्रांस के एक सुप्रतिष्ठित दार्शनिक और साहित्य-लेखक हैं और फ्रेंच महिला मित्र विश्वविख्यात गायिका माद्मोवाजेल कालवे!

अति दरिद्र स्थिति में उनका जन्म हुआ था! दुःख-दारिद्र्य जैसा शिक्षक और कोई नहीं होता। शैशव में अति दारिद्र्य के दुःख-कष्ट से दिन-रात युद्ध करते हुए कालवे ने यह विजय प्राप्त की। वह संग्राम उनके जीवन में एक अपूर्व संवेदना, एक गहरी अनुभूति ले आई है।

इन लोगों के साथ होने का मुझे एक खास फायदा यह है कि इनमें से एक अमेरिकी को छोड़कर अन्य कोई अंग्रेजी नहीं जानता। अंग्रेजी भाषा में बातचीत बिलकुल बंद!

(पश्चिमी जाति में यही रीति है—एक दल में जो भाषा सभी लोग जानते हैं, इकट्ठे रहते हुए उसी भाषा में बातचीत न करना असभ्यता मानी जाती है) इसलिए जैसा भी हो मुझे फ्रेंच बोलना पड़ता है और फ्रेंच ही सुनना भी पड़ता है।

यात्रा के लिए यह तय हुआ कि रेल-मार्ग से पेरिस से विएना, वहाँ से कॉन्सटेंटिनोपल! वहाँ से जहाज-पथ से एथेंस, ग्रीस, उसके बाद भूमध्य सागर पार मिस्र, उसके बाद एशिया माइनर, जेरुसलम आदि!

पहले मेरी धारणा थी कि ठंडप्रधान देश के लोग मिर्च नहीं खाते, यह केवल उष्णप्रधान देशों की बुरी आदत है। लेकिन यहाँ हंगरी से जो मिर्च खाना शुरू हुआ वह रोमानी, बुलगारिया में बिलकुल चरम पर पहुँच गया। इन लोगों से तो मद्रासी भी हार मान जाएँ।

दस बजे कॉन्सटेंटिनोपल छोड़ दिया। पूरा एक दिन और एक रात समुद्र में! यहाँ समुद्र बेहद स्थिर है। यहाँ से गोल्डेन हॉर्न और मारमोरा! मारमोरा द्वीपपुंज के किसी द्वीप में ग्रीक धर्म का एक मठ भी देखा।

शाम ढलने के बाद एथेंस पहुँचा। एक रात कांस्टेंटाइन में ठहरकर सुबह उतरने का हुक्म मिला। बंदर पाइरिडोसटी एक छोटा सा शहर है। यह बंदरगाह बेहद आकर्षक है।

चौथे दिन, दस बजे, रूसी स्टीमर 'जार' पर सवार होने के बाद हम मिस्री-यात्री बन गए। घाट पर आए तो हमें पता चला कि स्टीमर चार बजे छूटेगा। या तो हम ही जल्दी पहुँच गए थे या फिर माल लादने में देरी होगी। अंत में 567 से 486 ई. पहले आविर्भूत एजेलादास और उनके तीन-तीन शिष्य—फिडियस, मिरन और पॉलिक्रेटे—की मूर्तियों की जानकारी ग्रहण की। यहाँ अभी भयंकर गरमी पड़नेवाली है।

पोर्ट ट्यूफिक, 26 नवंबर, 1900

जहाज के आने में देर हो रही थी, इसलिए हम इंतजार कर रहे हैं। भगवान् को धन्यवाद है कि जहाज आज पोर्ट सैयद में नहर में दाखिल हो गया है। इसका मतलब है, अब अगर सब ठीक-ठाक चलता रहा तो शाम तक जहाज वहाँ (पोर्ट पर) पहुँच जाएगा।

वैसे इन दो दिनों से निर्जन कारावास चल रहा है और मैं किसी तरह धीरज धरे हुए हूँ। लेकिन इन लोगों का कहना है कि परिवर्तन का मूल्य तिगुने से भी अधिक होता है। मिस्टर गेज के एजेंट ने मुझे सारे गलत-सलत निर्देश दिए थे। पहली बात तो यह कि मेरा स्वागत करना तो दूर की बात है, मुझे कुछ समझा सके, यहाँ ऐसा कोई व्यक्ति नहीं था। दूसरी बात, मुझे किसी ने भी नहीं बताई कि अन्य जहाज के लिए मुझे एजेंट के दफ्तर जाकर टिकट बदलनी होगी और टिकट बदलने की जगह स्वेज है, यहाँ नहीं।

इसलिए जहाज का देर से आना एक तरह से अच्छा ही हुआ था। मौका देखकर मैं जहाज के एजेंट से मिलने चला गया। उन्होंने मुझे निर्देश दिया कि मैं गेज का पास बदलवाकर यथारीति टिकट करा लूँ।

उम्मीद है, आज रात किसी समय मैं जहाज पर सवार होऊँगा। मैं अच्छा हूँ और सुख से हूँ और इस मजे का आनंद ले रहा हूँ।

□

मैं विश्वास करता हूँ

मैं ईश्वर में विश्वास करता हूँ, इनसानों में विश्वास करता हूँ। दीन-दुःखी दरिद्रों की सहायता करना, दूसरों की सेवा के लिए नरक में जाने के लिए तैयार होना—ये सब विराट् कार्य हैं, ऐसा मैं विश्वास करता हूँ।

अगर मैं कोई गुरुतर अपराध करूँ और उससे किसी का वास्तविक उपकार हो तो मैं निश्चित रूप से अभी ही वैसा करके अनंत नरक-भोग के लिए तैयार हूँ।

मुमकिन है, मुझे पुनर्जन्म लेना पड़े, क्योंकि मैं इनसानों के प्रेम में पड़ गया हूँ।

जो धर्म विधवा महिलाओं के आँसू नहीं पोंछ सकता या अनाथ शिशुओं के मुँह में मुट्ठी भर आहार नहीं डाल सकता, मैं उस धर्म या उस ईश्वर में विश्वास नहीं करता।

बाहरी अनुष्ठान या मतवाद से मेरा कोई सरोकार नहीं है। धर्म ही मानव जीवन का सर्वस्व है और सबकुछ के अंदर धर्म मौजूद है, यही दिखाना मेरा जीवन-व्रत है।

लेकिन मनुष्य का महत्त्व यही है कि वह मननशील जीव है, पशुओं से हमारा पार्थक्य है। मनुष्य का यह मनन ही स्वभावसिद्ध धर्म है, इसलिए हमें मन का संचालन करना होगा। इसीलिए मैं युक्ति में विश्वास करता हूँ और युक्ति का ही अनुसरण करता हूँ। सिर्फ लोगों की बातों पर विश्वास करके कितना नुकसान होता है, इस पर मैंने खासतौर पर गौर किया है; क्योंकि मैंने जिस देश में जन्म लिया है, वहाँ दूसरों के वाक्यों पर विश्वास करना चरम पर पहुँच गया है।

अगर कभी किसी आदर्श धर्म की प्रतिष्ठा की संभावना हो तो उसे इस प्रकार उदार और प्रशस्त-हृदय होना होगा, जिससे यह सब विभिन्न मनों को उपयोगी रसद जुटा सकें। यह धर्म ज्ञानियों के हृदय में दर्शन-सुलभ दृढ़ता ला देगा और भक्तों का हृदय भक्ति से आप्लावित कर देगा। आनुष्ठानिक लोगों को यह धर्म उच्चतम प्रतीकोपासनालब्ध, सामूहिक भावराशि द्वारा चरितार्थ करेगा और कोई कवि जितना सारा हृदयोच्छ्वास धारण कर सकता है या जितना कुछ गुणराशि मौजूद हो, उनके द्वारा वह कवि को पूर्ण करेगा।

इस किस्म के उदार धर्म के सृजन के लिए हमें धर्म-समूह के अभ्युदय काल में लौट जाना होगा और यह सभी कुछ ग्रहण करना होगा।

अस्तु, ग्रहण ही हमारा मूलमंत्र होना चाहिए, वर्जन नहीं! केवल परमत-सहिष्णु नहीं, यह तो अकसर ईश्वर-निंदा का नामांतर मात्र है, इसलिए मैं उसमें विश्वास नहीं करता। मैं ग्रहण में विश्वास करता हूँ। मैं भला क्यों परधर्म-सहिष्णु होने लगा? परधर्म-सहिष्णुता का मतलब है—मेरी राय में आपने अन्याय किया है लेकिन मैं आपके जीने में बाधा नहीं डालूँगा। तुम्हारे-मेरे जैसे इनसान किसी को दयावश जीने दे रहा है, ऐसा सोचना क्या प्रभु के विधान में दोषारोप करना नहीं है?

अतीत में जितने भी धर्म-संप्रदाय रहे, मैं उन सबको सत्य मानता हूँ और उन सबकी उपासना में मैं योगदान करता हूँ। प्रत्येक संप्रदाय जिस ढंग से ईश्वर की आराधना करता है, मैं उन लोगों में प्रत्येक के साथ ठीक उसी ढंग से उनकी आराधना करता हूँ। मैं मुसलमानों की मसजिद में जाऊँगा, ईसाइयों के गिरजा में प्रवेश करके सलीब-बिद्ध ईसा के सामने नतशिर होऊँगा, बौद्ध लोगों के विहार में प्रविष्ट होकर बुद्ध को और उनके धर्म की शरण में जाऊँगा तथा अरण्य में जाकर उन सब हिंदुओं के साथ ध्यानमग्न होऊँगा, जो लोग हृदय-कंदरा-उद्भासकारी ज्योति के दर्शनों में सचेष्ट हैं।

सिर्फ इतना ही नहीं, भविष्य में भी जो सब धर्म जाग्रत् हो सकते हैं, उन सबके लिए मेरे हृदय के द्वार उन्मुक्त हैं। ईश्वर का विधि-शास्त्र क्या समाप्त हो चुका है? या वह चिर-व्यापी अभिव्यक्ति के रूप में आज भी आत्मप्रकाश करते हुए आगे बढ़ रहा है? जगत् के आध्यात्मिक अभिव्यक्ति-समूह की यह लिपि यह अद्भुत पुस्तक है। बाइबल, वेद और कुरान तथा अन्यान्य धर्मग्रंथ समूह मानो इस पुस्तक का एक पृष्ठ भर है और उसके असंख्य पृष्ठ अभी भी अप्रकाशित पड़े हैं। उन सभी अभिव्यक्तियों के लिए मैं यह पुस्तक खोले रखूँगा। हम सब वर्तमान में खड़े होकर भविष्य की अनंत भावराशि ग्रहण करने के लिए प्रस्तुत रहेंगे। अतीत में जो कुछ भी घटा, वह सब हम लोग ग्रहण करेंगे, वर्तमान का ज्ञानालोक उपभोग करेंगे और भविष्य में भी जो उपस्थित होगा, उसे ग्रहण करने के लिए मन के सारे वातायन उन्मुक्त रखूँगा। अतीत के ऋषिकुल को प्रणाम! वर्तमान के महापुरुषों को प्रणाम और जिन लोगों का भविष्य में आगमन होगा, उन सबको प्रणाम!

मुझ जैसे व्यक्ति ने अपने क्षुद्र जीवन में भी यह प्रत्यक्ष किया है कि सदुद्देश्य निश्छलता और अनंत प्रेम विश्व-विजय करने में सक्षम होता है। इन सब गुणों से संपन्न कोई एक भी मनुष्य करोड़ों-करोड़ों कपट और निष्ठुर दुर्बुद्धि नाश करने में सक्षम होता है।

देखो, मेरे लिए इस बात पर विश्वास न करने का कोई उपाय नहीं है कि कहीं

कोई एक ऐसी विराट् शक्ति जरूर मौजूद है, जो कभी-कभी अपने को नारी-सच में कल्पना कर लेती है और लोग उन्हें 'काली' और 'माँ' कहकर पुकारते हैं। मैं ब्रह्म में भी विश्वास करता हूँ। वैसे असली मामला क्या हमेशा ठीक एक जैसा ही होता है? जैसे संख्यातीत जीव-कोषों की समष्टि से ही व्यक्तित्व गठित होता है, जैसे एक नहीं, बहु-मस्तिष्क कोषों से चैतन्य की उत्पत्ति होती है। बिलकुल ऐसा नहीं है क्या? एकत्व का मतलब ही है वैचित्र्य! यह भी ठीक वैसा ही है। ब्रह्म संबंध में कोई भिन्न व्यवस्था क्यों? ब्रह्म विद्यमान है और वे ही एकमात्र सत्ता हैं, लेकिन फिर भी उन्होंने ही बहु-देवताओं का भी रूप धारण किया है।

काली-उपासना धर्म का कोई अपरिहार्य सोपान नहीं है। धर्म के सभी विभिन्न तत्त्व ही उपनिषद् में ही मिल जाते हैं। काली-उपासना मेरा विशेष खयाल है, मुझे तुमने कभी इसका प्रचार करते नहीं सुना या भारत में भी कभी इसका प्रचार किया हो, ऐसा याद नहीं पड़ता। जो बात सकल मानव के लिए कल्याणकारी है, मैं उसी का प्रचार करता हूँ। अगर कोई अद्भुत प्रणाली हो, जो सिर्फ मेरे ही पक्ष में लागू होती हो, वह मैं छिपाकर रख देता हूँ और वहीं उसकी इति! काली-उपासना क्या होती है, उसकी मैं तुम्हारे सामने कभी भी, किसी हाल में भी व्याख्या नहीं करूँगा; क्योंकि ऐसा मैंने कभी भी किसी के सामने नहीं किया!

विशुद्ध उपनिषद् के तत्त्व और नीति ही हमारा धर्म है। उसमें आचार-अनुष्ठान, प्रतीक इत्यादि का कोई स्थान नहीं है। बहुतेरे लोग यह सोचते हैं कि आचार-अनुष्ठान आदि उन लोगों की धर्मानुभूति में सहायता करते हैं। मुझे इसमें कोई आपत्ति नहीं है।

शास्त्र, आचार्य, चेतावनी देनेवालों या त्राणकर्ताओं पर धर्म निर्भर नहीं करता। यह धर्म इह जीवन में या अन्य किसी जीवन में हमें दूसरों पर निर्भरशील नहीं बनाता। इस अर्थ में उपनिषद् का अद्वैतवाद ही एकमात्र धर्म है। लेकिन शास्त्र, अनुष्ठान-प्रेरित पुरुष या त्राणकर्ताओं का भी स्थान मौजूद है। वह सब बहुतेरे लोगों के सहायक बन सकते हैं, जैसे काली-उपासना मुझे अपने 'त्रैहिक कार्य' में सहायता करती है। इन सबका स्वागत है।

मैं जो चाहे, वह कर सकता हूँ। मैं स्वाधीन हूँ। कभी मैं हिमालय पर्वत पर विश्वास करता हूँ, कभी किसी शहर के रास्ते में! अगली बार का आहार कहाँ जुटेगा, वह मुझे नहीं मालूम! मेरे पास कोई रुपए-पैसे भी नहीं होते। चंदा उगाही करके मुझे यहाँ भेजा गया है।

यह तो एक उत्कृष्ट पोशाक है। देश में तो मैं मामूली कपड़े पहतना हूँ! मैं तो जूते भी नहीं पहनता। जातिभेद एक सामाजिक प्रथा है। धर्म के साथ इसका कोई संबंध नहीं है। मैं सभी जातियों के लोगों के साथ मिलता-जुलता हूँ।

आप स्वयं क्या प्रत्यक्ष अनुभव करते हैं, यही सवाल है। ईसा, मूसा, बुद्ध ने क्या किया, यह कहने से क्या होगा? इससे हमारा कुछ भी नहीं होगा, जब तक हम सब स्वयं भी उन सबको अपने जीवन में नहीं उतारते। अगर आप किसी कमरे का दरवाजा बंद करके यह चिंतन करें कि मूसा ने यह खाया था, इससे तो आपकी भूख मिटेगी नहीं। बिलकुल उसी तरह मूसा की यही धारणा थी, यह जान लेने से ही आपका उद्धार नहीं होगा। इन सब विषयों में मेरी राय संपूर्ण स्वतंत्र है। कभी-कभी मुझे यह खयाल आता है कि मेरी राय के साथ जब उन लोगों की राय मिलती है तो उन लोगों की राय ठीक है। मैं स्वाधीन चिंतन में विश्वास करता हूँ। इन सब पवित्र-स्वभाव आचार्यगण के प्रभाव से भी बिलकुल मुक्त रहना होगा। उन लोगों के प्रति पूरी-पूरी तरह श्रद्धा करें, लेकिन धर्म को एक स्वाधीन गवेषणा की वस्तु के तौर पर ग्रहण करें। उन लोगों ने जिस ढंग से ज्ञानालोक प्राप्त किया था, हम सबको इसी तरह अपनी चेष्टा से ज्ञानालोक-लाभ करना होगा।

उदार मनोवृत्ति-संपन्न बनो! सर्वदा दोनों पथ की तरफ दृष्टि रखो। जब मैं उच्च-मार्ग पर होता हूँ तो कहता हूँ, "शिवोऽहम, शिवोऽहम!" मैं भी वही हूँ। वे भी मैं हैं! लेकिन जब मेरे पेट में दर्द होता है, मैं कहता हूँ, "माँ, मुझ पर दया करो।"

लोकालय से दूर खामोशी में पोथी-पत्रा लेकर पड़े रहने का संस्कार लेकर ही मैंने जन्म लिया है, लेकिन माँ की कोई और ही इच्छा है। लेकिन, संस्कारों की अनुवृत्ति जारी है।

हालाँकि बीच-बीच में अजीब-अजीब बातें करता हूँ, अद्‌भुत बातें। और गुस्से में भी बोलता हूँ, फिर भी याद रखो कि मन से मैं प्यार के अलावा और कोई प्रचार नहीं करता। सारा कुछ ठीक हो जाएगा जब मेरी समझ में यह आ जाएगा कि हम सब परस्पर प्यार करते हैं।

स्वार्थपरता दूर करने का प्रयास करना होगा। जीवन में जब भी कोई भूल की है, तभी मुझे नजर आया है कि उसका मूल कारण है कि मैं उसके बीच अपनी स्वार्थ-बुद्धि ले आया। जहाँ मेरा कोई स्वार्थ नहीं था, वहाँ मेरा सिद्धांत बिलकुल अभ्रांत, बिलकुल निर्मूल रहा।

अगर मैं अपने को चींटी से बड़ा मानता हूँ तो मैं अज्ञ हूँ।

एक जी. सी. (जगदीश चंद्र) को देखा है, यथार्थ निर्भर, ठीक दासभाव, सिर दे डालने को प्रस्तुत—तभी न ठाकुर ने उसका आम मुख्तारनामा लिया था। कितनी निर्भरता! ऐसा मैंने कहीं नहीं देखा! निर्भरता मैंने उनसे ही सीखी है।

युक्ति का अनुसरण करने में पहली बाधा सत्य के प्रति हमारी अरुचि है! उत्साह की कमी! हम चाहते हैं कि सत्य हमारे पास आए। परिव्राजक जीवन में अधिकांश लोगों

ने मुझसे कहा, ''तुम जिस धर्म की बात करते हो, वह सुख-शांतिदायक, आरामदेह नहीं है। हमें आरामदायक धर्म दो।''

मुझे नहीं पता कि 'आरामदायक धर्म' से वे लोग क्या समझते हैं। मैंने जीवन में कभी भी कोई स्वच्छंद धर्म शिक्षा प्रदान नहीं की। मैं सत्य को ही धर्म के रूप में चाहता हूँ। वह स्वच्छंद है या नहीं, इसकी परवाह मैं नहीं करता। सत्य हमेशा ही आरामदायक क्यों हो ? हम सभी लोग अपने-अपने अनुभव से जानते हैं कि सत्य अकसर ही कठोर आघात करता है। धीरे-धीरे दीर्घ संस्पर्श के जरिए मेरी समझ में आया कि इस मार्कामारा शब्द के द्वारा क्या समझाना चाहते हैं। ये सभी लोग किसी गहरी खड्डे में पड़े हैं और उससे बाहर निकलने की हिम्मत नहीं करते। सत्य को ही उनके सामने क्षमाप्रार्थी होना होगा।

एक बार मैं एक भद्र महिला से मिला था। उन्हें अपनी संतान, अपनी धन-दौलत और भी सबकुछ के प्रति जबरदस्त लगाव था। जब मैंने उन्हें धर्म का उपदेश देना शुरू किया कि भगवान् के पास जाने का एकमात्र उपाय है—सबकुछ परित्याग करना। लो, अगले दिन से उन्होंने आना ही बंद कर दिया। कुछ दिनों बाद वे फिर आईं और उन्होंने बताया कि उनके दूर चले जाने की वजह है, मैं उन्हें जिस धर्म का उपदेश दे रहा था, वह उन्हें पसंद नहीं आया। ''तुम्हारे लिए क्या जातीय धर्म आरामदायक लगेगा ?'' मैंने उन्हें टटोलने के लिए सवाल किया। उन्होंने उत्तर दिया, ''मैं अपनी संतानों, अपनी धन-दौलत और अपने हीरे-जवाहरात में भगवान् को देखना चाहती हूँ।''

''बहुत अच्छा, महाशया!'' मैंने कहा, ''आपने तो अब सबकुछ पा लिया है और आपको ये चीजें अभी और भी कई-कई लाख वर्षों तक देखनी होंगी। उसके बाद आप कहीं ठोकर खाएँगी और तब आप युक्ति की शरण में आएँगी। जब तक वह समय नहीं आता, आप कभी भी भगवान् के निकट नहीं पहुँच सकतीं। इस बीच अपने शिशुओं, अपनी धन-दौलत में, हीरे-जवाहरात में और अपने नृत्य में ही भगवान् को देखती रहें।''

अमेरिका में एक मशहूर वक्ता हैं—रॉबर्ट हंगरसोल! वे बेहद भलेमानस हैं। धर्म संबंधी एक व्याख्यान में उन्होंने कहा, ''धर्म की कोई जरूरत नहीं है। परलोक में सिर खपाने की हमें कोई आवश्यकता नहीं है।'' अपने ढंग से समझाने के लिए उन्होंने एक उपमा का प्रयोग किया था—''जगत् रूपी यह संतरा हमारे सामने है। इसका सारा रस हम निचोड़ लेना चाहते हैं।'' एक बार उनसे मेरी टक्कर हो गई। मैंने उनसे कहा, ''मैं भी आपके साथ सहमत हूँ। मेरे पास भी एक फल मौजूद है। मैं भी उसका सारा रस पी डालना चाहता हूँ। लेकिन हम दोनों में मतभेद इस फल को लेकर है! यह कौन सा फल है ? आप इसे संतरा मानते हैं, मैं आम मानता हूँ! आप सोचते हैं, इस जगत् में आकर खाते-पीते देखना ही यथेष्ट है और कुछेक वैज्ञानिक तत्त्व जान सकें तो बस, हो गया।

लेकिन, आपको यह कहने का बिलकुल अधिकार नहीं है कि इसके अलावा मनुष्य का और कोई कर्तव्य नहीं है। मेरी नजर में यह धारणा कुछ भी नहीं है।''

सेब जमीन पर कैसे गिरता है या बिजली का प्रवाह कैसे स्नायु को उत्तेजित करता है, सिर्फ इतना ही जानना एकमात्र कार्य है, तब तो मैं अभी ही आत्महत्या कर लूँ। मेरा संकल्प है, सभी वस्तुओं के मर्मस्थल का अनुसंधान करूँगा; जीवन का प्रकृत रहस्य क्या है, मैं वह जानूँगा। तुम लोग प्राणों के भिन्न-भिन्न विकास की आलोचना करते हो, मैं प्राणों का स्वरूप जानना चाहता हूँ। मेरा दर्शन कहता है कि जगत् और जीवन के समग्र रहस्य को जानना होगा, हालाँकि इस पृथ्वी की तरह इन सबकी भी व्यावहारिक सत्ता है। मैं इस आत्मा की अंतरात्मा को जानूँगा; उसका प्रकृत स्वरूप क्या है, मैं यह जानूँगा। सिर्फ वह किस ढंग से काम करती है और वह अभिव्यक्त कैसे होती है, इतना भर जान लेने से मेरी तृप्ति नहीं होगी। मैं हर चीज में क्यों की जानकारी चाहता हूँ। 'यह कैसे होता है?' यह अनुसंधान बालक लोग करें।

मैं बुद्ध नहीं हूँ, तथापि एक तरह से मैं बुद्ध हूँ।

वैसे, मैं उनके सभी मतों का समर्थन नहीं करता। खुद अपने लिए ही मैं दार्शनिक विचारों की यथेष्ट आवश्यकता महसूस कर रहा हूँ। अनेक विषयों में उनसे मेरा पूरी-पूरी तरह मतभेद है; लेकिन चूँकि मेरा मतभेद है, इसीलिए मैं उनके चरित्र, उनके भावों के सौंदर्य को नहीं देखूँगा, इसका कोई मतलब है?

मैं अगर बुद्ध की अपूर्व हृदयवत्ता के लाख भाग के एक भाग का भी अधिकारी होता तो मैं अपने को धन्य मानता। मुमकिन है, बुद्ध ईश्वर में विश्वास करते हों; मुमकिन है, न करते हों। यह सब मेरे चिंतन का विषय नहीं है। लेकिन दूसरों की भक्ति, योग या ज्ञान द्वारा जो अपूर्व स्थिति उपलब्ध होती है, उन्होंने भी वही किया था।

मैं समस्त जीवन बुद्ध का अत्यंत अनुरागी, अन्य सभी चरित्रों में उनके चरित्र के प्रति अधिक श्रद्धा रखता हूँ। अहा! धन्य है वह साहस, वह निर्भीकता, वह गहरा और गंभीर प्रेम! मानव-कल्याण के लिए ही उनका जन्म हुआ था। सभी अपने लिए ईश्वर को खोजते हैं, कितने ही लोग सत्य का संधान कर रहे हैं। लेकिन, उन्होंने अपने लिए सत्य की उपलब्धि नहीं की। उन्होंने तो मानव-दुःख से कातर होकर सत्य का संधान किया था। उनकी एकमात्र फिक्र यही थी कि वे मानव की सहायता कैसे करें। जीवन भर उन्होंने कभी भी अपनी फिक्र नहीं की।

बुद्धदेव मेरे इष्ट हैं, मेरे ईश्वर हैं। उनका कोई ईश्वरवाद नहीं है। वे स्वयं ही ईश्वर थे, मैं विश्वास करता हूँ।

मेरा एक कुसंस्कार है। वैसे यह मेरे व्यक्तिगत कुसंस्कार के अलावा और कुछ नहीं है। जो किसी जमाने में बुद्ध के रूप में आए थे, वे ही बाद में ईसा के रूप में

आविर्भूत हुए।

प्रश्न : क्या बुद्ध का मत यह है कि बुद्धत्व सत्य है और एकत्व (आत्मा) मिथ्या? और हिंदू (वेद) मत में एक ही सत्य है और बहुत्व मिथ्या?

—हाँ, और इसके साथ श्री रामकृष्ण परमंहस और मैंने जो जोड़ा है, वह यदि कि एक नित्य वस्तु, एक ही मन में, विभिन्न समय में विभिन्न ढंग से अनुभूत होता है, एक और बहुरूप में प्रतिभासित होता है।

प्रभु ने कहा था, वे पुनः अवतीर्ण होंगे, कम-से-कम दो सौ वर्षों के अंदर और मैं उनके साथ आऊँगा। जब प्रभु आते हैं तो वे अपने साथ अपने लोगों को भी साथ लेकर आते हैं।

देव नहीं, मैं नहीं, पशु या नर
देव नहीं, मन नहीं, नारी या नर।

शस्त्र शुद्ध, सविस्मय हेरता है मेरी ओर
मेरी प्रकृति करे उद्घोष, 'मैं वही' वाणी

सूर्य, चंद्र, नक्षत्र के जन्म से पहले
था मैं, जब नहीं थी पृथ्वी व्योम
नहीं था महाकाल, 'वह भी नहीं था,
मैं था, मैं हूँ, रहूँगा मैं चिरकाल!'

दो नहीं, बहु नहीं, एक सिर्फ एक
इसीलिए मुझमें जो है, सब 'मैं'
इसीलिए अविराम प्रेम, घृणा असंभव
'मैं' से मुझे हटाना क्या है संभव?

स्वप्न से जाग उठो, बंद करो नाश
हो अभी, कहो वीर, निज देह-छाया
नहीं लगता अब डर, ओ जी मृत्युंजय
मैं हूँ ब्रह्म! यह चिर सत्य ज्योतिर्मय!

□

विदा वेला की वाणी

बेलूर मठ, 11 दिसंबर, 1900

जो, परसों रात मैं यहाँ पहुँचा हूँ। लेकिन हाय, इतनी जल्दी-जल्दी भागकर आने के बाद भी कोई फायदा नहीं हुआ। कैप्टेन सेवियर बेचारे कई दिनों पहले ही देह त्याग चुके थे। इस प्रकार दो-दो महाप्राण अंग्रेजों ने हमारे लिए, हिंदुओं के लिए आत्मदान किया। शहीद अगर होते हैं तो ये ही लोग हैं।

बेलूर मठ, 15 दिसंबर, 1900

माँ, कई दिनों पहले ही यहाँ पहुँचा हूँ। मेरा आगमन एकबारगी अप्रत्याशित था। सभी लोग काफी चकरा गए।

अपनी अनुपस्थिति में जितनी मैंने उम्मीद की थी, कामकाज उससे भी बेहतर ढंग से चल रहा है। सिर्फ मि. सेवियर का निधन हो गया। यह सच ही बहुत बड़ा आघात है।

बेलूर मठ, 19 दिसंबर, 1900

निवेदिता, मैं मौसम के साथ-साथ विचरण करनेवाला एक विहंग हूँ!

आनंद-मुखर और कर्म-चंचल पेरिस, दृढ़ गठित प्राचीन कॉन्सटेंटीनोपल शानदार छोटा सा एथेंस, पिरामिड शोभित कैरो—सबकुछ पीछे छोड़कर चला आया। अभी मैं यहाँ, गंगा-तीर पर स्थित मठ के अपने कमरे में बैठा, तुम्हें पत्र लिख रहा हूँ। चारों तरफ अद्भुत शांत नीरवता है। प्रशस्त नदी दीप्त सूर्यालोक में नाच रही है, सिर्फ कभी-कभी दो-एक मालवाही नावों की पतवारों की आवाजें इस स्तब्धता को पल भर के लिए तोड़ जाती हैं।

आजकल यहाँ सर्दी का मौसम चल रहा है। लेकिन हर दिन दोपहर काफी गरम और उजली-धुली होती है। यह है दक्षिण कैलिफोर्निया की सर्दियों जैसी! हर ओर हरियाली और सुनहरे रंगों का फैलाव और नन्ही-नन्ही घास मखमल जैसी नजर आती

है, फिर भी हवा बेहद ठंडी, विशुद्ध और आरामदेह है!

बेलूर मठ, दिसंबर 1900

मेरा हृदय-तंत्र बेहद कमजोर हो गया है। मुझे नहीं लगता कि हवा-पानी बदलने से कोई फर्क पड़ेगा। मुझे याद नहीं आता कि पिछले 14 वर्षों से किसी भी जगह मैं लगातार तीन महीनों तक स्थिर होकर रहा हूँ। अब अगर कोई मौका आए और मैं कुछेक महीने कहीं टिक सकूँ तो मुझे लगता है कि मेरे लिए यह लाभप्रद होगा। मुझे लगता है, मेरे जीवन के सारे कार्य अब संपन्न हो चुके हैं। अच्छे-बुरे, दर्द-आनंद में तैरती हुई मेरी जीवन-नैया आगे बढ़ रही है। मेरे जीवन को एक महान शिक्षा मिली है कि जीवन दुःखमय है, दुःख के अलावा और कुछ भी नहीं है। सबसे भला कौन है, यह माँ ही जानती हैं। हम, हर कोई, कर्म के हाथ में होते हैं। यह कर्म अपने ही खयाल में काम करता है। इसे 'ना' कहने का उपाय नहीं है। एकमात्र एक ही विषय है, जिसे किसी भी मोल पर संग्रह किया जा सकता है, उसका नाम है—प्रेम! सीमाहीन प्रेम! आकाश जैसा विस्तृत और महासागर जैसा गहरा! यही जीवन का मूल्यवान् लाभ है। जिसे मिल जाता है, वह भगवान् है।

बेलूर मठ, 26 दिसंबर, 1900

जो, हमारे प्रिय बंधु सेवियर मेरे पहुँचने से पहले ही देह त्याग चुके थे। उनके द्वारा प्रतिष्ठित आश्रम की बगल में जो नदी प्रवाहित है, उसी के तट पर हिंदू रीति से उनका संस्कार किया गया। ब्राह्मण पुष्प-माला-शोभित उनकी देह वहन करके ले गए और ब्रह्मचारियों ने वेद-ध्वनि की।

हमारे आदर्श के लिए इसी बीच दो अंग्रेजों (मि.सेवियर और मि. गुडविन) ने आत्मदान कर दिया। इसके फलस्वरूप, प्राचीन इंग्लैंड और उसकी धीर-वीर संतानें मेरे लिए और अधिक प्रिय हो उठी हैं। इंग्लैंड की श्रेष्ठ शोणित धारा में भावी भारत के पौधों को, महमाया ने मानो वारि-सिंचित किया है! महामाया की जय हो!

स्वयं मैं दृढ़ और शांत हूँ। आज तक कोई भी घटना कभी भी मुझे विचलित नहीं कर पाई। आज भी महामाया मुझे अवसन्न नहीं होने देंगी।

शीत के आगमन के साथ-साथ यह स्थान काफी आरामदेह हो उठा है! अनाच्छादित तुषार-आवर्त में हिमालय और अधिक सुंदर हो उठेगा।

बेलूर मठ, 26 दिसंबर, 1900

सामने-पीछे देखता हूँ,
सब ठीक, सभी कुछ सार्थक!
मेरी वेदना की गहराई में

जलता है एक चिन्मय आलोक!

मैं भी कल मायावती जा रहा हूँ। एक बार मेरा वहाँ जाना बेहद जरूरी है।

मायावती, 6 जनवरी, 1901

धीरामाता, यह स्थान अतिशय सुंदर है और इन लोगों ने (आश्रमवासियों ने) इसे और भी मनोरम बना रखा है। कई एकड़ परिमित, विशाल स्थान की काफी जतन से देख-रेख की जाती है। आशा करता हूँ कि मिसेज सेवियर भविष्य में भी इसकी सुरक्षा कायम रख सकेंगी, वैसे उन्हें तो हमेशा से ही ऐसी उम्मीद है।

कलकता के पहले दिन से ही जो संक्रमण हुआ था, वह वहाँ भी जगा रहा। वहाँ मैं दो हफ्ते तक रहा। हर रात इस रोग का आक्रमण झेलना पड़ा। हिमालय पर काफी मजे में हूँ। यहाँ काफी बर्फ पड़ रही है। रास्ते में बर्फीली आँधी भी झेलनी पड़ी। लेकिन ठंड अधिक नहीं है। यहाँ आते हुए रास्ते में दो दिन ठंड लगी थी। लगता है, इससे मेरा काफी उपकार हुआ।

आज मिसेज सेवियर की जमीन का परिदर्शन करते-करते बर्फ पर करीब मील भर चढ़ाई भी की। सेवियर पूरी जगह सुंदर रास्ता तैयार कर गए हैं। काफी लंबा-चौड़ा बाग, मैदान, फलों के पेड़ और सुदीर्घ वन-जंगल उनकी दखल में हैं। रहने के कुटीर कितने सादे, साफ-सुथरे और सुंदर हैं! सबसे बड़ी बात यह कि यह जगह कामकाज के लिए बेहद उपयोगी है।

चारों तरफ 6 इंच गहरी बर्फ बिछी हुई है, सूर्य उज्ज्वल और महीयान है और मध्याह्न में, हम बाहर बैठे किताबें पढ़ रहे हैं। हमारे चारों तरफ बर्फ-ही-बर्फ बिछी है! बर्फ होने के बावजूद सर्दी यहाँ काफी मृदुल है। वायु अतिशय शुष्क और स्निग्ध है? पानी तो ऐसा कि प्रशंसा से भी बढ़कर है!

बेलूर मठ, 26 जनवरी, 1901

बंगाल में, खासकर मैदानों में जैसे ही कदम रखता हूँ, तभी मेरी हँफनी की तकलीफ लौट आती है और जैसे ही यह जगह छोड़ता हूँ तो बिलकुल स्वस्थ हो जाता हूँ।

अगले सप्ताह मैं माँ को साथ लेकर तीर्थाटन पर निकल रहा हूँ। तीर्थयात्रा पूरी करने में कई महीने लग जाएँगे। तीर्थ-दर्शन किसी भी हिंदू विधवा के प्राणों की चाह होती है। समस्त जीवन आत्मीय-स्वजन को केवल दु:ख ही दिया है। उन लोगों की कम-से-कम यह एक इच्छा पूरी करने की कोशिश कर रहा हूँ।

ढाका, 20 मार्च, 1901

अंत में मैं पूर्वी बंगाल में आ पहुँचा हूँ। यहाँ मैं पहली बार आया हूँ। मुझे पता

नहीं था कि बंगाल इतना खूबसूरत है। यहाँ की नदियाँ तुम्हें अपनी आँखों से देखनी चाहिए! हमेशा पल-पल तरो-ताजा, स्वच्छ-निर्मल, समुद्र की प्रवाहित धारा! और यहाँ की हर चीज कितनी हरी-भरी! भारत में सबसे अधिक ये किसान ही सर्वाधिक साफ-सुथरे और आँखों को मुग्ध करनेवाले हैं। मैं शांत हूँ और समाहित हूँ। प्रतिदिन यह भी समझता जा रहा हूँ कि मेरे लिए वह पुरानी भिक्षावृत्ति और चरैवेति का जीवन ही बेहतर है। सबकुछ वैसा ही चल रहा है जैसे प्राकृतिक ढंग से हमेशा चलता है। मुझमें वैराग्य आ गया है।

ढाका, 29 मार्च, 1901

ब्रह्मपुत्र नदी में पवित्र स्नान के लिए मेरी माँ और उनकी साथिनें पाँच दिन पहले ढाका आ पहुँची हैं। जब कभी कई-कई ग्रहों का विशेष मिलन होता है, जो बेहद दुर्लभ है, तब किसी निर्दिष्ट स्थान पर, नदी-तट पर विपुल लोक-समागम होता है। इस वर्ष एक लाख से भी अधिक लोगों की भीड़ हुई थी। मीलों तक समूची नदी नावों से ढक गई थी।

हालाँकि नदी वहाँ एक मील चौड़ी है, लेकिन गाद-कीचड़ से भरी हुई! लेकिन नदी का गर्भ सख्त है, इसलिए हम सब स्नान-पूजा इत्यादि कर पाए।

ढाका तो खासा भला ही लगता है। अपनी माँ और बाकी महिलाओं को लेकर मैं चंद्रनाथ जा रहा हूँ। यह पूर्वी बंगाल के आखिरी छोर पर एक तीर्थ स्थान है।

ढाका, 30 मार्च, 1901

पूर्वी बंगाल आकर प्रभु ने इस अंचल के बारे में विस्तारित ज्ञान के आहरण का जो मौका दिया है, उसके लिए मैं आनंदित हूँ।

पहली बात तो यह कि पूर्वी बंगाल आकर देश के इस प्रांत के बारे में गहराई से जानने के लिए मैं कृतार्थ हूँ। पश्चिम के बहुत सारे सुरम्य सभ्यता के स्थानों में मैंने भ्रमण किया फिर भी मैं सचमुच पिछड़ा हुआ था। इस अंचल का महान नदी-समूह, शस्य-श्यामला मैदान-घाट और तसवीर जैसे सैकड़ों गाँव—मेरा अपना देस यह बंगाल! इससे पहले मुझे अपने इस देस को इस दृष्टि से देखने को सौभाग्य नहीं मिला था। मुझे यह तो मालूम था कि मेरे देस में इतना सौंदर्य और इतना आकर्षण है, लेकिन मुझे इतना सा लाभ जरूर हुआ कि दुनिया के बहुतेरे देश देखने के बाद अब मैं अपने देस के सौंदर्य को और गहराई से महसूस कर पा रहा हूँ।

धर्म के संधान में भी, इसी तरह मैं असंख्य संप्रदायों में घूमता फिरा हूँ। इनमें से कोई-कोई विदेशों से अपने आदर्श ग्रहण किए और उसे अपने ढंग से बनकर अपना लिया। मैंने भी दूसरों के द्वार-द्वार भिक्षाटन किया, लेकिन नहीं जानता था कि मेरे अपने

ही धर्म में इतना सौंदर्य और वैभव मौजूद है। काफी वर्ष बीत गए, मैं देख रहा हूँ कि हिंदू धर्म सबसे अधिक परितृप्ति देनेवाला धर्म है। इसलिए बेहद दुःख होता है, जब देखता हूँ कि मेरे अपने लोग ही अपने धर्म के प्रति इतने उदासीन हैं। लेकिन वे लोग जिस प्रतिकूल स्थिति में जीवन गुजारते हैं, उस बारे में मैं यथेष्ट जानकार हूँ।

हमारा देश कहीं से भी मंद नहीं है। मैंने देखा, खेतों में प्रचुर फसलें लहलहा रही हैं। यहाँ की आबोहवा भी बुरी नहीं है। पहाड़ों के दृश्य अति मनोहर हैं। ब्रह्मपुत्र उपत्यका की शोभा अतुलनीय है। हमारे इस क्षेत्र के लोगों की तुलना में उधर के लोग काफी मजबूत और कर्मठ हैं। इसकी वजह जो मुझे जान पड़ती है, वह है—ये लोग मांस-मछली अधिक खाते हैं। ये लोग जो करते हैं, काफी धुन में करते हैं, कृतसंकल्प होकर करते हैं। खाने-वाने में बहुत अधिक तेल-चर्बी मिलाते हैं, यह सही नहीं है। ज्यादा तेल-चर्बी खाने से मोटापा बढ़ जाता है।

धर्म-भाव के बारे में मैंने देखा, इस देश के लोग बेहद कंजर्वेटिव (दकियानूस) हैं। उदार भाव से धर्म निभाते हुए इनमें से बहुतेरे लोग 'फैनाटिक' (कट्टरपंथी) हो गए हैं। ढाका के मोहिनी बाबू के यहाँ एक दिन एक लड़के ने जाने किसकी तो तसवीर दिखाकर पूछा, "महाशय, बताइए तो ये कौन हैं? अवतार हैं या नहीं?" मैंने उसे काफी समझाकर कहा, "यह मैं क्या जानूँ, बेटा?" मैंने तीन-चार बार अपनी बात दोहराई, मगर मैंने गौर किया कि उसने किसी हाल भी अपनी जिद नहीं छोड़ी। अंत में मुझे लाचारी में कहना ही पड़ा, "सुनो बच्चे, अब से खूब खाया-पिया करो, तभी दिमाग का विकास होगा। पौष्टिक आहार के अभाव में तुम्हारा दिमाग बिलकुल सूख गया है।" यह सुनकर वह लड़का शायद असंतोष से भर उठा। मैं भी क्या करता, लड़कों से इस किस्म की बात न की जाए तो वे लोग धीरे-धीरे पगला ही जाएँगे।

इनसान अपने गुरु को 'अवतार' कह सकता है, जो मन में आए, वे धारणा बना सकते हैं। लेकिन भगवान् का अवतार जब-तब, जहाँ-तहाँ नहीं होता। सिर्फ ढाका में ही सुनने को मिला कि तीन-चार अवतार वहाँ विराजमान हैं।

ऐसे महापुरुष! उतनी दूर जाकर उनका जन्मस्थान नहीं देखता? नाग-महाशय की पत्नी ने मुझे कितना कुछ पकाकर खिलाया! उनका घर भी कितना मनोरम! मानो शांति-आश्रम! वहाँ जाकर, वहाँ के पोखर में मैं तैर भी आया। उसके बाद, ऐसी गहरी नींद सोया कि दो बजे ही उठा। अपने जीवन में जो कई दिन अच्छी नींद आई है, नाग महाशय के घर में ली हुई नींद उनमें से एक है। नींद से जागकर खूब डटकर खाया। नाग महाशय की पत्नी ने मुझे एक धोती दी थी। वही सिर पर बाँधकर मैं

ढाका रवाना हो गया। मैंने देखा, नाग महाशय की तसवीर की पूजा की जाती है। उनकी समाधि की अच्छी देख-रेख होनी चाहिए। अभी भी जितनी अच्छी तरह देख-रेख होनी चाहिए, उतनी नहीं होती है।

उन सब महापुरुषों को जन-साधारण क्या समझेंगे? जिन लोगों ने उनका संग-साथ पाया, वे लोग धन्य हैं।

शिलांग के पहाड़ अति सुंदर हैं! वहाँ चीफ कमिश्नर कॉटन साहब से भेंट हुई थी। उन्होंने मुझसे प्रश्न किया था, "स्वामीजी, यूरोप और अमेरिका की सैर के बाद आप इस सुदूर प्रांत में क्या देखने आए हैं?" वैसे कॉटन साहब जैसे सदाशय लोग प्रायः नजर नहीं आते। मेरे बीमार होने की खबर पाकर उन्होंने सरकारी डॉक्टर भेज दिया। दोनों वक्त मेरी खोज-खबर लेते थे। वहाँ मैं ज्यादा लेक्चर-फेक्चर नहीं दे पाया, काफी बीमार हो गया था। रास्ते में निताई ने मेरी खूब सेवा की।

कामाख्या तंत्र-प्रधान देश है। वहीं मैंने शंकर देव का नाम सुना, जो उस अंचल में अवतार मानकर पूजे जाते हैं। सुना कि उनका संप्रदाय काफी विस्तृत है। शंकर देव शंकराचार्य का ही नामांतर है या नहीं, मेरी समझ में नहीं आया। वे लोग त्यागी होते हैं, शायद तांत्रिक संन्यासी होते हैं या फिर शंकराचार्य के ही संप्रदाय विशेष हैं।

उस देश में मेरे खाने-पीने को लेकर बड़ी गड़बड़ी मची रहती थी। लोग कहते थे—यह आप क्यों खाएँगे? उसके हाथ का क्यों खाएँगे? इत्यादि! इसीलिए मुझे कहना पड़ता था, "मैं ठहरा संन्यासी-फकीर जीव! मेरा क्या आचार? तुम लोगों के ही शास्त्रों में कहा गया न—चरेन्माधुकरी-वृत्तिमपि म्लेच्छकुलादपि—मधुकरी भिक्षा म्लेच्छ जाति से भी ग्रहण करो?"

शिलांग, अप्रैल 1901

खैर, छोड़ें, अगर मृत्यु हो तो भी क्या फर्क पड़ता है! जो देकर जा रहा हूँ, वह डेढ़ हजार वर्षों की खुराक है।

बेलूर मठ, 15 मई, 1901

मैं अभी-अभी पूर्वी बंगाल और असम परिभ्रमण करके लौटा हूँ। अन्यान्य बार की तरह इस बार भी मैं बेहद थका हुआ हूँ और टूट गया हूँ।

बेलूर मठ, 3 जून, 1901

मेरा मिजाज शुरू से ही बेहद बुरा है। उस पर से आजकल रोग में पड़कर, बीच-बीच में भयंकर हो उठता है। लेकिन यह निश्चित जानो कि यह प्यार जानेवाला नहीं है।

बेलूर मठ, 14 जून, 1901

जो, आसाम में जरा अक्षम हो पड़ा था। मठ की आबोहवा ने अब मुझे थोड़ा-बहुत चंगा कर दिया है। आसाम के पार्वत्य स्वास्थ्य निवास शिलांग में मेरा बुखार, हँफनी और एलबुमिन बढ़ गया था और समूची देह दुगुनी फूल उठी थी। बहरहाल, मठ में लौटते ही रोगों के सारे लक्षण कम हो गए हैं। इस वर्ष भयंकर गरमी पड़ी है, लेकिन थोड़ी सी बारिश भी हुई है और आशा है कि बारिश का मौसम पूरे दम से आएगा। फिलहाल, मेरी कोई योजना नहीं है। हाँ, बंबई प्रदेश मेरी बेतरह माँग कर रहा है और मैं भी बहुत जल्दी ही वहाँ जाने के बारे में सोच रहा हूँ! ले-देकर सिर्फ यही योजना है। हफ्ते भर के अंदर ही हम सब बंबई अंचल के भ्रमण के लिए यात्रा शुरू करने के बारे में सोच रहे हैं।

जीवन को हमने काफी देखा है। क्या ऐसा नहीं है, जो? इसीलिए जीवन की किसी अनित्य वस्तु की हम परवाह नहीं करते। मैंने महीने-दर-महीने अपनी सारी भावुकता झाड़ फेंकने का अभ्यास किया है। अस्तु, यहीं मैं विरत हो गया हूँ। अब, विदा! हम सब मिलकर एक साथ काम करेंगे, यह 'माँ' का आदेश है। इससे इसी बीच असंख्य लोगों का कल्याण हुआ है, और भी असंख्य लोगों का कल्याण होगा। चलो, ऐसा ही हो। मतलब सुदृढ़ बनो, ऊँचाई पर चढ़ो, जो वृथा है, माँ स्वयं ही राह प्रशस्त करेंगी, तुम निश्चिंत रहो।

बेलूर मठ, जून के अंतिम दिन, 1901

अपने देस का तीखा ताप साहस के साथ सहन करने के बाद अब मैं अपने देस की वर्षा का नजारा कर रहा हूँ। तुम्हें पता है, इन दिनों मैं कैसे विश्राम कर रहा हूँ? मेरे पास कई-एक बकरी, भेड़, गाय, कुत्ते और सारस हैं। मैं दिन भर उन सबकी देखरेख करता हूँ। यह आनंद में रहने की प्रचेष्टा नहीं है। हम भला अ-खुशी भी क्यों न रहें? दोनों ही तो अर्थहीन हैं। फिक्र न करो, उतावले भी मत बनो! माँ ही मेरी रक्षा करेंगी, मुझे आश्रय देंगी।

बेलूर मठ, 1901

यह काली ही लीला रूपी ब्रह्म हैं। ठाकुर ने कहा है—'साँप की चाल और साँप का स्थिर भाव' तुमने नहीं सुना? इस बार स्वस्थ होने के बाद अपने खून से माँ की पूजा करूँगा।

माँ को अपनी छाती का रक्त अर्पित करके उनकी पूजा करनी होती है, तब जाकर वे शायद प्रसन्न होती हैं।

बेलूर मठ, 1901

कालीघाट में अभी भी कितना उदार भाव देखा। मुझे विलायतापता विवेकानंद जानते हुए भी मंदिर के संचालकों ने मंदिर में मेरे प्रवेश में कोई बाधा नहीं डाली, बल्कि परम समादर सहित मुझे मंदिर में ले जाकर अपनी इच्छानुसार, जैसे चाहूँ, मेरे पूजा-वंदन में मेरी मदद की।

विदेश भ्रमण के बाद जब मैं भारत लौट आया, तब विदेशियों से मेरे मेल-जोल और मैंने कई पुरातनपंथी नियम तोड़ने के विषयों को लेकर कई पुरातनपंथी लोगों ने आंदोलन किया था।

बेलूर मठ, 5 जुलाई, 1901

मेरी, मेरी सेहत बेहद गिरती जा रही है। कुछ दिनों के लिए ठीक हो जाता हूँ, उसके बाद फिर गिरावट शुरू हो जाती है। बहरहाल, रोग की प्रकृति ही यही है।

हाल ही में मैंने पूर्वी बंगाल और आसाम का भ्रमण किया था। कश्मीर के बाद ही आसाम भारत की सर्वाधिक सुंदर जगह है; लेकिन यह जगह काफी अस्वास्थ्यकर है। द्वीपमय विशाल ब्रह्मपुत्र नदी पहाड़-पर्वतों के बीच से आँकी-बाँकी ढंग से आगे बढ़ती गई है। यह दृश्य देखने लायक है।

बेलूर मठ, 6 अगस्त, 1901

माँ सचमुच ही जानती हैं। एकमात्र मैं ही जानता हूँ कि माँ सिर्फ जानती ही नहीं, वे ही सबकुछ करती भी हैं। मेरे लिए वे आगामी दिनों में भी भला कुछ करेंगी। तुम्हारी राय में, इस पृथ्वी पर मेरे लिए सर्वाधिक अच्छा क्या हो सकता है? चाँदी? सोना? धत! इन सबसे ढेर-ढेर भला कुछ मैंने पा लिया है।

बेलूर मठ, 27 अगस्त, 1901

तुमने जैसा चाहा था, काश, मेरे शरीर की हालत वैसी ही होती, लेकिन दिनोंदिन मेरी तबीयत गिरती ही जा रही है और उसके अलावा भी कितने सारे दूसरे जटिल और परेशान करनेवाले लक्षण भी नजर आने लगे हैं। खैर, उन सबकी तरफ ध्यान देना मैंने बिलकुल ही छोड़ दिया है।

अब मैं मृत्यु-पथ यात्री हूँ। बेकार की नौटंकी करने का समय मेरे पास नहीं है।

एक तरह से अब मैं अवसर-प्राप्त व्यक्ति हूँ। 'आंदोलन' कैसा चल रहा है। उस बारे में काफी कुछ की तरफ मैं ध्यान नहीं देता। लेकिन 'आंदोलन' जोर ढंग से

चल रहा है। किसी एक व्यक्ति के लिए उस बारे में सभी छुटपुट जानकारी रखना संभव भी नहीं है।

अब मैं नींद की कोशिश के अलावा और कुछ नहीं करता और बाकी समय भी शारीरिक शुश्रूषा में ही गुजारता हूँ।

बेलूर मठ, 2 सितंबर, 1901

मैं बेहद सुखी हूँ। बंगाल की भूमि मुझे जब-तब हँफनी थमा जाती है। लेकिन, अब वह भी धीरे-धीरे सहन होने लगी है। दो-दो भयावह आफत—ब्राइट्स डिजीज और डायबिटीज पूरी तरह गायब हो गई हैं। किसी सूखी आबोहवा में हँफनी चिरकाल के लिए खत्म हो जाएगी, इस बारे में मैं निश्चित हूँ। प्रबल रोग की ताड़ना से मैं दुबला हो जाता हूँ। लेकिन जरा सा भी स्वस्थ होते ही बेहद कम समय में चर्बी की कई-कई परतें जम जाती हैं। मेरे पास कई गायें, बकरियाँ, कई भेड़ें, कुत्ते, हंसिनी और बत्तख हैं और हाँ, एक पालतू सुंदर हिरन भी है। बहुत जल्दी ही कई दुधारू भैंसें भी मिलने-वाली हैं। ये सब तुम्हारे अमेरिका की 'बायसन' जैसी नहीं होतीं, लेकिन आकार में विशाल होती हैं—रोमहीन, अर्धजलमग्न रहने की इन सबको आदत होती है और प्रचुर मात्रा में गाढ़ा दूध देती हैं। पिछले कई महीनों में बंगाल की दो नम पहाड़ी जगहों में जाकर मेरी हँफनी शुरू हो गई। अब मैं बंगाल के किसी भी पहाड़ पर जाने की कोशिश भी नहीं कर रहा हूँ।

बेलूर मठ, 7 सितंबर, 1901

पिछले तीन दिनों से यहाँ दिन-रात बारिश हो रही है। हमारी दो गायों ने बछड़ों को जन्म दिया है।

बेलूर मठ, 7 सितंबर, 1901

निवेदिता, वर्षा की बात करूँ तो वह पूरे जोर-शोर से आ पहुँची है। आजकल यहाँ दिन-रात मूसलधार वर्षा हो रही है। वर्षा-वर्षा और केवल वर्षा! नदियाँ सब फूल उठी हैं और दोनों किनारे तोड़कर उमड़ी हुई हैं। बड़े-बड़े पोखर तक लबालब हो उठे हैं।

खेत-मैदान की जमीनों पर पानी जम जाता है। उसकी निकासी के लिए एक गहरा नाला खोदा जा रहा है। उस काम में थोड़ी-बहुत मेहनत करके मैं अभी-अभी लौटा हूँ। कई जगहों पर बरसात का पानी कई फीट ठहर जाता है, मेरा यह विशालकाय सारस और हंस-हंसिनी काफी मस्ती में हैं। मेरा पालतू कृष्णसार (हिरन) मठ से भाग गया था और उसे ढूँढ़ निकालने में हम सबको कई दिन लग गए और हम काफी चिंतित भी रहे। मेरी एक हंसिनी दुर्भाग्यवश कल चल बसी। प्रायः हफ्ते भर से उसे

साँस की तकलीफ थी। इसीलिए हमारे एक हास्य-रसिक साधु ने कहा, "महाशय, इस कलियुग में जब बरखा-बादल में बत्तख को भी सर्दी पकड़ लेती है और मेढक भी छींकने लगते हैं तो अब जीने से कोई फायदा नहीं है।"

एक राजहंसिनी के पंख झर रहे थे। चूँकि हमें इसके निदान की कोई जानकारी नहीं थी, इसलिए टब के पानी में थोड़ा सा कार्बोलिक ऐसिड मिलाकर उसी में उसे कुछेक मिनटों के लिए छोड़ दिया गया था। उद्देश्य यही था कि या तो वह स्वस्थ हो जाएगी या मर ही जाएगी। वह हंसिनी अब स्वस्थ है।

बेलूर मठ, 8 नवंबर, 1901

कहना चाहिए, पूर्वी बंगाल के भ्रमण के बाद से ही मैंने बिस्तर पकड़ लिया है। आँखों की रोशनी भी कम हो गई है और इस एक लक्षण की वजह से अब मैं पहले से भी अधिक बुरी हालत में हूँ।

बनारस, 10 फरवरी, 1902

मि. ओकाकूरा छोटे-मोटे भ्रमण पर निकल पड़े हैं।

वाराणसी का एक सुशिक्षित धनी युवक, जिसके पिता के संग हमारी काफी पुरानी मित्रता रही है, कल इस शहर में आया है। उसे उद्योग में काफी दिलचस्पी है। लुप्तप्राय भारतीय उद्योग के पुनरुद्धार की कोशिश में वह स्वेच्छा से प्रेरित होकर प्रचुर अर्थ व्यय कर रहा है। मि. ओकाकूरा के चले जाने के कुछ ही घंटों बाद, वह मुझसे मिलने आया था। उन्हें उद्योगमय भारत (यानी जितना सा बचा हुआ है) दिखाने के लिए वही उपयुक्त युवक है और उद्योग के बारे में आकोकूरा की हिदायतों से वह जरूर उपकृत होगा।

ओकाकूरा को यहाँ भृत्य लोगों के द्वारा इस्तेमाल किए जानेवाले एक साधारण टेराकोटा का पेय-पात्र नजर आया। उसकी आकृति और उस पर खुदाई की गई नक्काशी देखकर वे बिलकुल मुग्ध हो गए। लेकिन यह तो मिट्टी का एक मामूली पात्र है और राह के धचके सहन करने में नितांत अनुपयोगी है, इसीलिए वे मुझसे अनुरोध कर गए हैं कि उसकी जगह पीतल का हूबहू उसी रूप का पात्र किया जाए। अब, इस बारे में क्या किया जाए, यह सोच-सोचकर मैं हत्बुद्ध हो आया। उसके कुछ ही घंटों बाद मेरा यह नौजवान मित्र आ पहुँचा। वह पीतल का यह बरतन तैयार करने को तो राजी हुआ ही, उसने यह भी कहा कि ओकाकूरा को उनकी पसंद की इस चीज से कई गुने अधिक बेहतर नक्काशीदार-विशिष्ट कई-कई टेराकोटा के बरतन दिखा सकता है।

उसने कहा है कि वह उस अपूर्व, पुरातन शैली में आँकी गई प्राचीन चित्रावली

भी दिखाएगा। प्राचीन रीति से आँक सके, इस किस्म का एकमात्र परिवार वाराणसी में टिका हुआ है। उनमें से ही एक व्यक्ति ने मटर के एक दाने पर शिकार की एक संपूर्ण छवि चित्रित है। छुटपुट विवरण समेत बिलकुल विशुद्ध कार्य!

मेरा अभी कुछ तय नहीं है। जल्दी ही यह जगह छोड़कर अन्यत्र जा सकता हूँ।

बनारस, 18 फरवरी, 1902

इस संसार-नरक कुंड में अगर एक भी व्यक्ति के मन को एक दिन के लिए भी तत्काल शांति दी जा सके तो उतना सा ही सत्य है, यही मैंने आजन्म भुगतकर देखा है। बाकी सब ठेंगा।

बनारस, 4 मार्च, 1902

इस वक्त रात के समय उठकर पत्र लिखने की ताकत नहीं है। कहीं यही मेरा आखिरी पत्र न हो। मेरी हालत अभी उतनी संगीन नहीं है, मगर परिस्थिति जिस किसी भी वक्त बदतर हो सकती है। हलका-हलका बुखार, मेरा पीछा नहीं छोड़ रहा है। इसका क्या अर्थ है, मुझे नहीं पता। साथ ही साँस की तकलीफ भी है।

मेरे आने के कुछेक हफ्ते पहले रामकृष्णानंद आए थे और आते ही सबसे पहले उन्होंने मेरे पाँवों पर 400 रुपए रख दिए। कई वर्षों तक जानलेवा मेहनत करके उन्होंने ये रुपए इकट्ठे किए हैं। मेरे जीवन में इस किस्म का मामला पहली बार घटा है। मैंने बड़ी मुश्किल से अपनी रुलाई रोकी। ओ माँ! कृतज्ञता, प्रेम-प्यार आदि मानवीय कर्म अभी भी पूरी तरह मृत नहीं हुए। वत्स, इस पृथ्वी को फिर से वनभूमि बनाने के लिए एक बीज ही यथेष्ट है।

बेलूर मठ, 21 अप्रैल, 1902

लगता है, जापान जाने का संकल्प फँस गया।

लोग कहते हैं, मैं बिलकुल ठीक-ठाक हूँ। लेकिन अभी भी काफी कमजोरी है और नाश्ता-पानी बिलकुल निषिद्ध है। लेकिन हाँ, इतना भर हुआ है कि रासायनिक विश्लेषण में काफी तरक्की नजर आने लगी है। पाँव की सूजन वगैरह बिलकुल ही चली गई है।

बेलूर मठ, 15 मई, 1902

मैं काफी कुछ ठीक ही हूँ। वैसे जितनी आशा की थी मैंने, उसकी तुलना में कुछ भी नहीं हुआ। आजकल एकांत में रहने का प्रबल आग्रह मेरे मन में जाग उठा है। मैं हमेशा-हमेशा के लिए अवसर ले लूँगा। करने के लिए मेरे पास कोई काम नहीं होगा। अगर संभव हुआ तो मैं अपनी वह पुरानी भिक्षावृत्ति पुनः शुरू करूँगा।

बेलूर मठ, 21 जून, 1902

चाहे जैसे भी हो, मैं ठीक हो रहा हूँ और काफी सबल भी हो रहा हूँ। खाने के मामले में मैं समझ पा रहा हूँ कि मुझे संयत होना होगा। डॉक्टर ने जो यह कहा है कि जो मन करे खाओ, वह नहीं चलेगा। वैसे दवा-दारू चल रही है। सुनो, लड़कों से जरा पूछ देखना कि मायावती में 'आँवला' मिलता है या नहीं। समतल भूमि में आजकल यह नहीं मिलता। वैसे तो इन्हें कच्चा ही खाना चाहिए, इसकी परत-परत में खटास होती है। लेकिन इस पूरे फल का अगर मार्मलेड बनाया जाए, तो यह खाने में काफी स्वादिष्ट होता है। फर्मेंटेशन के लिए भी काफी अच्छा है।

सुनो, यह शरीर अब ठीक नहीं होने का! कभी स्वस्थ नहीं होगा। यह चोला त्यागकर एक नया शरीर ले आना होगा। अभी भी ढेरों काम बाकी पड़े हैं।

सुनो, मैं मुक्ति-फुक्ति नहीं चाहता। जब तक सबके सब मुक्त नहीं होते, तब तक मेरा निस्तार नहीं है। मुझे बार-बार आना होगा।

बेलूर, मई 1902

सुनो, मैं चालीस की दहलीज नहीं पार करूँगा। मुझे जो कुछ कहना था, मैंने कह दिया है। मुझे अब जाना ही होगा। बड़े पेड़ की छाया में छोटे-छोटे पेड़ बढ़ नहीं पाते। उन लोगों के लिए जगह खाली करने के लिए ही मुझे जाना पड़ेगा।

मृत्यु मेरे सिरहाने खड़ी है। काम-काज और खेल तो बहुत हुआ। मैंने जो-जो काम संपन्न कर दिया, जगत् पहले उसी को ग्रहण करे। इन्हीं सबको समझने में अभी काफी दिन लग जाएँगे।

बेलूर मठ, 2 जुलाई, 1902

मैं मृत्यु के लिए प्रस्तुत हो रहा हूँ। किसी महा-तपस्या और ध्यान के भाव ने मुझे आच्छन्न कर लिया है और मैं मृत्यु के लिए तैयार हो रहा हूँ।

बेलूर मठ, 4 जुलाई, 1902

अगर अभी और एक विवेकानंद होता, तो वह समझ पाता कि विवेकानंद क्या कर रहे हैं। लेकिन समय-समय पर अनगिनत विवेकानंद जन्म ग्रहण करेंगे।

जब-जब मृत्यु मेरे नजदीक आती है, मेरी सारी कमजोरी चली जाती है। उस वक्त मेरा भय या संदेह या बाहरी जगत् की चिंता-फिक्र सबकुछ खत्म हो जाती है। मैं अपने को सिर्फ मृत्यु के लिए प्रस्तुत करने में ही व्यस्त रहता हूँ। उस वक्त मैं बेहद सख्त हो जाता हूँ, क्योंकि मैंने श्रीभगवान् के चरणस्पर्श किए हैं।

वस्तु की असारता अगर किसी की पकड़ में आई है तो वह इनसान मैं हूँ। यही तो है जगत् का चेहरा—किसी कदर्य पशु की मृतदेह! जो यह सोचता है कि वह जगत्

का कल्याण करेगा, वह अहमक है। लेकिन अच्छा या बुरा काम हमें करते रहना होगा, हमारे बंधनों की परिसमाप्ति के लिए। आशा करता हूँ कि वह कार्य मैंने किया है। अब प्रभु मुझे संसार के उस पार ले जाएँ।

मेरे पास जो कुछ भी था, वह सब मैं उस देश में (पश्चिम में) रख आया हूँ। उस देश में व्याख्यान देते समय शरीर से एक शक्ति निकलती थी, वह श्रोताओं में संचारित हो जाती है।

अगर मैं दुबारा कौपीन धारण करके यहाँ अपने भरण-पोषण की सारी चिंता-फिक्र त्याग करके गंभीर आध्यात्मिक साधना में प्रवृत्त होता हूँ तो शायद निर्विकार समाधि के वरदान में सक्षम हो सकूँगा। लेकिन अमेरिका में व्याख्यान देते-देते वह शक्ति दब गई है या बिलकुल ही खो गई है।

मैंने अपनी जान लड़ाकर श्रम किया है। मेरे कामकाज में अगर कुछ भी सत्य का बीज मौजूद हो तो किसी समय तो उसे अक्षरों का जामा पहनना होगा।

मैं 'निष्कर्मा साधु' बनकर ही नहीं रहा, इस बारे में मैं अंतर से दुविधा-रहित हूँ। मेरे पास लिखने के लिए एक कॉपी है। इस कॉपी ने साथ-साथ रहकर समूची दुनिया की सैर की है। सात वर्ष पहले इस कॉपी में लिखा गया है—'इस बार कोई एकांत जगह खोजकर मृत्यु की प्रतीक्षा में पड़े रहना होगा। लेकिन इससे क्या होता है? यही सब कर्मभोग बाकी था।'

मैं स्वयं तो काफी संतुष्ट हूँ। मैंने अपने स्वदेशवासियों में अनेक लोगों को जगाया है और यही चाहा भी था। जगत् अपने ढंग से चले और कर्म की गति अप्रतिरुद्ध रहे। इस जगत् में मेरा और कोई बंधन नहीं है। संसार से मेरा यथेष्ट परिचय हो चुका है। यह सारा कुछ स्वार्थ-प्रेरित है। स्वार्थ के लिए जीवन है, स्वार्थ के लिए ही प्रेम है, स्वार्थ के लिए मान है—सारा कुछ स्वार्थ के लिए ही होता है। जब मैं मुड़कर अतीत की तरफ दृष्टिपात करता हूँ और देखता हूँ कि मैंने ऐसा कोई काम नहीं किया, जो स्वार्थ के लिए किया गया हो। यहाँ तक कि मेरा कोई गलत काम भी स्वार्थ-प्रेरित नहीं है, अस्तु, मैं संतुष्ट हूँ। हाँ, ऐसी कोई बात भी मुझे याद नहीं आती कि मैंने कोई विशेष भला या महान् कार्य किया हो। लेकिन यह जगत् बड़ा तुच्छ है, संसार बड़ा जघन्य है और जीवन इतना हीन है कि मैं सोच-सोचकर अवाक् हो जाता हूँ। मन-ही-मन हँसता भी हूँ कि युक्तिप्रवण होने के बावजूद इनसान कैसे इस स्वार्थ भरे, इस हीन और जघन्य पुरस्कार के पीछे दौड़ सकता है।

यही है असली बात! हम सब एक बाड़ से घिर गए हैं। जो जितना शीघ्र इससे बाहर निकल सकता है उतना ही मंगल है। मैंने सत्य का साक्षात्कार पा लिया है।

अब यह देह ज्वार-भाटा में बहती रहे—कौन माथापच्ची करता है?

पृथ्वी पर कुछ भी समझना बेहद दुष्कर है। जीवन भर घोर परिश्रम करने के बाद अब लगता है कि थोड़ा-बहुत मेरी समझ में आ रहा है। ऊपर से पुकार आ रही है—चले आओ, सिर्फ चले आओ। किसी को शिक्षा देने की बात मत सोचो।

अफसोस की बात है! काश, मुझ जैसा अगर दो-तीन भी तुम लोगों में होता तो मैं समूची धरा पर हड़कंप मचाकर चल देता।

अब, मैं थोड़ी शांति में हूँ। कामकाज का बोझ ढोने की ताकत मानो मुझमें नहीं है। जितने दिनों तक मैं जीता रहूँ उतने दिनों बस, विराम और शांति!

लेक्चर-फेक्चर कुछ भी नहीं! शांति!

अर्थ, नारी और यश की उपेक्षा करके मैं अपने श्रीगुरु की तरह प्रकृत संन्यासी की मृत्यु वरण कर सकूँ। इन सब में यश की आकांक्षा ही सर्वाधिक शत्रु है।

तुम लोग सोचते हो कि मेरे मरने के बाद अन्य कोई विवेकानंद होगा ही नहीं?

…सुनो, जरूरत पड़ी तो विवेकानंद का अभाव नहीं होगा। कहाँ-कहाँ से कितने करोड़ों-करोड़ आकर हाजिर हो जाएँगे, यह कौन जानता है! यह विवेकानंद किसी काम का नहीं है रे! उसका काम खुद राजा का काम है। कोई एक गवर्नर जनरल चला जाता है तो उसकी जगह कोई दूसरा आएगा-ही-आएगा।

पेड़ की डाल पर सोया हुआ पाखी रात बीत जाने पर जैसे जागता है और गा उठता है और घने नीलाकाश में उड़ जाता है, ठीक उसी तरह मेरे जीवन का अंत भी आ पहुँचा है।

जीवन में बहुत बार मैं मुश्किल स्थिति में पड़ा हूँ, कभी-कभी विराट सफलता भी मिली है, लेकिन ये समस्त बाधा-विघ्न-वेदना, उसके सामने मूल्यहीन हो गई है, जो मैंने आखिर दौर में उपलब्ध किया है। मैंने अपना लक्ष्य पा लिया है। मैंने जिस मोती की खोज में जीवन-समुद्र में डुबकी लगाई थी, वह मैं अपनी मुट्ठी में ला सका हूँ। मैं खुश हूँ।

मेघ हल्के होकर अदृश्य हुए जा रहे हैं। मेरी दुष्कृतियों के मेघ! अब, सुकृतियों का ज्योतिर्मय सूर्य उदय हो रहा है।

अब, मैं स्थिर और प्रशांत हो गया हूँ। पहले कभी ऐसा नहीं था।

मेरी तरणी धीरे-धीरे शांति के तट के नजदीक होती जा रही है। वहाँ से अब वह विताड़ित नहीं होगी। जय हो, माँ! जय हो! अब मेरी कोई आकांक्षा नहीं है। माँ का नाम ही धन्य हो! मैं श्रीरामकृष्ण का दास हूँ। मैं तो यंत्र मात्र हूँ। इसके अलावा मैं और कुछ नहीं जानता, जानने की कोशिश भी नहीं है।

माँ अब पुनः प्रसन्न हो रही हैं, स्थितियाँ अनुकूल होती आ रही हैं। ऐसा तो खैर होना ही था।

कर्म चिरकाल ही अशुभ को साथ ले आता है। मैं अपना स्वास्थ्य खोकर संचित अशुभ राशि का फल-भोग कर रहा हूँ। इसमें मैं खुश हूँ! इसमें मेरा मन हलका हो आया है। मेरे जीवन में ऐसी एक स्निग्ध कोमलता और प्रशांति आई है जो इससे पहले कभी नहीं थी। मैं तो अब यह सीख रहा हूँ कि अब कैसे एक ही समय में आसक्त और अनासक्त रहना होता है। और धीरे-धीरे अपने मन पर मेरा प्रभुत्व आता जा रहा है।

माँ का कार्य माँ ही कर रही हैं, उस पर मैं अब ज्यादा सिर नहीं खपाता। मुझ जैसे पतंग-कीट, पल-पल हजारों-हजारों की संख्या में मर रहे हैं, लेकिन माँ का काम समान ढंग से चल रहा है। जय माँ! माँ के इच्छा-स्रोत में अपने को बेलौस बहाकर मैं आजीवन चलता रहा हूँ। जब कभी मैंने इसका व्यतिक्रम किया है। तब-तब मुझे आघात मिला है।

मैं सुख में हूँ। अपने मन के सारे द्वंद्व मिटाकर चैन से हूँ। मेरे मन का वैराग्य आज पहले से भी अधिक समुज्ज्वल है। आत्मीय-स्वजनों के प्रति मेरा प्रेम दिनोंदिन कम होता जा रहा है और माँ के प्रति आकर्षण क्रमशः बढ़ता जा रहा है। दक्षिणेश्वर के वट-वृक्ष तले श्रीरामकृष्णदेव के साथ हम सब लंबी-लंबी रातें जाग-जागकर गुजारा करते थे। इन दिनों दिन-रातों की स्मृतियाँ अकसर जाग उठती हैं। और कर्म? कर्म क्या होता है? किसका कर्म? और किसके लिए कर्म करूँगा?

मैं मुक्त हूँ। मैं माँ की संतान हूँ। सारे कर्म माँ ही करती हैं। सारा कुछ माँ का ही खेल है। मैं भला क्यों मतलब गाँठने जाऊँगा? और भला कौन सा मतलब गाँठूँगा? मेरी परिकल्पनाओं की अपेक्षा न करते हुए माँ की जैसी अभिरुचि होती है। उसी ढंग से जो कुछ आना होता है, आया है और चला भी गया है।

इसी चरण में ज्ञानीजन के ज्ञान की सार्थकता है! इस चरण में प्रेमी के प्रेम की सार्थकता है। जगत् के नर-नारी आखिर कहाँ जाएँगे? इस चरण में सबको आना ही होगा।

जगत् के लोग पागलपन करते हैं और सारे-सारे दिन मार-पीट और कट-कुट करते रहते हैं। दिन-दिन भर ये सब हरकतें भला यूँ चलती हैं? संध्या के समय माँ की गोद में आना ही होगा।

प्रिय जो, लड़ाई में हार-जीत दोनों ही हुईं। इन दिनों गठरी-मोटरी बाँधकर उस महान् मुक्तिदाता की प्रतीक्षा में यात्रा के लिए बैठा हुआ हूँ। 'अब शिव पार करो,

मेरी नैया!'—हे शिव, हे शिव! मेरी तरी पार ले जाओ, प्रभु!

जितना भी हो, जो भी हो, अब मैं पहले जैसा ही बालक के अलावा और कुछ नहीं हूँ, जो दक्षिणेश्वर की पंचवटी तले रामकृष्ण की अपूर्व वाणी अवाक् होकर सुना करता था और विभोर हो जाता था। यह बालक-भाव ही मेरी असली प्रकृति है और कामकाज, परोपकार आदि जो कुछ किया गया, वह भी इस प्रकृति पर ही, कुछ समय के लिए आरोपित, एक उपाधि-मात्र है!

अहा! मैं पुनः उनकी मधुर वाणी सुन पा रहा हूँ! वही चिर-परिचित कंठ-स्वर! जो मेरे प्राणों के अंदर तक काँटे उगा देता है। सारे बंधन भरते जा रहे हैं, मनुष्यों के प्रति माया-मोह खत्म होता जा रहा है। कामकाज बेस्वाद लगने लगा है। जीवन के प्रति आकर्षण भी कहीं और खिसक गया है। उसके स्थान पर बच रहा है प्रभु का वही मधुर-गंभीर आह्वान! आता हूँ प्रभु, आता हूँ! प्रभु ने कहा है—"मृतकों का संस्कार मृत लोग ही करें। तू (वह सब फेंक-फाँककर) मेरे पीछे-पीछे चला आ।" आता हूँ प्रभु, आता हूँ।

हाँ, इस बार मैं ठीक-ठाक हूँ। अपने सामने मुझे अपार निर्वाण-समुद्र दिखाई दे रहा है। समय-समय पर मैं उस असीम, अनंत शांति के पारावार को स्पष्ट प्रत्यक्ष करता हूँ। माया की इतनी सी भी हवा या एक लहर तक जिस शांति को भंग नहीं कर सकी।

मैंने जो जन्म लिया था, इससे मैं खुश हूँ। इतना-इतना जो कष्ट मिला, उससे भी खुश हूँ। जीवन में जो बड़ी-बड़ी भूलें कीं, उसमें भी खुश हूँ। मेरे लिए संसार में पुनः लौटना पड़े, ऐसे किसी बंधन में मैं किसी को भी छोड़कर नहीं जा रहा हूँ। या ऐसा कोई बंधन मैं भी किसी से लेकर नहीं जा रहा हूँ। देह जाने के बाद मेरी मुक्ति हो या देह रहते-रहते ही मुक्त हो जाऊँ, वह पुराना 'विवेकानंद' अब जा चुका है, हमेशा-हमेशा के लिए जा चुका है। अब वह नहीं लौटनेवाला!

शिक्षादाता, गुरु, नेता, आचार्य विवेकानंद चला गया है। पड़ा हुआ है केवल वही बालक! प्रभु का वही चिर शिष्य! चिर चरणाश्रित वत्स!

उनके इच्छा-स्रोत में जब मैं पूरी तरह अपने को उड़ेलकर पड़ा रहता था, वही समय मुझे लगता है कि मेरे जीवन का परम मधुमय मुहूर्त था। अब, एक बार फिर उसी ढंग से मैंने अपने को बहा दिया है। सिर के ऊपर सूर्य अपना निर्मल किरण विस्तार कर रहा है। पृथ्वी चारों तरफ शस्य-संपदशालिनी होकर शोभा पा रही है। दिन के उत्ताप में सभी प्राणी और पदार्थ कितने निस्तब्ध, कितने स्थिर और शांत हैं और इसके साथ मैं भी अब, मैंने धीर-स्थिर ढंग से, अपने लिए बूँद भी इच्छा न रखकर, प्रभु

की इच्छा रूपी प्रवाहिनी के सुशीतल वक्ष पर अपने को बहा दिया है और अब बहता जा रहा हूँ। जरा भी अपने हाथ-पाँव हिलाकर इस प्रवाह की गति तोड़ने की मेरी प्रवृत्ति टूट-फूट न जाए। प्राणों की यह शांति और निस्तब्धता ही समझा देती है कि यह जगत् माया है।

अहा! कैसी स्थिर प्रशांति है! समस्त चिंता-फिक्र तक ऐसा लग रहा है कि मानो हृदय के किसी कोने से, इस अति दूर अंतस्तल से मृदु संवाद की तरह धीर-अस्पष्ट ढंग से मुझ तक आ पहुँचा है! और शांति! मधुर-मीठी शांति! जो कुछ देख-सुन रहा हूँ, सबकुछ पर जैसे छा गई है। सोने से कई पल पहले इनसान जैसा महसूस करता है, जब सारी चीजें नजर आती हैं, लेकिन छाया जैसे अवांतर लगती है, जब कोई भय-डर नहीं रहता, जब उन सबके प्रति कोई प्रेम नहीं होता, उन लोगों के मन में उन सबके बारे में बूँद भर भी भले-बुरे का खयाल तक नहीं जागता। आजकल मेरे मन की हालत भी बिलकुल वैसी है! शांति! शांति! चारों तरफ कई-कई खिलौने और तसवीरें सजा दी गई हों, जैसे यह देखकर लोगों के मन में शांति-भंग का कोई कारण उपस्थित नहीं होता, ऐसी मनःस्थिति में मुझे भी वह जगत् बिलकुल वैसा ही नजर आ रहा है, मेरे प्राणों की शांति में भी कही कोई विराम नहीं है। यह पुनः वही आह्वान है—आता हूँ प्रभु, आता हूँ।

ऐसी स्थिति में यह जगत् मौजूद तो है, लेकिन वह न तो सुंदर लग रहा है, न ही कुत्सित! केवल इंद्रियों द्वारा विषयानुभूति हो रही है, लेकिन मन में 'यह त्याज्य है, वह ग्राह्य है', ऐसा कोई भाव भी उदित नहीं हो रहा है। अहा, यह जो आनंद की कैसी अवस्था है, उसका मैं क्या बयान करूँ। मैं जो कुछ भी देख रहा हूँ, सुन रहा हूँ, सभी समान रूप से भले और सुंदर लगते हैं, क्योंकि अपने शरीर से लेकर उन सभी लोगों के भीतर बड़े-छोटे, अच्छे-बुरे, उपदेय-हेय का जो संबंध इतने अरसे तक मैं महसूस करता रहा था, उस ऊँच-नीच का संबंध अब जाने कहाँ तो गायब हो चुका है और यह जो शरीर सबसे अधिक उपादेय लगता था, इसके प्रति पहले जो अनुभूति होती थी, सबसे पहले वही जाने कहाँ से लुप्त हो गया है।

मैं मानो यह असीम नीलाकाश हूँ! बीच-बीच में उस आकाश में मेघ पूँजीभूत हो उठते हैं, इसके बावजूद मैं सर्वदा उसी असीम नीले आकाश में ही मौजूद हूँ।

यह हाड़-मांस का पिंजरा और सुख-दुःख का मिथ्या स्वप्न—यह सब आखिर है क्या? मेरे स्वप्न—यह सब क्या है? मेरे सपने टूटते जा रहे हैं।

अशुभ अदृष्ट का आवरण तो दुर्भेद्यवाला है। लेकिन मैं ही तो हूँ सर्वमय प्रभु! जिस पल मैं ऊपर की तरफ बाँह उठाता हूँ, उसी पल यह तमस अंतर्निहित हो जाता

है। यह सभी कुछ अर्थहीन है और भय-भीति ही इन सबकी जन्मदात्री है। मैं भय का भी भय हूँ, सद् का भी सद् हूँ। मैं अभी हूँ अद्वितीय और एक हूँ। मैं अदृष्ट का नियामक हूँ। मैं कपालमोचन हूँ।

हाः! हाः! सबकुछ भला है! सारा कुछ फिजूल है! कुछ भला, कुछ बुरा! अच्छा और बुरा दोनों ही मेरे लिए उपभोग योग्य हैं! मैं ही था ईशु और मैं ही था जूडास इस्क्यारिएट। दोनों मेरे ही खेल थे, मेरे ही कौतुक!

साहसी बनो। सबकुछ का सामना करो! अब चाहे अच्छा आए या बुरा आए, दोनों को ही वरण कर लो, दोनों मेरे ही खेल हैं। मेरा लभ्य भली चीज कुछ भी नहीं हैं, थामे रहने जैसा कोई आदर्श भी नहीं है, पूरी करने जैसी कोई उच्च अभिलाषा भी नहीं है। मैं हीरे की खान हूँ। अच्छे-बुरे का कंकड़ लिए मैं खेल रहा हूँ। बुरे, तुम आओ भले के लिए, भले तुम भी आओ। मेरे सामने दुनिया उलट-पलट जाए, तो भी मुझे क्या फर्क पड़ता है। मैं बुद्धि का अतीत शांति हूँ, बुद्धि हमें केवल अच्छा-बुरा ही दे सकती है। मैं इससे बाहर हूँ! मैं शांति हूँ।

मैं इस दुनिया के सुख-दुःख के गंधमय भाप के ऊपर उठता जा रहा हूँ। यह सब मेरे लिए अर्थहीन होता जा रहा है। यह सपनों का राज्य है। यहाँ आनंद उपभोग का क्या मतलब! और रुलाई का क्या मतलब! सबकुछ सपने के अलावा और कुछ भी नहीं है। इसलिए जल्दी हो या देर से, सबकुछ टूटेगा तो सही।

अब, किसी बात पर दुःखी नहीं हो पाता। सकल बोध के अतीत मैंने एक शांति उपलब्ध की है। वह न आनंद है, न दुःख! दोनों में से कुछ भी नहीं है! फिर भी दोनों के ऊर्ध्व है!

अब, मैं उसी शांति, उसी चिरंतन नीरवता की तरफ आगे बढ़ता जा रहा हूँ। सकल वस्तु को मैं उसके निजी स्वरूप में देखता हूँ। सबकुछ उसी शांति में निहित है, अपने ढंग से परिपूर्ण! जो आत्मतुष्ट हैं, जो आत्मरति हैं, उन्हें ही यथार्थ शिक्षा-लाभ हुआ है। 'असंख्य जन्म और स्वर्ग-नरक से गुजरते हुए इस जगत् में यह बड़ी शिक्षा की जानकारी उपलब्ध करनी होती है। आत्मा के अलावा और कुछ भी कामना या आकांक्षा की वस्तु नहीं है। आत्मा को लाभ करना ही श्रेष्ठ लाभ होता है।' 'मैं मुक्त' अस्तु मेरे आनंद के लिए किसी अन्य की जरूरत नहीं है। 'चिर एकाकी रहा, क्योंकि मैं मुक्त था, अभी भी मुक्त हूँ और चिरकाल मुक्त रहूँगा।'—यही है वेदांतवाद! इतने अरसे तक मैंने इसी तत्त्व का प्रचार किया है। लेकिन, आह! क्या आनंद है! अब हर दिन मैं वही उपलब्ध कर रहा हूँ। हाँ, इसीलिए—'मैं मुक्त हूँ!' मैं अकेला हूँ—'एकमेवाद्वितीयम्'!

ऐसा भी हो सकता है कि मुझमें शायद यह बोध जाग उठे कि इस देह के बाहर चले जाना, इस देह को जीर्ण-शीर्ण पोशाक की तरह फेंक देना ही मेरे लिए हितकर है। लेकिन मैं किसी दिन भी कर्म से विमुख नहीं होऊँगा। जितने दिन तक समग्र जगत् ईश्वर के साथ एकत्व अनुभव नहीं करता, उतने दिनों मैं लोगों के मन में प्रेरणा जगाता रहूँगा।

अंतिम दिनों का पत्र

बेलूर मठ, 14 जून, 1902

माँ, (मिसेज उली बुल) सोचा था, बहुत कुछ लिखूँगा, लेकिन देह अतिशय कमजोर है। ये समस्त धूमधाम नितांत निष्फल हैं, सिर्फ आत्मा के बंधन-स्वरूप! अपने जीवन में इससे स्पष्टतर ढंग से मैंने जगत् की निष्फलता को कभी महसूस नहीं किया। भगवान् सभी के बंधन-मोचन करें, सभी लोग माया मुक्त हों—यही मेरी चिर प्रार्थना है।

अंतिम पत्र

बेलुर मठ, 21 जून, 1902

प्रिय क्रिश्चिन, मेरे लिए परेशान होने की तुम्हें जरा भी जरूरत नहीं है।

अंतिम बात

(चिट्ठी-पत्री, बातचीत, सभा-समितियों में ढेरों बातें कही गईं हैं; लेकिन उनके अंतर की अंतरतम बातें सखा के प्रति कविता में लिखी गई हैं। इस रचना के पहले प्रकाशन 15 माघ, 1305 (अंग्रेजी 28 जनवरी, 1899) में चार पंक्तियाँ छूट गई थीं। यह सखा कौन है? इस बारे में आज भी तरह-तरह की सैकड़ों जल्पनाएँ-कल्पनाएँ जारी हैं। किसी का कहना है—स्वयं रामकृष्ण, किसी की राय में—गुरुभ्राता ब्रह्मानंद या रामकृष्णानंद! आजकल लगता है—प्राणसखा वे स्वयं हैं। अपने मन की सारी बातें अन्यत्र कहीं भी इस ढंग से नहीं कही गई हैं। 'विवेकानंद की आत्मकथा' की आखिरी बात के तौर पर यह कविता प्रकाशित की जा रही है। यह कविता किसी अनजान कारणवश 'अँधेरे में प्रकाश' के तौर पर भी कहीं-कहीं मुद्रित हुई है।)

□

सखा के प्रति

अँधेरे में आलोक-अनुभव, दुःख में सुख, रोग में स्वास्थ्य-भाव,
प्राण-साक्षी शिशु-क्रंदन, यहाँ सुख इच्छा मतिमान!
द्वंद्व-युद्ध जारी अविराम, पिता, पुत्र को दे नहीं स्थान,
'स्वार्थ', 'स्वार्थ' सदा यह रव, कहाँ यहाँ शांति का आकार?
साक्षात् नरक स्वर्गमय, किससे छोड़ा जाए संसार?
कर्मपाश गले में बाँधे, क्रीतदास कहो कहाँ जाए?
योग-भोग, गार्हस्थ्य-संन्यास, जप-तप, धन-उपार्जन,
व्रत-त्याग, तपस्या कठोर, सभी मर्म देखा इस बार,
जाना नहीं सुख का लेश, शरीर-धारण विडंबन,
जितना ही उच्च तुम्हारा हृदय, उतना ही दुःख जानो निश्चय।
हृदयवान् निःस्वार्थ प्रेमी, इस जग में नहीं तब स्थान
लौह पिंड सहे जो आघात, मर्मर-मूर्ति कहाँ वह सहे?
रहो जड़प्राय, अति नीच, जिह्वा से मधुर अंतर में गारल—
सत्यहीन, स्वार्थपरायण तभी पाओगे जग में स्थान।
विद्या हेतु करता हूँ प्राण-प्राण अर्ध आयु कर डाला क्षय—
प्रेम हेतु उन्माद की तरह, प्राणहीन थामी है छाया,
धर्म में कितने-कितने मत, गंगातीर, श्मशान, आलय,
नदी तीर, पर्वत-गह्वर, भिक्षाटन में जाता कितना समय!
असहाय, छिन्नवस्त्र में करे द्वार-द्वार उदरपूरण
तपस्या-भार से भग्न देह, कौन धन किया उपार्जन?
सुनो, कहूँ मन की बात, जाना जीवन का सत्य-सार
तरंग-आकुल भाव घोर, एक तरी करे पारापार

मंत्र-तंत्र, प्राण-नियमन, मतामत, दर्शन-विज्ञान,
त्याग-भोग, बुद्धि का विभ्रम, प्रेम, प्रेम-मात्र यही धन!

जीव, ब्रह्म, मानव, ईश्वर, भूत-प्रेत आदि देवगण
पशु-पक्षी कीट-अणुकीट यह प्रेम सबके हृदय में!
'देव', 'देव' बोलो कौन? कहाँ, कौन सबको चलाए?
पुत्र हित, माता दे प्राण दस्यु हरे प्रेम का प्रेरण!
होता है वाक्य-मन-अगोचर, सुख-दुःख में वे ही आसीन
महाशक्ति काली मातृरूपा, मातृभाव से उनका ही आगमन!
रोग-शोक, दारिद्र्य-यातना, धर्माधर्म, शुभाशुभ फल,
सर्वप्रकार उन्हीं की उपासना, जीव कहो, कौन क्या करे?
क्लांत वही, जो चाहे सुख, दुःख चाहे, पागल वह जन—
मृत्यु माँगे, वह भी है पागल, अमृतत्व वृथा अकिंचन!
जितनी दूर जाओ, जितनी भी दूर, बुद्धिरथ पर किए आरोहण,
यही है वह संसार-जलधि, दुःख-सुख पर आवर्तन।

पंखहीन-सुनो, विहंगम, यह नहीं भागने का पथ
पाया आघात बारंबार करते क्यों वृथा उद्यम?
छोड़ विद्या, जप, यज्ञ, बल, स्वार्थहीन प्रेम जो संबल,
देखो, सीख दे पतंगम् अग्निशिखा करूँ आलिंगन।
रूपमुग्ध अंध कीट से भी अधम, प्रेममत्त तेरा हृदय,
हे प्रेमी! स्वार्थ-मलिनता, अग्निकुंड में करो विसर्जन।
भिक्षु को कब होता सुख नसीब? कृपापात्र होने का क्या है सुफल?
दे डालो, देखो मत मुड़कर हृदय को अगर संबल!
तुम अनंत के अधिकारी, प्रेम-सिंधु हृदय में विद्यमान
'दो!', 'दो' जो देखे मुड़कर जानो उसे सिंधु में बिंदु
ब्रह्म से कीट-परमाणु तक सर्वत्र वही प्रेममय,
तन-मन-प्राण करो अर्पण, सखे, उनके चरण में!
सम्मुख तुम्हारे बहुरूप में उसे छोड़कर खोजते कहाँ ईश्वर!
जीवों से प्रेम करे जो जन, ईश्वर का सेवक है वही जन!

□

परिशिष्ट

और भी कुछ बातें—

हाइजिन और पश्चिमी मैनर्स।

सारी उँगलियाँ साफ-सुथरी रखें, नाखूनों में मैल जमा न हो। नाखून बड़े होते ही काटकर छोटे कर दें। देखना, मेरे कुरते की जेब में या ट्रंक के अंदर लोहे की एक रिंग में नाखून काटने, आदि की कई चीजें हैं। अमेरिका में किसी ने नाखून काटने के लिए मुझे दिया था।

सिर के बाल हमेशा ब्रश किए रखना। बाल अस्त-व्यस्त न हों, ऐसे लोगों को इस देश में घृणा की दृष्टि से देखा जाता है। पहनने के कपड़े हमेशा ब्रश किए हों। हरदम फिट-फाट, सजे-धजे न रहने से लोग घृणा करते हैं। वैसे भी लोग 'इंडियंस' कहकर अवज्ञा करते हैं, उस पर से अगर फिट-फाट होकर न रहो तो लोग और अधिक घृणा करेंगे।

महिम, टाई खोलकर बैठक में नहीं घुसना चाहिए। गरदन की कॉलर मैली हो जाने से इसे हफ्ते में दो बार बदल देना चाहिए।

मैली कॉलर इस्तेमाल करने से देखने में बुरा लगता है। बाल हमेशा साफ-सुथरे रखना। कोट, वेस्ट वगैरह हमेशा साफ दिखें। भद्र पोशाक और भद्र आचार, इन्हीं पर पहले ध्यान देना चाहिए, वरना लोग घृणा करेंगे।

कंसेंट्रेटेड फूड खाना! ढेर सारा ठूँसकर खाने से आलस्य बढ़ेगा। जापानी लोग दिन में दो-तीन बार भात और पतली दाल खाते हैं। लेकिन जवान लोग भी बेहद कम खाते हैं, मगर कई बार खाते हैं। जो लोग संपन्न होते हैं, वे रोज मांस खाते हैं। हम लोग दो बार खाना खाते हैं, उसे गले तक ठूँस लेते हैं! भात हजम करने में ही सारी शक्ति खर्च हो जाती है।

बहुत लोग कहते हैं—तमाखू पीना बुरी बात है। मैं भी छोड़ने की कोशिश कर रहा हूँ।

मठ अगर साफ-सुथरा न रख सको तो बेहतर है पेड़ तले रहो! मठ जब बनाया है तो इसे पूरी तरह साफ-सुथरा रखना होगा।

छुरी बाएँ हाथ में नहीं, दाहिने हाथ में पकड़नी पड़ती है और बाएँ हाथ से खाना काँटे से मुँह में डालना होता है। निवाले भी बड़े नहीं छोटे हों। खाते समय जीभ, दाँत बाहर न निकले रहें। खाते समय खाँसना मत, धीरे-धीरे चबाना। खाते समय डकार लेना बहुत बुरा लगता है, साथ ही नाक भी मत सुड़कना।

परिव्राजक के रूप में संन्यासियों को देश-विदेश में तरह-तरह का दूषित पानी पीना पड़ता है, इससे तबीयत खराब होती है। इस दोष को मिटाने के लिए उनमें से अनेक गाँजा, चरस आदि का सेवन करने लगते हैं। मैं इसीलिए इतनी मिर्च खाता हूँ।

गोल-मटोल चेहरा, यही मेरा फेमिन इंश्योरेंस है। अगर पाँच-सात दिन मुझे आहार आदि न मिले, तब भी मेरे देह की चर्बी ही मुझे बचाए रखेगी। लेकिन तुम सब एक दिन भी न खाओ तो आँखों के आगे अँधेरा छाने लगेगा।

तुम लोगों का पहला कर्तव्य है, अपने शरीर को मजबूत बनाओ। तुम लोग दैहिक बल में महाबली बनो, अच्छे स्वास्थ्य के अधिकारी बनो।

तुम्हारे बाएँ हाथ में गीता हो, कोई नुकसान नहीं। लेकिन दाहिने हाथ में फुटबॉल रहे। जो लोग शारीरिक रूप से कमजोर होते हैं, वे लोग ही सहज ही प्रलोभन के जाल में फँस जाते हैं। लेकिन जो लोग शक्तिमान और तेजवान होते हैं, उन लोगों में लोभ-जय का सामर्थ्य, आत्मसंयम की क्षमता, मरगिल्ले, कमजोर लोगों से बहुत अधिक होती है।

□

मंतव्यावली

भिखारी आए और अगर क्षमता हो तो उसे कुछ देना बेहतर है। उसे दोगे तो दो एक पैसा, इसके लिए यह पूछना कि ये पैसे वह किसमें खर्च करेगा, सदुपयोग करेगा या दुरुपयोग, इन सब में इतनी माथापच्ची करने की जरूरत क्या है? और अगर सच ही वे पैसे गाँजा पीने में उड़ा दे तो भी उसे देने में समाज को कोई नुकसान नहीं लाभ ही है; क्योंकि तुम जैसे लोग अगर उस पर दया करके कुछ नहीं दोगे तो वह तुम्हारे पास से चोरी करके ले लेगा। इससे बेहतर है कि वह दो पैसे भीख माँगकर, गाँजे का दम लगाकर चुपचाप बैठा रहेगा, इससे क्या तुम लोगों का भला नहीं होगा? अत: इस प्रकार के दान से समाज का अपकार नहीं, उपकार ही होगा।

मेरी राय में यह जगत् एक सर्कस है और हम सब भाँड़ बने, वहाँ पलटनी खा रहे हैं, क्योंकि ऐसा करते रहना हमें प्रिय है। उसके बाद जब हम थक जाते हैं, तब इस जगत् से विदा लेते हैं।

□

तथ्य सूत्र

क 1.	स्वामी विवेकानंदेर वाणी औ रचना		प्रथम खंड
क 2.	स्वामी विवेकानंदेर वाणी औ रचना		द्वितीय खंड
क 3.	स्वामी विवेकानंदेर वाणी औ रचना		तृतीय खंड
क 4.	स्वामी विवेकानंदेर वाणी औ रचना		चतुर्थ खंड
क 5.	स्वामी विवेकानंदेर वाणी औ रचना		पंचम खंड
क 6.	स्वामी विवेकानंदेर वाणी औ रचना		षष्ठ खंड
क 7.	स्वामी विवेकानंदेर वाणी औ रचना		सप्तम खंड
क 8.	स्वामी विवेकानंदेर वाणी औ रचना		अष्टम खंड
क 9.	स्वामी विवेकानंदेर वाणी औ रचना		नवम खंड
क 10.	स्वामी विवेकानंदेर वाणी औ रचना		दशम खंड
ख 1.	श्री श्रीरामकृष्णलीला प्रसंग	स्वामी शारदानंद	प्रथम खंड
ख 2.	श्री श्रीरामकृष्णलीला प्रसंग	स्वामी शारदानंद	द्वितीय खंड
ग 1.	श्री श्रीरामकृष्ण कथामृत	श्रीम-कथित	प्रथम भाग
ग 2.	श्री श्रीरामकृष्ण कथामृत	श्रीम-कथित	द्वितीय भाग
ग 3.	श्री श्रीरामकृष्ण कथामृत	श्रीम-कथित	तृतीय भाग
ग 4.	श्री श्रीरामकृष्ण कथामृत	श्रीम-कथित	चतुर्थ भाग
घ 1.	युग नायक विवेकानंद	स्वामी गंभीरानंद	प्रथम भाग
घ 1.	युग नायक विवेकानंद	स्वामी गंभीरानंद	द्वितीय भाग
च	स्वामीजी के जेरूप देखियाछी भगिनी निवेदिता		
छ 1.	पाश्चात्ये विवेकानंद : नोतुन तथ्यावली	मेरी लुइज वर्क	प्रथम खंड
छ 2.	पाश्चात्ये विवेकानंद : नोतुन तथ्यावली	मेरी लुइज वर्क	द्वितीय खंड
छ 3.	पाश्चात्ये विवेकानंद : नोतुन तथ्यावली	मेरी लुइज वर्क	तृतीय खंड

छ 4.	पाश्चात्ये विवेकानंद : नोतुन तथ्यावली	मेरी लुइज वर्क चतुर्थ खंड
ज	स्मृतिर आलोय स्वामीजी	स्वामी पूर्णानंद संपादित
झ	स्वामी विवेकानंद	मानदाशंकर दासगुप्त
ट	विवेकानंद चरित	सत्येंद्रनाथ मजुमदार
ठ	स्वामी विवेकानंद	प्रमथनाथ बसु
ढ	अदालते विपन्न विवेकानंद	चित्रगुप्त
ण	द कंपलीट वर्क्स ऑफ स्वामी विवेकानंद	वोल्यूम नाइन
त	स्मृतिर आलोय विवेकानंद	
थ	स्वामी विवेकानंद जीवनेर एक विस्मृत अध्याय	डॉ. वेणीशंकर शर्मा
द 1.	लंदने स्वामी विवेकानंद	महेंद्रनाथ दत्त प्रथम खंड
द 2.	लंदने स्वामी विवेकानंद	महेंद्रनाथ दत्त द्वितीय खंड
ध	स्वामी विवेकानंदेर स्मृति	एलिस एम हांसरो
न	पत्रावली	स्वामी विवेकानंद

□□□